로 스 쿨
불법행위법

저자 이창현

서울대학교 법과대학 졸업

서울대학교 법학석사, 법학박사

사법연수원 31기

서강대학교 법학전문대학원 조교수

법무부 민법개정위원(제6분과: 불법행위법)

로스쿨 불법행위법

초판 1쇄 발행 2011년 10월 24일

지은이 _ 이창현

펴낸이 _ 배정민

펴낸곳 _ 유로서적

편집 _ 공감인(IN)

디자인 _ 천현주

등록 _ 2002년 8월 24일 제 10-2439호

주소 _ 서울시 금천구 가산동 329-32 대륭테크노타운 12차 416호

TEL _ (02) 2029-6661 | FAX _ (02) 2029-6664

E-mail _ bookeuro@bookeuro.com

ISBN 978-89-91324-47-3 (93360)

Tort Law
로 스 쿨
불법행위법

사 례 를 통 해 쉽 게 알 아 가 는 불 법 행 위 법

이창현 지음

유로
BOOKEURO
PUBLISHING

이 저술은 2008년 정부(교육과학기술부)의 재원으로 한국연구재단
(구 학술진흥재단)의 지원을 받아 수행된 것임(KRF-2008-563-B00025)

2008년 법학전문대학원 교재개발사업의 지원으로 이루어진 1차 작업물을 2년에 걸친 강의를 통하여 보완을 하고 마침내 결실을 맺게 되었다. 이 책은 교재개발사업의 기본 요구에 맞추어 영미 로스쿨 교재의 Case & Materials의 큰 틀에 따라 작성되었으나, 다음과 같은 차별성이 있다.

첫째, 종래의 법학교육이 판례와 학설의 소개에 지나치게 편중되었다는 비판을 의식하여 문제의 해결에 있어 1차적으로 관련 법령을 찾아 이를 적용하는 것을 연습할 수 있는 사례를 추가하였다. 특히 일부 사례는 불법행위법에 한정하지 아니하고 민법의 다른 분야(계약법 등) 뿐만 아니라 상법, 민사소송법, 노동법, 행정법 등 다양한 분야에 걸치는 것도 포함시켰다.

둘째, 실제 소송은 실체법적 지식의 단순한 나열이 아니라 당사자간의 치열한 공방이라는 점을 감안하여 문제와 해제를 마련하였다. 특히 피고를 누구로 삼아 어떠한 청구를 할 수 있는가, 더 나아가 피고는 원고의 청구에 대하여 어떠한 항변을 할 수 있는가를 자문하면서 실력을 향상할 수 있도록 말이다.

셋째, 설문의 기초가 된 판결 중에는 대법원판결 뿐만 아니라 하급법원의 판결도 상당수 존재하는데, 이는 하급법원의 판결을 통하여 설문에 대한 최종적 결론(원고가 단순히 승소할 수 있다는 것에 그치지 아니하고 원고가 실제로 얼마를 받을 수 있다는 점에 미친다. 'zu Ende denken')을 제시받을 수 있고, 원고의 소장 또는 피고의 준비서면의 대강을 추론할 수 있다는 고려에 기인한다. 또한 마찬가지의 이유에서 실무에서 사용되는 청구취지례, 증거신청서 등을 제시하여 주장 뿐만 아니라 입증에 대해서도 생각해 볼 기회를 제시하였다.

이 책은 총론과 각론으로 나누어진다. 총론에서는 각론을 위한 기초 지식의 함양의 차원에서 민법상의 불법행위편, 중요한 특별법(자동차손해배상보장법과 국가배상법) 그리고 소송법적 문제에 대한 서술이 전개된다. 각론에서는 법익침해유형별로 간단한 설명을 한 후 관련 사례와 해제를 제시하였다. 물론 해제는 저자가 제시한 일응의 답안에 불과하므로 다른 결론도 충분히 가능하다는 점을 지적하여 둔다.

기존의 저술 뿐만 아니라 판결문을 통해서도 여러 가지 가르침을 주시는 양창수 대법관님, 이 책의 초고를 읽고 유익한 지적을 하여 주신 이준형 교수님, 권영준 교수님, 이강현 변호사님, 마지막으로 참고자료로 미공간 판결을 구해주신 이재찬 판사님과 장지용 판사님께 각 감사드린다.

2011년 9월
이 창 현

凡 例

1. 법령약어

* 법령의 명칭 없이 인용하는 조문은 민법의 조문이며, 아래의 법률은 다음과 같이 약어로 인용한다.

가담법	가등기담보 등에 관한 법률
노동조합법	노동조합 및 노동관계조정법
대부업법	대부업의 등록 및 금융이용자보호에 관한 법률
독점규제법	독점규제 및 공정거래에 관한 법률
부정경쟁방지법	부정경쟁방지 및 영업비밀보호에 관한 법률
부동산중개업법	공인중개사의 업무 및 부동산거래신고에 관한 법률
소촉법	소송촉진 등에 관한 특례법
언론중재법	언론중재 및 피해구제에 관한 법률
자배법	자동차손해배상보장법
정보통신법	정보통신이용촉진 및 정보보호에 관한 법률
집합건물법	집합건물의 소유 및 관리에 관한 법률
채권추심법	채권의 공정한 추심에 관한 법률

2. 판결인용

- 대법원판결례는 대법원 2004. 7. 22. 선고 2001다58269 판결로 인용하고, 출처는 원칙적으로 기재하지 않는다.
- 하급법원 판결례는 서울중앙지방법원 2004. 7. 22. 선고 2001가합58269 판결로 인용하고, 출처는 원칙적으로 기재하지 않는다.

  다만 대법원종합법률정보에서 얻을 수 없는 판결의 경우에 한하여 출처를 기재하기로 한다(가령 로앤비 검색가능 등).

3. 주요 참고문헌 인용

참고문헌은 괄호와 같이 인용한다.

郭潤直, 民法總則, 제7판, 2002[郭潤直, 民法總則]

郭潤直, 債權各論, 제6판, 2003[郭潤直, 債權各論]

金基善, 韓國債權法各論, 1982[金基善, 債權法各論]

金相容, 不法行爲法, 1997[金相容, 不法行爲法]

金曾漢・金學東, 債權各論, 제7판, 2006[金曾漢・金學東, 債權各論]

民事法研究會 編, 民法案意見書, 1957[民法案意見書]

民議院 法制司法委員會 民法案審議小委員會, 民法案審議錄, 上卷, 1957[民法案審議錄, 上卷]

박용상, 명예훼손법, 2008[박용상, 명예훼손법]

법무부, 2004년도 민법(재산편) 개정 자료집, 2004[민법(재산편) 개정 자료집]

사법연수원, 손해배상소송, 2008[사법연수원, 손해배상소송]

梁彰洙, 民法入門, 제5판, 2008[梁彰洙, 民法入門]

吳錫洛, 立證責任論, 신판, 1996[吳錫洛, 立證責任論]

李昌鉉, 慰藉料에 관한 研究, 2011[李昌鉉, 慰藉料에 관한 研究]

郭潤直 편집대표, 民法注解[I], ○면(집필자)[民法注解[I], ○면(집필자)]

註釋 債權各則(7)(제3판, 2000), ○면(집필자)[註釋 債權各則(7), ○면(집필자)]

I

불법행위법 총론

I 불법행위법 총론

1. 불법행위법의 목적과 기능

1) 서설

민사책임과 형사책임의 분리라는 근대법의 요청에 따라 제재기능은 형사책임에서 다루는 것이므로 민사책임에서 제재기능을 전면적으로 인정하기는 어렵다. 불법행위법은 원칙적으로 계약적 결합이 없는 자 사이에서 발생한 불이익을 타방에게 전가시킬 수 있는 기준을 그 사회와 시대의 가치관념에 따라 추출해 내는 것을 주된 목표로 삼는다.[1] 또한 불법행위법은 개별불법행위의 집합에서 출발하여 사회의 발달과 변화에 대응한 체계화과정을 통하여 포괄적 일반조항으로 나아가고 있다.[2] 불법행위법에 있어 정책적 고려의 중요성이 점차 커지고 있다. 즉, 사회 문제의 해결의 수단으로 불법행위제도가 활용되고 있으며, 정책목표를 가장 효율적으로 달성하는 방향으로 손해배상책임의 성립 여부와 배상범위가 정해지는 것이다.[3]

2) 불법행위법의 기초 원리

a) 완전배상의 원리

불법행위법의 가장 기본적인 목적은 불법행위로 인한 피해자의 손해를 전보하여 불법행위이전의 상태로 가능한 한 되돌리고자 하는 것이다(restitutio in integrum).[4]

---

1) 梁彰洙, "不法行爲法의 展望-一般不法行爲要件의 문제-", 民法散考, 1998, 228면.

2) 梁彰洙(前註), 229면.

3) 民法注解[ⅩⅧ], 249면(朴徹 집필).

이러한 완전배상의 원리는 원상회복주의에서만 인정되는 것이 아니고 금전배상주의에서도 인정되는 것이다. 이는 영미법계의 법상황을 보더라도 그러하다. 또한 일부 손해항목의 경우에 배상가능성이 제한된다고 하더라도 손해배상의 기본출발점으로서 완전배상의 원리를 포기할 수 없는 것이다. 학설은 대체로 특별손해의 경우에 예견가능성을 요구한다는 점을 들어 제한배상의 원리를 설명하나, 이에는 동의하기 어렵다. 어느 나라에서도 문자 그대로의 '완전배상주의'를 취하지는 않는다.[5] 따라서 완전배상의 원리를 원칙으로 천명하고 그 예외를 엄격하게 인정하는 태도가 불법행위제도의 기본취지에 부합한다고 할 것이다. 이는 뒤에서 살피는 바와 같이 손해의 공평한 분담의 원리의 확장을 적정하게 통제하는 데에 일조할 것이다.

b) 공평하고 타당한 손해의 분담의 이념(?)

최근 들어 형평의 원칙을 들어 공평하고 타당한 손해의 분담이라는 이념이 강조되고 있다. 특히 과실상계에 있어서도 피해자의 과실 뿐만 아니라 피해자와 일정한 인적 관계에 있는 자의 과실로 포함시키고, 더 나아가 피해자에게 과실이 없는 경우에도 책임제한이라는 장치가 폭넓게 사용되고 있다. 그러나 공평하고 타당한 손해의 분담이라는 이념을 지나치게 강조하는 것은 불법행위이전의 상태로 가능한 한 회복하고자 하는 완전배상의 원리와 배치될 수 있다는 점에서 신중한 접근이 요구된다.[6] 특히 피해자가 인신침해를 당하여 중대한 후유장애를 입었다거나 피해자가 유아이거나 고

---

4) McGregor on Damages, 18th ed. 2009, §1-022; Brüggemeier, Haftungsrecht, 2006, § 9, S. 563; Koziol, Österreichisches Haftpflichtrecht, Band Ⅰ, 3. Aufl., Rz. 9/1; Oftinger/Stark, Schweizerisches Haftpflichtrecht, Band Ⅰ, 5. Aufl. 1995, § 2-66. 또한 Stoll, Haftungsfolgen im bürgerlichen Recht, 1993, S. 179에 의하면 완전배상의 원리는 독일 뿐만 아니라 영미 그리고 프랑스의 경우에도 채택되고 있다고 한다. 특히 영국에서는 블랙번 대법관이 제시한 다음과 같은 명제가 손해배상법의 목적에 관한 고전적 정의로 받아들여지고 있다. "the sum of money to be given for reparation of damages you should as nearly as possible get at that sum of money which will put the party who has been injured, or who has suffered, in the same position as he would have been in if he had not sustained the wrong for which he is now getting his compensation or reparation"(Livingstone v Rawyards Coal Co, (1880) 5 App. Cas. 25, 39).

5) 梁彰洙, "損害賠償의 範圍와 方法", 民法散考, 1998, 248면.

6) 同旨: 金曾漢·金學東, 債權各論, 766-7면.

령이어서 피해회복이 매우 어려운 경우 그리고 공동불법행위자 중의 1인이 전문가로서 그 업무의 내용에 고도의 신뢰가 인정되는 경우에는 피해자에 대한 과실상계나 책임제한의 비율이 적정하게 제한되어야 할 것이다.

3) 불법행위법의 기능

a) 전보기능

불법행위의 효과로서의 손해배상이라 함은 불법행위로 인하여 피해자에게 발생한 손해를 전보하여 불법행위가 없었던 상태로 가능한 한 회복하고자 하는 것이며, 이러한 기능을 전보기능이라고 한다. 전보기능은 불법행위법의 1차적 기능이다.[7] 자신의 귀책사유로 타인에게 해를 가한 자는 이를 배상하여야 한다는 것은 정의의 기본적 요청(elementary justice)이다.[8]

재산적 손해의 경우에는 차액설에 따라 불법행위를 전후로 하여 재산적 차이를 평가하여 그 차액을 배상하여 불법행위 이전의 상태로 되돌리고자 하는 것이므로 전보기능이 잘 설명된다. 그러나 비재산적 손해에 있어서는 전보기능이 잘 설명되지 않는다. 왜냐하면 비재산적 손해라고 하는 것이 그 자체로 재산적 평가가 어려운 것이어서 금전배상을 통하여 불법행위이전의 상태로 되돌리는 것이 애초에 불가능한 것이기 때문이다.

그렇다면 비재산적 손해의 경우에는 전보기능을 어떻게 이해하여야 할 것인지가 문제된다. 비재산적 손해를 육체적·정신적 고통에 대한 배상으로 이해한다면, 고통을 잊게 하고 기쁨을 줄 수 있는 재원을 마련하는 것이라고 파악할 수 있을지도 모른다. 그러나 비재산적 손해는 감정손해 뿐만 아니라 객관적 법익 침해도 비재산적 손해의 주요 항목이라는 점에서 그러한 이해는 타당하지 않다.

왜냐하면 위자료는 침해법익과 침해의 태양을 고려하여 비재산적 손해를 규범적으로 평가한 것이고, 평가수단으로 금전 이외의 다른 대안이 없어 금전배상주의를 채택

---

7) 民法注解[XVIII], 31면(金星泰 집필).

8) Royal Commission on Civil Liability and Compensation for Personal Injury(chairman: Lord Pearson), Report, Vol. 1, 1978, para. 262.

한 것이므로 기능적 접근에 얽매일 필요는 없다.

b) 예방기능

예방기능이라 함은 사전에 손해발생을 초래하는 불법행위를 예방하는 기능을 말한다.[9] 종래의 해석론으로는 예방기능의 독자성이 인정되지 않았다. 즉, 우리나라는 실손해를 초과하는 금액을 손해배상의 명목으로 부과하여 가해자를 제재하고 이를 통하여 이와 유사한 행위의 재발을 방지하고자 하는 방식을 채택하지 않고 있다. 또한 손해배상법은 이미 발생한 불법행위로 인하여 발생한 손해의 전보를 목적으로 하는 것이지, 장차 발생할 불법행위를 예방하는 것을 목적으로 삼지 않는다.[10] 그러나 예방기능은 전보기능에 부수하여 일정한 역할을 수행할 수 있다. 특히 침해법익의 우열과 가해자의 귀책사유의 정도에 따라 정신적 고통이 가감되고 이에 따라 위자료가 증감될 수 있다는 점에서 위자료의 경우에는 예방적 기능이 보다 강조된다. 외국의 입법례에 비추어 보면 인격권침해에 대한 금전배상에 있어 예방기능이 고려되어 배상액의 상향조정이 이루어지고 있다.

더 나아가 최근 들어 입법론으로 예방기능을 명문화하여 사후적 구제수단에 머무르지 않고 사전적 구제수단의 도입이 고려되고 있다. 이는 사후적 구제수단만으로 손해의 전보가 불충분하다는 사정을 고려한 것이고, 다른 한편으로 가해자가 사후적 구제수단의 한계를 악용하여 가해행위를 하는 경우에 있어 법적 구제수단이 사후적 구제수단에 머무른다면, 이는 법원 스스로 무력함을 자인하는 결과를 초래하기 때문이다.

c) 제재기능

일부 학설은 배상액의 산정에 있어 가해자의 행위에 대한 속죄 또는 제재, 피해자의 만족 등의 요소가 고려되는 것이므로 제재기능을 인정하는 것이 실제에 부합하다고 주장한다.[11] 그러나 제재기능의 독자성은 실손해를 넘어서는 금액으로 배상액이

---

9) 朴東瑣, "損害賠償法의 指導原理와 機能", 比較私法 11권 4호(2004. 12), 309면.

10) 朴東瑣(前註), 312-313면.

11) 朴東瑣(註 9), 314-315면; 張在玉, "慰藉料에 관한 몇가지 考察", 李英俊博士華甲紀念論文集, 韓國民法

인정될 수 있느냐에 따라 달라지는 것인데, 이는 실손해의 전보를 내용으로 하는 민사책임의 한계를 넘는 것이다.

d) 소결

불법행위법은 종래 이미 발생한 분쟁의 사후처리라는 관점에서 전보기능으로 설명되어 왔으나, 사회의 복잡다기화로 점차 예방기능이 강조되기에 이르렀고, 더 나아가 제재기능의 도입이 진지하게 고려되고 있다. 특히 예방기능은 손해배상액의 상향조정, 사전적 구제수단의 인정, 예방비용의 배상의 관점에서 독자성을 획득하고 있다. 사회의 복잡다기화로 불법행위법은 사고에 대한 손해배상만을 규율하는 것이 아니라 가치가 첨예하게 대립하는 사안에서 과실과 위법성이라는 장치를 통하여 가치의 타당범위를 적정하게 획정하는 중대한 임무를 수행하기에 이른 것이다.[12]

4) 과실책임의 원칙과 무과실책임

a) 과실책임의 원칙

자기의 행위로 인하여 타인에게 재산적 손실 기타의 불이익을 주었을 때에 그 불이익이 자신의 행위에 의하여 야기되었다는 사실만으로는 그 불이익을 상대방에게 전보해 주어야 할 책임이 발생하는 것은 아니다. 이러한 결과를 인정한다면 인과관계의 고리는 끝없이 전개되어 인격의 자기형성은 애당초 불가능하게 되는 것이다. 그리하여 민법은 자기가 의욕하지 아니한 의무의 부담 기타 불이익한 법적 효과가 발생하려면 그에게 귀책사유(고의 또는 과실)가 있을 것을 요구한다(제750조 참조).[13] 민법제정과정에서도 과실책임주의원칙이 엄격하게 관철되었다. 특히 형평책임의 도입이 검토되는 단계에서 개인의 자유를 과도하게 제한하므로 무과실책임은 특별법을 통해서

理論의 發展(Ⅱ), 1999, 630-633면 이하; 李相京, "言論報道에 의한 名譽毁損訴訟의 慰藉料 算定에 관한 硏究", 言論仲裁(1992. 3), 52-55면.

12) 梁彰洙, "不法行爲法의 變遷과 可能性", 民法硏究 3권, 1995, 339면.

13) 梁彰洙, 民法入門, 380면. 이러한 원칙은 하나의 권리에 관하여 양립할 수 없는 이해관계를 각기 맺은 사람이 있는 경우에 누구를 우선시킬 것인가 하는 문제에서도 적용된다. 즉, 보다 귀책성이 적은 사람을 보호한다는 태도가 제도설계의 차원에서 관철되는 것이다.

만 제한적으로 인정하자고 하여 형평책임의 도입이 무산되었다.[14]

b) 무과실책임

aa) 전개양상

개인이 그의 개성을 펼칠 수 있는 영역을 확보하는 것은 매우 중요한데, 다른 한편으로 자신의 행위로 인하여 타인의 법익이 해쳐져서는 안되므로 양자의 균형점으로서 과책주의가 작용하는 것이다.[15] 그러나 이러한 원칙은 사회의 복잡다기화로 인한 사고의 위험성의 현저한 증가로 중대한 노전에 식면하게 뇌었다. 결국 이러한 사회환경의 변화에 대한 법적 대응의 일환으로 과실의 객관화, 입증책임의 전환, 무과실책임(또는 엄격책임) 등이 제시되고 있다. 여기서 무과실책임은 협의의 귀책사유가 없다는 점에서 무과실책임이지만, 경우에 따라서는 광의의 귀책사유(가령 위험의 지배와 실현)는 요구된다는 점에서 엄격책임이라는 용어가 보다 적절할 것이다.

bb) 근거와 기능

무과실책임주의의 근거로 보상책임설, 위험책임설 등이 제시되고 있다.[16] 보상책임설은 이익을 얻는 자가 손실을 부담하여야 한다는 견해이며, 위험책임설은 위험을 지배하는 자가 위험의 실현에 대하여 책임을 져야 한다는 견해이다.[17]

cc) 무과실책임을 규정한 주요 법률

① 광업법

광업법 제75조 제1항은 광물을 채굴하기 위한 토지의 굴착, 갱수나 폐수의 방류,

---

14) 民法案審議錄, 上卷, 466면. 당시의 개정안 제750조는 전4조의 규정에 의하여 미성년자, 심신상실자, 감독의무자 또는 사용인에게 손해배상의 책임이 없는 경우에도 법원은 당사자의 경제상태 및 기타 사정을 참작하여 그에게 손해의 전부 또는 일부의 배상을 명할 수 있다고 규정하고 있다.

15) Motive II, S. 1074.

16) 郭潤直, 債權各論, 381면.

17) 郭潤直, 債權各論, 381면.

폐석이나 광재의 퇴적 또는 광연의 배출로 인하여 타인에게 현저한 손해를 입힌 경우에 대한 손해배상의무를 규정하여, 광해배상에 대하여 귀책사유가 요구되지 않는다.

② 원자력손해배상법

원자력손해배상법 제3조 제1항은 원자로의 운전 등으로 인하여 원자력손해가 생긴 때에는 당해 원자력사업자가 그 손해를 배상할 책임을 진다고 규정한다.

더 나아가 동법에는 배상책임한도(제3조의2)와 손해배상조치의무(제5조. 보험강제 또는 공탁의무)에 관한 규율이 존재한다.

③ 환경정책기본법

환경정책기본법 제31조 제1항에 의하면, 사업장 등에서 발생되는 환경오염으로 인하여 피해가 발생한 경우에는 당해 사업자는 귀책사유가 없더라도 그 피해를 배상하여야 하고, 위 환경오염에는 소음·진동으로 사람의 건강이나 환경에 피해를 주는 것도 포함된다.[18]

④ 토양환경보전법

제10조의3 제1항은 토양오염으로 인하여 피해가 발생한 때에는 당해 오염원인자는 그 피해를 배상하고 오염된 토양을 정화하여야 한다고 규정하여 토양오염의 피해에 대한 무과실책임을 인정한다.

⑤ 유류오염손해배상보장법

제5조 제1항은 유조선에 의한 유류오염손해가 발생하였을 때에는 사고 당시 그 유조선의 선박소유자는 그 손해를 배상할 책임이 있다고 규정하여 유조선의 유류오염에 대한 무과실책임을 인정한다. 또한 제8조는 책임한도액에 관하여 규정한다.

⑥ 수산업법

제82조는 수질이 오염되어 면허받은 어업에 피해가 발생하면 그 오염발생시설의

---

18) 대법원 2001. 2. 9. 선고 99다55434 판결.

경영자는 관계 법령으로 정하는 바에 따라 피해자에게 정당한 배상을 하여야 한다고 규정하여 수질오염에 대한 무과실책임을 규정한다.

dd) 일반조항의 신설

입법론적으로 무과실책임 또는 위험책임의 일반조항을 민법에 신설하자는 주장이 제기되고 있다. 그러나 비교법적으로 보면 위험책임의 일반화에 대하여는 대륙법계 뿐만 아니라 영미법계에서도 상당한 반대가 존재함을 알 수 있다. 소위 '특별한 위험'의 범위와 존부에 대하여 해석론적 난문이 제기되는 것이다. 특히 영미법계에서는 Rylands v Fletcher 판례의 유효성과 적용범위에 관한 논란도 끊이지 않고 있다. 더 나아가 위험책임이 발생할 수 있는 다양한 사안유형에 비추어 이를 통일된 요건으로 포섭하기도 어려운 것이다. 따라서 위험책임의 일반조항을 민법전에 신설하는 것은 타당하지 않다. 오히려 특별한 위험으로 판명난 경우를 중심으로 그 특수성을 감안하여 특별법을 통하여 상세한 규율을 택하는 것이 입법론적으로 바람직하며, 이러한 결론은 비교법적 고찰의 결과와도 일치한다.[19]

5) 다른 책임과의 관계

a) 계약책임과의 관계

aa) 서설

계약당사자 일방의 행위가 계약위반이자 불법행위를 구성하는 경우에 양자를 경합할 것인지 아니면 계약위반만을 인정할 것인지가 문제된다. 가령 택배로 물건을 보냈으나 그 물건이 분실된 경우에 운송계약상의 책임과 소유권의 상실이라는 불법행위책임이 경합할 여지가 있다.

bb) 실익

양자의 경합을 인정할 실익은 다음의 점에 있다.

---

19) Koch/Koziol, Comparative Conclusions, in: Koch/Koziol(Eds.), Unification of Tort Law: Strict Liability, p. 395.

aaa) 귀책사유의 입증책임

계약책임에 있어서는 채권자가 채무불이행사실만을 입증하면 되고, 채무자가 자신에게 귀책사유가 없다는 점을 입증하여야 그 책임을 면할 수 있다(제390조). 그러나 불법행위책임에 있어서는 채무자의 고의 또는 과실을 채권자가 입증하여야 한다(제750조).

bbb) 보조자의 귀책사유

계약책임에 있어서는 이행보조자의 귀책사유가 채무자의 귀책사유로 의제되나(제391조), 불법행위책임에 있어서는 피용자의 귀책사유가 곧바로 사용자의 귀책사유로 의제되는 것은 아니다(제756조 제1항). 사용자는 선임감독상의 주의의무를 다하였음을 입증한 경우에는 그 책임이 면제될 수 있으나, 법원에 의하여 면책이 인정된 예가 없다. 따라서 보조자의 귀책사유에 관한 한 계약책임과 불법행위책임의 차이는 실질적으로 없다.

ccc) 소멸시효

계약상 채권의 소멸시효는 다른 정함이 없는 한 제162조 제1항에 따라 10년이나, 불법행위채권의 소멸시효는 제766조에 따라 손해 및 가해자를 안날로부터 3년 또는 불법행위가 있은 날로부터 10년이다.

ddd) 상계

계약책임에서는 상계에 제한이 없으나, 불법행위책임에서는 제496조에 따라 고의의 불법행위로 인한 손해배상채권을 수동채권으로 하여 상계하지 못한다.

eee) 면책합의의 적용여부

계약책임에서 적용되는 면책합의는 불법행위책임에서 적용되지 않는다. 면책합의의 적용여부는 경합설의 채택여부의 판단에 있어 중요한 사정요소이다.

fff) 근친자의 위자료

계약책임에서는 계약당사자가 아닌 근친자는 위자료를 청구할 수 없으나, 불법행위책임에서는 제752조에 따라 위자료를 청구할 수 있다. 가령 여관에서 자다가 화재로 사망하거나 환자가 의료과오로 사망한 경우가 그러하다.

cc) 학설 및 판례

aaa) 판례
판례는 계약불이행책임과 불법행위책임은 그 요건과 효과를 달리 하므로 경합하는 것이 당연하고, 경합을 인정하는 것이 피해자를 두텁게 보호하는 것이라고 하면서 청구권경합설을 지지한다.[20] 운송계약상의 채무불이행책임과 불법행위로 인한 손해배상책임은 병존하고, 운송계약상의 면책특약은 일반적으로 이를 불법행위책임에도 적용하기로 하는 명시적 또는 묵시적 합의가 없는 한 당연히 불법행위책임에 적용되지 않는다.[21] 다만 선하증권의 경우에는 면책약관을 불법행위책임의 경우에도 적용시키기로 하는 묵시의 합의가 있다고 본다.[22]

bbb) 청구권 경합설
통설은 계약책임과 불법행위책임은 각기 독립된 책임이므로 경합하고 원고는 이를 선택할 수 있다고 한다.[23]

ccc) 법조경합설
계약당사자간의 특별한 규율이 청구권경합설에 의하면 잠탈될 여지가 있으므로 계약책임만이 성립한다고 한다.[24]

---

20) 대법원 1989. 4. 11. 선고 88다카11428 판결; 대법원 1983. 3. 22. 선고 82다카1533 전원합의체 판결; 대법원 1967. 12. 5. 선고 67다2251 판결.
21) 대법원 2004. 7. 22. 선고 2001다58269 판결.
22) 대법원 1983. 3. 22. 선고 82다카1533 전원합의체 판결.
23) 郭潤直, 債權各論, 386면; 金相容, 不法行爲法, 31면.
24) 金曾漢 · 金學東, 債權各論, 775면.

dd) 소결

통설과 판례는 청구권경합설을 따르고 있으나, 당사자간의 특약이 불법행위책임에 의하여 무의미해질 수 있으므로 법조경합설의 비판에도 유의하여야 한다.[25] 특히 당사자의 관계, 합의의 경위, 합의의 내용 등에 비추어 당사자간의 특약이 불법행위책임에도 적용될 여지가 있는지를 주의깊게 살펴야 한다.

ee) 소송법적 문제

첫째, 청구권경합설의 경우에 양자의 청구에 대한 소송법적 처리가 문제된다. 판례는 원고가 경합하는 여러 개의 청구권을 모두 주장하면 이를 청구의 선택적 병합이라고 본다.[26] 따라서 법원이 하나의 청구원인에 대하여 원고의 청구를 인용하면 나머지 청구는 판단할 필요가 없다.

둘째, 실체법상 경합관계에 있는 두 개의 청구권 중 소송에서 하나를 주장하다가 뒤에 다른 것으로 바꾸면 적법한 청구변경이 된다.[27] 가령 불법경작으로 인한 손해배상청구를 부당이득반환청구로 변경하는 것은 청구의 기초에 변경이 없으므로 허용된다.

셋째, 불법행위책임에서 채무불이행책임으로 청구의 변경이 있는 경우에는 채무불이행책임의 한계(근친자의 위자료 등)를 잘 파악하여야 한다. 열차승객이 승강구에서 추락하여 사망한 경우에 근친자가 국가배상책임에서 상법상의 운송계약 불이행책임으로 청구권원을 변경하면, 근친자는 피해자의 사망에 따른 위자료를 청구할 수 없다.[28]

넷째, 경합하는 청구권 중 하나에 대한 소멸시효의 항변은 다른 청구권에 대하여 효력을 미치지 않는다. 따라서 채무불이행으로 인한 손해배상청구권에 대한 소멸시효 항변이 불법행위로 인한 손해배상청구권에 대한 소멸시효 항변을 포함한 것으로 볼 수는 없다.[29]

---

25) 民法注解[XVIII], 178면(胡文赫 집필).

26) 대법원 1962. 6. 21. 선고 62다102 판결.

27) 대법원 1965. 4. 6. 선고 65다139,140 판결; 民法注解[XVIII], 172면(胡文赫 집필).

28) 대법원 1982. 7. 13. 선고 82다카278 판결.

29) 대법원 1998. 5. 29. 선고 96다51110 판결.

b) 부당이득반환청구권과의 관계

부당이득제도와 불법행위제도는 그 요건과 효과를 달리 하므로 양자의 경합은 인정된다.[30] 가령 타인의 토지나 건물을 무단으로 사용하는 경우에 침해부당이득과 불법행위책임은 요건과 효과를 달리하여 경합한다. 특히 강박에 의하여 금원을 교부한 경우에 곧바로 불법행위가 성립하나, 하자있는 의사표시를 취소하지 않는 한 그 의사표시는 유효하므로 부당이득은 성립하지 않는다.[31]

법률행위가 사기에 의한 것으로서 취소되는 경우에 그 법률행위가 동시에 불법행위를 구성하는 때에는 취소의 효과로 생기는 부당이득반환청구권과 불법행위로 인한 손해배상청구권은 경합하여 병존하는 것이므로, 채권자는 어느 것이라도 선택하여 행사할 수 있지만 중첩적으로 행사할 수는 없다.[32]

c) 물권적 청구권과의 관계

소유권의 침해에 있어서 소유권에 기한 물권적 청구권과 불법행위에 기한 손해배상청구권은 그 요건과 효과를 달리 하여 경합한다.[33] 가령 타인의 토지나 건물을 무단으로 사용하는 경우에 소유자는 토지나 건물의 반환과 임료 상당의 손해배상을 청구할 수 있다.

6) 배상명령제도

a) 서설

소송촉진 등에 관한 특례법 제25조는 배상명령제도를 규정하고 있다. 즉, 제1심 또는 제2심의 형사공판 절차에서 형법 제257조 제1항, 제258조 제1항 및 제2항, 제259조 제1항, 제262조(존속폭행치사상의 죄는 제외한다), 같은 법 제26장, 제32장

---

30) 대법원 1991. 9. 24. 선고 91다23639 판결; 金曾漢·金學東, 債權各論, 776면; 金相容, 不法行爲法, 31면.

31) 대법원 1990. 11. 13. 선고 90다카17153 판결.

32) 대법원 1993. 4. 27. 선고 92다56087 판결.

33) 金曾漢·金學東, 債權各論, 776-7면; 金相容, 不法行爲法, 32면.

(제304조의 죄는 제외한다), 제38장부터 제40장까지 및 제42장에 규정된 죄에 관하여 유죄판결을 선고할 경우, 법원은 직권에 의하여 또는 피해자나 그 상속인(이하 '피해자'라 한다)의 신청에 의하여 피고사건의 범죄행위로 인하여 발생한 직접적인 물적 피해, 치료비 손해 및 위자료의 배상을 명할 수 있다. 종래 배상범위를 물적 피해와 치료비로 한정하였으나, 2005. 12. 14. 법개정으로 위자료가 포함되었다.

b) 배상신청

피해자는 제1심 또는 제2심 공판의 변론이 종결될 때까지 사건이 계속된 법원에 제25조에 따른 피해배상을 신청할 수 있고, 배상신청은 민사소송에서의 소의 제기와 동일한 효력이 있다(제26조 제1, 8항). 다만 피해자는 피고사건의 범죄행위로 인하여 발생한 피해에 관하여 다른 절차에 따른 손해배상청구가 법원에 계속 중일 때에는 배상신청을 할 수 없다(제26조 제7항).

c) 배상명령의 선고 등

배상명령은 유죄판결의 선고와 동시에 하여야 한다(제31조 제1항). 배상명령은 일정액의 금전 지급을 명함으로써 하고 배상의 대상과 금액을 유죄판결의 주문에 표시하여야 하고, 가집행할 수 있음을 선고할 수 있다(제31조 제2, 3항).

d) 배상명령의 효력과 강제집행

확정된 배상명령 또는 가집행선고가 있는 배상명령이 기재된 유죄판결서의 정본은 민사집행법에 따른 강제집행에 관하여는 집행력 있는 민사판결 정본과 동일한 효력이 있고, 이 법에 따른 배상명령이 확정된 경우 피해자는 그 인용된 금액의 범위에서 다른 절차에 따른 손해배상을 청구할 수 없다(동법 제34조 제1, 2항).

2. 민법상의 불법행위법의 규율

1) 서설

민법 불법행위편은 불법행위의 일반 요건에 관한 조문인 제750조, 제751조(비재산적 손해의 배상), 제752조(생명침해로 인한 위자료), 제760조(공동불법행위), 제761조(위법성조각사유), 제762조(태아의 손해배상청구권), 제764조(명예훼손에 대한 특칙)와 특수불법행위에 관한 조문인 제753조 내지 제755조(책임무능력자의 배상책임), 제756조(사용자책임), 제757조(도급인책임), 제758조(공작물 등 설치 및 보존의 하자로 인한 책임), 제759조(동물점유자의 책임)로 구성되어 있다. 특히 불법행위의 성립과 손해배상의 범위에 관하여는 단 세 개의 조문만을 보유하고 있다는 점을 유의하여야 한다.

2) 비교법적 개관

a) 대륙법계

aa) 독일

독일은 불법행위의 성립요건을 제823조와 제826조에서 절대권침해(생명, 신체, 건강, 자유, 소유권 또는 기타의 권리), 보호법규위반 그리고 고의에 의한 양속위반으로 구분하고 있다. 그리고 기타 법익에 대한 침해유형으로 신용훼손(제824조), 성적 자기결정권의 침해(제825조), 인신침해(제842조)에 대한 규정이 있다. 제253조 제1항은 비재산적 손해는 법률로 정해진 경우에 한하여 배상될 수 있다고 규정하고 있고, 동조 제2항은 신체, 건강, 자유 또는 성적 자기결정의 침해의 경우에 비재산적 손해의 배상을 인정한다. 이와는 별도로 판례에 의하여 일반적 인격권의 중대한 침해에 대하여도 위자료가 인정된다(다만 침해의 중대성과 다른 방식으로 손해가 전보되지 않은 것이라는 두 가지 요건이 충족되어야 한다). 피해자의 사망으로 인한 근친자의 위자료는 인정되지 않고, 근친자의 건강침해가 있는 경우에 한하여 소위 쇼크손해로 배상이 인정될 수 있을 뿐이다.

bb) 오스트리아

오스트리아 불법행위법의 가장 큰 특징은 귀책사유에 따라 재산적 손해의 배상범위를 달리한 것이다. 즉, 고의 또는 중과실의 경우에는 완전한 배상이 허용되나, 경과실의 경우에는 적극적 재산적 손해만이 배상된다(제1324조).

불법행위의 성립요건을 침해법익의 유형에 따라 세분화하고, 각 조문별로 손해배상의 범위가 정해진다. 그 유형으로 신체침해(제1325조: 치료비, 일실수입, 위자료의 배상), 추상(제1326조: 재산적 손해의 배상), 사망(제1327조: 장례비, 치료비, 부양료의 배상), 성적 자기결정권의 침해(제1328조: 적극적 재산적 손해, 소극적 재산적 손해 그리고 위자료의 배상), 사생활의 비밀과 자유의 침해(제1328조의a: 재산적 손해의 배상과 위자료의 배상), 신체의 자유의 침해(제1329조: 자유의 회복과 완전한 만족. '완전한 만족(volle Genugtuung)'의 의미에 대하여는 견해대립이 있다), 명예훼손(제1330조: 적극적 재산적 손해와 소극적 재산적 손해의 배상)이 있다.

cc) 스위스

스위스 채무법 제41조는 일반조항으로 고의 또는 과실에 기한 위법행위와 고의에 의한 양속위반을 규율한다. 손해배상과 관련하여서는 재산적 손해에 관한 조문과 위자료에 관한 조문으로 나뉜다. 전자는 사망으로 인한 재산적 손해에 관한 제45조와 신체침해로 인한 재산적 손해에 관한 제46조로 다시 세분되고, 후자는 신체침해로 인한 본인의 위자료와 사망으로 인한 근친자의 위자료에 관한 제47조와 인격침해로 인한 위자료에 관한 제49조로 다시 세분된다.

dd) 프랑스

프랑스는 불법행위법의 일반요건과 관련하여 다음의 두 조문을 두고 있다. 즉, 제1382조는 타인에게 손해를 야기하는 인간의 모든 행위는 자신의 과책(faute)으로 그 손해가 발생한 자로 하여금 이를 배상하도록 의무를 지운다고 규정하며, 제1383조는 모든 사람은 그의 행위로 인하여 야기된 손해 뿐만 아니라 자신의 태만 또는 부주의로 인하여 야기된 손해에 대해서도 책임을 져야 한다고 규정한다.

판례와 다수설에 의하여 제1382조의 손해에 비재산적 손해가 포함되고, 다양한 유형의 불법행위에 대하여 위자료가 인정되고 있으며, 근친자의 위자료도 명문의 규정이 없으나 폭넓게 인정되고 있다.

b) 영미법계

영미법은 전통적으로 소권법체계를 좇아 특정한 이익을 보호하기 위하여 발전된 개별 불법행위(tort), 일반적인 과실불법행위(negligence)[34] 그리고 엄격책임(strict liability)로 대별된다. 많은 개별 불법행위들은 손해를 입증한 경우에만 원칙적으로 소구될 수 있으나, '그 자체로 제소가능한 불법행위(tort actionable per se)'[35]의 경우에는 손해의 입증이 없더라도 적어도 명목적 손해배상은 소구될 수 있다.[36] 또한 '그 자체로 소구가능한 불법행위'의 경우에 법원은 정신적 고통을 매우 관대하게 배상한다.[37]

c) 소결

우리의 불법행위법은 대륙법계에서도 독특한 모습을 지니고 있다. 일반조항을 두면서도 본인의 비재산적 손해와 근친자의 비재산적 손해에 관한 규정을 두고 있기 때문이다. 비재산적 손해가 가지는 중요성에 비추어 열거설로 해석하기는 어렵고, 오히려 스위스와 같이 운용하는 것이 타당하다고 보인다.

---

34) negligence라는 용어는 일반적인 과실불법행위책임과 불법행위성립요건으로서의 귀책사유라는 두 가지 의미로 사용되나, 문맥에 따라 명확하게 구별되어야 한다(Clerk/Lindsell/Dugdale, Torts, 19th ed. 2006, § 23-228; Zweigert/Kötz, Einführung in die Rechtsvergleichung, 3. Aufl. 1996, S. 611).

35) 토지소유권의 직접적 침해(trespass to land), 폭행(assault), 불법구금(false imprisonment), 문서에 의한 명예훼손(libel) 등이 이에 해당한다(Markesinis/Deakin, Tort Law, 6th ed. 2008, p. 940).

36) Burrows, Remedies for Torts and Breach of Contract, 3rd ed. 2004, p. 589.

37) Giliker, a 'new' head of damages: damages for mental distress in the English law of torts, 20 Legal Study, 19, 26(2000).

3) 민법 제750조

a) 구민법상의 논의

일본민법이 의용된 구민법 제709조는 '고의 또는 과실로 인하여 타인의 권리를 침해한 자는 이로 인하여 생긴 손해를 배상할 책임이 있다'고 규정하여 객관적 요건으로 권리침해를 설정하였다.[38] 일본 민법 제709조의 입법이유에 의하면 권리침해라는 요건은 법적 안정성을 위해서도 필요하고, 권리개념의 해석을 통하여 일정한 법적 보호를 부여할 수 있다고 한다.[39] 그러나 일본 대심원은 1925년 大學湯사건[40]을 계기로 초기의 권리침해에 대한 엄격한 태도를 버리고 일본 민법 제709조 소정의 '권리'는 구체적인 권리에 한정되는 것은 아니며, 법률상 보호되어야 할 이익이라면 충분하다고 판시하였다.[41] 학설도 권리에는 법적으로 보호가치 있는 이익이 포함되고, 피침해법익과 침해행위의 용태의 상관관계에 의하여 위법성이 결정된다고 보았다.[42] 구민법의 해석에 있어서도 일본에서의 논의와 마찬가지로 권리개념을 확대하여 사실상 위법성판단으로 불법행위의 성부를 판단하였다.[43]

b) 제750조의 입법취지

제750조의 입법취지에 의하면 동조는 구민법 제709조의 학설과 판례를 받아들여

---

38) 일본 민법 제709조는 최근의 민법개정으로 권리침해 외에 법률상 보호되는 이익의 침해가 추가되었다.

39) 法典調査會議事速記錄, 제40권 147면.

40) 京都大學 앞에 있는 '大學湯'이라고 하는 건물을 임차하여 그 이름으로 목욕탕영업을 해 오던 자가 임대차가 종료시 타인에게 영업을 양도하여 기존에 확보한 영업상 이익을 회수할 수 있도록 건물주가 약정하였으나, 건물주가 이를 방해하였기 때문에 임차인이 건물주에 대하여 손해배상을 청구하였던 사건이다.

41) 日大判 1925년 11월 28일 판결(大審院民事判例集, 4권 670면).

42) 末川博, 權利侵害論, 1930, 294면 이하; 我妻榮, 事務管理·不當利得·不法行爲(新法學全集), 1937, 125면 이하; 幾代通/德本伸一, 不法行爲法, 1993, 63면; 四宮和夫, 現代法律學全集 10, 不法行爲, 1987, 396면.

43) 陳承錄, 債權各論, 1953, 314면; 我妻榮著/安二濬譯, 債權各論, 1954, 139면; 金曾漢/安二濬, 新民法(II)(債權總論, 債權各論), 1962. 390면.

권리침해를 위법행위로 개량한 것이라고 한다.[44] 이러한 개정에 대하여는 권리침해
뿐만 아니라 다른 이익이 위법하게 침해된 경우도 포함되는 것으로 학계에서도 찬성
되었다.[45]

c) 제750조의 의의

제750조는 구민법상의 권리침해라는 요건을 위법행위라는 요건으로 대체하면서
권리침해 뿐만 아니라 이익의 침해에 대하여 포괄적으로 대응하고자 한 것이며, 이는
사회의 변화에 따라 새롭게 발생하는 다양한 유형의 법익침해에 효율적으로 대응하기
위하여 일반조항이 설정된 것이다. 이러한 입법취지는 제751조와 제752조의 해석에
있어서도 고려되어야 한다.

4) 민법 제751조

a) 문제의 소재

위자료는 제751조에 열거된 신체, 자유, 명예가 침해된 경우에 한하여 허용되는지
가 우선 문제된다. 특히 생명침해의 경우 피해자 본인의 위자료가 인정될 수 있는지
도 문제된다. 더 나아가 제751조에 열거된 신체, 자유, 명예가 아닌 인격적 이익의
침해나 재산권의 침해로 인하여 발생하는 비재산적 손해는 배상될 수 있는가도 문제
된다.

b) 구민법상의 논의

구민법 제710조는 타인의 신체, 자유 또는 명예를 해한 경우이든 재산권을 해한
경우이든 전조의 규정에 의하여 배상책임이 있는 자는 재산이외의 손해에 대하여도
배상을 요한다고 규정하고 있다. 학설과 판례는 신체, 자유, 명예 외에 정조 기타 인
격적 법익과 재산적 법익에 대하여도 위자료배상책임을 긍정하였다.[46]

---

44) 民法案審議錄, 上卷, 441면.

45) 民法案意見書, 199면(金基善 집필).

c) 입법 취지

민법안심의록에 의하면 구민법 제710조와 동일취지이나 제2항을 신설하였다고 한다.[47] 따라서 구민법 제710조와 조문상의 차이는 있으나 신체, 자유, 명예로 보호법익이 한정되지 않는다.

d) 판례 및 학설

aa) 판례

대법원은 제751조를 주의적·예시적 규정으로 해석하면서 신체, 자유 또는 명예의 침해가 아닌 경우에도 위자료의 배상을 긍정한다.[48] 생명침해 자체에 대하여도 피해자 본인의 위자료를 인정하고 있다.

bb) 학설

학설은 대체로 제751조에 열거된 사항에 한정하지 않고 널리 비재산적 손해가 있는 경우에 그 배상을 허용하고 있다.[49] 이에 대하여 소수설은 제750조는 인격권과 재산권침해에 대한 재산적 손해의 배상규정이고, 제751조 제1항은 순전히 인격권침해에 대한 정신적 손해배상의 한정규정이라고 한다.[50]

e) 검토

신체의 침해, 자유의 침해, 명예의 침해를 어떻게 이해할 것인가를 명확하게 검토한 후에 비로소 제750조와의 관계가 분명하게 설정될 수 있다. 제751조의 해석에 의하여 보호되는 범위가 어느 정도인지에 따라 열거설과 예시설의 타당성이 달라질 수

---

46) 日注釋民法(19), 債權(10) 제710조, 1965, 194-195면(植林弘).

47) 民法案審議錄, 上卷, 441면.

48) 대법원 1999. 4. 23. 선고 98다41377 판결 외 다수.

49) 郭潤直, 債權各論, 452면; 金曾漢·金學東, 債權各論, 900면; 金相容, 不法行爲法, 489면. 註釋 債權各論(7), 272면(徐光民 집필)은 제751조는 단순한 주의규정이 아니라 제750조를 구체화하는 보충규정이라고 한다.

50) 曹圭昌, "所有權侵害와 慰藉料請求權", 論理와 直觀(曹圭昌 敎授論文集), 1998, 482-483면.

있는 것이다.

신체의 침해에 대하여 상해 뿐만 아니라 건강침해를 포함시키는 것이 다수의 견해이다.[51] 학설은 대체로 자유의 침해에 대하여는 신체적 자유와 정신적 자유가 포함되고, 전자에 대하여는 체포, 감금, 폭행을, 후자에 대하여는 의사결정의 자유의 침해를 논한다.[52] 명예의 침해에 대하여는 학설은 대체로 명예훼손에 한정하고, 모욕을 제외한다.[53]

제751조의 광의의 해석에 의하더라도 생명침해, 성적 자기결정권의 침해, 사생활의 비밀과 자유, 초상권, 성명권, 모욕, 재산권의 침해는 동조의 규율범위에 포함되지 않는다. 따라서 열거설에 의하는 경우 제751조의 광의의 해석에 의하더라도 인격권의 보호에 미흡하게 된다. 왜냐하면 인격권의 침해의 경우에 주로 비재산적 손해가 발생하여 주된 구제수단이 위자료이기 때문이다.

따라서 제751조는 비재산적 손해가 발생하는 전형적인 경우를 규정한 것이라는 점에서 의의가 있다고 할 것이고, 비재산적 손해가 발생할 수 있는 다양한 사정에 대한 연결점으로 '정신적 고통' 을 규정한 것이므로 제751조를 열거규정으로 해석할 것은 아니다. 더 나아가 독일 민법과 같이 유추해석을 막는 조항(민법 제253조: 법률에 규정된 경우에 한하여)이 우리 민법에는 존재하지 않으므로 반드시 열거설을 채택하여야 하는 것은 아니며, 열거설로의 전환을 명시하는 입법자의 의사는 엿보이지 않는다. 또한 오스트리아와 같이 위자료를 규정하는 다수의 민법 조문(제1325조, 제1328조, 제1328조의a, 제1329조, 제1331조)이 존재하는 것도 아니고, 단 두 개의 조문인 제751조와 제752조만이 위자료를 규율하고 있을 뿐이다. 오히려 우리 민법은 스위스 민법과 유사한 구조를 가지고 있다고 보아야 할 것이다.[54]

위에서 상론한 바와 같이 신체, 자유, 명예를 비재산적 손해가 발생할 수 있는 전형적인 법익으로 보아 제751조에 규정한 것이므로 위 법익의 외연을 너무 확대하는 것은 바람직하지 않다. 특히 자유의 침해는 신체의 자유의 침해로 한정하는 것이 타

---

51) 民法注解[XVIII], 356면(李東明 집필).

52) 民法注解[XVIII], 358-361면(李東明 집필); 註釋 債權各論(7), 278면(徐光民 집필).

53) 民法注解[XVIII], 364면(李東明 집필); 註釋 債權各論(7), 279면(徐光民 집필).

54) 스위스채무법 제47조와 제49조는 우리민법 제752조와 제751조에 각 대응한다.

당하다. 그렇지 아니하고 의사결정의 자유를 포함하는 것으로 본다면, 사생활의 자유, 성적 자기결정권 등을 제외할 이유가 무엇인지 명확하지 않은 것이다. 다양한 내용의 인격적 이익은 제751조의 소정의 신체, 자유, 명예의 외연의 확대가 아니라 예시설에 의한 해석에 의하여 충분히 보호될 수 있는 것이다.

5) 민법 제752조

a) 서설

제752조는 생명침해의 경우에 근친자(직계비속, 직계존속 및 배우자)에게 위자료를 인정하고 있는바, 이 규정을 열거설로 해석할 것인지 아니면 예시설로 해석할 것인지가 문제된다. 즉, 동조 소정의 자에 한하여 위자료청구권을 인정할 것인지가 문제된다.

b) 구민법상의 논의

구민법 제711조는 타인의 생명을 해한 자는 피해자의 '부모·배우자 및 자'에 대하여 그 재산권을 해하지 아니한 경우에 있어서도 손해의 배상을 하여야 한다고 규정하고 있는바, 동규정의 입법취지는 위 소정의 자의 권리침해의 입증곤란을 구제하기 위한 것이라고 한다.[55] 동조의 해석과 관련하여 두 가지의 문제가 발생한다. 첫째, 생명침해의 경우에 동조 소정의 자로 위자료청구권이 제한되느냐이다. 둘째, 생명침해가 아닌 경우에 위자료청구권이 부정되는가이다. 초기의 판례와 학설은 열거설에 입각하여 동조에 규정된 자에 한하여 위자료를 허용하였으나,[56] 2차대전 후에는 예시설에 입각하여 동조에 규정된 자는 비재산적 손해에 대한 입증없이 위자료가 청구가능하고, 그 외의 자는 제709조에 의하여 비재산적 손해에 대한 입증을 통하여 위자료를 청구할 수 있다고 한다.[57] 다만 생명침해가 아닌 경우에는 엄격한 요건하에서 근친자의 위자료를 긍정한다.

---

55) 日注釋民法(19), 債權(10) 제711조, 1965, 234(植林弘).

56) 日大判 1915. 10. 6. 판결(民錄 21, 1612); 梅 謙次郞 民法要義 卷之三 債權編 1909, 874.

57) 日注釋民法(19), 債權(10) 제711조, 1965, 235면(植林弘); 加藤一郞, 不法行爲, 1957, 242.

c) 입법 취지

민법안심의록에 의하면 제752조는 구민법과 동일취지이나 청구권자를 '부모, 배우자 및 자'에서 '직계존속, 직계비속 및 배우자'로 변경한 것이라고 한다.[58] 민법제정당시의 학설과 판례는 예시설을 따르고 있었고, 민법안심의과정에서 열거설이나 예시설에 대한 심도있는 논의가 진행된 것도 아니어서 위와 같은 청구권자의 확대를 열거설로의 전환이라고 단정하기 어렵다.

d) 판례 및 학설

aa) 판례와 다수설

판례와 다수설은 제752조를 예시적 규정이라고 보아 제752조에 규정된 친족 이외의 친족도 그의 정신적 고통을 입증하면 제750조, 제751조에 의하여 위자료를 청구할 수 있고, 생명침해가 아닌 경우에도 근친자의 위자료가 인정될 수 있다는 태도를 견지하고 있다.[59]

bb) 소수설

소수설은 제752조는 망인의 위자료청구권을 부정하고 사망으로 인하여 비재산적 손해배상을 청구할 수 있는 근친자의 범위를 한정하는 규정이라고 해석한다.[60]

---

58) 民法案審議錄, 上卷, 441면.

59) 대법원 1963. 10. 31. 선고 62다558 판결; 대법원 1967. 6. 27, 선고 66다1592 판결; 대법원 1967. 9. 5. 선고 67다1307 판결(망인인 피해자의 누나에게 위자료를 인정함); 대법원 1967. 9. 19, 선고 67다1445 판결; 대법원 1967. 12. 26, 선고 67다2460 판결; 대법원 1970. 3. 24, 선고 69다267 판결; 郭潤直, 債權各論, 453면; 金相容, 不法行爲法, 490-491면.

60) 權龍雨, "不法行爲로 인한 慰藉料請求權者의 範圍-대법원 1978. 9. 26. 선고 78다1545 판결-", 判例月報 104호, 100면; 朴禹東, "民法 제752조의 意義", 인신사고소송, 1981, 238면 이하; 張在玉, "慰藉料에 관한 몇가지 考察", 韓國民法理論의 發展(II), 1999, 609면. 註釋 債權各論(7), 312-313면(宋德洙 집필)은 제752조는 일정한 간접피해인 근친자를 보호하기 위한 특별규정이라고 해석한다.

e) 검토

민법 제정당시의 논의에 비추어 보면 입법자가 열거설을 의도하고 청구권자의 범위를 확대한 것이라고 보기 어렵고, 오히려 입증책임을 경감하는 자의 범위만을 확대한 것이라고 보는 것이 입법자의 의도에 부합한다. 또한 이러한 해석은 당시의 학설과 판례에 부합하는 것이기도 하다. 다른 한편으로 엄격한 요건하에서라도 위자료를 배상받을 수 있는 가능성을 열어 두어야 실질적으로 타당한 해결을 도출할 수 있다. 가령 열거설에 의하면 뇌사상태나 중상해로 불구가 되거나 장기간 치료를 받고 있는 경우에 근친자에게 사망을 능가하는 중대한 정신적 고통을 주는 것임에도 불구하고 위자료를 부정하는 불합리한 결과가 초래된다.

3. 불법행위의 성립요건

1) 서설

제750조는 불법행위의 요건으로 ① 고의 또는 과실에 의한 가해행위, ② 가해행위의 위법성, ③ 손해, ④ 가해행위와 손해와의 인과관계를 규정하고 있다. 소위 일반조항은 다양한 사안 유형에 탄력적으로 대응할 수 있는 장점이 있으나, 명확성과 예측가능성의 측면에서 단점을 내포하고 있다. 그리하여 일반조항을 사물논리에 입각한 유형론으로 구체화할 필요가 긴요하다.

2) 귀책사유

a) 서설

제750조가 규정하고 있는 바와 같이 불법행위의 성립을 위하여는 그 귀책사유로 가해자의 고의 또는 과실이 필요하다. 즉, 일상 생활중에 발생한 불이익은 자신이 감수하는 것이 원칙이고, 이를 타인에게 전가시키기 위하여는 이를 정당화하는 사유(귀책사유)가 필요하다.[61] 여기서의 귀책사유는 자신이 직접적인 잘못으로 불법행위가 성

I 불법행위법 총론 37

립된 경우 뿐만 아니라 자신의 감독하에 있는 타인의 잘못으로 불법행위가 성립된 경우도 포함한다. 책임무능력자의 감독자의 책임이나 사용자책임과 같이 감독자나 사용자가 피해자에 대하여 불법행위를 저지른 것은 아니지만, 그의 적절함 감독이 있었더라면 불법행위가 없었을 것이므로 이에 대하여 불법행위책임이 인정되는 것이다.

b) 고의와 과실

고의라 함은 일정한 결과(타인에 대한 위법한 침해)가 발생하리라는 것을 알면서 감히 이를 행하는 심리상태를 말한다. 즉, 일정한 결과의 발생에 대한 인식을 가지고, 실제로 그런 결과가 일어나도 좋다는 생각을 가지고 행위를 하는 경우에 고의가 인정된다.

과실이라 함은 일정한 결과가 발생한다는 것을 알고 있었어야 함에도 불구하고 주의의무를 게을리하여 그것을 알지 못하고서 어떤 행위를 하는 것을 말한다. 결국 과실은 규범적으로 요구되는 행위기준을 충족하지 못한 경우에 긍정되는데, 이는 구체적으로 사회에서 발생하는 각종 위험을 분배하고 줄이기 위한 정책적 관점에서 결정된다.[62]

c) 고의와 과실의 관계

형사책임에 있어서는 행위자의 악성을 중요하게 보아 고의에 의한 범죄만을 처벌하는 것을 원칙으로 삼지만, 민사책임에 있어서는 고의 뿐만 아니라 과실의 경우에도 불법행위의 성립을 인정하는 점에서 양자는 근본적인 차이가 있다. 민사책임 내에서 고의와 과실은 다음의 점에서 차이가 난다.

첫째, 특별손해의 배상에 있어 차이가 있을 수 있다. 고의의 경우에는 과실의 경우보다 특별손해에 대한 예견가능성이 긍정되는 경우가 많을 것이다.[63]

둘째, 민사책임의 경우에도 고의에 의한 불법행위와 과실에 의한 불법행위는 재산적 손해의 배상에 있어서는 차이가 없지만, 비재산적 손해의 배상인 위자료에 있어서

---

(61) 梁彰洙(註 12), 320면.

(62) 梁彰洙(註 12), 329면.

(63) 民法注解[XVIII], 183면(李尙勳 집필).

는 양자가 차이를 보인다.[64]

셋째, 고의에 의한 불법행위냐 과실에 의한 불법행위냐는 상계적상의 관점에서 중요한 차이를 가져온다. 즉, 제496조에 따라 고의에 의한 불법행위채권을 수동채권으로 하여 상계하는 것은 금지되나, 과실에 의한 불법행위채권의 경우에는 그러하지 아니하다.

넷째, 손해배상액을 확정함에 있어 과실상계와 배상액감경청구(제765조)에 있어 차이가 있다.[65]

d) 소송법적 문제

학설과 판례는 피해자가 가해자의 과실만을 주장하였을 뿐인데도 가해자의 고의를 인정할 수 있고, 그 반대도 무방하다고 한다.[66]

그러나 고의와 과실은 귀책근거를 달리 하는 것이며, 당사자의 중요한 법적 공방의 대상이며, 위자료 등 손해배상의 범위도 영향을 주는 것이어서 판례와 학설의 태도에는 문제가 있다. 따라서 실무상으로 기습재판을 방지하기 위하여 귀책사유의 변경 등에 대한 석명권의 행사가 필요하다.

e) 입증책임

귀책사유는 불법행위의 적극적 성립요건이므로 그 입증책임은 불법행위의 성립을 주장하는 피해자가 부담한다.[67] 이러한 입증책임원칙에 대한 예외로 법률의 규정에 의하여 입증책임이 전환되는 경우와 사실상 과실의 추정으로 입증책임이 전환되는 경우가 있다.

aa) 입증방법

'고의' 라 함은 자신의 행위에 의하여 일정한 결과가 발생하리라는 것을 알면서 이

---

64) 民法注解[XVIII], 183면(李尚勳 집필).

65) 民法注解[XVIII], 183면(李尚勳 집필).

66) 대법원 1995. 12. 22. 선고 94다21078 판결; 대법원 1990. 3. 27. 선고 89다카22715 판결; 民法注解[XVIII], 184면(李尚勳 집필).

67) 民法注解[XVIII], 203면(李尚勳 집필); 吳錫洛, 立證責任論, 461면.

를 행하는 심리 상태를 말하고, 여기에는 확정적 고의는 물론 미필적 고의도 포함된다고 할 것이며, 고의와 같은 내심의 의사는 이를 인정할 직접적인 증거가 없는 경우에는 사물의 성질상 고의와 상당한 관련성이 있는 간접사실을 증명하는 방법에 의하여 입증할 수밖에 없고, 무엇이 상당한 관련성이 있는 간접사실에 해당할 것인가는 사실관계의 연결상태를 논리와 경험칙에 의하여 합리적으로 판단하여야 할 것이다.[68] 통상적으로 고의의 입증은 관련 형사사건의 유죄판결을 통하여 이루어진다. 과실의 입증은 법규상 또는 조리상 요구되는 주의의무의 내용을 특정하고 이를 위반하였다는 것을 구체적으로 밝히는 작업을 통하여 이루어진다.

bb) 법률에 의한 입증책임의 전환

제755조, 제758조, 제759조가 있다. 즉, 주의의무를 다했다는 점을 가해자가 입증하는 것을 통하여 면책될 뿐이다. 다만 제756조 제1항 단서에 의한 면책은 판례에 의해 인정되지 않고, 오히려 사무집행관련성에 대한 피해자의 귀책사유(고의 또는 중과실)에 의해 면책되는 것으로 균형을 이룬다. 인신사고에 관하여 입증책임을 전환한 경우로는 자배법 제3조가 있다.

독점규제법 제56조 제1항은 동법위반의 행위에 대하여 손해배상책임을 긍정하고, 가해자가 고의 또는 과실없음을 인정한 경우에 한하여 면책시킨다. 부정경쟁방지법 제5조, 제11조, 증권거래법 제188조의3(미공개정보 이용행위), 제188조의5(시세조작), 주식회사의 외부감사에 관한 법률 제17조 제2항 본문, 제5항 등도 마찬가지이다.

cc) 해석에 의한 입증책임의 전환

해석에 의하여 입증책임의 전환이 문제되는 경우는 다음과 같다.

첫째, 부당한 보전처분의 집행으로 인하여 손해가 발생한 경우이다. 즉, 판례는 가압류나 가처분 등 보전처분은 법원의 재판에 의하여 집행되는 것이기는 하나 그 실체법상 청구권이 있는지 여부는 본안소송에 맡기고 단지 소명에 의하여 채권자의 책임하에 하는 것이므로, 그 집행 후에 집행채권자가 본안소송에서 패소확정되었다면 그

---

68) 대법원 2001. 3. 9. 선고 2000다67020 판결.

보전처분의 집행으로 인하여 채무자가 입은 손해에 대하여는 특별한 반증이 없는 한 집행채권자에게 고의 또는 과실이 있다고 추정되고, 따라서 그 부당한 집행으로 인한 손해에 대하여 이를 배상하여야할 책임이 있다고 판시한다.[69]

둘째, 특허권 침해를 주장하는 자가 특허심판원에 권리범위 확인의 청구를 하거나 법원에 특허권 침해를 원인으로 한 가처분신청을 하지도 않은 채 변리사의 판단에만 근거하여 마치 상대방 제품이 특허권을 침해한 것처럼 상대방의 거래처인 홈쇼핑회사에 판매 금지, 제품 폐기, 사과문 게재 등을 내용으로 하는 강력한 경고장을 발송하여 홈쇼핑회사로 하여금 예정된 홈쇼핑 방송을 취소하도록 한 행위는, 고의 또는 과실에 의해 상대방의 영업활동을 방해한 것으로 위법성이 인정되므로 그로 인한 손해를 배상할 의무가 있다.[70] 이는 보전처분에 있어 귀책사유가 추정되는 경우와 유사하게 볼 수 있다. 즉, 법원의 판단을 받지 아니한 채 특허권의 존재를 주장하면서 과도한 권리행사를 한 경우에 사후적으로 권리의 부존재가 확정되면 귀책사유가 추정되고 그로 인한 손해배상의무가 긍정된다고 할 것이다.

이와 같이 양자는 최종적인 법적 판단에 앞서서 자신의 위험하에서 권리를 주장하고 이를 실행하는 자는 그 패소 또는 권리부존재에 대한 배상책임을 추정적으로 부담한다는 점에서 공통적이다.

3) 책임능력

a) 책임능력의 개념

책임능력이라 함은 자기의 행위에 의하여 일어난 결과가 위법한 것이어서 법률상 비난받는 것임을 인식하는 정신능력을 말한다.[71] 책임능력을 명시적으로 규정하는 민법 규정은 없으나, 과실책임주의 원칙과 민법 제753조와 제754조에 근거하여 학설과 판례는 책임능력을 불법행위의 성립요건의 하나로 인정한다.[72] 책임능력이 없는 자의

---

69) 대법원 1992. 9. 25. 선고 92다8453 판결.

70) 대전지방법원 2009. 12. 4. 선고 2008가합7844 판결(확정).

71) 金曾漢・金學東, 債權各論, 802면; 金相容, 不法行爲法, 68-9면.

72) 郭潤直, 債權各論, 393면.

행위는 불법행위가 성립하지 않는다는 점에서 불법행위능력이라고 일컫는다.

b) 책임능력의 판정기준

책임능력의 유무는 오로지 연령 등 객관적 기준에 의하여 판정되는 것이 아니라 개인의 구체적 사정, 법익 침해의 정도 등 개별 사건의 제반 정상을 고려하여 판정되는 것이다.[73]

책임능력의 존부는 제753조의 해석에 의하는데, 동 규정의 해석에 있어서는 형법 제9조가 참고가 된다. 형법 제9조에 의하면 14세 미만의 자의 행위는 이를 벌하지 않는다고 규정하고 있는바, 책임능력의 유무가 문제되는 경우는 14세 미만의 미성년자의 행위에 국한된다.

연령에 따라 획일적으로 책임능력의 존부를 결정할 수는 없다고 하더라도 의사능력이 10세 정도에 갖추는 것으로 보는 것에 비추어 12세(초등학교 졸업연령)가 되면 일응 책임능력을 갖추는 것으로 보고, 결과의 중대성과 행위의 태양에 비추어 유연한 태도를 견지하는 것이 구체적 타당성의 측면에서 적절하다.

c) 입증책임

책임능력은 일반인에게 갖추어져 있는 것이 원칙이기 때문에 배상을 청구하는 피해자가 가해자의 책임능력의 존재를 입증할 필요는 없고, 반대로 가해자가 자신이 책임능력이 없음을 항변사항으로 주장하고 입증하여야 한다.[74]

4) 위법성

a) 위법성의 개념

위법이라고 하는 것은 법질서에 반하는 것을 말하며, 이에 해당하는 것으로 실정법규의 위반 외에 선량한 풍속 기타 사회질서의 위반도 있다.[75] 초기에는 결과불법설

---

73) 金相容, 不法行爲法, 69면.

74) 金曾漢 · 金學東, 債權各論, 802면; 金相容, 不法行爲法, 71면.

75) 金相容, 不法行爲法, 80면.

에 따라 위법성을 권리침해라는 결과에 대한 평가로 이해되었으나, 현재는 행위불법설에 따라 위법성을 행위에 대한 평가로 이해한다.[76] 구체적으로 위법성의 존부 및 정도를 판단하기 위하여는 법익의 종류와 침해의 태양을 상관적으로 고려하여야 한다.[77] 위법성의 판단과 관련하여 중요한 법익의 분류는 생명, 신체, 자유 등과 같은 인격적 법익과 소유권, 채권과 같은 재산적 법익이라고 할 수 있다. 단순한 채권의 침해의 위법성이 인정되기 위하여는 귀책사유의 정도나 침해의 태양의 중대성이 요구된다.

불법행위 성립요건으로서의 위법성은 관련 행위 전체를 일체로만 판단하여 결정하여야 하는 것은 아니고, 문제가 되는 행위마다 개별적 · 상대적으로 판단하여야 할 것이므로 어느 시설을 적법하게 가동하거나 공용에 제공하는 경우에도 그로부터 발생하는 유해배출물로 인하여 제3자가 손해를 입은 경우에는 그 위법성을 별도로 판단하여야 하고, 이러한 경우의 판단 기준은 그 유해의 정도가 사회생활상 통상의 수인한도를 넘는 것인지 여부이다.[78]

b) 구체적 검토

aa) 소유권 등 물권의 침해

소유권은 절대권인 물권 가운데서도 가장 강한 권리이므로 그 침해는 원칙적으로 위법성을 띠게 되어 불법행위가 인정된다.

용익물권의 침해에 있어서는 소유권과 마찬가지로 위법성이 쉽게 긍정되며, 다만 손해는 원칙적으로 사용수익액으로 인정된다. 용익물권이 침해된 경우에는 소유자가 아니라 용익물권자만 손해배상을 청구할 수 있다. 다만 양도담보권자에게는 사용수익권이 없으므로 차임상당의 손해배상을 청구할 수 없다.[79]

담보물권의 침해에서도 위법성이 긍정되나, 그로 인한 손해의 산정에 있어서는 유의할 필요가 있다. 담보물권이라고 하는 것은 채권의 담보를 위한 것이므로 채권자가

76) 金曾漢 · 金學東, 債權各論, 782면.
77) 民法注解[XVIII], 210면(李尙勳 집필); 金曾漢 · 金學東, 債權各論, 786면.
78) 대법원 2003. 6. 27. 선고 2001다734 판결.
79) 대법원 1979. 10. 30. 선고 79다1545 판결.

우선변제권이 침해된 한도에서 손해를 인정함이 원칙이다.[80]

bb) 점유권의 침해

점유권의 침해에 관련하여서는 본권(점유 및 사용권한)을 갖는 점유자와 그렇지 않은 점유자를 구별하여 검토하여야 한다. 본권을 갖는 점유자에게 점유권의 침해는 소유권 또는 용익물권의 침해를 동시에 구성하므로 불법행위의 성립에 어려움이 없다. 본권 갖지 않는 점유자에 대하여 불법행위책임을 긍정할 것인지가 문제된다. 본권이 없거나 본권을 주장·입증하지 못한 단순한 점유자는 원칙적으로 점유권 그 자체에 의한 불법행위법상의 배상청구권을 취득하지 못한다는 견해가 유력하다.[81]

그러나 점유권의 침해로 인하여 임료상당의 손해와 주거침입 및 생활방해로 인한 비재산적 손해가 발생할 수 있는바, 전자는 본권의 구비여부와 관련이 있으나, 후자는 이와 직접적 관련이 없다. 따라서 후자에 대하여는 본권자에 대하여도 손해배상을 청구할 수 있다. 본권자라고 하더라도 민사집행법에 의한 집행절차에 의하지 않고 점유자의 점유상태를 해할 수 없는 것이다.

cc) 채권의 침해

채권침해의 경우에는 앞서 살핀 물권과는 달리 보다 엄격한 요건하에서 위법성이 긍정된다. 즉, 채권의 침해를 독자적인 불법행위로 구성할 실익이 있는가를 신중하게 검토하여야 한다. 채권이라고 하는 것이 채권자와 채무자 상호간의 관계를 중심으로 전개된 것이므로 제3자의 채권침해를 원칙적으로 인정하게 되면 채권의 상대효에 반하고, 법률관계를 복잡하게 할 위험이 존재하므로 다른 구제수단으로 피해의 전보가 불가능하거나 불충분한 경우에 한정되어야 한다.

---

80) 대법원 2009. 5. 28. 선고 2006다42818 판결. 여기서 나머지 저당 목적물의 가액에 의하여 만족을 얻지 못하는 채권액은 위 근저당권의 실행 또는 제3자의 신청으로 개시된 경매절차에서 근저당권자가 배당받을 금액이 확정되었거나 확정될 수 있는 때에는 그 금액을 기준으로 하여 산정하며, 그렇지 아니한 경우에는 손해배상 청구소송의 사실심 변론종결시를 기준으로 산정하여야 하고, 소멸된 저당 목적물 부분의 가액 역시 같은 시점을 기준으로 산상하여야 한다.

81) 民法注解[XVIII], 213면(李尙勳 집필).

dd) 인격적 이익의 침해

인격적 이익은 크게 세 가지로 분류할 수 있다. 생명, 신체, 자유, 정조 등과 같은 신체적 측면에 관한 인격권, 명예, 성명, 초상, 사생활의 비밀과 자유 등과 같은 정신적 측면에 관한 인격권, 그리고 신용, 영업 등과 같은 경제적 측면에 관한 인격권이다.[82] 생명, 신체를 제외한 좁은 의미의 무형적 이익의 총체에 해당하는 인격적 이익은 대립하는 이익과의 비교형량을 통해서 위법성이 결정되는 특징을 가진다.

c) 입증책임

위법성의 입증책임은 피해자인 원고가 진다.[83] 다만 입증정도에 관하여는 법익의 태양에 따라 달라질 수 있는 것이다. 신체의 침해의 경우에는 피해자가 신체의 침해를 입었다는 점의 입증만으로 위법성이 인정될 수 있으나, 단순한 채권의 침해의 경우에는 채권침해의 위법성이 인정되기 위하여 침해의 태양과 관련하여 특별한 입증이 필요하다.

5) 위법성 조각사유

a) 서설

민법은 제761조에서 위법상 조각사유로 정당방위와 긴급피난만을 규정하고 있을 뿐이나, 해석론으로 자력구제, 정당행위, 피해자의 승낙이 위법성 조각사유로 고려된다.[84] 위법성이 피침해이익과 침해행위의 태양의 상관관계에서 판단되는 바와 같이 위법성조각사유도 같은 상관관계에서 판단된다.[85]

b) 정당방위

제761조 제1항은 타인의 불법행위에 대하여 자기 또는 제3자의 이익을 방위하기

---

82) 民法注解[XVIII], 355-6면(李東明 집필).

83) 同旨: 吳錫洛, 立證責任論, 461면.

84) 民法注解[XIX], 269면(金滉植 집필).

85) 民法注解[XIX], 269면(金滉植 집필); 金相容, 不法行爲法, 85면; 金曾漢・金學東, 債權各論, 788면.

위하여 부득이 타인에게 손해를 가한 자는 배상할 책임이 없다고 규정하고 있다. 여기서 '타인의 불법행위'라 함은 불법행위의 성립요건(귀책사유와 책임능력)이 모두 충족되어야 하는 것은 아니고 객관적으로 위법하기만 하면 된다.[86] 정당방위의 성립 여부에 있어 가장 중요한 요건은 상당성이다. 상당성의 요건은 스스로 가해행위를 하는 외에 다른 방법이 없고 그 방법에 의하여 방위하려는 이익과 상대방이 입는 불이익사이에 균형을 이루어야 하는 것을 말한다.[87]

과잉방위의 경우에는 위법성이 조각되지 않고 불법행위를 구성하나, 과실상계의 법리에 따라 손해배상책임이 감경될 수 있다.

c) 긴급피난

제761조 제2항은 급박한 위난을 피하기 위하여 부득이 타인에게 손해를 가한 경우에도 위법성이 없다고 규정한다. 여기서 부득이하다고 인정되기 위하여는 다른 피난 수단이 없고, 이익과 손해사이의 현저한 불균형이 없어야 한다.[88] 그리고 급박한 위난은 가해자의 고의와 과실로 발생한 것이어서는 안된다.[89]

d) 자력구제

자력구제는 과거의 침해에 대한 방어수단이라는 점에서 현재의 침해에 대한 방위 행위인 정당방위·긴급피난과 차이가 있다. 민법은 자력구제에 관한 일반규정을 두고 있지 않으며, 단지 점유의 침탈에 관한 규정이 있을 뿐이다. 그러나 학설은 대체로 자력구제를 위법성 조각사유로 인정하나, 그 요건에 있어 자력구제에 사용되는 수단이 선량한 풍속 기타 사회질서에 위반하지 않고 사회적으로 허용되는 것이어야 한다는 제한을 설정한다.[90]

---

86) 民法注解[XIX], 270면(金滉植 집필).
87) 民法注解[XIX], 271면(金滉植 집필).
88) 民法注解[XIX], 273면(金滉植 집필).
89) 대법원 1981. 3. 24. 선고 80다1592 판결.
90) 郭潤直, 債權各論, 406면; 民法注解[XIX], 275면(金滉植 집필).

e) 피해자의 승낙

피해자의 승낙도 민법상 위법성 조각사유로 규정되어 있지는 않지만, 학설상 위법성 조각사유로 인정된다.[91] 다만 피해자의 승낙이 위법성 조각사유로 인정되기 위하여는 다음의 요건이 충족되어야 한다. 즉, 피해자가 승낙의 의미를 이해할 수 있을 정도의 정신능력을 갖추어야 하며, 승낙이 선량한 풍속 기타 사회질서에 반하는 것이어서는 안된다.[92] 본인의 승낙을 받고 승낙의 범위 내에서 그의 사생활에 관한 사항을 공개할 경우 이는 위법한 것이라 할 수 없다 할 것이나, 본인의 승낙을 받은 경우에도 승낙의 범위를 초과하여 승낙 당시의 예상과는 다른 목적이나 방법으로 이러한 사항을 공개할 경우 이는 위법한 것이라 아니할 수 없다.[93]

f) 정당행위

정당한 사무관리가 위법성이 조각되는 점은 제734조 이하의 규정에 비추어 명백하다.[94] 더 나아가 법률상 주어진 권한의 행사는 특단의 사정이 없는 한 위법성이 조각된다.[95] 가령 친권자 또는 후견인의 징계행위(제915조, 제945조), 교원의 학생에 대한 징계행위(초중등교육법 제18조, 고등교육법 제13조), 현행범인의 체포(형사소송법 제212조)가 그러하다. 채권자의 권리행사의 한계와 관련하여서는 채권추심법을 참고할 필요가 있다. 동법은 폭행, 협박 등의 금지와 불공정한 행위의 금지 등을 규정하고, 이를 위반한 경우에는 손해배상책임을 규정한다.

법률에 규정된 바가 없더라도 정당한 업무행위는 위법성이 조각된다.[96] 의사의 치료행위, 권투와 같은 운동경기에 의한 가해행위, 징계권없는 자가 미성년자에게 하는 징계행위가 이에 해당한다. 위와 같은 업무행위가 정당성을 인정받기 위하여는 선량한 풍속 기타 사회질서에 반하는 것이어서는 안된다.

교사의 학생에 대한 체벌이 징계권의 행사로서 정당행위에 해당하려면 그 체벌이

---

91) 郭潤直, 債權各論, 406면; 民法注解[XIX], 275면(金滉植 집필).

92) 郭潤直, 債權各論, 406면; 民法注解[XIX], 276면(金滉植 집필).

93) 대법원 1998. 9. 4. 선고 96다11327 판결.

94) 郭潤直, 債權各論, 407면; 民法注解[XIX], 277면(金滉植 집필).

95) 郭潤直, 債權各論, 407면; 民法注解[XIX], 277면(金滉植 집필).

96) 郭潤直, 債權各論, 407면; 民法注解[XIX], 277면(金滉植 집필).

교육상의 필요가 있고 다른 교육적 수단으로는 교정이 불가능하여 부득이 한 경우에 한하는 것이어야 할 뿐만 아니라, 그와 같은 경우에도 그 체벌의 방법과 정도에는 사회관념상 비난받지 아니할 객관적 타당성이 있지 않으면 안된다.[97]

대법원은 민사소송절차의 변론과정에서 당사자가 상대방의 프라이버시나 명예에 관한 사항을 주장하고 이에 관한 증거자료를 제출함으로써 상대방의 프라이버시가 침해되거나 명예가 훼손되었다 하더라도, 그 주장과 입증이 당사자에게 허용되는 정당한 변론활동의 범위를 일탈한 것이 아니라면 위법성이 없다고 판시하였다.[98]

g) 입증책임

위법성 조각사유는 가해자가 위법성을 조각하기 위한 것이므로 가해자에게 입증책임이 있다. 이러한 입증책임원칙은 피해자가 공직자라고 하여 달라지지 않는다. 즉, 방송 등 언론 매체가 사실을 적시하여 개인의 명예를 훼손하는 행위를 한 경우에도 그것이 공공의 이해에 관한 사항으로서 그 목적이 오로지 공공의 이익을 위한 것일 때에는 적시된 사실이 진실이라는 증명이 있으면 그 행위에 위법성이 없다 할 것이고, 그 증명이 없더라도 행위자가 그것을 진실이라고 믿을 상당한 이유가 있는 경우에는 역시 위법성이 없다고 보아야 하지만, 명예훼손의 피해자가 공직자라고 하여 위 진실성이나 상당한 이유의 입증책임을 피해자가 부담하여야 한다고 볼 수는 없다.[99]

---

97) 대법원 1988. 1. 12. 선고 87다카2240 판결. 대법원은 이 사건 상해에 이른 경위와 상해부위 등에 비추어 교사가 원고에게 타일러 칠판에 손을 대고 엎드리게 하는 등의 자세를 취하게 한 후, 체벌을 가하거나 위 원고가 서있는 자세에서 체벌을 가하는 경우에도 다리, 둔부 등 안전한 부위를 골라서 체벌을 가하여야 함에도 불구하고 위 원고가 자신의 체벌을 피하고, 또 지시에 불응하자 격한 감정에서 위 대걸레자루를 높이 치켜들고 위 원고를 때리려고 휘두르다가 이를 또다시 피하는 위 원고의 머리를 구타하게 되었음을 엿볼 수 있으니 이 사건의 경우 비록 교사의 체벌이 교육상 그 필요성이 인정되고, 다른 교육적 수단으로는 교정이 불가능하여 부득이한 경우에 해당한다 하더라도 그 체벌의 방법과 정도에 있어 사회관념상 비난받지 아니할 객관적 타당성이 있다고 보기는 어렵다고 한 원심법원의 판단을 긍인하였다.

98) 대법원 2008. 2. 15. 신고 2006나26243 판결.

99) 대법원 2003. 9. 2. 선고 2002다63558 판결.

6) 인과관계

a) 일반론

인과관계는 손해배상책임의 발생요건으로서의 인과관계와 손해배상의 범위를 결정하는 기준으로서의 인과관계라는 의미를 겸유한다.

인과관계에 관한 학설로 상당인과관계설, 규범목적설, 보호법규설, 위험성관련설이 제시되고 있으나, 통설과 판례는 상당인과관계의 법리에 의하여 손해배상의 범위를 결정한다.[100] 즉, 가해행위가 실제로 일어난 결과를 발생시키기에 일반적으로 적합한 것이고, 사물의 통상적 경과에 비추어 고려될 수 없거나 특이하여 전혀 개연성이 없는 사정하에서만 그러한 결과를 발생시키는 것이 아닌 때에 상당인과관계가 긍정되는 것이다. 상당인과관계의 유무를 판단함에 있어서는 일반적인 결과발생의 개연성은 물론 직무상 의무를 부과하는 법령 기타 행동규범의 목적, 그 수행하는 직무의 목적 내지 기능으로부터 예견가능한 행위 후의 사정, 가해행위의 태양 및 피해의 정도 등을 종합적으로 고려하여야 할 것이다.[101] 상당성의 판단에 있어서 가해행위 당시에 보통인이 알 수 있었던 사정과 가해자가 특히 알고 있었던 사정을 함께 고찰의 대상으로 한다. 이에 반하여 유력설은 인과관계의 존부는 자연적 인과관계에 의하여 결정하고, 손해배상의 범위는 통상손해와 특별손해의 법리에 따라 결정된다고 한다.[102]

b) 개별적 고찰

① 대법원 2011. 1. 27. 선고 2010다74416 판결

육군 공병단에서 근무하던 초임하사가 영내에서 자살한 사안에서, 위 공병단 지휘관 등이 망인의 부대 적응을 도와 주지 않은 잘못이 있다고 볼 수 없고, 다만 육군규정을 숙지하지 못하고 위 규정에 규정된 기간을 초과하여 망인으로 하여금 영내거주를 하도록 한 과실은 있으나, 영내생활이 다소 길어지게 되었다는 사정만으로 스스로

---

100) 대법원 2010. 7. 22. 선고 2010다13527 판결; 民法注解[XⅧ], 231면(李尚勳 집필).
101) 대법원 2008. 1. 31. 선고 2006다913 판결.
102) 梁彰洙, 民法入門, 246-7면.

자신의 삶을 마감하는 방법을 선택한다는 것은 극히 이례적인 경우라 할 것이어서, 위 공병단 공무원의 위와 같은 업무상 잘못으로 망인이 자살할 수도 있다는 특별한 사정에 관한 예견가능성을 인정하기는 어렵고, 따라서 위 업무집행상의 잘못과 망인의 사망 사이에 상당인과관계가 있다고 볼 수 없다.

② 대법원 2010. 7. 22. 선고 2010다13527 판결

개별공시지가는 그 산정 목적인 개발부담금의 부과, 토지 관련 조세 부과 등 다른 법령이 정하는 목적을 위해 지가를 산정하는 경우에 그 산정 기준이 되는 범위 내에서는 납세자인 국민 등의 재산상 권리·의무에 직접적인 영향을 미칠 수 있지만, 이에 더 나아가 개별공시지가가 당해 토지의 거래 또는 담보제공을 받음에 있어 그 실제 거래가액 또는 담보가치를 보장한다거나 어떠한 구속력을 미친다고 할 수는 없다. 그럼에도 개개 토지에 관한 개별공시지가를 기준으로 거래하거나 담보제공을 받았다가 당해 토지의 실제 거래가액 또는 담보가치가 개별공시지가에 미치지 못함으로 인해 발생할 수 있는 손해에 대해서까지 그 개별공시지가를 결정·공시하는 지방자치단체에 손해배상책임을 부담시키게 된다면, 개개 거래당사자들 사이에 이루어지는 다양한 거래관계와 관련하여 발생한 손해에 대하여 무차별적으로 책임을 추궁당하게 되고, 그 거래관계를 둘러싼 분쟁에 끌려들어가 많은 노력과 비용을 지출하는 결과가 초래되게 된다. 이는 결과발생에 대한 예견가능성의 범위를 넘어서는 것임은 물론이고, 행정기관이 사용하는 지가를 일원화하여 일정한 행정목적을 위한 기준으로 삼음으로써 국토의 효율적인 이용과 국민경제의 발전에 기여하려는 부동산 가격공시 및 감정평가에 관한 법률의 목적과 기능, 그 보호법익의 보호범위를 넘어서는 것이다. 따라서 개별공시지가 산정업무 담당공무원 등이 잘못 산정·공시한 개별공시지가를 신뢰한 나머지 토지의 담보가치가 충분하다고 믿고 그 토지에 관하여 근저당권설정등기를 경료한 후 물품을 추가로 공급함으로써 손해를 입었음을 이유로 그 담당공무원이 속한 지방자치단체에 손해배상을 구한 사안에서, 그 담당공무원 등의 개별공시지가 산정에 관한 직무상 위반행위와 위 손해 사이에 상당인과관계가 있다고 보기 어렵다.

③ 대법원 2009. 7. 23. 선고 2006다87798 판결

우편집배원이 압류 및 전부명령 결정 정본을 특별송달하는 과정에서 민사소송법을 위반하여 부적법한 송달을 하고도 적법한 송달을 한 것처럼 우편송달보고서를 작성하여 압류 및 전부의 효력이 발생한 것과 같은 외관을 형성시켰으나, 실제로는 압류 및 전부의 효력이 발생하지 아니하여 집행채권자로 하여금 피압류채권을 전부받지 못하게 함으로써 손해를 입게 한 경우에는, 우편집배원의 위와 같은 직무상 의무위반과 집행채권자의 손해 사이에는 상당인과관계가 있다고 봄이 상당하고, 국가는 국가배상법에 의하여 그 손해에 대하여 배상할 책임이 있다.

④ 대법원 2007. 7. 13. 선고 2005다21821 판결

금융기관이 본인확인절차 등을 제대로 거치지 아니하여 개설된 모용계좌가 사기적 거래관계에서 이미 기망당한 피해자에 의하여 단순히 원인계약상의 채무의 이행을 위하여 입금하는 데 이용되거나 다른 방법이나 경로로 피해자의 재산권을 침해하여 얻은 이득금 등을 입금·보관하는 데 이용된 것에 불과한 경우 등에는 특별한 사정이 없는 한 피해자가 모용계좌의 존재로 인하여 잘못된 신뢰를 형성하여 원인계약을 체결하기에 이르렀다거나 가해자가 그 모용계좌의 존재로 인하여 피해자의 재산권에 대한 접근 및 침해가 가능하게 되었다고 보기 어렵고, 또한 위와 같은 유형의 범죄행위로 인하여 발생한 피해에 대한 책임을 금융기관에 부담시키게 된다면 불특정 다수인이 자신의 책임하에 행하여야 할 거래상대방에 관한 신용조사 등을 잘못하여 이루어진 각양각색의 하자 있는 거래관계나 불특정 다수인을 상대로 행하여진 다양한 형태의 재산권 침해행위 등으로 인하여 발생한 손해에 대해서까지 무차별적으로 금융기관에 책임을 추궁하는 결과가 되어 금융기관의 결과발생에 대한 예측가능성은 물론 금융기관에게 본인확인의무 등을 부과한 행동규범의 목적과 보호법익의 보호범위를 넘어서게 되므로, 본인확인절차 등을 제대로 거치지 아니하여 모용계좌를 개설한 금융기관의 잘못과 위와 같은 태양의 가해행위로 인한 손해 발생 사이에는 상당인과관계를 부정하여야 한다.

c) 입증책임

피해자인 원고는 인과관계에 대한 입증책임을 부담한다.[103] 다만 공해사건과 의료
과오사건의 경우에는 입증책임이 다소 완화된다.[104] 피해자측에서 일련의 의료행위 과
정에 있어서 저질러진 의료상의 과실 있는 행위를 입증하고 그 결과와 사이에 일련의
의료행위 외에 다른 원인이 개재될 수 없다는 점을 증명한 경우에 있어서는 의료행위
를 한 측이 그 결과가 의료상의 과실로 말미암은 것이 아니라 전혀 다른 원인으로 말
미암은 것이라는 입증을 하지 아니하는 이상 의료상 과실과 결과 사이의 인과관계를
추정하여 손해배상책임을 지울 수 있도록 입증책임을 완화한다.[105]

그러나 대법원은 공해사건에 있어서 인과관계의 인정은 일반불법행위와는 달리 인
과관계를 추정할 수 있는 개연성만 있으면 일응 입증이 있는 것으로 소송상 추정되어
서 가해자는 피해자의 손해를 배상할 책임이 있게 되고 피고(가해자)가 그 불법행위
의 책임을 면하려면 인과관계가 없다는 적극적 증명(반증)을 할 책임이 있다는 전제
하에 판결한 원심법원의 판결을 파기하였다.[106]

입증책임과 부검의 관계에 관한 최근의 대법원판례는 중요하다. 사망 원인이 분명
하지 않아 사망 원인을 둘러싼 다툼이 생길 것으로 예견되는 경우에 망인의 유족이
보험회사 등 상대방에게 사망과 관련한 법적 책임을 묻기 위해서는 먼저 부검을 통해
사망 원인을 명확하게 밝히는 것이 가장 기본적인 증명 과정 중의 하나가 되어야 하
는데, 의사의 사체 검안만으로 망인의 사망 원인을 밝힐 수 없었음에도 유족의 반대
로 부검이 이루어지지 않은 경우, 사망 원인을 밝히려는 증명책임을 다하지 못한 유
족에게 부검을 통해 사망 원인이 명확히 밝혀진 경우보다 더 유리하게 사망 원인을
추정할 수는 없으므로, 부검을 하지 않음으로써 생긴 불이익은 유족들이 감수하여야
한다.[107]

---

103) 民法注解[XVIII], 234면(李尙勳 집필); 金相容, 不法行爲法, 89면; 吳錫洛, 立證責任論, 461면.

104) 이는 재력있는 당사자(deep pocket)에게 불리한 판결이 내려지는 것과 일정한 관련이 있다(梁彰洙
      (註 12), 319면).

105) 대법원 2000. 9. 8. 선고 99다48245 판결. 공해사건에 대하여는 대법원 1984. 6. 12. 선고 81다558
      판결 참조.

106) 대법원 1973. 11. 27. 선고 73다919 판결 참조.

7) 손해의 발생

a) 개관

불법행위가 성립하기 위하여는 손해가 발생하여야 한다.[108] 따라서 손해의 입증이 없으면 원고의 청구는 기각될 수밖에 없다. 다만 침해법익에 따라 손해배상이 인정되기 위한 손해의 확실성의 정도는 다르다는 점을 유의하여야 한다. 가령 인신사고로 인한 일실수익에 대하여는 확실성의 정도가 미약하더라도 배상이 긍정되며, 공무원과 같이 노동능력상실률이 있더라도 종전의 수입을 유지하는 경우에도 일실수익의 배상이 인정되는 것은 피해법익의 성질에 대한 고려에서 설명할 수 있다. 그러나 재산적 법익의 침해에 있어서는 손해의 확실성의 입증이 요구된다. 비재산적 손해는 불법행위와 관련된 제반 사정을 고려하여 현재의 비재산적 손해 뿐만 아니라 장래의 비재산적 손해를 포함하여 하나의 금액을 산정하는 것이므로 재산적 손해의 배상과는 차이를 보인다. 또한 비재산적 손해의 배상인 위자료는 재산적 손해가 입증의 부족으로 충분한 만족을 받지 못하였다는 사정까지도 고려하는 점에서 특이성이 있다.

b) 입증책임

피해자인 원고에게 손해에 대한 입증책임이 있다.[109] 손해에 대한 배상액의 입증이 법원의 직권심사사항이 아닌 만큼 손해의 발생이 추정되는 경우라 할지라도 그 액에 대한 증거가 없어 이를 인정할 수 없다면 동 손해에 대한 배상청구를 인용할 수 없는 것이다. 법원은 적극적으로 석명권을 행사하여 손해의 수액에 관한 입증을 촉구하고 경우에 따라서는 직권으로라도 손해액을 심리·판단하여야 하지만, 그렇게 하여도 밝힐 수 없으면 원고의 청구를 기각할 수 밖에 없다.[110]

---

107) 대법원 2010. 9. 30. 선고 2010다12241,12258 판결.

108) 民法注解[XⅧ], 227면(李尙勳 집필); 吳錫洛, 立證責任論, 461면.

109) 民法注解[XⅧ], 227면(李尙勳 집필).

110) 대법원 2011. 7. 14. 선고 2010다103451 판결; 대법원 2003. 2. 11. 선고 2002다49071 판결; 대법원 1987. 12. 22. 선고 85다카2453 판결.

c) 입증방법

재산적 손해의 발생은 인정되나 구체적인 손해의 액수를 증명하는 것이 사안의 성질상 곤란한 경우, 법원은 증거조사의 결과와 변론 전체의 취지에 의하여 밝혀진 당사자들 사이의 관계, 채무불이행과 그로 인한 재산적 손해가 발생하게 된 경위, 손해의 성격, 손해가 발생한 이후의 제반 정황 등 관련된 모든 간접사실들을 종합하여 상당인과관계 있는 손해의 범위인 수액을 판단할 수 있다. 이러한 법리는 자유심증주의 아래에서 손해의 발생사실은 입증되었으나 사안의 성질상 손해액에 대한 입증이 곤란한 경우 증명도·심증도를 경감함으로써 손해의 공평·타당한 분담을 지도원리로 하는 손해배상제도의 이상과 기능을 실현하고자 함에 그 취지가 있는 것이지 법관에게 손해액의 산정에 관한 자유재량을 부여한 것은 아니므로, 법원이 위와 같은 방법으로 구체적 손해액을 판단하면서는, 손해액 산정의 근거가 되는 간접사실들의 탐색에 최선의 노력을 다해야 하고, 그와 같이 탐색해 낸 간접사실들을 합리적으로 평가하여 객관적으로 수긍할 수 있는 손해액을 산정해야 한다.[111]

d) 위자료의 보충성

학설과 판례는 대체로 위자료의 보충성을 긍인한다.[112] 재산적 손해의 발생이 인정되는데도 입증곤란 등의 이유로 그 손해액의 확정이 불가능하여 그 배상을 받을 수 없는 경우에 이러한 사정을 위자료의 증액사유로 참작할 수는 있다. 그러나 함부로 위자료의 보완적 기능을 확장하여 재산상 손해액의 확정이 가능함에도 불구하고 편의한 방법으로 위자료의 명목 아래 사실상 재산적 손해의 전보를 꾀하는 것은 허용될 수 없다.[113]

---

111) 대법원 2010. 10. 14. 선고 2010다40505 판결.
112) 대법원 1984. 11. 13. 선고 84다카722 판결; 李昌鉉, 慰藉料에 관한 研究, 268면.
113) 대법원 2007. 12. 13. 선고 2007다18959 판결.

4. 불법행위의 효과

1) 서설

제750조는 불법행위로 인한 법률효과로서 손해배상청구권을 규정한다. 손해배상의 방법과 관련하여 제763조는 채무불이행책임에 관한 제394조를 준용하고 있다. 따라서 불법행위로 인한 손해배상의 경우에도 금전배상이 원칙이다. 이하에서는 금전배상의 원칙과 원상회복의 예외를 살피고, 금전배상의 방법으로 일시금배상과 정기금배상을 살피기로 한다.

더 나아가 불법행위의 효과로 금지청구권이 어떠한 요건하에서 인정될 수 있는지도 살피기로 한다.

2) 손해배상의 방법

a) 금전배상원칙

aa) 일반론

손해배상의 방법으로는 원상회복주의와 금전배상주의가 대립하고 있는데, 우리 민법은 금전배상주의를 원칙으로 삼고 있으며(제763조, 제394조), 예외적으로 당사자 간의 합의나 법률의 규정이 있는 경우에는 원상회복도 가능하다. 금전배상의 원칙은 원상회복방법이 가져올 실무상의 혼란을 염려하고, 자본주의 사회에서 가치척도로서 금전이 가지는 비중과 편리성을 고려한 것이다.[114] 2004년 민법개정작업에서는 상당한 이유가 있는 경우에 원상회복이 가능하다는 민법개정안이 제시되었다.[115] 결국 이 개정안은 민법 제763조의 준용을 통하여 불법행위법에도 적용되어 명예훼손 이외의 인격권의 침해에 대한 원상회복 수단으로서도 기능하는 것이다.[116] 물론 원상회복이 인정되는 경우에도 원상회복으로 회복되지 않는 손해에 대하여는 금전배상이 가능하다.

---

114) 民法注解[XⅧ], 250면(朴徹 집필).

115) 민법(재산편) 개정 자료집(Ⅱ), 57면 이하.

116) 민법(재산편) 개정 자료집(Ⅱ), 61면.

bb) 일시금배상과 정기금배상

① 일시금배상의 우위

손해배상의 지급방법에는 일시금배상과 정기금배상이 있는데, 판례와 학설은 일시금배상을 원칙으로 해석한다.[117] 손해배상금의 지급방법으로는 일시금과 정기금의 양자가 있으며, 양자를 혼용할 수 있음은 물론이다. 양자는 각 장단점이 있으나, 원칙적으로 분쟁의 1회적 해결이라는 측면에서 일시금에 대한 우위가 인정되어야 할 것이다. 사소한 사정변경에 의하여 손해배상금의 내용을 변경할 여지를 남겨두는 것은 법적 안정성의 측면에서 바람직하지 않다.

② 정기금배상이 인정되는 경우

제751조의 표제와 제751조 제2항의 문언에 비추어 정기금의 배상은 위자료에 한정한다는 견해도 있으나, 판례와 학설은 위자료 뿐만 아니라 재산적 손해의 배상에 대하여도 정기금의 배상은 인정한다.[118] 실제로 정기금이 인정될 수 있는 경우는 신체 또는 건강의 침해이다.[119] 왜냐하면 위자료라고 하는 것은 일체적 고찰의 원리에 비추어 과거, 현재 그리고 장래의 비재산적 손해를 모두 포괄하여 하나의 금액으로 산정하여야 하는 것이어서 기간별로 정기금으로 분할산정하기 어려운 흠이 있기 때문이다. 특히 적정한 기준금액과 정기금배상기간을 도출하기가 어렵고 경우에 따라서는 과잉배상이 인정될 수도 있다.

③ 정기금배상의 선고

통설과 판례는 정기금을 명할 것인가의 여부는 법원의 재량사항이라고 해석한

---

117) 民法注解[XVIII], 251면(朴徹 집필).

118) 대법원 2002. 11. 26. 선고 2001다72678 판결; 대법원 2000. 7. 28. 선고 2000다11317 판결; 民法注解[XVIII], 436면(李東明 집필). 동소에 의하면 실무상으로 위자료에 대한 정기금은 인정되지 않는다고 한다.

119) 2004년 민법개정안 제394조 제2항에 의하면 법원은 신체 또는 건강의 침해로 인한 손해를 정기금으로 배상할 것을 명할 수 있고 그 이행을 확보하기 위하여 상당한 담보를 제공하게 할 수 있다.

다.[120] 다만 대법원은 정기금의 선고에 있어 신중한 태도를 견지하고 있다. 즉, 피해자가 그 손해의 배상을 정기금에 의한 지급과 일시금에 의한 지급 중 어느 방식에 의하여 청구할 것인지는 원칙적으로 선택할 수 있으나, 식물인간 등의 경우와 같이 그 후유장애의 계속기간이나 잔존여명이 단축된 정도 등을 확정하기 곤란하여 일시금지급방식에 의한 손해의 배상이 사회정의와 형평의 이념에 비추어 현저하게 불합리한 결과를 초래할 우려가 있다고 인정될 때에는, 손해배상청구권자가 일시금에 의한 지급을 청구하였더라도 법원이 재량에 따라 정기금에 의한 지급을 명하는 판결을 할 수 있다고 한다.[121]

cc) 관련문제-지연손해금의 기산일

① 원칙

불법행위로 인한 손해배상채무의 지연손해금의 기산일은 불법행위 성립일이다.[122] 이는 불법행위의 피해자에 대한 신속한 변제를 위한 것이다.[123] 가령 토지의 면적 및 경계가 잘못 등재된 지적공부의 기재를 진실한 것으로 믿고 토지를 매수하였다가 그 토지의 일부에 관한 소유권을 취득할 수 없게 됨으로써 매도인에게 지급한 매매대금 중 위 토지 일부에 해당하는 금액 상당의 손해를 입은 매수인의 국가에 대한 손해배상채권은 그 매매대금을 실제로 지급한 때에 성립하고 그때 이행기가 도래하므로 국

---

120) 대법원 1970. 7. 24. 선고 70다621 판결; 대법원 1988. 11. 8. 선고 87다카1032 판결; 대법원 1995. 2. 28. 선고 94다31334 판결; 民法注解[XVIII], 437면(李東明 집필).

121) 대법원 1994. 1. 25. 선고 93다51874 판결.

122) 대법원 1975. 5. 27. 선고 74다1393 판결(불법행위로 인하여 사망한 일실수입 상당의 손해배상청구에 대하여 불법행위로 인한 손해배상채무는 손해발생과 동시에 이행기에 있는 것이므로 불법행위일이 지연손해금의 기산일이라고 판단함); 대법원 1993. 3. 9. 선고 92다48413 판결(타인의 불법행위인 교통사고로 상해를 입고 그 때문에 사망한 사람은 그 상해를 입음과 동시에 가해자에 대하여 장래 생존하여 얻을 이익의 상실에 따른 손해배상청구권을 취득하는 것이므로 원심이 재산상 손해와 위자료를 합산한 금액 전부에 대하여 위 교통사고일로부터 지연손해금의 지급을 명한 것이 정당하다고 판단함); 대법원 2010. 7. 22. 선고 2010다18829 판결.

123) 이에 반하여 부당이득반환의무는 이행기한의 정함이 없는 채무이므로 그 채무자는 이행청구를 받은 때에 비로소 지체책임을 진다(대법원 2010. 1. 28. 선고 2009다24187,24194 판결).

가는 그날부터 갚는 날까지의 지연손해금을 지급하여야 한다.[124]

② 예외

불법행위시와 변론종결시 사이에 장기간의 세월이 경과됨으로써 위자료를 산정함에 있어 반드시 참작해야 할 변론종결시의 통화가치 등에 불법행위 시와 비교하여 상당한 변동이 생긴 때에는, 예외적으로라도 불법행위로 인한 위자료배상채무의 지연손해금은 그 위자료 산정의 기준시인 사실심 변론종결 당일로부터 발생한다고 보아야만 한다.[125] 불법행위로 인한 위자료배상채무의 지연손해금이 그 위자료 산정의 기준시인 사실심 변론종결 딩일로부터 발생한다고 보아야만 하는 예외적인 경우에는 불법행위 시로부터 변론종결시까지 상당한 장기간 동안 배상이 지연됨에도 그 기간에 대한 지연손해금이 전혀 가산되지 않게 된다는 사정까지 참작하여 변론종결시의 위자료 원금을 산정함에 있어 이를 적절히 증액할 여지가 있을 수 있다.

③ 전원합의체 판결에 의한 정리

첫째, 불법행위로 인한 손해배상에 있어 재산상 손해에 대한 배상액은 그 손해가 발생한 불법행위 당시를 기준으로 하여 액수를 산정하여야 하고, 공평의 관념상 별도의 이행최고가 없더라도 그 불법행위 당시부터 지연손해금이 발생하는 것이 원칙이다. 이에 반하여 정신상 손해에 대한 배상인 위자료는 불법행위 그 자체로 인하여 피해자가 입은 고통의 정도, 가해자가 보인 태도, 가해자와 피해자의 연령, 사회적 지위, 재산상태는 물론, 국민소득수준 및 통화가치 등 여러 사정을 종합적으로 고려하여 사실심 변론종결시를 기준으로 그 수액이 결정되어야 한다.

둘째, 불법행위시와 사실심 변론종결시가 통화가치 등의 변동을 무시해도 좋을 정도로 근접해 있는 경우에는 위자료에 대하여도 재산상 손해에 대한 배상액과 마찬가지로 불법행위 당시부터 지연손해금의 지급을 명하더라도 특별히 문제될 것은 없고, 그렇게 하는 것이 원칙이다.

---

124) 대법원 2010. 7. 22. 선고 2010다18829 판결.

125) 대법원 2011. 1. 13. 선고 2009다103950 판결.

셋째, 불법행위시부터 사실심 변론종결시까지 사이에 장기간이 경과하고 통화가치 등에 상당한 변동이 생긴 경우에는, 그와 같이 변동된 사정까지를 참작하여 사실심 변론종결시를 기준으로 한 위자료의 수액이 결정되어야 하는 것이므로, 그 위자료에 대하여는 앞서 본 원칙적인 경우와는 달리, 사실심 변론종결일 이후의 기간에 대하여 지연손해금을 지급하도록 하여야 하고, 불법행위시로 소급하여 그 때부터 지연손해금을 지급할 아무런 합리적인 이유나 근거가 없다.

따라서 이 사건 재심대상판결은 불법행위로 인한 손해배상채무의 지연손해금의 기산일에 관한 법리의 적용 범위와 한계를 분명히 하고 그 법리가 적용되지 않는 경우에 적용할 새로운 법리를 표시한 것일 뿐 종래 대법원이 표시한 의견을 변경한 경우에는 해당하지 않는다고 할 것이다.[126)]

b) 원상회복이 인정되는 경우

법률의 근거가 있거나 당사자의 합의가 있는 경우에 한하여 원상회복이 인정된다(제763조, 제394조).

aa) 일반론

법률상 원상회복이 인정되는 경우로는 명예회복에 관한 제764조, 신용회복에 관한 부정경쟁방지법 제6조, 제12조, 특허법 제131조, 실용신안법 제30조(특허법 제131조를 준용함), 디자인보호법 제66조, 상표법 제69조, 저작권법 제127조, 제129조가 있다. 또한 광업법 제77조 제1항에 의하면 배상 금액에 비하여 너무 많은 비용을 들이지 아니하고 원상으로 회복할 수 있는 경우에는 피해자는 원상회복을 청구할 수 있다.

유리창을 깬 자가 유리창을 새로 갈아주겠다고 하는 것을 피해자가 받아들인 경우에는 금전배상이 아닌 원상회복의 합의라고 할 수 있다.

---

126) 대법원 2011. 7. 21. 선고 2011재다199 판결.

bb) 명예회복에 적당한 처분

① 서설

제764조는 명예훼손의 경우에 금전배상만으로는 피해자가 입은 재산적 · 정신적 손해의 충분한 전보가 불가능한 경우가 많다는 사정을 고려하여 금전배상원칙에 대한 예외로 원상회복주의를 채택한 것이다. 원상회복처분의 목적은 가해자에 대한 제재를 가하거나 사죄 등을 하도록 함으로써 피해자에게 주관적인 만족을 주고자 하는 것이 아니며, 금전에 의한 손해배상만으로는 전보될 수 없는, 훼손된 피해자의 인격적 가치에 대한 사회적 · 개관적 평가 자체를 회복하게 할 수 있도록 하기 위한 것이다.[127]

② 원상회복 처분의 내용

원상회복처분으로 명예훼손에 관한 민 · 형사판결의 내용을 신문 등에 게재하여 광고하는 방법[128]과 명예훼손적 주장을 취소 또는 정정한다는 내용을 신문 등에 게재하여 광고하는 방법[129]이 인정된다.[130] 종래 실무상 자주 사용되었던 사죄광고는 헌법

---

127) 梁彰洙, "私生活 秘密의 保護-私法的 側面을 中心으로", 民法研究 제8권, 90-91면. 동소는 원상회복 처분이 피해자의 분노나 불쾌감 등과 같이 감정이 상한 것을 가라앉히기 위하여 인정된 것이고, 이러한 효과가 기대되는 법익침해에 이것이 널리 인정된다고 하면, 이는 모든 종류의 인격적 이익이 침해된 경우는 물론이고 재산적 이익이 침해된 경우에도 이용될 여지가 있을 것인데, 이는 결국 보복감정의 충족이라는 前近代的 불법행위법으로의 후퇴에 다름 아니라고 지적한다. 대법원 2007. 12. 27. 선고 2007다29379 판결은 타인의 명예를 훼손한 자에 대하여 법원은 피해자의 청구에 의하여 손해배상에 갈음하거나 손해배상과 함께 정정보도의 공표 등 명예회복에 적당한 처분을 명할 수 있는바, 이는 명예훼손의 경우에는 그로 인한 피해자의 재산적 · 정신적 손해의 범위 및 그 금전적 평가를 구체적으로 입증하는 것이 곤란하고 또 금전배상만으로는 피해자의 구제가 실질적으로 불충분 · 불완전한 경우가 많으므로, 이러한 결함을 보완하여 피해자를 효과적으로 구제하기 위한 것이라고 판시하였다.
128) "피고가 원고에 대하여 한 발언 혹은 기사는 허위여서 원고의 명예를 훼손하는 불법행위를 구성한다. 이는 이 법원이 0000년 0월 0일 선고한 사건의 판결에서 내린 판단이다"라는 형식으로 판결요지를 게재하면 된다(윤철홍, "명예훼손과 원상회복-사죄광고를 중심으로-", 比較私法 제10권 제3호, 33면).
129) 가해자가 허위사실을 보도하여 피해자의 명예를 침해하였다는 것을 인정하는 취지의 진술을 하는 것이 취소광고이나, 이러한 취소광고를 대체집행한 경우에는 사죄광고와 마찬가지로 양심의 사유 및 인격권의 침해의 소지가 있으므로 취소광고가 법원의 명령 또는 대체집행에 의한 것이라는 점을 명시

재판소의 위헌결정[131]으로 더 이상 사용될 수 없다.[132] 또한 자신의 주민등록번호가 위법하게 공개되었음을 이유로 제764조에 따른 명예회복에 적당한 처분으로서 국가에 대하여 새로운 주민등록번호의 부여를 청구하는 것은 허용되지 않는다.[133]

③ 유추적용의 가부

제764조에서 정한 원상회복처분이 프라이버시 침해의 경우에도 인정될 수 있는지가 문제되는데, 학설은 대체로 진실이라도 타인에게 알리고 싶지 않은 사실이 함부로 공개된 전형적인 사생활 침해의 사안유형에 관하여는 위 규정의 유추적용은 허용되지 않는다고 한다.[134] 하급심법원은 불법행위에 의해 인격권이 침해되는 경우, 현행법상으로는 금전배상의 원칙만이 인정될 뿐 원상회복청구권 내지 이른바 만족청구권은 명문으로 규정되고 있지 않지만, 인격권의 한 부분이라고 생각되는 명예가 훼손된 경우 제764조가 법원이 명예회복을 위한 적당한 처분을 명할 수 있다고 규정하고 있는 점, 저작권법 제95조가 고의 또는 과실로 저작인격권을 침해한 자에 대하여는 손해배상에 갈음하거나 손해배상과 함께 명예회복을 위하여 필요한 조치를 청구할 수 있다고 규정하고 있는 점과 지배적인 학설이 일반적 인격권에 대하여 배타적 지배권으로서 대세적 효력을 인정하는 점에 비추어 보면 법원은 피해자가 바라는 경우 금전으로 손해배상을 명하는 이외에 원상의 회복을 위한 조치 또는 피해자에게 만족을 줄 수 있는 조치를 명할 수 있다고 보는 것이 발전하는 법질서의 요청에 부응할 수 있을 뿐 아

하여야 한다고 한다(윤철홍(前註), 28면).

130) 許栐, "言論報道에 대한 實體的 救濟手段", 民事判例研究 XXI(1999), 693-694면.

131) 헌법재판소 1991. 4. 1. 선고 89헌마160 결정. 헌법재판소는 사죄광고의 강제는 피해자의 명예회복을 위하여 꼭 필요한 수단이 아님에도 불구하고 가해자에게 양심표명의 강제 내지 굴욕감수를 강요하는 것이어서 과잉금지원칙에 반한다고 판시하였다.

132) 다만 윤철홍(註 128), 43면은 합헌론을 견지한다.

133) 서울고등법원 2007. 3. 30. 선고 2006나31964 판결(확정).

134) 梁彰洙(註 127), 91면; 韓渭洙, "프라이버시 침해 관련 국내 판결의 동향", 言論仲裁 19권 2호(1999. 7), 60면; 註釋 債權各則(7)(3판, 2000), 人格權의 侵害, 92면(朴哲雨 집필); 許栐(註 130), 698면. 다만, 李健雄, "言論에 의한 法益侵害에 대한 救濟手段", 裁判資料 77집(1997), 247-248면은 私生活의 秘密과 自由가 침해된 경우 그 중 타당하다고 생각되는 방법을 취사선택하여 당사자가 청구해 온다면 이를 부정할 이유는 없다고 한다.

니라 피해구제수단을 다양화하여 형평을 기하는 데 적합하다고 할 수 있다고 판시하였다.[135] 실제적으로 대중매체에 의한 인격권의 침해의 양상을 보면 단순한 명예훼손이 아니라 프라이버시와 초상권의 침해도 함께 문제되는 것이 상당수 있고, 판결문의 게재는 그 요지의 게시의 방법으로 행하여져서 프라이버시가 재차 공개되는 불합리가 발생하는 것은 아니라는 점에서 제764조는 민법개정전이라도 인격권 침해 일반에 대한 원상회복 조치의 지위를 가질 수 있다.

④ 언론중재법상 구제수단

사실적 주장에 관한 언론보도로 인한 피해자는 언론중재법이 정하는 바에 따라 정정보도 또는 반론보도를 청구할 수 있다.[136] 또한 언론에 의하여 범죄혐의가 있거나 형사상의 조치를 받았다고 보도 또는 공표된 자는 그에 대한 형사절차가 무죄판결 또는 이와 동등한 형태로 종결된 때에는 언론중재법이 정하는 바에 따라 추후보도를 청구할 수 있다.[137]

⑤ 정보통신법상 구제수단

인터넷상의 전자게시판에 의하여 인격권을 침해당한 피해자는 정보통신서비스 제공자에게 당해 정보의 삭제 또는 반박내용의 게재를 요청할 수 있다.[138] 그러나 인터넷상의 전자게시판에 의하여 인격권을 침해당한 피해자에 대하여는 언론중재법상 반론보도청구권이 인정되기 어렵다.[139]

cc) 신용회복에 적당한 처분

부정경쟁방지법 제6조와 제12조는 부정경쟁방지행위나 영업비밀침해행위로 인하여 영업상의 신용이 실추된 경우에 피해자의 청구에 의하여 법원이 신용회복에 필요

---

135) 서울고등법원 1994. 9. 27. 선고 92나35846 판결(확정).

136) 언론중재법 제14조 제1항, 제2항, 제15조 4항, 제16조.

137) 언론중재법 제17조.

138) 정보통신법 제44조 제1항.

139) 金載亨, "인터넷에 의한 人格權侵害", 二十一世紀韓國民事法學의 課題와 展望: 心堂 宋相現教授華甲紀念論文集, 2002, 306면; 民法注解[XIX], 466면(李在洪 집필).

한 조치를 명할 수 있다고 규정한다. 신용회복에 적당한 처분으로는 해명광고의 게재 등이 있다. 특허법 제131조는 특허권과 전용실시권의 침해에 대하여 피해자의 청구에 의하여 법원이 신용회복에 필요한 조치를 명할 수 있다고 규정한다. 실용신안법 제30조는 실용신안권자의 보호에 관하여 특허법 제131조를 준용한다. 상표법 제69조는 상표권과 전용사용권의 침해에 대하여 피해자의 청구에 의하여 법원이 신용회복에 필요한 조치를 명할 수 있다고 규정한다. 디자인보호법 제66조는 디자인권 또는 전용실시권을 피해자의 청구에 의하여 법원이 신용회복에 필요한 조치를 명할 수 있다고 규정한다.

dd) 광업법상 구제수단

광해배상의 경우 금전배상을 원칙으로 하되 배상금액에 비하여 과다한 비용을 요하지 아니하고 원상을 회복할 수 있는 경우에는 피해자가 원상의 회복을 청구할 수 있으며, 배상의무자의 신청이 있는 경우 법원은 적당하다고 인정할 때에는 금전배상 대신에 원상회복을 명할 수 있다(광업법 제77조).

3) 불법행위에 기한 금지청구의 가부

a) 서설

불법행위의 효과로서의 금지청구권은 법률에 근거가 있는 경우 그리고 해석론에 의한 경우로 나누어 고찰한다. 마지막으로 입법론을 소개한다.

b) 법률에 의한 금지청구

토지소유자는 제214조에 따라 방해예방청구권을 행사할 수 있고, 제217조에 따라 생활방해에 대하여 적당한 조치로서 금지를 청구할 수 있다.[140] 지적재산권에 관한 일련의 특별법은 금지청구권을 규정하고 있다.[141] 한편 부정경쟁방지법 제4조 및 제10조

---

140) 民法注解[Ⅵ], 309면(柳元奎 집필); 郭潤直, 債權各論, 446면.

141) 특허법 제126조, 실용신안법 제30조(특허법 준용규정임), 디자인보호법 제62조, 상표법 제65조, 저작권법 제123조.

에 따라 부정경쟁행위나 영업비밀 침해행위에 대한 구제수단으로서 금지청구권이 인정된다.

c) 해석론에 의한 금지청구

aa) 일반론

불법행위제도는 이미 발생한 손해의 전보를 목적으로 하는 것이므로 금지청구권은 발생하지 않는다는 견해[142]와 위법행위를 배제 · 예방하는 것이 불법행위제도의 취지에 부합하다고 하면서 긍정하는 견해[143]가 대립하나, 학설은 대체로 불법행위에 기한 금지청구의 인정여부는 입법정책의 문제이므로 침해된 권리의 성격과 침해의 태양에 따라 금지청구권이 인정될 수 있다고 한다.[144]

bb) 인격권의 경우

인격권은 그 성질상 일단 침해된 후의 구제수단(금전배상이나 명예회복 처분 등)만으로는 그 피해의 완전한 회복이 어렵고 손해전보의 실효성을 기대하기 어려우므로, 인격권 침해에 대하여는 사전(예방적) 구제수단으로 침해행위 정지 · 방지 등의 금지청구권도 인정된다.[145] 출판물에 대한 발행 · 판매 등의 금지는 표현행위에 대한 사전억제에 해당하므로 엄격한 요건하에서 사전적 구제수단이 허용된다.[146] 즉, 표현 내용이 진실이 아니거나 그것이 공공의 이해에 관한 사항으로서 그 목적이 오로지 공공의 이익을 위한 것이 아니며, 또한 피해자에게 중대하고 현저하게 회복하기 어려운 손해를 입힐 우려가 있는 경우에는 그와 같은 표현행위는 그 가치가 피해자의 명예에 우월하지 아니하는 것이 명백하고, 또 그에 대한 유효적절한 구제수단으로서 금지의 필요성도 인정되므로 이러한 실체적인 요건을 갖춘 때에 한하여 예외적으로 사전금지

---

142) 金曾漢 · 金學東, 債權各論, 899면.

143) 김기선, 債權法各論, 403면.

144) 民法注解[XVIII], 257-258면(朴徹 집필); 郭潤直, 債權各論, 447면.

145) 대법원 1996. 4. 12. 선고 93다40614,40621 판결.

146) 대법원 2005. 1. 17. 자 2003마1477 결정.

가 허용된다.

cc) 인격권이 아닌 경우

종래의 학설은 대체로 단순한 경제적 이익의 보호를 위하여 사전적 금지청구를 인정하지 않았으나, 학설은 점차 사전적 금지청구를 인정하는 방향으로 선회하고 있다.[147]

최근의 대법원판결례에 의하면 단순한 경제적 이익의 침해에 대한 금지청구가 인정되었다.[148] 즉, 경쟁자가 상당한 노력과 투자에 의하여 구축한 성과물을 상도덕이나 공정한 경쟁질서에 반하여 자신의 영업을 위하여 무단으로 이용함으로써 경쟁자의 노력과 투자에 편승하여 부당하게 이익을 얻고 경쟁자의 법률상 보호할 가치가 있는 이익을 침해하는 행위는 부정한 경쟁행위로서 민법상 불법행위에 해당하는바, 위와 같은 무단이용 상태가 계속되어 금전배상을 명하는 것만으로는 피해자 구제의 실효성을 기대하기 어렵고 무단이용의 금지로 인하여 보호되는 피해자의 이익과 그로 인한 가해자의 불이익을 비교·교량할 때 피해자의 이익이 더 큰 경우에는 그 행위의 금지 또는 예방을 청구할 수 있다.

---

147) 梁彰洙(註 5), 255면; 권영준, "불법행위와 금지청구권", Law & technology 제4권 제2호(2008년 3월), 62면 이하.

148) 대법원 2010. 8. 25. 자 2008마1541 결정. 대법원은 채무자가 이 사건 프로그램을 인터넷 사용자들에게 제공하여 이를 설치한 인터넷 사용자들이 인터넷 포털사이트 '네이버'를 방문하면 그 화면에 채권자의 광고 대신 채무자의 광고가 대체 혹은 삽입된 형태로 나타나게 한 것은, 네이버가 가지는 신용과 고객흡인력을 무단으로 이용하는 셈이 될 뿐만 아니라 채권자의 영업을 방해하면서 채권자가 얻어야 할 광고영업의 이익을 무단으로 가로채는 것이므로 민법상 불법행위가 성립한나고 하는 한편, 위와 같은 광고행위가 일회적인 것이 아니라 계속적으로 반복되는 것인 점, 채무자에게 금전배상을 명하는 것만으로는 채권자 구제의 실효성을 기대하기 어렵다고 보이는 점, 채무자의 위와 같은 광고행위를 금지함으로써 보호되는 채권자의 이익이 그로 인한 채무자의 영업의 자유에 대한 손실보다 더 크다고 할 것인 점에 비추어, 채권자는 채무자에 대하여, 네이버에 접속한 인터넷 사용자들의 모니터에서 이 사건 프로그램을 이용한 광고행위를 하는 것의 금지 또는 예방을 청구할 수 있다고 봄이 상당하다고 판시하였다.

d) 입법론적 고찰

최근에는 사후적 금전배상으로는 피해자의 손해의 전보가 충분하지 않다는 점을 감안하여 예방기능을 강조하고, 그에 입각하여 손해배상액의 상향 조정 그리고 사전적 구제수단의 도입을 요구하는 입법론이 부각되고 있다.[149] 최근의 민법개정작업에서는 금지청구권을 신설하는 개정시안에 대한 검토가 진행중이다.[150]

e) 소결

불법행위의 효과를 사후적 구제수단으로 한정하는 경우에 발생하는 불합리를 최소화하고, 새로운 유형의 불법행위로부터 피해자의 법익을 보호하기 위하여 예방기능을 실질적으로 관철한다는 점에서 판례와 유력설에 찬성한다. 이와 반대로 불법행위로 인한 구제수단을 금전배상으로 한정한다면, 오히려 이를 악용하는 가해자로부터 피해자의 보호를 방치하는 것이 되고, 이는 결국 법질서가 스스로 무력함을 자인하는 셈이 되어 타당하지 않다. 금지청구의 허용으로 인하여 개인의 활동의 자유가 제약되는 부분이 있으나, 이는 위법성의 차원에서 적절하게 통제한다면 크게 문제될 것은 없다.

f) 참고자료-청구취지례

금지청구는 사전적 구제수단으로 활용되며, 이는 실무상으로 가처분의 형태로 행해진다. 영상물 제작사와 영화감독이 공중파 방송사업자가 제작, 방송하는 맛집 소개 프로그램의 홍보대행사에 돈을 주고 프로그램 중 '스타맛집' 코너에 자신들이 지정한 특정 음식점을 출연시켜 촬영장면을 몰래 촬영한 영상과 위 방송사를 비롯한 여

---

149) 유럽법통합작업의 중요한 결과물인 유럽불법행위법원칙(PETL)은 제2:102조에서 예방비용의 배상을, 제10:101조에서 예방기능을 규정하고 있다.

150) 제3기 민법개정위원회 6분과(불법행위 담당)의 개정시안은 다음과 같다.

"제766조의 2(금지청구)

① 타인의 위법행위로 인하여 손해를 입거나 입을 염려가 있는 자는 손해배상에 의하여 손해를 충분히 회복할 수 없으며 손해의 발생을 중지 또는 예방하도록 함이 상당한 경우 가해자 또는 가해하려는 자에게 손해발생의 금지를 청구할 수 있다.

② 제1항의 금지를 위하여 필요한 경우 손해를 입거나 입을 염려가 있는 자는 가해에 사용되는 물건 등의 폐기 또는 그 밖에 적절한 조치를 청구할 수 있다."

러 방송사 맛집 소개 프로그램 홍보대행사 등이 음식점에게서 돈을 받고 해당 음식점을 방송에 출연시켜 주었다는 취지의 영상 부분을 포함시킨 다큐멘터리 영화를 제작하여 영화관 등에서 상영하려고 하자, 위 방송사가 상영금지 등 가처분을 신청한 사안에서 신청인의 신청취지는 다음과 같다.[151]

[주위적 신청취지]

1. 피신청인들은 2011. 4. 29. 전주국제영화제에서 공개된 다큐멘터리 영상물 "트루맛쇼"를 극장 또는 텔레비전을 통하여 상영하거나, 디브이디, 비디오테이프, 시디 등으로 제작, 판매, 배포, 상영하거나 그 밖의 방법으로 공개하여서는 안 된다.
2. 피신청인들은 제1항의 명령을 위반할 경우 신청인에게 위반행위 1회당 30,000,000원을 지급하라.

[예비적 신청취지 1]

1. 피신청인들은 2011. 4. 29. 전주국제영화제에서 공개된 다큐멘터리 영상물 "트루맛쇼"에 관하여 [별지 1] 목록 기재와 같은 각 음성 또는 영상이 재생되는 부분을 삭제하지 않은 상태에서는 극장 또는 텔레비전을 통하여 상영하거나, 디브이디, 비디오테이프, 시디 등으로 제작, 판매, 배포, 상영하거나 그 밖의 방법으로 공개하여서는 안 된다.
2. 피신청인들은 제1항의 명령을 위반할 경우 신청인에게 위반행위 1회당 30,000,000원을 지급하라.

[예비적 신청취지 2]

1. 피신청인들은 2011. 4. 29. 전주국제영화제에서 공개된 다큐멘터리 영상물 "트루

---

151) 서울남부지법 2011. 6. 1. 자 2011카합297 결정(확정).

맛쇼"에 관하여 [별지 2] 목록 기재와 같은 내용을 맨 앞과 맨 뒤 각 10초씩 2회 이상 20포인트 고딕체 자막과 음성으로 표시하지 않은 상태에서는 극장 또는 텔레비전을 통하여 상영하거나, 디브이디, 비디오테이프, 시디(CD) 등으로 제작, 판매, 배포, 상영하거나 그 밖의 방법으로 공개하여서는 안 된다.

2. 피신청인들은 제1항의 명령을 위반할 경우 신청인에게 위반행위 1회당 30,000,000원을 지급하라.

5. 손해배상의 범위

1) 서설

불법행위로 인하여 피해자에게 발생한 여러 가지 손해 중에서 어떠한 것이 배상될 수 있느냐가 '손해배상의 범위'의 문제이다. 종래 손해배상의 범위는 '상당인과관계'라는 개념을 통하여 해결되어 왔으나, 유력설은 제763조, 제393조에 주목하여 '자연적 인과관계'와 통상·특별손해의 개념을 통하여 손해배상의 범위를 결정한다.[152] 통상손해라 함은 당해 불법행위로 인하여 사회통념상 발생하는 것으로 생각되는 손해를 말하며, 통상손해의 내용은 실제로 개별 사건의 제반사정을 고려하여 공평과 구체적 타당성의 견지에서 규범적 차원에서 정해진다.

2) 배상범위를 정하는 사고의 단계

「손해의 발생→ 배상범위→배상액산정」이라는 단일한 사고절차에 의하여 배상의무의 내용이 결정된다.[153]

첫째, 자연적 인과관계의 존부가 검토된다. 즉, 불법행위가 없었다면 원고의 손해

---

152) 梁彰洙, 民法入門, 246면.
153) 梁彰洙(註 5), 242면; 梁彰洙, 民法入門, 246-7면.

는 발생하지 않았을 것인지가 검토된다. 둘째, 자연적 인과관계가 인정된 손해 내지 손해항목 중에서 제393조에 따라 통상손해인지 특별손해인지가 정해지고 그에 따라 배상가부가 결정된다. 특히 특별손해의 경우에는 예견가능성의 요건이 충족되어야 배상이 인정된다. 마지막으로 배상범위에 들어가는 손해에 대한 금전적 평가작업이 이루어진다.

3) 손해의 분류

확고한 판례는 인신사고로 인한 손해배상청구권에 관하여 손해3분설을 취하고 있다.[154] 즉, 불법행위로 말미암아 신체의 상해를 입었기 때문에 가해자에게 대하여 손해배상을 청구할 경우에 있어서는 그 소송물인 손해는 적극적 재산상 손해(기왕치료비, 향후치료비, 개호비 등), 소극적 재산상 손해(일실수입, 일실퇴직금) 그리고 비재산적 손해의 3가지로 나누어진다고 한다.

4) 인신사고의 경우

a) 소극적 재산적 손해

aa) 서설

인신사고로 인한 소극적 손해는 크게 사망과 상해의 경우로 나누어 볼 수 있다. 사망의 경우에는 피해자가 가동기간동안 올릴 수 있었던 수익의 상실이 소극적 손해가 되고, 상해의 경우에는 입원기간동안 올릴 수 있었던 수익의 상실과 후유장애로 인한 노동능력의 상실로 인한 일실수익의 상실이 소극적 손해가 된다.

bb) 산정방식

실무에서는 평가설에 따라 일실수입을 산정한다.[155] 평가설에 따라 일실이익을 산

---

154) 대법원 1976. 10. 12. 선고 76다1313 판결, 1996. 8. 23. 선고 94다20730 판결; 대법원 1997. 1. 24. 선고 96다39080 판결.

정하기 위하여는 사고당시의 소득, 노동능력상실율 그리고 가동기간을 확정하여야
한다.

cc) 직업별 소득

① 급여소득자
급여소득자의 경우 실제 수입을 확정할 수 있는 객관적 자료에 기초하여 사고 당
시의 실제 수입을 기초로 일실수입을 산정하면 된다. 직장근로자의 소득은 원천징수
영수증과 같은 세무자료나 임금지급대상에 의하여 확정될 수 있다. 그와 같은 자료가
없는 경우에는 농협조사월보, 임금구조기본통계조사보고서 등의 통계자료를 활용하
여 위 조사보고서상의 통계자료에 나타난 액수의 소득을 인정한다.

② 사업소득자
사업소득자의 일실이익은 근로의 대가에 상당하는 근로소득에 한정되므로 사업 총
수익 중 자산소득과 인적 물적 경비부분은 제외되어야 한다. 그러나 수입, 경비 그리
고 기여도를 구체적으로 파악하기가 매우 어려워 실무에서는 사업체의 규모, 경영실
적 등을 참작하여 피해자와 같은 경력, 기술 및 경영능력을 가진 사람을 고용하는 경
우의 보수 상당액인 대체고용비를 심리하는 방법을 활용한다.[156] 또한 사업주 개인의
노무에 의존하고 자본적 수익이 미미한 경우에는 추정통계소득에 의하여 일실수입을
산정할 수도 있다.[157]

③ 일반노임소득자(기능공, 무직자, 가정주부, 학생)
사고 당시에 일정한 직업이 없는 경우에도 장래에 수입이 없을 것이라고 볼 만한

---

155) 대법원 1984. 10. 23. 선고 84다카325 판결 참조(생명이나 신체에 대한 불법행위로 인하여 가동능
　　력의 전부 또는 일부를 상실함으로써 일실하는 이익의 액은 그 피해자가 그로 인하여 상실하게 된 가
　　동능력에 대한 총평가액이라고 할 것이므로, 불법행위 전후의 수입을 비교하여 사고후 수입이 감소
　　된 부분을 수익상실로 산정함은 부당하다).
156) 대법원 1989. 6. 13. 신고 88다카10906 판결 참조.
157) 대법원 1988. 3. 22. 선고 87다카1580 판결 참조.

특별한 사정이 없는 한 성인이 되면 그 성별과 연령에 따른 보통노임 정도의 수입은 얻는 것으로 본다.[158] 사고 후 사실심 변론종결시까지 사이에 노임액이 인상된 경우에는 그 이후에는 인상된 노임액을 기준으로 일실이익을 산정하여야 한다.[159]

dd) 생계비의 공제

일실수입손해를 산정함에 있어서 피해자가 사망한 경우 가동기간의 기대수입에서 생계비를 공제하여야 하고, 피해자의 여명이 가동기간내로 단축된 경우에도 그 단축된 여명 이후부터 가동연한까지의 기대수입에서 생계비를 공제하여야 한다.[160] 실무는 생계비를 증거조사에 의하여 인정할 수 없는 난점 때문에 적정 금액의 생계비(수입의 1/3)를 다툼이 없는 사실로 정리한다.

ee) 노동능력상실

① 서설

노동능력상실이라 함은 신체기능의 영구적 장해 내지 훼손상태를 말한다. 여기서 영구적이란 원칙적으로 치료종결후에도 장래 더 이상 호전을 기대할 수 없는 상태를 말한다. 다만 불법행위와 상당인과관계 있는 노동능력의 상실이므로 기왕증에 기한 것은 배제되어야 한다. 따라서 사고후의 초진시의 상해와 증상과 후유장해와의 상관관계를 잘 살펴야 한다.

② 노동능력상실율의 판정

노동능력상실율은 단순한 의학적 신체기능장애율과는 엄격히 구분되는 법적 규범적 개념이므로 의사의 감정결과를 포함한 여러 증거에 의하여 합리적이고 객관적인 방법에 의하여 판정되어야 한다.[161] 특히 실무상으로 신체감정의가 제시한 감정결과에

---

158) 대법원 1966. 11. 23. 선고 66다1504 판결 참조.
159) 대법원 1995. 11. 7. 선고 95다35722 판결 참조.
160) 대법원 1984. 3. 27. 선고 83다카853 판결 참조.
161) 대법원 1991. 2. 22. 선고 90다11806 판결 참조.

따라 노동능력상실율이 인정되나, 감정사항이 불명료하거나 모순되는 경우에는 감정서의 보완이나 감정증인의 신문을 통하여 정확한 감정의견을 밝히도록 적극적인 조치를 강구하여야 한다.[162]

③ 한시장해

후유증이 어느 정도 잔존하는가는 신체감정이라는 의학적 판단에 개별 사건의 구체적 사정을 고려하여 경험칙에 따라 판단하여야 한다.

④ 기왕증의 고려

기왕증이 현재 증상의 전 부분에 기여한 경우에는 {노동능력상실율×(1-기여도)}가 피고가 배상하여야 할 부분이다.

ff) 가동기간

① 일반원칙

가동기간을 정하기 위하여는 기대여명을 확정하여야 하는데, 실무에서는 통상적으로 '한국인 간이생명표' 등의 통계자료를 기초로 평균여명에 관한 사항을 법원에 현저한 사항으로 처리하며, 특별한 사정이 없는 한 일반인은 한국인생명표의 평균여명까지 생존하고 60세를 가동연한으로 본다.

② 가동연령

가동개시연령은 원칙적으로 성년이 되는 20세부터이고, 남자의 경우에는 병역에 면제되는 등 특별한 사정이 없는 한 병역복무기간이 가동기간에서 제외된다.[163] 가동종료연령은 정년이 있는 직장의 경우에는 그 정년이며, 정년에 관한 규정이 따로 없는 경우에는 동일, 유사직종의 일반적인 가동연한 종료시가 된다.[164] 일용노동자의 경

---

162) 대법원 1994. 6. 10. 선고 94다10956 판결 참조.
163) 대법원 2000. 4. 11. 선고 98다33161 판결 참조.

우에는 만 60세를 가동연한으로 보는 것이 확고한 판례의 태도이다.[165]

gg) 중간이자의 공제

법원이 피해자에게 손해배상금의 일시금급부를 인용하는 경우에 불법행위 당시의 현가액을 산출하기 위하여 중간이자를 공제하여야 한다. 중간이자를 공제하는 방식에는 호프만식 계산법과 라이프니쯔식 계산법이 있는데, 실무상으로는 복식 호프만식 계산법이 선호된다.[166] 과잉배상을 막기 위하여 중간이자 공제기간이 414개월을 초과하는 경우에는 일률적으로 240(연단위에서는 20)을 적용한다.[167]

b) 적극적 재산적 손해

aa) 기왕치료비

치료비는 불법행위와 상당인과관계있는 범위에서만 배상청구가 인정된다. 따라서 기왕증을 치료를 위한 비용이나 과잉치료를 위한 비용은 상당인과관계가 부정된다. 상당성 여부를 판단함에 있어서는 당해 치료행위의 필요성, 기간 그리고 치료보수의 상당성도 고려되어야 한다.

bb) 향후치료비

향후치료비라 함은 부상이 치유된 후 남아있는 반흔 등을 제거하는 성형수술비, 물리치료 등을 위한 증상 개선비용, 증상 악화 방지, 생명 연장을 위한 항경련제, 항생제 복용비용 등이 있다. 치료비 등 적극적 손해의 배상을 청구한 전 소송의 변론종결 후에 새로 치료비 손해가 발생한 경우에 전 소송의 변론종결 당시 그 손해의 발생을 예견할 수 없었고, 또 그 부분 청구를 포기하였다고 볼 수 없는 등 특별한 사정이 있다면 그 부분에 대한 청구는 별개의 소송물로서 새로이 청구할 수 있다.[168]

---

164) 대법원 1973. 6. 12. 선고 71다2669 판결 참조.
165) 대법원 1991. 3. 27. 선고 90다11400 판결 참조.
166) 사법연수원, 손해배상소송, 204면.
167) 대법원 1987. 4. 14. 선고 86다카1009 판결 참조.

cc) 개호비

개호비라 함은 피해자가 중상을 입어 타인의 조력을 받아야 할 경우에 드는 비용을 말하며, 여기의 개호에는 신체적 장애 뿐만 아니라 지적 또는 정신적 장해로 인하여 타인의 조력이 필요한 경우도 포함된다. 개호의 필요성과 상당성은 상해의 정도, 후유장해의 부위, 연령, 치료기간 등을 종합적으로 고려하여 판단되어야 한다.

dd) 장례비

판례는 장례비를 불법행위로 인한 적극적 손해의 하나로 인정한다.[169] 다만 장례비는 법령에 의한 제한 내에서 상당한 범위에서만 인정된다. 실무상으로는 통상 300만 원의 범위 내에서 다툼없는 사실로 정리된다.

ee) 신체감정 등 부대비용

진단서를 발급받기 위하여 지출되는 비용도 적극적 손해로 인정되고, 신체감정비용은 소송비용으로 처리되어 별도로 청구될 수 없으나, 신체감정을 위하여 필요한 검진비용 등은 적극적 손해로 인정된다.

c) 위자료

aa) 일반원칙

위자료에 있어서는 재산적 손해와는 달리 비재산적 손해를 금전으로 평가할 객관적 기준이 존재하지 않는다는 난점이 있다. 비재산적 손해는 재산적 손해와는 달리 현재의 재산적 손해와 장래의 재산적 손해를 구별하지 아니하고 하나의 금액으로 평가된다는 점에서 고유한 특질을 가진다. '위자료의 일체적 고찰의 원리'에 의하여 법원은 현재 및 장래의 제반 사정을 참작하여 비재산적 손해를 산정하여야 하고, 이러한 위자료에 대한 한번의 판결을 통하여 이미 발생한 손해와 객관적으로 예견가능한

---

168) 대법원 1980. 11. 25. 선고 80다1671 판결 참조.
169) 대법원 1966. 10. 11. 선고 66다1456 판결 참조.

모든 손해의 배상이 완결되는 것이다.[170] 법관이 구체적인 사건의 제반 사정을 고려하여 피해자가 입은 비재산적 손해를 재량으로 산정하며, 위자료액의 산정은 사실심법관의 전권사항에 해당한다. 위자료의 산정에 있어서는 침해법익의 성질, 침해의 태양 등이 명확하게 적시되어야 하며, 그러한 전제에서 유사사건에서 인정된 위자료액수와의 비교가 실질적으로 행해질 수 있다.

다만 대법원은 대학에서 임학을 전공한 원고가 상해로 인하여 그 전공분야에 종사할 수 없게 되고 신장의 한편을 절단하여 생명을 잃을 위험성을 가지게 된 경우에 비재산적 손해배상을 200만원만 인정한 것은 경험칙에 배치된다고 판시하여 위자료산정에 있어 경험칙이라는 한계를 설정하였다.[171]

bb) 위자료의 산정기준– 법원의 실무례

① 종전의 실무례

하급심 법원의 실무는 교통사고에 대하여 채택하고 있는 위자료 산정기준을 참고하여 사안유형과 사건의 구체적 제반 사정에 비추어 가감하는 방식을 채택하고 있다. 즉, 현재의 실무례는 대체로 원고들 전체(家團)에 대한 금액을 기준으로 하여, 예컨대 전체 5,000만원(사망 또는 노동능력 100% 상실시)에서 과실비율 상당 금액을 공제한 금액에다 여러 증감요소를 고려하여 적절히 증감한 뒤 이를 신분관계에 따라 배분하거나(예컨대 본인:배우자:부모 · 자녀:조부모 · 형제=8:4:2:1), 그렇지 않으면 청구인별로 기준금액을 정하여 예컨대 피해자 본인에 대하여 2,000만원(사망 또는 노동능력 100% 상실시)을 기준으로 하여 위에서 본 과실상계 등 제반 증감요소를 고려한 뒤 신분관계에 따라 다른 원고들의 위자료를 일정한 비율로 정하는 방법이 있으며, 총액 기준과 개인별 기준을 병행할 수 있다.[172] 노동능력의 일부 상실시에는 사망시의 기준금액에다 노동능력상실률을 곱한 금액에다 위와 같은 원칙을 곱한다.[173]

---

170) 李昌鉉, 慰藉料에 관한 硏究, 349면.

171) 대법원 1980. 2. 26. 선고 79다2264 판결; 民法注解[XVIII], 422면(李東明 집필).

172) 사법연수원, 손해배상소송, 314-5면.

② 최근의 실무례

　서울중앙지법은 2008년 6월 26일 위자료 산정기준을 재검토를 위한 간담회를 열고 경제규모, 물가수준, 구성원의 상식적인 법감정 등 여러가지 사정을 종합해 봤을 때 현행 산정기준이 다소 낮다는 데에 의견을 모았다고 하면서 현행 6000만원인 위자료 산정기준 금액을 8000만원으로 증액하기로 결정했다고 밝혔다.[174] 재판부는 위자료 산정시 사건 발행 경위, 가해자·피해자 사이의 관계, 피해자 정신적 고통이 매우 큰 특수한 사정 등을 참작해 기준금액의 20%에 한해 증감할 수 있다고 한다. 서울중앙지방법원은 이 같은 내용을 다음달 1일 이후 발생한 교통·산재 사고에 대한 재판에 관해 적용할 예정이며, 오는 30일 이전 발생한 사고에 내해서는 종전의 기준 6000만원을 적용해 실무상 혼선을 주지 않도록 할 방침이라고 한다.

③ 평가

　법원의 실무는 대체로 맥브라이드 불구평가표를 원칙으로 하면서 여기에 나오지 않는 항목에 대하여 국가배상법상의 별표 기준을 예외로 적용하여 노동능력상실율을 결정하고 있다.[175] 교통사건과 산재사건과 같이 자주 일어나는 사건의 경우에는 개인적 편차를 인정한다고 하더라도 표준화의 요청이 강력하다는 점에서 전문가인 의사의 감정에 따른 노등능력상실율을 기초로 한 위자료배상기준을 적용하는 것은 건전한 것으로 보인다. 다만 노동능력상실율이 인정되지 않으나, 피해자에게 매우 심각한 불이익을 미치는 것에 대하여는 주의를 기울일 필요가 있다. 왜냐하면 노동능력상실률에 영향을 미치지 않는 신체장해가 발생한 경우에 위와 같은 공식을 기계적으로 대입하게 되면, 피해자는 일실수입 뿐만 아니라 위자료도 전혀 인정되지 못하기 때문이다. 따라서 이러한 경우에 있어 위자료는 피해자에게 유일하고 실질적인 구제수단으로서의 기능을 수행한다. 이를 명확하게 보여주는 예가 유방절제사건이다. 유방은 여성성을 징표하는 중요한 신체 일부임에도 불구하고 유방의 절제는 그 자체로 맥브라이드

---

173) 구체적인 산출공식은 다음과 같다. 사망시 기준금액×노동능력상실율×{1-(과실비율×0.6)}.

174) 위자료 산정 기준금액은 1991년 이전 2000만원에서 1991년 3000만원, 1996년 4000만원, 1999년 5000만원, 지난해 6000만원으로 증액됐다.

175) 사법연수원, 손해배상소송, 171면.

불구평가표나 국가배상법상 별표 기준에 나타나 있지 않아 노동능력상실율이 인정되지 않는다. 따라서 이러한 기준을 기계적으로 적용하면 피해자는 일실 수입 뿐만 아니라 위자료도 배상받지 못하는 기이한 결과가 초래된다. 최근에 하급심 법원은 직원의 과실로 표지가 바뀐 조직검사결과를 신뢰하여 담당의사가 피해여성의 유방을 절제한 사건에서 위자료로 3500만원을 인정하였다.[176] 이 판결에서의 위자료금액은 일실 수입이 전혀 인정되지 못하였다는 사정도 고려하여 산정된 것이라는 점을 유의하여야 한다.

최근 법원이 교통사건과 산재사건에 적용되는 위자료 산정 기준액을 상향 조정한 것은 환영할만한 일이라고 생각한다.

5) 부당제소의 경우

a) 종래의 논의

① 불법행위의 성립요건

소송의 제기 또는 소송절차단계에서의 행위는 원칙적으로 권리의 실현 또는 권리보호행위로서 적법하다고 할 것이나, 특별한 경우에는 불법행위를 구성한다. 즉, 대법원은 부당제소 또는 부당응소로서 불법행위가 성립하려면 (1) 실체상 권리보호의 청구권 또는 응소권이 없고, (2) 권리보호청구권 또는 응소권이 없음에 관하여 고의가 있거나 과실로 인하여 그 권리 없음을 알지 못하였으며, (3) 당해 제소 또는 응소에 의하여 상대방 또는 제3자의 법익을 침해하고, (4) 그 법익침해에 관하여 고의 또는 과실이 있어야 한다고 판시하였고,[177] 학설은 대체로 이에 동조하고 있다.[178]

---

176) 서울고등법원 2009. 7. 23. 선고 2008나46021 판결(피해사의 한쪽 유방의 질제에 대하여 노동능력상실률이 인정되지 않아 일실수입의 청구는 기각되었으나, 재산적 청구가 인정되지 않는 점을 감안하여 위자료가 산정되었다). 단 1심법원은 위자료로 2500만원을 인정하였다(서울중앙지방법원 2008. 4. 8. 선고 2007가합59603 판결).

177) 大法院 1996. 5. 10. 선고 95다45897 判決(集 44-1, 499).

178) 民法注解[XVIII], 222면(李尙勳 집필); 註釋 債權各則(8)216면(韓渭洙 집필); 金曾漢 · 金學東, 債權各論, 1004면.

② 손해배상의 범위

민사소송법의 개정으로 일정한 범위의 변호사비용이 소송비용으로 산입하게 되었다. 결국 변호사 비용의 배상의 문제는 소송비용으로 산입되지 못하는 부분의 배상가부의 문제인 것이다. 최근의 주류적 판례는 변호사강제주의를 택하지 않고 있는 우리 법제 하에서는 손해배상청구의 원인이 된 불법행위 자체와 변호사 비용 사이에 상당인과관계가 있음을 인정할 수 없으므로, 변호사 비용을 그 불법행위 자체로 인한 손해배상채권에 포함시킬 수는 없다고 한다.[179] 이에 반하여 다수설은 부당제소가 불법행위를 구성하는 경우에 변호사보수는 상당인과관계있는 손해라고 한다.[180]

판례와 다수설은 부당제소로 인한 위자료를 특별손해로 보아 예견가능성을 요구한다.[181] 즉, 부당소송을 당한 상대방이 입게 되는 정신상의 고통은 통상 당해 소송에서 승소하는 것에 의하여 회복된다고 한다.

b) 비판적 검토

첫째, 재판제도의 취지, 제소자의 재판청구권, 그리고 상대방의 경제적·정신적 부담을 적정하게 고려하여 부당제소로 인한 불법행위의 성립여부를 판단하되, 판례의 부당제소의 위법성 판단기준인 '현저하게 상당성을 잃은 경우' 또는 '공서양속에 반하는 경우'는 예측가능성의 측면에서 문제가 있으므로 변론주의의 관점에서 구체화할 필요가 있다.[182] 즉, 청구원인사항 또는 소송요건사항에 대한 원고의 사전조사의무를 부과하되 제소단계에서 사실관계가 불명한 경우에는 위법하지 아니한 것으로 본다면 재판청구권의 보장과 부당제소로 인한 불이익의 구제라는 요청을 두루 형량하는 합리적 해결책이 도출된다. 또한 피고에게 책임을 추궁할만한 사실관계가 존재하는 한, 법적 평가의 잘못으로 패소하였다고 하더라도 부당제소가 성립하는 것은 아니다.

---

179) 대법원 2010. 6. 10. 선고 2010다15363,15370 판결; 대법원 1996. 11. 8. 선고 96다27889 판결.

180) 民法注解[XⅧ,]292면(朴徹 집필); 民法注解[XⅧ], 411면(李東明 집필); 註釋 債權各則(8), 220면(韓渭洙 집필); 郭潤直, 債權各論, 457면; 金曾漢·金學東, 債權各論, 1004면의 각주 207.

181) 대법원 1994. 9. 9. 선고 93다50116 판결; 民法注解[XⅧ], 222면(李尙勳 집필); 註釋 債權各則(8), 216면(韓渭洙 집필); 金曾漢·金學東, 債權各論, 1004면; 鞠淳郁, "不當提訴와 損害賠償", 民事法研究 第8輯(2000), 53-54면.

182) 李昌鉉, "不當提訴로 인한 損害賠償責任", 法曹 2010년 4월호(통권 643호), 285면 이하 참조.

왜냐하면 법원이 최종적으로 법률적 쟁점에 대하여 판단하고, 당사자에게 법률적 쟁점에 대한 사전조사의무를 인정하기 어렵기 때문이다.

둘째, 당사자간의 법적 분쟁으로 인한 손해의 전보는 소송비용의 상환으로 종결된다.[183] 왜냐하면 재판제도의 이용으로 인하여 발생하는 비용의 분담체계인 소송비용제도는 당사자의 귀책사유가 아니라 소송의 승패에 따라 운용되고, 변호사보수는 자신의 판단과 자력에 따라 지출하는 것이라 특별한 사정이 없는 한 타인에게 전가시킬 수 없기 때문이다.

셋째, 재판제도를 남용하여 부당제소가 성립하는 경우에는 불법행위로 인한 손해배상이 소송비용으로 국한될 필요가 없다.[184] 특히 실제의 변호사보수와 소송비용으로 인정되는 변호사보수간의 차이가 상당하다는 점에서 손해배상의 범위를 소송비용으로 한정하는 것은 상대방에게 지나치게 불리하다. 소송비용확정절차에서 전보되지 못한 변호사보수는 통상손해로 권리보호를 위하여 필요하고도 상당한 금액만이 배상된다. 또한 영업수익이나 일실수입 등 기타 재산적 손해는 특별손해로서 상당인과관계와 예견가능성의 요건을 모두 충족하여야 배상될 수 있다.

넷째, 위자료는 상당히 관대하게 허용되어야 할 것이다.[185] 왜냐하면 제소자는 부당제소로 인하여 상당한 기간동안 상대방이 소송에 관여하게 된다는 점을 알면서도 이를 감행한 것이므로 예견가능성을 긍정할 수 있고, 상당한 기간동안 소송에 매이게 만드는 것은 상대방에게 정신적 고통 등 상당한 불이익을 주는 것이기 때문이다. 위자료의 배상범위와 관련하여서는 실제 지출된 변호사보수와 소송비용 및 손해배상으로 인정된 변호사보수와의 차액, 소송의 난이도, 소송기간, 전소 원고의 귀책사유의 정도, 본인 소송여부 등이 고려되어야 할 것이다. 즉 위자료는 장기간의 소송수행으로 인한 정신적 경제적 부담을 총체적으로 전보하는 성격을 가진다고 할 것이다

---

183) 李昌鉉(前註), 304면.

184) 李昌鉉(註 182), 304-5면.

185) 李昌鉉(註 182), 305-8면.

6. 손해배상책임의 제한

1) 서설

손해배상의 범위에 대한 금전적 평가를 통하여 1차적으로 산정된 손해배상액을 제한하는 각종 제도(과실상계, 책임제한, 손익상계, 배상액경감청구)를 이하에서 살피고자 한다.

2) 과실상계

a) 의의

법원의 실무에 의하면 과실상계는 법원이 소송상 나타난 모든 사정을 그 재량에 의하여 결정하고, 피해자의 과실 유무 및 그 정도는 당사자의 주장에 구애받지 아니하고 법원이 직권으로 조사·결정할 사항이라고 한다.[186] 또한 과실상계에 관한 사실인정은 형평의 원칙에 비추어 현저히 불합리하다고 인정되지 않는 한 사실심의 전권에 속한다.[187] 다만 과실상계의 비율은 적극적 재산적 손해와 소극적 재산적 손해에 대하여 일률적으로 적용되어야 한다.[188]

b) 적용범위

가해자의 고의에 의한 불법행위의 경우에도 피해자의 과실이 참작되어야 한다. 다만 가해자가 의도적으로 피해자의 부주의를 이용한 경우에는 그러하지 아니하다.[189] 더 나아가 피용자의 불법행위에 대하여 사용자책임을 묻는 경우에 그 피용자에게 고의가 인정되더라도 피해자에게 과실이 있다면 과실상계를 하여야 한다.[190] 가해자가 제758조의 공작물책임, 자배법 제3조의 운행자책임을 지는 경우에도 과실상계의 법

---

186) 대법원 1981. 12. 22. 선고 81다331 판결.
187) 대법원 2000. 5. 26. 선고 99다31100 판결.
188) 대법원 1979. 12. 11. 선고 79다1733 판결.
189) 대법원 2000. 1. 21. 선고 99다50538 판결.
190) 대법원 1994. 2. 22. 선고 93다53696 판결.

리가 적용된다.

c) 과실의 의미

과실상계에 있어서의 과실이라 함은 가해자의 과실과 같이 의무위반이라는 강력한 과실이 아니고, 사회통념이나 신의성실의 원칙에 따라 공동생활에 있어 요구되는 약한 의미의 부주의를 가리키는 것으로서 피해자 자신의 불이익을 방지할 주의를 게을리하는 것을 의미한다.[191] 피해자의 과실이 불법행위의 성립 자체에 기여한 것은 아니지만 손해를 확대시키는 데에 기여한 경우에도 과실상계가 인정된다.[192]

d) 피해자의 과실

불법행위로 인한 손해배상의 책임 및 그 범위를 정함에 있어 피해자의 과실을 참작하는 이유는 불법행위로 인하여 발생한 손해를 가해자와 피해자 사이에 공평하게 분담시키고자 함에 있으므로, 피해자의 과실에는 피해자 본인의 과실뿐 아니라 그와 신분상 내지 사회생활상 일체를 이루는 관계에 있는 자의 과실도 피해자측의 과실로서 참작되어야 하고, 어느 경우에 신분상 내지 사회생활상 일체를 이루는 관계라고 할 것인지는 구체적인 사정을 검토하여 피해자측의 과실로 참작하는 것이 공평의 관념에서 타당한지에 따라 판단하여야 한다.[193]

e) 손해의 확대 방지 내지 경감 조치의무 위반

손해의 공평한 분담이라는 이념에 비추어 불법행위의 피해자에게 자신이 입은 손해의 확대를 방지하거나 경감하기 위하여 노력할 일반적 의무를 부과시키고, 합리적 이유없이 이러한 의무를 이행하지 않은 경우에는 법원이 과실상계의 규정을 유추적용하여 손해배상액을 정할 수 있다.[194] 실무상으로는 피해자가 수술을 권유받고도 이를 거부한 경우가 문제되는데, 피해자의 수술의무를 인정하기 위하여는 수술을 받기 전

---

191) 대법원 1999. 2. 26. 선고 98다52469 판결.
192) 안전벨트를 착용하지 않거나 사고후 치료를 소홀히 한 경우가 그러하다.
193) 대법원 1999. 7. 23. 선고 98다31868 판결 참조.
194) 대법원 1992. 9. 25. 선고 91다45929 판결 참조.

의 장애 상태, 수술을 받을 경우 완치되거나 상당히 호전될 가능성이 있는가 여부와 그 정도, 수술에 따르는 위험, 피해자의 나이 등 제반 사정을 종합적으로 고려하여 판단하여야 한다.[195]

3) 책임의 제한

a) 개괄적 고찰

학설과 판례는 대체로 손해배상법의 이념으로 손해의 공평하고 타당한 분담을 강조하여 과실상계의 원칙적 적용범위를 넘어서서 책임의 제한이라는 장치를 통하여 손해배상의 범위를 제한하고 있다.[196] 제766조, 제393조에 의한 제한배상주의를 결정적 논거로 삼는다. 가령 가해행위와 피해자측의 요인이 경합하여 손해가 발생하거나 확대된 경우에는 그 피해자측의 요인이 체질적인 소인 또는 질병의 위험도와 같이 피해자측의 귀책사유와 무관한 것이라고 할지라도, 그 질환의 태양·정도 등에 비추어 가해자에게 손해의 전부를 배상하게 하는 것이 공평의 이념에 반하는 경우에는, 법원은 손해배상액을 정하면서 과실상계의 법리를 유추적용하여 그 손해의 발생 또는 확대에 기여한 피해자측의 요인을 참작할 수 있다고 한다.[197] 그러나 불법행위로 인한 손해의 전보가 불법행위법의 1차적이며 본연의 임무라는 점을 잊어서는 안된다.

b) 개별적 고찰

① 체질적 소인에 의한 제한

교통사고 피해자의 기왕증이 그 사고와 경합하여 악화됨으로써 피해자에게 특정 상해의 발현 또는 치료기간의 장기화, 나아가 치료종결 후 후유장해 정도의 확대라는 결과 발생에 기여한 경우에는, 기왕증이 그 특정 상해를 포함한 상해 전체의 결과 발생에 대하여 기여하였다고 인정되는 정도에 따라 피해자의 전 손해 중 그에 상응한

---

195) 대법원 1992. 9. 25. 선고 91다45929 판결; 대법원 1996. 1. 23. 선고 95다45620 판결 등 참조.
196) 대법원 2000. 1. 21. 선고 98다50586 판결; 朴東瑱(註 9), 301면.
197) 대법원 2000. 1. 21. 선고 98다50586 판결.

배상액을 부담케 하는 것이 손해의 공평한 부담이라는 견지에서 타당하고, 법원이 기왕증의 상해 전체에 대한 기여도를 정함에 있어서는 반드시 의학상으로 정확히 판정하여야 하는 것은 아니며, 변론에 나타난 기왕증의 원인과 정도, 상해의 부위 및 정도, 기왕증과 전체 상해와의 상관관계, 치료경과, 피해자의 연령과 직업 및 건강상태 등 제반 사정을 고려하여 합리적으로 판단할 수 있다.[198]

② 의료 행위 자체의 위험성

가해행위와 피해자측의 요인이 경합하여 손해가 발생하거나 확대된 경우에는 그 피해자측의 요인이 체질적인 소인 또는 질병의 위험도와 같이 피해자측의 귀책사유와 무관한 것이라고 할지라도, 그 질환의 태양·정도 등에 비추어 가해자에게 손해의 전부를 배상하게 하는 것이 공평의 이념에 반하는 경우에는, 법원은 손해배상액을 정하면서 과실상계의 법리를 유추적용하여 그 손해의 발생 또는 확대에 기여한 피해자측의 요인을 참작할 수 있다.[199]

③ 자연력이 가공한 경우

피해자가 입은 손해가 자연력인 태풍(해일)에 의한 침수와 가해자측의 과실행위가 경합되어 발생된 경우 가해자의 배상범위는 손해의 공평한 부담이라는 견지에서 손해 발생에 대하여 자연력이 기여하였다고 인정되는 부분을 공제한 나머지 부분으로 제한하여야 할 것이다.[200]

④ 위험의 인수

신체접촉을 예정하고 있는 운동경기에 있어 발생한 경미한 손해에 대하여 위험을 스스로 인수한 것으로 보아 책임을 면책시키는 것이다. 이러한 법리에 의하여 책임을 면책함에 있어서는 사고의 경위, 침해의 정도 등을 면밀히 검토하여야 할 것이다.

---

198) 대법원 2004. 11. 26. 선고 2004다47734 판결.
199) 대법원 2000. 1. 21. 선고 98다50586 판결.
200) 대법원 1993. 2. 23. 선고 92다52122 판결.

⑤ 위험원에의 접근

소음으로 인한 손해배상청구사건에서 부각되는 쟁점으로 법원은 신중한 입장을 취한다. 즉, 소음 등을 포함한 공해 등의 위험지역으로 이주하여 들어가서 거주하는 경우와 같이 위험의 존재를 인식하면서 그로 인한 피해를 용인하며 접근한 것으로 볼 수 있는 경우에, 그 피해가 직접 생명이나 신체에 관련된 것이 아니라 정신적 고통이나 생활방해의 정도에 그치고 그 침해행위에 고도의 공공성이 인정되는 때에는, 위험에 접근한 후 실제로 입은 피해 정도가 위험에 접근할 당시에 인식하고 있었던 위험의 정도를 초과하는 것이거나 위험에 접근한 후에 그 위험이 특별히 중대하였다는 등의 특별한 사정이 없는 한 가해자의 면책을 인정하여야 하는 경우도 있을 수 있을 것이나, 일반인이 공해 등의 위험지역으로 이주하여 거주하는 경우라고 하더라도 위험에 접근할 당시에 그러한 위험이 존재하는 사실을 정확하게 알 수 없는 경우가 많고, 그 밖에 위험에 접근하게 된 경위와 동기 등의 여러 가지 사정을 종합하여 그와 같은 위험의 존재를 인식하면서 굳이 위험으로 인한 피해를 용인하였다고 볼 수 없는 경우에는 손해배상액의 산정에 있어 형평의 원칙상 과실상계에 준하여 감액사유로 고려하는 것이 상당하다.[201]

⑥ 집회·시위의 경우

폭력이나 손괴 사태가 예상됨에도 집회주최자로서 부담하는 질서유지의무를 제대로 이행하지 아니하였음을 원인으로 하는 손해배상청구소송에서, 대법원은 가사 집회주최자 및 질서유지인의 집회질서유지에 원심 판시와 같은 본질적인 한계가 존재한다 하더라도 그 한계 안에서 질서유지의무를 다하지 아니한 과실이 있다 하여 집회주최자에게 손해배상의무가 있음을 인정한 이상 그 손해배상책임의 범위는 당해 과실과 인과관계가 있는 전부에 미치는 것이고, 위와 같은 한계가 있다는 이유로 다시 그 책임범위를 제한할 수는 없고, 피고가 이 사건 폭력행위로 인한 원고의 손해가 발생한 이후 뒤늦게 질서유지를 위한 조치를 취하였다고 하지만 이는 이 사건 손해의 발생에 아무 영향을 미치지 못하는 것이므로 손해배상책임을 제한할 사유가 되지 못한다고

---

201) 대법원 2005. 1. 27. 선고 2003다49566 판결.

판단하였다.[202]

c) 책임의 제한 비율

불법행위로 인한 손해배상 사건에서 불법행위의 발생경위나 진행경과, 그 밖의 제반사정을 종합하여 피고의 책임비율을 제한하는 것은 그것이 형평의 원칙에 비추어 현저히 불합리하다고 인정되지 않는 한 사실심의 전권사항에 속한다.[203]

4) 손익상계

a) 서설

손익상계라 함은 재산상 손해액을 산정함에 있어 불법행위로부터 얻은 이익을 공제하는 것을 말하는데, 이에 관한 명문의 규정은 없으나 통설과 판례는 이를 인정하고 있다.[204] 다만 손해배상액의 산정에 있어 손익상계가 허용되기 위해서는 손해배상책임의 원인이 되는 행위로 인하여 피해자가 새로운 이득을 얻었고, 그 이득과 손해배상책임의 원인인 행위 사이에 상당인과관계가 있어야 한다.[205] 가령 교통사고의 피해자가 사고로 상해를 입은 후에도 계속하여 종전과 같이 직장에 근무하여 종전과 같은 보수를 지급받고 있다 하더라도 그와 같은 보수가 사고와 상당인과관계가 있는 이익이라고 볼 수 없으므로 이를 손해배상액에서 공제할 수 없다.[206]

b) 항변 요부

당사자의 주장을 기다려 비로소 심리하는 상계항변과는 달리 법원은 피고의 주장

---

202) 대법원 2009. 12. 10. 선고 2009다60022 판결.

203) 대법원 2000. 1. 21. 선고 98다50586판결; 대법원 2006. 2. 10. 선고 2005다57707판결 등 참조.

204) 대법원 2002. 5. 10. 선고 2000다37296,37302 판결; 郭潤直, 債權各論, 466면; 金相容, 不法行爲法, 494면. 다만 국가배상법 제3조의2 제1항에는 손익상계에 관한 규정이 있다. 즉, 제2조 제1항을 적용할 때 피해자가 손해를 입은 동시에 이익을 얻은 경우에는 손해배상액에서 그 이익에 상당하는 금액을 빼야 한다고 한다.

205) 대법원 2007. 11. 30. 선고 2006다19603 판결 참조.

206) 대법원 1992. 12. 22. 선고 92다31361 판결 참조.

이 없더라도 그 증거가 당사자에 의하여 제출되기만 하면 이를 손해액에서 공제하여야 한다.[207] 손익상계에 의하여 손해에서 공제되어야 할 이익을 결정함에 있어서는 당해 이익이 불법행위로부터 발생한 것임과 아울러 상당인과관계가 있는지를 고려하여야 한다. 가령 조의금은 증여라는 별개의 원인에 의한 것이므로 손해배상액에서 공제할 것이 아니다.[208]

c) 구체적 검토

① 형사합의금

형사합의금이란 가해자가 형사처벌을 감면받고자 피해자에게 지급하는 일련의 금전을 말하며, 이는 원칙적으로 재산적 손해배상금의 일부로 보고, 다만 위로금조나 보험금과는 별도로 지급된 경우에는 지급액 전부를 공제하지 않고, 위자료의 산정에 있어 이를 참작할 뿐이다.[209] 실무상 문제가 되는 것은 합의서나 영수증이 특별한 표시가 없는 경우인데, 이러한 경우에는 재산적 손해배상액과 위자료액 그리고 합의금의 관계와 비중, 형사합의의 경위 등을 참작하여 결정하여야 한다. 실무는 대체로 형사합의금이 소액이어서 호의적 · 동정적 · 의례적인 것으로 볼 수 있는 경우에만 위로금으로 보고, 고액인 경우에는 원칙으로 돌아가 전액 공제를 인정한다.

② 근로기준법, 산업재해보상법상 보상 및 급여

피해자가 근로기준법이나 산업재해보상보험법에서 휴업급여, 장해급여 등을 지급받은 경우에 이를 손해배상액에서 공제할 것인지 문제된다. 특히 근로기준법은 산업재해보상보험법과는 달리 공제여부를 명시적으로 규정하지 않고 있으나, 대체로 재해보상의 취지가 업무상 재해로 인한 손해를 전보하는 것이므로 공제를 긍정한다. 다만유의할 것은 총액 공제가 아니라 항목별 공제가 행하여진다는 점이다. 일실수입에 대하여는 휴업급여, 장해급여, 유족급여를, 치료비손해에 대하여는 요양급여를, 장례비

---

207) 대법원 2002. 5. 10. 선고 2000다37296,37302 판결 참조.
208) 대법원 1971. 7. 27. 선고 71다1158 판결; 郭潤直, 債權各論, 466면.
209) 대법원 1991. 8. 13. 선고 91다18712 판결 참조.

손해에 대하여는 장의비를 공제하는 것이다.

③ 생명보험금, 상해보험금, 손해보험금

생명보험금은 불법행위와는 별개의 원인인 보험계약에 의하여 지급되는 것이므로 손익상계의 대상이 되지 않는다. 그러나 손해보험금은 손해의 전보를 목적으로 하고 보험자대위(상법 제682조)가 인정되므로 손해배상액에서 공제된다. 실무상 문제되는 것은 상해보험금의 공제여부 인데, 이는 상해보험금의 성질을 어떻게 볼 것이냐의 문제와 직접적으로 관련을 맺는다. 상해보험은 인보험의 성격을 띠어 정액화되어 있고, 보험자대위가 금지되는 점에 비추어 공제되지 않는 것으로 보아야 한다.

5) 배상액경감청구

a) 의의

불법행위의 가해자가 원칙대로 배상을 하게 된다면, 가해자 뿐만 아니라 그 가족에게는 최소한의 인간다운 생활마저 봉쇄될지도 모른다. 제765조는 형평을 고려하여 "하나의 불행을 다른 불행으로 치유하여서는 안된다는" 입장에 서서 배상액감경의 여지를 열어두고 있다.[210] 유일한 입법례로 참고된 스위스채무법 제44조 제2항은 "손해를 고의 또는 중과실없이 야기한 배상의무자가 배상을 이행한다면 궁박에 빠지게 될 경우에는, 법관은 이를 이유로 하여서도 배상의무를 감경할 수 있다"고 규정한다.

b) 요건

① 불법행위로 인한 손해배상의무의 존재

불법행위로 인한 손해배상채무가 존재하여야 하고, 여기에는 제750조의 과실책임 뿐만 아니라 위험책임의 경우도 포함된다.[211] 구상관계에서도 배상액감경청구의 법리가 적용된다.[212]

---

210) 梁彰洙, "민법 제765조-잊혀진 규정?", 民法硏究 5권(1999), 248면.
211) 民法注解[XIX], 350면(梁彰洙 집필).

② 배상의무자에게 고의 또는 중과실이 없을 것

배상의무자에게 고의 또는 중과실이 없으면 족하고, 경과실의 한도에서의 과책의 정도는 경감의 범위를 결정함에 있어 고려될 뿐이다.[213] 또한 위험책임의 영역에서도 본 요건이 적용된다.[214] 따라서 위험원의 하자 또는 위험발생예견·회피의무의 위반이 중대한 것이면 본조의 적용이 없다.

③ 배상의무자의 생계에의 중대한 영향

배상의무가 생계에 중대한 영향을 미친다는 것은 배상의무자가 속하는 계층, 직업, 지위 등을 고려할 때 그에게 보장되어야 할 최소한의 생활이 유지될 수 없음을 의미하고, 그 판단에 있어서는 현재의 재산상태 뿐만 아니라 장래의 직업 등 수입가능성, 상속의 기대도 고려되어야 한다.[215]

c) 효과

① 배상의무자의 감액청구

배상의무자의 청구를 전제로 법원의 감액판단이 허용된다. 판례도 당사자의 청구가 없는 사안에서 감액청구에 대한 석명의무가 인정되지 않는다고 한다.[216]

② 법원의 감액판단

법원은 배상액 경감에 있어 제반 사정을 종합적으로 고려하여야 한다.[217] 법원의 감액판단은 합리적 재량이라는 한계에 기속된다.[218] 법원은 피해자에게 과실이 있는

---

212) 民法注解[XIX], 350면(梁彰洙 집필); 오종근, "민법 제765조상의 배상액감경청구", 比較私法 제4권 1호(1997), 262면.

213) 民法注解[XIX], 352면(梁彰洙 집필).

214) 民法注解[XIX], 353면(梁彰洙 집필).

215) 民法注解[XIX], 354면(梁彰洙 집필).

216) 대법원 1962. 9. 20. 선고 62다428 판결.

217) 民法注解[XIX], 359면(梁彰洙 집필).

218) 대법원 1967. 12. 26. 선고 67다1430 판결; 民法注解[XIX], 360면(梁彰洙 집필).

경우에 과실상계를 한 후에 본조에 의한 감액을 할 수 있다.[219]

d) 입증책임

배상의무자는 경감청구의 요건사실을 주장·입증하여야 한다.[220]

7. 손해배상책임의 면제

1) 국회의원의 면책특권

헌법 제45조에서 규정하는 국회의원의 면책특권은 국회의원이 국민의 대표자로서 국회 내에서 자유롭게 발언하고 표결할 수 있도록 보장함으로써 국회가 입법 및 국정통제 등 헌법에 의하여 부여된 권한을 적정하게 행사하고 그 기능을 원활하게 수행할 수 있도록 보장하는 데 그 취지가 있다. 이러한 면책특권의 목적 및 취지 등에 비추어 볼 때, 발언 내용 자체에 의하더라도 직무와는 아무런 관련이 없음이 분명하거나, 명백히 허위임을 알면서도 허위의 사실을 적시하여 타인의 명예를 훼손하는 경우 등까지 면책특권의 대상이 될 수는 없지만, 발언 내용이 허위라는 점을 인식하지 못하였다면 비록 발언 내용에 다소 근거가 부족하거나 진위 여부를 확인하기 위한 조사를 제대로 하지 않았다고 하더라도, 그것이 직무 수행의 일환으로 이루어진 경우에는 면책특권의 대상이 된다.[221] 대법원은 국회의원이 국회 예산결산위원회 회의장에서 법무부장관을 상대로 대정부질의를 하던 중 대통령 측근에 대한 대선자금 제공 의혹과 관련하여 이에 대한 수사를 촉구하는 과정에서 한 발언이 국회의원의 면책특권의 대상이 된다고 보았다.

---

219) 民法注解[XIX], 361면(梁彰洙 집필).

220) 民法注解[XIX], 366면(梁彰洙 집필).

221) 대법원 2007. 1. 12. 선고 2005다57752 판결.

2) 쟁의행위에 기한 면책

a) 정당한 쟁의행위

노동조합 및 노동관계조정법 제3조는 "사용자는 이 법에 의한 단체교섭 또는 쟁의행위로 인하여 손해를 입은 경우에 노동조합 또는 근로자에 대하여 그 배상을 청구할 수 없다."고 규정하여 사용자의 손해배상청구에 대하여 제한을 가하고 있으나, 여기서 민사상 배상책임이 면제되는 손해는 정당한 쟁의행위로 인한 손해에 국한된다고 풀이하여야 할 것이고, 정당성이 없는 쟁의행위는 불법행위를 구성하고 이로 말미암아 손해를 입은 사용자는 노동조합이나 근로자에 대하여 손해배상을 청구할 수 있다. 그런데 정당한 쟁의행위라고 하기 위해서는 우선 주체가 단체교섭의 주체로 될 수 있는 자이어야 하고, 또 단체교섭과 관련하여 근로조건의 유지, 개선 등을 목적으로 하는 것으로서 목적이 정당하여야 하며, 시기와 절차가 법령의 규정에 따른 것으로서 정당하여야 할 뿐 아니라, 방법과 태양이 폭력이나 파괴행위를 수반하는 등 반사회성을 띤 행위가 아닌 정당한 범위 내의 것이어야 한다.[222]

b) 책임주체의 범위

불법쟁의행위에 대한 귀책사유가 있는 노동조합이나 불법쟁의행위를 기획·지시·지도하는 등 이를 주도한 노동조합 간부 개인이 그 배상책임을 지는 배상액의 범위는 불법쟁의행위와 상당인과관계에 있는 모든 손해이고, 그러한 노동조합 간부 개인의 손해배상책임과 노동조합 자체의 손해배상책임은 부진정 연대채무관계에 있는 것이므로 노동조합의 간부도 불법쟁의행위로 인하여 발생한 손해 전부를 배상할 책임이 있다. 다만, 사용자가 노동조합과의 성실교섭의무를 다하지 않거나 노동조합과의 기존합의를 파기하는 등 불법쟁의행위에 원인을 제공하였다고 볼 사정이 있는 경우 등에는 사용자의 과실을 손해배상액을 산정함에 있어 참작할 수 있다.[223]

일반 조합원이 불법쟁의행위시 노동조합 등의 지시에 따라 단순히 노무를 정지한 것만으로는 노동조합 또는 조합 간부들과 함께 공동불법행위책임을 진다고 할 수 없

---

222) 대법원 2011. 3. 24. 선고 2009다29366 판결.
223) 대법원 2006. 9. 22. 선고 2005다30610 판결.

다. 다만, 근로자의 근로내용 및 공정의 특수성과 관련하여 그 노무를 정지할 때에 발생할 수 있는 위험 또는 손해 등을 예방하기 위하여 그가 노무를 정지할 때에 준수하여야 할 사항 등이 정하여져 있고, 근로자가 이를 준수함이 없이 노무를 정지함으로써 그로 인하여 손해가 발생하였거나 확대되었다면, 그 근로자가 일반 조합원이라고 할지라도 그와 상당인과관계에 있는 손해를 배상할 책임이 있다.

3) 면책합의

a) 의의

합의의 내용으로는 보통 배상권리자의 모든 손해배상청구권을 포기한다는 권리포기조항이 삽입되고, 더 나아가 당사자가 소송을 제기하지 아니한다는 소송상의 합의의 일종인 부제소 특약까지 하는 경우가 많다. 부제소의 특약이 인정되면 그 소를 각하하여야 하고, 권리포기 사실이 인정되면 청구를 기각하여야 할 것이다. 다만 교통사고 피해자의 유족과 가해자의 합의를 청구권 일부 포기 약정이 아니라 개인 재산에 대하여 강제집행을 하지 않겠다는 부집행의 약정이라고 본 판결이 있다.[224]

b) 합의의 당사자

법률행위의 효과가 법률행위를 하지 않은 다른 사람에게 미치기 위하여는 양자 사이에 대리관계가 존재하여야 하며 법률행위를 함에 있어서는 그 관계를 표시하여야 한다. 다만 손해배상의 합의를 함에 있어 보통 복수의 배상권리자들을 가족관계 등의 밀접한 관계를 가지고 있는 사람들이기 때문에 합의서상 대리관계가 명확히 표시되어 있지 않더라도 그 대리관계를 인정하여 합의의 효력이 미치는 것으로 보아야 사회통념에 맞는 경우가 있음을 유의하여야 한다.

① 친권자가 피해자 본인인 경우

대법원은 친권자 본인이 부상을 입어 손해배상에 관하여 가해자측과 합의를 하는

---

224) 대법원 1993. 12. 10. 선고 93다42979 판결.

경우 특별한 사정이 없는 한 미성년자인 자녀들의 고유의 위자료에 관하여도 그 친권자가 법정대리인으로서의 합의도 함께 하였다고 보는 것이 경험칙에 합당하다고 한다.[225]

② 피해자가 성년자인 경우 부모의 위자료청구권

교통사고로 말미암아 피해자 본인과는 별도로 그의 부모들도 그들이 입은 정신적 손해에 대하여 고유의 위자료청구권을 가진다 할 것이고, 피해자 본인이 전국택시공제조합과의 합의에 의하여 합의금을 수령하고 나머지 손해배상청구권을 포기하기로 약정하였다 하더라도 그의 부모들이 합의당사자인 피해자 본인과 위 공제조합 사이에 합의가 성립되면 그들 자신은 별도로 손해배상을 청구하지 아니하고 손해배상청구권을 포기할 뜻을 명시적 혹은 묵시적으로 나타낸 바 있다는 등 특별한 사정이 없는 한 위 포기 등 약정의 효력이 당연히 고유의 손해배상청구권을 가지는 그의 부모들에게까지 미친다고는 할 수 없다.[226]

c) 부진정연대채무자 사이의 효력

부진정연대채무자 상호간(공동불법행위자 상호간 또는 사용자와 피용자간) 에 있어서 채권의 목적을 달성시키는 변제와 같은 사유는 채무자 전원에 대하여 절대적 효력을 발생하지만 그 밖의 사유는 상대적 효력을 발생하는 데 그치므로 배상권리자가 그 중 1인의 채무자에 대하여 그 채무자의 부담부분을 넘어서 모든 청구권으로 포기하는 의사표시를 한다 할지라도 다른 채무자들에게는 상대적 효력밖에 없다.[227] 다만 최근의 대법원전원합의체판결에 의하여 상계와 상계계약은 절대적 효력을 가진다.[228] 즉, 부진정연대채무자 중 1인이 자신의 채권자에 대한 반대채권으로 상계를 한 경우에도 채권은 변제, 대물변제, 또는 공탁이 행하여진 경우와 동일하게 현실적으로 만족을 얻어 그 목적을 달성하는 것이므로, 그 상계로 인한 채무소멸의 효력은 소멸한

---

225) 대법원 1975. 6. 24. 선고 74다1929 판결.

226) 대법원 1993. 9. 28. 선고 92다42606 판결.

227) 대법원 1993. 5. 27. 선고 93다6560 판결; 대법원 1989. 5. 9. 선고 88다카16959 판결.

228) 대법원 2010. 9. 16. 선고 2008다97218 전원합의체 판결.

채무 전액에 관하여 다른 부진정연대채무자에 대하여도 미친다고 보아야 하며, 이는 부진정연대채무자 중 1인이 채권자와 상계계약을 체결한 경우에도 마찬가지이다. 나아가 이러한 법리는 채권자가 상계 내지 상계계약이 이루어질 당시 다른 부진정연대채무자의 존재를 알았는지 여부에 의하여 좌우되지 아니한다.

d) 합의의 효력 범위

불법행위로 인한 손해배상에 관하여 가해자와 피해자 사이에 피해자가 일정한 금액을 지급받고 그 나머지 청구를 포기하기로 합의가 이루어진 때에는 그 후 그 이상의 손해가 발생하였다 하여 다시 그 배상을 청구할 수 없는 것이지만, 그 합의가 손해발생의 원인인 사고 후 얼마 지나지 아니하여 손해의 범위를 정확히 확인하기 어려운 상황에서 이루어진 것이고, 후발손해가 합의 당시의 사정으로 보아 예상이 불가능한 것으로서, 당사자가 후발손해를 예상하였더라면 사회통념상 그 합의금액으로는 화해하지 않았을 것이라고 보는 것이 상당할 만큼 그 손해가 중대한 것일 때에는 당사자의 의사가 이러한 손해에 대해서까지 그 배상청구권을 포기한 것이라고 볼 수 없으므로 다시 그 배상을 청구할 수 있다고 보아야 한다.

대법원은 이 사건 합의는 피고가 이 사건 사고로 인한 손해의 범위를 확인하기 어려운 상황에서 이루어진 것이라고 할 수 없을 뿐만 아니라, 피고의 우측하지단축의 장해는 늦어도 우대퇴부 경부골절에 대한 수술을 받은 1997. 7. 28. 이전에 이미 발생하였다고 할 것인데, 단지 피고가 이 사건 합의 이후에 다시 그에 대한 장해 판정을 받음으로써 비로소 알게 된 것일 뿐이라 할 것이므로 이 사건 합의 이후에 발생한 후발손해라고 할 수 없으며, 더욱이 우측하지단축의 장해가 이 사건 합의 이전에 받은 우대퇴부 골절에 대한 수술로 인하여 발생한 것인 점에 비추어 이로 인한 손해를 이 사건 합의 당시 예상할 수 없었던 손해라고 단정할 수도 없고, 더 나아가 피고의 우측하지단축 장해로 인한 손해에 대하여 합의의 효력을 제한하는 별도의 명시적 또는 묵시적인 의사가 있었다고 볼 자료가 없는 이상, 이 사건 합의의 효력은 위 장해로 인한 손해에도 미친다고 판시하였다.[229)]

---

229) 대법원 2000. 3. 23. 선고 99다63176 판결.

e) 합의의 효력의 제한

aa) 계약성립의 부정

배상책임의 존부나 액수에 관하여 실질적 교섭이 없었다 하여 아예 합의의 성립 자체가 부정되는 경우가 있다. 합의서는 당사자 간에 배상책임의 유무, 배상액에 관하여 실질적 교섭이 있었는지 여부를 결정하는 중요한 자료의 하나이나, 그 자체만으로 합의의 성립 여부가 전적으로 좌우되는 것은 아니다.

bb) 합의의 실효

합의 후에 발생한 후유증으로 인한 손해에 관하여 불공정한 법률행위, 해제, 착오 등에 의하여 합의의 효력이 부정되는 경우가 있다. 특히 합의는 민법상 전형계약인 화해에 해당하는 것으로 제733조에 따라 화해의 목적인 분쟁 이외의 사항에 착오를 일으킨 경우 취소가 가능하다. 피해자측이 가해자의 사용자와 사이에 사고가 오로지 피해자의 과실로 인하여 발생한 것을 자인하고 치료비를 포함한 합의금 2,500,000원만을 받고 일체의 손해배상청구권을 포기하기로 합의한 경우 위 사고가 피해자의 과실로 인하여 발생하였다는 사실은 쌍방 당사자 사이에 다툼이 없어 양보의 대상이 되지 않았던 사실로서 화해의 목적인 분쟁의 대상이 아니라 그 분쟁의 전제가 되는 사항에 해당하는 것이므로, 위 사고발생에 가해자의 과실이 경합되어 있는데도 피해자측이 피해자의 일방적 과실에 의한 것으로 착각하여 위와 같은 합의를 한 것이라면 착오를 이유로 위 합의를 취소할 수 있다.[230]

cc) 제한적 해석의 원칙

합의 후에 발생한 중대한 손해에 대하여 어떠한 기준에 의하여 합의의 효력을 제한할 수 있느냐 하는 것이 문제되는데, 결국 합의에 이르게 된 경위, 합의의 시점, 합의 당시 예측할 수 있었던 증상의 추이, 당사자의 직업, 지식, 경험의 유무, 합의금과 실손해액간의 불균형 내지 후발손해의 중대성 등을 종합적으로 검토하여 결정하여야 한다.

---

230) 대법원 1992. 7. 14. 선고 91다47208 판결.

dd) 재판상 화해와 판결 후의 추가 청구

재판상 화해나 확정판결이 있는 경우에는 기판력이 부여되고, 이 기판력은 소송물 전체에 미치므로 이 소송물의 일부를 이루는 새로운 추가청구는 기판력에 반하여 허용될 수 없음이 원칙이다. 그러나 재판상 화해 당시 또는 전소의 변론 종결 당시 그 손해의 발생이 예견될 수 없었고 또 그 부분청구를 포기하였다고 볼 수 없는 등 특단의 사정이 있으면 비록 전 소송에서 그에 관한 청구의 유보가 되어 있지 아니하였다 하더라도 그 부분에 관한 청구는 전 소송의 소송물과 동일성이 없는 별개의 소송물로서 전 소송의 기판력에 저촉되어 부적법한 것이라고 볼 수 없다.[231]

8. 소멸시효

1) 시효제도의 존재이유

종래 시효제도의 존재이유는 다음과 같이 설명되고 있다. 일정한 사실상태가 오랫동안 지속되면, 이를 변경하는 것이 입증의 측면에서 매우 어렵게 되고, 더 나아가 사실상태에 기초하여 새로운 이해관계가 맺어져서 이를 변경하는 것은 법률생활의 안정을 위하여 바람직하지 않다는 것이다.[232] 그러나 시효제도의 존재이유에 대한 보다 근본적인 근거지움이 필요하고, 이는 사비니의 언명을 통하여 알 수 있다. 즉, 위대한 법학자 사비니는 시효제도의 가장 결정적 근거를 '그 자체로 불명확하여 분쟁과 의문을 일으키기 쉬운 법률관계를 일정한 시간적 한계 속에 거두어 놓음으로써 확정하려는 것'이라고 제시하고 있다.[233] 권리행사에 일정한 시간적 한계를 설정함으로써 법률관계를 확정하고 이로써 그에 관련된 법적 분쟁을 종식시키는 차원에서 시효제도가 도입된 것이다.[234] 결국 문제는 시효기간을 어느 정도로 설정하느냐로 귀결되는바, 적

---

231) 대법원 2007. 4. 13. 선고 2006다78640 판결; 대법원 1980. 11. 25. 선고 80다1671 판결.

232) 郭潤直, 民法總則, 317-8면.

233) 梁彰洙, "사비니의 소멸시효론", 民法散考, 61면.

234) 梁彰洙, 民法入門, 57면.

정한 기간은 그 나라의 고유한 법문화를 고려하여 결정하여야 할 것이다.

2) 제766조의 개관

불법행위로 인한 손해배상청구권은 소멸시효의 기산점에 관한 제166조 제1항과는 달리 피해자나 그 법정대리인이 그 손해 및 가해자를 안 날로부터 3년간 행사하지 않으면 시효로 인하여 소멸한다(제766조 제1항). 불법행위로 인한 손해배상청구권의 소멸시효는 불법행위시가 아니라 피해자가 그 손해 및 가해자를 안 날로부터 진행하고, 가해자에 대한 형사판결이 확정된 때로부터 진행하는 것도 아니다.[235] 제766조 제2항 소정의 '불법행위를 한 날로부터 10년' 의 기간도 소멸시효의 기간에 해당한다.[236]

제766조 제1항 소정의 기간과 동조 제2항 소정의 기간 중 어느 하나라도 도과하면 불법행위로 인한 손해배상청구권의 소멸시효는 완성한다.

3) 제766조 제1항

a) 존재이유

시간의 경과로 인하여 불법행위의 요건과 효과에 대한 입증이 사실상 어렵게 되므로 이에 대한 시간적 한계로 단기소멸시효가 인정된다.

b) 기산점

불법행위로 인한 손해배상 청구권의 단기소멸시효의 기산점이 되는 제766조 제1항 소정의 '손해 및 가해자를 안 날' 이라 함은 손해의 발생사실과 손해가 가해자의 불법행위로 인하여 발생하였다는 것을 안 날을 의미하며, 이 경우 손해의 발생사실을 알았다고 하기 위하여는 손해의 액수나 정도를 구체적으로 알아야 할 필요까지는 없다고 하더라도 손해를 현실적이고도 구체적으로 인식하여야 하고 단순한 손해발생의 추정이나 의문만으로는 충분하지 않다.[237] 즉, 불법행위의 요건사실에 대한 인식으로

---

235) 대법원 1985. 10. 8. 선고 85다402 판결; 대법원 1970. 4. 14. 선고 69나597 판결.
236) 대법원 1996. 12. 19. 선고 94다22927 판결.

서 위법한 가해행위의 존재, 손해의 발생, 가해행위와 손해와의 인과관계, 가해행위의 위법성과 과실을 아는 것을 의미한다. 여기서 그 기산점은 단기소멸시효를 주장하는 자가 입증하여야 한다.[238]

다만 불법행위의 피해자가 미성년자로 행위능력이 제한된 자인 경우에는 다른 특별한 사정이 없는 한 그 법정대리인이 손해 및 가해자를 알아야 제766조 제1항의 소멸시효가 진행한다고 할 것이다.[239] 법정대리인이 손해 및 가해자를 알았다고 보기 어려운 경우에는 미성년자가 성년자가 된 시점부터 제766조 제1항 소정의 단기소멸시효가 진행한다.

c) 구체적 판결례

① 대법원 2008. 4. 24. 선고 2006다30440 판결

긴급체포의 적법 여부는 주로 긴급체포의 요건 충족 여부와 관련된 것으로서 일반인을 기준으로 볼 때 불법행위 당시 그 법적 평가의 귀추가 불확실하다고 볼 여지가 있고, 실제로 관련 형사재판에서 긴급체포의 적법성이 다투어지고 있는 경우에는 관련 형사판결이 확정된 때에 비로소 그로 인한 손해 등을 현실적·구체적으로 인식하였다고 볼 수 있다.

② 대법원 2010. 12. 9. 선고 2010다71592 판결

경찰관들로부터 폭행을 당한 갑이 그 경찰관들을 폭행죄로 고소하였으나 오히려 무고죄로 기소되어 제1심에서 징역형을 선고받았다가 상고심에서 무죄로 확정된 사안에서, 갑의 무고죄가 유죄로 인정되는 경우에는 갑이 가해 경찰관들이나 국가에 대하여 손해배상청구를 하더라도 손해배상을 받을 수 없고 오히려 가해 경찰관들에게 손해를 배상해 주어야 할 입장에 놓일 수도 있게 될 것이어서 이와 같은 상황 아래서 갑이 손해배상청구를 한다는 것은 사실상 불가능하다고 보이므로, 갑의 손해배상청구

---

237) 대법원 1995. 11. 14. 선고 95다30352 판결.

238) 대법원 1971. 4. 6. 선고 70다269 판결.

239) 대법원 2010. 2. 11. 선고 2009다79897 판결.

는 무고죄에 대한 무죄판결이 확정된 때에야 비로소 사실상 가능하게 되었다고 보아야 하며, 갑의 손해배상청구권은 그때부터 소멸시효가 진행된다.

③ 대법원 2010. 2. 11. 선고 2009다79897 판결

대법원은 피고로부터 간음을 당할 당시 만 15세로서 미성년자이던 원고의 법정대리인이 원고의 피해사실 및 그 가해자를 알았다고 볼 만한 증거가 없으므로, 원고가 성년이 된 2005. 4. 25.경까지는 원고의 피고에 대한 손해배상청구권의 소멸시효는 진행되지 않았다고 판단하여 피고의 소멸시효 항변을 배척한 원심의 사실인정과 판단을 정당한 것으로 긍인하였다.

④ 대법원 2001. 1. 19. 선고 2000다11836 판결

사고 당시 피해자는 만 2세 남짓한 유아로서 좌족부의 성장판을 다쳐 의학적으로 뼈가 성장을 멈추는 만 18세가 될 때까지는 위 좌족부가 어떻게 변형될지 모르는 상태였던 경우, 피해자가 고등학교 1학년 재학 중에 담당의사에게 진찰을 받은 결과 비로소 피해자의 좌족부 변형에 따른 후유장해의 잔존 및 그 정도 등을 가늠할 수 있게 되었다면 피해자의 법정대리인도 그때서야 현실화된 손해를 구체적으로 알았다고 보아 그 무렵을 기준으로 소멸시효의 기산점을 삼아야 한다.

4) 제766조 제2항

a) 존재이유

장기소멸시효는 단기소멸시효가 가지는 단점을 보완하는 장치로서 의미를 가진다. 즉, 단기소멸시효의 기산점이 가지는 불명확성을 보다 객관적 요건에 의해 완화하려는 것이다.

b) 기산점

장기소멸시효의 기산점인 '불법행위를 한 날'의 의미에 대하여는 가해행위시설과 손해발생시설이 대립하고 있다.[240] 이 문제는 결국 단기소멸시효가 완성되지 아니한 상황에서 장기소멸시효에 의하여 피해자의 권리행사를 원천적으로 봉쇄할 것인가에 대한 법적 판단이라고 보여진다. 가해행위시로부터 10년이 지났으나 손해가 발생한 지는 얼마되지 않은 상황에서 피해자의 권리구제를 원천적으로 봉쇄하는 것은 타당하지 않다는 점에서 손해발생시설에 찬성한다. 다른 한편으로 다소 길지 않은 10년이라는 기간은 장기소멸시효에서 가해행위시설의 채택에 장애가 되는 것이다. 제766조 제2항 소정의 '불법행위를 한 날'이란 가해행위가 있었던 날이 아니라 현실적으로 손해의 결과가 발생한 날을 의미하지만, 그 손해의 결과발생이 현실적인 것으로 되었다면 그 소멸시효는 피해자가 손해의 결과발생을 알았거나 예상할 수 있는가 여부에 관계없이 가해행위로 인한 손해가 현실적인 것으로 되었다고 볼 수 있는 때로부터 진행한다.[241]

c) 구체적 판결례

① 대법원 2007. 11. 16. 선고 2005다55312 판결
피고 소속 직원의 불법행위로 인하여 이 사건 토지에 관하여 원고 명의로 원인무효의 소유권이전등기가 경료되었다가 피고가 위 소유권이전등기가 원인무효임을 들어 소유권이전등기말소청구의 소를 제기하여 승소한 이 사건에 있어서는 위 소송의 판결이 확정된 때에 비로소 손해의 결과발생이 현실화되었다고 볼 것이므로, 원고의 피고에 대한 불법행위를 원인으로 하는 손해배상청구권의 기산점이 되는 '불법행위를 한 날'은 위 판결이 확정된 날이다.

② 대법원 2005. 5. 13. 선고 2004다71881 판결
학도의용군으로 참전하였음에도 불구하고 재차 군복무를 한 사안에서 장기소멸시효의 기산점은 전역일이지 피고가 뒤늦게 참전사실확인서를 작성한 시점이 아니다. 피고가 상당한 기간 내에 원고에 대한 전역조치를 취하지 아니한 채 만기까지 복무시

---

240) 民法注解[XIX], 397면 이하(尹眞秀 집필). 종래의 다수설은 가해행위시설이었다고 볼 수 있으나, 현재의 학설상황은 오히려 손해발생시설이 다수이다.

241) 대법원 2005. 5. 13. 선고 2004다71881 판결; 民法注解[XIX], 403면 이하(尹眞秀 집필).

킴으로써 손해가 현실적으로 발생하였다고 할 것이지, 피고가 뒤늦게 참전사실확인서를 작성해 준 때에 비로소 손해의 발생이 현실화되었다고 할 수는 없을 것이다.

③ 대법원 1998. 5. 8. 선고 97다36613 판결

부실시공으로 인하여 건물이 붕괴된 경우에 그로 인한 손해배상청구권에 대한 장기소멸시효의 기산점은 준공시가 아니라 건물의 붕괴시이다.

④ 대법원 1990. 1. 12. 선고 88다카25168 판결

동장의 동일인 증명의 발급이 그 공무원의 직무상 과실에 인한 것임을 전제로 하여 근저당권설정등기를 말소당한 피해자가 시장을 상대로 담보권상실로 인한 손해배상을 구하는 사안에 있어서 소멸시효의 기산점이 되는 불법행위를 한 날은 손해의 결과발생이 현실적인 것으로 되었다고 할 수 있는 때인, 근저당권설정등기말소판결이 확정된 때라고 볼 것이다.

⑤ 대법원 1979. 12. 26. 선고 77다1894,1895 전원합의체 판결

국가의 위법한 부동산의 매각조치로 인한 손해배상청구권에 대한 소멸시효는 매수자 명의의 등기가 현실적으로 말소될 것이 확실시 되어, 이제까지는 그의 현실적인 행사를 기대할 수 없어서 단지 관념적이고 부동적인 상태에서 잠재적으로만 존재하고 있었다고 하여야 할 손해가 현실화 되었다고 볼 수 있는 때로부터 그 기간이 개시되는 것이라고 봄이 상당하다.

5) 계속적 불법행위

가해행위가 계속되어 손해가 계속하여 발생하는 소위 계속적 불법행위의 경우에 대한 소멸시효가 문제된다. 학설과 판례는 나날이 새로운 불법행위에 의한 손해가 발생하므로 각 손해에 대한 배상청구권은 독자적인 법률적 운명을 맞게 되며, 소송법적으로 별개의 소송물을 구성한다.[242]

위법한 건축행위로 일조방해가 발생한 경우에 대한 최근의 대법원 전원합의체 판

결은 매우 중요하다.[243)

다수의견은 위법한 건축물이 철거의무의 대상인지에 따라 소멸시효의 기산점을 달리 하고 있다. 즉, 철거의무를 부담하는 경우에는 계속적 불법행위(철거의무의 계속적 불이행)로 보고 손해는 날마다 새로운 불법행위에 기하여 발생하는 것이므로 피해자가 그 각 손해를 안 때로부터 각별로 소멸시효가 진행한다고 한다. 이에 반하여 철거의무를 부담하지 않는 경우에는 건축완료시점(건물 등이 준공되거나 외부골조공사가 완료된 시점)부터 현재 또는 장래에 발생 가능한 재산상 손해나 정신적 손해에 대한 소멸시효가 진행한다고 한다.

이에 반하여 반대의견은 위법한 일조방해행위로 인한 피해 부동산의 시세 하락 등 재산상의 손해는 특별한 사정이 없는 한 가해 건물이 완성될 때 일회적으로 발생한다고 볼 수 있으나, 위법한 일조방해로 직사광선이 차단되는 등 생활환경이 악화됨으로써 피해 건물의 거주자가 입게 되는 정신적 손해는 가해 건물이 존속하는 한 날마다 계속적으로 발생한다고 보아야 하므로, 그 위자료 청구권의 소멸시효는 가해 건물이 피해 부동산의 일조를 방해하는 상태로 존속하는 한 날마다 개별적으로 진행한다고 본다.

6) 예상외의 후유증

통상의 경우 상해의 피해자는 상해를 입었을 때 그 손해를 알았다고 보아야 할 것이지만 그 후 후유증으로 인하여 불법행위 당시에는 전혀 예견할 수 없었던 새로운 손해가 발생하였다거나 예상외로 손해가 확대된 경우에 있어서는 그러한 사유가 판명된 때에 새로이 발생 또는 확대된 손해를 알았다고 보아야 한다.[244) 새로운 단기소멸시효의 기산점도 입증책임의 일반원칙에 따라 피고가 입증하여야 한다.

교통사고로 심한 뇌손상을 입고 식물인간 상태가 된 피해자(사고 당시 20세 4월)가 가해자를 상대로 제기한 손해배상청구소송에서 그 후유증상이 호전가능성이 없는

---

242) 대법원 1999. 3. 23. 선고 98다30285 판결; 民法注解[XIX], 377면(尹眞秀 집필).

243) 대법원 2008. 4. 17. 선고 2006다35865 전원합의체 판결.

244) 대법원 2001. 9. 14. 선고 99다42797 판결.

지속적 식물인간 상태로서 여명이 사고시로부터 약 5년으로 단축되었다는 감정결과가 나와 피해자가 위 여명기간 이후로는 생존할 수 없음을 전제로 하여 판결선고가 이루어지고 그 판결이 확정된 직후 피해자가 가해자측으로부터 그 확정판결의 인용금액 중 일부를 감액한 금액을 지급받고 사고로 인한 일체의 청구권을 포기하기로 합의하였는데, 그 이후 피해자가 위 감정결과와는 달리 점차 의식을 회복하면서 위 여명기간이 지난 후에도 생존하게 되자 추가손해의 지급을 구하는 소송을 제기하여 감정을 시행한 결과, 피해자는 의식을 회복하고 식물인간상태에서 벗어나 제한적이나마 자력에 의한 거동을 할 수 있는 등 증상이 상당히 호전된 채 고정되어 종전에 예측된 위 여명기간 이후로도 약 38년이나 더 생존할 수 있고 정신적 장해로 인한 개호가 필요한 상태임이 밝혀진 경우, 전소의 일실수입 청구에서 제외하였던 종전 예측의 여명기간 이후 가동연한까지의 생계비에 상당하는 일실수입 손해와 추가적으로 필요하게 된 개호비 손해가 위 합의에 이르기까지 예상할 수 없었던 중대한 손해로서 위 합의의 효력이 미치지 않으며, 그 손배배상청구권의 소멸시효는 피해자가 점차 의식을 회복하는 등 피해자의 증상이 호전되기 시작한 시점부터 진행한다.[245]

7) 근친자의 위자료청구권과의 관계

피해자 본인의 손해배상청구권과 피해자의 상해에 대한 근친자의 위자료청구권은 발생원인이 같다고 하더라도 독립된 별개의 청구권이므로 피해자 본인의 손해배상청구권이 소멸하였다고 하더라도 근친자의 위자료청구권에는 영향이 없다.[246] 더 나아가 양자 중 어느 하나에 대한 재판상 청구가 다른 청구에 대하여 소멸시효의 중단사유가 되는 것도 아니다.[247]

---

245) 대법원 2001. 9. 14. 선고 99다42797 판결.

246) 대법원 1966. 12. 20. 선고 66다1667 판결.

247) 대법원 1967. 1. 24. 선고 66다2280 판결에 의하면 생명피해로 피해자가 장래 얻을 수 있는 수입을 상실한데 관한 재산상 손해의 배상청구권과 피해자의 근친자에게 민법 제752조에 의하여 주어지는 위자료 청구권과는 권리의 주세나 손해산출의 기조가 상이하여 별개의 청구권으로 보아야 할 것이지, 소론과 같이 하나의 권리의 부분으로는 볼 수 없다 할 것이므로, 그와 같이 볼 수 있음을 전제로 하

8) 일부 청구와 시효중단효

판례는 한 개의 채권 중 일부에 관하여만 판결을 구한다는 취지를 명백히 하여 소송을 제기한 경우에는 소제기에 의한 소멸시효중단의 효력이 그 일부에 관하여만 발생하고, 나머지 부분에는 발생하지 아니하지만 비록 그중 일부만을 청구한 경우에도 그 취지로 보아 채권 전부에 관하여 판결을 구하는 것으로 해석된다면 그 청구액을 소송물인 채권의 전부로 보아야 하고, 이러한 경우에는 그 채권의 동일성의 범위 내에서 그 전부에 관하여 시효중단의 효력이 발생한다는 태도를 견지한다.[248] 신체의 훼손으로 인한 손해의 배상을 청구하는 사건에서는 그 손해액을 확정하기 위하여 통상 법원의 신체감정을 필요로 하기 때문에, 앞으로 그러한 절차를 거친 후 그 결과에 따라 청구금액을 확장하겠다는 뜻을 소장에 객관적으로 명백히 표시한 경우에는, 그 소제기에 따른 시효중단의 효력은 소장에 기재된 일부 청구액뿐만 아니라 그 손해배상청구권 전부에 대하여 미친다.

더 나아가 청구의 대상으로 삼은 채권 중 일부만을 청구한 경우에도 그 취지로 보아 채권 전부에 관하여 판결을 구하는 것으로 해석되는 경우에는 그 동일성의 범위 내에서 그 전부에 관하여 시효중단의 효력이 발생하고, 이러한 법리는 불법행위로 인한 손해배상채권에 대한 지연손해금청구의 경우에도 마찬가지로 적용된다.[249]

9) 채무의 승인

소멸시효 중단사유로서의 승인은 시효이익을 받을 당사자인 채무자가 소멸시효의 완성으로 권리를 상실하게 될 자 또는 그 대리인에 대하여 그 권리가 존재함을 인식하고 있다는 뜻을 표시함으로써 성립하는바, 그 표시의 방법은 아무런 형식을 요구하지 아니하고 또한 명시적이건 묵시적이건 불문하며, 묵시적인 승인의 표시는 채무자

여 원고가 1963년에 위자료 청구소송을 제기하여 승소판결이 있었으니, 본건 재산상 손해배상청구권에 관하여 소멸시효중단의 사유가 있었다고 볼 수 없다고 한다.

248) 대법원 1992. 4. 10. 선고 91다43695 판결.

249) 대법원 2001. 9. 28. 선고 99다72521 판결.

가 그 채무의 존재 및 액수에 대하여 인식하고 있음을 전제로 하여 그 표시를 대하는 상대방으로 하여금 채무자가 그 채무를 인식하고 있음을 그 표시를 통해 추단하게 할 수 있는 방법으로 행해지면 족하다. 불법행위에 따른 손해배상청구권의 소멸시효 완성 전에 가해자의 보험자가 피해자의 치료비를 자배법 제9조 제1항 단서, 제11조 등의 규정에 따라 의료기관에 직접 지급한 경우, 특별한 사정이 없는 한 보험자가 피해자에 대한 손해배상책임이 있음을 전제로 그 손해배상채무 전체를 승인한 것으로 봄이 상당하고, 치료비와 같은 적극적인 손해에 한정하여 채무를 승인한 것으로 볼 수는 없다.[250]

10) 공탁

형사재판절차에서 피해자를 위하여 손해배상금의 공탁이 이루어진 경우 그와 같은 공탁이 공탁금액을 넘는 손해배상채무에 관한 묵시적 승인에 해당하는지 여부는 공탁서에 기재된 공탁원인사실의 내용을 중심으로, 공탁의 경위와 목적 및 공소사실의 다툼 여부, 인정되는 손해배상채무의 성격 및 액수와 공탁금액과의 차이, 그 밖의 공탁 전후의 제반 사정을 종합하여 판단하여야 한다.[251] 형사재판절차에서 무죄를 주장하면서도 유죄가 인정되는 경우에 대비하여 제1심판결 및 항소심판결 선고 전에 각 1,000만원을 공탁하면서 손해배상금의 일부라는 표시도 하지 않고 공탁금 회수제한신고서도 첨부한 사안에서, 대법원은 채무자가 부담하는 손해배상채무는 정신적 손해에 대한 위자료 지급채무의 성격을 가지는 것이어서 형사재판 과정에서 그 액수를 구체적으로 산정하기 곤란하였다는 점 등에 비추어 보면, 위 각 공탁에 의하여 당시 그 공탁금을 넘는 손해배상채무가 존재함을 인식하고 있었다는 뜻을 표시한 것이라고 보기는 어렵다는 점에서 위 각 공탁에 의하여 공탁금을 넘는 손해배상채무를 승인한 것이라고 볼 수 없다는 이유로 손해배상채무 전액에 대한 승인의 효력을 인정한 원심판결을 파기하였다.

---

250) 대법원 2010. 4. 29. 신고 2009다99105 판결.
251) 대법원 2010. 9. 30. 선고 2010다36735 판결.

11) 소송법적 문제

제766조에 기한 소멸시효의 항변에 있어서 제1항과 제2항의 요건이 다르므로 법원으로서는 석명권을 행사하여 양자 중 어느 것인지를 밝혀야 한다. 다만 당사자가 단순히 소멸시효가 완성되었다는 항변만을 한 경우에는 양자에 관한 주장을 모두 한 것으로 해석할 것이다.[252] 따라서 피고가 원고의 손해배상청구권이 시효로 소멸하였다고 항변할 뿐 위 규정에 의한 3년 단기소멸시효의 완성 주장인지 앞서 본 같은 조 제2항에 의한 10년의 소멸시효의 완성 주장인지는 명백히 하고 있지 아니하므로 이를 3년의 단기소멸시효 완성 주장도 포함하는 취지로 볼 수 있을 것인바, 바로 제766조 제2항에 정한 10년의 소멸시효기간이 완성하지 아니하였다고 단정할 것이 아니라 같은 조 제1항에 정한 3년의 단기소멸시효가 완성되었는지, 시효중단의 사유가 있는지 여부에 대하여도 심리, 검토하여야 한다.

12) 입법론

최근의 민법개정작업은 시효에 대한 전면적인 개정을 시도하였고, 특히 채권에 대한 일반적인 소멸시효기간을 5년으로 단축하였고, 이에 대응하여 불법행위의 경우에도 단기소멸시효를 5년으로 맞추었다. 다만 불법행위의 경우에는 잠복손해에 대한 피해자 구제를 위하여 장기소멸시효기간을 손해발생일로부터 20년으로 정하였고, 미성년자의 성적 자기결정권의 침해에 대한 구제를 위하여 소멸시효정지규정을 두었다.

현 행	개정안
第766條(損害賠償請求權의 消滅時效) ①不法行爲로 因한 損害賠償의 請求權은 被害者나 그 法定代理人이 그 損害 및 加害者를 안 날로부터 3年間 이를 行使하지 아니하면 時效로 因하여 消滅한다.	제766조(손해배상청구권의 소멸시효) ① 불법행위로 인한 손해배상청구권은 피해자나 그의 법정대리인이 그 손해와 가해자를 안 날부터 5년 동안 행사하지 아니하면 소멸시효가 완성된다.
② 不法行爲를 한 날로부터 10年을 經過한 때에도 前項과 같다.	② 불법행위로 인한 손해가 발생한 날부터 20년이 지난 때에도 제1항과 같다.
〈신 설〉	③ 성적 침해를 이유로 하는 손해배상청구권은 피해자가 미성년인 동안에는 소멸시효가 정지된다.

---

252) 대법원 2005. 5. 13. 선고 2004다71881 판결 참조.

9. 인격권의 침해

1) 서설

인격권이라는 법개념 자체가 인격적 성질을 가지는 개별적 이익에 대하여 개별적인 국면에서 법적 보호가 부여되는 것이 쌓여감으로써 점차로 형성되어 간 것이다.[253] 어쩌면 인격권에 대하여 윤곽이 뚜렷한 내용으로 채우려는 시도 자체가 그 본질상 무위에 그칠 수 있는 것이다. 다만 인격권에 관한 명문의 규정은 민법상 존재하지 않아,[254] 이에 대한 개정의 요청으로 민법상 인격권의 보호 및 구제수단에 관한 조문 신설의 논의가 한창이다.

2) 인격권의 전개과정

a) 대륙법계

① 독일

1958년 이후 독일 법원은 소위 일반적 인격권을 승인하고 그 침해에 대한 금전배상을 인정하였다.[255] 일반적 인격권은 자신의 인격이 국가기관 뿐만 아니라 사적 영역에서도 보호를 받을 권리이며, 성명권(민법 제12조)이나 초상권(예술저작권법 제22조, 제823조 제1항)과 같이 이를 규율하는 특별규정이 없는 명예훼손과 프라이버시 침해의 경우에 있어서 손해배상의 법적 근거를 제공한다.[256] 개인은 기본법 제1조 및

---

253) 대법원 2008. 11. 20. 선고 2007다27670 전원합의체 판결(대법관 안대희, 대법관 양창수의 반대의견).

254) 언론중재법 제5조 제1항은 타인의 생명·자유·신체·건강·명예·사생활의 비밀과 자유·초상·성명·음성·대화·저작물 및 사적문서 그 밖의 인격적 가치 등에 관한 권리를 인격권이라 정의한다.

255) BGHZ 24, 349(원고의 동의 없이 정력제의 광고에 사용된 사건으로 일명 기수사건으로 불린다). 일반적 인격권의 인정에 있어서의 지도적 판례는 BGHZ 13, 334(의뢰인에 대한 신문기사의 정정을 요구하는 변호사의 문서를 축약 보도하여 개인적으로 보낸 문서라는 인상을 준 사건: 일명 독자의 편지 사건)이다.

256) Magnus · Fedtke, Non-Pecuniary Loss under German Law, in: Rogers(ed.), Damages for Non-Pecuniary Loss in a Comparative Perspective. 2001, Rn. 36(p. 120).

제2조에 따라 사생활의 보호를 받을 권리를 가지며,[257] 사적 영역의 보호는 가택으로 한정되지 않고, 장소적 고립(örtlich Abgeschidenheit)이 인정되는 장소에도 확장된다.[258]

② 오스트리아

민법 제16조는 모든 인간은 이성에 비추어 명백한 타고난 권리를 가지므로 인격으로 대우받아야 하며, 노예나 예속신분 그리고 이와 관련된 권한을 행사하는 것은 이 나라에서 허용되지 않는다고 규정하면서 인격보호의 원칙을 천명하였으며, 이 규정은 오스트리아법질서의 핵심적인 규정이다.[259] 인격보호는 생명, 신체의 완전성, 자유, 성적 자기결정권, 성명권, 명예, 사생활의 보호, 초상권, 저작인격권, 발명자의 명예 그리고 정보보호를 포함한다.[260]

③ 스위스

스위스민법 제28조 이하의 규정은 인격권의 보호에 관한 내용을 담고 있다. 스위스법상 인격권의 보호범위는 육체적 보호범위(생명, 신체의 완전성, 성적 자기결정권, 신체의 자유), 정신적 보호범위 그리고 사회적 보호범위(초상권, 사적 영역의 보호를 받을 권리, 명예권)로 나뉜다.[261]

④ 프랑스

프랑스에서는 1970년 7월 17일의 법률로 신설된 민법 제9조에 의하여 사생활을 보호받을 권리가 보장된다. 인격권은 신체의 완전성에 관한 권리, 정신적 완전성에 관한 권리 그리고 사생활의 존중에 관한 권리로 나뉘고, 그 중에서 사생활의 존중에 관

---

257) Wenzel/Burkhardt, Das Recht der Wort-und Bildberichterstattung, 5. Aufl. 2003, 5. Kap. Rn. 54(S. 164).

258) BVerfG NJW 2000, 1021, 1022f.; BGH NJW 1996, 1128, 1129; Wenzel/Burkhardt(前註), 5. Kap. Rn. 55(S. 164).

259) Rummel/Aicher, ABGB, 3. Aufl. 2000, § 16, Rn. 3.

260) Kurzkommentar zum ABGB/Koch, 2. Aufl. 2007, § 16, Rn. 7.

261) BBl 2005, 6871, 6875; Frick, Persönlichkeitsrechte, Wien 1991, S. 214ff.

한 권리가 인격권의 대종을 이루고 있다.[262] 또한 판례에 의하여 인격권으로 초상권이 보장되고 있다.[263]

b) 영미법계

① 영국

영국법상 인격적 법익의 보호는 명예훼손과 비밀침해의 법리에 의하여 처리되어 왔고, 인격적 이익의 보호를 위한 일반적인 소권에 해당하는 프라이버시권을 인정하지 않았다.[264] 그러나 '1998년 인권법'의 시행으로 프라이버시권이 사인간에도 인정될 수 있는지가 문제되고 있으나, 법원은 다른 법리의 활용을 통하여 인격적 법익을 보호하는 입장에 서있다.[265]

② 미국

미국에서는 인격적 이익의 보호에 관한 일반적 소권으로 프라이버시권이 인정되고 있으며, 이는 단순한 비밀의 보호를 넘어서서 자기결정권으로서 폭넓은 기능을 수행하고 있다.[266]

c) 유럽불법행위법

제2:102조는 보호되는 이익을 규정하면서 ① 생명(life), 신체적 또는 정신적 완전성(bodily or mental integrity), 인간의 존엄(human dignity)과 자유(liberty), ② 재산권(property), ③ 순수 재산적 이익(pure economic interests), 계약관계(contractual relationships)으로 분류하고 있을 뿐 인격권에 대한 명시적 규율은 담고 있지 않다.

---

262) 정태윤, "프랑스에서의 인격권", 법학논집 제14권 제4호(2010. 6), 39면.

263) 정태윤(前註), 49면.

264) Campbell v Mirror Group Newspapers Ltd [2004] 2 A.C. 457=[2004] H.R.L.R. 24, para 11(per Lord Nichollos).

265) 이에 대한 자세한 논의는 李昌鉉, 慰藉料에 관한 研究, 166면 이하 참조.

266) 이에 대한 자세한 논의는 李昌鉉, 慰藉料에 관한 研究, 219면 이하 참조.

d) 소결

앞서 살핀 바와 같이 인격권의 전개양상과 본질에 비추어 통일된 분류나 기준을 찾기 어려운 점에 비추어 유형화작업을 통하여 개별적 인격적 이익의 구체화가 요망된다고 할 것이다.

3) 인격권의 주체

a) 자연인

자연인은 인격권의 주체이며, 이는 유아의 경우에도 다르지 않다. 태아의 경우에도 인격권이 인정된다고 할 것이다.[267]

b) 법인 등

법인은 그 설립목적에 쫓아 자유로이 업무를 수행할 수 있는 인격권을 향유한다.[268] 법인격이 없는 단체도 인격권이 인정된다. 다만 법인의 인격권은 자연인과는 달리 사회적 활동의 주체로서 필요한 내용으로 한정된다.

c) 사자

오늘날 과학기술의 발전과 각종 매스 미디어의 발달, 인터넷의 성행 등에 따라 사람의 인격적 가치에 대한 침해의 위험성이 높아졌고, 그에 따라 인격권에 대한 보호의 필요성이 커졌으며, 저작권법, 언론중재법에서는 망인의 저작인격권 침해나 언론기관의 보도로 인한 망인의 인격권 침해에 대비한 보호규정을 두고 있다.[269] 특히 언론중재법 제5조의2에 의하면 사망자도 인격권을 향유하고, 사망자의 인격권의 침해 등에 대한 구제절차는 유족이 수행하고, 그 보호기간은 사망후 30년간으로 한정된다. 이러한 명문의 규정이 없는 경우에도 사자의 인격권을 인정할 수 있을지가 문제된다. 학설은 대체로 사자의 인격권을 보장한다. 이는 사자의 인격권의 부정은 실질적으로

---

267) 民法注解[XIX], 428면(李在洪 집필).

268) 民法注解[XIX], 428-429면(李在洪 집필).

269) 대법원 2008. 11. 20. 선고 2007다27670 전원합의체 판결.

생존중의 인격보호의 형해화를 초래할 수 있다는 고려에 기한 것이다. 다만 사자의 인격권을 어느 정도에서 보장하느냐에 대하여는 면밀한 검토가 요구되는 바이다. 제사주재자의 결정에 관한 대법원 전원합의체 판결에서도 사자의 인격권에 관한 의미있는 의견이 개진되었다. 실정법에 명문의 규정이 있는지 여부를 불문하고 사람의 명예와 같은 일반적 인격권은 사후에도 보장되어야 하고, 그러한 범위 내에서 사자도 인격권의 주체가 된다. 즉, 사자의 권리는 사망 후 단순한 사체로서는 주체성을 인정하기 어렵다 할지라도 사자가 생존시에 이루어 놓은 명예, 인격과 의사표시 등에 대하여는 당연히 헌법상 보장의 대상이 되나, 사자의 인격권은 영원히 보장되는 것이 아니라 망인에 대한 기억이 희미해져가고 시간이 흐름에 따라 그 보호의 필요성은 그만큼 사라져가는 것이다.[270] 물론 법률에서 망인의 인격권의 행사방법 등을 규정하고 있는 경우가 아닌 한 망인의 인격권을 쉽사리 인정하는 것은 경계해야 하고, 오히려 유족 고유의 인격권 보호를 통해 망인의 인격권을 간접적으로 보호함으로써 위와 같은 문제점을 해소할 수 있을 것이라는 신중론도 제시되었다.[271]

4) 위법성

인격적 이익은 구체적 개인의 감정세계와 밀접한 관련을 맺고 있어 보호받을 구체적인 내용의 확정이 매우 어렵다.[272] 그리하여 위법성의 판단에 있어서도 미묘한 경계획정의 문제가 제기된다. 즉, 인격권의 침해 그 자체만으로 위법성이 추단되지 않고, 사안유형별로 대립하는 이익과의 형량을 통해서만 궁극적으로 위법성이 결정되는 것이다.[273]

---

270) 대법원 2008. 11. 20. 선고 2007다27670 전원합의체 판결(대법관 안대희, 대법관 양창수의 반대의견에 대한 대법관 안대희의 보충의견).
271) 대법원 2008. 11. 20. 선고 2007다27670 전원합의체 판결(다수의견에 대한 대법관 이홍훈, 대법관 김능환의 보충의견).
272) 梁彰洙(註 12), 332면.
273) 梁彰洙(註 12), 332-333면.

a) 표현의 자유

언론·출판의 자유와 명예보호 사이의 한계를 설정함에 있어서는, 당해 표현으로 명예를 훼손당하게 되는 피해자가 공적인 존재인지 사적인 존재인지, 그 표현이 공적인 관심사안에 관한 것인지 순수한 사적인 영역에 속하는 사안에 관한 것인지 등에 따라 그 심사기준에 차이를 두어, 공공적·사회적인 의미를 가진 사안에 관한 표현의 경우에는 언론의 자유에 대한 제한이 완화되어야 하고, 특히 공직자의 도덕성, 청렴성에 대하여는 국민과 정당의 감시기능이 필요함에 비추어 볼 때, 그 점에 관한 의혹의 제기는 악의적이거나 현저히 상당성을 잃은 공격이 아닌 한 쉽게 책임을 추궁하여서는 안 된다.[274]

b) 예술의 자유

실제 인물이나 사건을 모델로 한 영화가 허위의 사실을 적시하여 개인의 명예를 훼손하는 행위를 한 경우에도 그것이 공공의 이해에 관한 사항으로서 그 목적이 공공의 이익을 위한 것일 때에는 행위자가 적시된 사실을 진실이라고 믿었고 또 그렇게 믿을 만한 상당한 이유가 있으면 그 행위자에게 불법행위책임을 물을 수 없다고 할 것인바, 그와 같은 상당한 이유가 있는지 여부를 판단함에 있어서는 적시된 사실의 내용, 진실이라고 믿게 된 근거나 자료의 확실성, 표현 방법, 피해자의 피해 정도 등 여러 사정을 종합하여 판단하여야 하고, 특히 적시된 사실이 역사적 사실인 경우 시간이 경과함에 따라 점차 망인이나 그 유족의 명예보다는 역사적 사실에 대한 탐구 또는 표현의 자유가 보호되어야 하며 또 진실 여부를 확인할 수 있는 객관적 자료의 한계로 인하여 진실 여부를 확인하는 작업이 용이하지 아니한 점 등도 고려되어야 한다.[275]

c) 종교의 자유

종교적 목적을 위한 언론·출판의 경우에는 그 밖의 일반적인 언론·출판에 비하여 고도의 보장을 받게 되고, 특히 그 언론·출판의 목적이 다른 종교나 종교집단에

---

274) 대법원 2003. 7. 8. 선고 2002다64384 판결; 대법원 2007. 12. 27. 선고 2007다29379 판결.
275) 대법원 2010. 7. 15. 선고 2007다3483 판결.

대한 신앙교리 논쟁으로 같은 종파에 속하는 신자들에게 비판하고자 하는 내용을 알리고 아울러 다른 종파에 속하는 사람들에게도 자신의 신앙교리 내용과 반대종파에 대한 비판의 내용을 알리기 위한 것이라면 그와 같은 비판할 권리는 최대한 보장받아야 할 것인바, 그로 인하여 타인의 명예 등 인격권을 침해하는 경우에 종교의 자유 보장과 개인의 명예 보호라는 두 법익을 어떻게 조정할 것인지는 그 비판행위로 얻어지는 이익, 가치와 공표가 이루어진 범위의 광협, 그 표현방법 등 그 비판행위 자체에 관한 제반 사정을 감안함과 동시에 그 비판에 의하여 훼손되거나 훼손될 수 있는 타인의 명예 침해의 정도를 비교 고려하여 결정하여야 한다.[276]

5) 인격권침해에 대한 구제수단

a) 손해배상청구권

인격권의 침해는 제750조의 불법행위를 구성하므로 그 효과로 손해배상청구권이 인정된다. 인격권의 침해로 인한 손해로는 적극적 재산적 손해(가령 대응광고비), 소극적 재산적 손해(가령 연예인의 경우 광고수입의 감소), 비재산적 손해(가령 정신적 고통 등)가 있다. 인격권의 침해의 경우에는 대개 재산적 손해의 배상이 미미하여 위자료가 고액화하는 경향이 있다.[277] 이는 비교법적으로 보면 예방기능 또는 제재기능의 관점에서 설명된다.

b) 원상회복청구권

제764조는 금전배상 외에 원상회복청구권을 규정하고 있다. 이는 명예훼손의 경우에 금전배상만으로는 피해자가 입은 재산적 · 정신적 손해의 충분한 전보가 불가능한 경우가 많다는 사정을 고려하여 금전배상원칙에 대한 예외로 원상회복주의를 채택한 것이다.[278] 원상회복처분의 목적은 가해자에 대한 제재를 가하거나 사죄 등을 하도록

---

276) 대법원 2007. 4. 26. 선고 2006다87903 판결.

277) 民法注解[XIX], 448-449면(李在洪 집필).

278) 대법원 2007. 12. 27. 2007나29379 판결은 타인의 명예를 훼손한 자에 대하여 법원은 피해자의 청구에 의하여 손해배상에 갈음하거나 손해배상과 함께 정정보도의 공표 등 명예회복에 적당한 처분을

함으로써 피해자에게 주관적인 만족을 주고자 하는 것이 아니며, 금전에 의한 손해배상만으로는 전보될 수 없는, 훼손된 피해자의 인격적 가치에 대한 사회적·객관적 평가 자체를 회복하게 할 수 있도록 하기 위한 것이다.[279] 그리하여 법원은 명예훼손이 있는 것으로 인정될 때 그 청구범위내에서 명예회복 처분을 금전배상과 함께 명하거나 또는 전자만을 명하거나 아니면 전자를 인정함이 없이 후자만을 명할 수 있다.[280]

c) 방해배제 및 방해예방청구권

인격권은 그 성질상 일단 침해된 후의 구제수단(금전배상이나 명예회복 처분 등)만으로는 그 피해의 완전한 회복이 어렵고 손해전보의 실효성을 기대하기 어려우므로, 인격권 침해에 대하여는 사전(예방적) 구제수단으로 침해행위 정지·방지 등의 금지청구권도 인정된다.[281] 사전적 구제수단의 허용여부와 관련하여서는 대립하는 이익을 적정하게 교량하는 작업이 필요하다. 그리하여 판례는 인격권으로서의 개인의 명예의 보호와 표현의 자유의 보장이라는 두 법익이 충돌하였을 때 그 조정을 어떻게 할 것인지는 구체적인 경우에 사회적인 여러가지 이익을 비교하여 표현의 자유로 얻어지는 이익, 가치와 인격권의 보호에 의하여 달성되는 가치를 형량하여 그 규제의 폭과 방법을 정하여야 한다고 한다.[282]

명할 수 있는바, 이는 명예훼손의 경우에는 그로 인한 피해자의 재산적·정신적 손해의 범위 및 그 금전적 평가를 구체적으로 입증하는 것이 곤란하고 또 금전배상만으로는 피해자의 구제가 실질적으로 불충분·불완전한 경우가 많으므로, 이러한 결함을 보완하여 피해자를 효과적으로 구제하기 위한 것이라고 판시하였다.

279) 梁彰洙(註 127), 90-91면. 동소는 원상회복처분이 피해자의 분노나 불쾌감 등과 같이 감정이 상한 것을 가라앉히기 위하여 인정된 것이고, 이러한 효과가 기대되는 법익침해에 이것이 널리 인정된다고 하면, 이는 모든 종류의 인격적 이익이 침해된 경우는 물론이고 재산적 이익이 침해된 경우에도 이용될 여지가 있을 것인데, 이는 결국 보복감정의 충족이라는 前近代的 불법행위법으로의 후퇴에 다름 아니라고 지적한다.
280) 대법원 1988. 6. 14. 선고 87다카1450 판결.
281) 대법원 1996. 4. 12. 선고 93다40614,40621 판결; 民法注解[XIX], 453면(李在洪 집필).
282) 대법원 1988. 10. 11. 선고 85다카29 판결.

6) 소송법적 문제

a) 불법행위의 개수

인격권의 침해로 인하여 몇 개의 불법행위가 성립하느냐의 문제가 종래 명확하게 의식되어 논의된 것은 아니다. 신문기사, 방송보도 등으로 인하여 여러 가지의 인격적 이익(명예, 사생활의 비밀과 자유, 성명권, 초상권, 음성권 등)이 침해되는 경우에 각 이익 별로 불법행위가 성립한다고 볼 것인지가 문제된다.

판례는 침해이익별로 별개의 불법행위가 성립한다는 전제에서 별개의 소송물을 구성한다는 이론을 견지하는 것으로 보인다.

그러나 인격권을 구성하는 이익을 세분화하여 이를 별개의 불법행위와 소송물로 구성하는 것은 사태에 적합하지 않다. 오히려 하나의 불법행위를 인정하고 여러 가지 이익이 침해되었다는 사정은 손해배상액의 산정에서 고려할 사유가 아닌가 생각된다.

b) 소송물이론

채권자가 동일한 채무자에 대하여 수개의 손해배상채권을 가지고 있다고 하더라도 그 손해배상채권들이 발생시기와 발생원인 등을 달리하는 별개의 채권인 이상 이는 별개의 소송물에 해당하고, 이를 소로써 구하는 채권자로서는 손해배상채권별로 청구금액을 특정하여야 하며, 법원도 이에 따라 손해배상채권별로 인용금액을 특정하여야 한다.[283] 방송보도로 인한 인격권침해에 있어 소송물이론은 어떻게 처리하여야 하는지가 문제된다. 과도한 이발비용을 문제삼아 미용실의 내부를 취재하여 보도한 사안[284]에서 명예, 초상권, 음성권, 사생활의 비밀과 자유의 침해가 긍정될 수 있다. 위 사건에서 원고가 음성권과 초상권의 침해에 기하여 위자료 500만원을 청구하였고, 원심법원은 음성권 침해와 초상권 침해로 인한 손해배상채권의 인용금액을 따로 특정하지 아니한 채 인용금액을 100만원으로 정하였다. 이에 대하여 대법원은 원고가 구하는 500만원의 손해배상채권이 어느 채권에 대한 청구인지 불분명하여 그 청구가 특정되

---

283) 대법원 2007. 9. 20. 선고 2007다25865 판결; 대법원 2008. 6. 26. 선고 2007다43436 판결.
284) 대법원 2009. 10. 29. 선고 2009다49766 판결.

었다고 볼 수 없으므로 원심으로서는 석명권을 적절히 행사하여 원고가 구하는 위 각 손해배상청구에 관한 주장이 불완전·불명료한 점을 지적하여 이를 정정·보충하도록 보정을 명함으로써 이 사건 소송상의 청구를 명확히 특정한 다음, 나아가 원고 주장의 당부를 심리·판단하였어야 할 것이라고 판단하였다.[285] 이 경우 위의 원칙에 따라 별개의 손해배상채권의 성립을 인정하고 이를 별개의 소송물로 보아야 하는가라는 의문이 남게 된다. 오히려 하나의 방송보도로 인하여 여러 가지의 인격적 이익이 밀접하게 관련되어 침해된 경우에는 하나의 인격권 침해에 기한 하나의 소송물을 인정하고, 그에 기하여 침해된 다양한 법익과 가해행위의 태양을 살펴 위자료를 산정하는 것이 사태에 적합한 해결책이다.

10. 감독의무자의 책임

1) 서설

제755조 제1항은 책임무능력자의 행위로 인하여 제3자가 손해를 입은 경우에 법정감독의무자의 책임을, 동조 제2항은 대리감독자의 책임을 규정하고 있다.

2) 책임의 근거 및 성질

감독자의 책임은 책임무능력자에 대한 감독의무의 위반에 있는 것이나, 피해자의 보호를 위하여 과실에 대한 입증책임을 전환한 것이다.[286]

---

285) 대법원 2009. 10. 29. 선고 2009다49766 판결.

286) 郭潤直, 債權各論, 412면. 민법제정과정에서 일본민법, 독일민법, 프랑스민법, 중국민법 그리고 만주국민법이 참고되었다(民法案審議錄, 上卷, 443-444면). 민법 제755조에 대한 비교법적 고찰에 관하여는 李昌鉉, "民法 제755조의 改正에 관한 硏究", 민사법학 제53호(2011. 3), 41면 이하를 참조하라.

3) 요건

a) 법정감독의무자의 책임

① 책임무능력자의 가해행위

책임무능력자의 행위는 책임능력을 제외하고 제750조 소정의 불법행위의 일반요
건을 충족하여야 한다.[287]

② 감독의무자의 의무위반

감독의무자의 감독의무의 위빈이 있고, 이와 책임능력자의 가해행위 상호간에
인과관계가 인정되어야 한다.[288] 감독의무의 이행과 관련하여 민법은 입증책임을 전환
하였으므로 감독의무자가 감독의무의 이행에 대한 입증책임을 진다. 따라서 감독의무
자는 감독의무를 다하였음을 들어 제755조 소정의 책임에서 벗어날 수 있다.

b) 대리감독자의 책임

대리감독자의 감독의무는 법률 뿐만 아니라 계약에 의하여도 발생한다.[289] 대리감
독자의 책임은 법정감독의무자와는 달리 감독의무와 밀접한 관련성 그리고 예견가능
성이 인정되는 경우에 긍정된다. 가령 교사의 경우에는 학교에서의 교육활동 및 이에
밀접 · 불가분의 관계에 있는 생활관계에 한하고, 그 의무범위 내의 생활관계라고 하
더라도 교육활동의 때, 장소, 가해자의 분별능력, 가해자의 성행, 가해자와 피해자의
관계, 원아나 학생의 연령, 사회적 경험, 판단능력, 기타 여러 사정을 참작하여 사고
가 학교생활에서 통상 발생할 수 있다고 하는 것이 예측되거나 또는 예측가능성이 있
는 경우에만 교사는 보호감독의무 위반에 대한 책임을 진다.[290]

---

287) 郭潤直, 債權各論, 412면.

288) 民法注解[ⅩⅧ], 471-3면(柳元奎 집필).

289) 民法注解[ⅩⅧ], 474면(柳元奎 집필).

290) 대법원 2002. 5. 10. 선고 2002다10585,10592 판결; 郭潤直, 債權各論, 414-415면.

c) 소극적 요건

면책요건으로 감독의무의 이행과 인과관계의 부존재가 있다.[291]

4) 효과

법정감독의무자 및 대리감독자는 책임무능력자의 불법행위로 인한 손해를 배상할 책임이 있고, 양자는 부진정연대채무의 관계에 있다.[292]

5) 관련 문제

a) 책임능력있는 미성년자의 감독자의 책임

책임능력있는 미성년자의 감독자의 책임에 관하여 판례상의 혼선이 있었으나,[293] 이는 대법원 전원합의체판결로 정리되었다.[294] 즉, 미성년자가 책임능력이 있어 그 스스로 불법행위책임을 지는 경우에도 그 손해가 당해 미성년자의 감독의무자의 의무위반과 상당인과관계가 있으면 감독의무자는 일반불법행위자로서 손해배상책임이 있고 이 경우에 그러한 감독의무위반사실 및 손해발생과의 상당인과관계의 존재는 이를 주장하는 자가 입증하여야 한다. 이러한 판례에 대하여는 피해자가 제750조의 요건에 대한 입증책임을 부담하므로 피해자의 보호에 불충분하다는 입법론적 비판이 강력하다.[295]

b) 의사무능력자의 감독자의 책임

의사무능력자의 가해행위로 인한 감독자의 책임과 관련하여 의사무능력자는 성년

---

291) 郭潤直, 債權各論, 414면.

292) 郭潤直, 債權各論, 415면.

293) 책임능력의 존부와 상관없이 법정감독의무자에게 과실을 추정하는 대법원 1984. 7. 10. 선고 84다카 474 판결과 민법 제750조에 의한 일반불법행위책임을 인정하는 대법원 1990. 4. 24. 선고 87다카 2184 판결, 대법원 1992 5. 22. 선고 91다37690 판결 등이 대립하고 있었다.

294) 대법원 1994. 2. 8. 선고 93다13605 판결.

295) 민법(재산편) 개정 자료집(II), 544-545면.

후견선고를 받은 자로 한정되지 않는다. 가해행위당시에 의사무능력의 상태였다는 점만 입증되면 족하다. 다만 고의 또는 과실로 심신상실상태를 초래한 경우에는 그러하지 않다. 의사무능력자이면서 성년후견선고(과거의 금치산선고)를 받은 경우에는 후견인이 감독자가 될 것이다. 의사무능력자이면서 성년후견선고 등을 받지 않는 경우에 누가 감독의무자가 되는지가 문제될 수 있다. 민법 시행 이전의 판례에 의하면 조리상 처, 부모, 호주의 순위로 감독의무자가 된다고 한다.[296] 정신보건법 제21조 제1항과 제22조 제2항은 정신질환자의 민법상의 부양의무자 또는 후견인은 정신질환자의 보호의무자가 되며, 보호의무자는 보호하고 있는 정신질환자가 자신 또는 타인을 해치지 아니하도록 유의하여야 한다고 규정한다. 따라서 정신질환에 의한 심신상실자에 대한 감독의무자는 정신보건법에 의하여 민법상 부양의무자 또는 후견인이 된다고 할 것이다.

6) 입법론

2004년 민법개정안은 책임능력있는 미성년자의 가해행위에 대하여도 감독의무자의 입증책임을 전환하였으나, 감독의무자의 책임가중에 대응하여 미성년자가 변제자력이 있는 경우에는 예외를 두고자 하였다.[297] 그러나 공청회 등에서 후자의 변제자력에 의한 예외에 대한 비판이 강력하게 제기되었다.

그리하여 최근의 민법개정작업에서는 피해자 보호를 위하여 책임능력있는 미성년자의 가해행위에 대하여도 감독의무자의 입증책임을 전환하되, 감독의무의 이행에 따른 면책을 실질적으로 허용하여 감독의무자의 책임의 확대를 실질적으로 통제하는 안이 고려되고 있다.[298]

---

296) 대법원 1957. 7. 25. 선고 4290민상302 판결.

297) 第755條(監督者의 責任) ① 第753條 및 第754條의 規定에 의하여 無能力者에게 責任없는 경우에는 이를 監督할 法定義務 있는 者가 그 無能力者의 第三者에게 加한 損害를 賠償할 責任이 있다. 그러나 監督義務를 懈怠하지 아니한 때에는 그러하지 아니하다. ② 未成年者를 監督할 法定義務 있는 者는 未成年者에게 責任能力이 있는 경우에도 第1項의 責任이 있다. 그러나 그 未成年者에게 辨濟資力이 있는 경우에는 그러하지 아니하다. ③ 監督義務者에 갈음하여 責任無能力者 또는 責任能力 있는 未成年者를 監督하는 者도 第1項 및 第2項의 책임이 있다.

11. 사용자책임

1) 서설

사용자책임이라 함은 피용자가 사무와 관련하여 저지른 불법행위에 대하여 사용자가 피해자에게 불법행위책임을 부담하는 것을 말한다(제756조).

2) 책임의 근거 및 성질

사용자책임의 실제적 의의는 피해자의 구제에 있다. 왜냐하면 피용자는 손해를 배상할 충분할 자력을 갖추지 못한 경우가 많기 때문이다. 그러한 사용자책임의 근거에 대하여 판례와 학설은 대체로 보상책임의 원리를 든다.[299] 즉, 타인을 사용하여 사업을 하는 자는 자신의 활동범위를 넓혀 이익을 얻는 것이므로 그에 상응하는 불이익도 귀속하는 것이 공평에 부합하다는 것이다. 이러한 보상책임의 원리는 민법제정과정에서도 인정되었다.[300] 특히 타인을 사용하여 자기의 활동범위를 확장한 자는 그 확장된 범위에 있어서 보상책임을 입법한 것으로 본조의 '사무집행으로 인하여' 라는 문구는 본래의 사무집행 자체에 국한하는 것으로 해석되기 쉬워서 너무 협소하여 보상책임의 정신에 배치되므로 '사무집행에 관하여' 로 수정되었다.

---

298) 제3기 민법개정위원회의 위원장단 회의를 통과한 제755조에 대한 개정시안은 다음과 같다.

제755조 (감독의무자의 책임) ① 미성년자나 심신상실자를 감독할 법정의무있는 자는 미성년자나 심신상실자가 제3자에게 가한 손해를 배상할 책임이 있다. 그러나 감독의무자가 감독의무를 다하였거나 감독의무를 다하였더라도 손해가 발생할 경우에는 그러하지 아니하다.

② 감독의무자에 갈음하여 미성년자나 심신상실자를 감독하는 자도 제1항의 책임이 있다.

299) 郭潤直, 債權各論, 416면. 대법원 1985. 8. 13. 선고 84다카979 판결은 제756조의 사용자의 책임에 피용자가 그 사업의 집행에 관하여라는 뜻도 그 범위에 있어서 앞에서 설시한 이 규정의 입법근거인 보상관계에 따라 해석하여야 할 것이므로 원칙적으로는 그것이 피용자의 직무범위에 속하는 행위이어야 할 것이나 이와 같이 극단적으로 그 범위를 좁게 해석하면 사용자의 책임을 정한 민법의 규정을 그 존립의의마저 부정하고 거래의 안전을 도모하려는 입법취지 마저 도외시하는 결과를 초래하게 될 것이므로 이 사업의 범위는 피용자의 직무집행행위 그 자체는 아니나 그 행위의 외형으로 관찰하여 마치 직무의 범위내에 속하는 것과 같이 보이는 행위도 포함하는 것이라고 새겨야 할 것이라고 한다.

300) 民法案審議錄, 上卷, 444면.

사용자책임의 성질과 관련하여서는 여러 가지 견해가 제시되고 있으나, 학설은 대체로 중간적 책임이라고 한다.[301]

3) 책임의 구성

사용자책임의 구조는 비교법적으로 보면 크게 두 가지로 대별된다. 자기책임적 구성과 대위책임적 구성이 그것이다.

① 자기책임적 구성

사용자책임은 사용자의 선임·감독상의 잘못에 근거한 자기책임이라는 것이다. 이러한 자기책임구성은 피용자의 불법행위를 요건으로 삼지 않는다.

② 대위책임적 구성

사용자책임은 사용자가 피용자의 불법행위를 대신하여 책임진다는 의미에서 대위책임이라고 한다. 이러한 대위책임적 구성에서는 피용자의 행위는 불법행위의 요건을 충족할 것이 요구된다.

③ 검토

판례는 피용자의 가해행위가 불법행위의 요건을 충족할 것을 요구하면서도 사용자의 면책가능성을 사실상 봉쇄하고 있어 자기책임적 입법을 대위책임적으로 운용하고 있다고 평가할 수 있다. 학설도 대체로 판례의 태도를 수긍하고 있다.[302]

4) 요건

① 사용관계

사용자책임이 성립하기 위하여는 사용자와 피용자간의 사용관계가 존재하여야 하

---

301) 民法注解 XVIII, 495면(李宙興 집필).
302) 郭潤直, 債權各論, 419-420면; 民法注解 XVIII, 580면 이하(李宙興 집필).

며, 그 사용관계는 사실상의 것으로 충분하다.[303] 지휘감독의 관계의 존부는 사실상 지휘감독을 하고 있느냐가 아니라 객관적으로 지휘감독을 하여야 할 관계에 있었느냐에 따라 결정된다.[304]

② 피용자의 불법행위

피용자의 행위는 불법행위의 요건을 충족하여야 한다.[305] 그렇게 해석하지 않으면 피용자의 무과실에 대하여도 책임을 지는 결과를 초래하여 사용자에게 너무 가혹하기 때문이다. 따라서 피용자의 귀책사유, 위법성, 상당인과관계 등이 요구된다. 다만 피용자의 책임능력과 관련하여서는 견해의 대립이 있다.[306] 사용자책임은 거래적 불법행위 뿐만 아니라 사실적 불법행위(가령, 폭행, 상해, 손괴)의 경우에도 성립한다. 왜냐하면 고객과의 시비 또는 마찰로 인한 인신침해가 발생할 위험은 영업의 수행상 본질적으로 내포되어 있고, 고객의 생명, 신체는 단순한 재산적 법익보다 충분한 보호가 요청되기 때문이다.

판례는 피용자가 고의에 기하여 다른 사람에게 가해행위를 한 경우, 그 행위가 피용자의 사무집행 그 자체는 아니라 하더라도 사용자의 사업과 시간적, 장소적으로 근접하고, 피용자의 사무의 전부 또는 일부를 수행하는 과정에서 이루어지거나 가해행위의 동기가 업무처리와 관련된 것일 경우에는 외형적, 객관적으로 사용자의 사무집행행위와 관련된 것이라고 보아 사용자책임이 성립한다고 한다.[307] 피용자가 다른 피용자를 성추행 또는 간음하는 등 고의적인 가해행위를 한 경우, 그 행위가 피용자의

---

303) 대법원 1999. 10. 12. 선고 98다62671 판결; 郭潤直, 債權各論, 417면; 民法注解[XVIII], 503면(李宙興 집필).

304) 대법원 1961. 11. 23. 선고 4293민상745 판결; 대법원 1994. 9. 30. 선고 94다14148 판결; 대법원 1994. 9. 30. 선고 94다14148 판결; 대법원 1995. 4. 11. 선고 94다15646 판결; 대법원 1996. 10. 11. 선고 96다30182 판결; 대법원 1998. 8. 21. 선고 97다13702 판결.

305) 대법원 1981. 8. 11. 선고 81다298 판결; 郭潤直, 債權各論, 419면; 金相容, 不法行爲法, 184면.

306) 다수설과 판례는 책임능력을 요구한다(대법원 1981. 8. 11. 선고 81다298 판결; 郭潤直, 債權各論, 419면; 金相容, 不法行爲法, 184면). 이에 반하여 金曾漢·金學東, 債權各論, 837면은 피용자가 무능력자인 경우에 사용자책임이 부정된다는 것은 부당하다고 하면서 부정설을 취한다.

307) 대법원 2009. 2. 26. 선고 2008다89712 판결.

사무집행 자체는 아니라 하더라도, 피해자로 하여금 성적 굴욕감 또는 혐오감을 느끼게 하는 방법으로 업무를 수행하도록 하는 과정에서 피해자를 성추행하는 등 그 가해행위가 외형상 객관적으로 업무의 수행에 수반되거나 업무수행과 밀접한 관련 아래 이루어지는 경우뿐만 아니라, 피용자가 사용자로부터 채용, 계속고용, 승진, 근무평정과 같은 다른 근로자에 대한 고용조건을 결정할 수 있는 권한을 부여받고 있음을 이용하여 그 업무수행과 시간적, 장소적인 근접성이 인정되는 상황에서 피해자를 성추행하는 등과 같이 외형상 객관적으로 사용자의 사무집행행위와 관련된 것이라고 볼 수 있는 사안에서도 사용자책임이 성립할 수 있다고 보았다.

③ 사무집행관련성

제756조에 규정된 사용자책임의 요건인 '사무집행에 관하여'라는 뜻은 피용자의 불법행위가 외형상 객관적으로 사용자의 사업활동 내지 사무집행 행위 또는 그와 관련된 것이라고 보여질 때에는 주관적 사정을 고려함이 없이 이를 사무집행에 관하여 한 행위로 본다는 것이고, 여기에서 외형상 객관적으로 사용자의 사무집행에 관련된 것인지 여부는 피용자의 본래 직무와 불법행위와의 관련 정도 및 사용자에게 손해발생에 대한 위험 창출과 방지조치 결여의 책임이 어느 정도 있는지를 고려하여 판단하여야 한다.[308] 사무관련성은 외형표준이론에 따라 판단하는 것이 대체적인 견해이며 판례의 태도이다. 민법안 심의과정에서도 피용자가 사용자로부터 부여받은 권한이나 기회를 남용하는 것으로부터 피해자를 보호하기 위하여 "사무집행으로 인하여"라는 문언을 "사무집행에 관하여"라는 문언으로 수정되었다.[309] 사무집행관련성의 판단에 있어 관련 법령의 규율태도를 가장 먼저 살펴야 한다. 가령 사용자의 업무가 국민의 생명과 신체에 중대한 위협을 줄 수 있다는 점을 고려하여 사용자로 하여금 피용자의 감독을 강화하고 있는지, 사업의 진입 및 수행에 엄격한 허가요건을 부과한 것인지를 살펴야 하고, 그러한 점이 긍정된다면 피용자의 고의불법행위가 있더라도 사용자책임이 긍정될 수 있다.[310]

---

308) 대법원 2003. 1. 10. 선고 2000다34426 판결.

309) 民法案審議錄, 上卷, 445면.

310) 대법원 1991. 1. 11. 선고 90다8954 판결.

④ 손해의 발생

사용자책임은 피용자가 제3자에게 손해를 준 때에 발생한다. 여기서 제3자라고 함은 사용자와 직접 가해행위를 한 피용자를 제외한 그 밖의 자이므로 같은 사용자에게 고용되어 있는 피용자도 포함된다.[311]

⑤ 소극적 요건(항변사유)-제3자의 고의 또는 중과실

피용자의 불법행위가 외관상 사무집행의 범위 내에 속하는 것으로 보이는 경우에 있어서도, 피용자의 행위가 사용자나 사용자에 갈음하여 그 사무를 감독하는 자의 사무집행 행위에 해당하지 않음을 피해자 자신이 알았거나 또는 중대한 과실로 인하여 알지 못한 경우에는 사용자책임을 물을 수 없고, 사용자책임이 면책되는 피해자의 중대한 과실이라 함은 거래의 상대방이 조금만 주의를 기울였더라면 피용자의 행위가 그 직무권한 내에서 적법하게 행하여진 것이 아니라는 사정을 알 수 있었음에도 만연히 이를 직무권한 내의 행위라고 믿음으로써 일반인에게 요구되는 주의의무에 현저히 위반하는 것으로 거의 고의에 가까운 정도의 주의를 결여하고, 공평의 관점에서 상대방을 구태여 보호할 필요가 없다고 봄이 상당하다고 인정되는 상태를 말한다.[312]

5) 효과

피용자가 사무집행에 관하여 제3자에게 손해를 가한 경우에 본조에 의한 사용자의 배상채무와 제750조에 의한 피용자 자신의 배상채무는 별개의 채무이고, 공동불법행위의 관계에 있지 않다.[313] 따라서 고의 또는 과실로 인한 위법행위로 타인에게 직접 손해를 가한 피용자 자신의 손해배상의무와 그 사용자의 손해배상의무는 별개의 채무일 뿐만 아니라 불법행위로 인한 손해의 발생에 관한 피해자의 과실을 참작하여 과실상계를 한 결과 피용자와 사용자가 피해자에게 배상하여야 할 손해액의 범위가 각기 달라질 수 있다.[314] 사용자의 채무와 피용자의 채무는 부진정연대채무관계로 손해배상

---

311) 대법원 1964. 11. 30. 선고 64다1232 판결.
312) 대법원 2003. 2. 11. 선고 2002다62029 판결.
313) 대법원 1969. 6. 24. 선고 69다441 판결; 民法注解 XVIII, 601면(李宙興 집필).

책임을 진다.[315] 부진정연대채무에 있어서 채권자가 그 중의 하나의 채무자에 대하여 그 채무자의 부담부분이거나 또는 그 부담부분을 넘어선 전 청구권을 포기하는 의사표시를 한다 할지라도 다른 채무자들에게는 상대적 효력밖에 없다.[316]

6) 구상권

제756조 제3항에 따라 사용자책임이 성립하더라도 피해자에 대한 관계에서 피용자의 책임을 대위변제하는 것이므로 사용자는 피용자에게 구상할 수 있다. 그러나 학설과 판례는 대체로 손해의 공평한 분담이라는 견지에서 신의칙상 구상범위를 제한하고 있다.[317] 일반적으로 사용자가 피용자의 업무수행과 관련하여 행하여진 불법행위로 인하여 직접 손해를 입었거나 그 피해자인 제3자에게 사용자로서의 손해배상책임을 부담한 결과로 손해를 입게 된 경우에 있어서, 사용자는 그 사업의 성격과 규모, 시설의 현황, 피용자의 업무내용과 근로조건 및 근무태도, 가해행위의 발생원인과 성격, 가해행위의 예방이나 손실의 분산에 관한 사용자의 배려의 정도, 기타 제반 사정에 비추어 손해의 공평한 분담이라는 견지에서 신의칙상 상당하다고 인정되는 한도 내에서만 피용자에 대하여 손해배상을 청구하거나 그 구상권을 행사할 수 있다고 한다. 피용자가 업무수행과 관련한 불법행위로 사용자가 입은 손해 전부를 변제하기로 하는 각서를 작성하였더라도, 각서 때문에 사용자가 공평의 견지에서 신의칙상 상당하다고 인정되는 한도를 넘는 부분에 대한 손해의 배상까지 구할 수 있게 되는 것은 아니다.[318]

7) 관련문제-명의대여자의 책임

판례는 타인에게 어떤 사업에 관하여 자기의 명의를 사용할 것을 허용한 경우에

---

314) 대법원 1994. 2. 22. 선고 93다53696 판결; 民法注解[ⅩⅧ], 602면(李宙興 집필).

315) 郭潤直, 債權各論, 421면; 民法注解[ⅩⅧ], 590면(李宙興 집필).

316) 대법원 1975. 10. 7. 선고 75다1513 판결.

317) 대법원 1987. 9. 8. 선고 86다카1045 판결; 대법원 1992. 9. 25. 선고 92다25595 판결; 民法注解[ⅩⅧ], 621면(李宙興 집필); 金曾漢 · 金學東, 債權各論, 845면.

318) 대법원 1996. 4. 9. 선고 95다52611 판결.

그 사업이 내부관계에 있어서는 타인의 사업이고 명의자의 고용인이 아니라 하더라도 외부에 대한 관계에 있어서는 그 사업이 명의자의 사업이고 또 그 타인은 명의자의 종업원임을 표명한 것과 다름이 없으므로, 명의사용을 허가받은 사람이 업무수행을 함에 있어 고의 또는 과실로 다른 사람에게 손해를 끼쳤다면 명의사용을 허가한 사람은 제756조에 의하여 그 손해를 배상할 책임이 있으며, 그 명의대여로 인한 사용관계의 여부는 실제적으로 지휘·감독하였느냐 여부에 관계없이 객관적으로 보아 사용자가 그 불법행위자를 지휘·감독할 지위에 있었느냐 여부를 기준으로 결정하여야 한다고 한다.[319] 이는 엄격한 요건하에서 사업을 허가하는 경우에 있어 명의대여를 통하여 사업요건이 실질적으로 잠식될 수 있으므로 이를 사용자책임의 관점에서 통제하는 것이라고 평가할 수 있다.

8) 입법론

2004년 민법 개정작업에서는 구상권을 고의 또는 중과실로 제한하고자 하였으나, 피용자의 고용계약책임과의 균형의 측면에서 타당하지 않다는 고려에 의하여 개정대상에서 제외되었다.[320] 다만 최근의 민법개정작업에서는 확고한 판례법에 의한 대위책임적 구성과 구상권의 제한(고의 또는 중과실로)의 도입이 진지하게 고려되고 있다.

12. 공작물책임

1) 서설

제758조는 제1항에서 공작물에 대한 책임을, 제2항에서 수목에 대한 책임을 규정하고 있다. 이 규정의 연원이 되는 구민법 제717조는 토지의 공작물과 수목에 한하여 책임을 규정하고 있었으나, 현행 민법은 토지에 부착된 공작물이라는 제한에서 탈피

---

319) 대법원 1996. 5. 10. 선고 95다50462 판결.
320) 민법(재산편) 개정 자료집(II), 567-568면.

하였다. 이는 근대민법이 성립한 후에 과학문명의 발달로 인한 새로운 위험에 대비하기 위한 것이다.

2) 책임의 성질 및 근거

학설은 대체로 공작물에 관한 점유자의 책임을 과실의 입증책임이 전환된 중간적 책임으로, 소유자의 책임을 무과실책임으로 이해한다.[321] 공작물책임에 대한 책임가중의 근거로는 위험성이 있는 공작물의 관리자에게 그에 상응하는 충분한 주의의무를 부과하여 손해의 발생을 방지하고, 손해가 현실화된 경우에 공작물의 관리자(점유자 또는 소유자)에게 배상책임을 지우는 것이 사회적으로 타당하다고 함에 있다.[322]

3) 요건

① 공작물

공작물이라 함은 인공적 작업에 의하여 만들어진 물건으로 건물 뿐만 아니라 건물의 일부를 이루는 내부 설비(계단, 엘리베이터) 등이 포함된다.[323] 다만 자동차, 항공기와 같은 동적인 설비가 공작물에 해당하느냐에 대하여는 견해의 대립이 있다.[324]

② 설치 · 보존상의 하자

공작물의 설치 또는 보존상의 하자로 인하여 손해가 발생하여야 한다. 제758조 제1항에서 말하는 '공작물 설치 · 보존상의 하자' 라 함은 공작물이 그 용도에 따라 통상

---

321) 대법원 1994. 3. 22. 선고 93다56404 판결; 대법원 1984. 3. 13. 선고 83다카2266 판결; 郭潤直, 債權各論, 422면; 民法注解[XIX], 11면(柳元奎 집필).

322) 郭潤直, 債權各論, 422면.

323) 郭潤直, 債權各論, 422-423면.

324) 판례는 경사로에 주차중인 석유 배달 차량에서 원인 미상의 화재가 발생하여 보조잠금장치가 풀리면서 차량이 움직여 인근 건물을 들이받고 불이 옮겨 붙은 경우, 그 건물 화재는 공작물인 차량의 설치 · 보존상의 하자에 의하여 직접 발생한 것에 해당한다고 판시하면서 자동차 등도 공작물이 될 수 있다고 한다(대법원 1998. 3. 13. 선고 97다34112 판결).

갖추어야 할 안전성을 갖추지 못한 상태에 있음을 말하는 것으로서, 이와 같은 안전성의 구비 여부를 판단함에 있어서는 당해 공작물의 설치 · 보존자가 그 공작물의 위험성에 비례하여 사회통념상 일반적으로 요구되는 정도의 방호조치 의무를 다하였는지의 여부를 기준으로 판단하여야 하고, 그 시설이 관계 법령이 정한 시설기준 등에 부적합한 것이라면 특별한 사정이 없는 한 이러한 사유는 공작물의 설치 · 보존상의 하자에 해당한다.

여기서 하자는 물적 하자 뿐만 아니라 기능적 하자도 포함된다. 판례는 공작물이 이용됨에 있어 그 이용상태 및 정도가 일정한 한도를 초과하여 제3자에게 사회통념상 수인할 것이 기대되는 한도를 넘는 피해를 입히는 경우까지 포함된다고 보아야 한다.[325]

하자의 존부의 판단에 있어 관련 법령의 검토가 매우 중요하다. 특히 계단의 위쪽에 서 있던 피해자가 지상으로 추락하여 사망한 최근의 사건에서, 대법원은 관계법령의 규율을 면밀하게 검토함으로써 결론을 도출하였다. 즉, 건축법 시행령상으로 건물 벽면 바깥으로 돌출되어 난간으로 둘러싸인 곳은 추락사고를 방지하기 위하여 높이 1.1m 이상의 난간을 설치하여야 함에도, 이에 현저히 미달한 76㎝~99㎝의 난간을 설치하여 평균적 체격의 성인 남자가 추락하지 않도록 방호할 수 있는 통상의 안전성을 갖추지 못한 설치 · 보존상의 하자와 피해자가 추락한 것 사이에는 상당한 인과관계가 있다고 볼 여지가 있다고 판단하였다.[326]

③ 소극적 요건–면책사유

점유자는 손해의 방지에 필요한 주의를 해태하지 아니한 때에 책임을 면한다. 면책여부는 공작물의 성질, 이용자의 종류 등 개별 사건의 제반 정상이 고려되어 판단된다.

④ 관련문제–불가항력

공작물이 불가항력에 의해 파괴되고 그로 인하여 손해가 발생한 경우에는 그것이

---

325) 대법원 2007. 6. 15. 선고 2004다37904,37911 판결.
326) 대법원 2010. 2. 11. 선고 2008다61615 판결.

공작물에 하자가 없었더라도 손해가 생겼을 정도의 것이며, 하자와 손해의 발생 사이에 인과관계가 부정되므로 공작물책임은 인정되지 않는다.[327]

4) 효과

① 점유자의 책임

점유자는 공작물을 사실상 지배하는 자를 말하며, 점유자성은 점유의 일반이론에 의하여 결정된다. 점유보조자는 점유자로서 책임을 지지 않고 오로지 점유자만이 책임을 진다. 점유자의 책임은 과실의 입증책임만이 전환되었을 뿐이므로 점유자는 손해의 방지에 필요한 주의를 다하였음을 입증하여 책임을 면할 수 있다. 대법원은 종전임차인의 시공하자로 말미암아 임차건물의 서까래 받침대가 부러져 천정이 무너진 사안에서 임차권을 양수한 현점유자들은 시공사실조차 몰랐고 또 천정이 베니아판으로 덮여 있어 그 내부를 들여다 볼 수 없었다는 점을 감안하여 현점유자가 임차인으로서 상당한 주의를 다하였어도 위와 같이 천정내부의 숨은 하자로 인한 손해발생을 미리 예견하여 이를 방지하기는 불가능한 것이었다 할 것이니 주의의무를 해태했다 볼 수 없다고 판시하였다.[328]

② 소유자의 책임

조문상 소유자에게 면책이 인정되지 않으므로 소유자의 책임을 대체로 무과실책임으로 해석한다.

③ 구상권

소유자 또는 점유자로서 책임을 지고 배상을 한 자는 그 손해의 원인에 책임있는 자에 대하여 구상할 수 있다(제758조 제3항). 가령 공작물을 만든 수급인이나 공작물의 종전 점유자 또는 소유자가 구상의무자가 될 수 있다,

---

327) 郭潤直, 債權各論, 423면.
328) 대법원 1984. 3. 13. 선고 83다카2266 판결.

5) 토지사고에 대한 책임

재개발과 재건축의 증가로 인하여 추락사 등의 문제가 제기되고 이에 대한 법적 대응이 주목되고 있다. 이러한 토지사고에 대한 대응책으로 공작물책임의 확대를 고려할 수 있으나, 수급인의 법률상 의무의 위반에 기한 손해배상책임이 오히려 적절한 대응책이 될 수 있다. 왜냐하면 특히 수급인은 건설관계법에 의하여 공사현장의 위해를 방지하기 위한 조치를 취할 의무를 부담하므로 건축현장 부근에서 발생하는 사고의 책임은 민법 제750조에 의하여 적절하게 처리될 수 있기 때문이다.[329] 일출 후 무면허 음주 상태로 차량을 운전하던 자가 입구가 개방되어 있던 건설공사현장 내로 진입하여 사람들을 죽거나 다치게 한 사안에서, 항소법원은 건설업자의 주의의무 위반과 손해의 발생 사이에 상당인과관계가 있다고 판시하였다.

---

329) 건축법 제28조(공사현장의 위해 방지 등)
　① 건축물의 공사시공자는 대통령령으로 정하는 바에 따라 공사현장의 위해를 방지하기 위하여 필요한 조치를 하여야 한다.
　건축법 시행령 제21조(공사현장의 위해 방지)
　건축물의 시공 또는 철거에 따른 유해·위험의 방지에 관한 사항은 산업안전보건에 관한 법령에서 정하는 바에 따른다.
　산업안전보건법 제23조 (안전조치)
　① 사업주는 사업을 할 때 다음 각 호의 위험을 예방하기 위하여 필요한 조치를 하여야 한다.
　　1. 기계·기구, 그 밖의 설비에 의한 위험
　　2. 폭발성, 발화성 및 인화성 물질 등에 의한 위험
　　3. 전기, 열, 그 밖의 에너지에 의한 위험
　② 사업주는 굴착, 채석, 하역, 벌목, 운송, 조작, 운반, 해체, 중량물 취급, 그 밖의 작업을 할 때 불량한 작업방법 등으로 인하여 발생하는 위험을 방지하기 위하여 필요한 조치를 하여야 한다.
　③ 사업주는 작업 중 근로자가 추락할 위험이 있는 장소, 토사·구축물 등이 붕괴할 우려가 있는 장소, 물체가 떨어지거나 날아올 위험이 있는 장소, 그 밖에 작업 시 천재지변으로 인한 위험이 발생할 우려가 있는 장소에는 그 위험을 방지하기 위하여 필요한 조치를 하여야 한다.
　④ 제1항부터 제3항까지의 규정에 따라 사업주가 하여야 할 안전상의 조치 사항은 고용노동부령으로 정한다.

6) 수목에 관한 책임

수목의 식재 또는 보존의 하자가 있는 경우에도 그 점유자와 소유자는 공작물책임의 법리가 적용된다(제758조 제2항).

7) 중요 판결례

a) 방파제사건-대법원 2010. 3. 25. 선고 2008다53713 판결

① 사실관계 및 소송의 경과

2005년 1월 친구들과 함께 주문진항 동방파제를 산책하다 높이 7m의 너울성 파도에 휩쓸려 실종된 뒤 이튿날 사망한 상태로 발견됐다. 이에 유족들은 강릉시가 풍랑주의보 발효에도 안전요원을 둬 출입을 통제하는 등의 대책을 취하지 않았다며 손해배상 소송을 냈다. 1심 법원은 강릉시는 풍랑주의보 등 해상기상특보가 발효됐음에도 출입을 통제하지 않은 책임이 있고, 안전난간도 설치하지 않은 잘못이 있다고 보아 피고의 책임을 인정하되 풍랑주의보가 발효중이었음에도 이를 무시하고 끝까지 들어간 망인에게도 과실이 인정된다며 피고의 책임을 30%로 제한하였다. 그러나 2심 법원은 방파제의 기능, 구조 등에 비춰 상시 안전요원까지 배치해야할 주의의무가 없으며, 사고 당시 너울성 파도가 있을 것이라는 예보는 없었으므로 방파제 관리청이 사람들을 대피시켜야 할 주의의무를 인정하기 어렵다고 보아 1심판결을 파기하고 원고패소 판결을 선고했다.

② 대법원의 판단

대법원은 다음과 같은 점을 고려하여 원고패소 판결한 원심을 파기환송하였다.

첫째 방파제가 항내 선박 등을 파도로부터 보호한다는 본래의 기능 외에 휴식공간의 기능을 수행하기 위한 적절한 시설을 갖춰야할 필요가 있다고 한다면 원심이 설치가 요구된다고 인정한 안전난간이 단지 실족에 의한 추락방지를 위한 시설인 정도로 충분하다고 할 수 없고, 원칙적으로 산책객 등이 파도에 휩쓸리는 것을 막는 시설로서도 기능할 수 있어야 한다.

둘째, 방파제를 관리하는 대한민국 산하 동해지방해양수산청은 이 사고 전 2건의 사고가 일어난 후인 2005년 추락방지난간 설치계획을 수립해 사고 당시에는 난간설치를 위한 일부 공사만 마친 상태였고, 사고 후인 2005년 12월말께야 난간이 설치됐다.

셋째, 비록 사고를 일으킨 파도가 7m 높이의 너울성 파도라고 해도 안전시설이 갖춰진 경우에도 망인이 휩쓸려 바다에 추락했으리라고는 인정하기 어렵고, 오히려 안전시설을 갖추지 않은 방파제의 설치·관리상의 하자가 사망사고의 발생에 상당한 원인을 제공했다.

b) 찜질방 사건-대법원 2010. 2. 11. 선고 2009다79316 판결

① 사실관계 및 소송의 경과

술에 취한 상태에서 찜질방에 입장하여 구내식당에서 술을 마신 이용객이 찜질실에서 잠을 자다가 사망하자, 망인의 유족들이 찜질방 업주를 상대로 손해배상소송을 제기한 사건에서 1심법원은 피고의 손해배상책임을 긍정하되, 망인의 과실이 큰 점을 감안하여 피고의 책임을 10%로 인정하였고, 2심법원은 피고의 항소를 기각하였다.

② 대법원의 판단

대법원은 다음과 같은 이유로 원심판결을 파기하였다.

첫째, 공중위생관리법 등 관계 법령에서 찜질방 영업자에게 술을 마신 후 2시간 이내의 자에 대한 입욕 주의문 및 발한실 이용에 따른 주의문의 게시의무만을 규정할 뿐, 그와 별도로 이용객에 대한 순찰의무를 규정하지 아니한 이상 출입금지의 대상에 해당하지 않는 통상적인 범주에 속하는 이용객의 찜질방 내 시설 이용에 따른 안전 내지 건강의 배려의무는 위 시설 자체에 안전상 하자가 있다거나 이용객이 시설 내에서 비정상적인 행태를 보임에도 장시간 이를 방치하였다는 등 특별한 사정이 없는 한 위 주의문의 게시로써 이용객의 안전에 대해 법령상 요구되는 일반적인 주의의무를 준수한 것으로 보아야 한다.

둘째, 일반적으로 술에 취한 사람은 자신을 통제할 능력이 감퇴된다고 보아야 할 것이므로, 그와 같은 상태의 사람에게 재차 영리의 목적으로 술을 판매하는 영업자로서는 추가적인 음주로 말미암아 그가 안전상 사고를 당하지 않도록 구체적인 상황하에서 요구되는 필요한 조치를 취하여야 할 안전배려의무는 인정될 수 있고, 이러한 안전배려의무는 고온의 찜질실 등 이용객의 구체적 상태 여하에 따라 안전에 위해를 초래할 수도 있는 시설을 제공하는 찜질방 영업자에게도 마찬가지로 요구된다.

셋째, 위에서 제시한 법리에 기초하여 당시 찜질방 안에는 음주자 등의 고온의 찜질실 출입을 제한하는 주의문이 게시되어 있었던 반면, 망인이 찜질방 입장 당시 이미 만취로 인해 정상적인 이용이 곤란한 지경에 이르렀음을 인정할 증거가 없고, 달리 찜질방의 시설 자체에 안전상 하자가 있다거나 망인이 찜질방 내에서 비정상적인 행태를 보임에도 장시간 이를 방치하였다거나, 술에 취한 자에게 재차 영리를 목적으로 술을 판매하는 자에게 요구되는 안전배려의무가 요구되는 정도에 이르렀다는 사정도 없으므로, 찜질방 영업자에게 법령상 또는 업무상 주의의무 위반의 과실이 있다고 단정할 수 없다.

13. 동물점유자의 책임

1) 서설

제759조는 동물점유자의 책임과 관련하여 입증책임을 전환시키고 있다. 이는 동물에게 고유한 특질(이성에 의해 제어되지 않고 본능적으로 행동하는 특성)을 감안하여 위험책임의 원리에 비추어 책임이 가중된 중간적 책임으로 설명된다.[330]

2) 요건

① 동물의 가해행위

동물의 행위로 인하여 손해가 발생하여야 한다. 여기서 동물은 인간이나 식물이 아

---

330) 郭潤直, 債權各論, 425면; 民法注解[XIX], 20, 24면(梁彰洙 집필).

닌 모든 생물을 말한다. 다만 동물의 종류에 따라 주의의무의 정도가 달라진다.[331]

② 손해의 발생

손해는 사람에 대한 손해 뿐만 아니라 물건에 대한 손해도 포함한다.[332]

③ 면책사유의 부존재-소극적 요건

동물의 종류와 성질에 따라 상당한 주의를 한 경우에는 면책된다. 이와 관련하여 동물보호법이나 조수보호 및 수렵에 관한 법률 기타 지방자치단체의 동물보호·관리에 관한 조례도 고려될 수 있다.[333] 또한 상당한 주의를 하였어도 동물로 인하여 손해가 발생하였을 경우에는 인과관계가 부정된다고 할 것이므로 역시 면책된다.[334] 이러한 면책사유에 대한 입증책임은 점유자 또는 보관자에게 있다.[335]

3) 효과

① 손해배상책임

손해배상책임자는 동물에 대한 점유자와 점유자에 갈음하여 보관하는 자이다. 동물을 사실상 지배하는 자가 동물에 대한 점유자이며, 보관자는 동물에 대한 직접점유자이다.[336] 직접점유자 외에 간접점유자도 책임을 지느냐가 문제될 수 있으나, 제759조가 소유자의 책임을 제외하고 있는 점을 감안하면 직접점유자로 한정되는 취지로 해석함이 상당하다.[337] 단순한 점유보조자는 독립된 점유자로 보기 어려워 동조에 의한 책임을 지지 않는다.

---

331) 郭潤直, 債權各論, 425면.

332) 民法注解[XIX], 29면(梁彰洙 집필).

333) 民法注解[XIX], 36면(梁彰洙 집필).

334) 民法注解[XIX], 37면(梁彰洙 집필).

335) 郭潤直, 債權各論, 425면; 民法注解[XIX], 38면(梁彰洙 집필).

336) 郭潤直, 債權各論, 425면.

337) 民法注解[XIX], 33면(梁彰洙 집필); 郭潤直, 債權各論, 425-426면.

② 점유자책임과 보관자책임의 관계

제759조에 의한 책임은 직접 점유자로 한정되므로, 점유자와 보관자의 책임이 경합하지 않는다.[338]

③ 구상권

제759조는 구상권에 관한 규율이 없으나, 구상권이 부정되는 취지는 아니다.[339]

4) 입증책임

원고인 피해자는 동물에 의하여 손해가 발생하였고 피고가 동물의 점유자라는 점에 대한 입증책임을 부담하고, 피고는 면책사유에 대한 입증책임을 부담한다.[340]

5) 관련문제-유치권

피해자가 가해동물을 점유하는 경우 유치권을 주장할 수 있다.[341] 피해자의 손해배상청구권은 물건에 관하여 생긴 채권이기 때문이다.

14. 공동불법행위

1) 서설

공동불법행위에 관한 제760조는 ① 협의의 공동불법행위(위 제1항), ② 가해자 불명의 공동불법행위(위 제2항), ③ 교사, 방조에 의한 공동불법행위(위 제3항)를 규율

---

338) 民法注解[ⅩⅨ], 35면(梁彰洙 집필); 郭潤直, 債權各論, 426면.

339) 民法注解[ⅩⅨ], 38면(梁彰洙 집필).

340) 民法注解[ⅩⅨ], 38면(梁彰洙 집필).

341) 대법원 1969. 11. 25. 선고 69다1592 판결; 民法注解[ⅩⅨ], 38면(梁彰洙 집필).

한다. 이는 가해자의 무자력위험으로부터 피해자를 보호하기 위한 것이다. 왜냐하면 가해자가 자신의 부담부분에 한하여 책임을 지게 되면 피해자는 가해자의 자력에 따라 그 부분을 배상받지 못하는 결과가 발생하기 때문이다.

2) 요건

a) 협의의 공동불법행위

협의의 공동불법행위는 ① 각자의 행위는 각각 독립하여 불법행위의 요건을 갖출 것, ② 각자의 행위는 서로 관련되고, 공동성이 있을 것을 요건으로 한다.[342] 여기서 '공동성'은 행위자들의 공모를 요구하지 않고 객관적으로 관련·공동되어 있으면 족하다고 하는 것이 판례와 통설의 태도이다.[343] 따라서 고의있는 자와 과실있는 자 사이에서도 협의의 공동불법행위가 성립할 수 있다.

b) 가해자 불명의 공동불법행위

가해자 불명의 공동불법행위는 공동 아닌 수인의 행위 중 어느 자의 행위가 그 손해를 가한 것인지 알 수 없는 때에 성립하는 것으로, 각 가해자에게 고의, 과실 및 책임능력이 있을 것, 각 가해행위가 손해발생의 원인이 되었는지를 알 수 없는 것을 요건으로 하고, 다만 가해자가 자신의 행위와 손해발생 사이에 인과관계가 없음을 입증한 때에는 그 책임을 면한다.[344] 환경정책기본법 제31조 제2항은 어느 사업장의 환경오염 또는 환경훼손으로 인하여 피해가 발생한 것인지를 알 수 없는 경우에 연대배상책임을 규정한다.

c) 교사 및 방조에 의한 공동불법행위

교사, 방조자의 행위 역시 공동불법행위로 간주되며, 여기서 교사라 함은 타인으로

---

342) 대법원 1998. 6. 12. 선고 96다55631 판결; 대법원 2000. 9. 29. 선고 2000다13900 판결; 대법원 2006. 1. 25. 선고 2005다47014 판결; 郭潤直, 債權各論, 428-9면

343) 대법원 2001. 5. 8. 선고 2181 판결; 郭潤直, 債權各論, 429면.

344) 대법원 2008. 4. 10. 선고 2007다76306 판결; 郭潤直, 債權各論, 430면.

하여금 불법행위의 의사결정을 하게 하는 것을 말하고, 방조라 함은 타인의 불법행위를 보조하는 것을 말한다. 제760조 제3항의 방조는 과실에 의한 경우에도 가능하다.[345] 즉, 방조라 함은 불법행위를 용이하게 하는 직접·간접의 모든 행위를 가리키는 것으로서 작위에 의한 경우 뿐만 아니라 작위의무 있는 자가 그것을 방지하여야 할 제반 조치를 취하지 아니하는 부작위로 인하여 불법행위자의 실행행위를 용이하게 하는 경우도 포함하는 것이고, 이러한 불법행위의 방조는 형법과 달리 손해의 전보를 목적으로 하여 과실을 원칙적으로 고의와 동일시하는 민법의 해석으로서는 과실에 의한 방조도 가능하다고 한다. 이 경우 과실의 내용은 불법행위에 도움을 주지 않아야 할 주의의무가 있음을 전제로 하여 이 의무에 위반하는 것을 말하고, 방조자에게 불법행위자로서의 책임을 지우기 위하여는 방조행위와 피방조자의 불법행위 사이에 상당인과관계가 있어야 한다.[346]

3) 효과

a) 부진정연대채무

공동불법행위자는 '연대하여' 피해자에게 그 손해를 배상할 책임이 있다. 통설과 판례는 이 책임을 '부진정연대채무'로 보고 있다.[347] 피해자의 보호를 위하여 채무자 1인에 대하여 생기는 사유에 대하여 상대적 효력만이 인정되는 범위가 넓은 '부진정연대채무'로 보아야 한다고 한다.

피해자가 공동불법행위자의 1인으로부터 손해의 일부를 변제받을 때에는 그 금액 범위에서 다른 공동불법행위자에게도 변제의 효력이 있으나,[348] 판례는 공동불법행위자 1인에 대한 면제와 포기에 대하여 상대적 효력만을 인정하고 있고,[349] 연대채무의

---

345) 대법원 2000. 4. 11. 선고 99다41749 판결; 대법원 2003. 1. 10. 선고 2002다3850 판결.

346) 대법원 1998. 12. 23. 선고 98다31264 판결.

347) 대법원 1969. 8. 26. 선고 69다962 판결 외 다수; 郭潤直, 債權各論, 427면.

348) 대법원 1982. 4. 27. 선고 80다2555 판결.

349) 대법원 1982. 4. 27. 선고 80다2555 판결; 대법원 1989. 5. 9. 선고 88다카16959 판결; 대법원 1993. 5. 27. 신고 93다6560 판결; 대법원 1997. 10. 10. 선고 97다28391 판결; 대법원 1997. 12. 13. 선고 96다50896 판결; 대법원 2006. 1. 27. 선고 2005다19378 판결.

경우에 적용되는 통지에 관한 제426조의 규정은 유추적용될 수 없다고 하고 있다.[350] 또한 공동불법행위자 중 甲이 피해자에게 손해액의 일부를 변제하고, 나머지 손해배상채권은 이를 모두 포기하기로 피해자와 합의하였다 하더라도, 이 사실을 모르는 다른 공동불법행위자인 乙이 피해자에게 손해배상금으로 금원을 지급한 경우, 乙은 그 공동면책된 위 금원 중 甲의 부담 비율에 해당하는 구상권을 자동채권으로 하여, 甲이 乙에 대하여 가지는 구상권과 대등액에서 상계할 것을 주장할 수 있다.[351]

b) 과실상계의 비율

공동불법행위의 경우 피해자가 가해자 1인에 대하여만 과실이 있는 경우 또는 가해자에 대한 피해자의 과실 비율이 다르게 평가될 수 있는 경우에도, 피해자가 공동불법행위자 중의 일부만을 상대로 손해배상을 청구하는 경우에도 과실상계를 함에 있어 참작하여야 할 쌍방의 과실은 피해자에 대한 공동불법행위자 전원의 과실과 피해자의 공동불법행위자 전원에 대한 과실을 전체적으로 평가하여야 하고, 공동불법행위자 간의 과실의 경중이나 구상권 행사의 가능 여부 등은 고려할 여지가 없다.[352] 이 때 공동불법행위자 중 1인이 피해자에게 손해를 배상하였다면 배상한 금액 중 자신의 부담부분을 넘은 부분에 대하여 다른 공동불법행위자를 상대로 구상권을 행사할 수 있다.

4) 구상권

a) 구상의 근거

공동불법행위자 사이에는 주관적인 공동관계가 당연히 예정되어 있지는 아니하므로, 연대채무에서 인정되는 구상관계가 당연히 인정된다고 볼 수는 없으나, 학설과 판례는 모두 구상권을 인정한다.[353]

---

350) 대법원 1976. 7. 13. 선고 74다746 판결.

351) 대법원 1997. 10. 10. 선고 97다28391 판결.

352) 대법원 1991. 5. 10. 선고 90다14423 판결; 대법원 1998. 6. 12. 선고 96다55631 판결.

353) 대법원 1971. 2. 9. 선고 70다2508 판결; 郭潤直, 債權各論, 430-1면.

b) 구상권의 성질

구상채무는 손해배상채무와 별개의 채무이다. 구상권의 소멸시효기간(10년)과 손해배상청구권의 소멸시효기간(3년 또는 10년)이 다르다는 점에서, 공동불법행위자의 다른 공동불법행위자에 대한 청구가 구상권인지 변제자 대위에 의한 청구인지를 구별할 실익은 있다.[354]

또한 공동불법행위자의 구상권은 피해자의 다른 공동불법행위자에 대한 손해배상채권과는 별개의 권리이고, 연대채무에 관한 소멸시효의 절대적 효력에 관한 제421조의 규정은 공동불법행위자 사이의 부진정연대채무에 대하여는 그 적용이 없으므로, 공동불법행위자 중 1인의 손해배상채무가 시효로 소멸한 후에 다른 공동불법행위자 1인이 피해자에게 손해를 배상하였을 경우에도 손해배상채무가 시효로 소멸한 다른 공동불법행위자에게 구상권을 행사할 수 있다.[355]

c) 부담부분 산정을 위한 손해액 등의 범위

구상권 행사의 전제가 되는 손해배상액은 피해자가 공동불법행위로 말미암아 입은 손해 전부가 된다. 이 손해액은 피해자가 공동불법행위자의 전부 또는 일부를 상대로 소를 제기하였는지 여부나 그 소송에서 이루어진 확정판결에서 인정된 손해액에 관계없이 공동불법행위자 사이에서 새로이 판단할 수 있다고 보아야 한다. 공동불법행위자 중의 1인의 보험자가 피해자의 손해액을 초과하여 보험금을 지급하였더라도 그 초과부분에 대하여는 다른 공동불법행위자에게 구상할 수 없다.[356]

d) 부담부분의 결정

공동불법행위자들 상호간의 부담부분은 손해발생에 대한 기여의 정도 즉 공동불법행위자의 과실의 정도에 따라서 정하여진다.[357] 다만 그 기여의 정도가 불분명할 때에

---

354) 대법원 1995. 9. 29. 선고 94다61410 판결.

355) 대법원 1997. 12. 23. 선고 97다42830 판결.

356) 대법원 2004. 6. 25. 선고 2002다13584 판결.

357) 대법원 2000. 12. 26. 선고 2000다38275 판결; 대법원 2001. 1. 19. 선고 2000다33607 판결; 대법원 1997. 12. 13. 선고 96다50896 판결; 대법원 1997. 6. 27. 선고 97다8144 판결; 대법원 1989.

는 부담부분은 균등하다고 보아야 한다. 공동불법행위자 중 1인의 구상권 행사에 대하여 구상의무를 부담하는 다른 공동불법행위자가 수인인 경우에는 특별한 사정이 없는 이상 그들의 구상권자에 대한 채무는 각자의 부담 부분에 따른 분할채무로 봄이 상당하다.[358] 그러나 구상권자인 공동불법행위자측에 과실이 없는 경우, 즉 내부적인 부담 부분이 전혀 없는 경우에는 이와 달리 그에 대한 수인의 구상의무사이의 관계를 부진정연대관계로 봄이 상당하다.[359]

15. 국가배상책임

1) 의의

국가배상책임은 공무원의 직무관련 불법행위나 영조물의 설치 및 관리상의 잘못으로 인하여 손해가 발생하는 경우에 국가나 지방자치단체가 책임을 지는 것을 말한다.

2) 법적 성질

국가배상의 본질에 대하여 국가나 지방자치단체가 공무원을 대위하여 책임을 지는 것이라는 대위책임설, 공무원의 행위를 기관행위로 보아 자신의 책임을 지는 것이라는 자기책임설, 고의 또는 중과실에 기한 행위는 기관행위로 볼 수 없으므로 대위책임설에 따르고 경과실에 기한 행위는 기관행위로 볼 수 있으므로 자기책임설에 따르는 절충설이 대립하고 있으며, 판례는 절충설을 취하고 있다.[360]

---

9. 26. 선고 88다카27232 판결; 대법원 1993. 1. 26. 선고 92다4881 판결; 대법원 1995. 10. 12. 선고 93다31078 판결; 대법원 1996. 2. 26. 선고 98다52469 판결.

358) 대법원 2002. 9. 27. 선고 2002다15917 판결.

359) 대법원 2005. 12. 13. 선고 2003다24147 판결.

360) 대법원 1996. 2. 15. 선고 95다3867 판결.

3) 국가배상법 제2조의 책임

a) 공무원의 행위

① 공무원

국가배상법 제2조 소정의 '공무원'이라 함은 국가공무원법이나 지방공무원법에 의하여 공무원으로서의 신분을 가진 자에 국한하지 않고, 널리 공무를 위탁받아 실질적으로 공무에 종사하고 있는 일체의 자를 가리키는 것으로서, 공무의 위탁이 일시적이고 한정적인 사항에 관한 활동을 위한 것이어도 달리 볼 것은 아니다.[361]

② 행위

공무원의 행위에는 작위 뿐만 아니라 부작위도 포함된다.[362] 부작위는 위법성과 관련하여 어려운 문제를 제기한다. 즉, 원칙적으로 공무원이 관련 법령대로만 직무를 수행하였다면 그와 같은 공무원의 부작위를 가지고 '고의 또는 과실로 법령에 위반' 하였다고 할 수는 없을 것이므로, 공무원의 부작위로 인한 국가배상책임을 인정할 것인지 여부가 문제되는 경우에 관련 공무원에 대하여 작위의무를 명하는 법령의 규정이 없다면 공무원의 부작위로 인하여 침해된 국민의 법익 또는 국민에게 발생한 손해가 어느 정도 심각하고 절박한 것인지, 관련 공무원이 그와 같은 결과를 예견하여 그 결과를 회피하기 위한 조치를 취할 수 있는 가능성이 있는지 등을 종합적으로 고려하여 판단하여야 한다.[363]

③ 직무관련성

국가배상법 제2조 제1항의 '직무를 집행함에 당하여'라 함은 직접 공무원의 직무집행행위이거나 그와 밀접한 관련이 있는 행위를 포함하고, 이를 판단함에 있어서는 행위 자체의 외관을 객관적으로 관찰하여 공무원의 직무행위로 보여질 때에는 비록 그것이 실질적으로 직무행위가 아니거나 또는 행위자로서는 주관적으로 공무집행의

---

361) 대법원 2001. 1. 5. 선고 98다39060 판결; 註釋 債權各則(7), 131면(徐基錫 집필).

362) 註釋 債權各則(7), 156면(徐基錫 집필)

363) 대법원 2001. 4. 24. 선고 2000다57856 판결.

의사가 없었다고 하더라도 그 행위는 공무원이 '직무를 집행함에 당하여' 한 것으로 보아야 한다.[364]

b) 귀책사유

국가배상책임이 인정되기 위하여는 공무원의 고의 또는 과실이 존재하여야 한다.[365] 형사소송법 및 관계 법령이 형사소송절차에서 피의자가 갖는 권리에 관하여 명문의 규정을 두고 있지 아니하여 그 해석에 관하여 여러 가지 견해가 있을 수 있고, 이에 대하여 대법원판례 등 선례가 없고 학설도 귀일된 바 없어 의의가 있을 수 있는 경우에는, 검사로서는 그 나름대로 신중을 다하여 그 당시의 실무관행을 파악하고 각 견해의 근거의 합리성을 검토하여 어느 한 견해를 따라 조치를 취할 수밖에 없다. 이 경우 그러한 조치 후에 대법원이 형사소송법 등 법령에 명시되지 아니한 피의자의 권리를 헌법적 해석을 통하여 인정하거나 피의자의 다른 권리에 관한 형사소송법의 규정 등을 유추 적용하여 인정함으로써, 사후적으로 피의자에게 그러한 권리가 존재하지 않는 것으로 해석한 검사의 조치가 잘못된 것으로 판명되고 이에 따른 처리가 결과적으로 위법하게 되어 법령의 부당집행이라는 결과를 가져오게 되었다고 하더라도, 그 조치 당시 그 검사가 내린 판단 이상의 것을 성실하고 합리적인 평균적 검사에게 기대하기 어렵다고 인정된다면, 특별한 사정이 없는 한 이러한 경우에까지 당해 검사에게 국가배상법 제2조 제1항에서 규정하는 과실이 있다고 할 수 없다.[366]

또한 어떠한 행정처분이 뒤에 항고소송에서 취소되었다고 할지라도 그 자체만으로 그 행정처분이 곧바로 공무원의 고의 또는 과실로 인한 불법행위를 구성한다고 단정할 수는 없는바, 그 이유는 행정청이 관계 법령의 해석이 확립되기 전에 어느 한 설을 취하여 업무를 처리한 것이 결과적으로 위법하게 되어 그 법령의 부당집행이라는 결과를 빚었다고 하더라도 처분 당시 그와 같은 처리방법 이상의 것을 성실한 평균적 공무원에게 기대하기 어려웠던 경우라면 특별한 사정이 없는 한 이를 두고 공무원의 과실로 인한 것이라고는 볼 수 없기 때문이다.[367]

---

364) 대법원 2005. 1. 14. 선고 2004다26805 판결; 註釋 債權各則(7), 134면(徐基錫 집필).

365) 註釋 債權各則(7), 141면(徐基錫 집필).

366) 대법원 2010. 6. 24. 선고 2006다58738 판결.

c) 위법성

국가배상법 제2조 제1항 소정의 '법령에 위반하여'는 형식적 의미의 법령에 한정하는 것은 아니다.[368] 다만 국가배상책임은 공무원의 직무집행이 법령에 위반한 것임을 요건으로 하는 것으로서, 공무원의 직무집행이 법령이 정한 요건과 절차에 따라 이루어진 것이라면 특별한 사정이 없는 한 이는 법령에 적합한 것이고 그 과정에서 개인의 권리가 침해되는 일이 생긴다고 하여 그 법령적합성이 곧바로 부정되는 것은 아니다.[369]

d) 인과관계

공무원에게 부과된 직무상 의무의 내용이 단순히 공공 일반의 이익을 위한 것이거나 행정기관 내부의 질서를 규율하기 위한 것이 아니고 전적으로 또는 부수적으로 사회구성원 개인의 안전과 이익을 보호하기 위하여 설정된 것이라면, 공무원이 그와 같은 직무상 의무를 위반함으로 인하여 피해자가 입은 손해에 대하여는 상당인과관계가 인정되는 범위 내에서 국가가 배상책임을 지는 것이고, 이때 상당인과관계의 유무를 판단함에 있어서는 일반적인 결과 발생의 개연성은 물론 직무상 의무를 부과하는 법령 기타 행동규범의 목적이나 가해행위의 태양 및 피해의 정도 등을 종합적으로 고려하여야 하며, 이는 지방자치단체와 그 소속 공무원에 대하여도 마찬가지이다.[370]

e) 면책요건(제2조 제1항 단서)

군인 · 군무원 · 경찰공무원 또는 향토예비군대원이 전투 · 훈련 등 직무 집행과 관련하여 전사 · 순직하거나 공상을 입은 경우에 본인이나 그 유족이 다른 법령에 따라 재해보상금 · 유족연금 · 상이연금 등의 보상을 지급받을 수 있을 때에는 이 법 및 민법에 따른 손해배상을 청구할 수 없다. 면책요건이 적용되는 직무집행의 범위와 관련하여 판례는 종전 면책조항과 마찬가지로 전투 · 훈련 또는 이에 준하는 직무집행뿐만

---

367) 대법원 2001. 3. 13. 선고 2000다20731 판결.

368) 註釋 債權各則(7), 153면(徐基錫 집필).

369) 내법원 2000. 11. 10. 선고 2000나26807, 26814 판결.

370) 대법원 2008. 4. 10. 선고 2005다48994 판결.

아니라 일반 직무집행에도 미친다고 해석한다.[371] 따라서 경찰공무원이 낙석 사고가 일어난 지점 주변의 교통정리를 위하여 순찰차를 운전하여 그 사고현장 부근으로 가다가 산에서 떨어진 소형 차량 크기의 낙석이 순찰차를 덮쳐 사망하더라도 국가배상법 제2조 제1항 단서에 해당하여 국가배상책임이 인정되지 않는다.

4) 국가배상법 제5조의 책임

국가배상법 제5조는 도로·하천 기타 공공의 영조물의 설치 또는 관리의 하자로 인하여 손해가 발생한 경우 국가 또는 지방자치단체의 손해배상책임을 규정한다.

a) 공공의 영조물

공공의 영조물이라 함은 국가 또는 지방자치단체에 의하여 특정 공공의 목적에 공여된 유체물 내지 물적 설비를 말하며,[372] 도로, 공원, 운하와 같은 인공공물 뿐만 아

---

371) 대법원 2011. 3. 10. 선고 2010다85942 판결. 원심법원은 ① 종전 면책조항에 대하여 대법원과 헌법재판소가 헌법 제29조 제2항과 실질적으로 내용을 같이하는 규정이라고 해석하여 왔는데, 이 사건 면책조항은 "전투·훈련 등 직무집행"이라고 규정하여 헌법 제29조 제2항과 동일한 표현으로 개정이 이루어졌으므로 그 개정에도 불구하고 그 실질적 내용은 동일한 것으로 보이는 점, ② 이 사건 면책조항이 종전의 '전투·훈련 기타'에서 '전투·훈련 등'으로 개정되었는데 통상적으로 '기타'와 '등'은 같은 의미로 이해되고 이 경우에 다르게 볼 특수한 사정이 엿보이지 않는 점, ③ 위 개정 과정에서 국가 등의 면책을 종전보다 제한하려는 내용의 당초 개정안이 헌법의 규정에 반한다는 등의 이유로 이 사건 면책조항으로 수정이 이루어져 국회를 통과한 점, ④ 이 사건 면책조항은 군인연금법이나 '국가유공자 등 예우에 관한 법률' 등의 특별법에 의한 보상을 지급받을 수 있는 경우에 한하여 국가나 지방자치단체의 배상책임을 제한하는데, '국가유공자 등 예우에 관한 법률'에 의한 보훈급여금 등은 사회보장적 성격을 가질 뿐만 아니라 국가를 위한 공헌이나 희생에 대한 응분의 예우를 베푸는 것으로서, 불법행위로 인한 손해를 전보하는 데 목적이 있는 손해배상제도와는 그 취지나 목적을 달리하지만, 실질적으로는 사고를 당한 피해자 또는 유족의 금전적 손실을 메꾼다는 점에서 배상과 유사한 기능을 수행하는 측면이 있음을 부인할 수 없다는 사정 등을 고려하면 이 사건 면책조항이 국민의 기본권을 과도하게 침해한다고도 할 수 없다는 점을 들어 이 사건 면책조항은 종전 면책조항과 마찬가지로 전투·훈련 또는 이에 준하는 직무집행뿐만 아니라 일반 직무집행에 관하여도 국가나 지방자치단체의 배상책임을 제한하는 것이라고 해석하였다. 그리하여 원심은 피고의 위 면책 주장을 받아들여 원고들의 이 사건 청구를 기각하였다.

니라 하천, 해면과 같은 자연공물도 포함되고, 소방차나 경찰견도 포함된다.[373]

b) 설치 및 관리의 하자

국가배상법 제5조 제1항 소정의 영조물의 설치 또는 관리의 하자라 함은 영조물이 그 용도에 따라 통상 갖추어야 할 안전성을 갖추지 못한 상태에 있음을 말하는 것으로서, 영조물이 완전무결한 상태에 있지 아니하고 그 기능상 어떠한 결함이 있다는 것만으로 영조물의 설치 또는 관리에 하자가 있다고 할 수 없는 것이고, 위와 같은 안전성의 구비 여부를 판단함에 있어서는 당해 영조물의 용도, 그 설치장소의 현황 및 이용 상황 등 제반 사정을 종합적으로 고려하여 설치 관리자가 그 영조물의 위험성에 비례하여 사회통념상 일반적으로 요구되는 정도의 방호조치의무를 다하였는지 여부를 그 기준으로 삼아야 할 것이며, 객관적으로 보아 시간적·장소적으로 영조물의 기능상 결함으로 인한 손해발생의 예견가능성과 회피가능성이 없는 경우 즉, 그 영조물의 결함이 영조물의 설치관리자의 관리행위가 미칠 수 없는 상황 아래에 있는 경우에는 영조물의 설치관리상의 하자를 인정할 수 없다.[374]

자연영조물로서의 하천은 원래 이를 설치할 것인지 여부에 대한 선택의 여지가 없고, 위험을 내포한 상태에서 자연적으로 존재하고 있으며, 간단한 방법으로 위험상태를 제거할 수 없는 경우가 많고, 유수라고 하는 자연현상을 대상으로 하면서도 그 유수의 원천인 강우의 규모, 범위, 발생시기 등의 예측이나 홍수의 발생 작용 등의 예측이 곤란하고, 실제로 홍수가 어떤 작용을 하는지는 실험에 의한 파악이 거의 불가능하고 실제 홍수에 의하여 파악할 수밖에 없어 결국 과거의 홍수 경험을 토대로 하천관리를 할 수밖에 없는 특질이 있고, 또 국가나 하천관리청이 목표로 하는 하천의 개수작업을 완성함에 있어서는 막대한 예산을 필요로 하고, 대규모 공사가 되어 이를 완공하는 데 장기간이 소요되며, 치수의 수단은 강우의 특성과 하천 유역의 특성에 의하여 정해지는 것이므로 그 특성에 맞는 방법을 찾아내는 것은 오랜 경험이 필요하고 또 기상의 변화에 따라 최신의 과학기술에 의한 방법이 효용이 없을 수도 있는 등

---

372) 대법원 1998. 10. 23. 선고 98다17381 판결.

373) 註釋 債權各則(7), 212면(徐基錫 집필).

374) 대법원 2000. 2. 25. 선고 99다54004 판결.

그 관리상의 특수성도 있으므로, 하천관리의 하자 유무는, 과거에 발생한 수해의 규모·발생의 빈도·발생원인·피해의 성질·강우상황·유역의 지형 기타 자연적 조건, 토지의 이용상황 기타 사회적 조건, 개수를 요하는 긴급성의 유무 및 그 정도 등 제반 사정을 종합적으로 고려하고, 하천관리에 있어서의 위와 같은 재정적·시간적·기술적 제약하에서 같은 종류, 같은 규모 하천에 대한 하천관리의 일반수준 및 사회통념에 비추어 시인될 수 있는 안전성을 구비하고 있다고 인정할 수 있는지 여부를 기준으로 하여 판단해야 한다.[375]

c) 인과관계

국가배상법에 다른 규정이 없으므로 민법의 인과관계의 법리가 적용된다. 다수설과 판례는 상당인과관계에 따라 인과관계의 존부를 판단하고, 특히 법령의 보호목적을 중요한 고려요소로 삼는다.

5) 효과

a) 손해배상책임

국가배상법 제3조의 법적 성격과 관련하여 한정액설, 기준설이 대립하나, 다수설과 판례는 기준설에 따른다.[376] 대법원은 손해배상의 기준은 배상심의회의 배상금지급기준을 정함에 있어서의 하나의 기준을 정한 것에 지나지 아니하는 것이고 이로써 배상액의 상한을 제한한 것으로 볼 수 없다 할 것이며 따라서 법원이 국가배상법에 의한 손해배상액을 산정함에 있어서 그 기준에 구애되는 것이 아니라 할 것이라고 판시하였다.[377] 손해배상의 범위와 관련하여서는 제393조에 따라 통상손해와 특별손해의 법리가 적용된다.

---

375) 대법원 2007. 9. 21. 선고 2005다65678 판결.
376) 대법원 1970. 1. 29. 선고 69다1203 전원합의체 판결; 註釋 債權各則(7), 210면(徐基錫 집필).
377) 대법원 1970. 1. 29. 선고 69다1203 전원합의체 판결.

b) 국가배상법 제4조

생명·신체의 침해로 인한 국가배상을 받을 권리는 양도하거나 압류하지 못한다. 다만 피해자를 치료한 의료인이 동 피해자에 대한 치료비청구권을 보전하기 위하여 피해자의 국가에 대한 국가배상(치료비) 청구권을 압류하거나 대위행사하는 것은 국가배상법 제4조에 위반되지 아니한다.[378]

c) 공무원의 책임

공무원의 개인책임이 어떠한 요건하에서 성립하느냐에 대하여 학설이 대립하나, 대법원은 전원합의체판결을 통하여 고의 또는 중과실로 인한 불법행위인 경우에 한하여 공무원개인의 책임을 긍정하고, 경과실의 경우에는 공무원개인의 책임을 부정한다.[379]

d) 비용부담자의 책임

① 국가배상법 제6조 제1항

지방자치단체가 국가사무를 기관위임받아 처리하는 과정에서 손해가 발생한 경우에 국가가 배상책임을 부담하되, 국가배상법 제6조 제1항 소정의 비용부담자에 해당하는 경우에 한하여 그 지방자치단체가 손해배상책임을 부담한다.[380] 비용부담자라 함

---

378) 대법원 1981. 6. 23. 선고 80다1351 판결.

379) 대법원 1996. 3. 8. 선고 94다23876 판결.

380) 대법원 2000. 5. 12. 선고 99다70600 판결. 구 농지확대개발촉진법(1994. 12. 22. 법률 제4823호 농어촌정비법 부칙 제2조로 폐지) 제24조와 제27조에 의하여 농수산부장관 소관의 국가사무로 규정되어 있는 개간허가와 개간허가의 취소사무는 같은 법 제61조 제1항, 같은 법 시행령 제37조 제1항에 의하여 도지사에게 위임되고, 같은 법 제61조 제2항에 근거하여 도지사로부터 하위 지방자치단체장인 군수에게 재위임되었으므로 이른바 기관위임사무라 할 것이고, 이러한 경우 군수는 그 사무의 귀속 주체인 국가 산하 행정기관의 지위에서 그 사무를 처리하는 것에 불과하므로, 군수 또는 군수를 보조하는 공무원이 위임사무처리에 있어 고의 또는 과실로 타인에게 손해를 가하였다 하더라도 원칙적으로 군에는 국가배상책임이 없고 그 사무의 귀속 주체인 국가가 손해배상책임을 지는 것이며, 다만 국가배상법 제6조에 의히여 군이 비용을 부담한다고 볼 수 있는 경우에 한하여 국가와 함께 손해배상책임을 부담한다.

은 공무원의 봉급 급여 기타의 비용 또는 영조물의 설치관리의 비용을 부담하는 자를 말한다(국가배상법 제6조 제1항). 국가배상법 제6조 제1항 소정의 '공무원의 봉급·급여 기타의 비용' 이란 공무원의 인건비만을 가리키는 것이 아니라 당해사무에 필요한 일체의 경비를 의미한다고 할 것이고, 적어도 대외적으로 그러한 경비를 지출하는 자는 경비의 실질적·궁극적 부담자가 아니더라도 그러한 경비를 부담하는 자에 포함된다.[381] 지방자치단체의 사무의 수행 중 손해가 발생한 경우에 그 지방자치단체가 책임을 지는 외에 국가가 비용부담자로서 국가배상법 제6조 제1항에 따라 책임을 부담할 수 있다.[382]

이에 반하여 지방자치단체가 법령에 의하여 국가 또는 상위 지방자치단체로부터 위임받은 단체위임사무의 경우에는 당해 지방자치단체가 책임을 부담한다.[383]

② 양자의 관계

국가배상법 제6조 제1항에 따라 관리자 뿐만 아니라 비용부담자도 손해배상책임을 부담하고, 양자는 부진정연대의 관계에 있다.[384] 트랙터가 서울특별시 내의 일반국도를 주행중 육교에 충돌하여 그 육교상판이 붕괴되면서 이로 인하여 때마침 육교 밑을 통과해 오던 버스운전사가 사망함으로써 위 트랙터에 관하여 공제계약을 체결한 전국화물자동차운송사업조합연합회가 그 유족에게 손해배상금을 지급하여 공동면책된 경우, 피고 대한민국은 위 육교의 관리사무의 귀속주체로서, 피고 서울특별시는 위 육교의 비용부담자로서 각 손해배상책임을 지는 것이고, 국가배상법 제6조 제2항의 규정은 도로의 관리주체인 국가와 그 비용부담자인 시, 구 상호간에 내부적으로 구상의 범위를 정하는 데 적용될 뿐 이를 들어 구상권자인 공동불법행위자에게 대항할 수 없는 것이므로, 피고들은 부진정연대채무자로서 각자 피고들 전체의 부담 부분(전체 손해액 중 구상권자인 전국화물자동차운송사업조합연합회가 부담할 부분을 제외한

---

381) 대법원 1994. 12. 9. 선고 94다38137 판결.
382) 대법원 1999. 6. 25. 선고 99다11120 판결.
383) 註釋 債權各則(7), 239-240면(徐基錫 집필); 洪承勉, "國家와 地方自治團體間의 賠償責任의 分掌關係", 民事判例研究 XVIII(1996), 361면.
384) 대법원 1998. 9. 22. 선고 97다42502, 42519 판결; 註釋 債權各則(7), 238면(徐基錫 집필).

전액)에 관하여 구상권자의 구상에 응하여야 하는 것이지 피고별로 분할채무를 지는 것이 아니다.[385]

6) 소멸시효

a) 단기소멸시효기간

국가배상법 제2조 제1항 본문 전단 규정에 따른 배상책임을 묻는 사건에 대하여는 같은 법 제8조의 규정에 의하여 제766조 제1항 소정의 단기소멸시효제도가 적용되는 것인바, 여기서 가해자를 안다는 것은 피해자나 그 법정대리인이 가해 공무원이 국가 또는 지방자치단체와 공법상 근무관계가 있다는 사실을 알고, 또한 일반인이 당해 공무원의 불법행위가 국가 또는 지방자치단체의 직무를 집행함에 있어서 행해진 것이라고 판단하기에 족한 사실까지 인식하는 것을 의미한다. 한편, 제766조 제1항 소정의 '손해 및 가해자를 안 날'이라 함은 손해의 발생, 위법한 가해행위의 존재, 가해행위와 손해의 발생 사이에 상당인과관계가 있다는 사실 등 불법행위의 요건사실에 대하여 현실적이고도 구체적으로 인식하였을 때를 의미하고, 피해자 등이 언제 불법행위의 요건사실을 현실적이고도 구체적으로 인식한 것으로 볼 것인지는 개별적 사건에 있어서의 여러 객관적 사정을 참작하고 손해배상청구가 사실상 가능하게 된 상황을 고려하여 합리적으로 인정하여야 한다.[386]

b) 장기소멸시효기간

민법상 불법행위의 소멸시효는 단기 3년, 장기 10년이나, 국가배상법상 시효는 장기가 5년으로 단축된다.[387] 국가재정법 제96조에서 '다른 법률의 규정'이라 함은 다른 법률에 국가재정법 제96조에서 규정한 5년의 소멸시효기간보다 짧은 기간의 소멸시효의 규정이 있는 경우를 가리키는 것이고, 이보다 긴 10년의 소멸시효를 규정한 제766조 제2항은 국가재정법 제96조에서 말하는 '다른 법률의 규정'에 해당하

---

385) 대법원 1998. 9. 22. 선고 97다42502, 42519 판결.
386) 대법원 2008. 5. 29. 신고 2004나33469 판결; 대법원 1989. 11. 14. 선고 88다카32500 판결.
387) 국가재정법 제96조, 지방재정법 제82조. 예산회계법이 국가재정법으로 변경되었다.

지 아니한다.[388]

c) 소멸시효의 남용

채무자의 소멸시효에 기한 항변권의 행사도 우리 민법의 대원칙인 신의성실의 원칙과 권리남용금지의 원칙의 지배를 받는 것이어서, 채무자가 시효완성 전에 채권자의 권리행사나 시효중단을 불가능 또는 현저히 곤란하게 하였거나, 그러한 조치가 불필요하다고 믿게 하는 행동을 하였거나, 객관적으로 채권자가 권리를 행사할 수 없는 장애사유가 있었거나, 또는 일단 시효완성 후에 채무자가 시효를 원용하지 아니할 것 같은 태도를 보여 권리자로 하여금 그와 같이 신뢰하게 하였거나, 채권자보호의 필요성이 크고, 같은 조건의 다른 채권자가 채무의 변제를 수령하는 등의 사정이 있어 채무이행의 거절을 인정함이 현저히 부당하거나 불공평하게 되는 등의 특별한 사정이 있는 경우에는 채무자가 소멸시효의 완성을 주장하는 것이 신의성실의 원칙에 반하여 권리남용으로서 허용될 수 없다. 다만 대법원은 국가에게 국민을 보호할 의무가 있다는 사유만으로 국가가 소멸시효의 완성을 주장하는 것 자체가 신의성실의 원칙에 반하여 권리남용에 해당한다고 할 수는 없으므로, 국가의 소멸시효 완성 주장이 신의칙에 반하고 권리남용에 해당한다고 하려면 일반 채무자의 소멸시효 완성 주장에서와 같은 특별한 사정이 인정되어야 할 것이고, 또한 그와 같은 일반적 원칙을 적용하여 법이 두고 있는 구체적인 제도의 운용을 배제하는 것은 법해석에 있어 또 하나의 대원칙인 법적 안정성을 해할 위험이 있으므로 그 적용에는 신중을 기하여야 한다고 하면서 소멸시효의 남용의 항변을 배척하였다.[389]

7) 입증책임

국가배상법은 입증책임에 관하여 별도의 규정을 두고 있지 않으므로 민법의 법리가 적용된다.[390] 국가배상책임의 발생요건사실에 대한 입증책임은 원고가, 책임의 부

---

388) 대법원 2001. 4. 24. 선고 2000다57856 판결은 구법인 예산회계법에 관한 판례이기는 하나, 신법인 국가배정법에 대하여도 마찬가지로 해석될 것이다.
389) 대법원 2005. 5. 13. 선고 2004다71881 판결.

존재 및 소멸에 대한 입증책임은 피고가 진다.

8) 중요판결례

a) 대법원 2010. 9. 9. 선고 2008다77795 판결

① 사실관계 및 소송의 경과

6살이던 피해자가 젤리를 먹다가 목에 걸려 기도폐쇄로 사망한 사건에서 피해자의 부모 등은 국가가 미니컵 젤리 등으로 인한 질식사고의 발생을 방지해야할 의무가 있음에도 적절한 조치를 취하지 않았다며 손해배상소송을 제기하였다. 1심 법원은 국가와 수입·판매업체의 배상책임을 인정하며 원고 일부승소 판결을 내렸으나, 2심은 이를 뒤집어 원고패소 판결했다.

② 대법원의 판단

식품위생법의 관련규정이 식약청장 등에게 합리적인 재량에 따른 직무수행 권한을 부여한 것으로 해석된다고 하더라도, 식약청장 등에게 그러한 권한을 부여한 취지와 목적에 비추어 볼 때 구체적인 상황 아래에서 식약청장 등이 그 권한을 행사하지 아니한 것이 현저하게 합리성을 잃어 사회적 타당성이 없는 경우에는 직무상 의무를 위반한 것이 되어 위법하게 된다고 할 것이나, 위와 같이 식약청장 등이 그 권한을 행사하지 아니한 것이 직무상 의무를 위반하여 위법한 것으로 되는 경우에는 특별한 사정이 없는 한 과실도 인정된다고 할 것이다.

대법원은 이 사건 사고의 경우 당시의 미니컵 젤리에 대한 외국의 규제수준, 그 이전에 피고가 실시한 규제조치 등에 비추어 식품의약품안전청장 등 관계공무원으로서는 미니컵 젤리로 인한 질식의 위험을 인식하거나 예견하기 어려웠던 사정 등을 종합하면 식품의약품안전청장 등이 미니컵 젤리의 수입·유통 등을 금지하거나 그 기준과 규격, 표시 등을 강화하고 그에 필요한 검사 등을 실시하지 아니하였다고 하여 이를 위법하다고 보기 어렵고, 과실이 있다고 할 수도 없다고 보아 원고패소 판결한

---

390) 註釋 債權各則(7), 154면(徐基錫 집필).

원심을 확정했다.[391]

b) 대법원 1998. 9. 22. 선고 98다2631 판결

예고등기는 등기원인의 무효 또는 취소로 인한 등기의 말소 또는 회복의 소가 제기된 경우에 그 등기에 의하여 소의 제기가 있었음을 제3자에게 경고하여 계쟁 부동산에 관하여 법률행위를 하고자 하는 선의의 제3자로 하여금 소송의 결과 발생할 수도 있는 불측의 손해를 방지하려는 목적에서 하는 것인바, 등기원인의 무효 또는 취소로 인한 등기의 말소 또는 회복의 소가 제기되었음에도 불구하고 담당 공무원이 예고등기의 촉탁을 하지 아니한 탓으로 제3자가 등기명의인으로부터 권리를 취득할 수있다고 믿고 그 부동산에 관한 거래를 하였다가 그 소송의 결과에 따라 불측의 손해를 입게 되었다면 이는 담당 공무원이 그 직무를 집행함에 당하여 과실로 법령에 위반하여 타인에게 손해를 가한 때에 해당하여 국가는 국가배상법 제2조 제1항에 따라손해배상책임을 진다.

16. 자동차손해배상보장법

1) 서설

자배법은 자동차사고로 인한 개인의 생명신체의 안전에 대한 고도의 위험성에 대비하여 제정된 특별법이다. 자동차사고로 인한 손해배상을 확실히 하여 피해자를 보호하고, 자동차 운송의 건전한 발전을 촉진하고자 하는 것이 동법의 목적이다.

2) 자배법의 규율범위

a) 적용범위

자배법은 자동차사고로 인한 사망 또는 부상 즉 인적 손해에 대하여만 적용되고,

---

391) 대법원 2010. 9. 9. 선고 2008다77795 판결.

물적 손해에 대하여는 일반 불법행위법 또는 국가배상법이 적용된다.[392]

b) 민법과의 관계

자동차사고로 인하여 인신사고를 당한 경우에 대한 특별법이므로, 민법에 우선하여 적용된다.[393] 자배법 제3조는 불법행위에 관한 민법 규정의 특별 규정이라고 할 것이므로 자동차 사고로 인하여 손해를 입은 자가 자배법에 의하여 손해배상을 주장하지 않았다고 하더라도 법원은 민법에 우선하여 자배법을 적용하여야 한다.[394] 다만 자동차사고로 인한 손해배상청구사건에서 자배법이 민법에 우선하여 적용되어야 할 것은 물론이지만 그렇다고 하여 피해자가 민법상의 손해배상청구를 하지 못한다고는 할 수 없으므로, 자배법상의 손해배상책임이 인정되지 않는 경우에는 민법상의 불법행위책임을 인정할 수는 있다.[395]

c) 국가배상법과의 관계

자배법은 국가배상법에 대하여도 특별법에 해당한다. 따라서 공무원이 공무수행 중 자동차사고를 낸 경우에도 자배법이 우선하여 적용된다.[396] 국가배상책임과 관련하여 공무원개인의 책임은 고의 또는 중과실의 경우에 한정되나, 자동차사고로 인한 경우에는 공무원은 경과실이라도 배상책임을 진다는 것을 유의하여야 한다.[397] 즉, 헌법 제29조 제1항과 국가배상법 제2조의 해석상 일반적으로 공무원이 공무수행 중 불법행위를 한 경우에, 고의 또는 중과실에 의한 경우에는 공무원 개인이 손해배상책임을 부담하고 경과실의 경우에는 개인책임은 면책되며, 한편 공무원이 자기 소유의 자동차로 공무수행 중 사고를 일으킨 경우에는 그 손해배상책임은 자배법이 정한 바에 의하게 되어, 그 사고가 자동차를 운전한 공무원의 경과실에 의한 것인지 중과실 또

---

392) 註釋 債權各則(7), 335면(權龍雨 집필).

393) 註釋 債權各則(7), 322면(權龍雨 집필).

394) 대법원 1997. 11. 28. 선고 95다29390 판결 등 참조.

395) 대법원 2001. 6. 29. 선고 2001다23201, 23218 판결.

396) 대법원 1996. 3. 8. 선고 94다23876 판결 등 참조.

397) 대법원 1996. 5. 31. 선고 94다15271 판결.

는 고의에 의한 것인지를 가리지 않고 그 공무원이 자배법 제3조 소정의 '자기를 위하여 자동차를 운행하는 자'에 해당하는 한 손해배상책임을 부담한다.

3) 배상책임의 주체

자배법 제3조의 '자기를 위하여 자동차를 운행하는 자'란 사회통념상 당해 자동차에 대한 운행을 지배하여 그 이익을 향수하는 책임주체로서의 지위에 있는 자를 말하고, 이 경우 운행의 지배는 현실적인 지배에 한하지 아니하고 사회통념상 간접지배 내지는 지배가능성이 있다고 볼 수 있는 경우도 포함한다.[398] 배상책임의 주체를 통상적으로 '운행자'라 한다. 운행자성의 인정기준에 관하여는 이원설(운행지배와 운행이익)과 일원설(운행지배)로 대별되는바, 판례는 이원설의 입장을 취한다.[399] 운행자성은 운행이익의 내용, 보유자와 운전자의 인적 관계, 운행시간 · 거리 · 장소, 반환예정 등 개별 사건의 제반사정을 고려하여 규범적으로 판단된다.

4) 배상책임의 요건

자배법상 배상책임의 요건은 자동차의 운행으로 인한 사상이다. 따라서 자동차의 운행, 사상, 인과관계를 입증하면 된다. '자동차의 운행'은 자동차를 그 용법에 따라 사용 또는 관리하는 중에 사고가 발생하여야 한다는 것을 의미한다. 피해자는 귀책사유를 입증할 필요가 없고, 오히려 가해자가 면책요건을 주장 · 입증하여야 한다.

5) 면책사유

a) 자배법상 면책사유

자배법 제3조 단서는 피해자가 승객인 경우와 승객 이외의 자인 경우로 면책사유를 달리 규정하고 있다. 피해자가 승객인 경우에는 승객의 고의 및 자살행위로 사상

---

398) 대법원 2009. 10. 15. 선고 2009다42703,42710 판결.
399) 대법원 1987. 7. 21. 선고 87다카51 판결.

한 경우에 한하여 면책된다. 피해자가 승객이 아닌 경우에는 ① 자기 및 운전자의 무과실, ② 피해자 또는 자기 및 운전자 이외의 제3자의 고의 또는 과실, ③ 자동차의 구조상의 결함 또는 기능장해의 부존재가 충족되어야 면책된다.

b) 민법상 면책사유

자배법 제4조에 의하여 준용되는 민법의 일반원칙에 따라 불가항력 또는 정당방위, 긴급피난 등으로 면책될 수 있다. 또한 과실상계의 법리도 준용될 수 있으므로 피해자의 과실이 중대하면 가해자의 과실이 있다고 하더라도 배상책임이 면책될 수 있다.[400]

17. 소송법적 문제

1) 소송물이론

a) 손해에 의한 소송물의 세분

인신손해에 관하여 가해행위의 동일성이 인정되면 1개의 손해배상청구권이 발생할 뿐이고 발생한 손해의 종류에 따라 소송물이 세분된다고 할 수 없다는 견해가 있으나, 판례는 손해 3분설을 취하고 있다.[401] 즉, 소송물은 소극적 재산상 손해, 적극적 재산상 손해, 위자료로 나누어진다.

3분설에 따라 각각의 청구액을 넘어 인용할 수 없고, 서로 융통하여 한편의 초과부분을 다른 한편의 미달된 청구액에 가산하여 인용할 수 없다.

재산상 손해배상청구와 정신상 손해배상청구는 각각 소송물을 달리하는 별개의 청구이므로 소송당사자로서는 그 금액을 특정하여 청구하여야 하고, 법원으로서도 그 내역을 밝혀 각 청구의 당부에 관하여 판단하여야 한다.[402]

---

400) 대법원 1991. 4. 26. 선고 90다14539 판결.
401) 대법원 1976. 10. 12. 선고 76다1313 판결; 대법원 1996. 8. 23. 선고 94다20730 판결; 대법원 1997. 1. 24. 선고 96다39080 판결.
402) 대법원 1989. 10. 24. 선고 88다카29269 판결.

불법행위로 생명이 침해된 경우에 그 생명을 침해당한 피해자 본인의 정신적 고통에 대한 위자료청구와 그 피해자의 직계비속 등의 정신적 고통에 대한 위자료청구는 각각 별개의 소송물이라고 할 것이다.[403]

또한 채권자가 청구취지를 확장하면 그 확장된 청구금액에 대하여 소촉법 제3조 제1항 소정의 법정이율을 적용할 것인지 여부는 각 손해항목별로 판단하여야 할 것이다.[404]

b) 실체법규정과 손해배상청구소송의 소송물

승객이 교통사고로 상해를 입은 경우 그 승객은 채무불이행에 기한 손해배상청구권과 불법행위로 인한 손해배상청구권을 주장할 수 있다. 이 경우 두 청구권의 관계에 관하여는 청구권경합설과 법조경합설이 대립하나, 다수설과 판례는 청구권경합설을 지지한다. 청구권경합설에 의하면 소송물은 두 개로 인정되며 그 병합형태는 선택적 병합관계에 있게 된다.[405]

자배법 제3조와 제750조, 제756조의 관계는 법조경합의 관계에 있다.[406]

c) 전 소송의 변론종결 후에 발생한 새로운 적극적 손해와 기판력

판례는 불법행위로 인한 적극적 손해의 배상을 명한 전 소송의 변론종결 후에 새로운 적극적 손해가 발생한 경우에 전 소송의 변론종결 당시 그 손해의 발생을 예견할 수 없었고 또 그 부분 청구를 포기하였다고 볼 수 없는 등 특별한 사정이 있다면 전 소송에서 그 부분에 대한 청구가 유보되어 있지 않다고 하더라도 이는 전 소송의 소송물과는 별개의 소송물이므로 전 소송의 기판력에 저촉되는 것이 아니라고 한다.[407]

---

403) 대법원 2008. 3. 27. 선고 2008다1576 판결.

404) 대법원 1995. 2. 17. 선고 94다56234 판결; 대법원 2001. 2. 23. 선고 2000다63752 판결; 대법원 2006 10. 13. 선고 2006다32446 판결.

405) 대법원 1962. 6. 21. 선고 62다102 판결; 대법원 1967. 12. 5. 선고 67다2251 판결.

406) 대법원 1997. 11. 28. 선고 95다29390 판결; 대법원 1969. 6. 10. 선고 68다2071 판결.

407) 대법원 1980. 11. 25. 선고 80다1671 판결; 대법원 2007. 4. 13. 선고 2006다78640 판결.

2) 변론주의

피해자의 일실수입 산정의 기초가 되는 사고 당시의 수입[408]이나 노동능력상실률[409]
은 자백의 대상이 된다.

판례는 피해자가 일실수익금의 배상을 구하면서 주장한 특수직종에서의 가동연한
이 인정되지 아니하는 경우 당사자의 주장취지 속에는 특별한 사정이 없는 한 그 가
동연한 이후 일반육체노동의 가동연한까지 일용노동에 종사하여 얻을 수 있는 일실수
익금의 배상을 청구하고 있다고 봄이 상당하다고 한다.[410]

한편 피해자의 일실수익을 산정함에 있어 원고들이 주장한 바 없는 영업수입을 그
기준수입으로 삼는 것은 변론주의원칙에 위배된다.[411]

법원이 청구의 기초가 되는 손해액을 원고의 청구금액보다 많이 인정하더라도 과
실비율에 의한 감액을 한 잔액만을 인용한 관계로 청구금액을 초과하여 지급을 명하
지 아니한 이상 손해배상의 범위에 있어서 당사자 처분권주의에 위배되었다고 할 수
없다.[412]

3) 석명의무

교통사고로 인하여 사망하거나 또는 신체상의 장애를 입은 사람에 대한 장래 얻을
수 있는 수입상실의 손해액을 산정함에 있어서는 원칙적으로 그 사고로 인하여 손해

---

408) 대법원 1998. 5. 15. 선고 96다24668 판결(원고 소송대리인이 원고의 사고 당시 수입이 농촌 일용
노임 상당액인 사실을 선행자백하고, 피고 소송대리인이 이를 원용함으로써 원고의 사고 당시 수입
이 농촌 일용노임 상당액인 점은 당사자 간에 다툼 없는 사실이 되었다고 인정한 사례).
409) 대법원 1982. 5. 25. 선고 80다2884 판결; 대법원 1997. 11. 11. 선고 97다30646 판결(변론의 전
취지에 의하여 노동능력상실률에 대한 자백이 착오에 기인한 것으로 인정한 사례).
410) 대법원 1987. 12. 8. 선고 87다카522 판결(잠수부로서 55세까지 가동할 수 있음을 전제로 일실수익
금의 배상을 구하였으나 그 가동연한이 50세로밖에 인정되지 아니한 사안).
411) 대법원 1993. 4. 27. 선고 92다29269 판결 참조.
412) 대법원 1970. 3. 24. 신고 69다733 판결; 대법원 1975. 2. 25. 선고 74디1298 판결; 대법원 1976.
6. 22. 선고 75다819 판결; 대법원 1994. 10. 11. 선고 94다17710 판결.

가 발생할 당시에 그 피해자가 종사하고 있었던 직업으로부터 수익하고 있는 금액을 기준으로 하여야 하고, 또 피해자가 사고 당시에 어떤 직업에 종사하고 있음은 인정되지만 그 수입액을 선뜻 믿기 어렵다면 법원은 석명권을 행사하거나 입증을 촉구하여 사고 당시에 피해자가 실질적으로 얻고 있었던 수입액에 대하여 더 심리를 하여 이를 확정하여야 한다.

판례는 제1심에서 기왕의 치료비손해액에 대한 서증이 채택되어 승소판결을 받았는데 원심이 아무런 입증촉구 없이 서증의 진정 성립을 인정할 증거가 없다 하여 치료비청구를 배척하였음은 석명권행사를 게을리 함으로써 심리를 다하지 아니한 위법이 있다고 하였다.[413]

불법행위를 원인으로 한 손해배상청구소송에 있어서 그 손해액의 범위에 관한 입증책임은 피해자인 원고에게 있는 것이므로, 그에 대한 법원의 입증촉구에 응하지 않을 뿐만 아니라 명백히 그 입증을 하지 않겠다는 의사를 표시한 경우에는 법원은 피고에게 손해배상책임을 인정하면서도 그 액수에 관한 증거가 없다는 이유로 청구를 배척할 수 있다.[414]

불법행위로 인한 손해배상사건에서 배상책임의 원인사실이 인정되는데도 피해자가 그 손해액에 대한 입증을 하지 못하는 경우에 법원이 입증을 촉구하거나 석명권을 행사하여 손해액을 밝혀야 할 의무가 있다는 것이지, 손해배상책임의 원인사실이 인정되지 아니하는 경우에까지 법원에서 손해액에 대한 입증촉구나 석명권을 행사할 의무가 있는 것은 아니다.[415] 다만 장래의 개호비 또는 향후치료비와 같이 장래에 예상되는 손해라고 할지라도 사실심의 변론종결 당시에 이미 그 예상기간이 지났다면 그 지난 부분의 손해는 실제로 발생한 손해에 한하여 배상을 받을 수 있다고 할 것이나, 불법행위의 피해자가 실제의 소송진행 과정에서 일정한 시점에서부터 사실심의 변론종결 이후 장래의 일정 시점까지 계속적으로 발생하는 개호비나 치료비 등의 손해에 관한 주장·입증을 함에 있어서는 그러한 주장·입증의 시기와 변론종결시 사이에는 항상 시간적 간격이 생기기 마련이므로 변론종결 전에 제출된 주장이나 증거자료 등

---

413) 대법원 1994. 5. 13. 선고 94다10726 판결.

414) 대법원 1994. 3. 11. 선고 93다57100 판결; 대법원 1994. 5. 13. 선고 93다45831 판결.

415) 대법원 1991. 7. 23. 선고 90다9070 판결.

에 의하여 위와 같은 기간 동안의 손해의 발생이 추단되는 등의 특별한 사정이 있다면 법원으로서는 마땅히 위와 같은 기간 동안의 손해에 관하여서도 입증을 촉구하는 등의 방법으로 석명하여야 할 의무가 있다.[416]

4) 입증책임론

a) 입증의 정도

민사소송에서 사실의 증명은 추호의 의혹도 있어서는 아니 되는 자연과학적 증명은 아니나, 특별한 사정이 없는 한 경험칙에 비추어 모든 증거를 종합 검토하여 이떠한 사실이 있었다는 점을 시인할 수 있는 고도의 개연성을 증명하는 것이고, 그 판정은 통상인이라면 의심을 품지 않을 정도일 것을 필요로 한다.[417]

b) 입증책임의 주체

일반불법행위에 기한 손해배상 청구사건의 요건사실은 가해행위·위법성·고의나 과실·손해·인과관계 등으로 구분될 수 있다. 청구권을 주장하는 자가 이러한 청구권 발생의 요건사실을 입증하여야 한다. 따라서 불법행위와 손해발생과의 사이에 인과관계가 있다는 주장입증책임은 청구자인 피해자에게 있고, 예컨대 공해사건이라고 하여 입증책임의 소재가 달라지는 것도 아니다.[418]

---

416) 대법원 1991. 5. 10. 선고 90다14423 판결; 대법원 1997. 7. 22. 선고 95다6991 판결.
417) 대법원 2010. 10. 28. 선고 2008다6755 판결. 위 사건에서 대법원은 다음과 같은 원심법원의 판단을 긍인하였다. 원심법원은 평소 피고 직원들이 코팅실에서 담배를 피웠던 점, 과거에도 코팅실에서 담배 재떨이로 사용하던 종이컵에 불이 붙은 일이 2회 정도 있었다는 소외 1의 진술, 이 사건 화재 발견 직후 이 사건 화재가 담뱃불로 인한 것이라고 추측한 소외 2의 발언, 소외 3이 이 사건 화재 발생 약 1시간 전에 코팅실에서 담배를 피웠던 점, 코팅실에는 불이 붙기 쉬운 종이류 등이 보관되어 있었던 점 등에 비추어 평소 코팅실에 담뱃불로 인한 화재가능성이 있었다고 볼 수 있고, 여기에다가 전기합선이나 제3자에 의한 방화가 이 사건 화재의 원인일 가능성이 낮다는 점을 더해 보면, 이 사건 화재가 담뱃불로 발생하였을 상당한 가능성이 있다고 의심되나 이러한 의심만으로는 이 사건 화재가 피고 직원들이 피운 담뱃불로 인한 것이라고 인정하기에 부족하고, 아울러 이 사건 화재의 원인이 피고 직원들의 과실에 있음을 입증할 책임은 원고에게 있다는 이유로, 이 사건 화재가 피고 직원들이 피운 담뱃불로 인한 것임을 전제로 하는 원고들의 주장을 배척하였다.

c) 입증책임의 전환

피해자가 가해자의 과실을 입증하는 것이 원칙이나, 사용자책임에서는 귀책사유에 대한 입증책임이 전환된다.[419]

교통사고 소송에서 인신손해에 관한 한 자배법이 적용되어 원고측이 운전자의 과실을 입증해야 하는 부담은 없으나, 인과관계의 점에 있어서는 피해자인 원고측이 그 입증책임을 부담한다.

원래 의료행위에 있어서 주의의무위반으로 인한 불법행위책임 또는 채무불이행책임이 있다고 하기 위하여는 의료행위상의 주의의무위반과 손해발생 사이의 인과관계의 존재가 전제되어야 한다. 그러나 의료행위가 고도의 전문적 지식을 필요로 하는 분야이고, 그 의료의 과정은 대개의 경우 환자 본인이 그 일부를 알 수 있는 경우 외에는 의사만이 알 수 있을 뿐이며, 치료의 결과를 달성하기 위한 의료기법은 의사의 재량에 달려 있기 때문에 손해 발생의 직접적인 원인이 의료상의 과실로 말미암은 것인지 여부는 전문가가 아닌 보통인으로서는 도저히 밝혀낼 수 없는 특수성이 있어서 환자측이 의사의 의료행위상의 주의의무위반과 손해 발생 사이의 인과관계를 의학적으로 완벽하게 입증한다는 것은 극히 어렵다. 따라서 환자가 치료도중에 사망한 경우 피해자 측이 일련의 의료행위 과정에서 저질러진 일반인의 상식에 바탕을 둔 의료상의 과실 있는 행위를 입증하고 그 결과와의 사이에 일련의 의료행위 외에 다른 원인이 개재될 수 없다는 점, 이를테면 환자에게 의료행위 이전에 그러한 결과의 원인이 될 만한 건강상의 결함이 없었다는 사정을 증명한 경우에는, 의료행위를 한 측이 그 결과가 의료사의 과실로 말미암은 것이 아니라 전혀 다른 원인으로 말미암은 것이라는 입증을 하지 아니하는 이상, 의료상 과실과 결과 사이의 인과관계를 추정하여 손해배상책임을 지울 수 있도록 입증책임을 완화하는 것이 손해의 공평·타당한 부담을 그 지도원리로 하는 손해배상제도의 이상에 맞다.[420]

---

418) 대법원 1973. 11. 27. 선고 73다919 판결.
419) 대법원 1998. 5. 15. 선고 97다58538 판결.
420) 대법원 1995. 3. 10. 선고 94다39567 판결.

d) 입증책임의 완화

피해자가 손해를 입증함에 있어서는 그 구체적인 액수까지 입증하여야 한다. 손해의 발생이 추정되더라도 그 손해액에 대한 증거가 없어 이를 확정할 수 없으면 원고의 손해배상청구를 인용할 수 없다.[421]

다만 일실이익을 산정함에 있어 향후의 예상소득에 관한 증명은 과거사실에 대한 입증에 있어서의 증명도보다 이를 경감하여 피해자가 현실적으로 얻을 수 있을 구체적이고 확실한 소득의 증명이 아니라 합리성과 객관성을 잃지 않는 범위 내에서 상당한 개연성이 있는 소득의 증명으로서 족하다.[422]

손해배상책임이 인정되나 그 손해액에 관한 입증이 불충분한 경우에 있어서의 평균수입액 산출방법은 통계 등을 이용하여 공평성과 합리성을 갖춘 범위 내에서 추상적인 방법으로 산정할 수밖에 없다.

5) 입증방법

a) 신체감정

인신사고로 인한 손해배상 청구소송에서 피해자에게 후유장애가 있는지 여부와 그로 인한 신체기능의 장애정도, 기왕증 또는 체질적 소인이 있는지 여부, 여명 단축 여부, 향후 치료나 개호가 필요한지 여부와 그 정도 등에 관하여 다툼이 있는 경우, 이러한 영역은 다분히 의학 전문적 분야에 속하고 실체를 파악하는 것이 어렵기 때문에 법원은 전문의사에게 신체감정 등을 명하여 그 감정인의 감정결과에 의존할 수밖에 없다. 이러한 경우 법원으로서는 감정이 정확하게 이루어지도록 적극적인 조치를 강구하여야 할 것이다.

따라서 동일한 감정인이 동일한 감정사항에 대하여 서로 모순되거나 매우 불명료한 감정의견을 내놓고 있는 경우에 법원이 위 감정서를 직접증거로 채용하여 사실인

---

421) 대법원 1960. 7. 28. 선고 4292민상961 판결.

422) 대법원 1990. 11. 27. 선고 90다카10312 판결; 대법원 1993. 3. 13. 선고 92다36175 판결; 대법원 1994. 9. 30. 선고 93다29365 판결; 대법원 1994. 11. 25. 선고 94다32917 판결; 대법원 2006. 3. 10. 선고 2005다31361 판결.

정을 하기 위하여는, 특별히 다른 증거자료가 뒷받침 되지 않는 한, 감정인에 대하여 감정서의 보완을 명하거나 감정증인으로의 신문방법 등을 통하여 정확한 감정의견을 밝히도록 하는 등의 적극적인 조치를 강구하여야 마땅하다.[423] 또 판례는 1차 시행한 감정촉탁결과에 의문점이 있어 재감정촉탁을 하였으나 재감정이 이루어지지 않고 있다면 누구에게 귀책사유가 있는지를 살펴보고 나아가 감정기일을 적극적으로 조정해 보거나 재감정병원을 다른 병원으로 지정하여 보는 등 증거조사의 방해요인을 적절히 제거하여 재감정이 이루어지도록 하여야 함은 물론 그래도 재감정이 이루어지지 않는다면 그 입증을 방해하는 측에 적절한 책임을 지우는 것이 상당하고, 그렇지 않다고 하여도 최소한 1차 감정기관에 사실조회를 하여 그 감정내용에 의심이 가는 부분을 더 명확히 하는 등 다른 방법으로라도 그 입증방법을 강구해 보아야 한다고 하였다.[424]

b) 형사기록 등의 활용

각종 사고, 특히 교통사고는 대체로 형사사건으로 처리되어 수사기록 또는 형사재판기록이 작성되어 있는 경우가 많다. 이러한 경우 사안의 진상을 밝히기 위하여 당사자의 신청에 의하여 문서의 등본·사본의 송부를 촉탁(민사소송법 제294조) 하거나 문서 소재장소에서의 서증신청(법원 밖에서의 증거조사, 민사소송법 제297조)에 의하여 형사사건 관계기록을 증거자료로 활용할 수 있게 된다. 원고 측에서는 가해자 측의 과실 또는 사고와 손해와의 인과관계를 입증하기 위하여, 피고 측에서는 자배법 제3조 단서의 면책사유 또는 피해자의 과실을 입증하기 위하여 각각 형사기록 중의 일부를 서증으로 제출할 필요가 있는 것이다. 특히 수사기관이 사고 발생 직후의 현장 상황을 조사한 내용이 기재된 실황조사서 등은 피해자의 과실 유무 및 과실상계비율을 판정하는 데 매우 중요하다.

민사재판은 관련 형사사건에서 조사한 자료나 그 판결에서 인정한 사실에 구속을 받는 것이 아니고 그 결과에 좌우되는 것은 아니라 할지라도, 관련 형사사건의 판결에서 인정된 사실은 특별한 사정이 없는 한 유력한 증거자료가 되는 것이므로 합리적

---

423) 대법원 1994. 6. 10. 선고 94다10955 판결; 대법원 1999. 5. 11. 선고 99다2171 판결.
424) 대법원 1994. 10. 28. 선고 94다17116 판결.

인 이유 없이 막연히 이를 배척하여서는 안되지만, 그렇다고 하더라도 민사재판에서 제출된 다른 증거내용에 비추어 형사판결에서의 사실판단을 그대로 채용하기 어렵다고 인정될 경우에는 이를 배척할 수도 있다.[425]

c) 입증방해행위

상대방의 입증활동에 협력하지 않는다고 하여 곧바로 입증방해가 성립하는 것은 아니다. 상대방이 관계서류를 변조하는 등의 적극적인 방해행위를 하는 경우에 한하여 입증방해가 성립한다고 할 것이고, 그러한 경우에는 자유심증에 따라 상대방에게 불리한 평가를 할 수 있다.[426]

6) 공동소송의 경우

a) 서설

공동소송은 공동소송인간에 합일확정이 필수적인가의 여부에 의하여 통상공동소송과 필수적 공동소송으로 구분된다. 통상공동소송이라 함은 공동소송인 사이에 합일확정이 필수적이 아닌 공동소송으로서 공동소송인 사이에서 승패가 일률적으로 될 필요가 없는 공동소송의 형태를 말하고, 필수적 공동소송은 공동소송인 사이에 합일확정을 필수적으로 요하는 공동소송으로 소송공동이 강제되느냐에 따라 고유필수적 공동소송과 유사필수적 공동소송으로 분류된다. 불법행위를 원인으로 하여 복수의 가해자를 상대로 제기되는 소송은 통상공동소송이라 할 것인바, 이하에서는 통상공동소송에서 문제되는 점을 간략하게 지적하고자 한다.

---

425) 대법원 1983. 9. 13. 선고 81다1166, 81다카897 판결; 대법원 1989. 6. 13. 선고 89다카3189 판결; 대법원 1989. 11. 14. 선고 88다카31125 판결; 대법원 1995. 2. 24. 선고 94다27281 판결; 대법원 1997. 3. 14. 선고 95다49370 판결.
426) 대법원 1995. 3. 10. 선고 94다39567 판결.

b) 통상공동소송

① 공동소송인독립의 원칙

민사소송법 제66조는 공동소송인독립의 원칙을 천명하고 있다. 즉, 공동소송인 가운데 한 사람의 소송행위 또는 이에 대한 상대방의 소송행위와 공동소송인 가운데 한 사람에 관한 사항은 다른 공동소송인에게 영향을 미치지 아니한다.[427] 따라서 소송요건의 존부는 각 공동소송인별로 검토되어야 하고, 1인의 소송행위는 다른 공동소송인에게 영향을 미치지 않는다. 원고가 피고 1에게 계약책임을 피고 2에게 불법행위책임을 주장하였다고 하더라도 법원은 피고2에게 공동불법행위책임을 인정할 수 있다.[428]

② 공동소송인독립의 원칙의 수정

공동소송인독립의 원칙을 기계적으로 관철하는 경우에는 공동소송인간의 재판의 통일을 확보하기 어렵다. 따라서 증거공통의 원칙을 적용하여 공동소송인 1인이 제출한 증거를 다른 공동소송인에게 유리하게 적용할 수 있다. 그러나 판례는 주장공통의 원칙을 채택하지 않는다.[429] 따라서 공동소송인 중 1인이 한 유리한 항변은 다른 공동소송인에게 적용될 수 없다.

7) 항소심의 재판

a) 항소심의 심판범위

항소심의 심판범위와 관련하여, 판례는 환송판결이 환송 전 원심판결 중 정기금채무로 지급할 것을 명한 부분만 파기환송하고 나머지 상고를 기각한 것이라면 청구 중 환송 전 원심판결에서 정기금채무로 지급할 것을 명한 이외의 부분, 즉 일시금지급을 명한 부분(기왕치료비, 기왕개호비 및 위자료 청구부분)은 위 환송판결의 선고로써

---

427) 대법원 1968. 5. 14. 선고 67다2787 판결; 대법원 1994. 5. 10. 선고 93다47196 판결 등 참조.
428) 대법원 2009. 4. 23. 선고 2009다1313 판결.
429) 대법원 1994. 5. 10. 선고 93다47196 판결; 대법원 1991. 4. 12. 선고 90다9872 판결.

확정되었고 정기금채무로 지급할 것을 명한 부분(향후치료비 및 향후개호비 청구부분)만이 환송되었다고 하였다.[430]

그리고 인신사고로 인한 손해배상청구 소송과 같이 소송물이 다른 재산적 손해와 위자료 등에 관한 청구가 하나의 판결로 선고되는 경우, 당사자 일방이 그 소송물의 범위를 특정하지 아니한 채 일정 금액 부분에 대하여만 항소하였다면, 그 불복하는 부분을 특정할 수 있는 등의 특별한 사정이 없는 한 불복범위에 해당하는 재산적 손해와 위자료에 관한 청구가 모두 항소심에 이심되어 항소심의 심판대상이 된다.[431]

b) 상소의 이익

상소는 자기에게 불이익한 재판에 대하여 유리하게 취소변경을 구하기 위하여 하는 것이므로 전부 승소한 판결에 대하여는 항소가 허용되지 않는 것이 원칙이나, 하나의 소송물에 관하여 형식상 전부 승소한 당사자의 상소이익의 부정은 절대적인 것이라고 할 수 없는바, 원고가 재산상 손해(소극적 손해)에 대하여는 형식상 전부 승소하였으나 위자료에 대하여는 일부 패소하였고, 이에 대하여 원고가 원고 패소 부분에 불복하는 형식으로 항소를 제기하여 사건 전부가 확정이 차단되고 소송물 전부가 항소심에 계속되게 된 경우에는, 더욱이 불법행위로 인한 손해배상에 있어 재산상 손해나 위자료는 단일한 원인에 근거한 것인데 편의상 이를 별개의 소송물로 분류하고 있는 것에 지나지 아니한 것이므로 이를 실질적으로 파악하여 항소심에서 위자료는 물론이고 재산상 손해(소극적 손해)에 관하여도 청구의 확장을 허용하는 것이 상당하다.[432]

c) 불이익변경금지원칙

불법행위로 말미암아 신체의 상해를 입었다고 하여 가해자에게 재산상 손해배상을 청구함에 있어서 소송물인 손해는 적극적 손해와 소극적 손해로 나누어지고, 그 내용이 여러 개의 손해항목으로 나누어져 있는 경우 각 항목은 청구를 이유 있게 하는 공

---

430) 대법원 1995. 3. 10. 선고 94다51543 판결.

431) 대법원 1996 7 18 선고 94다20051 전원합의체판결

432) 대법원 1994. 6. 28. 선고 94다3063 판결.

격방법에 불과하므로, 불이익변경 여부는 개별손해항목을 단순 비교하여 결정할 것이 아니라 동일한 소송물인 손해의 전체금액을 기준으로 판단하여야 하고, 피해자가 가해자로부터 이미 치료비 등의 손해배상금을 지급받아 그 중 피해자의 과실비율 상당액을 재산상 손해액에서 공제하는 경우에는 과실 참작 후의 금액이 아니라 나아가 그 공제 후에 인정된 최종적인 금액을 기준으로 삼아 불이익변경이 있는지의 여부를 가려보아야 한다.[433]

---

433) 대법원 1996. 8. 23. 선고 94다20730 판결.

II

불법행위법 각론

II 불법행위법 각론

1. 생명침해

1) 서설

생명침해라는 불법행위는 여러 가지의 형태로 발생할 수 있다. 가령 살인에서부터 과실치사에 이르기까지 다양하다. 귀책사유나 침해의 태양은 위자료의 참작사유가 된다. 생명침해라는 불법행위가 성립하기 위하여는 사망이라는 것이 확정되어야 하고, 그에 이르지 못한 경우에는 신체침해라는 불법행위에 의해 규율된다. 가령 형사상 살인미수죄를 범하여 피해자가 중상을 입은 경우에는 신체침해의 불법행위의 법리에 따라 의율되고, 위자료에 있어서는 살인미수죄를 범하였다는 점이 위자료의 증액사유가 되는 것이다.

생명침해로 인한 손해배상을 청구하기 위하여는 사망사실이 확정적으로 밝혀져야 하고, 단지 행방불명으로 생환하지 못하는 것만으로 부족하다.[434] 더 나아가 시체가 발견되지 않았다고 하더라도 형사상 살인죄가 성립할 수 있고, 아울러 생명침해라는 민사상의 불법행위가 성립할 수 있다.[435] 물론 시체가 발견되지 아니하여 형사상 살인죄의 증명이 부족하다고 하더라도 민사상 생명침해의 불법행위는 충분한 간접사실의 증명에 의하여 성립할 수 있다.

---

434) 대법원 1985. 4. 23. 선고 84다카2123 판결. 다만 대법원 1989. 1. 31. 선고 87다카2954 판결에서는 갑판원이 시속 30노트 정도의 강풍이 불고 파도가 5-6미터 가량 높게 일고 있는 등 기상조건이 아주 험한 북태평양의 해상에서 어로작업중 갑판위로 덮친 파도에 휩쓸려 찬 바다에 추락하여 행방불명이 되었다면 비록 시신이 확인되지 않았다 하더라도 그 사람은 그 무렵 사망한 것으로 확정함이 우리의 경험칙과 논리칙에 비추어 당연하다고 하면서 사망사실을 인정하였다.

435) 대전고등법원 2008. 3. 21. 선고 2007노485 판결(로앤비 검색가능).

2) 상속구성과 부양구성

생명침해로 인한 손해배상청구권과 관련하여 상속구성과 부양구성의 대립이 있다. 생명침해로 인한 망인의 손해배상청구권을 상속하는 소위 상속구성에 대하여는 권리능력을 상실한 망인이 어떻게 권리를 취득할 수 있느냐라는 반론이 제기된다. 부양구성은 상속구성에 대한 대안으로 고안된 이론구성인데, 망인의 유족이 망인의 사망으로 부양청구권을 취득한다고 보는 것이다. 확고한 판례와 다수설은 이론적 난점에도 불구하고 피해자와 그 상속인의 보호에 충실한 상속구성을 지지한다.[436] 우선 생명침해라는 중대한 불법행위에 대하여 피해자 본인의 손해배상액을 충실하게 인정하는 것이 완전배상의 원리에 따라 불법행위가 없었더라면 누렸을 망인의 이익을 최대한 보장하는 것이며, 이는 예방기능의 관점에서도 지지될 수 있다. 다른 한편으로 부양구성은 상속구성보다 부양청구권자 및 부양금액의 산정에 있어 불확실성을 가중시킬 수 있다.

3) 손해배상 일반

생명침해로 인하여 여러 가지의 손해가 발생한다. 즉, 사망자 본인의 재산적 손해와 비재산적 손해가 발생하고, 사망자의 근친의 비재산적 손해인 위자료가 발생한다. 사망자 본인의 재산적 손해로는 사망시까지 발생한 치료비, 일실수입이 있고, 비재산적 손해로는 위자료가 있다. 실무상으로 위자료가 인정되는 근친의 범위는 대개 동거가족을 기준으로 정해진다. 부모의 사망에 대하여는 배우자와 자식들이, 자녀의 사망에 대하여는 부모와 형제자매가 위자료를 청구할 수 있는 것이다. 가령 그 이외의 조부모가 위자료를 청구하는 경우에는 위자료는 인정하되, 사망자 본인과 근친자의 위자료의 총액을 고려하여 금액을 감축한다. 실무상으로 장례비는 300만원, 생계비는 수입의 1/3을 지출하는 것을 다툼이 없는 사실로 정리한다.

---

436) 民法注解[XⅧ], 447면(李東明 집필).

4) 위자료

생명침해의 경우에 피해자는 사망과 동시에 권리능력을 상실하므로 피해자 본인의 위자료청구권을 인정할 것인지에 대하여 논의가 있다.

a) 판례

판례는 수상후 사망한 경우이든 즉사한 경우이든 구별하지 않고 위자료청구권은 일신전속권이 아니며 특별한 사정이 없는 한 별다른 의사표시없이도 금전채권으로 전화되어 당연히 상속되는 것이므로 상속인은 제752조의 고유의 위자료청구권과 동시에 행사할 수 있다는 태도를 견지한다.[437]

b) 학설상황

다수설은 피해자 본인의 재산적 손해배상청구권과 위자료청구권을 인정하고, 이에 대한 상속을 긍정한다.[438] 이에 반하여 소수설은 피해자 자신이 사망 자체를 원인으로 위자료청구권을 취득하는 것은 논리적으로 모순이며, 위자료청구권은 일신전속권이므로 상속의 대상이 되지 못한다고 하면서 피해자의 위자료청구권의 취득 및 상속을 부정한다.[439]

c) 검토

중상해나 중상해후 사망의 경우에도 위자료가 인정되므로 침해법익의 균형에 비추어 즉사의 경우에도 위자료가 인정되어야 하고, 비재산적 손해에 대하여도 금전배상주의를 채택하여 위자료청구권은 특단의 사정이 없는 한 금전채권으로 전화되고, 위자료청구권의 양도와 상속을 제한하는 제806조 제3항은 불법행위편에 준용되지 않으

---

437) 대법원 1969. 10. 23. 선고 69다1380 판결 등 다수.

438) 郭潤直, 債權各論, 451면; 民法注解[XVIII], 451면(李東明 집필).

439) 金疇洙 · 金相瑢, 親族 · 相續法, 제9판, 2008, 532-533면; 裵慶淑, "慰藉料請求權의 相續性에 관한 爭點과 實質論 -日本學說과 判例의 變化를 中心으로-", 民法學의 現代的 課題; 梅石 高昌鉉 博士 華甲紀念, 859면 이하; 鄭貴鎬, "生命侵害로 因한 損害賠償請求에 關하여 ―相續構成理論과 扶養構成理論―", 民事判例研究 III(1981), 322-324면.

며, 위자료청구권을 일신전속권으로 보아 상속을 부정하는 것은 피해자 보호의 이념에 부합하지 않는다고 할 것이어서 다수설과 판례가 타당하다.[440] 피해자의 인격적 법익의 침해로 인하여 위자료청구권이 발생하였다고 하여 피해자와 가해자간의 특별한 인적 관계가 설정되는 것은 아니며, 피해자만이 위자료의 청구여부를 결정할 수 있는 것도 아니다.[441]

다만 다수설과 판례는 비재산적 손해를 정신적 고통으로 일원화하여 이해하는 경향이 있는데, 사망의 경우에 피해자는 순간적인 고통만을 받을 뿐이므로 아픈 기억이 되살아나 그의 삶에 영향을 줄 가능성은 전무한 것이기에 정신적 고통 자체에 대한 배상액은 미미할 수밖에 없다. 그러한 점에서 앞서 살핀 바와 같이 비재산적 법익 자체의 침해를 독자적인 비재산적 손해로 보아 이에 대한 의미부여가 요청되는 바이다.

[사례 1][442]

"Y가 보행자신호에 따라 횡단보도를 지나고 있는 미혼의 성년남자 A(사고 당시 무직자였음)를 자신이 운행하던 승용차로 치어 A는 그 자리에서 사망하였다. Y는 교통사고처리특례법위반으로 유죄의 형사판결을 받았고, 그 판결이 확정되었다. 교통사고로 사망한 미혼의 성년남자 A의 父인 B는 A의 단독상속인으로서 가입한 종합보험회사인 Z와의 사이에 위 사고로 인하여 A가 입은 손해의 배상에 관하여 1억원을 받고 나머지 손해배상청구권을 포기하기로 합의하고 위 금액을 수령하였다. 그러나 A와 교제하던 C는 A의 사망전에 그와의 사이에 X를 낳은 상태였고, 생모 C가 미성년의 X를 대리하여 제기한 인지청구의 소가 원고의 승소로 확정되었다."

1. 이 때 X는 A의 사망에 관하여 Z에게 제기할 수 있는 소장을 작성하여 보라.
2. Z는 X의 청구에 대하여 제기할 수 있는 항변을 적은 서면을 답변서로 작성하여 보라.

---

440) 民法注解[XVIII], 451면(李東明 집필).
441) 제806조 제3항과 그 규정이 준용되는 경우와 비교하여 보라.
442) 대법원 1993. 3. 12. 선고 92다48512 판결과 梁彰洙, "혼인외 자의 인지와 부의 사망으로 인한 손해배상", 고시연구, 2004년 5월호, 75면 이하의 사례를 참고하였다.

[해제]

I. X의 법률상 지위

1. 피고의 선택

Y는 자동차의 운전자로서 업무상 주의의무를 위반하여 A를 사망케 하였으므로 이는 자배법 제3조 소정의 손해배상책임을 발생시킨다.[443] 동법에 의하면 일반불법행위 요건을 주장 입증할 필요없이 운행자에 대하여 자동차의 운행으로 인하여 손해를 입었다는 점만을 주장·입증하면, 고의·과실의 유무를 가리지 않고 일단 운행자에게 배상책임이 인정되고, 운행자가 자배법 소정의 면책요건[444]을 주장·입증하여야 한다. 다만 불법행위와 손해의 발생 사이의 인과관계의 존재에 관한 입증책임은 피해자인 원고에게 있다.[445]

자배법은 인적 손해에 한정되고, 물적 손해에 대하여는 민법의 법리가 적용된다.

보험회사에 대한 직접청구권은 상법 제724조에 의하여 인정되며, 자동차사고의 피해자의 가해자에 대한 손해배상청구권과 병존하는 것이며, 양자는 부진정연대채권의 관계에 있다. 따라서 피해자는 양 청구권의 하나를 임의로 선택하거나 양자를 연대채무자로 삼아 소를 제기할 수 있다.

2. 손해배상청구소송의 소송물

확고한 판례에 따라 인신손해에 대한 손해배상청구권의 소송물은 적극적 재산적 손해, 소극적 재산적 손해 그리고 위자료로 나뉜다.[446]

---

443) 자배법이 특별법으로서 적용되는 한, 민법은 그 적용이 없다(대법원 1967. 9. 26. 선고 67다1695 판결; 대법원 1997. 11. 28. 선고 95다29390 판결 참조).

444) 자배법 제3조 단서가 정한 면책요건은 다음과 같다.

   1. 승개이 아닌 자가 사망하거나 부상한 경우에 자기와 운전자가 자동차의 운행에 주의를 게을리 하지 아니하였고, 피해자 또는 자기 및 운전자 외의 제3자에게 고의 또는 과실이 있으며, 자동차의 구조상의 결함이나 기능상의 장해가 없었다는 것을 증명한 경우

   2. 승객이 고의나 자살행위로 사망하거나 부상한 경우.

445) 대법원 1991. 12. 10. 선고 91다33193 판결 참조.

446) 대법원 1976. 10. 12. 선고 76다1313 판결; 대법원 1996. 8. 23. 선고 94다20730 판결; 대법원 1997. 1. 24. 선고 96다39080 판결; 李昌鉉, "慰藉料請求의 訴訟法的 問題에 대한 小考", 법조 639호(2009. 12), 160-3면.

손해3분설에 따라 세 가지 손해를 독립된 소송물로 보게 되면, 각각의 청구액을 넘어 인용할 수 없고, 한편의 초과부분을 다른 한편의 미달된 청구액에 가산하여 인용할 수 없다. 또한 재산상 손해배상청구와 정신상 손해배상청구는 각각 소송물을 달리하는 별개의 청구이므로 소송당사자로서는 그 금액을 특정하여 청구하여야 하고, 법원으로서도 그 내역을 밝혀 각 청구의 당부에 관하여 판단하여야 한다. 다만 정확한 손해의 내용을 알기 어려운 소제기 시점에서는 추후 행해질 신체감정결과에 따라 청구취지를 확장하겠다는 전제 아래서 손해 항목별로 일정한 금액으로 정하여 청구취지와 청구원인을 작성하는 것은 실무상 허용된다. 원고가 청구취지를 확장하면 그 확장된 청구금액에 대하여 소촉법 제3조 제1항 소정의 법정이율을 적용할 것인지 여부 그리고 제3조 2항 소정의 '항쟁함이 상당하다고 인정하는 때'에 해당하는지 여부'는 각 손해항목별로 판단하여야 한다.[447]

3. 인지의 소급효

혼인외의 출생자에 대하여는 그 生父가 이를 자신의 子로 인정하는 의사표시, 즉 認知를 할 수 있다(제855조). 생부가 임의로 인지하지 아니하면, 그 子 등이 생부를 상대로 인지청구의 소를 제기함으로써 재판으로 인지를 강제할 수 있다(제863조). 생부가 이미 사망한 경우에는 그 사망을 안 날로부터 2년내에 검사를 상대로 인지청구의 소를 제기할 수 있다(제864조). 혼인외의 출생자에 대하여 그 법률상의 모는 출산의 사실 자체로 확정된다는 것이 확고한 판례이자 통설인바, 설문에서 C는 X의 모로서 그 인지판결이 확정되기 전까지 그의 유일한 법정대리인이다(제911조). C는 X의 법정대리인으로서 그를 대리하여 제기한 인지판결이 원고승소로 확정되면, 부와 혼인외의 출생자 사이의 법률상 친자관계가 그 자가 출생한 때에 소급하여 발생한다(제860조 본문).

4. A의 손해배상청구권의 상속

피인지자 보다 후순위 상속인(피상속인의 형제, 자매)이 취득한 상속권은 제860조 단서의 제3자의 취득한 권리에 포함시켜 해석할 수 없다.[448] 왜냐하면 후순위 상속인을 제860조 단서의 제3자로 인정한다면 상속순위에서 뒤떨어지는 후순위 상속인이 그보다 순위에 있어 상위에 놓인 공동상속인보다 후하게 보호되는 결과가 되어 균형을 크게 잃는 불합리를

---

447) 대법원 1995. 2. 17. 선고 94다56234 판결; 대법원 2001. 2. 23. 선고 2000다63752 판결; 대법원 2006. 10. 13. 신고 2006나32466 판결.

448) 대법원 1974. 2. 26. 선고 72다1739 판결 등 참조.

가져오기 때문이다. 따라서 X는 직계비속으로서 제1000조 제1항에 따라 A의 단독상속인의 지위를 가진다.

X가 가지는 손해배상청구권은 치료비나 장례비 등과 같은 적극적 재산적 손해, 일실 수입과 같은 소극적 재산적 손해 그리고 사망 자체에 대한 위자료를 그 내용으로 한다. 이러한 손해배상청구권의 상속성에 대하여 학설상 대립은 있으나, 확고한 판례는 그 상속성을 긍정한다.

5. X가 가지는 고유의 위자료청구권

X는 Y의 불법행위로 자신의 父 A의 생명이 침해된 것에 대하여 비재산적 손해의 배상, 즉 위자료의 지급을 청구할 수 있다(제752조). 여기서 위자료로 함은 부의 사망에 대한 정신적 고통 뿐만 아니라 부로부터 보호와 교양을 받을 기회를 박탈당한 것에 대한 배상인 것이다.

Ⅱ. Z의 항변사항

1. 소각하 항변

어떠한 분쟁이 발생하였을 때에 당사자간에 원만한 타협을 본 끝에 장차 민형사상 일체의 소송을 제기하지 않는다는 합의가 이루어진 경우에 이를 통상 부제소특약이라고 부르며, 이러한 약정의 효력은 일반적으로 인정되는 바이다. 다만 이러한 부제소특약은 특정한 권리나 법률관계에 관한 것이어야 하고, 포괄적인 부제소특약은 헌법상 보장된 재판을 받을 권리를 미리 일률적으로 박탈하는 것이어서 무효이다.[449]

Z는 합의당시 단독상속인이었던 B와의 합의에 기하여 부제소특약에 반하여 제기된 이 사건 소가 권리보호이익이 없다고 소각하 항변을 할 수 있다.

2. 채권의 준점유자 항변

표현상속인은 제470조 소정의 채권의 준점유자에 해당하며, 이 사건 합의금의 지급은 선의이고 과실없는 경우이므로 손해배상금의 일부의 변제로서 유효하다고 항변할 수 있다.

---

449) 대법원 2002. 2. 22. 선고 2000다65086 판결.

Ⅲ. 소결

1. B가 위 인지판결의 확정 전에 피고와의 사이에 위 망인의 손해배상청구권을 승계취득
   하였음을 전제로 그 손해배상문제에 관한 합의를 하였다 하여도, 이는 상속권 없는 자
   가 한 상속재산에 관한 약정이어서 적법한 상속권자인 X에 대하여는 아무런 효력을 미
   칠 수 없는 것이고, 따라서 X는 위 합의 약정에 불구하고 피고를 상대로 이 사건 손해
   배상청구권을 적법하게 행사할 수 있다고 보아야 할 것이다. 따라서 Z의 소각하 항변은
   타당하지 않다.

2. Z가 인지판결이 있기 전의 표현상속인인 B와의 합의에 기하여 합의금을 지급한 것에
   대하여 과실을 인정하기 어렵다. 따라서 Z의 항변은 X의 손해배상청구권에 대하여 1억
   원의 한도에서 타당하다고 할 것이다. 더 나아가 Z의 항변은 X의 고유의 위자료청구권
   에는 미치지 않는다고 할 것이다.

3. X의 청구 중 A의 손해배상청구권에 대하여는 채권의 준점유자에 대한 변제의 항변에
   따라 1억원이 공제된 나머지 손해배상청구권이 인정되고, X의 위자료청구권에 대하여
   는 피고의 항변에 제한 받지 않는다.

[사례 2][450]

"112신고를 받고 출동한 경찰관 B와 C가 흉기를 소지하지 아니한 A를 물리력으로 제압하
기 어려워 경찰관 C가 부득이 총기를 사용하여 A의 흉부에 실탄을 발사하여 A가 그 자리
에서 즉사하였다."

1. A의 상속인은 누구에 대하여 어떠한 청구를 할 수 있는가.
2. 피고로 지정된 자는 어떠한 항변을 할 수 있는가.

---

450) 대법원 2008. 2. 1. 선고 2006다6713 판결을 참고한 사례이다.

Ⅰ. 상속인의 청구

1. 피고의 선택

1) 공무원 개인 책임

총기를 사용하여 실탄을 발사한 C의 개인 책임이 성립하는지 여부는 현재의 대법원 판례에 따라 C의 과실이 중과실이냐 경과실이냐에 따라 달라진다고 하겠다. 즉, 공무원의 고의 또는 중과실의 경우에 한하여 공무원 개인책임과 국가배상책임의 병존이 인정되고, 공무원의 경과실의 경우에는 공무원 개인책임은 성립하지 않고 오로지 국가배상책임만이 성립한다. 설문의 경우 C의 과실을 중과실로 보기는 어렵다고 할 것이므로 국가를 피고로 삼아야 할 것이다. 물론 과실의 정도가 당사자의 주장입증에 의거한 법원의 심리를 통하여 종국적으로 결정될 것이므로 소제기의 단계에서 공무원 개인과 국가를 공동피고로 삼는 것도 가능하다.

2) 국가배상책임

국가배상법 제2조에 따라 경찰공무원이 직무를 수행하는 과정에서 과실로 경찰관직무집행법령을 위반한 총기사용으로 피해자가 사망하였으므로 국가가 배상책임을 진다.[451]

---

451) 경찰장비의 사용 등에 관한 규정

제9조 (총기사용의 경고) 경찰관은 경찰관직무집행법(이하 "법" 이라 한다) 제10조의4의 규정에 의하여 사람을 향하여 권총 또는 소총을 발사하고자 하는 때에는 미리 구두 또는 공포탄에 의한 사격으로 상대방에게 경고하여야 한다. 다만, 다음 각호의 1에 해당하는 경우로서 부득이한 때에는 경고하지 아니할 수 있다.

1. 급습하거나 타인의 생명·신체에 대한 중대한 위험을 야기하는 범행이 목전에 실행되고 있는 등 상황이 급박하여 특히 경고할 시간적 여유가 없는 경우

2. 인질·간첩 또는 테러사건에 있어서 은밀히 작전을 수행하는 경우

제10조 (권총 또는 소총의 사용제한) ① 경찰관은 법 제10조의4의 규정에 의하여 권총 또는 소총을 사용하는 경우에 있어서 범죄와 무관한 다중의 생명·신체에 위해를 가할 우려가 있는 때에는 이를 사용하여서는 아니된다. 다만, 권총 또는 소총을 사용하지 아니하고는 타인 또는 경찰관의 생명·신체에 대한 중대한 위험을 방지할 수 없다고 인정되는 때에는 필요한 최소한의 범위안에서 이를 사용할 수 있다.

2. 청구의 내용

1) 손해배상책임의 성립

이 사건 사고 발생 당시 경찰관은 망인이 칼이나 다른 흉기를 소지하고 있는지 여부를 신중히 관찰한 뒤 과연 망인에 대하여 권총을 사용하여야 될 만큼의 급박한 위험성이 있는지 여부를 판단하여야 하고, 만약 위와 같이 신중하게 판단하였다면 굳이 아무런 흉기도 소지하고 있지 않던 망인에 대하여 권총을 사용하지 않더라도 함께 출동한 경찰관 등과 협력하여 망인의 폭력을 저지할 수 있었을 터인데도 섣불리 망인에 대하여 실탄을 발사하였으며, 또 설령 부득이 실탄을 발사할 수밖에 없는 상황이었다고 하더라도 망인의 하체 부분을 향하여 발사하는 등의 방법으로 그 위해를 최소한으로 줄일 여지도 있었음에도 불구하고 우측 흉부를 향해 실탄을 발사하여 망인으로 하여금 사망에까지 이르게 한 과실이 있으며, 한편 경찰관의 위 총기사용은, 그 동기나 목적, 경위, 상황에 참작할 만한 사정이 있고 그 때문에 형사사건에서는 무죄판결이 선고, 확정되었다고 하더라도, 위와 같은 과실의 내용 및 총기사용의 구체적인 태양이 사람에게 결정적인 위해를 가할 수 있는 것이었고 실제로 망인의 사망이라는 중대한 결과를 초래한 점에다가 이 사건 사고로 발생한 손해의 공평한 분담이라는 측면까지 종합하여 고찰하면, 민사상 불법행위를 구성한다.

2) 책임의 범위

a) A의 손해배상청구권

aa) 재산적 손해

aaa) 일실수입

망인이 이 사건 사고로 인하여 상실한 가동능력에 대한 금전적 총평가액 상당의 일실수익 손해는 가동연한까지의 일실수입액을 산정한 후 월 12분의 5푼의 비율에 의한 중간이자를 공제하는 단리할인법에 따라 이 사건 사고로 사망한 당시의 현가로 환산한다.

bbb) 장례비

실무상 300만원이 지출된 점에 대하여 다툼이 없는 것으로 처리한다.

---

②경찰관은 흉기 또는 폭발물을 가지고 대항하는 경우를 제외하고는 14세미만의 자 또는 임산부에 대하여 권총 또는 소총을 발사하여서는 아니된다.

ccc) 생계비 공제

실무상 일실수입의 1/3을 생계비에 지출하는 것에 대하여 다툼이 없는 것으로 처리한다.

bb) 비재산적 손해

피해자 본인의 위자료의 산정에 있어 여러 가지 사정이 고려되나, 설문의 경우에는 특히 피해자 본인이 경찰관의 총기사용을 유발하였다는 점이 중요하게 고려된다. 설문의 기초가 된 사건에서는 위로금조로 2000만원이 공탁되었다는 점과 피해자 본인의 과실을 중요하게 고려하여 피해자 본인의 위자료로 1000만원이 인정되었다.

cc) 상속관계

피해자 본인의 손해배상청구권이 상속인에게 법정상속분에 따라 상속된다. 따라서 위에서 산정된 손해배상액이 상속분에 따라 분할귀속된다.

b) 근친자의 위자료

aa) 청구권자

학설과 판례는 대체로 제752조를 예시규정으로 보아 동조에서 열거되지 아니한 자로 자신의 비재산적 손해를 입증하여 위자료를 청구할 수 있다고 해석한다. 다만 유력설은 조부모나 형제자매의 위자료는 동거 등 엄격한 요건하에서 인정되어야 한다고 한다. 피해자의 상속인으로 배우자와 자식들이 원칙적으로 위자료를 청구할 수 있고, 예외적으로 동거하는 부모나 형제자매가 위자료를 청구할 수 있겠다.

bb) 금액

근친자의 위자료의 산정에 있어서 피해자 본인의 과실을 참작할 것이냐에 대하여 논의가 충분하지 않으나, 피해자의 사망이라는 하나의 불법행위에 의하여 근친자의 위자료청구권이 발생하는 이상 피해자 본인의 과실을 참작하는 것이 타당하다.

II. 피고의 항변

1. 위법성 조각

경찰관직무집행법과 동 규칙에 근거한 정당행위이므로 위법성이 조각되므로 불법행위가 애초에 성립하지 않는다고 주장한다.

2. 과실없음

피해자 본인이 경찰관을 폭행하고 수차례의 제지에도 불구하고 계속 반항하여 부득이 총기를 사용한 것이므로 경찰관에게 어떠한 주의의무의 위반이 있다고 보기 어려우므로 불법행위가 성립하지 않는다.

3. 과실상계

가사 경찰관의 불법행위가 성립한다고 하더라도 총기사용은 피해자 본인의 행위에 의하여 유발된 것이므로 손해배상의 내용을 정함에 있어 고려되어야 하고, 피해자 본인의 과실이 매우 큰 이상 손해배상의무는 대폭 감소되어야 한다.

Ⅲ. 결론

이 사건 사고 당시 출동 경찰관이 2명이고, 피해자 본인이 흉기를 소지하지 아니하여 총기를 사용할 급박한 필요성이 인정되기 어렵고, 총기를 사용하더라도 피해의 최소성을 위하여 흉부가 아닌 하부를 겨냥하여야 함에도 불구하고 그렇게 하지 아니한 잘못이 있으므로 불법행위가 성립하고, 피고의 위법성조각사유나 과실이 없다는 항변을 받아들이기 어렵다. 다만 이 사고의 발생에 있어 피해자 본인의 과실이 매우 큰 점에 비추어 과실상계는 50%이상 되어야 할 것으로 보인다. 실제로 설문의 기초가 된 사건에서는 과실상계를 60%를 하였고, 위자료도 피해자 본인의 과실을 감안하여 상당히 감액하여 인정하였다.

준 비 서 면

사 건 | 2009가합23456 손해배상(기)

원 고 | 김 을 동 외 2인

피 고 | 대한민국 외 1인

위 사건에 관하여 피고들 소송대리인은 다음과 같이 변론을 준비합니다.

1. 원고 측 준비서면의 요지

첫째, 피고 대한민국은 피고 최정남의 위법한 공무집행(총기 사용)에 대하여 국가배상법 제2조에 따라 손해배상책임을 진다고 주장하고 있습니다.

둘째, 피고 최정남은 고의 또는 중과실에 기한 공무집행(총기사용)에 대하여 손해배상책임을 면할 수 없다고 주장하고 있습니다.

셋째, 소외 김갑동(이하 '망인' 이라 합니다)과 원고들의 나이, 가족관계, 기타 이 사건 변론에 나타난 모든 사정 등을 참작하여 위자료가 결정하여야 한다고 주장하고 있습니다.

2. 사건의 경위

우선 피고들의 손해배상책임 발생여부 판단에 있어 중요한 전제사항인 사건의 경위를 살펴보고자 합니다.

가. 연수수퍼 출동 이전의 상황

망인은 2008. 11. 27. 23:20경 '가야' 주점에서 후배인 소외 김민교와 술자리 중 갑자기 맥주병을 깨뜨려 그의 목을 찔렀고, 이에 출동한 중원파출소 경찰관들이 그를 병원으로 후송하는 중 위 주점 인근 연수수퍼로 도주하였습니다(갑 제8호증).

망인의 처 원고 이을녀는 같은 날 23:34경 위 파출소에 찾아가 소외 박병남에게 '집에서

---

452) 1회 가인법정경연대회에 민사예선문제가 위 판결을 기초로 출제되었는바, 이하의 자료는 피고측의 반박준비서면이니 참고하기 바란다. 민사예선문제는 가인법정경연대회의 홈페이지에서 얻을 수 있다.

남편이 칼로 아들을 위협하고 있으니 경찰관을 빨리 출동시켜달라'고 하여, 위 소외 박병남은 긴급한 상황을 고려해 3군데나 순찰자를 긴급요청하는 지원지령을 내렸고, 그 지령에 따라 도착한 인근 수정파출소 소속 피고 최정남과 소외 차동민은 소외 박병남으로부터 망인의 가야 주점 내 행위 및 아들 위협 상황을 전달받고 총은 쏘지 말고 대치만 하라는 당부를 받은 후 원고 이을녀와 같이 위 연수수퍼로 출동하였습니다(갑 제 5호증, 6호증, 7호증, 9호증의 2, 10호증, 11호증 참조).

나. 연수수퍼 출동 이후의 상황

소외 차동민은 짧은 경찰봉을 놓아두고 위험한 상황 예방을 위해 보다 긴 막대기인 화환 지줏대를 들고 앞장서고, 피고 최정남은 권총을 꺼내 안전장치를 풀고 뒤에 서서 따라 위 연수수퍼로 들어갔습니다(갑 제6호증의 1, 11호증).

소외 차동민이 소외 이민수에게 '무슨 일이 있습니까'라고 묻고 있던 순간 망인이 오른쪽 손을 바지 호주머니에 넣은 채 세면장에서 나왔고 원고 이을녀가 '망인의 바지 주머니에 칼이 들었다'하여 소외 이민수가 망인을 잡자 둘의 몸싸움이 시작되었고, 망인이 계속하여 소외 이민수를 넘어뜨려 주변에 있던 화분이 깨진 바 있습니다. 몸싸움 도중 망인은 계속 바지 주머니에 손을 넣었다 뺐다 하였습니다(갑 제6호증의 1).

소외 차동민은 망인에게 나무막대기를 들고 '그만해라'를 3회 외치고 제압하려는 순간 망인이 출입문 쪽으로 나오며 피고 최정남과 소외 차동민을 넘어뜨리고 소외 차동민의 몸 위에 올라 타 몸싸움을 하였습니다(갑 제6호증의 1, 2, 11호증).

이에 피고 최정남은 머리에 충격을 받고 넘어져 있는 상태에서 소지하고 있던 권총으로 공포탄 1발을 발사하여 망인에게 경고하였음에도 망인이 오히려 더욱 흥분하여 계속 소외 차동민의 몸 위에서 격렬히 몸싸움을 하던 중 차동민의 허리춤에 손을 대는 것을 보고 차동민의 총을 꺼내는 것으로 인식하여 망인의 대퇴부 이하를 겨냥하여 권총을 발사하였는데, 망인이 차동민의 총기를 잡고 몸을 심하게 움직이는 바람에 그 탄환이 망인의 흉부를 관통하여 망인이 패혈증 등으로 사망하였습니다.

3. 손해배상책임의 성부

가. 귀책사유 판단기준

피고 최정남의 과실 여부는 총기 사용 당시의 상황에 비추어 공무수행자에게 요구되는 주의를 다했는지 여부에 따라 결정되어야 할 것입니다. 이러한 판단에 있어서는 경찰관직무집행법과 총기사용규정 등이 아울러 참고되어야 할 것입니다.

나. 사건 당시 연수수퍼 내 상황

사건 당시는 자정에 가까운 시간인 점, 비치된 진열장과 화분 등이 만든 그늘로 내부는 어두운 상태였다는 점, 망인의 칼 소지에 대해 오인할 수밖에 없는 상황에서 망인이 소외 차동민의 권총을 탈취하여 생명·신체에 위해를 가할 급박한 위험성이 존재하는 상황이었다는 점 등이 고려되어야 합니다(갑 제3호증, 6호증의 1, 7호증, 9호증의 2, 11호증).

다. 원고 측이 주장한 귀책사유 근거에 관하여

1) 망인의 위해행위 여부

이 사건 경위에 비추어 피고 최정남은 출동 당시 망인이 상해를 입힌 범인이며 칼로 아들을 위협하면서 난동을 부려 신고를 당하였다는 점을 알고 있었습니다. 또한 망인은 제지에도 불구하고 연수수퍼에 있던 소외 이민수를 밀쳐내고 소외 차동민과 피고 최정남도 밀어 넘어뜨렸으며, 소외 차동민의 몸 위에 올라 타 목을 조르는 등의 행위를 하였고, 흉기(칼)의 소지 여부가 의심되는 상황에서, 총기까지 뺏으려는 행태를 보였다는 점에서, 망인이 소외 차동민과 피고 최정남의 신체에 위해를 가하였고 더 나아가 생명에도 위해를 가할 수 있는 상황에서 피고 최정남의 총기사용이 이루어졌다 할 것입니다(갑 제6호증의 1, 2, 9호증의 1, 2, 11호증).

2) 흉기소지 오인 여부

피고 최정남은 망인이 칼로 아들을 위협중이라는 신고를 받고 출동한 것이고, 원고 이을녀가 망인을 보자마자 칼을 갖고 있다고 소리쳤으며, 망인도 바지 호주머니에 손을 넣었다 뺐다 했으므로 피고 최정남으로서는 망인이 칼을 소지하였다고 볼만한 충분한 사정이 있었습니다(갑 제6호증의 1, 10호증 참조).

가사 피고 최정남이 흉기 소지 여부에 대한 오신에 합리적 근거가 없다고 하더라도, 피고 최정남이 총기를 사용한 것은 망인이 소외 차동민의 권총을 뺏으려 하여 신체·생명에 대한 위해의 급박한 상황에 대처하기 위한 것이었으므로 망인의 흉기소지 여부에 대한 오신이 있다고 하더라도 피고 최정남이 총기사용에 과실이 있다고 단성하기 어렵습니다.

3) 총기사용 외 망인 제압가능 여부

총기사용 당시 소외 이민수는 망인과 몸싸움 후 복도 안쪽에서 소외 차동민과 망인이 몸싸움을 하는 것을 보고도 전혀 도움을 주지 않았고, 소외 차동민은 망인에 의해 제압당한 상태였습니다(갑 제6호증의 1, 9호증의 2 참조). 피고 최정남은 넘어질 때 의자에 머리를 부딪쳐 제대로 일어날 수도 없는 상황이었고, 망인이 소외 차동민과 피고 최정남을 밀어 넘어뜨린 후 급박한 상황상 실탄을 발사하게 되기까지는 불과 3~4분 정도의 시간 밖에 없었으므로 피고 최정남이 총기를 사용하지 않고 다른 제압방법을 모색하기에는 무리가 있는 상황이었습니다(갑 제9호증의 2, 제11호증 참조). 따라서 급박한 상황에서 다른 선택의 여지없이 부득이 총기를 사용한 피고 최정남에게는 과실이 없다 할 것입니다.

4) 권총탈취에 대한 소외 차동민 진술의 신빙성 여부

피고 최정남의 총기사용 당시 소외 차동민은 망인의 밑에 깔려 있는 상태라 망인의 몸에 의해 시야가 가려져 있는 상태였으며, 망인에 의해 목이 졸라지고 멱살이 잡히는 등 망인에 의해 제압중이어서 고개를 들어 자신의 허리 쪽을 보기 어려운 상황이었으므로(갑 제6호증의 1, 2 참조), 오히려 이러한 몸싸움 현장을 관찰할 수 있는 입장에 있었던 피고 최정남이 망인의 권총탈취시도 여부에 대해 더 잘 알 수 있었다고 볼 수 있습니다.

소외 차동민은 당시 망인에게 제압을 당해 몸싸움을 하면서 매우 당황한 상태여서 망인의 권총탈취시도 여부에 대해 제대로 판단하기가 어려운 상황이었고, 처음에 망인이 자신의 허리춤을 만지고 있었다는 진술을 하지 않다가 나중에 하게 된 것은 자신의 책임회피를 위한 것이거나 동료인 피고 최정남을 위해서 지어낸 것이 아니라 당황한 상태에서 당한 일을 잘 기억해내지 못하고 있다가 검사의 질문과 피고 최정남의 말을 듣고서야 정확히 기억을 해낸 것이므로, 망인의 총기탈취시도 여부에 대한 소외 차동민의 진술에 신빙성이 없다고 보기 어렵습니다(소외 차동민은 갑 제6호증의 1에서 망인의 총기탈취여부에 대한 질문이 없었으므로 이에 대해 진술하지 않은 것이고, 갑 제6호증의 2에서는 망인이 총기를 뺏으려 했다는 피고 최정남의 진술을 인정하는 취지의 진술을 했을 뿐입니다).

5) 권총탈취시도에 대한 오신 및 미확인 잘못 여부

망인은 소외 차동민의 몸 위에 올라 타 소외 차동민의 목을 조르는 등의 행위를 하다 피고 최정남이 쏜 공포탄 소리를 듣고 더욱 흥분하여 소외 차동민의 허리춤에 손을 댔으며, 소외 차동민을 제압하는 데는 다리를 빼지 않고 소외 차동민의 몸을 두 다리로 누르고 있는 것이 더 유리함에도 망인이 당시 왼쪽 다리를 뺀 것은 소외 차동민의 몸을 굴려 권총에 손을 닿게 하려는 의도로 볼 수 있다는 점(갑 제6호증의 1, 2, 제9호증의 1, 2, 11호증 참조)을 볼 때 망인의 총기탈취시도는 인정되어야 할 것입니다.

가사 망인에게 총기탈취의 의도가 없었다 하더라도 이미 상해의 죄를 범한 범인이 경찰과 몸싸움 도중 공포탄 소리를 듣고 디욱 흥분하여 총기를 뺏기 쉬운 자세를 취하고 경찰관의 허리춤에 손을 댄 경우에 피고 최정남은 범인이 총기를 탈취하려 한다고 판단할 것에 잘못

·이 있다고 보기 어렵습니다.

6) 1.3m 거리에서 대퇴부를 명중시키지 못한 사정

망인의 대퇴부를 향해 총기를 발사할 당시 연수수퍼 내부는 좁고 어두운 상태였고, 망인은 공포탄 소리를 들은 후 소외 차동민의 총기를 잡고 더욱 적극적이고 격렬하게 몸을 움직이고 있던 상황이었으며, 관통력이 강한 총을 망인의 아래에 깔려 있던 소외 차동민에게 위해를 가하지 않고 발사해야 했다는 점을 고려한다면, 결과적으로 겨냥했던 대퇴부가 아닌 망인의 몸통 부위에 총알이 관통하게 되었다 하여 피고 최정남에게 과실이 있다고 볼 수는 없을 것입니다(갑 제9호증의 1, 2, 11호증).

7) 총기사용자제 대치 당부 위반 여부

신고 내용에 따라 망인은 칼을 들고 있을 것이 예상되었으므로 흉기를 든 범인에 신속하고 적절하게 대처하기 위하여 피고 최정남은 자신이 총을 들고 있다는 것을 보여줄 필요가 있었고, 상황에 따라서는 공포탄을 발사하여 망인이 아들 및 경찰관에게 위해를 가하는 것을 방지할 필요 또한 예상되는 상황이었으므로 안전장치를 제거한 상태로 총을 든 채 연수수퍼 내부로 들어간 것에 대해 피고 최정남에게 총기 사용에 대한 고의 또는 중대한 과실이 있었다고 볼 수 없습니다.

피고 최정남의 총기 사용은 칼 소지에 대해 믿을 수 있는 상황하에 소외 차동민과의 몸싸움 중 망인이 주머니 속의 칼을 꺼내 소외 차동민을 해칠 수 있었다는 점(갑 제6호증의 1), 망인이 공포탄 발사 후 더욱 흥분하여 소외 차동민의 권총을 뺏기 위해 왼손을 권총에 대고 있어 권총을 뺏은 망인이 이를 사용해 소외 차동민, 피고 최정남, 소외 이민수의 생명·신체에 대한 위해를 가할 급박성이 존재했다는 점(갑 제6호증의 2, 9호증의 2, 11호증), 소외 박병남과 파출소장이 현장에 도착하였을 때는 이미 망인이 병원으로 후송된 상태일 정도로 망인을 제압해야 하는 긴박한 상황에 대처하기엔 너무 늦은 시점이었다는 점(갑 제10호증)을 고려할 때 피고 최정남의 총기 사용은 당시의 위험 발생을 최소화하기 위한 불가피한 조치였으므로 피고 최정남에게는 과실이 있다고 보기 어렵습니다.

8) 소결

그렇다면 피고 최정남은 급박한 상황하에서 경찰관직무집행법과 총기사용규정에 맞추어 소외 차동민과 자신의 생명에 대한 위해를 막기 위하여 적법하게 총기를 사용한 것이므로 그에게 어떠한 귀책사유가 있다고 보기 어려운바, 피고 최정남의 불법행위책임과 이를 전제로 한 피고 대한민국의 국가배상책임은 인정될 수 없습니다.

4. 손해배상책임의 범위

가사 피고들의 손해배상책임이 인정된다고 하더라도, 피고들의 손해배상책임은 과실상계 및 위자료 감액에 따라 상당한 정도로 제한되어야 할 것입니다.

가. 과실상계

불법행위로 인한 손해배상의 책임 및 그 범위를 정함에 있어 피해자의 과실을 참작하는 이유가 불법행위로 인하여 발생한 손해를 가해자와 피해자 사이에 공평하게 분담시키고자 함에 있는 이상, 피해자의 과실에는 피해자 본인의 과실뿐 아니라 그와 신분상 내지 사회생활상 일체를 이루는 관계에 있는 자의 과실도 피해자측의 과실로서 참작되어야 할 것이며, 어느 경우에 신분상 내지 사회생활상 일체를 이루는 관계라고 할 것인지는 구체적인 사정을 검토하여 피해자측의 과실로 참작하는 것이 공평의 관념에서 타당한지에 따라 판단하여야 할 것입니다(대법원 1996. 11. 12. 선고 96다26183 판결, 대법원 1999. 7. 23. 선고 98다31868 판결 등 참조).

망인은 스스로 긴급상황을 초래하여 이 사건 사고 발생에 결정적 기여를 하였으며, 망인과 신분상 일체관계에 있는 원고 이을녀의 언행(흉기소지에 관한)은 피고 최정남이 총기사용에 있어 일정한 기여를 하였는바, 이러한 사정이 고려되어 피고들의 손해배상책임이 대폭 감경되어야 할 것입니다.

나. 위자료의 감액

원고 측은 위자료 산정에 있어 망인 뿐만 아니라 원고들의 나이를 고려해 망인의 자녀인 원고 김을동과 원고 김미진의 나이가 각 24세, 21세로 아직 부모의 역할이 중요하게 요구되는 시기인 점, 가족관계, 기타 이 사건 변론에 나타난 모든 사정 등을 참작하여 상당한 금액의 위자료가 인정되어야 한다고 주장하고 있습니다.

그러나 오히려 아래에서 살펴보는 바와 같이 망인의 위자료 및 원고들의 위자료는 대폭 감경되어야 할 것입니다. 우선 만 20세가 되면 성년이 된다는 점에서(민법 제4조) 각 24세, 21세인 망인의 자녀들은 부모의 역할이 중요하게 요구되는 나이가 아니라 부모로부터 독립하여 성인으로서 활동할 나이이며, 망인과 원고 이을녀의 혼인관계가 원만하지 않았으며, 사고 발생에 원고 이을녀의 언행이 일정한 기여를 하였고, 망인은 이 사건에서 긴급상황을 자초하였다는 점에 비추어 망인의 위자료 및 원고들의 위자료도 대폭 감경되어야 할 것입니다.

다. 소결

가사 원고 측의 주장과 같이 피고들에게 불법행위책임이 긍정된다고 하더라도, 망인과 원고들에게는 과실상계의 법리에 비추어 재산적 손해배상에 있어 상당한 감액이 불가피하고, 망인과 원고들의 위자료 산정에 있어서도 이 사건 사고의 경위, 원고들의 나이, 가족관계 등을 고려하면 위자료의 상당한 감액이 불가피하다고 할 것입니다.

5. 결론

그렇다면 피고 최정남의 총기 사용은 경찰관직무집행법과 총기사용규정에 따른 적법한 공무수행이며, 여기에 어떠한 귀책사유가 있다고 보기 어려운바, 피고 최정남은 불법행위를 구성할 수 없고, 피고 최정남의 위법한 공무수행을 전제로 한 피고 대한민국의 국가배상법책임 역시 인정되기 어렵습니다.

가사 피고들의 손해배상책임이 인정된다고 하더라도 과실상계의 법리에 비추어 재산적 손해배상액이 대폭 감경되고 사고의 경위 등에 비추어 망인의 위자료와 원고들의 위자료도 대폭 감경되어야 할 것입니다.

2011. 0. 0.

피고들 소송대리인
담당 변호사 나변호

서울중앙지방법원 제12민사부 귀중

"B는 2010. 2. 11. 22:50경 음주 후 이 사건 사고차량을 운전하고 창원에서 김해 방면으로 진행하다가 창원경찰서 도계검문소에서 단속경찰관 C에 의하여 음주운전으로 적발되었고, 그 당시 C는 위 차량을 도로변에 정차시키고 운전면허증과 자동차 시동열쇠는 위 검문소의 상황실 서랍에 보관시킨 후 창원경찰서에 가서 음주측정을 실시한 결과 혈중 알콜농도가 0.1%로 측정되었다. B는 다시 위 검문소로 돌아온 다음 C에게 이 사건 사고차량을 다른 차들의 교통에 방해가 되지 않도록 도로 밖으로 이동시키겠다고 말하면서 차량 열쇠의 반환을 요구하자 C는 B에게 음주운전을 하여서는 아니 된다고 말하고 B에게 차량 열쇠를 건네 주었다. B는 이 사건 사고차량을 검문소로부터 약 20m 정도 떨어진 곳으로 이동시킨 다음 약 20분 정도 차에 앉아서 단속경찰관들의 동태를 살피다가 몰래 사고차량을 다시 운전하고 검문소를 이탈하여 김해 방면으로 운행하다가 추락사하였다. B의 유족으로 아버지 A, 사실혼 배우자 D가 있다. B의 유족은 누구를 상대로 어떠한 청구를 할 수 있는가."

[해제]

I. 원고와 피고의 확정

A는 B의 손해배상청구권의 단독상속인이며 제752조 소정의 근친자의 위자료청구권을 가진다. D는 사실혼 배우자에 불과하므로 상속인이 되지 못하고 오로지 제752조 소정의 근친자의 위자료청구권을 가질 뿐이다. 왜냐하면 제752조의 배우자에는 법률상 배우자로 한정되지 않고 사실혼 배우자도 포함되기 때문이다.

공무원의 직무상의 의무위반으로 인하여 이 사건 추락사가 발생한 것이므로 대한민국을 상대로 국가배상책임을 추궁할 수 있다.

---

453) 대법원 1998. 5. 8. 선고 97다54482 판결을 참고한 사례이다.

Ⅱ. 청구권원

1. 경찰관의 권한

　단속경찰관의 직무상 과실의 점에 대하여 경찰관직무집행법 제1조, 제2조, 제4조 및 도로교통법 제43조 제2항의 각 규정에 의하면, 경찰의 임무는 본질적으로 국민의 자유와 권리를 보호하고 사회공공의 질서를 유지하기 위하여 범죄의 예방·진압 및 수사, 교통의 단속과 위해의 방지 기타 공공의 안녕과 질서에 대한 위험 방지에 있고, 이러한 책무 수행을 위하여 경찰관으로 하여금 술취한 상태로 인하여 자기 또는 타인의 생명·신체와 재산에 위해를 미칠 우려가 있는 자를 발견한 때에는 경찰관서 등에 보호하는 등 적당한 조치를 취할 수 있으며 특히 주취 상태에서 자동차를 운전하는 사람에 대하여는 정상적으로 운전할 수 있는 상태에 이르기까지 운전의 금지를 명하고 그 밖의 필요한 조치를 취할 수 있도록 개별적 수권규정을 두고 있는바, 주취 상태에서의 운전은 도로교통법 제41조의 규정에 의하여 금지되어 있는 범죄행위임이 명백하고 그로 인하여 자기 또는 타인의 생명이나 신체에 위해를 미칠 위험이 큰 점을 감안하면, 주취운전을 적발한 경찰관이 주취운전의 계속을 막기 위하여 취할 수 있는 조치로는, 단순히 주취운전의 계속을 금지하는 명령 이외에 다른 사람으로 하여금 대신하여 운전하게 하거나 당해 주취운전자가 임의로 제출한 차량열쇠를 일시 보관하면서 가족에게 연락하여 주취운전자와 자동차를 인수하게 하거나 또는 주취 상태에서 벗어난 후 다시 운전하게 하며 그 주취 정도가 심한 경우에 경찰관서에 일시 보호하는 것 등을 들 수 있고, 한편 주취운전이라는 범죄행위로 당해 음주운전자를 구속·체포하지 아니한 경우에도 필요하다면 그 차량열쇠는 범행 중 또는 범행 직후의 범죄장소에서의 압수로서 형사소송법 제216조 제3항에 의하여 영장 없이 이를 압수할 수 있다.

2. 재량권의 현저한 불행사

　경찰관의 주취운전자에 대한 권한 행사가 관계 법률의 규정 형식상 경찰관의 재량에 맡겨져 있다고 하더라도, 그러한 권한을 행사하지 아니한 것이 구체적인 상황하에서 현저하게 합리성을 잃어 사회적 타당성이 없는 경우에는 경찰관의 직무상 의무를 위배한 것으로서 위법하게 된다고 할 것이다. B가 음주운전으로 적발되어 그 주취 정도를 측정하여 본 결과 혈중 알콜농도가 0.1%임이 밝혀졌음에도 단속경찰관이 위 B의 요구에 따라 그가 여전히 주취 상태에 있음에도 불구하고 당해 차량을 이동할 수 있도록 보관중인 차량열쇠를 교부하였을 뿐만 아니라 차량 이동 후에도 위 B로 하여금 주취운전을 감행할 수 있도록 방치하였다고 할 것인바, 그 당시 위 B는 주취로 인하여 주시력, 주의력, 위험상황에 대한 판단력 및 반응력 등이 약화되고 법준수에 대한 긴장력이 떨어져 과속의 가능성이 높은 상태에 있어, 만일 그 상태로 운전을 감행한다면 자기 또는 타인의 생명이나 신체에 위해를 미칠 위험이 현저한 상황에 있었다고 할 것이므로, 이러한 사정을 합리적으로 판단할 때 단속경찰관으로서는 위 B가 정상적으로 운전할 수 있는 상태에 이르기까지 주취운전을 하지 못하도록 구체적이고도 적절한 조치를 취하여야 할 의무가 있다고 해석함이 상당하고, 그러함에도 단속경찰관이 이러한 조치를 취하지 아니한 채 위 B로 하여금 주취 상태에서 운전을 계속할 수 있도록 보관중이던 차량열쇠를 교부한 것은 직무상 의무에 위배하여 위법하다.

III. 손해배상의 범위

B의 손해배상청구권과 관련하여서는 B의 귀책사유가 고려되어 대폭 감경될 것이다. B의 손해배상청구권은 일실수입, 장례비, 위자료로 크게 세분될 수 있고, 일실수입의 1/3이 생계비로 공제된다. 또한 A와 D의 위자료청구권도 B의 귀책사유가 고려되어 대폭 감경될 것이다.

IV. 소결

설문의 기초가 된 사건에서는 주취운전자가 타인을 사망케 하자 주취운전자의 보험자가 유족들에게 보상을 한 후 보험자대위의 법리에 따라 국가를 상대로 구상금을 청구하였다. 법원은 국가배상책임을 인정하되 주취운전자의 과실을 90%로 인정하고, 전체 손해의 10%에 대하여만 구상을 인정하였다.

"정신질환자 A는 어머니 B와 함께 C의 집 지하방에 세들어 살고 있다. A는 비정상적인 행동을 하고 이를 제지하는 위 C에 대하여 죽여버린다고 고함을 치는 등 소란을 부린다고 여러 차례에 걸쳐 신고를 받고서, 관할 파출소의 경찰관들이 위 A를 연행하여 입건, 수사하지 아니하고 뚜렷한 죄목이 없다고 훈방하거나 정신병원에 잠시 입원조치하였을 뿐이다. A는 경찰서의 신고에 앙심을 품고 C를 살해하였다. C의 유일한 상속인인 배우자 D는 누구를 상대로 어떠한 청구를 할 수 있는가."

[해제]

Ⅰ. 관련 법령의 내용

1. 경찰관직무집행법

경찰은 범죄의 예방, 진압 및 수사와 함께 국민의 생명, 신체 및 재산의 보호 등과 기타 공공의 안녕과 질서유지도 직무로 하고 있고 그 직무의 원활한 수행을 위하여 법령에 의하여 여러 가지 권한이 부여되어 있으므로, 구체적인 직무를 수행하는 경찰관으로서는 범죄수사뿐만 아니라 범죄의 예방 및 공공의 안녕과 질서유지를 위하여서도 제반 상황에 대응하여 자신에게 부여된 여러 권한을 적절하게 행사하여 필요한 조치를 취할 수 있는 것이며, 그러한 권한의 하나로서 경찰관직무집행법 제4조 제1항, 제7항은, 경찰관은 수상한 거동 기타 주위의 사정을 합리적으로 판단하여 정신착란 등으로 인하여 자기 또는 타인의 생명, 신체와 재산에 위해를 미칠 우려가 있는 자임이 명백하고 응급의 구호를 요한다고 믿을 만한 상당한 이유가 있는 자를 발견한 때에는, 보건의료기관 등에 응급구호를 요청하거나 24시간의 범위 내에서 경찰관서에 보호하는 등 적당한 조치를 취할 수 있다는 내용으로 경찰관의 긴급구호 내지 보호조치의 권한을 규정하고 있다.

2. 정신보건법

정신보건법 제21조 제1항은 정신질환자의 민법상의 부양의무자 또는 후견인은 정신질환자의 보호의무자가 된다고 규정하고 있으며, 동법 제22조 제2항은 보호의무자는 보호하

---

454) 대법원 1996. 10. 25. 선고 95다45927 판결을 참고한 사례이다.

고 있는 정신질환자가 자신 또는 타인을 해치지 아니하도록 유의하여야 하며, 정신과전문의의 진단에 따라 정신질환자가 입·퇴원할 수 있도록 협조하여야 한다고 규정한다.

Ⅱ. 피고의 확정 및 청구권원

1. 대한민국

경찰관의 직무수행상의 잘못과 이 사건 사망사고사이에는 상당인과관계가 있다는 점을 들어 대한민국을 상대로 국가배상책임을 추궁할 수 있다. 다만 국가배상책임은 엄격한 요건하에서만 인정될 수 있을 것이다. 첫째, B의 행동에 포함된 범죄내용이 경미하거나 범죄라고 볼 수 없는 비정상적 행동에 그치고 그 거동 기타 주위의 사정을 합리적으로 판단하여 볼 때, 경찰관직무집행법의 규정에 해당하여 응급의 구호를 요한다고 믿을 만한 상당한 이유가 있다고 보아 위 경찰관들이 위 B에 대하여 훈방하였다가 위 경찰관직무집행법의 규정에 의한 긴급구호조치를 취하였을 뿐 입건, 수사하지 아니하였다는 것만으로 이를 법령에 위반하는 행위에 해당한다고 할 수는 없을 것이다. 또한 경미한 범행의 경우에는 구속이나 실형의 가능성이 없다는 점도 고려되어야 한다.

둘째, 정신병원에의 장기입원이나 사회로부터의 장기격리와 같은 조치는 위 경찰관직무집행법의 규정이 정한 경찰관의 권한을 넘는 것이고, 달리 위 B에 의한 범행가능성을 차단하기 위하여 취할 수 있는 적당한 방법이 없는데다가, B가 이 사건 살인범행에 앞서 위 피해자의 집에서 나가기까지 피해자의 생명침해에 대한 구체적 위험이 객관적으로 존재하고 있었다고 보기 어렵고, 경찰관이 그러한 위험을 알았거나 알 수 있었다고 할 수도 없는바, 이러한 구체적 상황하에서 원심이 확정한 바와 같이 관할 파출소의 경찰관들이 위 피해자의 신고에 따라 B를 데려가 정신병원에 입원시키는 등 위 경찰관직무집행법의 규정이 정한 긴급구호 등의 조치를 취하고, 그가 퇴원하자 그로 하여금 정신병원에 입원하여 장기치료를 받는 데 도움이 되도록 생활보호대상자 지정의뢰를 하는 등 그 나름대로의 조치를 취한 이상, 더 나아가 경찰관이 B에 의한 범행가능성을 막을 수 있을 만한 다른 조치를 취하지 못하였다고 하더라도, 이를 현저하게 불합리한 긴급구호권한 불행사로서 법령에 위반된다고 하기는 어렵다.

2. B

B는 제974조 제1호에 따라 부양의무가 있으므로 정신보건법 제21조 제1항에 따라 A의

보호의무자가 된다. 감독의무자인 B의 책임은 A의 상태에 따라 적용법조가 달라진다. 즉, A의 상태가 심신상실의 경우에는 제755조가 적용되고, 심신미약의 경우에는 제750조가 적용된다.

Ⅲ. 손해배상의 범위

결국 B를 상대로 불법행위책임을 추궁하는 것이 가능하다. 손해3분설에 따라 D는 C의 손해배상청구권을 단독으로 상속받고, 제752조에 의한 위자료를 청구할 수 있다.

Ⅳ. 과실상계

A의 범행에 대하여 C 또는 D의 잘못이 일정한 기여를 하였다면, 이는 손해배상의 범위를 결정함에 있어 참작되어야 한다.

Ⅴ. 소결

설문의 기초가 된 사건에서는 심신상실자가 혼자서 살다가 임대인을 살해한 것에 대하여 피해자의 유족이 국가배상을 청구하였으나, 위법성이 부정되어 국가배상책임이 부정되었다.

"A는 불안, 대인기피, 우울 등의 증세로 2009. 6.경 휴학한 다음 개인병원에서 치료를 받았고, 2009. 6. 22. 국립 B정신병원에서 치료를 받기도 하였는바, 이 때까지 망인은 주로 약물에 의하여 치료를 받으며 사회생활을 하는 데 아무런 지장이 없었다. 그런데 A는 2010. 3. 14.경부터 잠을 자지 않는 등의 증세를 보여 B정신병원에서 약물을 처방받았는데, 2010. 3. 28. 갑자기 아버지에게 돈을 요구하였으나 주지 않는다는 이유로 아버지를 폭행하고, 자신의 다리를 칼로 찌르려고 하는 등의 이상증세를 보여 경찰과 119 구급대에 의해 수갑이 채워진 채로 같은 날 19:30경 정신병원 제21병동에 입원하게 되었다. A는 B 정신병원에 도착한 이후에도 아버지의 멱살을 잡고 욕을 하며 발로 차는 등의 공격적인 행동을 나타냈는바, 이에 정신병원 당직의사는 A에게 충동조절의 어려움이 있는 것으로 판단되자 2010. 3. 28. 19:30부터 2010. 3. 29. 08:00경까지 A를 제21병동 내의 보호실(환자 본인 또는 주변사람이 위험에 이를 가능성이 현저히 높은 때에 그 위험을 회피하기 위하여 불가피한 경우 환자를 격리시키는 장소를 말한다. 이하 '이 사건 보호실'이라고 한다)에 격리하여 치료하였다. A는 그 다음날인 2010. 3. 29. 08:00경 보호실에서 나와 일반 병실로 옮겨졌으나, 같은 날 18:00경 주변 사람들이 다 무섭게 보이므로 혼자있는 보호실에 들어가고 싶다고 말하였고, 이에 정신병원 정신과 전문의로서 담당의사는 A를 2010. 3. 29. 18:00경부터 18:20경까지 보호실에 격리시켰다. 그 후 2010. 3. 30. 15:00경에도 A는 간호사에게 불안하다면서 혼자 있고 싶다고 말하였고, 위 간호사의 보고를 들은 담당의사는 망인을 보호실에 격리하도록 지시하였다. A는 보호실에 격리된 후 정신병원 간호사 및 간호조무사들은 2010. 3. 30. 15:15경, 15:30경 및 15:40경 보호실에 있는 A의 상태를 점검하였는데, A는 그 때마다 보호실 내의 침상에 조용히 앉아 있었다. 그런데 2010. 3. 30. 15:48경 망인이 환자복 상의를 이용하여 보호실 내의 철망(보호실 바닥으로부터 2.3m 높이에 창문 2개와 창문 안쪽에 철망이 설치되어 있었는데, 그 바로 밑에 60㎝ 높이의 증기난방장치가 놓여져 있었기 때문에 망인이 위 장치를 밟고 올라가 철망에 목을 맬 수 있었다)에 목을 매고 있는 모습이 나주정신병원에 입원중이던 환자에게 발견되었고, 이후 B 정신병원 의사, 간호사, 간호조무사 등이 A에 대하여 응급조치를 한 후 인급 대학병원으로 후송하였으나, A는 2010. 5. 19. 02:00경 지연성 질식사로 사망하였다. A가 수용되었던 제21병동은 중증의 정신질환자를 수용·치료하는 폐쇄병동인데, 입원실은 여자환자를 수용하는 병동과 남자환자를 수용하는 병동으로 나뉘어져 있으며, 그 중간 지점에 휴게실을 사이에 두고 간호사실과 보호실이 각 설치되어 있었기 때문에 간호사실에서 이 사건 보호실

---

455) 광주고등법원 2003. 7. 2. 선고 2003나1808 판결(확정)을 참고한 사례이다.

이 각 설치되어 있었기 때문에 간호사실에서 이 사건 보호실 내부를 직접 감시할 수 없는 구조로 되어 있었다. A의 유족은 누구를 상대로 어떠한 청구를 할 수 있는가."

[해제]

I. 원고와 피고의 확정

확고한 판례가 사망사고에 대하여 상속구성을 취하고 있으므로 망인의 상속인이 1차적으로 원고가 될 것이며, 상속인이 아니라도 망인의 근친자는 제752조에 의한 위자료를 청구할 수 있으므로 원고가 될 수 있다.

정신병원을 설립한 주체가 대한민국이므로 피고는 대한민국이 될 것이다. 다만 공무원개인의 책임에 대하여는 판례와 통설에 의하여 고의 또는 중과실에 한하여 인정될 수 있다.

II. 관련된 의학적 소견

일반적으로 정신질환이 있는 자 중, ① 격노하거나 폭력성향이 있는 경우, ② 남자인 경우, ③ 우울증이 있거나 우울증이 장기간 지속되는 경우, ④ 과거에 정신과 입원치료경험이 있는 경우에 자살위험도가 높게 나타나고, 정신과 환자 중에는 충동적인 방법으로 자살하는 경우도 있으며, 우울증의 경우에는 예후가 양호하고, 환자가 정상적인 상태를 보인다고 하더라도 언제나 자살의 가능성이 있으므로 우울증의 치료시 우울증으로 인한 자살을 방지하는 것이 최우선 과제이며, 특히 환자가 입원했을 때에는 자살의 예방을 위하여 치료자들이 늘 가까이서 보살펴야 한다.

III. 관련 법규정

정신보건법 제46조는 환자의 격리는 환자의 증상으로 보아서 본인 또는 주변사람이 위험에 이를 가능성이 현저히 높고 격리 외의 방법으로 그 위험을 회피하는 것이 뚜렷하게 곤란하다고 판단되는 경우에 그 위험을 최소한으로 줄이고 환자 본인의 치료 또는 보호를 도모하는 목적으로 당해 시설 내에서 행하여져야 한다고 규정되어 있고, 정신병원의 '안전지침'에는 자살가능성이 있는 환자의 경우 혼자 있는 시간을 줄이고 더욱 세심한 관찰을 하여야 하며, 공격행동, 난폭행동 등으로 인하여 자해 및 타해의 위험이 있어 담당의의 지시에 따라 보호실에 환자를 격리시킬 경우에는 수시로 관찰을 하여야 한다고 규정되어 있다.

Ⅳ. 청구권원

정신병원 담당의사의 과실로 인하여 A가 보호실 내의 증기난방장치를 이용하여 용이하게 보호실 철망에 목을 매어 자살에 이르게 하였고, 아울러 정신병원 간호사 및 간호조무사들이 망인의 동태를 계속적으로 감시하지 못함으로써 그 결과 망인이 보호실 철망에 목을 매고 있는 모습을 뒤늦게 발견하게 되어 이 사건 사망사고가 발생되었다고 할 것이므로, 피고는 이 사건 보호실의 설치·관리상의 하자 및 피고 소속공무원의 직무상 불법행위로 인하여 망인 및 원고들이 입은 손해를 배상할 책임이 있다

Ⅴ. 손해배상의 범위

1. 망인의 일실수입

망인이 이 사건 사고로 상실한 가동능력에 대한 금전적 총평가액 상당의 일실수입 손해는 연 5%의 중간이자를 공제하는 호프만식 계산법에 따라 사고 당시의 현가로 계산된다. 정신질환을 앓고 있다고 하여 곧바로 노동능력이 부정되는 것은 아니고, 정상인과 같은 정도의 도시일용노동에 종사할 수 없다거나 망인이 앓고 있던 질환이 평생 치유가 불가능하여 노동에 종사할 가능성이 없다는 점이 인정되어야 일실수입이 부정된다. 설문의 기초가 된 사건에서도 가동연한까지 월 22일의 도시일용노임 상당의 일실수입이 인정되었다. 생계비는 수입의 1/3가 지출된다는 점이 실무상 다툼이 없는 사실로 정리된다.

2. 장례비

장례비로 금 3,000,000원이 지출되었다고 실무상 다툼 없는 사실로 정리된다.

3. 위자료

이 사건 사고의 경위 및 결과, 망인 및 유족들의 나이, 가족관계, 기타 이 사건 변론에 나타난 여러 사정을 고려하여 위자료가 결정된다. 설문의 기초가 된 사건에서 법원은 망인에게 금 9,000,000원, 망인의 부모에게 각 금 2,000,000원, 망인의 형제자매에게 각 금 500,000원이 인정되었다.

VI. 책임의 제한

망인의 상태, 치료과정 등에 비추어 망인이 정상인과 같은 완전한 의사결정능력을 보유하고 있다고 볼 수는 없다 하더라도 자신의 신체에 대한 위험성 등은 스스로 판별할 수 있는 정도의 의사능력은 갖고 있었다고 할 것임에도 스스로 보호실 철망에 환자복을 이용하여 목을 매어 자살을 기도한 잘못이 있고 이러한 잘못이 이 사건 손해발생의 한 원인이 되었다 할 것이므로 피고가 배상할 손해액을 산정함에 참작되어야 한다. 설문의 기초가 된 사건에서 법원은 위 사고의 경위 및 기타 이 사건 변론에 나타난 제반 사정을 종합하면 망인의 과실비율을 70%로 보았다.[456]

VII. 참고사례-대법원 2010. 1. 28. 선고 2008다75768 판결

교도소 등의 구금시설에 수용된 피구금자는 스스로 의사에 의하여 시설로부터 나갈 수 없고 행동의 자유도 박탈되어 있으므로, 그 시설의 관리자는 피구금자의 생명, 신체의 안전을 확보할 의무가 있는바, 그 안전확보의무의 내용과 정도는 피구금자의 신체적 · 정신적 상황, 시설의 물적 · 인적 상황, 시간적 · 장소적 상황 등에 따라 일의적이지는 않고 사안에 따라 구체적으로 확정하여야 한다. 교도소 내에서 수용자가 자살한 사안에서, 대법원은 담당 교도관은 급성정신착란증의 증세가 있는 망인의 자살사고의 발생위험에 대비하여 계구의 사용을 그대로 유지하거나 또는 계구의 사용을 일시 해제하는 경우에는 CCTV상으로 보다 면밀히 관찰하여야 하는 등의 직무상 주의의무가 있음에도 이를 위반하여 망인이 사망에 이르렀다고 보고 국가배상책임을 긍정하였다.

---

456) 광주고등법원 2003. 7. 2. 선고 2003나1808 판결(확정).

[사례 6]⁴⁵⁷⁾

"A가 만취상태에서 자동차를 운전하여 여의도광장으로 돌진하여 벤치에 앉아 쉬고 있던 B를 치어 그 자리에서 사망하였다. B의 가족으로는 아버지 C, 사실혼 배우자 D, 사실혼 관계 중에 낳은 아들 E가 있다. 변호사로서 B의 유족을 위한 의견서를 작성하여 보라."

[해제]

Ⅰ. 원고의 확정

D가 E를 대리하여 인지청구의 소를 제기하여 받은 승소판결이 확정되면, E는 B의 직계비속의 지위를 가지게 된다. 이 경우 E는 B의 제1상속인으로서 B의 손해배상채권을 단독으로 상속받게 된다. C, D, E는 제752조에 기한 근친자의 위자료를 청구할 수 있다. 학설과 판례는 제752조 소정의 배우자에 법률상 배우자 뿐만 아니라 사실혼 배우자도 포함시킨다.

Ⅱ. 피고의 확정

첫째, 음주운전으로 사망사고를 낸 A가 1차적인 책임의 주체가 될 것이다. 이 경우 A가 책임보험이나 종합보험을 든 경우에는 보험사업자가 그 보상범위내에서 배상을 하게 된다. B의 상속인은 보험금에 대한 직접청구권을 행사할 수 있다.

둘째, 여의도광장의 관리주체를 상대로 국가배상책임을 추궁할 수 있다. 차량진입을 막을 수 있는 차단시설물이 없었다면, 이는 광장의 관리하자라고 할 수 있다. 여의도광장의 관리는 광장의 관리에 관한 별도의 법령이나 규정이 없으므로 서울특별시는 여의도광장을 도로법 제2조 제2항 소정의 "도로와 일체가 되어 그 효용을 다하게 하는 시설"로 보고 같은 법의 규정을 적용하여 관리하고 있으며, 그 관리사무 중 일부를 영등포구청장에게 권한 위임하고 있어, 여의도광장의 관리청이 본래 서울특별시장이라 하더라도 그 관리사무의 일부가 영등포구청장에게 위임되었다면, 그 위임된 관리사무에 관한 한 여의도광장의 관리청

---

457) 대법원 1995. 2. 24. 선고 94다57671 판결을 침고한 사례이다.

은 영등포구청장이 되고, 같은 법 제56조에 의하면 도로에 관한 비용은 건설부장관이 관리하는 도로 이외의 도로에 관한 것은 관리청이 속하는 지방자치단체의 부담으로 하도록 되어 있어 여의도광장의 관리비용부담자는 그 위임된 관리사무에 관한 한 관리를 위임받은 영등포구청장이 속한 영등포구가 되므로, 영등포구는 여의도광장에서 차량진입으로 일어난 인신사고에 관하여 국가배상법 제6조 소정의 비용부담자로서의 손해배상책임이 있다.

III. 손해배상의 범위

1. 망인의 손해

손해3분설에 따라 적극적 재산적 손해, 소극적 재산적 손해 그리고 위자료가 별개의 소송물을 이루므로, 이에 따라 망인의 손해를 손해별로 산정하고, 이를 상속분에 따라 상속인에게 배분하여야 한다. 인지청구의 소가 승소로 확정된 경우에는 E가 단독상속인이 된다.

2. 근친자의 손해

피해자가 사망한 경우 근친자는 제752조에 따라 위자료를 청구할 수 있다. 판례와 학설은 제752조를 예시규정으로 해석하므로 직계비속이나 직계존속 뿐만 아니라 사실혼 배우자로 위자료를 청구할 수 있다.

IV. 과실상계 등의 항변

첫째, 피고측은 망인의 귀책사유가 있는 경우에 과실상계를 주장하여 손해배상의 범위를 감축시킬 수 있다.

둘째, 망인의 귀책사유가 있는 경우에 망인의 위자료와 근친자의 위자료가 감액되어야 한다고 항변할 수 있다.

V. 소결

설문의 기초가 된 사건에서 법원은 여의도광장에 차량진입제한장치가 없는 것은 평소

시민의 휴식공간으로 이용되는 여의도광장이 통상 요구되는 안전성을 결여하고 있었다 할 것이므로 관리하자로 볼 수 있고, 이에 따라 영등포구는 여의도광장에서 차량진입으로 일어난 인신사고에 관하여 국가배상법 제6조 소정의 비용부담자로서의 손해배상책임이 있다고 판시하였다.[458]

[사례 7][459]

"중학교 학생인 A는 같은 반 급우들로부터 집단따돌림을 당하여 수차례 다른 친한 급우와 담임 선생님에게 어려움을 호소하였음에도 불구하고 별다른 진전이 없던 상황에서 A가 자신의 물건이 없어지자 평소에 자신을 괴롭히던 아이들의 소행이라고 생각하고 그 아이들과 싸운 후 오해임이 밝혀져 사과를 하였음에도 불구하고 이를 받아들이지 않자 결국에 자살을 하였다."

1. A의 상속인은 누구를 상대로 어떠한 청구를 할 수 있는가.
2. 피고로 지정된 자는 어떠한 항변을 할 수 있는가.

[해제]

Ⅰ. 원고의 청구

1. 피고의 선택

학교의 교장이나 교사는 학생을 보호·감독할 의무를 지고, 이를 위반하여 사고가 발생한 경우에 교장이나 교사 뿐만 아니라 그 사용자인 학교법인은 제756조 또는 국가배상책임을 진다. 실무상 대체로 담임선생을 피고로 삼기 보다는 학교의 설립주체를 상대로 사용자책임 또는 국가배상책임을 추궁한다.

---

458) 대법원 1995. 2. 24. 선고 94다57671 판결.
459) 대법원 2007. 11. 15. 선고 2005다16034 판결을 참고한 사례이다. 위 판결에 대한 판례해설인 池泳暖, "집단따돌림으로 인하여 피해 학생이 자살한 경우, 자살의 결과에 대하여 교장이나 교사에게 보호감독 의무 위반 책임을 묻기 위한 요건 및 그 판단 기준", 人法院判例解說 71호(2007 하반기)(2008. 07), 749-781면을 참고하라.

2. 청구권원

지방자치단체가 설치·경영하는 학교의 교장이나 교사는 학생을 보호·감독할 의무를 지는 것이지만, 이러한 보호·감독의무는 교육법에 따라 학생들을 친권자 등 법정감독의무자에 대신하여 감독을 하여야 하는 의무로서 학교 내에서의 학생의 전 생활관계에 미치는 것은 아니고, 학교에서의 교육활동 및 이와 밀접 불가분의 관계에 있는 생활관계에 한하며, 그 의무범위 내의 생활관계라고 하더라도 교육활동의 때와 장소, 가해자의 분별능력, 가해자의 성행, 가해자와 피해자의 관계, 기타 여러 사정을 고려하여 사고가 학교생활에서 통상 발생할 수 있다고 하는 것이 예측되거나 또는 예측가능성(사고발생의 구체적 위험성)이 있는 경우에 한하여 교장이나 교사는 보호·감독의무 위반에 대한 책임을 진다.[460] 집단따돌림은 교육활동 및 이와 밀접한 생활관계에서 발생한 것이고, 상당기간 동안 지속되고, 교사가 피해학생의 도움요청을 게을리하고 방치하여 결국 피해학생이 자살에 이른 것이므로 교사 및 교장의 책임이 인정되고 아울러 사용자책임 또는 국가배상책임도 긍정된다.

3. 청구의 내용

1) 망인의 일실수입

성년이 되는 시점부터 도시일용노임을 적용하여 일실수입을 계산하되, 이 사건 손해액의 사고 당시 현가 계산은 월 5/12%의 비율에 의한 중간이자를 공제하는 단리할인법에 따른다. 실무상 생계비로 일실수입 액수의 1/3이 공제된다.

2) 망인의 장례비

원고는 망인의 장례비로 금 3,000,000원을 지출하였다.

3) 위자료

망인의 연령, 신분, 가족관계, 이 사건 사고의 발생 경위 및 과실 정도 등 이 사건 변론에 나타난 여러 사정을 참작하여 위자료가 산정된다. 설문의 기초가 된 사건에서 망인에게 금 10,000,000원, 망인의 부모에게 5,000,000원의 위자료가 인정되었다.

---

460) 대법원 2000. 4. 11. 선고 99다44205 판결.

Ⅱ. 피고의 항변

1. 자살에 대한 예견가능성이 없음

집단따돌림으로 인하여 피해 학생이 자살한 경우, 자살의 결과에 대하여 학교의 교장이나 교사의 보호감독의무 위반의 책임을 묻기 위하여는 피해 학생이 자살에 이른 상황을 객관적으로 보아 교사 등이 예견하였거나 예견할 수 있었음이 인정되어야 한다. 다만 사회통념상 허용될 수 없는 악질, 중대한 집단따돌림이 계속되고 그 결과 피해 학생이 육체적 또는 정신적으로 궁지에 몰린 상황에 있었음을 예견하였거나 예견할 수 있었던 경우에는 피해 학생이 자살에 이른 상황에 대한 예견가능성도 있는 것으로 볼 수 있을 것이나, 집단따돌림의 내용이 이와 같은 정도에까지 이르지 않은 경우에는 교사 등이 집단따돌림을 예견하였거나 예견할 수 있었다고 하더라도 이것만으로 피해 학생의 자살에 대한 예견이 가능하였던 것으로 볼 수는 없으므로, 교사 등이 집단따돌림 자체에 대한 보호감독의무 위반의 책임을 부담하는 것은 별론으로 하고 자살의 결과에 대한 보호감독의무 위반의 책임을 부담한다고 할 수는 없다.

2. 과실상계

가사 책임이 인정된다고 하더라도 망인과 망인의 어머니의 잘못은 손해의 발생과 확대에 기여한 것이므로 손해배상책임이 감경되어야 한다. 즉, 망인은 집단적 따돌림으로 인하여 지속적으로 정신적 고통을 받고 그 고통의 강도도 심해지고 있었음에도 담임선생님 또는 어머니에게 적극적으로 알려 교우관계에서의 문제에 대한 해결과 그 자신의 정신적 고통의 감소를 위한 방안을 함께 모색해 보지 않았고, 자살 당일에 이르러서야 집단적 따돌림의 존재와 그로 인하여 자신이 겪고 있는 극심한 고통에 관하여 뒤늦게 알림으로써 학교나 담임선생님이 이에 적절히 대처할 수 있는 시간을 충분히 주지 못하였으며, 나아가 자신의 위와 같은 문제를 어머니에게 알린 바로 그 날 충동적으로 자살에까지 이른 잘못이 있다. 한편, 망인의 어머니로서도 망인이 교우관계로 인하여 고통을 받고 그로 인하여 심리적으로도 불안한 상태에 있었음을 알고 있었으므로, 적극적으로 위 문제에 관심을 가지고 망인의 심리적, 정신적 상태에 관하여 보다 면밀하게 관찰하는 한편 담임선생님에게도 이를 알려 담임선생님과의 협조 아래 망인이 교우관계로 인하여 어떠한 문제를 가지고 있는지를 명확히 파악하고 이에 적절히 대처할 수 있도록 노력했어야 함에도 이를 소홀히 한 측면이 있다.

Ⅲ. 소결

설문의 기초가 된 사건에서 원심법원은 자살에 대한 예견가능성을 긍정하고 대신 과실상계를 70%로 하여 피고의 손해배상책임을 확정하였으나, 대법원은 자살에 대한 예견가능성을 부정하여 원심 판결을 파기환송하였다.

[사례 8]461)

"A가 이 사건 주택의 2층 중 일부를 그 소유자인 C로부터 임차하여 거주하다가 회식을 마치고 귀가시간을 놓쳐 A의 직장동료인 B가 A의 방에서 자다가 균열된 틈을 통하여 새어나온 연탄가스에 중독되어 사망하였다."

1. B의 상속인은 누구를 상대로 어떠한 청구를 할 수 있는가.
2. 피고로 지정된 자는 어떠한 항변을 할 수 있는가.

[해제]

Ⅰ. 원고의 청구

1. 공작물책임의 구조

통설과 판례는 공작물의 설치 또는 보존의 하자로 인하여 타인에게 손해를 가한 때에는 1차적으로 공작물의 점유자가 손해를 배상할 책임이 있고 공작물의 소유자는 점유자가 손해의 방지에 필요한 주의를 해태하지 아니한 때에 비로소 2차적으로 손해를 배상할 책임이 있다고 해석한다.

2. 피고의 선택

공작물의 점유자가 피해를 입은 경우에는 공작물 자체의 하자에 기한 손해이므로 공작

---

461) 대법원 1993. 2. 9. 선고 92다31668 판결을 참고한 사례이다. 참고자료로 柳元奎, "家屋所有者의 賃借人에 대한 工作物責任", 民事判例硏究 12권(90.4), 161면 이하가 있다.

물의 소유자를 상대로 손해배상을 청구할 수 있다.

3. 청구의 내용

B의 재산적 손해와 위자료 그리고 B의 가족의 위자료를 손해배상으로 청구할 수 있다. B의 재산적 손해로는 장례비, 일실수입이 있다.

Ⅱ. 피고의 항변

공작물소유자의 책임은 2차적인 것이므로 공작물 점유자인 임차인의 잘못이 없는 경우에 인정될 뿐인데, A가 균열상태를 알면서도 충분한 주의를 기울이지 아니하여 이 사건 사고가 발생한 것이다.

가사 소유자의 책임이 긍정된다고 하더라도 A의 잘못이 사고의 발생에 크게 기여하였고, B는 임대인의 동의없이 이 사건 목적을 사용하다가 사망한 것이므로 손해배상액은 대폭 감경되어야 한다.

Ⅲ. 소결

학설과 판례는 대체로 점유자와 그에 상응하는 자가 피해를 입은 경우에는 공작물소유자의 책임을 긍정하되 과실상계를 통하여 구체적 타당성을 확보한다. 설문의 기초가 된 사건에서 법원은 임차인과 함께 임차방실에 기거하던 직장동료가 연통에서 새어나온 연탄가스에 중독 사망한 사고에 대하여 가옥소유자의 손해배상책임을 인정하되, 위 망인에게 그가 이 사건 사고를 당하기 약 1주일 전에 연탄가스를 마신 적이 있음에도 피고에게 알리거나 벽의 틈새를 막는 등의 조치를 취하지 아니한 과실이 있다 하여 50%의 과실상계를 인정하였다.

[사례 9][462]

"B는 A 소유의 건물을 임차하여 여관을 경영하던 중 여관복도의 휴지통 근처에 침대 매트리스 등을 방치하였다가 투숙객이 버린 담배꽁초에서 발화한 것으로 추정되는 불이 복도의 카페트와 침대 매트리스에 인화되어 발생하였고, 그로 인하여 투숙객 C가 사망하였다. C의 상속인은 누구를 상대로 어떠한 청구를 할 수 있는가."

[해제]

Ⅰ. 피고의 선택

화재가 공작물 자체의 설치 보존상의 하자에 의하여 직접 발생한 경우에 그로 인한 손해배상 책임에 대하여는 제758조 제1항 소정의 공작물 점유자 내지 소유자의 책임이 인정되지만, 그와 같은 경우에도 간접점유자인 건물의 소유자는 직접점유자가 손해 방지에 필요한 주의를 해태하지 아니한 경우에 한하여 비로소 책임을 지게 된다. 따라서 1차적 책임은 직접 점유자인 B가, 2차적 책임은 간접 점유자인 A가 부담한다. B가 손해 방지에 필요한 주의를 다하였는지 여부에 따라 피고가 달라질 수 있다. 이는 입증에 따라 불법행위책임을 지는 최종 주체가 달라질 수 있는 것이므로 민사소송법 제70조에 따라 선택적 공동소송을 제기할 수 있다.

Ⅱ. 청구권원

B는 숙박계약의 당사자이므로 B에 대하여는 채무불이행책임과 불법행위책임이 병존한다. 다만 채무불이행책임의 경우에 C의 근친자는 위자료를 청구할 수 없으므로 B에 대하여 불법행위책임을 추궁하는 것이 좋다. 이는 A에 대한 선택적 공동소송을 제기하는 편에서도 유리함이 있다.

---

462) 대법원 1995. 10. 13. 선고 94다36506 판결을 참고한 사례이다.

Ⅲ. 청구의 내용

사망사고이므로 사망자 본인의 재산적 손해와 위자료, 근친자의 위자료가 청구될 수 있다. 재산적 손해로는 장례비, 일실수입(생계비를 1/3 공제함) 등이 인정된다.

Ⅳ. 소결

설문의 기초가 된 사건에서 법원은 이 사건 화재는 이 사건 건물을 임차하여 여관을 경영하던 자가 투숙객들이 담배꽁초 등을 버릴 위험이 있는 여관복도의 휴지통 근처에 침대 매트리스 등을 방치한 과실로 투숙객이 버린 담배꽁초에서 발화한 것으로 추정되는 불이 복도의 카페트와 위 침대 매트리스에 인화되어 발생하였고, 여관경영자는 위 화재발생 전에 이 사건 건물에 설치된 자동화재탐지기의 스위치를 함부로 조작하여 이 사건 화재 당시 경보장치가 제대로 작동되지 않도록 하였고, 화재 발생 후에도 당황한 나머지 소화전을 사용하지 아니하고 소화기로만 진화를 시도하다가 화재의 초기 진압에 실패함으로써 그 피해가 확대되기에 이른 사실 등을 인정한 다음, 이 사건 화재는 공작물 자체의 설치 보존상의 하자로 인하여 직접 발생한 것이 아닐 뿐 아니라, 직접점유자인 여관경영자가 손해의 방지에 필요한 주의를 해태하였음이 인정되므로 위 공작물 등의 간접점유자로서 소유자에게는 위 공작물의 설치 보존상의 하자로 인한 손해배상 책임을 물을 수 없다고 판단하였다.

[사례 10][463]

"이사짐업체의 직원 A는 고가사다리가 달린 화물차를 이용하여 이사작업을 하던 중 지상 10m에 설치된 고압전선에 사다리 끝부분이 닿아 그 자리에서 감전사하였다. A의 가족으로는 부친 B가 있고, 사실혼 배우자로 C가 있다."

1. A의 상속인 등은 누구를 상대로 어떠한 청구를 할 수 있는가.
2. 피고로 지정된 자는 어떠한 항변을 할 수 있는가.

---

463) 대법원 2007. 6. 28. 선고 2007다10139 판결(로앤비 검색가능)을 참고한 사례이다.

I. 원고의 청구

1. 피고의 선택

전기공작물을 독점적으로 소유 내지 점유하는 자를 상대로 제758조 소정의 공작물책임을 추궁할 수 있다. 다만 경우에 따라서는 사용자에게 안전교육의 불이행 또는 안전장비의 미지급 등을 이유로 제756조 소정의 사용자책임을 추궁할 수 있다.

2. 청구권원

제758조 제1항에서 말하는 공작물의 설치·보존상의 하자라 함은 공작물이 그 용도에 따라 통상 갖추어야 할 안전성을 갖추지 못한 상태에 있음을 말하는 것으로서, 이와 같은 안전성의 구비 여부를 판단함에 있어서는 당해 공작물의 설치·보존자가 그 공작물의 위험성에 비례하여 사회통념상 일반적으로 요구되는 정도의 방호조치의무를 다하였는지의 여부를 기준으로 판단하여야 하고, 특히 국내 일원에 걸쳐 전기공작물을 독점적으로 소유 내지 점유하면서 그 이익을 독점하는 한편 그 공작물의 보존 및 관리의무를 부담하고 있는 자에게 있어서는, 전기사업법이나 전기설비기술기준은 공작물의 설치·보존상의 하자 유무를 판단하는 일응의 참작기준이 될 수 있을 뿐이고 그것이 절대적인 것은 아니라고 할 것이니, 피고가 위 법령의 기준에 따라 전기공작물을 설치하였다고 하여도 이로써 그 설치 이후에 생긴 주위의 자연적·인위적 환경변화 등의 상황에 합당한 사고예방 조처를 강구할 의무까지 면제되는 것은 아니다. 고압전선에 대한 경고문구와 절연장치의 미비는 공작물의 설치 및 보존상의 하자를 이루는 것이므로 이로 인한 손해를 배상할 책임이 있다.

3. 청구의 내용

A의 재산적 손해와 위자료를 청구할 수 있고, 부친 B와 사실혼 배우자 C는 제/52소에 따라 위자료를 청구할 수 있다. 학설과 판례는 대체로 제752조를 예시규정으로 보고, 사실혼 배우자가 법률혼에 배치되지 않는 한 위자료를 청구할 수 있다고 해석한다.

II. 피고의 항변

A는 인근에 고압전선이 있음에도 불구하고 부주의하게 작업하다 발생한 사고이므로 피고는 책임이 없다. 공작물의 설치·보존자에게 공작물의 통상의 용법에 따르지 아니한 이례적인 행동의 결과 발생한 사고에까지 대비하여야 할 방호조치의무가 있다고는 할 수 없다.

가사 책임이 긍정된다고 하더라도 A의 과실을 고려하여 손해배상액이 대폭 감경되어야 한다.

III. 소결

설문의 기초가 된 사건에서 원심법원은 피고의 책임을 부정하였으나, 대법원은 피고의 독점적 지위를 고려하여 이 사건 전선의 존재와 위험성에 대하여 쉽게 알고 경각심을 가질 수 있도록 이 사건 전선이나 그 지주물에 위험표지를 설치하였어야 할 터인데, 피고가 이러한 사고방지를 위한 조치 또는 시설을 전혀 하지 아니한 것은 설치보존상의 하자라고 보았다.

[사례 11] [464)

"A는 50년만의 최대강우량이 집중호우되는 상황에서 야간에 제방도로를 보행하다가 도로가 유실되면서 익사하였다. A의 상속인은 누구를 상대로 어떠한 청구를 할 수 있는가"

[해제]

I. 청구권원: 국가배상책임(영조물책임)

국가배상법 제5조 제1항에 따라 도로·하천, 그 밖의 공공의 영조물의 설치나 관리에 하

---

464) 대법원 2000. 5. 26. 선고 99다53247 판결을 참고한 사례이다.

자가 있기 때문에 타인에게 손해를 발생하게 하였을 때에는 국가나 지방자치단체는 그 손해를 배상하여야 한다. 설문의 경우에 도로의 관리주체는 영조물의 설치 및 관리의 하자에 대한 국가배상책임을 진다고 할 것이다. 국가배상법 제5조 제1항 소정의 '영조물의 설치 또는 관리의 하자'라 함은 영조물이 그 용도에 따라 통상 갖추어야 할 안전성을 갖추지 못한 상태에 있음을 말하는 것으로서, 영조물이 완전무결한 상태에 있지 아니하고 그 기능상 어떠한 결함이 있다는 것만으로 영조물의 설치 또는 관리에 하자가 있다고 할 수 없고, 위와 같은 안전성의 구비 여부는 당해 영조물의 용도, 그 설치장소의 현황 및 이용 상황 등 제반 사정을 종합적으로 고려하여 설치·관리자가 그 영조물의 위험성에 비례하여 사회통념상 일반적으로 요구되는 정도의 방호조치의무를 다하였는지 여부를 그 기준으로 삼아 판단하여야 하고, 다른 생활필수시설과의 관계나 그것을 설치하고 관리하는 주체의 재정적, 인적, 물적 제약 등을 고려하여 그것을 이용하는 자의 상식적이고 질서 있는 이용 방법을 기대한 상대적인 안전성을 갖추는 것으로 족하며, 객관적으로 보아 시간적·장소적으로 영조물의 기능상 결함으로 인한 손해발생의 예견가능성과 회피가능성이 없는 경우 즉 그 영조물의 결함이 영조물의 설치관리자의 관리행위가 미칠 수 없는 상황 아래에 있는 경우에는 영조물의 설치·관리상의 하자를 인정할 수 없다.

II. 손해배상의 범위

1. A의 손해배상청구권

1) 재산적 손해

A는 일실수입이라는 소극적 손해와 장례비라는 적극적 손해에 대한 배상청구권을 가진다. 일실수입의 산정에 있어서는 가동연한까지의 수입을 산정한 후 사고당일로 현가하여 환산하고, 위 금액에서 생계비를 공제하여 산출한다. 장례비는 지출한 금액 모두가 인정되는 것이 아니라 합리성의 테두리안에서만 인정되고, 실무상으로 장례비는 300만원 지출된 것에 대하여 당사자 상호간에 다툼이 없는 것으로 정리된다.

2) 비재산적 손해

피해자 본인의 위자료를 산정함에 있어서는 사고시각, 이 사건 제방도로가 주민들의 일반적인 통행에 제공되어 오고 있는 지, 홍수경보의 발령여부, 재해방지조치 여부(바리케이

트의 설치나 다른 적당한 방법으로 도로에 대한 주민의 통행을 제한하는 등의 안전조치)
등과 같은 사정이 참작되어야 한다.

2. A의 상속인의 고유한 위자료청구권

근친자의 위자료는 직계존비속과 배우자에 한하여 인정함이 실제적으로 타당하다고 할
것이다.

Ⅲ. 피고의 항변사유

피고는 불가항력에 의한 항변과 과실상계의 항변을 할 수 있다. 사고 당일의 집중호우가
50년 빈도의 최대강우량에 해당하므로 이는 불가항력에 해당한다. 가사 불가항력에 의한
면책이 인정되지 않는다고 하더라도 홍수경보가 발령됐음에도 불구하고 야간에 만연히 통
행하다 사고가 난 것이므로 손해배상액이 대폭 감경되어야 한다.

Ⅳ. 소결

설문의 기초가 된 사건에서 법원은 여름철 집중호우가 예상하기 어려운 정도의 기상이변
에 해당한다고 보기는 어려워 이 사건 사고가 불가항력은 아니며, 피고가 통행제한 조치 등
필요한 방호조치의무를 다한 경우에는 이 사건 사고가 미연에 방지될 수 있다는 점에서 면
책항변은 받아들이지 않았다. 다만 원고가 통행제한 조치가 없다고 하더라도 집중호우로 인
하여 제방도로가 유실될 가능성이 높음에도 불구하고 만연히 통행한 잘못은 매우 크다고 보
아 법원은 원고의 과실을 70%로 인정하였고, 배우자에게 500만원, 자식 3명에게 각 100만
원, 직계존속에게 70만원을 위자료로 인정하였다.

2. 신체의 침해

1) 서설

위법하게 타인의 신체를 해한 자는 그로 인한 손해를 배상할 책임이 있다. 민사상의 신체침해라는 불법행위에 있어서는 '신체에 대한 유형력의 행사'가 주요한 표지가 되는 것이며, 그에 따른 신체의 일부의 훼손이나 건강침해가 없더라도 불법행위의 성립이나 위자료의 인정에 지장이 없다. 단순한 폭행의 경우에도 제751조 소정의 신체침해에 해당하여 위자료가 인정될 수 있다. 따라서 신체의 침해라 함은 상해 뿐만 아니라 폭행 그리고 건강침해를 포함하는 광의의 개념으로 해석되어야 한다.[465] 대법원이 폭언과 욕설의 경우에도 정신적 고통을 인정하고 있다고 하면서 이러한 유형을 신체의 침해로 설명하는 견해가 있으나,[466] 그보다는 자존심에 상처를 주는 모욕으로 보는 것이 타당하다. 즉, 신체의 침해라고 하기 위하여 신체에 대한 유형력의 행사 또는 이에 준하는 행위가 있거나 유형력의 행사가 없더라도 신체의 완전성이 해치는 결과가 초래되어야 하므로 단순한 폭언이나 욕설은 신체침해유형으로 보기 어렵다. 공해물질로 인하여 초래된 환경오염의 정도에 비추어 볼 때 피해자에게 구체적인 발병에 이르지는 아니하였다 하여도 적어도 장차 발병 가능한 만성적인 신체건강상의 장해를 입었다면, 이는 통상의 수인한도를 넘는다고 할 것이어서 위자료가 배상되어야 한다.[467]

2) 정신적 상해

가령 A가 B를 자동차로 치어 중상해를 가한 경우에 위 사고를 목격하거나 사고소식을 전해들은 C가 그 충격으로 정신적 상해를 입은 경우에 A가 어떠한 요건하에서 C의 손해(일실수입, 치료비 그리고 위자료)의 배상책임을 지느냐가 종래 소위 '쇼크손해'의 문제로 처리되어 왔다.[468] 최근의 대법원판결은 이 문제를 오로지 상당인과관

---

465) 民法注解[XVIII], 356면(李東明 집필); 註釋 債權各論(7), 313-314면(宋德洙 집필).
466) 民法注解[XVIII], 357면(李東明 집필).
467) 대법원 1991. 7. 26, 선고 90다카26607 판결.

계의 법리로 해결하고 있으나, 오히려 제750조의 요건이 충족되는지를 따져 배상여부를 판단하여야 할 것이다.[469] 또한 피해자에 대한 중대한 사고의 목격으로 근친자가 정신적 손해를 입은 경우에는 상황이 좀 복잡하다. 첫째, 피해자의 사망, 중상에 대하여는 근친자의 위자료가 제752조 내지 제750조에 따라 인정된다. 둘째, 근친자 본인의 건강침해가 있으므로 제750조에 따라 치료비, 일실수입, 위자료가 인정된다. 다만 두 개의 위자료는 하나의 사건으로 발생하여 밀접하게 관련된 것이므로 일부 감축함이 상당하다. 근친자가 아닌 제3자에게로 손해배상의무가 확대된다면, 가해자에게 너무 가혹한 결과가 초래되므로 일정한 제한이 필요하다.[470] 따라서 피해자와 전혀 관계없는 제3자가 쇼크손해를 입을 경우에는 사고현장에서 직접 목격한 경우에 한하여 손해배상이 인정하여야 한다.[471]

3) 추상

불법행위로 인한 후유장애로 말미암아 외모에 추상이 생긴 경우에 그 사실만으로는 바로 육체적인 활동기능에는 장애를 가져오지 않는다 하더라도 추상의 부위 및 정도, 피해자의 성별, 나이 등과 관련하여 그 추상이 장래의 취직, 직종선택, 승진, 전직에의 가능성 등에 영향을 미칠 정도로 현저한 경우에는 그로 인한 노동능력상실이 없다 할 수는 없으므로 그 경우에는 추상장애로 인하여 노동능력상실이 있다고 보는 것이 상당하다.[472] 추상장애의 경우에는 노동능력상실에 기초한 일실수입의 상실이라는 소극적 손해와 추상으로 인한 정신적 고통이라는 위자료가 함께 발생한다. 추상장애에 대한 적극적 손해로는 성형수술비가 고려될 수 있다. 문제는 성형수술비와 위자료의 관계인데, 양자는 상호보충적의 관계에 있다고 할 것이어서 원칙적으로 양자를 함께 청구할 수 없다고 보아야 한다. 가령 성형수술을 하는 경우에는 성형수술로 제거

---

468) 李昌鉉, "英國法上 精神的 傷害의 賠償에 관한 研究", 比較私法 제17권 1호(2010. 3), 249면.

469) 李昌鉉(前註), 282면.

470) 李昌鉉(註 468), 274면.

471) 李昌鉉(註 468), 283면.

472) 대법원 2011. 1. 13. 선고 2009다105062 판결.

되지 않는 부분에 한하여 위자료가 인정될 뿐이다.

4) 손해의 범위

신체의 침해로 인한 손해배상은 손해3분설에 따라 적극적 재산적 손해, 소극적 재산적 손해 그리고 위자료로 나누어 청구된다. 적극적 재산적 손해에 해당하는 것으로 치료비가 있으며, 소극적 재산적 손해로는 입원기간동안의 일실수입과 노동능력상실율에 따른 일실수입이 있다. 위자료는 상해의 정도, 상해의 경위, 한시장애인지 영구장애인지, 후유장애의 유무 및 정도, 나이 등을 고려하여 산정된다.

5) 입증 방법

신체의 침해에 대한 입증은 대개 형사 유죄 판결을 통하여 행하여진다. 즉, 상해죄에 대한 유죄판결이나 교통사고처리특례법위반의 유죄판결을 통하여 불법행위의 성립에 관한 사항이 입증되는 것이다. 구체적으로 사고의 경위, 귀책사유의 정도 등에 대하여는 형사기록에 대한 문서송부촉탁을 통하여 입증할 수 있다. 일정기간 치료후 완치되는 경우에는 별도로 신체감정을 할 필요가 없으나, 후유장애가 남는 경우에는 신체감정을 통하여 한시장애여부, 후유장애의 정도(노동능력상실율) 등을 밝혀야 한다.

신 체 감 정 촉 탁 신 청 서

사 건 | 2011가합1111
원 고 | A
피 고 | B

위 사건에 관하여 원고 소송대리인은 그 주장사실을 입증하기 위하여 다음과 같이 원고에 대한 신체감정촉탁을 신청합니다.

다　음

1. 신체감정할 사람의 표시

　별지기재와 같습니다.

2. 신체감정할 사항

　별지기재와 같습니다.

3. 감정해당과 : 외과.

　(첨부서류) 장해진단서 2통, 확인서 1통

2011. 9.

원고 소송대리인
변호사 C

서울중앙지방법원　귀중

별 지

1. 신체감정할 사람의 표시

성   명 :

생년월일 :

주   소 :

전   화 :

2. 신체감정할 사항

원고 A가 1999. 9. 2. 입은 산재사고로 우측상완골간부 및 근위부분쇄골절등의 상해를 입은 것에 대하여

가. 원고의 병력, 현증상 및 치료가 종결된 여부

나. 향후치료가 필요하다면 그 치료의 내용과 치료기간 및 소요치료비 예상액

다. 치료종결 후 (향후치료포함)위 원고에게 후유증이 남게될 것인지 여   부, 남게된다면 어떠한 후유증이 남게되는지.

　　(1) 이로 인하여 신체장애가 예상되는지(신체장애라 함은 치료종결로 증   상이 고정되었거나 향후치료를 한다하더라도 영구적으로 개선불가능   한 후유증)와 그 장애내용(운동장애, 기능장애)이 있는 경우 이를 구   체적으로 표시해 주십시오.

　　(2) 위 신체장애가 맥브라이드 노동능력 상실평가표와 국가배상법시행령   별표2 노동능력상실율표의 각 어느 항목에 해당하는지, 만일 적절한   해당 항목이 없을 경우 준용항목, 또는 어느 항목의 몇%정도에 해당   하는 것으로 봄이 상당한지를 표시해 주십시요.

라. 위 상해가 위 원고의 평균수명에 영향이 있는지, 있다면 예상되는 단   축기간 및 근거자료.

마. 가능한 한 모든 치료(향후치료 포함)를 종결한 현상태의 위 원고에게 개호인이 필요한지 여부, 필요하다면

　　(1) 개호내용(음식물섭취, 착탈의, 대소변, 체위변경등)

　　(2) 개호인을 붙여야할 기간과 개호인 수, 개호내용에 비추어 의료전문가의 개호가 필요한지, 또는 보통성인 남녀의 개호로 족한지의 여부(의료전문가가 필요하다면 그 비용)

바. 위 원고가 보조구를 필요로 할 때는 보조구의 소요개수와 개당 수명 및 그 단가 (보조구의 구체적인 품명을 예를 들어 단가 적어주세요)

사. 기타 필요한 사항

"살인미수 사건의 용의자 B를 추적하는 과정에서 A의 집에서 B가 인터넷에 접속한 사실을 확인하여 경찰관 C, D는 법원으로부터 체포영장을 발부받아 A의 집으로 출동하였다. C, D는 외부계단을 통하여 A가 거주하는 2층으로 올라간 뒤 열려 있는 현관문을 두드리며 "계세요"하고 사람을 부르자, 현관 맞은편 방에서 A가 나오면서 "누구세요"라고 물었고, 이에 C는 무엇인가 손으로 제시하듯 꺼내어 A에게 보여주면서 불쑥 컴퓨터가 있는 방 쪽으로 들어갔고 D는 C를 따라 아무 말 없이 현관으로 들어왔다. A는 C, D를 강도로 오인하고 핸드폰으로 112 신고를 하기 위해 안방으로 들어갔으나 당황하여 핸드폰을 찾지 못하자 그들로부터 벗어나고자 현관 밖으로 나가 뛰어가기 시작했고, A를 부르며 뒤쫓아 오는 C를 돌아보다 2층에서 1층으로 이어지는 외부계단에서 발을 헛디디며 1층 화단으로 추락하여 좌측 족관절부 종골 분쇄골절 등의 상해를 입었다. A는 누구를 상대로 어떠한 청구를 할 수 있는가.

[해제]

I. 피고의 확정

체포영장을 집행하는 경찰관 C, D의 잘못으로 인하여 A가 상해를 입은 것이므로 1차적으로 국가배상책임이 고려될 수 있다. 또한 확고한 판례에 따라 공무원 개인의 행위가 고의 또는 중과실로 평가될 수 있다면, 공무원 개인책임이 인정되므로, 그러한 경우에는 경찰관 C, D를 피고로 삼을 수 있다.

II. 청구권원

1. 위법성

국가배상책임은 공무원의 직무집행이 '법령에 위반'한 것임을 요건으로 하는 것이어서, 공무원의 직무집행이 법령이 정한 요건과 절차에 따라 이루어진 것이라면 특별한 사정이

---

473) 서울고등법원 2007. 6. 7. 선고 2006나68348 판결(확정)을 참고한 사례이다.

없는 한 이는 법령에 적합한 것이고 그 과정에서 개인의 권리가 침해되는 일이 생긴다고 하여 그 법령적합성이 곧바로 부정되는 것은 아니지만, 이때의 '법령 위반'은 널리 위법성을 의미하고, 국가배상법상의 위법성이란 엄격한 의미의 법령 위반뿐만 아니라 인권존중, 권력남용금지, 신의성실 등의 원칙 위반도 포함하여 널리 그 행위가 객관적인 정당성을 결여하고 있는 것을 의미한다.

2. 경찰공무원의 직무행사와 위법성

경찰공무원은 그 권한 행사시 일반적으로 국민에 대하여 손해의 발생을 방지하고 국민의 안전을 배려하여야 할 직무상 의무를 부담하고 있으므로, 이러한 직무상 의무를 위반한 경우에는 위법성이 인정되고, 근거법령에 따른 공권력의 행사라 하더라도 그에 부수되는 행위의 태양, 예컨대 공권력 행사의 방법 또는 수단 등이 위와 같은 직무상 의무에 위반하여 국민에게 손해를 가한 경우에는 그 행위 전체를 위법한 것으로 평가하여 국가배상책임을 인정할 수 있다.

3. 압수수색절차의 과오

압수 · 수색 절차는 강제처분의 하나로서 원칙적으로 수사기관이 임의로 할 수 없고 법관이 발부한 영장에 의하여 하여야 하나, 예외적으로 영장 없이 압수 · 수색을 할 수 있는 경우를 형사소송법 제216조에 열거하고 있는데, 그 중 제1항 제1호에서 체포영장에 의한 체포를 하는 경우 필요한 때에는 영장 없이 타인의 주거 내에서 피의자 수사(피의자의 체포를 위한 수색 포함)를 할 수 있다고 규정하고 있고, 대검찰청에서 압수 · 수색에 관한 기본지침을 마련하면서 압수 · 수색영장의 집행시 지켜야 할 원칙으로 압수 · 수색의 전과정은 필요 최소한도로 실시하여야 하며 주거 및 사무실의 평온을 유지하고 온건한 방법으로 실시하여야 한다고 규정하고 있고, 인권보호수사준칙 제19조에는 영장을 갖추지 않아도 되는 압수 · 수색의 경우 대상자에게 그 사유를 알려주도록 규정하고 있는바, 이는 긴급성을 고려하여 영장주의에 예외를 둔 경우라도 압수 · 수색 집행시 요구되는 준수사항은 압수 · 수색영장을 제시하는 경우와 마찬가지이고, 대상자에게 그 사유를 알려주게 함으로써 압수 · 수색영장을 제시하는 것과 같은 취지를 살리게 하려는 것이다.

4. 사안에의 적용

경찰관이 피의자 검거를 위하여 체포영장을 소지하고 제3자의 주거를 수색하는 과정에서 그 제3자가 경찰관을 강도로 오인하여 도망하다가 추락하여 상해를 입은 사안에서, 위 수색행위가 형사소송법 제216조 제1항 제1호에 따라 영장주의의 예외에 해당하더라도 수사기관이 타인의 주거 내에서 피의자 수사를 하는 경우에는 주거 및 사무실의 평온을 유지하고 온건한 방법으로 필요 최소한도로 압수·수색을 하여야 하며 그 대상자에게 압수·수색의 사유를 알려주어야 하는 직무상 의무가 있음을 이유로, 자신의 신분과 수색의 취지 내지 사유를 위 제3자에게 알리지 않은 경찰관의 직무상 고지의무 위반에 기한 국가배상책임이 인정된다.

Ⅲ. 손해배상의 범위

상해로 인한 손해배상의 범위는 손해3분설에 따라 적극적 재산적 손해, 소극적 재산적 손해, 위자료로 나뉜다. 참고로 설문의 기초가 된 사건에서 인정된 손해배상의 범위를 제시하면 다음과 같다.

1. 일실수입 : 22,710,991원

① 가동능력에 대한 금전적 평가

원고는 1964. 1. 26.생 가정주부로서, 도시일용노임으로 월 가동일수 22일씩 60세가 되는 2024. 1. 25.까지 가동할 수 있다고 본다.

② 후유장해 및 가동능력상실률

좌측 족관절 내번 운동장해, 12% 영구장해

2. 기왕치료비 : 4,025,590원

치료비가 모두 배상되는 것이 아니라 상당한 금액만 인정되므로, 과다 지출된 금액은 감액된다.

3. 향후치료비

원고는 향후 물리, 재활치료가 필요하다며 3,230,000원의 지급을 구하나, 원고에게 향후 관절고정술이 필요하고 이에 3,230,000원이 소요된다는 갑 제11호증의 기재만으로는 이를 인정하기 부족하고 달리 그 필요성을 인정할 증거가 없으며, 오히려 제1심 법원의 카톨릭대학교 성모병원장에 대한 신체감정촉탁 결과에 의하면, 원고의 골절부위가 완전 유합 상태여서 향후 치료의 필요성이 없다는 것이어서, 원고의 이 부분 주장은 이유 없다.

4. 위자료

원고의 나이, 가정에서의 역할, 이 사건 사고의 경위, 상해 및 후유장해 부위와 정도, 치료경과, 을 제6호증 등 기타 이 사건 변론에 나타난 여러 사정 등 참작하여 위자료로 2,000,000원이 인정되었다.

IV. 과실상계

민법상의 과실상계제도는 채권자가 신의칙상 요구되는 주의를 다하지 아니한 경우 공평의 원칙에 따라 손해의 발생에 관한 채권자의 그와 같은 부주의를 참작하게 하려는 것이므로 단순한 부주의라도 그로 말미암아 손해가 발생하거나 확대된 원인을 이루었다면 피해자에게 과실이 있는 것으로 보아 과실상계를 할 수 있고, 피해자에게 과실이 인정되면 법원은 손해배상의 책임 및 그 금액을 정함에 있어서 이를 참작하여야 하며, 배상의무자가 피해자의 과실에 관하여 주장하지 않는 경우에도 소송자료에 의하여 과실이 인정되는 경우에는 이를 법원이 직권으로 심리·판단하여야 한다.

법원은 원고는 경찰관이 무슨 이유로 자기 집을 찾아왔는지 확인하는 등 보다 침착하게 대처해야 했음에도 지레 겁을 먹고 당황하여 상황 판단을 제대로 하지 못하고 허겁지겁 도망하다가 계단 앞에서 뒤돌아보는 바람에 계단을 굴러 떨어져 이 사건 상해를 입게 되었음을 알 수 있는바, 자신의 집 구조를 잘 알고 있는 원고의 이러한 잘못도 이 사건 사고 발생의 원인이 되었다고 할 것이나 이는 피고의 손해배상책임을 면하게 할 정도에 이르지 아니하므로 피고가 배상할 손해액을 산정함에 있어 참작하기로 하되, 원고의 과실비율은 이 사건 사고의 경위 및 과실 내용 등에 비추어 60% 정도로 봄이 상당하다고 판단하였다. 그러나 피해자가 여자이며, 압수수색절차가 가지는 중요성, 담당 경찰관의 직무위반의 정도(특히 현관문이 열려 있기는 하지만 사생활이 보장되는 주거공간으로의 진입시 경찰관으로서의 신분과 그 사유를 명백히 밝혀 피해자에게 오인하지 않도록 할 의무가 있다는 점) 등에 비추어 과실상계비율이 지나친 감이 있다.

V. 소결

설문의 기초가 된 사건에서 법원이 국가배상책임을 인정한 것은 타당하나, 과실상계비율을 60%까지 인정한 것은 지나친 것으로 보인다. 서울고등법원의 판결에 대하여 원고는 상고하였으나, 위 사건은 대법원의 심리불속행기각결정으로 확정되었다.[474]

[사례 13][475]

"A는 2009. 1. 1. 23:30분경 자동차를 운전하여 양평군에서 서울로 올라오던 중 졸음을 피하기 위하여 잠시 경기도 양평군 도곡리 산 36 소재 6번 국도 갓길에 정차하였다. A는 간단한 체조를 하면서 도로변을 거닐다가 도로로부터 2m 가량 옆에 설치된 배수구로 추락하였다. 이로 인해 A는 어깨 관절의 염좌 및 긴장 등의 상해를 입었다. 위 배수구는 외부 1.61m×1.46m, 내부 1.18m×1.05m, 깊이 2.85m의 크기로 이 사건 도로 가장 자리로부터 약 2m 가량 떨어진 곳에 갈대로 덮여 가려져 있었으며, 배수구 덮개 등의 안전장치 및 위험을 알리는 표지판은 설치되어 있지 않았다. A는 누구를 상대로 어떠한 청구를 할 수 있는가."

[해제]

I. 피고의 확정

이 사건 도로의 점유·관리자가 누구이냐에 따라 피고가 정해진다. 도로의 관리자성을 확정하기 위하여는 관련 법령으로 도로법을 살펴보아야 한다. 도로법 제20조 제1항에 따르면 이 사건 도로와 같은 국도의 관리청은 국토해양부장관이고, 이 사건 도로는 경기도 양평군 도곡리에 위치하고 있으므로 예외조항인 같은 조 제2항의 '특별시, 광역시, 특별자치도 또는 시가 관할하는 구역의 상급도로'에 해당하지 않으며 국토해양부장관이 이 사건 도로의 수선 및 유지에 관한 업무를 지방자치단체장에게 위임하였다는 자료도 없으므로 이

---

474) 대법원 2007. 9. 20. 선고 2007다46404 판결.

475) 서울중앙지방법원 2010. 10. 7. 선고 2009가합75289 판결(미간행)을 참고한 사례이다.

사건 도로의 점유·관리자는 양평군이 아니라 대한민국이다.

Ⅱ. 청구권원

피고가 대한민국이므로 국가배상법 제5조 소정의 영조물책임이 문제된다. 국가배상법 제5조 제1항에 정해진 영조물의 설치 또는 관리의 하자라 함은 영조물이 그 용도에 따라 통상 갖추어야 할 안전성을 갖추지 못한 상태에 있음을 말하는 것이며, 다만 영조물이 완전무결한 상태에 있지 아니하고 그 기능상 어떠한 결함이 있다는 것만으로 영조물의 설치 또는 관리에 하자가 있다고 할 수 없는 것이고, 위와 같은 안전성의 구비 여부를 판단함에 있어서는 당해 영조물의 용도, 그 설치장소의 현황 및 이용 상황 등 제반 사정을 종합적으로 고려하여 설치·관리자가 그 영조물의 위험성에 비례하여 사회통념상 일반적으로 요구되는 정도의 방호조치의무를 다하였는지 여부를 그 기준으로 삼아야 한다.

이 사건 배수구는 도로 바로 옆에 아무런 추락방지장치 없이 노출되어 있어 갓길을 이용하는 자가 배수구 내로 추락할 위험성이 있음에도 불구하고 배수구 덮개, 안전표지판 등의 안전장치를 전혀 설치하지 않고 방치하여 사회통념상 일반적으로 요구되는 정도의 방호조치의무를 다하지 않았다고 할 것이다.

Ⅲ. 손해배상의 범위

손해3분설에 따라 치료비 등의 적극적 재산적 손해, 일실수입 등의 소극적 재산적 손해, 위자료를 손해배상으로 청구할 수 있다. 설문의 기초가 된 사건에서 A에게는 500만원의 위자료가 인정되었다.

Ⅳ. 책임의 제한

이 사건 사고의 발생 및 손해의 확대에 A의 잘못이 일정한 기여를 하였다고 할 것이므로, 손해의 공평하고 타당한 분담의 원리에 비추어 손해배상액을 일부 감경함이 상당하다.

특히 이 사건 도로의 가장자리로부터 2m 가량 떨어진 곳에 위치한 곳까지 이동하였고, 시야확보가 어려운 심야에 사고가 발생한 점을 감안하여 설문의 기초가 된 사건에서 법원은 피고의 책임을 70%로 제한하였다.

V. 소결

설문의 기초가 된 사건에서 법원은 대한민국에 대한 청구권원으로 제758조를 들었으나, 국가배상법 제5조가 청구권원이 된다고 할 것이다. 책임의 주체와 관련하여 도로법의 관련 규정의 숙지가 요구되는 시안이라고 할 것이다.

[사례 14][476)

"A의 운전부주의로 미성년자인 B에게 중상을 입혔고, B의 언니인 C(미성년자임)가 이 사건 교통사고를 바로 옆에서 목격하였고 그로 인하여 C는 심각한 정신적 충격으로 인하여 정신과 치료를 받는 등으로 정상적인 일상생활을 영위하기 어려운 상황에 처하게 되었다."

1. 피해자들은 어떠한 청구를 할 수 있는가.
2. 피고로 지정된 자는 어떠한 항변을 할 수 있는가.
3. 피해자와 아무런 인적 관계가 없는 제3자가 설문과 같은 교통사고를 목격하여 외상후 스트레스 장애를 입은 경우에는 어떠한가.

[해제]

I. 원고의 청구

1. B의 청구

B는 A의 불법행위로 인하여 중상을 입은 이상 이로 인한 상당인과관계있는 손해에 대한

---

476) 대법원 2008. 9. 11. 선고 2007나8777 판결을 참고한 사례이다. 참고자료로 李昌鉉, "英國法上 精神的 傷害의 賠償에 관한 硏究", 比較私法 제17권 1호(2010. 3), 249면 이하가 있다.

배상청구권을 가진다. B는 적극적 재산적 손해로 치료비와 개호비 등을 청구할 수 있고, 후유장애가 있는 경우 노동능력상실율에 따른 일실수입의 배상을 청구할 수 있다. 더 나아가 B는 중상으로 인한 일련의 비재산적 손해에 대한 배상으로 위자료를 청구할 수 있다.

2. C의 청구

C는 교통사고의 목격을 통하여 발생한 질병으로 인한 일련의 손해와 B의 중상에 대한 위자료에 대하여 배상을 청구할 수 있다. C는 자신의 질병에 대하여 적극적 재산적 손해로 치료비와 개호비 등을 청구할 수 있고, 후유장애가 있는 경우 노동능력상실율에 따른 일실수입 그리고 위자료의 배상을 청구할 수 있다. 다만 자신의 질병에 대한 위자료와 B의 중상에 대한 위자료의 산정에 있어서는 상호 중첩되는 점이 있는 사정을 고려하여야 한다.

3. 부모의 청구

B와 C의 부모는 B의 중상해에 대한 위자료를 청구할 수 있다.

II. A의 항변

1. 과실상계 항변

B가 사고발생에 관하여 과실이 있다면 이는 재산적 손해의 산정과 위자료의 산정에 있어 참작되어야 한다.

2. 손해배상책임이 없다는 항변

A는 직접 피해자가 아닌 C에게 주의의무를 부담하지 않으므로 C의 질병에 대하여 손해배상의무를 부담하지 않는다. C의 질병은 체질적 소인에 기한 것이므로 A의 교통사고와 상당인과관계가 없다.

III. 소결

설문의 기초가 된 사건에서 법원은 합리적인 이유 없이 의학적 전문분야에 속하는 감정

결과를 배척하고 교통사고와 후유장애 사이의 인과관계를 부인하여서는 아니된다고 하면서 B와 C의 상해에 대한 손해배상책임을 긍정하였다.

Ⅳ. 제3자의 '쇼크 손해'

직접 피해자와 인적 관계없는 제3자가 교통사고를 목격한 경우에 가해자가 제3자의 쇼크손해에 대하여 손해배상책임을 부담하느냐에 대하여 우리 나라의 대법원 판례는 없고 학설상 논의가 충분하지 않다. 다만 외국의 논의를 살펴보면 대개 피해자와 인적 관계없는 제3자의 쇼크손해에 대하여 가해자의 배상책임을 대체로 부정한다.

여기서 주로 문제되는 것은 가해자가 제3자에 대하여 주의의무를 부담하느냐와 가해자의 배상범위가 부당하게 확대되지 않느냐이다. 첫째 문제에 대하여는 교통사고의 경우에는 사고 장소가 목격자의 존재가 예견되는 것이냐에 따라 주의의무의 위반을 인정하면 족하다고 할 것이다. 둘째 문제에 대하여는 당해 사고가 쇼크를 일으킬 정도로 충격적이며, 피해자의 쇼크손해가 단순한 정신적 고통을 넘어서 치료가 요구되는 질병으로 인정될 정도에 이르러야 한다는 요건을 통하여 배상범위의 확장이라는 위험을 적정하게 통제할 수 있다.

[사례 15]⁴⁷⁷⁾

"택시운전사 A는 그 소유의 택시에 손님 S를 태우고 가다가 C회사의 운전사 B가 업무로 운전하던 그 회사 소유의 버스와 충돌하는 사고를 일으켜 결국 S에게 도합 3천만원의 손해를 입혔다. 그 사고는 A와 B가 6 : 4의 비율로 운전상의 잘못을 저지름으로써 일어난 것이었다. C회사는 S에게 2천만원의 손해배상금을 지급하면서, S와의 사이에 '그 외에는 C회사에게 일체의 손해배상청구를 하지 아니 하기로' 하는 약정을 하였다."

1. S는 누구를 상대로 어떠한 청구를 할 수 있는가.
2. 피고로 지정된 자는 어떠한 항변을 할 수 있는가.

---

477) 제38회 사법시험 제2차시험문제를 참고한 것이며, 위 문제에 대한 채점평으로 梁彰洙, "法的 思考의 具體的 展開-司法試驗 採點所感", 民法散考, 355 이하가 있다.

[해제]

Ⅰ. S의 청구

1. 피고의 선택

A와 B의 교통사고는 각자의 운전과실이 경합하여 발생한 것이므로 제760조 제1항 소정의 '공동'이라는 요건을 충족하여 공동불법행위를 구성한다. B의 교통사고는 회사업무의 수행 중 발생한 것이므로 제756조 소정의 사용자책임의 요건을 충족하여 C 회사는 사용자책임을 진다. 결국 S는 A, B, C를 상대로 불법행위책임을 추궁할 수 있음이 원칙이다.

2. 청구의 내용

A, B, C가 피해자에 대하여 부담하는 채무의 관계는 부진정연대채무로서 피해자에게 배상하여야 할 손해배상의 범위는 3000만원이다. 가해자 상호간의 분담비율은 과실비율에 의하여 정해지는바, 설문에 주어진 과실비율에 따르면 A는 1800만원, B와 C는 1200만원의 손해배상채무를 분담한다. B와 C 상호간의 채무분담에 대하여는 구상권제한의 법리에 따라 정해진다. C회사의 B에 대한 구상권 행사에 대하여는 단계상으로 일정한 제한이 있다. C가 2000만원을 지급하고 S와 합의를 한 경우에 A의 채무에 미치는 영향은 현실적으로 지급한 2000만원에 한하고, 면책합의는 A에게 미치지 않는다. 따라서 A의 채무가 1000만원으로 감축하고 다만 C는 800만원을 A에게 구상할 수 있다.

Ⅱ. 피고의 항변

1. A의 항변

1) 면책항변

S와 C 회사의 합의는 원칙적으로 그 당사자 사이에서만 효력을 발휘하고, 부진정연대채무자 상호간에는 현실적인 출연 등에 의하여 변제된 부분에 한하여 채무가 소멸되는 효력이 인정될 뿐이고, 이를 넘어서서 면책 및 부제소 합의의 효력이 A에게 미치는 것은 아니다. 따라서 A의 면책 및 부제소항변은 인정되지 않는다.

2) 과실상계항변

S가 안전벨트 미착용으로 인하여 손해가 확대된 경우에는 A는 이를 과실상계의 사유로 삼을 수 있다.

2. B의 항변

S와 C 회사의 합의의 효력이 B에게 미친다고 주장하여 B에 대한 손해배상청구 부분은 권리보호이익이 없어 각하되어야 한다고 항변할 수 있다.

Ⅲ. 소결

설문에서는 C회사는 S와 합의를 하였고, 이는 부제소특약에 해당하여 S가 C회사를 상대로 추가로 손해배상을 청구할 수 없고, 가령 C회사를 상대로 소를 제기한다면 이는 각하된다. 다만 여기서 합의의 효력과 관련하여 S가 피용자인 B를 상대로 손해배상청구를 할 수 있는지가 문제된다. 사용자의 합의는 일종의 제3자를 위한 면책합의로써 피해자에 대하여 개인적 책임을 추궁하지 않도록 하는 것이 피용자에 대한 구상권제한의 법리와 균형을 이루는 것이라고 보아야 하며, 피해자는 사용자를 통하여 일정한 정도 손해의 전보를 받은 점에서도 그러하다. S는 A에게 1000만원을 청구할 수 있고, C 회사와의 면책합의의 효력이 피용자인 B에게 미친다고 보아 B에 대하여는 손해배상을 청구할 수 없다고 보아야 한다.

[사례 16][478]

"C 지방자치단체가 비탈사면인 언덕에 대하여 현장조사를 한 결과 붕괴의 위험이 있음을 발견하고 이를 붕괴위험지구로 지정하여 관리하여 오다가 붕괴를 예방하기 위하여 언덕에 옹벽을 설치하기로 하고 B 회사에게 옹벽시설공사를 도급 주어 B 회사가 공사를 시행하다가 깊이 3m의 구덩이를 파게 되었는데, A가 공사현장 주변을 지나가다가 흙이 무너져 내리면서 위 구덩이에 추락하여 상해를 입게 되었다."

1. A는 누구를 상대로 어떠한 청구를 할 수 있는가.
2. 피고는 어떠한 항변을 할 수 있는가.

---

478) 대법원 1998. 10. 23. 선고 98다17381 판결을 참고한 사례이다.

[해제]

Ⅰ. 원고의 청구

1. 피고의 선택

1) C에 대한 청구

a) 영조물책임

공사가 완료되지 않아 공중이 이용할 수 있는 상태에 있지 않은 이상 지방자치단체는 영조물책임을 지지 않는다.

b) 도급인책임

제757조는 도급 또는 지시에 관하여 중대한 과실이 있는 경우에 한하여 도급인이 손해배상책임을 부담한다고 규정한다. 즉, 수급인은 도급인으로부터 독립하여 사무를 처리하기 때문에 제756조 소정의 피용자에 해당되지 아니하므로 예외적으로 도급인이 수급인의 일의 진행 및 방법에 관하여 구체적인 지휘·감독권을 유보한 경우가 아닌 한 도급인이 수급인의 행위에 대하여 사용자책임을 부담하지 않는다.[479] 다만 공사현장 부근에 주택가가 형성되어 있는 경우에 적절한 출입방지대책을 수급인에게 지시하지 않은 것은 중대한 과실을 구성할 수 있으므로 제757조 단서에 따라 도급인책임을 부담할 수 있다.

2) B에 대한 청구

B는 이 사건 공사현장에 대한 점유자로서 제758조 제1항에 따라 손해배상책임을 부담할 수 있다. 가령 공사현장 부근에 주택가가 형성되어 있으므로 인근 주민이 통행할 수 있는 여지를 남기고 추락에 대비한 안전시설을 갖춘 다음 땅을 파든가, 그것이 불가능하다면 공사장 출입금지 푯말을 세우고 다른 길로 통행하도록 유도하는 등의 조치를 하거나, 야간에 공사장 주변을 통행하는 사람들의 안전을 고려하여 조명시설 및 위험표지판을 설치하여야 함에도 이러한 제반 안전조치를 강구하지 않은 채 공사를 강행하였다면 공작물의 설치 및 관리의 하자가 인정될 수 있다.

---

479) 대법원 2006. 4. 27. 선고 2006다4564 판결.

2. 청구의 내용

소장을 제출할 당시에 원고의 피해정도가 확정되지 아니한 경우에는 원고는 치료비, 일실수입, 위자료 등을 일부청구하고, 추후 신체감정을 통하여 상해의 정도와 치료여부가 확정된 결과를 토대로 청구취지를 변경할 수 있다.

Ⅱ. 피고의 항변

원고가 출입이 금지된 공사현장을 진행하다가 이 사건 사고가 발생한 것이므로 피고의 손해배상책임은 대폭 감경되어야 한다. 피고의 과실상계의 항변은 피고가 출입금지조치를 어느 정도로 하였느냐에 따라 원고의 과실이 다르게 판단될 것이다.

Ⅲ. 소결

설문의 기초가 된 사건에서 법원은 지방자치단체가 공중에 이용이 개시되지 아니한 영조물에 대하여 영조물책임을 지지 않는다고 판단하였다. 그러나 위에서 살핀 바와 같이 수급인과 지방자치단체는 공작물책임과 도급인책임을 부담할 가능성이 크다.

[사례 17][480)

"A는 B가 운영하는 수영장의 수심이 얕아 다이빙을 금지하는 푯말이 있었음에도 불구하고 다이빙을 시도하다가 머리를 다쳐 사지마비(노동능력상실율 100%)라는 상해를 입었다."

1. A는 누구를 상대로 어떠한 청구를 할 수 있는가.
2. 피고로 지정된 자는 어떠한 항변을 할 수 있는가.

---

480) 부산지방법원 2007. 11. 15. 선고 2007가합6089 판결(로앤비 검색가능)을 참고한 사례이다.

[해제]

Ⅰ. 원고의 청구

1. 청구권원

이 사건 사고가 난 규격풀장은 그 수심이 얕아 다이빙을 하거나 그런 자세로 입수 할 경우 사고 발생의 위험성이 높은 한편 그럼에도 불구하고 다이빙을 하거나, 그런 자세로 입수하는 이용객들이 종종 있고 심지어 어느 정도의 경고 및 통제가 있는 경우에조차 이에 개의치 않고 그러한 행위를 하는 이용객도 더러 있는바, 실내수영장을 소유·관리하면서 관광객 이용시설업 등을 영위하는 피고로서는 위와 같은 행위를 하는 무모한 이용객들까지 염두에 두고 위와 같은 행위를 하지 않도록 이용객들에게 지속적으로 주의를 환기시키고 나아가 안전요원들로 하여금 이용객들의 행동을 예의주시하여 적절한 조치를 취하게 하는 등으로 위와 같은 이용객들의 행위로 말미암아 발생할 수 있는 사고의 예방을 위하여 최선의 노력을 기울일 의무가 있다 할 것이다. 따라서 B가 이러한 의무를 위반하여 이 사건 사고가 발생한 것이므로 B는 제758조에 따라 이 사건 사고로 인한 손해를 배상할 책임이 있다.

2. 청구의 내용

피해자 본인의 치료비, 일실수입 등의 재산적 손해와 위자료, 피해자의 가족의 위자료가 손해배상으로 청구될 수 있다. 피해자 본인의 기왕치료비, 향후치료비 그리고 개호비 등은 신체감정촉탁결과에 따라 구체적으로 정해질 것이므로 소장 작성시에는 대략적인 금액으로 예상하여 청구한 후 신체감정촉탁결과에 따라 청구취지 및 청구원인을 변경하면 된다.

Ⅱ. 피고의 항변

원고는 다이빙을 금지하는 푯말을 보고 서도 자신의 위험하에 다이빙을 하다가 이 사건 사고가 발생한 것이므로 피고의 공작물설치 및 관리의 하자에 기한 것이 아니어서 피고는 손해배상책임이 없다.

가사 피고의 책임이 긍정된다고 하더라도 원고의 과실이 매우 크므로 피고의 손해배상 책임은 대폭 감경되어야 한다.

Ⅲ. 소결

설문의 기초가 된 사건에서 법원은 원고의 청구를 기각하지 않고 피고의 책임을 인정하되, 과실상계를 통하여 피고의 책임을 제한하는 방식을 채택하였다. 법원은 과실상계의 비율을 85%로 인정하여 피고의 책임을 15%로 감축하였으나, 그간의 사고빈도, 피고의 잘못의 정도 등에 비추어 지나친 감이 있다.

[사례 18][481]

"과수원을 운영하는 A는 인근에서 B가 운영하는 골프장에서 수시로 날아오는 골프공으로 인하여 작업이 원활하게 이루어지지 못하였다. 이에 대하여 A는 '과수원에 피해주는 악덕업자 B는 각성하고, B도 골프공을 맞아봐라' 는 내용을 담은 현수막을 게시하자, B가 현수막을 철거하기에 이르렀다."

1. A는 B를 상대로 어떠한 청구를 할 수 있는가.
2. B는 A에 대하여 어떠한 청구를 할 수 있는가.

[해제]

Ⅰ. A의 청구

1. 청구권원

골프장을 운영하는 자는 골프공이 골프장을 넘어가서 인근주민의 신체의 안전에 위협을 주는 것을 방지하기 위하여 펜스를 높이는 등의 안전조치를 강구하여야 함에도 불구하고 이를 게을리하여 과수원을 운영하는 A는 수시로 날아오는 골프공으로 인한 신체의 안전에 대한 위협과 작업능률의 현저한 저하로 인한 일실수입의 감소를 초래한 것이므로 이를 배상하여야 한다. 따라서 B는 제758조에 따라 공작물인 골프장의 설치 및 보존의 하자로 인한 손해를 배상할 책임이 있다.

---

481) 전주지방법원 2007. 9. 20. 선고 2006가합3416 판결(로앤비 검색가능)을 참고한 사례이다.

2. 청구의 내용

A는 B의 불법행위로 인하여 수확량의 감소라는 재산적 손해와 위자료를 청구할 수 있겠다. 다만 재산적 손해는 매우 입증이 어려운 것이므로 입증실패를 대비하여 그러한 사정을 위자료의 증액사유로 주장하여야 한다.

II. B의 청구

B는 영업에 지장을 주는 현수막의 게시금지를 청구할 수 있고, 그러한 금지청구의 실효성을 확보하기 위하여 위반시 부과되는 간접강제금을 신청할 수 있다. 또한 현수막의 게시는 모욕이라는 불법행위에 해당할 수 있으므로 이에 대한 위자료를 청구할 수 있다.

III. 소결

설문의 기초가 된 사건에서 법원은 골프공이 날아오는 것으로 인한 일실수입의 감소를 부정하였고, 골프공으로 인한 신체의 안전의 위협에 대한 위자료를 평균적으로 날아오는 골프공의 수, 상대방의 방지조치 여부, 폭음기 사용에 대한 수인 정도 등을 고려하여 1000만원으로 인정하였다.

[사례 19][482]

"A는 B가 운행하는 자동차에 의한 교통사고로 인하여 우측대퇴골 경부골절, 경부 및 요부 염좌 등의 상해를 입고 2007. 4. 7 경부터 같은 해 10월 20일경까지 양평의료재단 및 원주의료원과 한일정형외과에서 입원치료를 받은 후, 같은 해 10월 20일 한일정형외과에서 위 골절에 대한 수술후유증으로 고관절 운동제한이라는 장해가 남아 옥내근로자로서 10%, 옥외근로자로서 16%의 노동능력을 상실하였다는 후유장해 판정을 받게 되자, A와 B는 위 후유장해 판정 결과를 근거로 협의를 하여, 2007. 12. 4. A의 노동능력상실률을 12%로 인

---

482) 대법원 2000. 3. 23. 선고 99다63176 판결을 참고한 사례이다.

정하는 데 상호 동의하고, A가 B로부터 이 사건 사고로 인한 손해배상금 명목으로 금 3,000만원을 받는 대신 이 사건 사고로 인한 일체의 권리를 포기하며 향후 민·형사상의 소송이나 이의를 제기하지 않기로 합의하고, 같은 날 B가 A에게 손해배상금으로 금 3,000만원을 지급하였다. 이 사건 합의 이후 판명된 우측하지단축의 후유장해에 대한 A의 손해배상청구는 어떠한 요건하에서 인정될 수 있는가"

[해제]

I. 합의의 효력

당사자간의 손해배상의 합의는 제731조 소정의 화해계약으로 원칙적으로 교통사고로 인한 손해배상청구권 전부에 미치며, 계약의 성질상 취소가 제한된다. 다만 제733조 단서에 따라 화해당사자의 자격 또는 화해의 목적인 분쟁이외의 사항에 착오가 있는 경우에는 그러하지 않다. 후유증으로 인한 손해배상청구에 있어서는 종래의 합의 자체를 부인할 필요는 없고, 합의의 효력 범위만을 제한하는 것으로 족하다. 종래의 합의는 합의 당시 예견할 수 없었던 후유증에는 미치지 않는다고 보는 것으로 족하다. 설문에서 이 사건 합의는 단순한 화해가 아니라 부제소특약까지 포함하고 있다는 점에 유의하여야 한다. 따라서 이 사건 후유증이 중대하지 않거나 예견할 수 있는 것이어서 종전 합의의 효력범위에 속한다면 원고의 이 사건 손해배상청구는 권리보호이익이 없어 각하될 것이다.

II. 합의의 효력이 미치는 범위

대법원은 합의가 손해발생의 원인인 사고 후 얼마 지나지 아니하여 손해의 범위를 정확히 확인하기 어려운 상황에서 이루어진 것이고, 후발손해가 합의 당시의 사정으로 보아 예상이 불가능한 것으로서, 당사자가 후발손해를 예상하였더라면 사회통념상 그 합의금액으로는 화해하지 않았을 것이라고 보는 것이 상당할 만큼 그 손해가 중대한 것일 때에는 당사자의 의사가 이러한 손해에 대해서까지 그 배상청구권을 포기한 것이라고 볼 수 없는 경우는 종래의 합의가 후유증에 미치지 않는다고 판시하였다. 합의시점, 예견가능성, 후유손해의 중대성이라는 요건은 상관적으로 고려될 성질의 것임에 유념하여야 한다. 후유손해가 매우 중대한 경우에는 감정을 통하여 어느 정도 예견된 경우에도 종전 합의의 효력이 미치지 않는 것이다.

Ⅲ. 소결

설문의 기초가 된 사건에서는 가해자의 보험회사가 채무부존재확인의 소를 제기하였는데, 종전 합의의 효력이 피해자가 새롭게 주장하는 후유증에 미친다고 보아 보험회사의 청구를 인용하였다.

[사례 20][483)

"A는 B와 한편이 되어 배드민턴복식경기를 하던 도중 자신의 코트로 날아온 셔틀콕을 치려고 스윙을 하려다 자신의 라켓으로 B의 눈과 안경을 강타하였고, 그로 인하여 B는 우안 안구가 파열되어 안구 적출술을 받았다. B의 손해배상 청구에 대하여 A는 어떠한 항변을 할 수 있는가."

[해제]

Ⅰ. 피고의 항변

첫째, 피고는 배드민턴 경기는 상호간에 충돌이 일어날 개연성이 높은 운동경기로 서로의 충돌로 인한 피해에 대해서는 묵시적인 승낙이 있으므로 위법성이 조각된다.

둘째, 가사 책임이 인정된다고 하더라도 사고의 경위, 귀책사유의 정도, 가해자와 피해자의 관계 등을 고려하여 손해배상책임이 감경되어야 한다.

---

483) 수원지방법원 2008. 11. 20. 선고 2008가합6994 판결을 참고한 사례이다.

II. 소결

설문은 운동경기 중 입은 부상에 대하여 어떠한 요건하에서 책임이 제한될 수 있는가를 묻고자 한다. 경미한 부상에 대하여는 경기참가자 상호간의 묵시적 승낙에 의하여 면책될 수 있으나, 중대한 부상에 대하여는 그러한 이론구성으로 면책되기는 어려울 것이다. 과실 상계 또는 책임의 제한에 있어서는 당해 운동경기에서 일반적으로 통용되는 규칙, 당사자 상호관계, 피해의 정도 등이 고려되어야 할 것이다. 설문의 기초가 된 사건에서 법원은 피고의 면책항변을 받아들이지 않고 과실상계의 항변을 받아들여 피고의 손해배상책임을 50%로 제한하였을 뿐이다.

III. 참고자료-손해배상의 범위

1. 소극적 손해

1) 원고 1의 가동능력에 대한 금전적 평가

이 사건 사고 당시 원고 1은 교육공무원으로 강릉 ▷▷중학교의 교사로 재직하면서 급여 및 상여금으로 2007년에 연 39,257,880원의 소득을 올리고 있었으므로(원고들은 위 원고가 연 39,737,880원의 소득을 올리고 있었다고 주장하나, 갑 제12호증의 1, 2의 각 기재만으로는 이를 인정하기에 부족하고, 달리 이를 인정할 증거가 없다) 월 평균 소득은 3,271,490원(= 39,257,880원/12)이 되고 교육공무원법 제47조 제2항에 의해 가동연한은 62세이다.

2) 노동능력상실률

a) 시각 장해: 영구적으로 24%

b) 추상 장해: 원고 1은 추상 장해로 인한 노동능력상실률이 60%라고 주장하고, 이에 대하여 피고는 시각 장해로 인한 노동능력상실 외에 추상 장해로 인한 노동능력상실을 별도로 인정하여서는 안 되고, 추상 장해는 반흔성형술로 개선될 여지가 있다는 취지로 주장하나, 원고 1이 입은 추상 장해는 안구 부위 함몰과 같이 의안을 착용하더라도 개선하기 어려운 영구적인 것으로서 국가배상법 시행령 [별표 2]의 신체장해등급표 제7급 제12호의 기준에 따른 신

체장해율과 원고 1의 성별, 나이, 그 추상이 장래의 취직, 승진, 전직 등에 미칠 영향 등을 고려하여 볼 때 그로 인한 노동능력상실률은 영구적으로 20%라고 봄이 상당하다.

c) 복합상실률 : 39.20%

2. 적극적 손해

a) 향후치료비

원고 1에 대하여 향후 치료를 위하여 반흔 제거술이 필요하고, 그 치료비 예상액이 총 3,620,380원인 사실을 인정할 수 있으나, 이 사건 변론 종결일까지 위 수술을 시행하였음을 인정할 증거가 없으므로, 위 각 수술에 드는 비용을 계산의 편의상 이 사건 변론종결 다음날 지출하는 것으로 보고 이 사건 사고 당시의 현가로 계산한다.

b) 보조구 구입비

원고 1에 대하여 여명기간(사고 후 32.6년) 동안 의안 구입비로 5년마다 700,000원(= 1회 교환비용 100만원 - 5년마다 국가에서 지급하는 보조구(의안) 구입비 30만원)이 필요한 사실을 인정할 수 있고, 계산의 편의를 위하여 사고 당일인 2008. 2. 17. 첫 번째 보조구를 구입하는 것으로 보고 그때부터 위 원고의 여명시까지 5년마다 1개씩 7회 구입하는 것으로 보아 이 사건 사고 당시의 현가로 계산한다.

3. 위자료

원고 1의 나이, 사고의 경위, 상해 및 후유장애의 부위와 정도, 원고들의 가족관계, 기타 이 사건 변론에 나타난 여러 사정을 참작하여 별지 계산표 기재와 같이 각 결정한다.

"사립고등학교 교사인 Y는 2008. 4. 1. 수업에 들어가서 며칠 전에 수업시간에 가지고 오라고 이야기 한 시험지를 X를 비롯한 수명의 학생이 가지고 오지 않았다는 이유로 빗자루 막대기로 그 학생들의 종아리를 2대씩 때리는데 X가 욕설을 하므로 그를 교단 앞에 꿇어 앉힌 후 수업시간이 끝날 때까지 계속하여 주먹으로 뺨과 머리를 수십 회 구타하여 이로 인하여 X는 평소 근시이던 우안에 망막박리의 병증이 생겨 그달 29. 망막박리유착수술을 받고 일단 완치된 후 퇴원하였으나 색약현상이 계속되다가 2008. 5. 말경 다시 망막박리 증세가 나타나 결국 실명하기에 이르렀다."

1. X는 누구를 상대로 어떠한 청구를 할 수 있는가?
2. X의 청구에 대하여 피고로 지정된 자는 어떠한 항변을 할 수 있는가?

[해제]

I. 원고의 청구

1. 당사자의 선택

시립고등학교 교사인 Y 자신의 불법행위 뿐만 Y의 고용주체인 '시(市)'는 교육공무원법 제1조, 제2조 제1항 제1호, 제2항, 교육법 제75조 제1항 제1호, 제76조의 규정을 종합하여 볼 때 Y의 교육업무상 발생한 이 사건 불법행위에 대하여 국가배상법 제1조, 제2조 소정의 배상책임을 질 수 있다. 따라서 X는 Y 뿐만 아니라 '시(市)'에 대하여도 불법행위로 인한 손해배상책임을 주장할 수 있는 것이다. 다만 시를 상대로 손해배상소송을 제기하는 경우 대표자는 시장이 아니라 교육감이라는 점을 유의하여야 한다.⁴⁸⁵⁾ 더 나아가 사립학교의 경우에는 학교가 아니라 설립주체가 피고가 된다.⁴⁸⁶⁾

---

484) 대법원 1988. 1. 12. 선고 87다카2240 판결을 참고한 사례이다.

485) 지방자치법 제2조, 112조 및 지방교육자치에관한법률 제2조, 제18조 제2항 참조.

486) 판례는 학교를 교육을 위한 시설이라고 보아 학교의 당사자능력을 부정한다(대법원 1997. 9. 26. 선고 96후825 판결; 대법원 1975. 12. 9. 선고 75다1048 판결; 대법원 1967. 12. 26. 선고 67다591 판결 참조). 따라서 국공립학교의 경우에는 국가 · 지방자치단체, 사립학교의 경우에는 학교법인, 각종학교는 설립자 등을 당사자로 삼아야 한다(李時潤, 新民事訴訟法 제5판, 129면).

2. 청구 내용

1) 불법행위의 성립

X는 Y의 위법한 유형력의 행사로 인하여 실명이라는 상해를 입었으므로 이에 대한 불법행위책임을 추궁할 수 있고, Y의 사용자인 시에 대하여도 교육업무상 발생한 이 사건 불법행위에 대하여 국가배상책임을 추궁할 수 있다. 불법행위의 성립과 관련하여서는 우선 X가 Y를 업무상 과실치상죄 등으로 형사고소하여 얻은 유죄의 확정판결이 중요한 입증방법이 될 것이다.

2) 손해배상의무의 내용

X는 Y의 불법행위로 인하여 발생한 적극적 재산적 손해, 소극적 재산적 손해 그리고 비재산적 손해인 위자료로 나누어 손해배상의 내용을 적시하여야 한다. 주지하다시피 판례는 인신사고로 인하여 손해배상청구소송의 소송물에 관하여 손해 3분설을 취하고 있으므로 이에 따라 손해의 내용을 구분하여야 한다. 손해의 구체적 내용을 확정하기 위하여는 신체감정절차를 통하여 향후 치료비, 소극적 재산적 손해인 소위 일실수입 산정의 기초가 되는 노동능력상실율을 확정하여야 한다. 비재산적 손해인 위자료와 관련하여서는 우선 감정을 통하여 확정된 노동능력상실율이 중요한 기준이 된다고 할 것이며, 여기에 피해자의 나이 (미성년자인지 등), 후유장애의 존부 및 정도 등이 고려된다.

Ⅱ. 피고의 항변

1. 소각하 항변

X가 시를 상대로 국가배상책임을 추궁하는 경우 시는 X가 국가배상법 제9조 소정의 전치절차(배상심의회의 배상신청)를 거치지 않았음을 들어 이 사건 청구가 국가배상법에 위배되어 허용되지 않는다는 소각하항변을 할 수 있다.

2. 징계권의 행사로 위법성이 조각된다는 항변

교사의 학생에 대한 체벌은 징계권의 행사로서 정당행위에 해당하여 위법성이 조각된다.

3. 책임제한 항변

피고는 눈의 망막박리증세의 발생원인이 외부적 충격으로 인한 경우는 16 내지 18%에 불과하고 그 50 내지 60%가 근시라는 체질적 소인으로 발생하는데 피해자의 시력이 0.2 내지 0.6으로 사고 이전에 고도의 근시라는 체질적 소인을 가지고 있었다면, 피해자의 위와 같은 고도근시라는 체질적 소인이 사고로 인한 실명의 원인이 된 망막박리증세의 한 요인 내지는 악화요인이 되었다 할 것이므로, 이러한 경우에는 손해의 공평한 부담이라는 견지에서 가해자측의 손해배상액을 정함에 있어 체질적 소인의 기여도를 참작, 감액하여야한다.

Ⅲ. 소결

1. 국가배상법 소정의 전치절차는 법개정으로 필수적 절차에서 임의적 절차로 변경되어 이를 거치지 않아도 소각하 사유에 해당하지 않는다. 따라서 피고의 소각하항변은 타당하지 않다.

2. 교사의 학생에 대한 체벌이 징계권의 행사로서 정당행위에 해당하려면 그 체벌이 교육상의 필요가 있고 다른 교육적 수단으로는 교정이 불가능하여 부득이한 경우에 한하는 것이어야 할 뿐만 아니라 그와 같은 경우에도 그 체벌의 방법과 정도에는 사회관념상 비난받지 아니할 객관적 타당성이 있지 않으면 안된다고 할 것인데, 이 사건 체벌의 경위, 방법과 정도 및 이로 인한 상해의 부위 등에 비추어 볼 때 소외인의 체벌행위는 일반적으로 용인되는 교육업무상의 정당한 행위를 벗어난 위법행위이므로 피고의 정당행위라는 항변은 받아들이기 어렵다.

3. 고도근시라는 체질적 소인이 이 사건 실명의 원인이 된 망막박리증세의 한 요인 내지는 악화요인이 되었음을 쉽게 짐작할 수 있다 할 것이고 이러한 경우에는 손해의 공평한 부담이라는 견지에서 피고의 손해배상액을 정함에 있어 체질적 소인의 기여도를 참작, 감액하여야 할 것이므로 피고의 책임제한 항변은 받아들여지고, 다만 기여도를 어느 정도로 참작할 것이냐에 대하여는 신체감정결과 등을 참고하여야 할 것이다.

"A는 밤 11시경에 아파트 복도에서 갑자기 나타난 애완견이 짖으며 쫓아 오는 바람에 이를 피하다가 넘어져서 우측 대퇴경부 및 대퇴골 골절 등의 상해를 입었다. A는 누구를 상대로 어떠한 청구를 할 수 있는가"

[해제]

Ⅰ. 청구권원

애완견의 점유자는 아파트의 복도와 같은 공공장소에 애완견을 데리고 나올 때에는 목줄을 묶어 애완견으로 하여금 타인을 공격하지 못하게 하거나 애완견이 갑자기 타인에게 다가가거나 짖음으로써 타인으로 하여금 놀라지 않게 할 주의의무가 있다고 할 것인데, 이를 게을리하여 야간에 애완견이 달려들어 상해를 입었으므로 제759조에 따라 이로 인한 손해를 배상할 책임이 있다.

Ⅱ. 청구의 내용

A는 치료비, 개호비, 일실수입 등의 재산적 손해와 위자료를 청구할 수 있다. 개호비 및 일실수입은 신체감정촉탁결과에 따라 구체적으로 정해지므로 소장의 접수단계에서는 신체감정촉탁결과에 따라 추후 청구취지 및 청구원인을 변경할 것을 유보하면서 일부 청구를 하면 된다.

Ⅲ. 소결

설문의 기초가 된 사건에서 법원은 고령의 피해자가 15%의 노동능력상실률의 상해를 입었고, 가해자가 피해회복을 위한 노력을 하지 않은 점을 감안하여 위자료를 500만원으로 인정하였다.

---

487) 부산지방법원 2008. 4. 16. 선고 2007가단82390 판결(확정)을 참고한 사례이다.

"A는 B가 운영하는 대형마트의 과일 매장에서 바나나 시식을 위하여 가던 중 무심코 버려진 바나나껍질을 밟고 넘어져 약 8주간의 치료를 요하는 우측 슬부 염좌 등 상해를 입었다."

1. A는 B에 대하여 어떠한 청구를 할 수 있는가.
2. B는 어떠한 항변을 할 수 있는가.

[해제]

I. 원고의 청구

1. 청구권원

체약상의 과실책임에 대하여 계약책임설과 불법행위책임설이 대립하나, 독일과는 달리 불법행위법에 관하여 일반조항주의를 택하고 있는 우리의 경우에 있어서는 불법행위책임설을 인정하는 것으로 피해자의 보호에 미흡함이 없고 더 나아가 체계의 혼란을 가져오지 않는다. 특히 불특정 다수의 고객이 드나드는 장소인 대형마트를 점유하는 자는 제758조 제1항에 따라 공작물책임을 진다고 할 것이다. 고객들의 출입 및 이동이 많은 대형마트의 운영자로서 고객들이 안전하게 매장 안을 이동하면서 물건을 구입할 수 있도록 매장 안의 바닥을 안전하게 관리할 주의의무가 있음에도 불구하고, 그곳 바닥에 떨어져 있던 바나나껍질을 제때에 치우지 아니하고 이를 방치함으로써 위와 같은 주의 의무를 위반하였고, 이로 인하여 A는 위 바나나껍질을 밟고 미끄러져 넘어지는 이 사건 사고를 당하였으므로, B는 A에게 이 사건 사고로 인하여 A가 입은 손해를 배상할 책임이 있다.

2. 청구의 내용

1) 적극적 재산적 손해

A는 치료비, 개호비 등을 적극적 재산적 손해로 청구할 수 있다. 개호가 필요한지 그리고 필요한 개호의 정도는 신체감정촉탁결과를 통하여 이루어지므로 그 결과에 따라 최종적으로 청구취지 및 청구원인을 변경하면 된다.

---

488) 대전지방법원 2009. 5. 1. 선고 2007가단73106 판결(로앤비 검색가능)을 참고한 사례이다.

2) 소극적 재산적 손해

A는 입원기간동안의 일실수입과 신체감정촉탁결과에 따른 한시장애 또는 영구장애에 입각한 가동연한까지 노동능력상실율에 따른 수입상실을 소극적 재산적 손해로 청구할 수 있다.

3) 위자료

A는 이 사건 사고로 인하여 입은 일련의 정신적 고통(사고 당시의 정신적 고통, 치료 및 수술과정에서의 정신적 고통, 후유증 등으로 인한 정신적 고통 등 일체)에 대하여 위자료를 청구할 수 있다.

Ⅱ. 피고의 항변

B는 A의 손해배상청구에 대하여 과실상계의 항변을 할 수 있다. A가 전방을 주시하여 보행하지 아니하여 이 사건 사고가 발생하고 손해가 확대되었으므로 이러한 A의 과실을 참작하여 손해배상의무가 감축되어야 한다.

Ⅲ. 소결

설문의 기초가 된 사건에서 법원은 불법행위에 기한 손해배상책임을 인정하되 B의 과실상계항변을 받아들여 재산적 손해배상액을 70%로 감축하고 위자료를 300만원으로 인정하였다.

3. 자유권의 침해

1) 서설

신체의 자유의 침해라 함은 체포·구금 등의 방법으로 사람의 신체나 행동의 자유를 제한하는 것을 말한다. 감금행위는 사람으로 하여금 일정한 장소 밖으로 나가지 못하도록 하여 신체의 자유를 제한하는 행위를 가리키는 것이고, 그 방법은 반드시 물리적, 유형적 장애를 사용하는 경우뿐만 아니라 심리적, 무형적 장애에 의하는 경우도 포함되는 것인바, 설사 피해자가 경찰서 안에서 직장동료인 피의자들과 같이 식사도 하고 사무실 안팎을 내왕하였다 하여도 피해자를 경찰서 밖으로 나가지 못하도록 그 신체의 자유를 제한하는 유형, 무형의 억압이 있었다면 이는 감금행위에 해당한다.[489] 자유의 침해에는 국가기관에 의한 것 뿐만 아니라 사인에 의한 경우도 포함된다. 가령 정신병원에 입원시키거나 절도 등의 혐의가 있다고 하여 임의로 타인의 신체와 그 소지품을 수색하는 것이 이에 해당한다. 위법한 행정처분 또는 사인에 의한 시설에의 수용으로 인하여 부당하게 인신의 자유를 제한당하고 있는 개인의 구제절차를 마련함으로써 헌법이 보장하고 있는 국민의 기본권을 보호하기 위하여 인신보호법이 제정되었다.

2) 사안유형

a) 위법한 체포·구금

영장없이 체포 또는 구금하거나 긴급체포의 요건이 충족되지 않는 경우는 전형적인 신체의 자유의 침해 형태이다.

b) 장기간의 조사

임의동행의 형식으로 원고를 출석시켜 몸이 불편한 상태에 있었던 원고를 밤늦게까지 장시간 조사를 할 필요성이 있었다거나 원고가 이에 동의하였다고 보기 어려운

---

489) 대법원 1991. 12. 30. 자 91모5 결정.

점 등 제반 사정에 비추어 비록 원고가 망인의 사망에 관련되어 있다고 볼 만한 여러 가지 정황이 있었고 원고가 임의동행확인서에 서명날인을 하고 조사에 응하였다고 하더라도, 위와 같은 장기간 조사는 원고의 신체의 자유를 침해하는 것이다.[490]

c) 위법한 보호장비의 사용

형의 집행 및 수용자의 처우에 관한 법률 제99조는 보호장비의 남용금지를 규정하고 있다. 이러한 보호장비의 사용은 사용 목적과 필요성, 그 사용으로 인한 기본권의 침해 정도, 목적 달성을 위한 다른 방법의 유무 등 제반 사정에 비추어 상당한 이유가 있는 경우에 한하여 그 목적 달성에 필요한 최소한의 범위 내에서만 허용된다. 미결수용자가 그 당시 폭행, 소요 또는 자살이나 자해를 행하려고 시도한 바 없었고, 장차 격리수용할 경우 위와 같은 행동을 감행할 염려가 있다고 볼 만한 정황이 없었던 경우, 설사 위 미결수용자가 다른 재소자와 재차 싸움을 벌일 염려가 있고 규율 위반으로 장차 징벌에 처할 필요가 있었다고 하더라도, 이러한 목적을 달성하기 위하여는 그들을 서로 격리수용하거나 독거수감하는 것만으로 족하고, 소년수인 위 미결수용자에 대하여 반드시 보호장비를 사용하였어야 할 필요성이 있었다고 보기 어렵다 할 것임에도 불구하고 교도관이 위 미결수용자를 포승으로 묶고 수갑을 채운 상태로 27시간 동안 독거수감하였다면 이는 그 목적 달성에 필요한 한도를 넘은 것으로서 위법한 조치에 해당한다.[491]

d) 위법한 신체검사

수사과정에서 신체의 검사를 함에 있어서는, 검사를 당하는 자의 성별, 연령, 건강상태 기타 사정을 고려하여 그 사람의 건강과 명예를 해하지 아니하도록 주의하여야 하고, 피의자 아닌 자의 신체검사는 증적의 존재를 확인할 수 있는 현저한 사유가 있는 경우에 한하여 할 수 있으며, 여자의 신체를 검사하는 경우에는 의사나 성년의 여자를 참여하게 하여야 한다(형사소송법 제219조, 제141조 제1항 내지 제3항). 대법원은 원고가 이 사건 신체검사를 받기 이전에도 신고인, 유족, 참고인으로 여러 차례 조

---

490) 대법원 2009. 12. 24. 선고 2009다70180 판결.
491) 대법원 1998. 11. 27. 선고 98다17374 판결.

사를 받았는데, 이러한 과정에서 자신 또는 타인에게 신체적 위해를 가할 만한 특이한 증상을 보인 적이 없었고, 신체검사가 이루어진 날인 2006. 8. 27.에도 자진 출석하여 조사에 응하였던 점, 그와 같은 상황에서 원고로 하여금 팬티를 벗고 가운을 입도록 한 다음 손으로 그 위를 두드리는 방식으로 한 신체검사는 원고에게 큰 수치심을 느끼도록 했을 것으로 보이는 점 등에 비추어 원고에 대한 신체검사가 남자 경찰관들이 없는 곳에서 여경에 의해 행하여졌다고 하더라도, 이는 공무원이 직무집행을 함에 있어 적정성 및 피해의 최소성, 과잉금지의 원칙을 위배하여 헌법 제12조가 보장하는 원고의 신체의 자유를 침해하였다고 봄이 상당하다고 한 원심법원의 판단을 긍인하였다.[492]

3) 손해 배상의 범위

신체의 자유의 침해로 인한 손해배상은 손해 3분설에 따라 적극적 재산적 손해, 소극적 재산적 손해, 위자료로 나뉘어 청구된다. 적극적 재산적 손해로 치료비가 발생할 수 있다. 신체의 자유의 침해에 있어서는 정신과 치료가 요구되는 경우가 종종 있기 때문이다. 가령 장기간의 체포감금의 경우에 정신질환이 발생할 수 있는데, 이 경우에는 단순한 신체의 자유의 침해가 아니라 건강침해도 구성하는 것이다. 소극적 재산적 손해는 감금기간동안의 일실수입을 말하며, 신체의 자유의 침해가 건강침해를 가져오는 경우에는 그로 인한 일실수입도 배상되어야 한다.

위자료의 산정에 있어서는 사건의 경위, 신체의 자유의 침해정도, 나이, 치료 여부 및 정도 등이 고려되어야 한다. 가해자가 형사범죄로 처벌받은 경우에는 그 내용, 피해자의 형사합의금 또는 형사보상금의 수령 여부 등이 위자료에서 참작된다.

---

492) 대법원 2009. 12. 24. 선고 2009다70180 판결.

"수사공무원들이 대공수사 업무를 수행하면서 적법한 절차에 의하지 않고 피해자 A를 연행하여 구속영장 없이 구금한 후 피해자 A가 위장귀순하여 고정간첩으로 활동해 왔다는 점에 관한 아무런 구체적 근거가 없음에도 피해자 A에게 각종 고문을 가하여 허위자백을 하도록 하고, 고문에 의한 임의성 없는 상태가 지속되도록 하여 검사의 피의자신문시에도 같은 내용의 언을 함으로써 피해자 A가 간첩임을 전제로 무기징역형을 선고받아 장기간 복역하게 하였다. 그 후 고문을 자행한 자가 자수를 하였고, 그에 기초하여 A에 대한 무죄판결이 확정되었다."

1. A는 누구에 대하여 어떠한 청구를 할 수 있는가.
2. 피고는 어떠한 항변을 할 수 있는가.

[해제]

Ⅰ. A 등의 청구

1. A의 청구

1) 형사보상청구

형사소송법에 의한 일반절차 또는 재심이나 비상상고절차에서 무죄재판을 받은 자가 미결구금을 당하였을 때에는 형사보상법에 의하여 국가에 대하여 그 구금에 관한 보상을 청구할 수 있다. 형사보상법 제6, 7조에 따라 보상의 청구는 무죄재판을 한 법원에 대하여 무죄재판이 확정된 때로부터 1년 이내에 하여야 한다. 법원은 구금의 종류 및 기간의 장단, 기간 중에 받은 재산상의 손실과 얻을 수 있었던 이익의 상실 또는 정신상의 고통과 신체상의 손상, 경찰, 검찰, 법원의 각 기관의 고의 또는 과실의 유무 기타 모든 사정을 고려하여야 한다. 설문의 기초가 된 사건에서 피해자는 1983. 2. 18.부터 1998. 8. 15. 석방되기까지 5,658일 동안 구금당하였음을 이유로 336,085,200원의 형사보상금 지급결정을 받았다.

---

493) 서울중앙지방법원 2006. 11. 3. 선고 2005가합88966 판결(확정)을 참고한 사례이다.

2) 손해배상청구

A는 형사보상청구와 함께 국가 등에 대한 손해배상을 청구할 수 있다. 피고 대한민국 산하 치안본부 소속 대공수사관들이 대공수사 업무를 수행하면서 적법한 절차에 의하지 않고 A를 연행한 후 1983. 2. 18.경부터 1983. 4. 4. 이전까지 구속영장 없이 A를 구금하고, A가 위장귀순하여 고정간첩으로 활동해 왔다는 점에 관한 아무런 구체적인 근거가 없는 상태에서 A에게 각종 고문을 가하여 그러한 내용의 허위자백을 하도록 하며, 그러한 고문에 의한 임의성 없는 상태가 지속되도록 하여 검사의 피의자신문시에도 A가 같은 내용의 자백을 하도록 하고, 진술을 강요하는 등의 방법으로 이를 뒷받침하는 허위의 자료를 만들며, B가 재판과정에서 고문을 한 바 없다는 등의 허위 증언을 한 것은 모두 불법행위에 해당한다고 할 것이므로, 피고 대한민국은 국가배상법 제2조 제1항에 기하여, 피고 B는 제750조에 기하여 연대하여 위 행위들로 A와 그 가족들이 입은 손해를 배상할 책임이 있다.

2. A의 근친자의 청구

A 뿐만 아니라 A의 가족인 배우자, 자식들은 A가 간첩죄로 무기징역형을 선고받아 복역한 사실로 인하여 취업, 결혼 등 사회생활에 대한 중대한 제약을 받았고 그로 인한 정신적 고통이 상당하였다고 할 것이므로 이에 대한 위자료청구가 가능하다.

3. 청구의 내용

1) A의 손해

a) 적극적 재산적 손해

고문의 후유증으로 치료가 요구된다면, 신체감정촉탁결과에 따라 기왕치료비와 향후치료비를 청구할 수 있다.

b) 소극적 재산적 손해

수감기간동안에 대한 일실수입을 소극적 재산적 손해로 청구할 수 있다.

c) 위자료

A는 수사과정에서 극심한 육체적·정신적 고통을 당하고 무기징역형을 선고받아 15년 6개월 동안 수감생활을 하면서 그 과정에서도 상당한 육체적·정신적 고통을 겪었으며, 석

방된 뒤에도 계속하여 고통을 당하고 있는바, 위자료를 배상할 책임이 있다.

2) 나머지 원고들의 손해

피해자 A의 처 및 자녀들도 A가 당한 불법행위로 인하여 심각한 정신적 고통을 받았고, '간첩의 가족'이라는 오명으로 인하여 장기간 정신적, 물질적 고통을 당하였는바, 피해자의 가족들에게 위자료를 배상할 책임이 있다.

Ⅱ. 피고의 항변

1. 소멸시효완성의 항변

A는 수사가 종료되어 기소된 1983. 5. 18.경에는 불법체포·감금 및 가혹행위에서 벗어났다고 할 것이므로, 위 일시 또는 적어도 가석방된 1988. 8. 15.경부터는 제766조 제1항에 정한 3년의 단기 소멸시효가 진행되기 시작하였고, 재심대상사건이 검찰에 송치된 1983. 4. 21. 또는 가석방된 1998. 8. 15.부터는 제766조 제2항 등에 정한 5년 또는 10년의 장기 소멸시효가 진행되기 시작하여, 이 사건 소제기 전에 시효가 모두 완성되었으므로, 피해자들의 이 사건 손해배상청구권은 모두 소멸하였다.

2. 공제항변

형사보상법 제5조 제3항에 의하면, 다른 법률의 규정에 의하여 손해배상을 받을 자가 동일한 원인에 대하여 이 법에 의한 보상을 받았을 때에는 그 보상금 액수를 공제하고 손해배상의 액수를 정하도록 규정하고 있고, 또한 그 보상금을 산정할 때에는 그 구금기간 중에 받은 재산상 손실과 얻을 수 있었던 이익의 상실 또는 정신상의 고통과 신체상의 손상 등의 사정을 고려하는 것인 만큼(동법 제4조 제2항), 이렇게 산정된 형사보상금 안에는 일반 손해배상에 있어서의 적극적, 소극적 손해는 물론 위자료 손해까지 포함되어 있는 것으로 볼 수 있다. 따라서 손해배상금에서 형사보상금이 공제되어야 한다.

Ⅲ. 소결

설문의 기초가 된 사건에서 원고들은 피고들에게 위자료를 청구하였고, 법원은 재심판결이 확정된 2005. 7. 23.까지는 이 사건 손해배상청구권을 행사할 수 없는 객관적인 장애사유가 있었다고 할 것이고, 위 재심판결이 확정된 때로부터 3개월 이내에 소가 제기된 이 사건에 있어서 피고들이 원고들의 손해배상청구권에 대한 소멸시효가 완성되었음을 주장하는 것은 신의성실의 원칙에 반하여 권리남용으로서 허용될 수 없다고 하면서 소멸시효완성의 항변을 배척하고 피고들의 손해배상의무를 인정하였고, 국가와 수사공무원은 연대하여 피해자 및 그 가족들에게 위자료를 지급할 책임이 있다고 판시하였다(피해자에 대한 위자료 : 7억 원, 피해자의 처에 대한 위자료 : 4억 원, 피해자의 자녀들에 대한 위자료 : 각 1억 원).

[사례 25][494]

"A는 군복무중 군사법경찰관 C의 불법구금과 가혹행위로 인한 허위자백으로 인하여 B에 대한 살인미수죄로 구속기소되었고, A는 무죄를 다투면서도 유죄가 인정될 경우에 대비하여 B에게 형사합의금으로 5천만원을 지급하였다. A에 대한 형사재판에서 1심 법원은 유죄판결을 선고하였으나, 2심 법원은 무죄판결을 선고하였고, 위 무죄판결이 확정되었다. A는 누구를 상대로 어떠한 청구를 할 수 있는가"

[해제]

Ⅰ. 국가배상책임

1. 불법행위의 성립

피고 대한민국 소속 공무원인 위 군사법경찰관 C는 A를 연행한 후 수사과정에서 구타 등의 가혹행위를 하여 이를 참지 못한 A가 허위자백을 함으로써 범인으로 몰려 구속기소된 후 유죄판결을 받았다가 무죄가 확정되기까지 피고 대한민국은 그 소속 군사법경찰관들의 위와 같은 불법행위로 인하여 A와 그 가족들이 입은 모든 손해를 배상할 책임이 있다 할 것이다. 피고 대한민국 소속 공무원인 위 군사법경찰관 C의 고문 등 일련의 행위는 고

---

494) 서울고등법원 1999. 12. 23. 선고 99나39205 판결(상고기각)을 참고한 사례이다.

의에 의한 불법행위이므로 피고 대한민국과 연대하여 손해를 배상할 책임이 있다.

2. 손해배상의 범위

1) 일실수입

A는 위 전역예정일 이후 위 전역일까지 적어도 도시일용노동에 종사하면서 얻을 수 있었던 수입을 얻지 못한 손해를 입었다고 할 것이다. 이는 도시일용노임에 월가동일수 22일을 곱하여 산출된다.

2) 변호사 선임비용

형사사건의 변호를 위하여 지출한 변호사 선임비용은 사건의 난이도 등을 고려하여 상당한 범위내에서 적극적 재산적 손해로 배상된다. 설문의 기초가 된 사건에서 법원은 A의 혐의내용, 피해자가 위 A를 범인으로 지목하고 있었고 1심에서 실형이 선고된 후 항소심에서 위 A의 항소가 기각되었다가 상고심에서 파기환송되어 무죄가 되었던 점, 변호인들의 20여 회에 걸친 피고인 접견, 10여 명의 참고인 신문, 10여 명의 증인신문, 5회의 현장검증을 하는 등 위 형사사건의 난이도 및 변호인들의 활동내용 등에 비추어 보면, 항소심과 상고심에서 2명 또는 3명의 변호사를 선임한 것도 과다한 선임이라 할 수 없으므로 피고 대한민국은 위 변호사선임비용 상당의 손해도 배상할 책임이 있다고 하면서도 이 사건의 심급별 변호사 보수로는 변호사별로 각 금 5,000,000원 정도가 상당하다고 인정되어 이 부분 배상액은 금 35,000,000원(5,000,000원×7)으로 제한하였다.

3) 위자료

A가 수사과정에서 불법구금과 가혹행위를 당하고 이를 견디지 못하여 허위자백을 함으로써 구속기소되어 실형까지 선고받고 오랜 구금생활을 하다가 뒤늦게 무죄가 확정되기까지의 과정에서 A와 A의 부모들이 상당한 정신적 고통을 겪었음은 경험칙상 인정할 수 있으므로 피고 대한민국은 이들 금선으로나마 위지할 책임이 있다. 설문의 기초가 된 사건에서 법원은 원고들의 연령, 학력, 직업, 가족관계, 기타 이 사건 변론에 나타난 제반 사정을 종합하면, A에 대한 위자료는 금 15,000,000원, A의 부모들에 대한 위자료는 각 금 5,000,000원으로 정함이 상당하다고 판시하였다.

Ⅱ. 형사보상금청구

A는 형사사건에서 무죄판결을 받고 석방된 경우 형사보상법에 따라 형사보상금을 청구할 수 있다. 이미 형사보상금을 청구한 경우에는 그 형사보상금과 국가배상책임과의 관계가 문제되는데, 형사보상법 제5조 제3항에 따라 형사보상금이 전액 공제된다. 형사보상법 제5조 제3항에 의하면, 다른 법률의 규정에 의하여 손해배상을 받을 자가 동일한 원인에 대하여 이 법에 의한 보상을 받았을 때에는 그 보상금 액수를 공제하고 손해배상의 액수를 정하도록 규정하고 있고, 또한 그 보상금을 산정할 때에는 그 구금기간 중에 받은 재산상 손실과 얻을 수 있었던 이익의 상실 또는 정신상의 고통과 신체상의 손상 등의 사정을 고려하는 것인 만큼(동법 제4조 제2항), 이렇게 산정된 형사보상금 안에는 일반 손해배상에 있어서의 적극적, 소극적 손해는 물론 위자료 손해까지 포함되어 있는 것으로 볼 수 있다.

Ⅲ. 형사합의금의 반환청구

민법상 화해계약은 착오를 이유로 취소하지 못하나 화해의 목적인 분쟁의 대상 외의 사항, 즉 분쟁의 대상인 사항의 전제 또는 기초가 되는 사항으로서 당사자 사이에 예정이 된 것이어서 상호 양보의 대상이 되지 않고 다툼이 없는 사실로 양해가 된 사항에 대하여는 특별한 사정이 없는 한 착오를 이유로 취소할 수 있다. 이 사건 형사합의는 A의 범행을 화해계약의 전제로 하여 이루어진 것인데, A에 대한 무죄판결이 확정된 이상 분쟁의 전제 대상의 착오를 이유로 취소할 수 있다. A는 B에게 합의로의 반환을 청구할 수 있다.

Ⅳ. 소결

설문의 기초가 된 사건에서 법원은 국가배상책임을 긍정하되, 형사보상금을 손해배상액에서 공제하였다. 또는 원고의 변호사비용도 상당한 범위에서 재산적 손해로 인정하여 배상을 긍정하였고, 형사합의금으로 지급한 금원도 화해착오를 긍정하여 반환을 명하였다.

[사례 26][495]

"A는 연기군에 소재한 B 법인이 운영하는 부랑인선도시설에 수용되어 있는데, 자신의 형이 선도시설에 찾아와 연고자가 있다는 점을 들어 퇴소요청을 하였으나, B 법인 담당자는 이를 거부하였다. 이에 A는 불법감금, 강제노동, 폭행 등에 대한 진정서를 연기군의 담당공무원 C에게 제출하였다. C는 "시정해 주겠다"는 형식적인 답변을 하였다. 그 이후 B 법인은 위 진정서를 입수하여 A를 폭행하고 다시 이러한 일이 있으면 신변에 중대한 위협이 가해질 수 있다고 협박하였다. A는 누구를 상대로 어떠한 청구를 할 수 있는가."

[해제]

I. 피고의 확정

B 법인의 담당자가 자유권을 침해하고 폭행을 하였으므로 B 법인은 제756조의 사용자책임을 질 수 있다. 또한 B 법인에 대한 감독권한을 현저하게 불합리하게 행사하지 않은 점에 대하여 해당 국가 또는 지방자치단체의 책임이 문제된다. 그리고 귀책사유가 중하다면 공무원 개인의 책임도 인정될 수 있다.

II. 감독사무의 성격

감독사무가 연기군의 사무라면 대한민국의 책임이 인정되기 어려우나, 기관위임사무라면 대한민국의 책임이 인정될 수 있다. 지방자치단체의 장이 처리하고 있는 사무가 기관위임사무에 해당하는지 여부를 판단함에 있어서는 그에 관한 법규의 규정 형식과 취지를 우선 고려하여야 할 것이지만 그 외에도 그 사무의 성질이 전국적으로 통일적인 처리가 요구되는 사무인지 여부나 그에 관한 경비부담과 최종적인 책임귀속의 주체 등도 아울러 고려하여 판단하여야 한다.[496]

부랑인선도시설 및 정신질환자요양시설의 지도·감독사무에 관한 법규의 규정 형식과

---

495) 대법원 2006. 7. 28. 선고 2004다759 판결을 참고한 사례이다.
496) 대법원 2006. 7. 28. 선고 2004다759 판결

취지가 보건사회부장관 또는 보건복지부장관이 위 각 시설에 대한 지도·감독권한을 시장·군수·구청장에게 위임 또는 재위임하고 있는 것으로 보이는 점, 위 각 시설에 대한 지도·감독사무가 성질상 전국적으로 통일적인 처리가 요구되는 것인 점, 위 각 시설에 대한 대부분의 시설운영비 등의 보조금을 국가가 부담하고 있는 점, 장관이 정기적인 보고를 받는 방법으로 최종적인 책임을 지고 있는 것으로 보이는 점 등을 종합하여, 부랑인선도시설 및 정신질환자요양시설에 대한 지방자치단체장의 지도·감독사무를 보건복지부장관 등으로부터 기관위임된 국가사무로 판단된다.

Ⅲ. 감독권의 불행사가 위법한지 여부

부랑인선도시설 또는 정신질환자요양시설의 지도·감독사무에 관한 관계 법규의 규정에 의하여 장관의 지도·감독권한을 위임받은 시장·군수·구청장의 지도·감독의 권한 및 의무의 내용은 적어도 부수적으로는 사회구성원 개인의 신체, 건강 등 안전과 이익을 보호하기 위하여 설정된 것이라 할 것이므로, 부랑인선도시설 및 정신질환자요양시설에 대한 지도·감독 업무를 담당하는 공무원이 그와 같은 지도·감독의무를 다하지 아니한 경우 그 의무 위반이 직무에 충실한 보통 일반의 공무원을 표준으로 할 때 객관적 정당성을 상실하였다고 인정될 정도에 이른 경우에는 국가배상법 제2조에서 말하는 위법의 요건을 충족한다고 봄이 상당하고, 또한 시장·군수·구청장이 부랑인선도시설 및 정신질환자요양시설의 업무에 관하여 지도·감독을 하고, 필요한 경우 그 시설에 대하여 그 업무의 내용에 관하여 보고하게 하거나 관계 서류의 제출을 명하거나 소속공무원으로 하여금 시설에 출입하여 검사 또는 질문하게 할 수 있는 등 형식상 시장·군수·구청장에게 재량에 의한 직무수행권한을 부여한 것처럼 되어 있더라도 시장·군수·구청장에게 그러한 권한을 부여한 취지와 목적에 비추어 볼 때 구체적인 사정에 따라 시장·군수·구청장이 그 권한을 행사하여 필요한 조치를 취하지 아니하는 것이 현저하게 불합리하다고 인정되는 경우에는 그러한 권한의 불행사는 직무상의 의무를 위반하는 것이 되어 위법하게 된다.

Ⅳ. 손해배상의 범위

자유권의 침해와 폭행에 대하여는 손해 3분설에 따라 각각 감금기간 동안의 일실 수입,

치료비, 위자료를 손해배상으로 청구할 수 있다.

V. 소결

설문의 기초가 된 사건에서 원심법원은 부랑인선도시설에 대한 감독사무를 연기군의 사무라 보아 대한민국의 국가배상책임을 부정하였으나, 대법원은 당해 감독사무는 기관위임사무라 보아 대한민국의 국가배상책임이 인정될 수 있다고 보고 원심판결을 파기환송하였다.

[사례 27][497]

"호송교도관의 잘못으로 탈주한 흉악범들이 권총 등을 탈취하여 가정집에 침입하여 일가족을 약 29시간동안 감금하여 극심한 죽음의 공포에 몰아 넣고, 그로 인하여 지병이 악화되고 후유증으로 고생하고, 더 나아가 생활의 터전인 주택이 경매로 타인에게 넘어갔다."

1. 피해자들은 누구를 상대로 어떠한 청구를 할 수 있는가.
2. 피고로 지정된 자는 어떠한 항변을 할 수 있는가.

[해제]

I. 원고의 청구

1. 피고의 선택

감금행위를 한 탈수범이 불법행위책임을 진다고 하는 것은 명백하나, 그들로부터 손해배상금을 현실적으로 받기는 매우 어렵다. 따라서 손해의 실질적 전보를 위하여 자력있는 피고를 선택할 필요가 있다. 결국 교도관의 감독의 잘못으로 인하여 이 사건 감금행위가 발생한 것이므로 국가배상책임이 인정될 여지가 있으므로 대한민국을 피고로 삼아 소를 제기할 필요가 있다.

---

497) 서울민사지방법원 1991. 5. 23. 선고 90가합58657 판결을 참고한 사례이다.

2. 청구의 내용

1) 치료비

감금행위로 인하여 지병이 악화되고 극심한 공포로 인하여 정신질환이 발생한 경우에는 그로 인한 치료비를 재산적 손해로 청구할 수 있다.

2) 일실 수입

감금행위로 인한 여파로 영업을 일정기간 하지 못한 경우에는 그로 인한 일실수입도 합리적인 범위내에서 배상될 수 있다.

3) 위자료

감금행위로 인한 신체의 자유의 침해의 정도, 생명에 대한 위험, 영업의 중단 및 삶의 터전이 집이 경매로 넘어가는 사정 등을 고려하여 위자료를 청구할 수 있다.

Ⅱ. 피고의 항변

1. 상당인과관계부정

탈주범의 감금행위는 독자적 불법행위로 관리 및 감독의 잘못과 상당인과관계가 없다.

2. 책임의 제한

피고의 손해배상책임이 인정된다고 하더라도 원고에게 발생한 소극적 재산적 손해(영업손실 및 경매)에 대하여는 피고의 책임이 미치지 않는다.

Ⅲ. 소결

설문의 기초가 된 사건에서 원고는 오로지 대한민국만을 피고로 삼아 손해배상의 소를 제기하였고, 법원은 원고의 청구에 대하여 위자료만을 인정하였다. 이 사건에서 고액의 위자료가 인정된 것은 상당한 재산적 손해가 배상받지 못한 사정(가령 감금행위의 결과로 인하여 영업을 그만두고 삶의 터전인 집이 경매로 넘어가는 등)이 고려된 것이다.

"교도소의 수용자 A는 수용거실 내에 차폐시설이 불충분한 화장실의 사용과 교도소내 규율위반으로 인한 금치집행중 운동금지조치에 대하여 국가를 상대로 손해배상을 청구하려고 한다. 청구권원과 청구의 내용을 구체적으로 적어보라"

[해제]

Ⅰ. 차폐시설이 불충분한 화장실의 사용으로 인한 손해배상청구

수용거실 내에 차폐시설이 불충분한 화장실의 사용으로 인하여 사용자 본인은 신체의 일부가 노출되고 냄새나 소리가 거실 내에서 직접 유출되어 수치심과 굴욕감을 느끼게 하며, 동료 수형자가 용변을 볼 때 다른 수형자가 이로 인한 불쾌감을 느낄 수밖에 없는 것이므로 국가는 수용거실의 설치 및 관리자로서 영조물책임으로 위자료를 배상할 책임이 있다.

Ⅱ. 운동금지로 인한 손해배상청구

헌법재판소는 2004. 12. 16. 2002헌마478호로 최장 2개월의 금치기간 중 운동을 금지하도록 한 행형법시행령(2000. 3. 28. 대통령령 제16759호로 개정된 것) 제145조 제2항 부분에 대하여 위헌결정을 하면서 실외운동의 중요성을 강조한 바 있다. 즉, 실외운동은 구금되어 있는 수형자의 신체적·정신적 건강 유지를 위한 최소한의 기본적 요청이라고 할 수 있는데, 금치 처분을 받은 수형자는 일반 독거 수용자에 비하여 접견, 서신수발, 전화통화, 집필, 작업, 신문·도서열람, 라디오청취, 텔레비전 시청 등이 금지되어(행형법시행령 제145조 제2항 본문) 외부세계와의 교통이 단절된 상태에 있게 되며, 환기가 잘 안 되는 1평 남짓한 징벌실에 최장 2개월 동안 수용된다는 점을 고려할 때, 금치 수형자에 대하여 일체의 운동을 금지하는 것은 수형자의 신체적 건강뿐만 아니라 정신적 건강을 해칠 위험성이 현저히 높다. 헌법재판소의 위헌 결정 이후 전부 개정된 형의 집행 및 수용자처우에 관

---

498) 대법원 2009. 6. 25. 선고 2008다24050 판결을 참고한 사례이다.

한 법률이 징벌의 종류 중의 하나로 30일 이내의 실외운동의 금지 및 30일 이내의 금치를 규정하고 있고(제108조 제13호, 제14호), 금치의 처분을 받은 사람에게는 원칙적으로 그 기간중 실외운동금지의 처우제한이 함께 부과되도록 규정하고 있다(제112조 제3항). 따라서 교도소장이 형의 집행 및 수용자의 처우에 관한 법률 시행규칙 제215조와 제216조에 따라 규율위반의 수용자에 대하여 30일 이내의 실외운동의 금지를 재량으로 명할 수 있고, 사회통념상 현저하게 타당성을 결하고 이를 남용한 것이라고 인정되지 않는 한 위법하다고 보기 어렵다.

결국 A가 재량위반을 이유로 손해배상을 청구하기 위하여는 30일 이상 실외운동의 금지가 명해지거나 의사의 진단에 기초한 건강 이상을 이유로 실외운동을 요청하였음에도 이를 거부하였다는 점을 입증하여야 할 것이다.

Ⅲ. 소결

설문의 기초가 된 사건에서 원심법원은 차폐시설이 없는 화장실 사용, 잘못된 교도소의 이송과정에서 10시간동안 계구를 착용한 상태에서 신체의 자유가 제한된 것,[499] 10일간의 실외운동금지에 대하여 각 50만원의 위자료를 인정하였으나, 대법원은 전2자에 대한 위자료만 인정하고 후자에 대하여는 위법성을 부정하였다.

[**사례 29**][500]

"A는 타의로 B 정신병원에 입원된 상태에서 퇴원을 수차례 요구하였음에도 불구하고 정신병원의 관계자는 아무런 조치를 취하지 아니하였다. A는 누구를 상대로 어떠한 청구를 할 수 있는가"

---

499) 당시의 지침에 따라 조직폭력사범이 규율을 위반하는 경우 타교도소로 이송하도록 되어 있는 당시의 조직폭력사범 수용 지침에 따라 다른 교도소로 계구를 착용한 상태에서 이동하던 중 피해자가 조직폭력사범에서 해제된 사실이 밝혀져 원교도소로 환소되었고, 피해자는 교도소 담당 직원의 과실로 10시간동안 신체의 자유가 제한되었고, 그로 인하여 정신적 고통을 받은 이상 위자료의 배상의무가 있다고 주장하였다.

500) 대법원 2009. 1. 15. 선고 2006다19832 판결을 참고한 사례이다.

[해제]

Ⅰ. 관련 법령

1. 정신보건법

1) 입원의 태양

a) 자의 입원

정신보건법 제23조에 따라 정신질환자는 입원 또는 입소신청서를 제출하고 정신의료기관 또는 정신요양시설(이하 "정신의료기관등"이라 한다)에 자의로 입원 등을 할 수 있다.

b) 보호의무자에 의한 입원

정신보건법 제24조에 따라 정신의료기관등의 장은 정신질환자의 보호의무자 2인의 동의(보호의무자가 1인인 경우에는 1인의 동의로 한다)가 있고 정신과전문의가 입원 등이 필요하다고 판단한 경우에 한하여 당해 정신질환자를 입원 등을 시킬 수 있다.

c) 시장 · 군수 · 구청장에 의한 입원

정신보건법 제25조에 따라 정신질환으로 자신 또는 타인을 해할 위험이 있다고 의심되는 자를 발견한 정신과전문의 또는 정신보건전문요원은 시장 · 군수 · 구청장에게 당해인의 진단 및 보호를 신청할 수 있다. 진단결과 당해 정신질환자에 대하여 계속입원이 필요하다는 2인 이상의 정신과전문의의 일치된 소견이 있는 경우 당해 정신질환자에 대하여 국가나 지방자치단체가 설치 또는 운영하는 정신의료기관에 입원치료를 의뢰할 수 있다.

d) 응급입원

정신보건법 제26조에 따라 정신질환자로 추정되는 자로서 자신 또는 타인을 해할 위험이 큰 자를 발견한 자는 그 상황이 매우 급박하여 제23조 내지 제25조의 규정에 의한 입원을 시킬 수 없는 때에는 의사와 경찰관의 동의를 얻어 정신의료기관에 당해인에 대한 응급입원을 의뢰할 수 있다. 정신과전문의의 진단결과 자신 또는 타인을 해할 위험으로 인하여 계속입원이 필요한 때에는 제23조 내지 제25조의 규정에 의하여 입원을 시켜야 한다.

2) 퇴원심사의 청구

정신보건법 제29조에 따라 정신의료기관등에 입원 등을 하고 있는 자 또는 그 보호의무자는 시장·군수·구청장에게 자신 또는 당해 입원환자의 퇴원 또는 처우개선을 청구할 수 있다. 정신의료기관에 입원중인 자는 시·도지사에게 자신의 퇴원을 청구할 수 있고, 시·도지사는 이러한 청구를 받은 때에는 즉시 당해 청구내용을 지방정신보건심의위원회에 회부하여야 하며, 지방정신보건심의위원회는 이러한 회부를 받은 때에는 지체 없이 정신보건심판위원회에서 심사하여 그 결과를 시·도지사에게 보고하여야 하고, 심사를 하는 때에는 청구인의 의견을 들어야 한다(정신보건법 제29조 내지 제31조).

2. 인신보호법

위법한 행정처분 또는 사인에 의한 시설에의 수용으로 인하여 부당하게 인신의 자유를 제한당하고 있는 개인의 구제절차를 마련함으로써 헌법이 보장하고 있는 국민의 기본권을 보호하기 위하여 인신보호법이 제정되었다.

1) 구제청구

피수용자에 대한 수용이 위법하게 개시되거나 적법하게 수용된 후 그 사유가 소멸되었음에도 불구하고 계속 수용되어 있는 때에는 피수용자, 그 법정대리인·후견인·배우자·직계혈족·형제자매·동거인·고용주(이하 "구제청구자"라고 한다)는 이 법으로 정하는 바에 따라 법원에 구제를 청구할 수 있다. 다만, 다른 법률에 구제절차가 있는 경우에는 상당한 기간 내에 그 법률에 따른 구제를 받을 수 없음이 명백하여야 한다.

2) 관할

구제청구를 심리하는 관할 법원은 당해 피수용자 또는 수용시설의 주소, 거소 또는 현재지를 관할하는 지방법원 또는 지원으로 한다.

3) 청구사건의 심리 등

법원은 구제청구에 대하여 이를 각하하는 경우를 제외하고 지체 없이 수용의 적법 여부 및 수용을 계속할 필요성 등에 대하여 심리를 개시하여야 한다. 법원은 수용을 계속하는 경우 발생할 것으로 예상되는 신체의 위해 등을 예방하기 위하여 긴급한 필요가 있다고 인정하는 때에는 직권 또는 구제청구자의 신청에 따라 피수용자의 수용을 임시로 해제할 것을 결정할 수 있다.

Ⅱ. 인신보호법상 구제청구

피수용자 또는 그 법정대리인 · 후견인 · 배우자 · 직계혈족 · 형제자매 · 동거인 · 고용주
은 구제청구를 할 수 있고, 이 경우 인신보호법 제8조 제1항, 인신보호규칙 제12조 제2항
에 의하여 수용자가 구제청구인 수용의 적법성 및 수용을 계속할 필요성에 관하여 소명하
여야 한다. 구제청구인의 정신 · 심리상태에 대한 진단의 필요성과 장기간의 정신병원 입원
으로 경제적 능력의 대부분을 상실한 경우에는 인신보호규칙 제8조 제4항의 규정에 따라
전문가 진단비용에 대한 소송구조가 인정되어야 한다.

Ⅲ. 손해배상청구

1. 피고의 선택

정신보건법 제8조 제1항은 보건복지가족부장관 또는 시 · 도지사는 정신병원을 설치 ·
운영하여야 한다고 규정하고 있는바, 정신병원의 설치 및 운영주체는 국가 또는 지방자치
단체라고 할 것이므로 정신보건법이 정하는 조치를 위반한 경우에 국가 또는 지방자치단
체는 국가배상책임을 진다.

2. 청구권원

정신보건법 제6조에 따라 정신보건시설의 설치 · 운영자는 정신질환자와 그 보호의무자
에게 이 법에 의한 권리와 권리의 행사에 관한 사항을 알려야 하며, 입원 및 거주중인 정
신질환자가 인간으로서의 존엄과 가치를 보장받으며 사유롭게 생활할 수 있도록 노력하여
야 한다. 따라서 정신의료기관에 입원중인 자가 시 · 도지사에게 자신의 퇴원을 청구하는
경우에는 후속절차가 취해 질 수 있도록 조치를 하여야 하는데, 이를 게을리 한 것이고, 이
는 공무원이 법령을 위반하여 개인이 신체의 자유를 침해당한 것이므로 국가배상책임이 성
립한다.

3. 청구의 내용

① 소극적 재산적 손해

강제입원기간동안의 일실수입을 청구할 수 있고, 정신질환자라고 하여 일용노동자로서의 노동능력이 부정되는 것은 아니다.

② 위자료

지도·감독의무 위반으로 인하여 A의 신체의 자유와 중대한 절차적 권리가 침해됨으로써 A가 정신적 고통을 입었을 것임은 경험칙상 명백하다고 할 것이므로, 국가는 그 정신적 손해를 금전으로나마 위자할 의무기 있다 할 것이고, A의 입원 사유와 그 경위, 직원의 위법행위의 정도 및 국가 또는 지방자치단체의 지휘·감독의무 위반의 정도, A의 불법입원 기간 등을 고려하여 위자료가 산정된다.

[사례 30][501]

"직원 A가 B 회사의 대표이사 C의 업무지시에 따라 중국 현지 공장 임대인 D에게 밀린 차임을 지급하지 않고 공장을 정리하고 철수하려던 중 임대인 D 등에 의하여 3일 동안 감금되었고, 그로 인하여 A는 외상후 스트레스 장애 진단을 받게 되었다. A 등은 누구에 대하여 어떠한 청구를 할 수 있는가"

[해제]

Ⅰ. 피고의 선택

임대인인 중국인이 차임을 회수하기 위하여 A를 감금한 것은 신체의 자유를 침해한 것으로 불법행위를 구성하나, 중국인에 대하여 판결을 받아 이를 강제집행하는 것은 현실적으로 어려우므로 중국인을 피고로 삼기는 어렵다. 그렇다면 A가 피고로 삼아 책임을 추궁할 수 있는 자는 B 회사의 대표이사인 C라고 할 것이다.

---

501) 의정부지방법원 2008. 11. 25. 선고 2008가단13531 판결(확정)을 참고한 사례이다.

Ⅱ. 청구권원

C는 밀린 차임을 지급하지 않고 공장 철수를 지시하면서 그로 인하여 발생할 수 있는 물리적 충격을 이메일 교신을 통하여 충분히 인식하고 있었음에도 불구하고 이를 강행한 것이므로 C는 A의 자유권침해로 인한 손해를 배상할 책임이 있다.

Ⅲ. 청구의 범위

1. 재산적 손해

1) 치료비

감금으로 인한 외상후 스트레스 장애에 기한 치료비를 청구할 수 있다.

2) 일실수입

감금기간동안의 일실수입을 청구할 수 있다.

2. 비재산적 손해

자유권의 침해의 경우에 있어 위자료는 본인 뿐만 아니라 그 가족도 청구가 가능하다. 이 경우 가족의 범위는 동거가족으로 한정되어야 할 것이다.

Ⅳ. 소결

C의 지시로 인하여 업무를 처리하던 중 A가 감금된 것이므로 C는 이로 인한 일련의 손해를 배상하여야 한다. 특히 위자료와 관련하여서는 본인 뿐만 아니라 동거가족의 경우에도 인정되어야 한다. 설문의 기초가 되는 사건에서 법원은 피해자 본인에게 400만원, 배우자에게 200만원, 자식 2명에게 각 50만원의 위자료를 인정하였다.

"경찰관 A는 B에 대한 고소사건에 수사를 진행함에 있어 B의 집에 가서 강간 등 고소에 따른 수사라는 점을 개략적으로 명시하고 경찰서로의 동행을 B에게 요구하였고, B는 상당한 심리적 압박을 받아 어쩔 수 없이 동행하였다. A는 B에 대한 수사가 오후 6시경에 종료하였음에도 불구하고 경찰서 유치장에 유치한 후 영장발부시인 다음 날 밤 10시까지 그대로 방치하였다. B 등의 구제수단에 대하여 변호사로서 자문을 하여 보라."

[해제]

Ⅰ. 불법행위의 성립 여부

1. 불법체포

경찰관이 피해자의 고소를 접수하고 그 수사를 위하여 피의자의 집에 찾아가 그에게 경찰서로의 동행을 요구할 때, 위 피의자에게 자신의 신분을 밝히고, 위 피해자의 강간 등 고소에 따른 수사라고 명시함으로써 혐의사실을 개략적으로나마 고지한 점, 위와 같은 동행에 있어 물리력을 사용하지 않았던 점에 비추어 당시 위 피의자가 심적으로 거절할 수 없는 상당한 압박감을 느낀 상태였다고 하더라도 위 행위 자체만으로 우리법상 허용될 수 없는 강제적인 연행 즉, 불법적인 체포라고 할 수는 없다. 따라서 불법체포를 전제로 한 손해배상청구는 인정될 수 없다.

2. 불법구금

법관의 영장이 필요없는 임의수사가 성립되기 위하여서는, 수사관서로의 동행이 임의적이어야 할 뿐 아니라, 피의자는 그 수사 도중 언제라도 그 수사관서로부터 자유롭게 퇴거할 수 있어야 할 것이며, 이것이 보장되지 않는다면 이는 벌써 임의수사가 아닌 강제처분으로서 이에는 반드시 법관의 영장이 필요하다고 할 것이다. 피의자가 비록 퇴거의사를 표명하지 않았다고 하더라고 수사종료시점에 지체없이 구속절차를 취하거나, 바로 귀가조치를 시켰어야 할 것임에도, 이러한 조치를 취하지 아니한 채 단순히 경찰서 내부 결제 절차

---

502) 대법원 1999. 4. 23. 선고 98다41377 판결을 참고한 사례이다.

만을 밟고 경찰서 형사보호실에 유치한 행위는 당시 수사의 관례가 그러하였다고 하더라도 위법을 면할 수 없다고 할 것이고 이러한 위법상태는 법관에 의한 구속영장이 발부되어 그 영장이 집행된 시점까지 계속되었다고 할 것이다.

3. 피고의 선택

A의 보호실 유치행위는 불법구금에 해당하고, 경찰공무원이 공무수행중 법령에 위반한 행위를 한 경우에는 국가배상책임이 성립한다(국가배상법 제2조). 공무원의 개인 책임과 국가배상책임의 관계에 대하여 대법원은 공무원의 과실이 경과실에 해당하는 경우에는 국가만이 책임을 지고 고의 또는 중과실이 인정된 경우에 비로소 공무원과 국가가 연대하여 책임을 진다는 태도를 견지하고 있다. 결국 A가 불법행위책임이 성립하는지는 A의 과실이 경과실인지 아니면 중과실인지에 달려 있다고 할 것인데, 이는 법원의 심리를 통하여 밝혀질 사항으로 제소단계에서는 양자를 피고로 삼을 수 있다고 할 것이나, 실무상으로는 국가만을 피고로 삼아 소를 제기한다.

Ⅱ. 청구의 내용

1. B의 청구

불법구금으로 인한 피해자 본인의 손해배상청구는 적극적 재산적 손해, 소극적 재산적 손해 그리고 위자료로 나누어진다. 장기간의 구금으로 인하여 정신과 치료를 요하는 경우에는 그 치료비가 적극적 재산적 손해에 해당하며, 구금기간동안 일을 못하게 된 경우에는 그 기간 동안의 일실 수입이 소극적 재산적 손해에 해당한다. 마지막으로 자유권침해로 인한 정신적 고통 등 일련의 불이익에 대한 위자료가 인정된다. 특히 위자료의 산정에 있어 중요한 고려요소는 불법구금의 기간, 불법구금의 경위, 불법구금으로 인한 정신건강의 침해 여부, 실직 등이 있다.

2. B의 가족의 청구

제752조는 생명침해에 대하여 직계존속, 직계비속 및 배우자의 위자료를 규정하고 있다. 따라서 생명침해가 아닌 불법행위에 대하여 근친자의 위자료가 인정될 수 있을지가 문제된다. 학설과 판례는 대체로 제752조를 법익의 유형 뿐만 아니라 청구권자에 대하여 예시규정

으로 보고 있다. 이에 대하여 소수설은 법문에 반하여 가해자의 배상범위가 넓어질 수 있다는 점을 지적한다. 우리 민법은 불법행위의 성립요건과 배상범위에 관한 일반조항으로 3개의 조문만을 두고 있음을 볼 때 열거설을 취하는 경우 다양한 유형의 불법행위로부터 피해자를 충분히 보호하지 못하는 흠이 발생한다. 따라서 자유권의 침해라는 중대한 불법행위에 대하여 근친자의 위자료를 부정하기는 어렵고, 소수설이 지적하는 논거인 배상범위의 확장에 대한 안전장치로 배상액과 청구권자의 범위를 적정하게 통제할 필요가 있다. 불법구금의 경우에 동거가족을 중심으로 근친자의 위자료를 정하는 것으로 족하다고 할 것이다. 다만 동거가족이 많은 경우를 고려하여 가단의 개념을 설정하여 피해자 본인과 근친자의 위자료 총액을 적정하게 통제할 필요가 있다.

Ⅲ. 소결

설문의 기초가 된 사건에서는 불법구금으로 인한 손해배상으로 본인에게 위자료 100만원, 부모에게 위자료 각 50만원이 인정되었다.

[사례 32][503]

"A는 북한 고위층 인사였다가 대한민국에 망명하였는데, 미국 소재 연구소로부터 미국방문 초청을 받고 여권을 신청하였으나, 남북관계의 악화, 초청자측의 신변안전대책의 미강구를 이유로 여권발급이 거부되었다. 변호사로서 A에 대하여 법적 조언을 하라"

[해제]

Ⅰ. 해외여행의 자유의 의미

거주·이전의 자유란 국민이 자기가 원하는 곳에 주소나 거소를 설정하고 그것을 이전할 자유를 말하며 그 자유에는 국내에서의 거주·이전의 자유 이외에 해외여행 및 해외이

---

503) 서울중앙지방법원 2008. 7. 23. 선고 2006가합6404 판결(로앤비)을 참고한 사례이다.

주의 자유가 포함되고, 해외여행 및 해외이주의 자유는 대한민국의 통치권이 미치지 않는 곳으로 여행하거나 이주할 수 있는 자유로서 구체적으로 우리나라를 떠날 수 있는 출국의 자유와 외국 체류를 중단하고 다시 우리나라로 돌아올 수 있는 입국의 자유를 포함한다.[504] 또한 여권의 발급은 헌법이 보장하는 거주·이전의 자유의 내용인 해외여행의 자유를 보장하기 위한 수단적 성격을 갖고 있으며, 해외여행의 자유는 행복을 추구하기 위한 권리이자 이동의 자유로운 보장의 확보를 통하여 의사를 표현할 수 있는 측면에서 인신의 자유 또는 표현의 자유와 밀접한 관련을 가진 기본권이므로 최대한 그 권리가 보장되어야 하고, 따라서 그 권리를 제한하는 것은 최소한에 그쳐야 한다.

II. 여권발급 거부처분에 대한 행정소송

A는 여권법에서 여권의 발급이 거부될 수 있는 '대한민국의 이익이나 공공의 안전을 현저히 해할 상당한 이유가 있다고 인정되는 자'에 해당하지 않으며, 신변안전대책의 미비나 남북관계의 악화라는 사유만으로는 거주이전의 자유를 중대하게 제한하는 것은 재량권의 일탈 및 남용이므로 여권발급거부처분은 취소되어야 한다.

III. 손해배상소송

공무원의 잘못으로 인하여 여권이 발급되지 않아서 결국 출국할 수 없게 된 것이므로 이에 대한 국가배상책임을 추궁할 수 있다. 여권법상 여권발급거부사유를 자의적으로 해석하여 명확하지 않은 남북관계의 악화, 신변보호대책의 미비를 이유로 여권발급을 거부한 것은 거주이전의 자유의 중요성에 비추어 재량권을 일탈남용한 것이다. 따라서 거주이전의 자유에 대한 중대한 침해로 인한 위자료를 배상할 책임이 있다.

IV. 소결

설문의 기초가 된 사건에서 원고는 여권발급거부처분 취소소송에서 승소하였고, 손해배

---

504) 대법원 2008. 1. 24. 선고 2007두10846 판결.

상소송에서도 승소하여 위자료로 5천만원이 인정되었다. 특히 법원은 위자료 산정에 있어서 공무원의 장기간의 부작위, 원고가 4년여에 걸쳐 3차례의 소송을 통해 권리구제를 받게 된 점, 해외에서 활동할 수 있는 권리가 장기간 박탈당한 점, 사회적·정치적 활동에 있어 상당한 제약을 받았다는 점 등을 참작하였다.

[사례 33][505]

"A는 상습특수강도범행 및 강도살인범행에 대하여 2개의 무기징역형이 선고·확정되었다. 먼저 확정된 상습특수강도범행에 대하여 무기징역형의 집행이 계속되던 중 징역 20년으로 감형되었고, 그 기간이 경과된 후 나중에 확정된 무기징역형에 대한 집행으로 A는 현재까지 교도소에 수감중이다. A는 누구를 상대로 어떠한 청구를 할 수 있는가"

[해제]

Ⅰ. 위법한 형집행

형법 제39조 제1항에 의하여 2개의 무기징역형이 별도로 선고되어 확정된 경우에는 형법 제39조 제2항, 제38조 제1항 제1호에 따라 가장 중한 죄에 정한 형으로 처벌하여야 하는바, 이 사건 제1형과 이 사건 제2형은 모두 무기징역형이고 원고가 범한 죄들 중 가장 중한 죄는 강도살인죄이므로, 원고로서는 강도살인죄에 정한 형인 이 사건 제2형으로만 처벌받으면 되고 그에 덧붙여 이 사건 제1형으로도 처벌받아야 하는 것은 아니고, 따라서 검사로서는 이 사건 제2형이 확정된 후 원고에 대한 형집행지휘를 함에 있어서 1개의 무기징역형(이 사건 제2형)만 집행하고 다른 무기징역형(이 사건 제1형)은 집행하지 말도록 지휘하여야 할 주의의무가 있음에도 불구하고, 이를 위반하여 이 사건 제1형(무기징역)의 집행종료 다음날부터 다시 이 사건 제2형(무기징역)을 집행하도록 지휘하고 말았으니, 위와 같은 검사의 형집행지휘는 구 형법에 반하는 위법한 것이다.

그런데 A에 대한 1998. 3. 13.자 감형장에는 '죄명 상습특수강도 등, 형명 형기 무기징

---

505) 대구지방법원 2008. 2. 14. 선고 2007가합8314 판결(확정)을 참고한 사례이다.

역'이라고 기재되어 있어 마치 A가 2개의 무기징역형 중 1개(이 사건 제1형)만 감형받고 다른 1개(이 사건 제2형)는 감형받지 아니한 것처럼 볼 여지가 있으나, 형법 제39조 제2항, 제38조 제1항 제1호의 규정에 비추어 볼 때, 감형장에 기재된 '상습특수강도 등'에는 '강도살인'이 포함된 것이고 '무기징역'이란 당시 A에 대하여 집행하였어야 하는 형인 'A가 범한 수 개의 죄 중 가장 중한 죄인 강도살인죄에 정한 무기징역'을 의미하는 것으로 봄이 상당하므로, A는 1998. 3. 13.자 감형에 의하여 강도살인죄에 정한 무기징역형(이 사건 제2형)을 징역 20년으로 감형받았다고 할 것이니, A로서는 위 감형 후에는 징역 20년만 복역하면 되고, 위 징역 20년의 집행개시일은 최초로 무기징역형(이 사건 제1형)의 집행이 개시된 1981. 1. 13.이므로, A는 그 때부터 20년이 경과한 2001. 1. 12. 징역 20년의 복역을 종료하였다고 할 것이다.

Ⅱ. 재판의 집행에 대한 이의신청

A는 2007. 2. 26. 재판의 집행에 관한 이의 신청을 하여 2007. 3. 2. 법원으로부터 "대구지방검찰청 검사 소외인이 1982. 4. 12. 1982집2239호로 대구교도소장에게 한 형집행지휘처분을 취소한다"는 결정을 받았고(대구고등법원 2007초기5), 검사가 재항고하였으나 대법원은 2007. 4. 20. 재항고를 기각하여(2007모160), A는 2007. 4. 23. 석방되었다.

Ⅲ. 손해배상청구

A가 형의 집행이 종료된 후인 2001. 1. 13.부터 2007. 4. 23.까지 위법하게 교도소에 감금되어 있었던 것은 검사의 잘못된 형집행지휘로 인한 것이라고 할 것이므로, 국가는 국가배상법 제2조 제1항에 의하여 불법감금으로 인하여 A가 입은 손해를 배상할 의무가 있다.

Ⅳ. 손해배상의 범위

신체의 자유의 침해로 인한 손해에는 일실수입, 치료비(구금으로 인하여 정신질환이 발생한 경우 등), 위자료가 있다.

1. 일실수입

신체의 자유가 침해된 기간동안의 일실수입은 직업소득, 일용노임 등을 통하여 산정된다.

2. 위자료

자유의 침해로 인한 위자료의 산정에 있어서는 형집행에 이르게 된 경위, 구금기간, 실직 또는 이혼여부, 나이(성년인지 미성년인지 등) 등의 제반 사정이 고려된다.

V. 소결

설문의 기초가 된 사건에서 법원은 일실수입과 위자료를 인정하였다. 특히 법원은 형집행의 경위, 원고의 직업, 경력, 나이 기타 이 사건 변론에 나타난 제반 사정을 종합하여 위자료로 4,000만원을 인정하였다.

4. 성적 자기결정권의 침해

1) 서설

성적 자기결정권은 각자 스스로 선택한 인생관 등을 바탕으로 사회공동체 안에서 각자가 독자적으로 성적 관(觀)을 확립하고, 이에 따라 사생활의 영역에서 자기 스스로 내린 성적 결정에 따라 자기책임 하에 상대방을 선택하고 성관계를 가질 권리를 의미하는 것이다.[506] 성적 자기결정권의 침해는 강간 뿐만 아니라 사술이나 지위의 남용 등에 의하여 성적 교섭을 갖는 것을 포함한다.[507] 더 나아가 피해자를 감금하면서 윤락을 강요하는 것 그리고 성희롱, 성추행 등이 성적 자기결정권의 침해에 포함되는 것이다. 성적 자기결정권의 침해의 다양한 유형은 형법과 성폭력범죄의 처벌 및 피해자보호 등에 관한 법률이 참고되어야 한다. 특히 위자료의 산정에 있어 중요한 고려사항인 침해의 정도와 관련하여서는 형법과 특별법의 법정형도 참고되어야 할 것이다.

2) 유형

a) 강간

하급심판결에 의하면 강간으로 인한 상해와 함께 임신 및 그 중절수술을 남편과 이혼까지 한 경우에 변제공탁금(2000만원) 외에 위자료로 2,000만원이 인정되었다.[508] 피해자를 강간한 후 2년간 상습적으로 신체적, 정서적, 성적인 학대를 하였고, 그로 인하여 피해자는 외상후 스트레스 장애, 불안, 대인기피 등 심각한 정서적 질환을 입은 사건에서 피해자 본인에게 4000만원, 부모에게 각 500만원의 위자료가 인정되었다.[509]

---

506) 헌법재판소 2002. 10. 31. 99헌바40?2002헌바50 결정(憲判集 14-2, 490).

507) 民法注解[ⅩⅧ], 361면(李東明 집필),

508) 서울지방법원 2004. 1. 13. 선고 2003가합29789 판결(미간행).

509) 서울중앙지방법원 2007. 1. 10. 선고 2006가합20288 판결(미간행). 미성년자녀의 부모들은 보호감독의무의 위반으로 자녀들과 함께 공동불법행위자로서 연대책임이 인정되었고, 손해배상금의 일부로 3000만원을 공탁하였다.

b) 성추행

피해자(만 8세의 초등학생)가 성추행을 당하여 심리적, 정신적인 무력감, 우울증에 시달리고 있는 점 등을 감안하여 피해자 본인에게 2000만원, 부모 각 1000만원, 동생에게 200만원을 위자료로 인정하였다. 성폭력은 어린 나이의 피해자에게 심각한 정신적 심리적 장애를 가져오고, 아이를 양육하는 부모에게는 중대한 정신적 고통을 가져오므로 위자료가 높게 인정되었다.

c) 윤락강요 등

서울지방법원은 유흥주점의 여자 종업원에게 원치 않는 윤락행위를 강요하는 등 여자 종업원들의 선불금을 미끼로 신체와 행동의 자유를 제한하여 인간으로서의 존엄성을 침해하는 불법행위에 대하여 위자료의 배상책임을 인정하였다.[510]

d) 성희롱

대법원은 남녀관계에 있어서 일방이 상대방에 대한 성적 관심을 표명하는 것이 사회공동체의 건전한 상식과 관행에 비추어 볼 때 용인될 수 없는 경우에는 상대방의 성적 표현행위로 인하여 인격권을 침해하는 것이라고 판시하였다.[511] 위 판결에 대하여 일반적인 인격적 이익의 침해로 보는 견해[512]가 있으나, 성희롱의 경우에는 성적 자기결정권의 침해로 보는 것이 합당하고, 성적 자기결정권의 침해를 성적 교섭에 국한할 필요는 없다. 인격권이 포괄적인 내용을 담고 있어 개별 사안 유형에 맞추어 세분화하는 작업이 요청되고, 성희롱의 경우에도 인격권의 구체적 내용인 성적 자기결정권의 범주로 파악하는 것이 타당하다.

---

510) 서울지방법원 2006. 1. 25. 선고 2004가합90269 판결(미간행)(위자료 2천만원).

511) 대법원 1998. 2. 10. 선고 95다39533 판결. 환송후 원심판결인 서울고등법원 1999. 6. 25. 선고 98 나12180판결에 의하면 성적 굴욕감이나 혐오감을 느낄 정도의 성희롱으로 인하여 원고가 입은 정신 적 고통에 대하여 위자료로 500만원이 인정되었다.

512) 民法注解[XVIII], 412면(李東明 집필). 金載亨, "人格權에 관한 判例의 動向", 民事法學 27호(2005. 3), 390면 이하는 성희롱은 성차별을 넘어서 인간의 존엄과 직결된 문제이므로 그 적용범위가 넓어 제 750조에 의하여 적정하게 해결될 수 있다고 한다.

3) 손해배상

성적 자기결정권의 침해로 인한 손해배상의 범위는 치료비, 일실수입, 위자료로 나뉜다. 성적 자기결정권의 침해로 인한 정신과 치료비나 외상후 스트레스장애로 인한 노동능력상실율의 감소로 인한 일실수입이 재산적 손해로 인정될 수 있다. 위자료는 침해의 태양과 정도, 그 기간, 치료 여부, 피해자의 나이 등이 고려되어 산정된다. 특히 성적 자기결정권의 침해로 인한 손해의 산정에 있어서는 아동이나 여성의 피해의 정도를 신중하게 검토하여야 한다.

[사례 34][513)

"택시회사 C의 운전기사인 B는 술에 취하여 택시에 탄 여자승객인 A가 목적지에 다 왔음을 알렸음에도 불구하고 정신을 못 차리고 있자 인적이 드문 곳으로 이동한 후 A를 강간하였다."

1. A는 누구를 상대로 어떠한 청구를 할 수 있는가.
2. 피고로 지정된 자는 어떠한 항변을 할 수 있는가.
3. 택시기사가 살인은 한 경우에는 어떠한가.

[해제]

I. 원고의 청구

1. 피고의 선택

피해자 A의 손해의 전보를 위하여는 자력있는 자를 피고로 삼는 것이 중요한데, 설문의 경우에 있어서는 제756조 소정의 사용자책임을 매개로 하여 사용자인 택시회사 C를 피고로 삼는 것이 중요하다.

---

513) 대법원 1991. 1. 11. 선고 90다8954 판결을 참고한 사례이다.

2. 청구권원

1) 관련 법령

도로교통법 제56조는 차의 운전자를 고용하고 있는 사람이나 직접 이를 관리하는 지위에 있는 사람 또는 차의 사용자는 운전자에게 이 법이나 이 법에 의한 명령을 지키도록 항상 주의시키고 감독하여야 한다고 규정하고 있으며, 제93조 제1항 단서와 제11호는 운전면허를 받은 사람이 자동차등을 이용하여 살인 또는 강간 등 행정안전부령이 정하는 범죄행위를 한 때를 운전면허의 취소사유로 삼고 있다. 구체적으로 도로교통법 시행규칙 제92조는 법 제93조 제1항 제11호에서 운전면허 취소사유로서 행정자치부령이 정하는 범죄행위라 함은 자동차등을 범죄의 도구나 장소로 이용하여 다음 각 호의 어느 하나의 범죄를 범한 때를 말한다고 규정하고 있다. ①국가보안법 을 위반한 범죄, ② 형법 등을 위반한 다음 각 목의 어느 하나의 범죄(가. 살인·사체유기 또는 방화, 나. 강도·강간 또는 강제추행, 다. 약취·유인 또는 감금, 라. 상습절도(절취한 물건을 운반한 경우에 한한다), 마. 교통방해(단체에 소속되거나 다수인에 포함되어 교통을 방해한 경우에 한한다)이다.

도로교통법의 관련 규정에 비추어 입법자는 택시승객의 생명과 신체의 안전 등을 위하여 고용주의 의무와 운전면허의 필요적 취소를 규정하였다고 할 것이므로 이러한 도로교통법의 규정들은 택시기사의 불법행위(강간, 살인 등)의 피해자를 위한 보호법규에 해당한다.

2) 청구의 내용

택시기사로 하여금 택시를 이용한 중대범죄행위를 저지르지 말 것을 수시로 지도감독하여야 하며, 이는 피해자가 받게 되는 불이익의 중대성(생명, 신체의 안전, 성적 자기결정권)에 비추어 요청되는 바이다. 택시기사의 범죄행위는 법인택시를 이용하여 운행을 하고 승객을 태우는 것과 밀접하게 연관된 것이므로 사무집행관련성이 부정되는 것도 아니며, 통상적으로 사무집행관련성이 없는 개인적 범행이라는 점에 대한 피해자의 고의 또는 중과실도 인정되기 어렵다.

A가 청구할 수 있는 손해로는 치료비, 일실수입, 위자료가 있으며, 특히 치료비에는 정신과 치료비도 포함되며, 위자료의 산정에 있어서는 A의 나이(미성년자여부, 여성 여부, 결혼 여부), B가 형사사건으로 처벌받았는지 여부, A가 형사합의금(또는 공탁금)을 받았는지 여부 등이 고려되어야 한다.

Ⅱ. 피고의 항변

택시회사 C는 이 사건 강간이 택시기사의 개인적 범죄행위에 불과하고, 사무의 집행이라고 볼 여지가 없으므로 제756조 소정의 사용자책임이 인정되지 않는다.

Ⅲ. 소결

설문의 기초가 된 사건에서 법원은 택시회사의 사용자책임을 긍정하였다. 위와 같은 결론은 도로교통법의 관련 규정의 해석에 비추어 심야에 택시에 탄 승객의 생명과 신체의 안전을 보장하기 위한 것으로 타당하며, 택시회사는 택시기사의 무자력위험을 신원보증계약을 통하여 회피할 수 있으므로 택시회사에게 과도한 불이익을 초래하는 것도 아니다.

[사례 35][514)

"C시에서 B가 운영하는 윤락업소(베니어 합판으로 여러개의 내실을 개조하였음)의 여종업원 A가 윤락업소에 감금된 채로 윤락을 강요받으면서 생활하다가 그 곳에서 합선으로 인한 화재로 인하여 미처 피신하지 못하고 유독가스에 질식해 A가 사망하였다. A의 상속인은 누구를 상대로 어떠한 청구를 할 수 있는가"

[해제]

Ⅰ. 피고의 선택

1. 업주 B

여종업원을 감금한 상태에서 윤락을 강요하였고, 도망을 방지하기 위하여 시정장치를 하

---

514) 대법원 2008. 4. 10. 선고 2005다48994 판결과 대법원 2004. 9. 23. 선고 2003다49009 판결을 참고한 사례이다.

고, 더 나아가 누전방지를 위한 장치와 소화전 등을 구비하지 아니하여 화재로 인한 사망을 초래한 것이므로 업주가 불법행위책임을 지는 것은 당연하다. 그러나 윤락업주들은 대개 자신 명의로 재산을 남겨 두지 않아 그에 대한 승소판결은 손해의 전보에 전혀 기여하지 못하는 경우가 다반사다.

2. 지방자치단체

화재로 인하여 사망사고가 난 이상 화재예방업무를 담당하는 공무원의 잘못을 들어 그 책임을 추궁할 여지가 있다. 소방법상 정기적인 전기안전점검을 하고 화재감지기 및 소화기를 비치하며 비상계단 등을 확보하여 화재 발생 즉시 재빠른 대피가 가능히도록 힘으로써 누전 등으로 인한 화재 발생에 대비하여야 한다. 불법개조와 과다한 전기시설로 화재의 위험이 높은 이 사건 업소에 대하여 소방법의 관련 규정에 의거 소방대상물로 지정하거나 그 상황을 검사하여 화재위험시설을 즉각 제거하고 사용금지를 명하여야 함에도 불구하고 이를 게을리 한 잘못이 인정될 여지가 높다. 소방법에 의하면 '소방본부장'은 특별시·광역시 및 도(이하 '시·도'라 한다)의 소방·구조·구급 등의 업무를 담당하는 부서의 장을 말하고, 시·도는 그 지방자치단체의 관할 구역 안에 있어서의 소방업무를 수행하며, 위 법에서 규정된 소방업무를 수행하는 소방본부장 또는 소방서장은 그 소재지를 관할하는 특별시장·광역시장 또는 도지사(이하 '시·도지사'라 한다)의 지휘·감독을 받고, 국가는 시·도의 소방업무에 필요한 경비의 일부를 보조하도록 규정되어 있고, 지방자치법에 의하면 화재 예방 및 소방에 관한 사무를 지방자치단체의 사무로 열거하면서도 법률에 다른 규정이 있는 경우에는 그러하지 않다고 규정하고 있는바, 소방에 관한 사무는 국가 또는 '시와 군 및 구'의 사무가 아니고 지방자치단체인 '특별시·광역시 및 도'의 사무라 할 것이고, 국가는 단지 지방자치단체의 소방업무에 필요한 경비의 일부를 보조하는데 지나지 않는다.

3. 대한민국

경찰은 범죄의 예방, 진압 및 수사와 함께 국민의 생명, 신체 재산의 보호 기타 공공의 안녕과 질서유지 등을 그 직무로 하고 있고(경찰관직무집행법 제1조, 제2조), 그 직무의 원활한 수행을 위하여 법령에 의하여 여러 가지 권한이 부여되어 있으므로 구체적인 직무를 수행함에 있어 제반 상황에 대응하여 자신에게 부여된 권한 중 어떠한 권한을 선택할 것인지 그리고 경찰권한을 행사할 것인지 여부 등에 대한 재량을 가진다 할 것이나 다만 위 법이 경찰관에게 그러한 권한을 부여한 취지와 목적에 비추어 볼 때 구체적인 사정에 따라 경찰관이 그 권한을 행사하여 필요한 조치를 취하지 아니하는 것이 현저하게 불합리하다고 인정되는 경우에는 그러한 권한의 불행사가 직무상의 의무를 위반한 것이 되어 위법한 행위로 될 수 있다. 윤락업소에 인근한 파출소의 경찰관들은 윤락영업이 이루어지고 있다는 점과 업소의 창문에 쇠창살이 설치되어 있어 그 내부에 감금된 채로 윤락을 강요받으며 생활하고 있다는 점을 충분히 알 수 있었다고 할 것이므로 감금 및 윤락강요행위를 제지하고 윤락업소의 업주들을 체포하는 등으로 경찰관직무집행법, 형사소송법 등 관련 법령의 규정에 따라 조치를 취할 의무가 있음에도 불구하고 이를 게을리한 것이므로 이로 인한 배상책임을 저야 한다. 다만 경찰관의 잘못과 이 사건 화재로 인한 사망사이에는 상당인과관계를 인정하기는 어렵다.

II. 청구의 내용

1. 업주와 도에 대한 청구

업주와 화재예방을 위한 관리감독의무를 불이행한 지방자치단체인 도에 대하여는 피해자의 상속인들은 화재로 인한 사망에 대한 손해배상책임을 추궁할 수 있을 것이다. 소방공무원의 직무상 의무는 전적으로 또는 부수적으로 사회구성원 개인의 안전과 이익을 보호하기 위하여 설정된 것이라 할 것이므로, 소방공무원의 위험관리의무 위반이 객관적 정당성을 상실하였다고 인정될 정도에 이른 경우에는 국가배상법 제2조에서 말하는 위법의 요건을 충족하였다고 봄이 상당하다. 따라서 지방자치단체인 도의 책임이 인정되기 위하여는 의무위반이 상당한 정도에 이른다는 점이 입증되어야 한다. 구체적인 손해로는 장례비, 일실수입, 위자료로 나뉘고, 위자료는 망인 본인의 위자료와 근친자의 위자료로 나뉜다.

2. 대한민국에 내인 칭구

경찰관의 보호의무 불이행에 대하여는 피해자의 상속인들은 감금 및 윤락강요로 인한 부분에 한하여 손해배상책임을 추궁할 수 있다. 상속인들이 청구할 수 있는 손해로는 망인 본인의 위자료와 근친자의 위자료가 있다.

Ⅲ. 소결

설문의 기초가 된 사건은 군산 윤락가 화재사건인데, 업주에 대하여는 사망에 대한 책임이, 대한민국에 대하여는 경찰관의 보호의무위반에 대한 책임이 각 인정되었다. 대법원은 소방법상 방염 규정 위반에 대한 시정조치 및 화재 발생시 대피에 장애가 되는 잠금장치의 제거 등 시정조치를 명하지 않은 직무상 의무 위반은 현저히 불합리한 경우에 해당하여 위법하고, 이러한 직무상 의무 위반과 위 사망의 결과 사이에 상당인과관계가 존재한다고 판시하면서 소방공무원의 직무상 의무위반에 대한 전라북도의 책임을 부정한 원심법원의 판결을 파기환송하였다.515)

[사례 36]516)

"C는 사회복지법인 B가 운영하는 아동복지시설의 원장인데, C는 채용후 첫 대면하는 자리에서 신입여직원인 A에게 사회복지사로서 대성하려면 소극적 성격을 버리고 적극성을 보여야 한다고 강조하였다. C는 근무시간 중 원장실로 A를 불러 성적인 농담을 하면서 남자친구의 존재 여부 및 첫경험의 존재 여부를 물어 보았다. A가 머뭇거리면서 대답을 하지 못하자, C는 자신의 어깨를 안마해 보라고 하면서 A의 손을 잡고 포옹을 하였다. C는 몇 일 후 대담하게도 근무시간 중 원장실에서 A에게 여러 차례 유사 성행위를 강요하였다. C는 전체 회식이 끝난 후 A를 자신의 관사로 불러 A의 의사에 반하여 성행위를 하였다. A는 C의 집요한 행위에 더 이상 견디지 못하고 사표를 내었다. A는 누구를 상대로 어떠한 청구를 할 수 있는가."

[해제]

Ⅰ. 피고의 선택

A는 일련의 성적 자기결정권의 침해를 한 C 뿐만 아니라 C의 사용자인 B 법인에게 사

---

515) 대법원 2008. 4. 10. 선고 2005다48994 판결. 소방공무원의 직무상 의무위반에 대하여는 지방자치단체인 '특별시와 광역시 및 도'에서 담당하는 것이므로 군산시나 대한민국은 이에 대한 책임이 없다.

516) 대법원 2009. 2. 26. 선고 2008다89712 판결을 참고한 사례이다.

용자책임을 추궁할 여지가 있다.

Ⅱ. 청구권원

1. C에 대한 청구

C는 언어에 의한 성희롱, 유사성행위를 강요한 성희롱, 강간 등의 성적 자기결정권의 침해라는 불법행위를 하였으므로, 이로 인한 손해를 배상할 책임이 있다.

2. B에 대한 청구

피용자가 다른 피용자를 성추행 또는 간음하는 등 고의적인 가해행위를 한 경우, 그 행위가 피용자의 사무집행 자체는 아니라 하더라도, 피해자로 하여금 성적 굴욕감 또는 혐오감을 느끼게 하는 방법으로 업무를 수행하도록 하는 과정에서 피해자를 성추행하는 등 그 가해행위가 외형상 객관적으로 업무의 수행에 수반되거나 업무수행과 밀접한 관련 아래 이루어지는 경우뿐만 아니라, 피용자가 사용자로부터 채용, 계속고용, 승진, 근무평정과 같은 다른 근로자에 대한 고용조건을 결정할 수 있는 권한을 부여받고 있음을 이용하여 그 업무수행과 시간적, 장소적인 근접성이 인정되는 상황에서 피해자를 성추행하는 등과 같이 외형상 객관적으로 사용자의 사무집행행위와 관련된 것이라고 볼 수 있는 사안에서도 사용자책임이 성립할 수 있다. 설문의 경우 인사권자인 원장이 자신의 지위를 남용하여 A의 성적 자기결정권을 침해하였고, 이러한 불법행위가 상당한 기간동안 계속되었다고 할 것이므로 B의 사용자책임이 긍정될 수 있다.

Ⅲ. 청구의 내용

1. C에 대한 청구

1) 일실수입

C의 불법행위가 없었더라면 계속하여 근로하였을 것이므로 사직시점부터 구직을 위한 합리적 기간동안의 종전 임금 상당액을 일실수입으로 청구할 수 있을 것이다. 설문의 기초가 된 사건에서 1심법원은 사직시점으로부터 새로이 직장을 구한 시점인 약 1년간의 일실수입을 인정하였다.

2) 치료비

C의 불법행위로 인하여 치료비를 지출한 것이 있다면 상당한 범위내에서 손해배상이 인정된다.

3) 위자료

성적 자기결정권의 침해 태양, 기간, 피해자의 피해정도(외상후 스트레스 장애, 수면장애 등 치료를 요하는 상태 여부), 나이와 사회 생활의 정도, 가해자의 지위 등이 종합적으로 고려되어 위자료가 산정된다. 설문의 기초가 된 사건에서 1심법원은 원고가 사회생활을 처음 시작하는 미혼여성으로서 연애 및 성적 경험이 전혀 없었고, 장기간에 걸쳐 성적 자기결정권을 침해당하였으며, 피고로부터 성폭행을 당한 이후 수면장애, 사회적 위축, 자살충동, 남자들에 대한 회피 등 외상 후 스트레스 장애 증상을 보이며 정상적인 생활을 영위할 수 없었고, 다시 취직을 하는 등 일상 생활로 돌아오려 노력하고 있으나, 앞으로도 그러한 고통이 예상되는바, 앞에서 본 여러 사정을 참작하면 피고가 원고에게 지급하여야 할 위자료는 1억원으로 정함이 상당하다고 판단하였다.[517]

2. B에 대한 청구

비록 사용자책임이 긍정된다고 하더라도 사용자는 은밀하게 이루어진 성적 자기결정권의 침해를 파악하기가 쉽지 않고, 종래 그러한 점이 문제되지 않았다는 사정을 감안하여 사용자책임의 범위를 일부 제한할 수 있다. 1심법원은 피고 법인의 책임범위를 60%로 제한하는 것이 손해의 공평·타당한 분담을 그 지도원리로 한 손해배상제도의 이념에 부합한다고 판단하였다.[518]

Ⅳ. 소결

설문의 기초가 된 사건에서 법원은 가해자 뿐만 아니라 그 사용자에 대하여도 불법행위책임을 긍정하였다. 가해자 본인의 책임과 사용자책임은 공동불법행위가 아니므로 양자의 손해배상의 범위는 달라질 수 있다. 또한 이 사건에서는 일실수입에 대한 배상이 인정되고,

---

517) 광주지방법원 순천지원 2008. 2. 21. 선고 2008가합48 판결.
518) 광주지방법원 순천지원 2008. 2. 21. 선고 2008가합48 판결.

상당히 고액의 위자료가 인정되었다는 점에서 특이하다.

V. 참고사례 - 광주지방법원 순천지원
2009. 1. 22. 선고 2008가합2136 판결

1. 사실관계

초등학교 교사가 학교내에서 초등학생을 수차례에 걸쳐 성추행을 한 사건에서 법원은 이 사건 성추행은 교육활동 과정에서 이루어졌으며, 교육기본법에 따라 국가와 지방자치단체에게 학생의 존엄한 성을 보호할 의무를 부과하고 있으며 또한 국가와 지방자치단체의 학교에 대한 지도 감독의무를 규정하고 있으므로 교원의 사용자는 국가배상책임을 진다고 판단하였다. 특히 이 사건 피해자는 초등학생이어서 성적 자기결정권을 온전하게 행사할 수 없는 지위에 있으며, 가해자인 교원이 이를 남용하여 수차례에 걸쳐 성추행을 한 것이 불법행위의 성립에 있어 중요한 고려요소에 해당한다.

2. 손해배상청구의 내용

① 치료비

성추행은 피해자인 아동의 정신세계에 중대한 영향을 미치므로 이에 대한 주의가 요구된다. 대인기피증, 외상후 스트레스장애 등이 발생할 수 있으므로 신체감정을 통하여 치료기간 등을 확정할 필요가 있다.

② 위자료

성추행의 빈도. 피해자의 나이, 후유장애 유무, 치료기간 등을 고려하여 위자료가 정해진다. 성추행이 아동에게 미치는 영향을 고려하면 부모의 위자료가 긍정되어야 할 것이다. 가해자는 2년에 걸쳐 제자들을 성추행하였고, 그로 인하여 피해자들은 성신과 치료끼지 받게 되었는바, 이에 대하여 법원은 피해자인 아동에 대하여 가해자인 교사에게 1700만원, 사용자인 지방자치단체에게 1200만원의 위자료를, 피해자의 부모에게 100만원의 위자료를 인정하였다.

5. 명예훼손

1) 서설

명예는 인격의 내재적 가치를 말하는 내부적 명예와 인격적 가치에 대한 사회적 평가를 말하는 외부적 명예 및 사람이 자기 자신에 대하여 가지는 명예감정으로 구성된다.[519] 그리고 통설과 판례는 명예를 사회에서 가지는 품위·명성·신용 등을 의미하는 것으로 넓게 해석한다.[520]

통설과 판례는 불법행위에 의하여 보호되는 명예는 외부적 명예로 한정된다고 보나,[521] 소수설은 명예감정도 일종의 인격적 이익이기 때문에 일정한도를 넘는 위법한 침해에 대하여는 불법행위가 성립한다고 주장한다.[522]

2) 민사상 불법행위책임과 형사범죄와의 관계

a) 명예와 관련된 형법상 범죄 개관

형법은 명예에 관한 죄(제307조 내지 제312조)와 신용훼손죄(제313조)를 규정하고 있다. 명예에 관한 죄는 크게 명예훼손죄와 모욕죄로 구분되고, 전자는 다시 일반 명예훼손(사실에 의한 명예훼손과 허위사실에 의한 명예훼손으로 다시 세분됨), 사자에 의한 명예훼손, 출판물등에 의한 명예훼손으로 구분된다. 형사상 명예에 관한 죄는 모두 고의와 공연성을 요구한다는 점에서 공통적이다.

---

519) 民法注解[XVIII], 364면(李東明 집필); 註釋 債權各則(7), 63면(朴哲雨 집필).

520) 박용상, 명예훼손법, 47면.

521) 대법원 1992. 9. 27. 선고 92다756 판결; 註釋 債權各則(7), 63면(朴哲雨 집필); 韓渭洙, "名譽의 毁損과 民事上의 諸問題", 司法論集 제24집(93. 12), 399면; 權五乘, "名譽의 意義와 名譽毁損의 모습", 言論仲裁 제3권 제3호(1983년 가을호), 7면; 金時徹, "인격권 침해의 유형과 사생활의 비밀의 보호영역", 大法院判例解說 63號(2006 하반기), 195면. 註釋 債權各則(7), 64면(朴哲雨 집필)은 명예감정의 침해는 프라이버시침해로 구제되어야 한다고 주장하나, 사적 사항의 공개 등을 내용으로 하는 프라이버시권과 명예훼손의 규율범위가 같다고 할 수 없으므로 위와 같은 주장은 타당하지 않다. 프라이버시권과 명예훼손의 구별에 대하여는 우선 梁彰洙(註 127), 68-70면 참조.

522) 洪春義, "名譽毁損과 民事責任", 法學研究 제19집(전북대 법학연구소, 1992), 144면.

b) 민사상 불법행위책임의 인정범위

aa) 과실 불법행위

형법과는 달리 과실로 타인의 명예를 훼손하거나 명예감정을 훼손하는 경우에도 민사상 불법행위책임이 성립한다고 할 것이다.[523]

bb) 공연성의 요부

형법과는 달리 공연성이 없더라도 민사상의 불법행위의 성립에 있어서는 지장이 없다. 공연성이 없는 불법행위를 어떠한 유형으로 다룰지가 문제된다. 허위사실을 적시한 내용증명우편을 상대방에게 보낸 경우에 있어 명예훼손으로 구성할지 아니면 모욕으로 구성할지가 문제되는 것이다. 명예훼손의 전형적인 경우는 개인에 대한 사회적 평가를 침해하는 것이므로 공연성이 없는 경우까지 포함하기는 어렵고 할 것이고, 공연성이 없는 경우는 명예감정의 침해로 보아 모욕이라는 불법행위를 인정하는 것이 타당하다.

cc) 사자에 대한 명예훼손

형법상 사자에 대한 명예훼손죄가 성립하기 위하여는 공연성, 허위사실의 적시, 고의가 요구된다. 이와 관련하여 공연성이 없는 경우, 사실의 적시에 의한 경우, 과실에 의한 경우에 민사상 불법행위책임이 성립할 수 있을지를 검토해 볼 필요가 있다.

첫째, 공연성이 없는 사자에 대한 사실의 적시는 단순한 명예감정의 침해의 문제인데, 사자는 이미 사망하였으므로 감정침해가 인정될 수 없으므로 사자에 대한 불법행위책임이 인정되기 어렵다. 다만 고인에 대한 유족의 경모숭상의 정을 침해할 여지가 있으므로 유족에 대한 불법행위가 성립할 수 있다

둘째, 사실의 적시에 의한 명예훼손은 민사상 불법행위를 구성한다. 망인이 이미 사망하였다고 하더라도 망인에 대한 사회적 평가는 여전히 존재하는 것이므로 이에 대한 침해에 대하여는 위자료가 인정될 수 있다. 이 경우 망인의 위자료청구권은 성립과

---

523) 박용상, 명예훼손법, 45면.

동시에 상속인에게 승계될 것이다. 또한 유족의 위자료도 아울러 인정될 수 있다. 다만 이에 대하여는 유족에 대한 위자료를 인정하는 것으로 충분하다는 견해도 있다.[524] 사실적시에 의한 명예훼손과 허위사실적시에 의한 명예훼손에 있어서의 손해배상액의 차이는 결국 유족의 위자료의 차이로 드러난다.

셋째, 과실에 의한 명예훼손이라고 하여 곧바로 민사상 불법행위책임이 부정되는 것은 아니다. 과실에 기한 경미한 명예훼손의 경우에는 위자료의 배상책임이 부정될 수 있다.

3) 불법행위의 성립

언론매체가 보도한 수개의 기사가 타인의 명예를 훼손하였는지 여부를 판단함에 있어서 그 기사들이 연재기사로 기획되어 게재되었다는 등의 특별한 사정이 없는 한 각 기사별로 불법행위의 성립 여부를 판단하여야 한다.[525]

4) 피해자의 특정

명예훼손에 의한 불법행위가 성립하려면 피해자가 특정되어 있어야 하지만, 그 특정을 할 때 반드시 사람의 성명이나 단체의 명칭을 명시해야만 하는 것은 아니고, 사람의 성명을 명시하지 않거나 두문자(두문자)나 이니셜만 사용한 경우라도 그 표현의 내용을 주위 사정과 종합하여 볼 때 그 표시가 피해자를 지목하는 것을 알아차릴 수 있을 정도이면 피해자가 특정되었다고 할 것이다.[526]

5) 사실의 적시 요부

명예훼손이 성립하기 위하여는 사람의 사회적 평가를 저하시키는 사실의 적시가

---

524) 박용상, 명예훼손법, 53면.
525) 대법원 2009. 4. 9. 선고 2005다65494 판결.
526) 대법원 2009. 2. 26. 선고 2008다27769 판결.

있어야 한다.[527] 사실의 적시란 반드시 사실을 직접적으로 표현한 경우에 한정되지 않고, 간접적·우회적 표현에 의하더라도 사회적 가치 내지 평가의 침해가능성이 있는 경우에는 이러한 요건이 충족된다.[528] 사실적 주장과 단순한 의견의 표명의 구별 척도로서는, 그것이 객관적으로 입증 가능하고 명확하며 역사성이 있는 것으로서 외부적으로 인식 가능한 과정이나 상태를 포함하여 원보도의 보도 대상이 된 행위자의 동기, 목적, 심리상태 등이 외부로 표출된 것이라면 이를 사실적 주장이라고 판단할 수 있다.[529]

일부 학설은 구체적 사실의 적시가 아닌 모욕적 언사(가령 도둑놈, 화냥년 등)나 추상적 사실의 언사에 의한 경우에도 넓은 의미의 명예훼손에 속한다고 주장한다.[530] 그러나 구체적 사실의 적시가 없는 경우에는 피해자의 사회적 평가의 저하가 아니라 피해자의 감정의 침해라고 할 것이므로 모욕이라는 유형의 불법행위에 속한다고 보는 것이 타당하다. 다만 단순한 의견의 개진만으로는 상대방의 사회적 평가가 저해된다고 할 수 없으므로 의견 또는 논평이 사실의 적시를 전제로 하지 않은 이상 명예훼손으로 인한 손해배상책임은 성립하지 않는다.[531] 물론 지나치게 과장된 의견표명은 모멸적인 표현에 의한 인신공격에 해당하여 의견표명으로서의 한계를 일탈한 불법행위가 될 수 있다.[532] 특히 표현행위자가 타인에 대하여 비판적인 의견을 표명하였다는

---

527) 民法注解[XVIII], 365면(李東明 집필).

528) 대법원 2000. 7. 28. 선고 99다6203 판결.

529) 대법원 2006. 2. 10. 선고 2002다49040 판결. 그러나 이러한 추상적 판단 기준 자체도 언제나 명확한 것은 아니며, 사실적 주장과 논평 등이 혼재하는 형식으로 보도되는 것이 보통이므로, 그 판단 기준 자체도 일의적이라고 할 수 없고, 당해 원보도의 객관적인 내용과 아울러 일반의 독자가 보통의 주의로 원보도를 접하는 방법을 전제로 사용된 어휘의 통상적인 의미, 전체적인 흐름, 문구의 연결 방법뿐만 아니라, 당해 원보도가 게재한 보다 넓은 문맥이나 배경이 되는 사회적 흐름 및 독자에게 주는 전체적인 인상도 함께 고려하여야 할 것이나.

530) 金時徹(註 521), 195면.

531) 대법원 2000. 7. 28. 선고 99다6203 판결.

532) 대법원은 TV뉴스 프로그램에서 특정변호사가 소송수행을 잘못하여 의뢰인에게 불리한 판결이 선고되도록 하였다는 기본적 사실에 기초하여 소위 '순백의 법조인'과 대비하여 '사람답게 살지 못한 사람'이라거나 '한심하다 못해 분통이 터진다'는 등의 표현을 사용하여 의견을 표명한 것에 대하여 모멸적인 표현에 의한 인신공격에 해당하여 의견표명으로서의 한계를 일탈한 불법행위가 될 수 있다고 판시하였다(대법원 2003. 3. 25. 선고 2001다84480 판결).

사유만으로 이를 위법하다고 볼 수는 없지만, 만일 표현행위의 형식 및 내용 등이 모욕적이고 경멸적인 인신공격에 해당하거나 혹은 타인의 신상에 관하여 다소간의 과장을 넘어서서 사실을 왜곡하는 공표행위를 함으로써 그 인격권을 침해한다면, 이는 명예훼손과는 별개 유형의 불법행위를 구성할 수 있다.

그리하여 대법원은 신문사가 대기업 노동조합의 노동쟁의 및 단체협약 등과 관련하여 보도한 수개의 기사 중 일부가 일반 독자의 기준에서 전체적인 인상과 맥락으로 보아 구체적인 사실전달보다는 의견표명 내지 논평을 주된 목적으로 하는 보도로서, 노동조합의 사회적 평가를 저하시키는 사실을 적시한 명예훼손에 해당한다고 보기 어렵지만, 그 의견표명의 전제로 적시한 사실관계 중 일부 보도 내용이 그 표현의 형식 등 제반 사정에 비추어 의도적으로 사실을 왜곡함으로써 노동조합 또는 그 조합원의 인격권을 침해하였으므로, 노동조합에 대한 불법행위를 구성한다고 판시하였다.[533]

6) 공연성 요부

불법행위로서의 명예훼손으로 인한 불법행위책임이 성립하기 위하여 공연성이 필요한지가 문제되는데, 대법원은 형사상 명예훼손죄의 구성요건인 '불특정인 또는 다수인'이 들을 수 있는 상태를 필요로 하지는 아니한다고 하여 부정설을 택하고 있다.[534] 이에 대하여 명예훼손의 보호법익을 피해자의 명예감정이 아닌 피해자에 대한 사회적 평가로 보는 한 적어도 피해자 이외의 제3자에게 그러한 진술을 할 것으로 요한다는 견해가 있다.[535]

사람에 대한 사회적 평가의 저하를 본질적 징표로 삼는 명예훼손에 있어서 공연성이 부득이하게 요구된다고 보아야 한다.[536] 가해자와 피해자 상호간의 자존심에 상처를 줄 수 있는 언쟁은 사회적 평가가 아닌 자존심 등의 감정의 침해를 그 내용으로 하는 모욕이라는 불법행위로 구성하는 것이 타당하다.

---

533) 대법원 2009. 4. 9. 선고 2005다65494 판결.

534) 대법원 1964. 9. 22. 선고 64다261 판결(로앤비 검색가능).

535) 韓渭洙(註 521), 413면; 民法注解[XⅧ], 368면(李東明 집필); 金時徹(註 521), 195면.

536) 同旨: 洪春義(註 522), 146-147면.

7) 위법성의 조각

언론을 통해 사실을 적시함으로써 타인의 명예를 훼손하는 행위를 한 경우에도 그 것이 공공의 이해에 관한 사항으로서 그 목적이 주로 공공의 이익을 위한 것인 때에 는 진실한 사실이라는 것이 증명되면 그 행위에 위법성이 없고, 또한 그 진실성이 증 명되지 아니하더라도 행위자가 그것을 진실이라고 믿을 만한 상당한 이유가 있는 경 우에는 위법성이 없다고 보아야 한다. 그리고 그 표현 내용이 진실이라고 믿을 만한 상당한 이유가 있는지의 여부는 적시된 사실의 내용, 진실이라고 믿게 된 근거나 자 료의 확실성과 신빙성, 사실 확인의 용이성, 피해자의 피해 정도 등 여러 사정을 종합 하여 행위자가 적시 내용의 진위 여부를 확인하기 위하여 적절하고도 충분한 조사를 다하였는가, 그 진실성이 객관적이고도 합리적인 자료나 근거에 의하여 뒷받침되는가 하는 점에 비추어 판단하여야 한다.[537] 따라서 공공의 이익에 대한 사항과 관련하여 제3자의 형사고발로 시작된 수사 등 절차의 외적인 경과만을 객관적으로 보도하는 경 우에는, 기사의 제목, 보도의 방식이나 표현 등을 종합적으로 고려하여 고발된 내용 자체가 진실이라는 인상을 통상의 독자들에게 준다거나 고발 자체를 저급한 흥미에 영합하는 방식으로 취급하여 고발 상대방의 인격적 이익을 도외시하거나 고발의 내용 이 합리적인 사람이 볼 때 진실인지를 쉽사리 의심하게 하는 것인 등의 특별한 사정 이 없는 한, 보도를 하는 측에서 고발의 구체적인 내용에까지 들어가 그것이 진실인 지 여부를 확인할 의무가 있다고 할 수 없다.

a) 피해법익과 피해자 측의 사정

표현행위로 인하여 침해되는 법익의 종류, 내용 및 피해의 정도가 가장 중요한 고 려요소이다. 피해자가 공인인지 아니면 사인인지, 그리고 공인의 경우에는 당해 사항 이 사적 사항인지 여부가 고려되어야 한다. 대법원은 공인성 여부와 사적 사항 여부 를 중요한 고려요소로 파악하고 있다.[538] 언론·출판의 자유와 명예 보호 사이의 한계 를 설정함에 있어서 표현된 내용이 공공적·사회적인 의미를 가진 사안에 관한 것인

---

537) 대법원 2009. 2. 26. 선고 2008다27769 판결.
538) 대법원 2007. 12. 27. 선고 2007다29379 판결.

경우에는 사적인 영역에 속하는 사안에 관한 것인 경우와는 평가를 달리하여야 하고 언론의 자유에 대한 제한이 완화되어야 하며, 특히 공직자의 도덕성·청렴성이나 그 업무처리가 정당하게 이루어지고 있는지 여부는 항상 국민의 감시와 비판의 대상이 되어야 한다는 점을 감안하면, 이러한 감시와 비판 기능은 그것이 악의적이거나 현저히 상당성을 잃은 공격이 아닌 한 쉽게 제한되어서는 아니 된다. 그러나 이러한 경우에 있어서도 그 언론보도의 내용이나 표현방식, 의혹사항의 내용이나 공익성의 정도, 공직자 또는 공직 사회의 사회적 평가를 저하시키는 정도, 취재과정이나 취재로부터 보도에 이르기까지의 사실확인을 위한 노력의 정도, 기타 주위의 여러 사정 등을 종합하여 판난할 때, 그 언론보도가 공직자 또는 공직 사회에 대한 감시·비판·견제라는 정당한 언론활동의 범위를 벗어나 악의적이거나 심히 경솔한 공격으로서 현저히 상당성을 잃은 것으로 평가되는 경우에는, 비록 공직자 또는 공직 사회에 대한 감시·비판·견제의 의도에서 비롯된 것이라고 하더라도 이러한 언론보도는 명예훼손이 되는 것으로 보지 않을 수 없다.

b) 표현행위의 목적과 태양

표현행위가 공중의 정당한 관심사에 관한 것인지 아니면 단순한 호기심을 충족시키기 위한 것인지를 우선 살펴야 한다. 또한 표현행위의 태양에 있어서는 매체의 신속성, 매체의 파급효, 표현의 방식 등이 고려되어야 한다.

"남편과 이혼 소송 중인 가정주부 A의 남편에 대한 청부살해혐의에 대하여 수사 담당 경찰
관은 경찰서 출입기자실에 전화를 걸어 취재 요청을 하였고, 이를 접한 신문 및 방송사 기
자들이 수사 담당 경찰관으로부터 사건 전반에 관한 설명을 듣고 수사기록을 열람한 후 이
를 토대로 기사를 작성하여 A의 실명을 그대로 표시하여 보도하였다. 또한 방송사는 정규
뉴스 시간에 A의 실명을 사용한 기사를 A의 얼굴 모습과 함께 방영하였다. A는 폭력행위
등 처벌에 관한 법률 위반죄로 기소되었으나, 무죄가 선고되었고, 대법원에서 무죄판결이
확정되었다."

1. A는 누구를 상대로 어떠한 청구를 할 수 있는가
2. 피고는 어떠한 항변을 할 수 있는가.

[해제]

Ⅰ. 원고의 청구

1. 피고의 선택

경찰관의 공소제기전 피의사실 공표에 대하여는 대한민국이, 신문보도에 대하여는 기자
및 그 사용자인 신문사가, 방송보도에 대하여는 기자 및 방송사가 이 사건 불법행위에 대
한 손해배상책임을 부담한다. 다만 경찰관이 사건에 대한 설명을 하고 수사기록의 열람을
허용한 행위는 신문보도 및 방송보도와 객관적 공동이 인정되어 공동불법행위책임이 인정
될 여지가 있다.

2. 청구권원 및 청구의 내용

1) 피고 대한민국에 대한 청구

형사사건으로 소추된 피의자나 피고인은 그가 형사재판을 통하여 유죄의 판결이 확정될
때까지는 무죄로 추정을 받으며(헌법 제27조 제4항), 또한 검찰, 경찰 기타 범죄수사에 관

---

539) 대법원 1998. 7. 14. 선고 96다17257 판결을 참고한 사례이다.

한 직무를 행하는 자 또는 이를, 보조하는 자는 그 직무를 행함에 있어서 알게 된 범죄사실에 대하여 이를 공판청구 전에는 공표할 수 없도록 규정(형법 제126조)하고 있다. 이 사건에 있어서 수사담당 경찰관은 위에서 인정한 바와 같이 A에 대한 수사과정에서 알게 된 피의사실에 대하여 공소제기 전에는 이를 공표할 수 없음에도 불구하고 경찰출입기자들을 상대로 피의사실을 공표하고 그에 관한 보도를 적극적으로 요청함과 동시에 취재편의를 제공하였고, 나아가 피고들 소속 신문 및 방송 기자들로 하여금 위와 같은 A의 피의사실을 관계자들의 실명 또는 초상과 함께 각 해당 신문에 게재하거나 방송되게 함으로써 결국 허위사실에 의하여 A의 명예를 훼손하게 하였다 할 것이므로 피고 대한민국은 그 소속 위 경찰관들의 사용자로서 그들이 위와 같은 불법행위로 인하여 A에게 가한 손해를 배상할 책임이 있다.

2) 나머지 피고들에 대한 청구

대중매체를 운영하는 자들로서 그 소속 기자들은 평범한 시민이었고 A는 소외인과 이혼소송이 계속중이었을 뿐 하등 공적인 지위에 있었거나 공적인 활동을 한 바 없음에도 불구하고 고소에 의해 수사가 진행되다가 구속영장이 신청된 상태에서 후에 무죄로 판명된 A의 혐의사실을 실명보도함으로써 A의 명예를 훼손하였으므로 그로 인한 손해를 배상할 책임이 있다.

3) 청구의 내용

이 사건 불법행위로 인하여 가정주부인 A에게 재산적 손해가 발생하기는 어렵고, A가 청구할 수 있는 손해항목은 위자료가 될 것이다. 위자료의 액수는 보도의 내용(단정적 모욕적 표현 존부), 피해자의 특정의 정도(실명, 주소의 적시 여부), 초상의 보도 여부, 보도매체의 종류 및 방법(일간신문인지 방송매체인지, 방송시간대) 등을 고려하여 결정하여야 한다.

Ⅱ. 피고의 항변

첫째, 사회적 이목이 집중되는 사건에 대한 실명보도는 공익을 위한 것이며, 경찰의 공식발표가 아니더라도 사건을 담당한 수사경찰관의 취재요청에 응하여 신뢰할 만한 수사담당자로부터 취재하여 보도한 경우에는 상당한 이유가 있으므로 위법성이 조각되어 손해배상책임이 없다. 보도기관이라고 해서 취재활동에 관하여 특별한 조사권한이 주어져 있는 것도 아니고 또 보도에 요구되는 신속성을 위하여 그 조사에도 일정한 한계가 존재하는 점을 감안하면 수사기관 등의 공식적인 발표를 그대로 보도한 경우는 정보원의 신뢰도가 높고, 보도의 신속성, 사실탐지능력의 한계, 피의자가 체포되어 있어 직접 취재가 어려운 점을 고려하여 특히 의심할 만한 사정이 없는 이상 진위를 확인하기 위한 뒷받침조사를 하지 아니하더라도 진실이라고 오신함에 상당한 이유가 있다.

둘째, 설령 위법성이 인정되어 손해배상책임이 인정된다고 하더라도 보도의 목적, 보도경위 등에 비추어 손해배상액이 대폭 감경되어야 한다.

Ⅲ. 소결

범죄혐의를 받고 있는 사인에 대한 실명보도는 위법성이 조각되지 않는다. 즉, 일반적으로 대중 매체의 범죄사건 보도는 범죄 행태를 비판적으로 조명하고, 사회적 규범이 어떠한 내용을 가지고 있고, 그것을 위반하는 경우 그에 대한 법적 제재가 어떻게, 어떠한 내용으로 실현되는가를 알리고, 나아가 범죄의 사회문화적 여건을 밝히고 그에 대한 사회적 대책을 강구하는 등 여론형성에 필요한 정보를 제공하는 등의 역할을 하는 것으로 믿어지고, 따라서 대중 매체의 범죄사건 보도는 공공성이 있는 것으로 취급할 수 있을 것이나, 범죄 자체를 보도하기 위하여 반드시 범인이나 범죄 혐의자의 신원을 명시할 필요가 있는 것은 아니고, 범인이나 범죄혐의자에 관한 보도가 반드시 범죄 자체에 관한 보도와 같은 공공성을 가진다고 볼 수도 없다. 설문의 기초가 된 사건에서 법원은 대한민국에게 1000만원, 방송사에게 700만원, 신문사에게 500만원의 위자료의 배상책임을 인정하였다.

"A는 국회의원총선거에서 B 정당의 비례대표로 공천되기 위하여 공직후보자용 범죄경력조회 회보서를 제출하였는데, 위 회보서에 의하면 범죄경력자료란에 '해당사실없음'이라고 기재되어 있었다. 실제로 A에게는 금고이상의 범죄경력 5회나 있었음에도 불구하고, 담당 공무원이 형이 실효되었다고 잘못 판단하여 위와 같은 범죄경력조회 회보서를 발급하여 주었다. 그러나 공직후보자용 범죄경력조회 회보서의 경우에는 형이 실효되었다고 하더라도 금고이상의 범죄경력을 모두 기재되어야 한다. B 정당은 A를 비례대표 2번으로 공천하였고, A는 B 정당에 상당한 재정적 지원을 하였다. B 정당은 A의 금고이상의 범죄경력이 드러나자 당선무효의 소를 제기하였고, 당선무효확인판결이 확정되었다. B 정당은 누구를 상대로 어떠한 청구를 할 수 있는가."

[해제]

I. 피고의 확정

범죄경력을 숨기고 비례 대표를 신청한 A의 행위, 허위의 범죄경력조회 회보서를 발급한 공무원의 행위가 객관적으로 공동하여 B 정당의 사회적 평가를 저해하는 결과를 초래하였다. 후자의 행위와 관련하여서는 국가배상책임이 문제되며, 공무원 개인의 책임도 문제된다. 확고한 판례에 의하여 공무원 개인의 책임이 성립하기 위하여는 고의 또는 중과실이 인정되어야 한다.

II. 청구권원

A는 자신의 금고이상의 범죄경력을 알면서도 이를 숨기고 비례 대표를 신청한 행위는 B 정당의 사회적 평가를 저해하는 불법행위에 해당한다. 또한 담당 공무원이 A로부터 공직선거 후보자용으로 범죄경력조회 회보서 발급을 신청받아 그 전과기록에 금고 이상의 형 5건을 발견하였으면 공직선거법관련 규정에 따라 실효된 형일지라도 이를 해당사항에 기재

---

540) 서울중앙지방법원 2010. 7. 15. 선고 2009가합97302 판결(로앤비)을 참고한 사례이다.

290 로스쿨 불법행위법

하여야 할 직무상 의무가 있다고 할 것이고, 개인용과 공직선거 후보자용의 범죄경력조회 회보서의 발급을 계속 담당해왔으므로 조금만 주의를 기울였더라면 A에 대한 범죄경력조회 회보서에는 실효된 형이라도 금고 이상의 형 5건을 기재하여야 함을 인식하고 이를 기재하였을 것임에도 이를 기재하지 아니함으로써, 직무상 의무를 현저히 위반하여 직무집행을 그르친 중대한 과실이 있다고 할 것이다. 따라서 대한민국과 담당공무원은 이 사건 불법행위로 인하여 B 정당이 입은 손해에 대한 배상책임을 진다.

Ⅲ. 손해배상의 범위

이 사건 불법행위로 인하여 비례대표자에 대한 당선무효확인 판결이 확정되고, 이 문제가 이슈화되면서 정당의 사회적 평가가 훼손되었다. 즉, 정당지지율이 추락하고 당세가 급격히 위축되는 손해를 입었는바, 이러한 비재산적 손해는 제751조에 따라 위자료로 배상되어야 한다. 위자료의 산정시 A에 대한 후보자 추천 과정, 경위, 사건의 경과, B 정당의 규모, 인지도, 활동 범위, 득표율 등 제반사정이 고려된다.

Ⅳ. 소결

설문의 기초가 된 사건에서 1심 법원은 후보자 추천 과정에서 B 정당의 담당자측의 잘못도 상당하다고 판단하여 위자료로 5천만원을 인정하였으나, 2심법원은 원고의 항소를 일부 받아들여 위자료로 1억원을 인정하였고, 대법원은 피고의 상고를 기각하며 2심법원의 판결을 확정하였다.[541]

---

541) 대법원 2011. 9. 8. 선고 2011다34521 판결.

"과도한 이발비용을 받는 미용실이 있다는 제보를 받고 방송국 담당자는 몰래 카메라의 형식으로 미용실의 내부와 이발비용 등을 취재하여 보도하였다. 이 사건 미용실의 출입문에는 "남자컷 50,000원(오만원)"으로 기재된 출력물이 부착되어 있고, 이 사건 미용실의 출입문과 계산대 사이에 위치한 불투명 가림벽면 중 계산대쪽 방향에 미용가격표가 게시되어 있는데, 위 미용가격표는 출입문과 위 불투명 가림벽면 사이에 위치한 미용의자 3곳에서는 보이지 않고, 위 불투명 가림벽면과 계산대 사이에 위치한 소파 2곳, 미용의자 4곳과 계산대에서만 보이며, 위 미용가격표에는 "컷·크리닉컷 50,000, 디자인컷 50,000, 일반컷 000, 남자컷 000, 어린이 000" 등으로 기재되어 있다. 일반적인 커트 가격이 8,000원 내지 1만원 정도였으므로 커트 당시 따로 가격을 묻지는 않았고, 앉은 자리에서 미용가격표도 보지 못하였으며, 커트를 마친 후 계산대로 가서 계산하려고 할 때 미용사로부터 미용가격을 5만원으로 고지받았다. 취재기자가 5만원이 너무 비싸다고 하자, 미용사는 자신은 100만원에도 잘라 봤다고 하였다. 담당 PD는 마지막으로 "말 그대로 주인 마음이다. 어디에도 가격이 표시되어 있지 않은 미용실, 소비자는 미용가격을 모른다"고 하면서 보도를 마감하였다. 이 사건 미용실의 미용사는 누구를 상대로 어떠한 청구를 할 수 있는가."

[해제]

Ⅰ. 언론중재위원회에 대한 조정신청 등

언론중재법에 따른 정정보도청구 등과 관련하여 분쟁이 있는 경우 피해자 또는 언론사 등은 중재위원회에 조정을 신청할 수 있다(제18조). 조정결과 당사자간에 합의가 성립하거나 제19조 제3항의 규정에 따라 합의가 이루어진 것으로 간주되는 때 및 제22조 제1항의 규정에 의한 직권조정결정에 이의신청이 없는 때에는 재판상 화해와 동일한 효력이 있다(제23조). 당사자 쌍방은 정정보도청구등 또는 손해배상의 분쟁에 관하여 중재부의 종국적 결정에 따르기로 합의하고 중재를 신청할 수 있다(제24조). 중재결정은 확정판결과 동일한 효력이 있다(제25조).

---

542) 대법원 2009. 10. 29. 선고 2009다49766 판결을 참고한 사례이다.

Ⅱ. 정정보도청구

사실적 주장에 관한 언론보도 등이 진실하지 아니함으로 인하여 피해를 입은 자는 해당 언론보도 등이 있음을 안 날부터 3개월 이내에 그 언론보도 등의 내용에 관한 정정보도를 언론사·인터넷뉴스서비스사업자 및 인터넷 멀티미디어 방송사업자에게 청구할 수 있으나, 해당 언론보도 등이 있은 후 6개월이 경과한 때에는 그러하지 아니하다(제14조 제1항). 정정보도청구에는 언론사 등의 고의·과실이나 위법성을 요하지 아니한다(제14조 제2항). 언론보도의 진실성은 그 내용 전체의 취지를 살펴볼 때 중요한 부분이 객관적 사실과 합치되는 사실일 때 인정되며 세부에 있어 진실과 약간 차이가 나거나 다소 과장된 표현이 있더라도 무방하고, 또한 복잡한 사실관계를 알기 쉽게 단순하게 만드는 과정에서 일부 특정한 사실관계를 압축·강조하거나 대중의 흥미를 끌기 위하여 실제 사실관계에 장식을 가하는 과정에서 다소의 수사적 과장이 있더라도 전체적인 맥락에서 보아 보도내용의 중요부분이 진실에 합치한다면 그 보도의 진실성은 인정된다.[543]

Ⅲ. 반론보도청구

사실적 주장에 관한 언론보도 등으로 인하여 피해를 입은 자는 그 보도내용에 관한 반론보도를 언론사 등에 청구할 수 있고, 이러한 청구에는 언론사 등의 고의·과실이나 위법함을 요하지 아니하며, 보도내용의 진실 여부를 불문한다(제16조 제1, 2항).

Ⅳ. 손해배상청구

1. 소송물의 개수

채권자가 동일한 채무자에 대하여 수개의 손해배상채권을 가지고 있다고 하더라도 그 손해배상채권들이 발생시기와 발생원인 등을 달리하는 별개의 채권인 이상 이는 별개의 소송물에 해당하고, 이를 소로써 구하는 채권자로서는 손해배상채권별로 청구금액을 특정

---

543) 대법원 2007. 9. 6. 선고 2007다2275 판결.

하여야 하며, 법원도 이에 따라 손해배상채권별로 인용금액을 특정하여야 한다.[544] 따라서 방송보도로 인하여 초상권과 음성권이 침해된 경우에 각각 별개의 소송물이 인정된다.

2. 명예훼손으로 인한 손해의 배상

① 명예훼손의 성립

방송보도가 명예훼손이라는 불법행위를 구성하여야 손해배상을 청구할 수 있다. 명예훼손의 성립에 있어서는 대개 공공성과 진실성이라는 위법성조각사유가 문제된다. 방송 등 언론이 사실을 적시함으로써 타인의 명예를 훼손하는 행위를 한 경우에도 그것이 공공의 이해에 관한 사항으로서 그 목적이 오로지 공공의 이익을 위한 것일 때에는, 그것이 진실한 사실이거나 행위자가 그것을 진실이라고 믿을 상당한 이유가 있는 경우에는 위법성이 없다고 할 것인바, 여기서 '진실한 사실'이라고 함은 그 내용 전체의 취지를 살펴볼 때 중요한 부분이 객관적 사실과 합치되는 사실이라는 의미로서 세부에 있어 진실과 약간 차이가 나거나 다소 과장된 표현이 있더라도 무방하다.[545]

② 손해배상의 범위

손해3분설에 따라 명예훼손으로 인한 소극적 재산적 손해, 적극적 재산적 손해 그리고 비재산적 손해는 각각 별개의 소송물을 구성한다. 이 사건 보도로 인하여 갑자기 손님이 줄어들어 매출이 감소한 경우에는 일실수입이라는 소극적 재산적 손해를 청구할 수 있고, 이 사건 보도로 인한 수익감소를 최소화하기 위하여 대응광고를 한 경우에는 대응광고비라는 적극적 재산적 손해를 청구할 수 있고, 방송보도로 인하여 정신적 고통 등 비재산적 손해를 입은 경우에는 위자료를 청구할 수 있다.

3. 초상권침해로 인한 손해배상

사람은 누구나 자신의 얼굴 기타 사회통념상 특정인임을 식별할 수 있는 신체적 특징에 관하여 함부로 촬영 또는 그림묘사되거나 공표되지 아니하며 영리적으로 이용당하지 않을 권리를 가지므로,[546] 타인의 초상이 무단촬영된 장면에 관하여 피촬영자로부터 그 방송의 승낙 여부를 확인하지 아니하고 나아가 피촬영자의 식별을 곤란하게 하는 별도의 화면조

---

544) 대법원 2009. 10. 29. 선고 2009다49766 판결.
545) 대법원 2006. 3. 23. 선고 2003다52142 판결; 대법원 2007. 9. 6. 선고 2007다2268 판결.
546) 대법원 2006. 10. 13. 선고 2004다16280 판결.

작(이른바 모자이크 처리 등) 없이 그대로 방송한 경우에는 초상권의 침해가 인정된다.[547] 초상권의 침해가 인정되는 경우에는 손해3분설에 따라 각각 별개의 소송물이 인정되나, 그 손해배상으로 대개 위자료가 인정될 수 있다.

4. 음성권침해로 인한 손해배상

사람은 누구나 자신의 음성이 함부로 녹음되거나 공표되지 아니하여 영리적으로 이용당하지 않을 권리를 가지므로 이를 위반하여 자신의 음성이 변조되지 아니하고 방송된 경우에는 음성권의 침해가 인정된다. 음성권의 침해가 인정되는 경우에는 손해3분설에 따라 각각 별개의 소송물이 인정되나, 그 손해배상으로 대개 위자료가 인정될 수 있다.

5. 사생활의 비밀과 자유의 침해로 인한 손해배상

사생활과 관련된 사항의 공개가 사생활의 비밀을 침해하는 것으로서 위법하다고 하기 위하여는 적어도 공표된 사항이 일반인의 감수성을 기준으로 하여 그 개인의 입장에 섰을 때 공개되기를 바라지 않을 것에 해당하고 아울러 일반인에게 아직 알려지지 않은 것으로서 그것이 공개됨으로써 그 개인이 불쾌감이나 불안감을 가질 사항 등에 해당하여야 한다.[548] 본인의 승낙을 받고 승낙의 범위 내에서 그의 사생활에 관한 사항을 공개할 경우 이는 위법한 것이라 할 수 없다 할 것이나, 본인의 승낙을 받은 경우에도 승낙의 범위를 초과하여 승낙 당시의 예상과는 다른 목적이나 방법으로 이러한 사항을 공개할 경우 이는 위법한 것이라 아니할 수 없다.[549] 사생활의 비밀과 자유의 침해가 인정되는 경우에는 손해3분설에 따라 각각 별개의 소송물이 인정되나, 그 손해배상으로 대개 위자료가 인정될 수 있다.

V. 소결

설문의 기초가 된 사건에서는 정정보도청구와 명예훼손, 초상권침해 그리고 음성권침해에 기한 손해배상청구가 문제되었는데, 법원은 방송보도가 진실하다는 점에 기하여 정정보도청구를 기각하고, 공익보도라는 점에 기하여 위법성을 조각시켜 명예훼손에 기한 손해배

---

547) 대법원 2008. 1. 17. 선고 2007다59912 판결.
548) 대법원 2006. 12. 22. 선고 2006다15922 판결.
549) 대법원 1998. 9. 4. 선고 96다11327 판결.

상청구를 기각하고, 미용사의 초상이 보도된 바가 없다고 보아 초상권침해에 기한 손해배상청구를 기각하였다. 다만 법원은 미용사의 음성이 변조되지 않고 그대로 방송된 점에 대하여 불법행위를 인정하고 위자료로 100만원을 인정하였다.

<h1 style="text-align:center">Ⅵ. 참고자료</h1>

1. 정정보도 청구취지

피고는 이 판결 확정 후 최초로 방송되는 "불만제로" 프로그램의 초기에, 통상의 프로그램 자막과 같은 글자 크기로 화면 상단에 "정정보도문"이라는 제목을 계속 표시하고, 그 아래 화면에 별지1 기재와 같은 정정보도문을 시청자들이 그 내용을 충분히 알아볼 수 있을 만큼 자막으로 표시하면서, 진행자로 하여금 원 프로그램의 진행과 같은 속도로 낭독하게 하라.

2. 정정보도문

주식회사 문화방송은 2007. 8. 23. 방송한 <불만제로> 프로그램에서 「파마 값의 비밀」이라는 제목으로, 경기도 오산시 모 미용실에서 잘 보이지 않는 곳에 미용 가격표를 게시하여 고객이 계산과정에서 비로소 요금을 알게 되었다고 보도한 바 있습니다.

그러나 사실 확인 결과, 위 미용실은 출입문과 내부 벽면에 큰 글씨로 쓰인 미용 가격표를 게시한 것으로 밝혀져 이를 바로잡습니다.

3. 언론중재위원회 결정문

가. 제 목 : 반론보도문

나. 내 용

지난 8월 23일 <불만제로> 프로그램에서 경기도 오산시의 한 미용실이 가격표를 보이지 않는 곳에 게시한 후 그 요금을 비싸게 받았다는 취지로 보도한 바 있으나, 해당 미용실에서는 내부의 소파에서 잘 보이는 벽면에 가격표를 큰 글씨로 게시하였는데 고객이 이를 제대로 보지 못한 것이고, 요금은 미용기능에 비추어 합당한 것이라고 밝혀 왔습니다.

"A는 자신의 딸 B가 C와의 교제로 인하여 심한 정신적 충격에 휩싸여 일상생활을 영위하기 어려운 지경에 이르자, A는 B의 미니홈페이지에 C와의 교제로 인하여 일어난 일련의 경과와 C에 대한 원색적인 비난과 함께 이 사실을 널리 알려 달라는 당부를 게시글로 남겼다. 위 게시글은 네티즌에 의해 급속도로 전파되었고, 이런 사항이 많은 사람들의 화제가 되자, 대형 포털 사이트의 운영자 D는 뉴스게시판에 게시글을 요약하여 올리게 되었다. 일부 네티즌들은 C가 다니는 회사에 집요하게 전화를 하여 C는 결국 퇴사하기에 이르렀다."

1. C는 누구를 상대로 어떠한 청구를 할 수 있는가.
2. 피고로 지정된 자는 어떠한 항변을 할 수 있는가.

[해제]

Ⅰ. C의 청구

1. 피고의 선택

1차적인 불법행위자로 A를 선택할 수 있겠다. A는 C의 인적 사항(주소, 전화번호, 직장 등)을 남기고 그에 대한 비판이 확대되도록 게시글을 통하여 조장하였다는 점에서 불법행위를 저지른 것이다.

포털사이트의 운영자 D는 뉴스게시판을 통하여 위와 같은 사항을 게재 및 편집하는 행위를 통하여 명예훼손적 사항이 널리 유포되도록 방조한 것이므로 불법행위를 구성한다고 할 것이다. 또한 뉴스게시판에는 C에 대한 악성댓글이 달려 C의 명예감정의 침해도 상당하였다고 할 것이다. 따라서 C는 A와 D를 상대로 불법행위책임을 추궁할 수 있을 것이다.

2. 청구의 내용

1) 실직으로 인한 일실수입

A는 고의로 C의 인적 사항을 담아 유포 등을 독촉하였으므로 실직에 대한 예견가능성

---

550) 대법원 2009. 4. 16. 선고 2008다53812 전원합의체 판결을 참고한 사례이다. 참고자료로 정상조, "명예훼손에 대한 포털의 책임-대법원 2009.4.16. 선고 2008다53812판결에 대한 비판적 검토-", 서울대학교 법학 제51권 제2호(2010. 6), 229면 이하가 있다.

이 인정될 수 있다. 따라서 실직시로부터 합리적 구직기간까지의 일실수입이 재산적 손해로 배상될 수 있다. 다만 D의 경우에는 실직으로 인한 일실수입은 특별손해이므로 예견가능성이 부정될 가능성이 높다. 이러한 사정은 위자료의 산정에 있어 참작될 수 있다.

2) 위자료

A에 대하여는 고의에 의한 명예훼손이라는 점에서 위자료의 배상책임이 긍정될 수 있다. 일실수입이 예견가능성이 없어 배상되지 않는 사정은 위자료의 증액사유가 된다. D는 단순한 명예훼손적 사항의 유포 및 확대에 기여한 것에 불과하므로 실직으로 인한 부분을 위자료에 있어 참작하는 것은 상당하지 않다. D의 위자료책임에 있어서는 게시글의 내용, D 매체의 인지도 등이 참작되어 위자료가 산정된다.

Ⅱ. 피고의 항변

1. 불법행위의 불성립

C의 명시적 삭제요구가 없는 이상 포털사이트의 운영자는 삭제의무가 없으므로 주의의무의 위반을 전제로 한 C의 손해배상청구는 이유없다. 그렇게 해석하지 않으면 포털사이트의 운영자에게 상시검열의무를 부과하여 표현의 자유를 과도하게 위축시킬 것이다.

2. 과실상계 등

교제과정에서 C의 잘못이 있다면 이러한 사정은 과실상계의 사유 또는 위자료 산정시 참작되어야 한다.

Ⅲ. 소결

설문의 기초가 된 대법원 전원합의체 판결에서는 다수의견과 별개의견이 주장되었다. 다수의견은 인터넷 매체가 가지는 파급효 및 그로 인한 인격권 침해의 중대성을 강조하였고, 별개의견은 그보다는 표현의 자유를 강조하여 명백하고 현존한 위험의 법리에 기초하여 다수의견보다 불법행위의 성립을 제한하였다. 다수의견과 별개의견은 모두 포털사이트의 불법행위책임을 인정하고, 원심법원이 인정한 위자료(4개의 포털사이트 운영주체에게 1000만원에서 500만원의 위자료의 지급이 명해짐)가 적정하다고 판시하였다.

[사례 41][551]

"A회사는 경쟁업체인 B회사의 비방광고로 인하여 회사 이미지의 실추, 매출량의 급감 등의 사태가 발생하여 법적인 구제수단을 강구하고자 한다."

1. A 회사의 의뢰를 받은 변호사가 취할 수 있는 법적 구제수단은 어떠한 것이 있는가.
2. 1항의 구제수단 중 A 회사의 손해배상청구에 대하여 B 회사는 어떠한 항변을 할 수 있는가.

[해제]

I. 원고의 청구

1. 방송금지가처분

인격권은 그 성질상 일단 침해된 후의 구제수단(금전배상이나 명예회복 처분 등)만으로는 그 피해의 완전한 회복이 어렵고 손해전보의 실효성을 기대하기 어려우므로, 인격권 침해에 대하여는 사전(예방적) 구제수단으로 침해행위 정지·방지 등의 금지청구권도 인정된다. 이러한 인격권의 법리는 법인의 경우에도 적용된다. 최근의 대법원판례에 의하면 인격권이 아닌 영업이익의 침해에 대하여도 금지청구권이 인정된다.

2. 손해배상청구

1) 청구권원

이 사건 비방광고로 인하여 A회사의 인격과 명예, 신용 등이 훼손됨으로써 사회적 평가가 낮아지고 그 사업수행에 커다란 악영향이 미쳤으므로 이에 대한 손해를 배상할 책임이 있다.

---

551) 대법원 1996. 4. 12. 선고 93다40614,40621 판결을 참고한 사례이다.

2) 청구의 내용

a) 적극적 재산적 손해: 대응광고비

비방광고로 인한 피해를 최소한으로 줄이기 위하여 이 사건 광고들이 실렸던 일간지마다 동일한 크기의 대응광고를 게재할 필요가 있었다면, 그 비용도 이 사건 광고로 인하여 원고가 입은 손해라 할 것이다.

b) 소극적 재산적 손해: 매출감소로 인한 수익 상실

비방광고로 인하여 매출이 급감하는 경우에 매출감소에 대한 순수익의 상실을 소극적 재산적 손해로 청구할 수 있다.

c) 위자료: 소위 무형손해의 배상

원고가 입은 손해의 종류와 성격, 원고의 지명도와 영업의 신용도, 원고 회사의 규모 및 영업실적, 이 사건 광고들의 허위성의 정도와 비방성의 강도, 피고의 광고행태 전반에서 드러나는 악의성의 정도, 해당 제품을 선택하는 소비자들의 보수성, 부정적 광고가 미치는 영향의 즉각성과 지속성, 부정적 영향으로부터 회복함이 곤란한 점, 부정적 광고에 대하여 효율적인 구제수단인 사죄광고가 허용되지 아니하는 점, 피고 회사의 규모와 재산 정도 등 여러 사정을 참작하여 무형손해 또는 비재산적 손해를 배상하여야 한다.

II. 피고의 항변

첫째, 이 사건 광고는 소비자의 권익을 보호하기 위한 공익을 위한 것이므로 위법성이 조각된다.

둘째, 이 사건 불법행위로 인한 손해의 내용은 과도한 것이어서 대폭 감경되어야 한다. 대응광고비는 이 사건 불법행위의 성립을 전제로 한 것이므로 배상의무가 없고, 배상의무가 인정된다고 하더라도 과도한 것이므로 대폭 감경되어야 한다. 수익감소로 인한 손해액은 이 사건 광고로 인한 매출감소분에 대한 엄격한 입증에 기초하여야 한다.

III. 소결

설문의 기초가 된 사건에서 법원은 대응광고비와 무형손해의 배상을 인정하고, 매출감소로 인한 수익상실은 무형손해의 산정에서 참작하였다. 즉, 원고가 입은 손해의 종류와 성격, 원고의 지명도와 영업의 신용도, 원고 회사의 규모 및 영업실적, 이 사건 광고들의 허위성의 정도와 비방성의 강도, 피고의 악의성의 정도, 당해 제품을 선택하는 소비자들의 보수성, 부정적 광고가 미치는 영향의 즉각성과 지속성, 부정적 영향으로부터 회복함이 곤란한 점, 부정적 광고에 대하여 효율적인 구제수단인 사죄광고가 허용되지 아니하는 점, 피고 회사의 규모와 재산 정도 등 여러 사정을 참작하여 그 손해액을 금 3억원으로 정하였다.

Ⅳ. 참고자료 - 서울중앙지방법원
2008. 6. 26.자 2008카합2184 결정[로앤비]

1. 신청인 회사의 제품의 위험성을 알리는 방송을 하려고 하자, 신청인은 방송금지가처분과 함께 가처분명령의 위반시 간접강제금을 지급할 것을 신청하였다.

2. 신청인 회사는 상당한 시장점유율을 보유하고 있으며, 제품의 위험성을 알리는 광고가 방송될 경우 그동안 쌓아온 명예와 신용이 한순간에 심각하게 훼손되고 매출감소 및 거래처 관계도 상당히 악화될 것인데 반하여, 신청인회사 제품의 위험성에 대한 신빙성있는 조사결과가 없으므로 신빙성 있는 조사결과가 나올 때까지 방송을 금지함이 상당하고, 가처분결정의 실효성 확보를 위하여 간접강제를 할 필요성이 있다. 다음은 서울중앙지방법원 2008. 6. 26.자 2008카합2184결정의 실제 주문례이다.

[주 문]

1. 신청인이 피신청인을 위한 보증으로 삼억(300,000,000) 원을 공탁하거나 같은 금액을 보험금액으로 하는 지급보증위탁계약 체결문서를 제출하는 것을 조건으로,

   가. 피신청인은 별지목록 기재 내용을 2008. 6. 26. 방송예정인 'XX 프로그램' 등 방송 프로그램으로 방송, 광고, 판매하거나 인터넷 등에 게시하여서는 아니된다.
   나. 집행관은 가.항 기재 명령을 적당한 방법으로 공시하여야 한다.

다. 피신청인이 가.항 기재 명령을 위반하는 경우에는 위반행위 1회당 100,000,000 원
   씩을 신청인에게 지급하라.

2. 소송비용은 피신청인의 부담으로 한다.

[별 지]

신청인이 제조하는 내열강화유리 용기가 폭발 및 비산의 위험이 있다는 취지와 관련된
일체의 방송 내용(신청인임을 추정할 수 있는 사항 포함). 끝.

[사례 42][552]

"주거래은행인 B는 고객인 A의 동의도 없이 업무제휴약정을 체결한 대부업체인 C에게 A
의 신용정보를 조회할 수 있는 아이피(IP)를 제공하였다. C는 2010. 11. A의 동의 없이 B
로부터 제공받은 아이피를 이용하여 B 또는 C와 A 사이의 금융거래관계 설정과는 무관하
게 A의 신용정보를 조회하였다."

1. A는 누구를 상대로 어떠한 청구를 할 수 있는가.
2. A에 의하여 피고로 지정된 자는 어떠한 항변을 할 수 있는가.

[해제]

I. 원고의 청구

1. 피고의 선택

A의 신용정보를 불법으로 조회한 C 뿐만 아니라 B는 신용정보를 감독할 주의의무가 있
음에도 불구하고 이를 위반하여 A와의 금융거래관계 설정 및 유지와는 무관하게 C에게 A
의 신용정보를 조회할 수 있는 권한을 부여한 것이므로 신용정보의 이용 및 보호에 관한

---

552) 서울중앙지방법원 2008. 5. 27. 선고 2008나60 판결(확정)을 참고한 사례이다.

법률 제33조, 제43조에 따라 손해배상책임을 진다.

2. 청구의 내용

C의 위법한 신용조회로 인하여 신용도가 급격하게 하락한 경우에는 신용대출거부로 인한 추가비용이 재산적 손해로 인정될 수 있으며, 이와 아울러 위법한 신용조회로 인한 위자료도 인정될 수 있다. 신용도의 하락이 없어 재산적 손해가 없는 경우에도 위자료는 배상된다. 위자료의 산정과 관련하여서는 신용조회의 횟수와 기간, 신용도 하락 유무 등을 고려하여야 한다.

II. 피고의 항변

피고 B는 피고 C와 업무상 제휴관계에 있을 뿐 감독할 지위에 있지 아니하므로, 이 사건 신용조회에 대한 책임이 없으며, 이 사건 신용조회로 인하여 A의 신용등급이 하락하는 결과가 발생하였다고 보기 어려우므로 손해가 현실적으로 발생한 것이 아니므로 손해배상책임이 없다.

III. 소결

설문의 기초가 된 사건에서 법원은 B은행이 A의 동의없이 제휴업체에 신용정보조회권한을 부여한 것은 신용정보법에 위반하는 불법행위이며, 이에 대한 위자료로 150만원을 인정하였고, 신용도가 하락되지 않았다고 하더라도 이러한 결론이 달라지지 않는다고 판단하였다. 다만 신용도가 하락되었다는 사정은 위자료의 증액사유에 해당한다.

"B가 운영하는 방송사의 시사고발프로그램에서 A 회사의 제품에서 일정 수치 이상의 유해
물질이 발견되었다고 방송된 경우에 A 회사는 그로 인한 피해의 확산을 막기 위하여 어떠
한 조치를 강구할 수 있는가"

[해제]

Ⅰ. 재방송 등 금지가처분

1차적으로 방송된 것이라고 하더라도 케이블방송을 통하여 재방송되거나 방영된 프로그
램이 다시보기를 통하여 시청자가 볼 수 있으므로 그로 인한 피해의 확산을 막기 위하여 재
방송 등을 금지하는 가처분을 신청하여야 한다. 가처분의 실효성을 위하여 간접강제금도 아
울러 신청하여야 한다.

Ⅱ. 방송사에 대한 정정 및 반론보도청구

언론중재법 제14조 내지 제16조에 따라 방송사에 대하여 정정보도 및 반론보도를 청구할
수 있다. 다만 방송사가 언론중재법 제15조 제4항의 사유를 들어 청구를 거부할 수 있다.

Ⅲ. 언론중재위원회에 대한 조정신청

신속한 구제수단으로 언론중재위원회에 조정을 신청할 수 있다. 언론중재위원회의 직권
조정결정에 대하여는 상대방이 이의를 신청하면, 제26조 제1항에 따른 소가 제기된 것으
로 보며, 피해자를 원고로 상대방인 언론사 등을 피고로 한다(언론중재법 제22조 제4항).

Ⅳ. 법원에 대한 정정 및 반론보도청구

정정 및 반론보도의 실효성 확보를 위하여 간접강제금을 아울러 청구하여야 한다(언론

중재법 제26조 제3항, 민사집행법 제261조 제1항).

V. 참고자료 - 서울남부지방법원
2008. 5. 8. 선고 2007가합24153 판결

1. 사안의 개요

소비자 고발 방송프로그램에서 황토화장품의 유해성을 보도하자, 해당 사업자가 정정보도 및 반론보도를 법원에 청구한 사건이다. 이하의 내용은 정정보도 및 반론보도에 관한 일련의 참고자료이다.

2. 청구취지례

주위적 청구

피고는 이 판결문을 송달받은 후 최초로 방송되는 "000 PD의 소비자고발" 프로그램의 첫머리에, 통상의 프로그램 자막과 같은 글자크기로 화면 상단에 "정정보도문"이라는 제목을 계속 표시하고 그 아래 화면에 별지 기재 정정보도요구문을 시청자들이 그 내용을 충분히 알아볼 수 있을 만큼 자막으로 표시하면서 진행자로 하여금 원프로그램의 진행과 같은 속도로 낭독하게 하라. 만일 피고가 이를 이행하지 아니할 경우 원고에게 위반횟수 1회당 1,000,000,000원씩을 지급하라.

예비적 청구

피고는 이 판결문을 송달받은 후 최초로 방송되는 "000 PD의 소비자고발" 프로그램의 첫머리에, 통상의 프로그램 자막과 같은 글자크기로 화면 상단에 "반론보도문"이라는 제목을 계속 표시하고 그 아래 화면에 별지 기재 반론보도요구문을 시청자들이 그 내용을 충분히 알아볼 수 있을 만큼 자막으로 표시하면서 진행자로 하여금 원프로그램의 진행과 같은 속도로 낭독하게 하라. 만일 피고가 이를 이행하지 아니할 경우 원고에게 위반횟수 1회당 1,000,000,000원씩을 지급하라.

3. 주문례

1. 피고는 이 판결문을 송달받은 날로부터 30일 이내에 방송되는 "○○○ PD의 소비자 고발" 프로그램의 첫머리에, 통상의 프로그램 자막과 같은 글자 크기로 화면 상단 "정정 및 반론보도문"이라는 제목을 계속 표시하고 그 아래 화면에 별지 정정 및 반론보도문을 시청자들이 그 내용을 충분히 알아 볼 수 있을 만큼 자막으로 표시하면서 진행자로 하여금 원 프로그램의 진행과 같은 속도로 낭독하게 하라.

2. 만일 피고가 제1항을 이행하지 아니할 경우 원고에게 위 기간 만료일 다음날부터 그 이행 완료일까지 매주 30,000,000원의 비율로 계산된 돈을 지급하라.

3. 원고의 나머지 주위적 청구 및 나머지 예비적 청구를 각 기각한다.

4. 소송비용 중 1/2는 원고가, 나머지는 피고가 각 부담한다.

4. 정정 및 반론보도문

◆ ○○○○○○은 2007. 10. 5.과 2007. 10. 12. 각 방송한 "○○○ PD의 소비자 고발" 프로그램에서 자연산 황토에는 포함되어 있지 않은 쇳가루가 황토팩 제조 과정에서 유입 되었으며, 자연산 황토에 포함된 산화철은 자석에 붙지 않다는 내용을 보도한 바 있습니다.

그러나 사실 확인 결과, 황토팩에서 검출된 자성을 띠는 물질은 황토팩 제조 과정에서 유입된 쇳가루가 아니라 황토 자체에 포함된 산화철로서 국제화장품원료집(ICID)에 등재된 화장품의 원료임이 밝혀져 이를 바로잡습니다.

그리고 ○○○○○○은 2007. 10. 12. 방송한 본 프로그램에서 일부 황토팩 제조 회사가 본 프로그램에 대하여 방영금지가처분을 신청하여 법원으로부터 일부 승소 판결을 받았다는 주장은 사실이 아니다는 내용을 보도한 바 있습니다.

그러나 사실 확인 결과, 주식회사 ○○○이 2007. 10. 5.자 본 프로그램에 대하여 서울남부지방법원에 방영금지가처분을 신청하여 2007. 10. 5. 일부 승소 판결을 받았음이 밝혀져 이를 바로잡습니다.

◆ ○○○○○○은 2007. 10. 5. 방송한 본 프로그램에서 일반 화장품 허용 기준을 초과하는 납과 비소가 검출되었다는 내용을 보도한 바 있습니다.

이에 대하여 주식회사 ○○○은 황토팩을 정해진 용법에 따라 물이나 화장수와 섞어 크림 형태로 사용할 경우, 자사의 황토팩은 위 일반 화장품 허용 기준을 초과하지 아니한다는 반론을 제기하므로 이를 시청자 여러분께 알려드립니다.

5. 소결

보도로 인한 손해배상청구소송에서 1심법원은 원고의 재산적 손해(일실수입)는 인정하지 않았으나 무형적 손해의 배상으로 1억원을 인정하였다.[553]

---

553) 서울중앙지법 2010.7.14. 선고 2008가합48235 판결(항소)은 원고의 황토팩 제품이 동종업계에서 차지하는 비중, 이 사건 보도의 경위 및 그 내용, 특히 피고 공사는 공중파 방송국으로 일반 시청자들에게 파급력이 매우 큰 언론매체이고, 더구나 특정 제품의 문제점을 다루는 이 사건과 같은 시사고발 프로그램의 경우에는 일반 시청자들에 대한 영향력이 상당히 크다 할 것이며, 실제로 이 사건 보도 이후 업계 1위의 황토팩 제조업체이던 원고 회사뿐만 아니라 대다수의 황토팩 제조업체가 매출이 급감히여 황토팩 제조업계 전반에 걸쳐 시장이 사라질지도 모를 정도의 극심한 어려움에 처하게 된 점 등을 고려하면, 피고 공사 등으로서는 과학적이고도 객관적인 근거에 입각하여 사실을 보도하기 위하여 최대한의 노력을 기울여야 할 의무가 있다고 할 것인데, 이 사건 보도의 경위와 내용을 살펴보면 쇳가루 검출 보도와 관련하여서는 이를 뒷받침할 만한 과학적 근거나 합리적인 자료조사를 다하였다고 볼 수 없는 점, 피고 공사의 규모와 이 사건 보도의 시청률, 피고 공사가 2회에 걸쳐 황토팩 제품의 문제점에 관하여 대대적 보도를 한 점 및 기타 이 사건 변론에 나타난 여러 사정을 모두 참작하면, 피고 공사 등이 배상하여야 할 손해배상의 액수는 1억 원으로 정함이 상당하다고 판단하였다.

6. 사생활의 비밀과 자유의 침해

1) 사생활의 비밀과 자유의 내용

우리 헌법은 제10조에서 인간의 존엄과 가치, 행복추구권을 보장함과 아울러 제17조에서 사생활의 비밀과 자유를 침해받지 않은 권리를 보장하였다. 헌법 제21조 제4항은 "언론·출판은 타인의 명예나 권리 또는 공중도덕이나 사회윤리를 침해하여서는 아니 된다. 언론·출판이 타인의 명예나 권리를 침해한 때에는 피해자는 이에 대한 피해의 배상을 청구할 수 있다."라고 각 규정하고 있고, 형법 제316조, 제317조에는 개인의 사생활의 비밀과 평온을 보호하기 위하여 일정한 개인의 비밀을 침해하거나 누설하는 행위를 처벌하는 규정을 두고 있는바, 이러한 여러 규정을 종합하여 보면, 사람은 자신의 사생활의 비밀에 관한 사항을 함부로 타인에게 공개당하지 아니할 법적 이익을 가진다고 할 것이므로, 개인의 사생활의 비밀에 관한 사항은, 그것이 공공의 이해와 관련되어 공중의 정당한 관심의 대상이 되는 사항이 아닌 한, 비밀로서 보호되어야 하고, 이를 부당하게 공개하는 것은 불법행위를 구성한다 할 것이다.[554] 사생활의 비밀과 자유는 종래 크게 사생활에 대한 간섭과 사적 사항의 공개에 대한 거부로 인식되었으나, 점차 자기에 관한 정보를 통제할 수 있는 적극적 권리가 부각되었다.[555]

2) 사생활의 보호범위

사생활의 보호범위를 주거 등으로 제한하는 것에 대하여 개인의 사적 생활이 은밀한 장소에서만 행하여지지 않으며, 산책이나 공연관람 등과 같이 일반에 공개된 장소에서 행하여지는 경우도 빈번하므로 사생활의 비밀과 자유를 장소적으로 제한한다면 개인은 세상으로부터의 결별을 강요받게 될 것이라는 비판이 있다.[556] 그러나 자기만

---

554) 대법원 1998. 9. 4. 선고 96다11327 판결.

555) 대법원 1998. 7. 24. 선고 96다42789 판결; 梁彰洙, "情報化社會와 프라이버시의 保護", 民法硏究 제1권, 511면.

의 시간과 공간을 확보하고자 하는 사생활의 보호가 공개된 장소에까지 확대된다면 사생활보호의 본래의 의미는 퇴색된다고 할 것이고, 공개된 장소에서의 개인의 자유로운 활동은 인격권 일반에 의하여 보호되면 족하다.[557] 더 나아가 공공장소에서의 사생활보호라는 것은 대부분 초상권에 의하여 보호되는 것이므로 독자적인 의미를 갖는다고 보기 어렵다.

3) 침해유형

사생활의 비밀과 자유의 침해는 사적 영역의 침입과 그로 인하여 얻은 정보의 공개를 주된 내용으로 한다. 국가기관에 의한 민간사찰도 사생활의 비밀과 자유의 한 유형에 속한다.[558] 사생활과 관련된 사항의 공개가 사생활의 비밀을 침해하는 것으로서 위법하다고 하기 위하여는 적어도 공표된 사항이 일반인의 감수성을 기준으로 하여 그 개인의 입장에 섰을 때 공개되기를 바라지 않을 것에 해당하고 아울러 일반인에게 아직 알려지지 않은 것으로서 그것이 공개됨으로써 그 개인이 불쾌감이나 불안감을 가질 사항 등에 해당하여야 한다.[559]

4) 위법성조각사유

개인의 사적 사항은 공공의 이해와 관련되어 공중의 정당한 관심의 대상이 되지

---

556) 梁彰洙(註 127), 77면의 각주 54. 金水晶, "私生活의 自由와 言論의 自由의 衡量 : 公共場所에서 撮影된 公的 人物의 寫眞報道에 관한 유럽의 論議를 中心으로", 民事法學 31號(2006. 3), 304면은 사생활의 존중은 어느 정도는 다른 사람들과의 관계를 형성하고 발전할 권리를 포함해야 한다는 유럽인권법원의 판결(Niemietz v. Germany, no. 13710/88, 16 December 1992 § 29)을 원용하면서 공공장소에서의 사생활보호는 정도의 문제이지 유무의 문제는 아니라고 한다.

557) 대법원 1974. 6. 11, 선고 73다1691 판결. 동 법원은 사람이 그의 독점적 지배하에 있는 주택내부에서 사생활을 함에 있어서 외부로부터 차단되어 공개되지 아니하고 자유롭게 기거 처신할 수 있음은 인간의 자유권에 속하는 침해되지 아니할 하나의 법익이라고 할 것이라고 판시하였다.

558) 대법원 1998. 7. 24. 선고 96다42789 판결; 서울중앙지방법원 2009. 5. 29. 선고 2008가합40668 판결.

559) 대법원 2006. 12. 22. 선고 2006다15922 판결.

않는 한 당사자의 동의가 없이 공개되면 위법하다. 민사소송절차의 변론과정에서 당사자가 상대방의 프라이버시나 명예에 관한 사항을 주장하고 이에 관한 증거자료를 제출함으로써 상대방의 프라이버시가 침해되거나 명예가 훼손되었다 하더라도, 그 주장과 입증이 당사자에게 허용되는 정당한 변론활동의 범위를 일탈한 것이 아니라면 위법성이 없다.[560] 공적 인물에 대하여는 사생활의 비밀과 자유가 일정한 범위 내에서 제한되어 그 사생활의 공개가 면책되는 경우도 있을 수 있으나, 이는 공적 인물은 일반인에 비하여 일반 국민의 알 권리의 대상이 되고 그 공개가 공공의 이익이 된다는 데 근거한 것이므로, 일반 국민의 알 권리와는 무관하게 국가기관이 평소의 동향을 감시할 목적으로 개인의 정보를 비밀리에 수집한 경우에는 그 대상자가 공적 인물이라는 이유만으로 면책될 수 없다.[561]

5) 명예훼손과의 구별

명예훼손은 개인에 대한 사회적 평가의 보호에 중점이 있으나, 사생활의 비밀과 자유는 인격발현의 기초로서 자신만의 영역의 확보에 중점이 있다.

---

560) 대법원 2008. 2. 15. 선고 2006다26243 판결.
561) 대법원 1998. 7. 24. 선고 96다42789 판결.

"유방성형수술의 피해자 A가 자신을 알아볼 수 없도록 해 달라는 조건하에 인터뷰한 내용의 방송을 승낙하였는데 방영 당시 A의 모습이 그림자 처리되기는 하였으나 그림자에 옆모습 윤곽이 그대로 나타나고 음성이 변조되지 않는 등 방송기술상 적절한 조치를 취하지 않음으로써 피해자의 신분이 주변 사람들에게 노출되었다."

1. A는 누구를 상대로 어떠한 청구를 할 수 있는가.
2. 피고로 지정된 자는 어떠한 항변을 할 수 있는가.

[해제]

I. 사생활의 비밀과 자유의 침해 등

이 사건 방송보도로 인하여 A는 유방성형수술의 피해자라는 사적 사항이 공개되었으므로 1차적으로 사생활의 비밀과 자유의 침해가 있다고 할 것이다. 더 나아가 A의 모습이 모자이크처리되지 않아 옆모습이 그대로 방송되고 음성도 변조되지 않았으므로 A의 초상권과 음성권의 침해가 있다. 최근의 판결례에 따르면 사생활의 비밀과 자유의 침해, 초상권의 침해, 음성권의 침해는 각기 별개의 불법행위를 구성하므로 이에 기하여 별개의 소송물이 인정된다고 할 것이다. 따라서 각각의 불법행위별로 손해배상액을 특정하여 청구하여야 한다.

II. 방송사를 상대로 한 불법행위책임

사람은 자신의 사생활의 비밀에 관한 사항을 함부로 타인에게 공개당하지 아니할 법적 이익을 가진다고 할 것이므로, 개인의 사생활의 비밀에 관한 사항은, 그것이 공공의 이해와 관련되어 공중의 정당한 관심의 대상이 되는 사항이 아닌 한, 비밀로서 보호되어야 하고, 이를 부당하게 공개하는 것은 불법행위를 구성한다. 따라서 방송사가 이 사건 프로그

---

562) 대법원 1998. 9. 4. 선고 96다11327 판결을 참고한 사례이다.

램을 방영하면서 A의 신분노출을 막기 위한 적절한 조치를 취하지 아니하고 A 주변 사람들로 하여금 A가 위 수술을 받은 사실을 알 수 있도록 한 것은 A의 사생활의 비밀을 무단 공개한 것으로서 불법행위를 구성한다.

Ⅲ. 피고의 항변

1. 위법성조각−공중의 정당한 관심사에 대한 공개

일반 국민들에게 실리콘 백을 이용한 유방확대수술의 위험성을 알리고 그로 인한 보상 방법 등에 관한 정보를 제공하기 위한 것으로서 공공의 이해에 관한 사항에 대하여 공익을 목적으로 한 것이므로 위법성이 조각된다.

2. 책임의 제한 항변

가사 피고의 책임이 긍정된다고 하더라도 방송보도의 공익성, A를 피해자로 부각시킨 점, A의 신원을 밝히지 않기 위하여 어느 정도 노력한 점, A의 신원을 확인할 수 있는 사람이 그리 많지 않은 점 등을 감안하여 손해배상책임이 대폭 감경되어야 한다.

Ⅳ. 소결

설문의 기초가 된 사건에서 법원은 유방확대수술의 위험성을 알리고 그로 인한 보상 방법 등에 관한 정보를 제공하기 위한 것은 공공의 이해에 관한 사항에 대하여 공익을 목적으로 한 것이라고 할 것이나, 그러한 수술을 받고 부작용으로 고생하고 있는 사례로 위 방송에서 소개된 사람이 누구인가 하는 점은 개인의 사생활의 비밀에 속한 사항이지 공중의 정당한 관심의 대상이 되는 사항이라고 할 수 없다고 하면서 피고의 위법성조각항변을 배척하고 피고의 손해배상의무를 인정하였다. 그리고 원심법원은 원고의 나이, 직업, 결혼 및 이혼 경력, 이 사건 방송 경위와 방송 내용, 방송시간 및 방송 후의 결과 등을 참작하여 이 사건 방송으로 인하여 원고가 입은 정신적 고통에 대한 위자료를 금 1천만원으로 산정하였고, 대법원은 이 판단을 긍인하였다.

"주의력 결핍 과잉 행동 장애증상을 가진 초등학생 A의 단독친권자인 어머니 B의 동의를 얻어 A의 생활모습을 촬영하였고, 방송국을 운영하는 주식회사 C는 이를 방영하였다. C는 이후에도 여러 차례 재방송을 하자 B는 언론중재위원회에 조정신청을 하여 다음과 같이 합의하였다. C는 B에게 500만원을 지급하고, A가 나오는 부분을 모두 삭제하고, C가 보관하고 있는 관련 자료를 모두 폐기하기로 하였다. 그러나 C는 합의이후에도 2차례나 재방송을 하였다. A 등은 어떠한 청구를 할 수 있는가."

[해제]

I. 불법행위의 성립

최초 시점에 친권자 B의 동의를 받아 A를 촬영하고 이를 방송한 것에 대하여는 위법성이 조각되어 A의 초상권이나 사생활의 비밀과 자유의 침해가 있다고 보기 어려울 것이다. 그러나 언론중재위원회에 의한 조정이 성립된 이상 이를 어겨 방송하는 것은 초상권과 사생활의 비밀과 자유의 침해를 구성한다. 또한 방송보도에 A의 음성이 촬영되어 보도된 경우라면 음성권의 침해도 인정된다. 더 나아가 장애아동의 명예를 훼손하는 사실의 적시가 있다면 명예훼손도 성립할 것이다.

II. 금지청구

방송보도로 인한 인격권의 피해자는 언론중재법 제30조 제3항에 따라 침해의 정지와 예방을 청구할 수 있고, 동법 동조 제4항에 따라 침해행위에 제공되거나 침해행위에 의하여 만들어진 물건의 폐기나 그 밖의 필요한 조치를 청구할 수 있다. A의 친권자 B는 재방송금지 및 다시보기 등의 금지를 내용으로 하는 금지청구를 할 수 있고, 금지청구의 실효성을 확보하기 위하여 간접강제금을 신청할 수 있다.

---

563) 서울남부지법 2009. 5. 19. 선고 2009가합311 판결을 참고한 사례이다.

Ⅲ. 손해배상의 주체와 범위

방송보도로 인한 1차 피해자인 장애아동인 A가 방송국을 운영하는 회사를 상대로 손해배상을 청구할 수 있고, 손해배상에 있어 침해되는 법익과 손해의 종류에 따라 각각 별개의 소송물이 인정된다. 자녀에 대한 중대한 인격권침해는 부모에 대한 위자료의 발생원인이 될 수 있으므로 단독친권자인 B는 고유한 위자료청구권을 가진다.

방송보도로 인한 인격권침해에 대한 금전배상은 언론중재법에 다른 정함이 없는 한 민법의 일반법리가 적용된다. 언론중재법 제30조 제2항은 손해의 발생은 인정되나 손해액을 구체적인 금액으로 산정하기 어려운 경우에 변론의 취지와 증거조사의 결과를 참작하여 상당한 금액을 손해배상액으로 인정할 수 있다고 규정한다.

Ⅳ. 소결

설문의 기초가 된 사건에서 법원은 약정위반, 초상권과 프라이버시침해 및 명예훼손을 인정하고, 이에 대한 위자료로 어머니에게 100만원, 장애아동에게 200만원을 인정하였다.

[사례 46][564]

"B 보험회사의 직원 C는 보험회사를 상대로 손해배상청구소송을 제기한 교통사고 피해자 A의 장해 정도에 관한 증거자료를 수집할 목적으로 A를 미행하면서 일반인의 접근이 허용된 도로 등에서의 활동에 대한 사진을 촬영하고 이를 증거로 제출하였다."

1. A는 누구를 상대로 어떠한 청구를 할 수 있는가.
2. A에 의하여 피고로 지정된 자는 어떠한 항변을 할 수 있는가.

---

564) 대법원 2006. 10. 13. 선고 2004다16280 판결을 참고한 사례이다.

[해제]

I. 원고의 청구

1. 피고의 선택

B 보험회사의 직원 C가 자신에 주어진 소송수행과정에서 승소를 위한 증거수집의 일환으로 일련의 행위를 하였으므로 B 보험회사와는 별도로 직원 C를 피고로 삼는 것은 적절치 않다. 따라서 C의 잘못이 그리 크지 않는 경우에는 사용자인 B 회사를 상대로 제756조 소정의 사용자책임을 추궁하는 것으로 족하다.

2. 청구권원

B 보험 주식회사의 직원 C가 손해배상청구소송에서 A의 후유장해 정도에 대한 증거자료를 수집할 목적으로 A를 미행하면서 일반인의 접근이 허용된 공개된 장소에서 A를 촬영하였고, 그 사진을 증거로 제출하였다. C의 행위는 특정의 목적을 가지고 의도적 · 계속적으로 주시하고 미행하면서 사진을 촬영함으로써 원고들에 관한 정보를 임의로 수집한 것이어서, 비록 그것이 공개된 장소에서 민사소송의 증거를 수집할 목적으로 이루어졌다고 하더라도 초상권 및 사생활의 비밀과 자유의 보호영역을 침범한 것으로서 불법행위를 구성한다고 할 것이다. C의 행위는 회사의 업무(소송수행)를 수행하는 과정에서 이루어진 것이므로 사용자인 B는 제756조 소정의 사용자책임을 부담한다.

3. 청구의 내용

C의 행위로 인하여 A는 초상권, 사생활권의 침해 그리고 그로 인한 정신적 고통이라는 불이익을 입은 것이므로 이에 대한 위자료를 청구할 수 있다.

II. 피고의 항변

첫째, 공공장소에서 A를 따라 다니면서 사진을 촬영한 것에 불과하므로 초상권이나 사생활권의 침해가 인정되지 않는다. C는 A가 주거에서 생활하는 것을 촬영한 바가 없고, A가 공공장소에서 나온 이상 초상권이나 사생활권을 포기한 것이다.

둘째, A가 객관적인 증상이 없는 상황에서 주관적인 통증만을 호소하면서 손해배상금을 과도하게 요구하는 상황에서 이를 탄핵하기 위한 증거를 제출하기 위한 것이므로 위법성을 조각한다.

Ⅲ. 소결

초상권이나 사생활의 비밀과 자유를 침해하는 행위를 둘러싸고 서로 다른 두 방향의 이익이 충돌하는 경우에는 구체적 사안에서의 사정을 종합적으로 고려한 이익형량을 통하여 위 침해행위의 최종적인 위법성이 가려진다. 이러한 이익형량과정에서, 첫째 침해행위의 영역에 속하는 고려요소로는 침해행위로 달성하려는 이익의 내용 및 그 중대성, 침해행위의 필요성과 효과성, 침해행위의 보충성과 긴급성, 침해방법의 상당성 등이 있고, 둘째 피해이익의 영역에 속하는 고려요소로는 피해법익의 내용과 중대성 및 침해행위로 인하여 피해자가 입는 피해의 정도, 피해이익의 보호가치 등이 있다. 그리고 일단 권리의 보호영역을 침범함으로써 불법행위를 구성한다고 평가된 행위가 위법하지 않다는 점은 이를 주장하는 사람이 증명하여야 한다.

설문의 기초가 된 사건에서 대법원은 위자료청구를 기각한 원심법원의 판결을 파기환송하였고, 파기환송 법원은 피해자인 부부에게 각 200만원, 피해자인 아들에게 100만원의 위자료를 인정하였다.[565]

---

565) 서울중앙지방법원 2006. 12. 15. 선고 2006나23410 판결.

"B 회사는 한국전력으로부터 서울 지역 인입선 정비를 요청하는 공문을 받고, 해당 지역의 인터넷 가입자 유지관리 업무위탁계약을 맺은 A 회사에게 인입선 정비업무를 위탁하였고, A 회사는 자신의 직원인 C에게 위 업무를 수행할 것을 지시하였다. 이에 C는 인입선 정비 및 분배기 설치를 위해 D의 주택에 찾아가 초인종을 눌렀으나, 아무 반응이 없자 임의로 담을 넘어 계단을 통해 옥상으로 들어가 인입선을 정비하고 분배기 등을 설치하였다."

1. D는 누구를 상대로 어떠한 청구를 할 수 있는가
2. 피고는 어떠한 항변을 할 수 있는가.

[해제]

Ⅰ. 원고의 청구

1. 피고의 선택

장비설치를 위하여 실제로 주거침입을 한 직원과 그 사용자 뿐만 아니라 경우에 따라 서울 지역 인입선 업무를 담당하고 이를 관리감독할 지위에 있는 자도 피고로 삼아 불법행위 책임을 추궁할 수 있다.

2. 청구권원 및 청구의 내용

피용자인 C가 A 회사의 업무를 수행하는 과정에서 주거침입이라는 불법행위를 저질렀으므로 A 회사는 제756조에 따라 사용자책임을 진다. 따라서 A 회사는 D에게 주거침입이라는 불법행위로 인한 손해배상을 하여야 한다. 이 경우 통상 손해배상으로 위자료가 인정될 수 있다. 또한 B 회사가 A에 대한 감독권이 있는 경우에는 B 회사도 사용자책임을 질 수 있다.

Ⅱ. 피고의 항변

첫째, B 회사는 D의 직접 사용자가 아니므로 지휘감독관계가 없으므로 사용자책임을 지

---

566) 서울동부지방법원 2008. 5. 14. 선고 2007나4860 판결(로앤비 검색가능)을 참고한 사례이다.

지 않으며, D가 소속된 회사의 상위도급인으로 도급 또는 지시에 중대한 과실이 있지도 않으므로 도급인 책임도 지지 않는다고 주장하였다.

둘째, 업무의 성격상 피해자의 추정적 승낙이 인정될 수 있으므로 위법성이 조각된다.

셋째, 가사 책임이 인정된다고 하더라도 업무의 성격에 비추어 D에게 이익이 되는 점에 비추어 손해배상액이 감경되어야 한다.

Ⅲ. 소결

설문에서는 도급 관계에서 사용자책임의 인정 여부 및 중간 매개를 거친 간접적 사용자 책임의 인정 여부가 문제된다. 도급인이 수급인에 대하여 특정한 행위를 지휘하거나 특정한 사업을 도급시키는 노무도급의 경우에 있어서는 도급인이라 하더라도 사용자로서의 배상책임이 있다 할 것이므로 서울 지역 인입선 업무를 담당하고 이를 관리감독할 지위에 있는 자의 사용자책임이 긍정되고, 다만 업무의 성격상 피해자의 승낙이 인정될 가능성이 크다는 점에서 위자료는 일부 감액되어야 할 것이다. 설문의 기초가 되는 사건에서 법원은 C의 행위가 D의 사생활의 비밀과 자유를 침해하는 불법행위를 구성하므로 위자료를 인정하되 재산상의 손해배상은 증거 부족으로 인정하지 않았다. 그리고 B 회사와 A 회사간에 인입선 정비업무라는 노무도급관계가 있다고 보아 B 회사의 사용자책임도 긍정하였다.

7. 통신의 비밀의 침해

1) 서설

헌법은 제18조에서 "모든 국민은 통신의 비밀을 침해받지 아니한다."고 규정하여 통신의 비밀 보호를 그 핵심내용으로 하는 통신의 자유를 기본권으로 보장하고 있다. 통신의 비밀과 자유는 개인이 국가권력의 간섭이나 공개의 염려 없이 사적 영역에서 자유롭게 의사를 전달하고 정보를 교환할 수 있게 하는 기본권으로서, 개인의 사생활과 인격을 통신의 영역에서 두텁게 보호한다는 전통적인 기능을 넘어, 개인 간의 의사와 정보의 무제한적인 교환을 촉진시킴으로써 표현의 자유를 보장하고 나아가 개인의 정치적 의사를 공론의 장으로 이끌어 낸다는 점에서 민주주의 이념을 실현하는 데 중요한 기능을 수행한다.[567] 불법 감청이나 녹음에 의한 통신비밀의 침해를 근절하기 위해서는 그러한 행위 자체를 처벌하여야 하는 것은 물론이거니와, 이와는 별도로 그러한 행위에 의하여 지득한 통신비밀의 내용을 공개하거나 누설하는 행위까지도 금지하여야 한다. 왜냐하면 불법 감청 내지 녹음행위를 효과적으로 규제하기 위해서는 그 결과물의 공개 내지 누설을 봉쇄함으로써 그와 같은 행위를 하려는 유인 자체를 제거할 필요가 있기 때문이다.

2) 통신의 비밀과 자유

우리 헌법 제18조는 "모든 국민은 통신의 비밀을 침해받지 아니한다."고 규정하여 통신의 자유를 기본권으로 보장하고 있고, 전기통신사업법 제54조는 "누구든지 전기통신사업자가 취급 중에 있는 통신의 비밀을 침해하거나 누설하여서는 아니 된다." (제1항), "전기통신업무에 종사하는 사 또는 종사하였던 자는 그 재직 중에 통신에 관하여 알게 된 타인의 비밀을 누설하여서는 아니 된다."(제2항)라고 규정하고 있다. 위 전기통신사업법의 규정은 전기통신사업자에게 '통신의 비밀을 누설하여서는 아니 될 의무'를 부과한 것으로서, 통신의 비밀을 보호하고자 하는 위 헌법과 전기통신사업법

---

567) 대법원 2011. 3. 17. 선고 2006도8839 전원합의체 판결.

의 규정 취지에다가 오늘날 고도로 발달된 정보통신사회에서 대부분의 국민이 전기통신사업자의 역무시설을 이용하여 통신을 하게 되었고, 그에 따라 전기통신사업자에 의한 통신비밀의 침해가능성이 현저히 증가하게 되었다는 사정을 보태어 보면, 이용자는 위 규정에 의하여 직접 전기통신사업자에 대하여 '자신의 통신비밀을 타인에게 누설하지 말 것을 요구할 권리'(일응 '통신비밀보호청구권'이라고 칭한다)를 가진다고 할 것이다.

이용자가 전기통신사업자에 대하여 자신의 통신비밀을 타인에게 누설하지 말 것을 요구할 권리를 의미하는 위 통신비밀보호청구권 속에는 전기통신사업자에 대하여 통신비밀을 다인에게 누설하였는지 여부의 확인을 구할 권리도 당연히 포함된다고 할 것이다. 그렇지 않으면, 이용자로서는 전기통신사업자가 자신의 통신비밀을 침해하였는지 여부를 확인할 수 없어 통신비밀보호청구권을 실효성 있게 보장하기 어렵게 되기 때문이다.

따라서 이용자는 전기통신사업자에 대하여 통신비밀을 누설하였는지 여부의 확인을 구할 수 있고, 이를 위하여 필요한 경우에는 '전기통신사업자가 이용자의 통신비밀을 제3자에게 제공한 내역' 및 '그 제공이 적법한 것인지 확인할 수 있는 서류'의 열람·등사를 청구할 수도 있다.

3) 침해의 태양

통신비밀보호법은 이와 같은 헌법정신을 구현하기 위하여, 먼저 통신비밀보호법과 형사소송법 또는 군사법원법의 규정에 의하지 아니한 우편물의 검열 또는 전기통신의 감청, 공개되지 아니한 타인 간의 대화의 녹음 또는 청취행위 등 통신비밀에 속하는 내용을 수집하는 행위를 금지하고 이에 위반한 행위를 처벌하는 한편(제3조 제1항, 제16조 제1항 제1호), 불법 감청·녹음 등에 의하여 수집된 통신 또는 대화의 내용을 공개하거나 누설하는 행위를 동일한 형으로 처벌하도록 규정하고 있다(제16조 제1항 제2호). 이와 같이 통신비밀보호법이 통신비밀의 공개·누설행위를 불법 감청·녹음 등의 행위와 똑같이 처벌대상으로 하고 그 법정형도 동일하게 규정하고 있는 것은, 통신비밀의 침해로 수집된 정보의 내용에 관계없이 그 정보 자체의 사용을 금지함으로써 당초 존재하지 아니하였어야 할 불법의 결과를 용인하지 않겠다는 취지이고, 이는 불법의 결과를 이용하여 이익을 얻는 것을 금지함과 아울러 그러한 행위의 유인마저 없애겠다는 정책적 고려에 기인한 것이라고 할 것이다.

4) 위법성조각사유

불법 감청·녹음 등에 관여하지 아니한 언론기관이 그 통신 또는 대화의 내용이 불법 감청·녹음 등에 의하여 수집된 것이라는 사정을 알면서도 그것이 공적인 관심사항에 해당한다고 판단하여 이를 보도하여 공개하는 행위가 형법 제20조의 정당행위로서 위법성이 조각된다고 하려면, 적어도 다음과 같은 요건을 충족할 것이 요구된다.[568]

첫째, 그 보도의 목적이 불법 감청·녹음 등의 범죄가 저질러졌다는 사실 자체를 고발하기 위한 것으로 그 과정에서 불가피하게 통신 또는 대화의 내용을 공개할 수밖에 없는 경우이거나, 불법 감청·녹음 등에 의하여 수집된 통신 또는 대화의 내용이 이를 공개하지 아니하면 공중의 생명·신체·재산 기타 공익에 대한 중대한 침해가 발생할 가능성이 현저한 경우 등과 같이 비상한 공적 관심의 대상이 되는 경우에 해당하여야 한다. 국가기관 등이 불법 감청·녹음 등과 같은 범죄를 저질렀다면 그러한 사실을 취재하고 보도하는 것은 언론기관 본연의 사명이라 할 것이고, 통신비밀보호법 자체에 의하더라도 '국가안보를 위협하는 음모행위, 직접적인 사망이나 심각한 상해의 위험을 야기할 수 있는 범죄 또는 조직범죄 등 중대한 범죄의 계획이나 실행 등 긴박한 상황' 에 있는 때에는 예외적으로 법원의 허가 없이 긴급통신제한조치를 할 수 있도록 허용하고 있으므로(제8조), 이러한 예외적인 상황 아래에서는 개인 간의 통신 또는 대화의 내용을 공개하는 것이 허용된다.

둘째, 언론기관이 불법 감청·녹음 등의 결과물을 취득함에 있어 위법한 방법을 사용하거나 적극적·주도적으로 관여하여서는 아니 된다.

셋째, 그 보도가 불법 감청·녹음 등의 사실을 고발하거나 비상한 공적 관심사항

---

568) 대법원 2011. 3. 17. 선고 2006도8839 전원합의체 판결.

을 알리기 위한 목적을 달성하는 데 필요한 부분에 한정되는 등 통신비밀의 침해를 최소화하는 방법으로 이루어져야 한다.

넷째, 언론이 그 내용을 보도함으로써 얻어지는 이익 및 가치가 통신비밀의 보호에 의하여 달성되는 이익 및 가치를 초과하여야 한다. 여기서 그 이익의 비교·형량은, 불법 감청·녹음된 타인 간의 통신 또는 대화가 이루어진 경위와 목적, 통신 또는 대화의 내용, 통신 또는 대화 당사자의 지위 내지 공적 인물로서의 성격, 불법 감청·녹음 등의 주체와 그러한 행위의 동기 및 경위, 언론기관이 그 불법 감청·녹음 등의 결과물을 취득하게 된 경위와 보도의 목적, 보도의 내용 및 그 보도로 인하여 침해되는 이익 등 제반 사정을 종합적으로 고려하여 정하여야 한다.

대법원의 다수의견이 위법성조각사유를 엄격하게 해석하는 것은 통신의 비밀을 중히 여겨 언론기관 등에 의한 폭로성 공개를 막고자 함이었다. 이에 반하여 반대의견은 다수의견이 통신의 비밀 보호에 편향되어 언론의 자유와의 조화점을 찾는 데에 실패하였다고 지적한다.

5) 열람등사청구

통신비밀보호청구권의 한 내용으로서 열람등사청구가 가능할 것이다. 서울고등법원은 이 사건 서류는 검사가 피고에게 원고 명의로 개통된 이 사건 이동전화의 통화내역 등의 통신사실 확인자료를 제공해 줄 것을 요청한 통신사실 확인자료 제공요청서와 그 제공요청을 승인한 검사장의 승인서 및 그 제공사실을 기재한 통신비밀보호법 제13조 제7항 소정의 대장으로서, 이는 모두 피고가 검사에게 통신사실 확인자료를 제공한 행위가 적법한 것인지, 원고의 통신비밀을 적법한 절차에 의하지 아니하고 누설한 것은 아닌지 등을 확인하기 위해 필요한 자료이므로, 원고는 그 확인을 위하여 피고에게 이 사건 서류의 열람·등사를 청구할 수 있다고 판시하였다(다만 그 권리는 피고 회사의 운영에 지장을 초래하는 방법으로 행사되어서는 아니되므로 열람·등사는 피고의 본점 또는 서류의 보관장소에서 영업시간 내에 한하여 허용함이 상당하다).[569]

6) 손해배상

통신의 비밀침해에 대한 손해배상은 위자료가 될 것이다. 위자료의 산정에 있어서는 통신의 비밀침해의 경위, 침해된 비밀의 내용, 당사자의 지위, 공개의 방법 등이 종합적으로 고려되어 판단된다. 국회의원의 자료제출요구에 항의하면서 욕설과 반말을 한 대화내용을 녹취하여 기자에게 건네져 보도된 사안에서 법원은 상대방의 행위로 인하여 시민들로부터 많은 비난을 받고 징계해고의 하나의 사유로 된 점, 위 통화경위 및 내용과 보도된 정도, 원고와 피고의 사회적 지위 등 이 사건 변론 과정에 나타난 제반 사정을 종합적으로 고려하여 그 위자료로 5백만원을 인정하였다.[570]

---

569) 청구취지의 기재례는 다음과 같다.

    1. 피고는 원고에게 별지 목록 기재 서류를 피고의 본점 또는 서류의 보관장소에서 영업시간 내에 한하여 열람 및 등사하게 하라.

    2. 별지

    이동통신전화 (전화번호 생략)에 대한 2004. 10.경 통신사실 확인자료의 제공에 대한 대장, 위 번호에 대한 통신사실 확인자료 제공요청서와 관할 지방검찰청 검사장의 승인을 증명하는 서면 끝.

570) 서울남부지방법원 2011. 4. 7. 선고 2010나5873 판결(로앤비 검색가능).

"B는 전기통신사업법상의 전기통신사업자이고, A는 B와 이동전화이용계약을 체결하고, A 명의로 이동전화를 개통하여 이용하고 있다. B는 2010. 10. 1. 15:21경 이 사건 이동전화에 관한 국내 통화내역(2010. 7. 1.부터 2010. 9. 31.까지)을 발급하여 이를 수사기관에 제공하였다. A는 2010. 11. 19. 변호사법 위반죄로 기소되었으며, 동죄에 관하여 선고된 유죄판결이 2010. 12. 28. 확정되었다. A는 2011. 2.경 B에게 '수사기관의 요청에 의하여 국내 통화내역이 발급 되었다면 그것이 수사기관의 통신사실 확인자료 제공요청에 의한 것인지 여부, 이와 같은 요청에 의한 것이라면 수사기관의 통신사실 확인자료 제공요청서 사본 등을 교부해 달라'는 신청을 하였으나, B는 'A가 요청한 서류들은 수사관련 서류로서 B가 A에게 이를 제공하면 통신비밀보호법 등에 위반된다'는 이유로 이를 거절하였다. A를 위하여 변호사로서 자문을 하여 보라."

[해제]

I. 이용자의 통신비밀보호청구권

통신의 비밀을 보호하고자 하는 헌법 제18조와 전기통신사업법 제54조의 규정 취지, 오늘날 고도로 발달된 정보통신사회에서 통신비밀의 침해가능성이 현저히 증가하게 된 사정에 비추어 이용자는 위 규정에 의하여 직접 전기통신사업자에 대하여 '자신의 통신비밀을 타인에게 누설하지 말 것을 요구할 권리를 가진다.

II. 통신비밀보호청구권의 내용

통신비밀보호청구권은 이용자가 전기통신사업자에 대하여 자신의 통신비밀을 타인에게 누설하지 말 것을 요구 할 권리 뿐만 아니라 통신비밀을 타인에게 누설하였는지 여부의 확인을 구할 권리도 그 내용으로 한다. 그렇게 해석하지 않으면, 이용자로서는 전기통신사업자가 자신의 통신비밀을 침해하였는지 여부를 확인할 수 없어 통신비밀보호청구권을 실효

---

571) 서울고등법원 2010. 9. 1. 선고 2009나103204 판결(상고)을 참고한 사례이다.

성 있게 보장하기 어렵게 된다.

따라서 이용자는 전기통신사업자에 대하여 통신비밀을 누설하였는지 여부의 확인을 구할 수 있고, 이를 위하여 필요한 경우에는 '전기통신사업자가 이용자의 통신비밀을 제3자에게 제공한 내역' 및 '그 제공이 적법한 것인지 확인할 수 있는 서류'의 열람·등사를 청구할 수도 있다.

Ⅲ. 이 사건 서류의 열람·등사 허용 여부

이 사건 서류는 검사가 B에게 A 명의로 개통된 이 사건 이동전화의 통화내역 등의 통신사실 확인자료를 제공해 줄 것을 요청한 통신사실 확인자료 제공요청서와 그 제공요청을 승인한 검사장의 승인서 및 그 제공사실을 기재한 통신비밀보호법 제13조 제7항 소정의 대장으로서, 이는 모두 B가 검사에게 통신사실 확인자료를 제공한 행위가 적법한 것인지, A의 통신비밀을 적법한 절차에 의하지 아니하고 누설한 것은 아닌지 등을 확인하기 위해 필요한 자료이므로, A는 그 확인을 위하여 B에게 이 사건 서류의 열람·등사를 청구할 수 있다고 할 것이다(다만 그 권리는 B 회사의 운영에 지장을 초래하는 방법으로 행사되어서는 아니되므로 열람·등사는 B의 본점 또는 서류의 보관장소에서 영업시간 내에 한하여 허용함이 상당하다).

Ⅳ. 통신비밀보호법상 제한 여부

통신비밀보호법은 통신사실 확인자료의 제공에 관여한 통신기관의 직원 또는 그 직에 있었던 자는 통신사실 확인자료의 제공에 관한 사항을 외부에 공개하거나 누설하여서는 아니 된다고 규정하여 통신사실 확인자료를 수사기관에 제공한 사실의 공개를 금지하고 있다(제13조의5, 제11조 제2항 참조).

그러나 같은 법 제13조의3은 "제13조의 규정에 의하여 통신사실 확인자료 제공을 받은 사건에 관하여 공소를 제기하거나, 공소를 제기 또는 입건을 하지 아니하는 처분(기소중지처분을 제외한다)을 한 때에는 그 처분을 한 날로부터 30일 이내에 통신사실 확인자료 제공을 받은 사실과 제공요청기관 및 그 기간 등을 서면으로 통지하여야 한다."라고 규정하고 있는바, 이에 비추어 보면 위 통신사실 확인자료 제공사항의 공개금지는 이용자에 관한 위 통지 무렵 그 제한이 해제되는 것으로 봄이 상당하다.

이 사건에 관하여 보면, 검사는 통신사실 확인자료 제공을 받은 사건인 A에 대한 위 변호사법 위반사건에 관하여 이미 공소를 제기하여 그 판결이 확정된 사실은 앞서 본 바와 같으므로, 이 사건 통신사실 확인자료 제공사항의 공개금지는 A에 대하여는 이미 해제되었다고 할 것이다.따라서 이 사건 서류는 통신비밀보호법상의 제한대상에 해당하지 않는다.

V. 공공기관의 정보공개에 관한 법률상의 제한 여부

B는 이 사건 서류는 수사기관의 내부문서로서 공공기관의 정보공개에 관한 법률 제9조 제1항 제4호 소정의 비공개대상정보라고 주장할 여지가 있다.

공공기관의 정보공개에 관한 법률 제9조 제1항 제4호는 '수사'에 관한 사항으로서 공개될 경우 그 직무수행을 현저히 곤란하게 한다고 인정할 만한 상당한 이유가 있는 정보를 비공개대상정보의 하나로 규정하고 있는바, 그 취지는 수사의 방법 및 절차 등이 공개되는 것을 막고자 하는 것으로서, 수사기관 내부의 의견서, 보고문서, 메모, 법률검토, 내사자료 등 범죄사실 입증에 관련된 증거가 아닌 피고인 또는 피의자의 방어활동과 직접 관계가 없는 정보가 여기의 비공개대상정보에 해당한다.[572]

이 사건 서류 중 통신사실 확인자료 제공요청서 및 그 승인서는 수사의 절차와 관련된 서류이기는 하나, 피고인 또는 피의자의 방어활동과 관련이 없는 단순한 내부문서가 아니라 통신사실 확인자료 제공이 적법한 절차에 따라 이루어지도록 담보하기 위하여 수사기관이 전기통신사업자에게 교부하여 전기통신사업자가 대장과 함께 7년간 비치하도록 하고 있는 서류로서(통신비밀보호법 제13조 제7항), 이는 공공기관의 정보공개에 관한 법률 제9조 제1항 제4호 소정의 비공개대상정보가 아니라, 수사절차의 적법성을 검증하기 위하여 공개가 반드시 필요한 서류이다. 따라서 B의 주장은 이유 없다.

---

572) 헌법재판소 1997. 11. 27. 선고 94헌마60결정; 대법원 2003. 12. 26. 선고 2002두1342판결 등 참조

Ⅵ. 소결

설문의 기초가 된 사건에서 법원은 전기통신사업자인 B는 이용자인 A에게 이 사건 서류를 B의 본점 또는 서류의 보관장소에서 영업시간 내에 한하여 열람·등사하게 하여야 할 의무가 있다고 판단하였다.

[사례 49][573)]

"국회의원 A가 서울특별시 자치구 노조사무실 운영 여부 등에 관한 자료를 제출하도록 요구하자, 해당 자치구의 노조위원장인 B는 A와의 전화통화를 수차례 시도하였으나, A가 곧바로 끊는 바람에 통화가 이루어지지 못하였다. 이에 B는 A의 보좌관인 C에게 전화를 하여 반말과 욕설을 하였고, C는 이를 녹음하였다. C가 이에 대하여 A에게 보고하자, A는 기자인 D에게 녹취록을 교부할 것을 C에게 지시하였고, C로부터 녹취록을 건네받은 D는 2009. 10. 1.자 신문에서 '노조위원장 B, 국감자료 요구 의원에 막말'이라는 제목으로 위 녹취록의 내용 중 일부를 발췌하여 보도하였다. 구청장 E는 2009. 11. 18. B가 성실·복종의무 위반, 근무지 무단이탈과 함께 B의 위와 같은 통화내용이 신문에 게재되어 많은 시민들로부터 비난을 사는 등 공무원으로서 품위를 손상시키는 등 품위유지의무를 위반하였다는 이유로 B를 해임하는 징계처분을 하였다. B는 누구를 상대로 어떠한 청구를 할 수 있는가."

[해제]

Ⅰ. 피고의 확정

A가 녹취록을 기자 D에게 교부하도록 지시하였으므로 A를 상대로 통신비밀의 침해라는 불법행위책임을 추궁할 수 있다. 또한 D를 상대로 명예훼손이라는 불법행위책임을 추궁할 수 있고, C가 녹취록을 건네서 보도한 것이므로 명예훼손에 대하여 공동불법행위책임을 C를 상대로 추궁할 수 있다.

---

573) 서울남부지방법원 2011. 4. 7. 선고 2010나5873 판결을 참고한 사례이다.

Ⅱ. 청구권원

우선 통신의 비밀의 침해라는 불법행위책임이 문제된다. 통화 당사자간의 내용을 상대방의 동의없이 녹음할 수 있다고 하더라도, 이를 공개하는 것은 통신의 비밀의 침해라고 할 것이다. 설문의 기초가 된 사건에서 법원은 사생활의 비밀과 자유의 침해라고 보았으나, 통신의 비밀의 침해라고 보는 것이 적절하다. 통신의 비밀의 침해에 대한 위법성 조각사유로는 정당행위가 있으므로, 최근의 전원합의체판결에서 제시한 요건에 맞추어 위법성조각여부를 검토하여야 할 것이다.

또한 명예훼손의 성립여부가 문제된다. 통화당사자간의 대화내용 중 일부를 발췌하여 보도하면서 당사자의 사회적 평가가 저해된다면, 이는 명예훼손이 성립할 수 있다. 다만 명예훼손에 대한 위법성 조각사유로 진실성(진실로 믿을 상당한 이유) 및 공공성이 존재한다면 불법행위책임이 부정될 수 있다.

녹취자료의 제공은 명예훼손에 있어서의 일정한 기여로 볼 수 있어 공동불법행위의 성립에 어려움이 없다.

Ⅲ. 손해배상의 범위

통신의 비밀의 침해와 명예훼손은 각기 별개의 불법행위를 구성하므로 이에 기한 손해배상청구권도 별개의 소송물이 된다. 이 경우 손해배상청구권은 위자료가 될 것이다. 위자료산정시 침해법익의 내용, 침해의 경위, 공개의 범위, 당사자의 지위 등 제반 사정이 고려된다.

Ⅳ. 소결

설문의 기초가 된 사건에서 피해자는 국회의원을 상대로 손해배상청구소송을 제기하였고, 법원은 사생활의 비밀과 자유의 침해라는 불법행위의 성립을 인정하고, 해당 국회의원에 대하여 500만원의 위자료 배상책임을 긍정하였다.

8. 초상권의 침해

1) 서설

사람은 누구나 자신의 얼굴 기타 사회통념상 특정인임을 식별할 수 있는 신체적 특징에 관하여 함부로 촬영 또는 그림묘사되거나 공표되지 아니하며 영리적으로 이용당하지 않을 권리를 가지는데, 이러한 초상권은 우리 헌법 제10조 제1문에 의하여 헌법적으로 보장되는 권리이다.[574] 현행법상으로는 초상권은 인격권의 한 내용으로 언론중재법 제5조 제1항에서 규정되고 있다.

2) 침해의 태양

초상권의 침해의 태양은 크게 무단으로 타인의 초상을 촬영하는 것, 촬영된 초상을 이용하는 것으로 나눌 수 있고, 후자는 초상을 이용하여 보도하는 것과 초상을 상업적으로 이용하는 것으로 다시 세분할 수 있다. 승낙에 의하여 촬영된 사진이라도 이를 함부로 공표하는 행위, 일단 공표된 사진이라도 다른 목적에 사용하는 행위는 모두 초상권의 침해에 해당한다.[575]

3) 위법성조각사유

위법성의 조각여부에 있어서는 침해의 태양, 피해자의 지위 등이 고려되어야 한다. 단순한 촬영보다는 상업적 이용에, 유명인보다는 일반인의 경우에 위법성이 쉽게 긍정될 수 있다. 유명인은 직업의 성격상 대중의 지속적인 관심사에 속하며, 공인은 수행하는 직무의 성격상 검증과 관심의 대상이므로 일정한 한도에서 초상권이 제한된다고 할 것이다. 즉, 보도를 위한 초상의 촬영은 위법성이 조각된다고 할 수 있다. 그러나 세인의 관심을 끄는 공인이라고 하더라도 자신과 아무런 관련이 없는 명예훼손적

---

574) 대법원 2006. 10. 13. 선고 2004다16280 판결.

575) 서울지방법원 남부지원 1997. 8. 7. 선고 97가합8022 판결(항소기각 확정).

보도에 관련 사진으로 초상이 공표되는 것까지 감수되어야 하는 것은 아니다. 다만 만화 속의 모델이 성명 또는 초상권의 침해를 주장한 사안에서, 만화 속의 모델은 만화 속에서 자신의 명예가 훼손된 경우에는 이를 이유로 침해의 금지를 요구하거나 그로 인한 손해의 배상을 구할 수 있으나, 명예가 침해되는 정도에 이르지 아니한 경우에는 헌법상 예술의 자유와 출판의 자유가 보장되어 있는 점에 비추어 이를 수인하여야 하고, 특히 모델이 사회에서 널리 알려진 공적인 인물인 경우에는 더 그러하다.

물론 상업적 목적을 위한 초상의 무단이용에 대하여는 위법성이 조각되지 않는다. 상업적 이용 또는 공표권이라 함은 재산적 가치가 있는 유명인의 성명, 초상 등 프라이버시에 속하는 사항을 상업적으로 이용할 수 있는 권리이므로, 만화에서 등장인물의 캐릭터로 실존 인물의 성명과 경력을 사용하였다고 하여도 만화 또한 예술적 저작물의 하나라고 보는 이상, 이를 상업적으로 이용하였다고 보기는 어렵다.

공공장소라고 하여 일반인의 초상권이 보호받지 못하는 것은 아니다. 다만 범죄예방이나 소유권보호의 차원에서 설치된 CCTV를 통하여 개인의 초상이 촬영·녹화되는 경우에는 위법성이 조각된다.

4) 손해배상

모델 등은 자기가 얻은 명성으로 인하여 자기의 성명이나 초상을 대가를 얻고 제3자에게 전속적으로 이용하게 할 수 있는 경제적 이익을 가지고 있어서 이를 침해한 자에 대하여 그 불법사용에 대한 사용료 상당의 손해를 재산상 손해로서 배상을 청구할 수 있으므로, 상품선전용 텔레비전 광고 출연계약 기간만료 후에도 광고주가 광고를 계속 방영하였다면, 그로 인하여 그 광고모델의 인격적 및 경제적 이익을 침해하였다 할 것이므로 광고주는 위 모델이 입은 재산상 및 정신상의 모든 손해를 배상할 책임이 있다. 모델의 경우 초상의 경제적 가치가 충분하게 재산적 손해로 반영되므로 정신적 손해는 예외적으로만 인정된다.[576] 일반인의 경우에는 초상의 경제적 가치가 재산적 손해로 충분하게 반영되지 못하는 것이므로 침해의 태양에 따라 정신적 손해

---

576) 서울고등법원 1998. 3. 27. 선고 97나29686 판결(확정).

의 배상이 인정될 수 있다.[577]

5) 주요 판결례

① 서울지방법원 남부지원 1997. 8. 7. 선고 97가합8022 판결

신세대 대학생들의 생기발랄하고, 재미있고, 즐겁게 노는 신입생 환영회의 모습을 긍정적으로 방송하겠다는 조건을 붙여 승낙한 것임에도 불구하고 원고들을 취재한 장면을 방송함에 있어 신입생 환영회와 관련하여 숨졌다는 모 대학의 소외인의 사망 사실과 모대학교 경영학과 학생들의 막걸리 사발식 장면, 현란한 나이트클럽의 무대 장면, 술에 취한 학생들이 길바닥에 쓰러지거나 여관으로 엎혀가는 장면, 주로 신촌의 유흥가 밀집 장면, 지방대학 학생들의 철야 음주 행태, 그리고 신입생 환영회 때 숨진 소외인과 관련된 고소장 등을 위 취재 장면과 편집하여 '공포의 통과의례'라는 제목으로 방송함으로써 이를 시청한 일반 사람들로 하여금 마치 퇴폐적인 유흥에 물든 신입생 환영회를 하는 것처럼 인식하게 한 경우에 법원은 사생활의 자유 및 초상권의 침해를 인정하고 위자료의 배상책임을 긍정하였다.

② 서울민사지방법원 1993. 7. 8. 선고 92가단57989 판결

주간잡지에 과소비, 배금주의 풍조 등 사회적으로 부정적 평가를 받고 있는 문제들을 주된 내용으로 하는 너무 빨리 부자가 되다는 제목의 기사를 게재하면서 그 중간에 '돈의 노예들:이화여자대학교 학생들'이라는 부제를 단 여대생 사진을 그들의 동의 없이 무단수록한 미국 뉴스위크사에 대하여 법원은 초상권침해 및 명예훼손으로 인한 손해배상책임을 인정하였다.[578]

---

577) 서울올림픽 성화봉송행렬에 꽃마부로 참여한 사람의 사진이 연하카드에 사용되자 손해배상을 청구한 사건에서 법원은 500만원의 위자료를 인정하였다(서울지법 동부지원 1990. 1. 25. 선고 89가합 13064 제2민사부판결 : 항소기각하집1990(1),126l).

578) 1심법원은 위자료를 3000만원으로 인정하였으나, 항소심법원은 위자료를 2000만원으로 인정하였다 (서울지방법원 1994. 3. 30. 선고 93나31886 판결. 로앤비에서 검색가능).

③ 서울고등법원 1989. 1. 23. 선고 88나38770 판결

피해자를 모델로 한 캐털로그용 사진의 촬영 및 광고에 관하여서만 승낙을 얻었음에도 불구하고 그 승낙의 범위를 벗어나 당초 피해자가 모델계약을 체결할 때 예상한 것과는 상이한 별도의 광고방법인 월간잡지에까지 피해자의 캐털로그용 사진을 사용하는 행위는 초상권침해로 인한 불법행위를 구성하고 위 월간잡지들이 발간된 이후에 피해자가 가해자와 별도의 모델계약을 체결하거나 위 캐털로그용 사진의 모델료를 수령하였다 하더라도 이를 들어 곧바로 위와 같은 행위에 대한 묵시적 승낙이라고 보기 어렵다.

9. 성명권의 침해

1) 서설

성명은 사람의 동일성을 표시하는 것으로서 그 사람의 인격과 밀접 불가분한 것이므로 타인의 성명을 모용하는 경우에 대하여는 법적인 보호가 주어진다.[579] 여기의 성명에는 본명 뿐만 아니라 예명, 필명 등이 포함된다.[580] 학설에 따라서는 연예인 등의 성명은 초상과 같이 그 경제적 가치에 착안하여 소위 '퍼블리시티권(right of publicity)'을 별도로 인정하기도 한다.

2) 성명권의 침해

우리나라에 성명권의 보호에 관한 일반적 규정이 없으나,[581] 학설은 대체로 인격권의 일종으로 성명권을 인정한다.[582] 성명권의 침해에 해당하는 것으로는 성명권의 모

---

579) 朴成浩, "實演者의 '藝名'에 대한 법적 보호(上)", 法曹 통권 613호(2007. 10), 292면.

580) 박용상, 명예훼손법, 2008, 515.

581) 상표법과 부정경쟁방지법 등에서 타인의 성명의 사용금지와 배제에 관한 규정을 두고 있을 뿐이다.

582) 民法注解[XIX], 後論 I[人格權侵害], 433-434면(李在洪 집필).

용, 성명의 상업적 이용, 실명 보도가 있다.[583] 다만 실명보도의 경우에는 성명권의 이익 또는 사생활의 비밀과 자유 등과 국민의 알권리 등의 비교형량이 요구된다.

3) 손해배상

특히 유명인의 성명권의 재산적 부분을 '퍼블리시티권' 으로 보는 입장에 의하면 퍼블리시티권의 침해 외에 성명권의 침해로 인한 비재산적 손해의 배상이 독자적으로 인정될 수 있는지가 문제될 수 있다. 이와 관련하여 서울중앙지방법원은 프로스포츠 선수들은 경기중계, 인터뷰, 광고 등을 통한 대중과의 접촉이 불가피한 직업적 특성상 특별한 사정이 없는 한, 성명권의 침해로 인하여 정신적 고통을 받았다고 보기는 어렵고, 유명 운동선수들의 성명 등을 상업적으로 이용할 수 있는 권리의 침해에 대한 재산적 손해배상으로 특별한 사정이 없는 한 정신적 고통도 회복된다고 보아야 한다고 판시하였다.[584]

그러나 성명권의 재산적 부분과 비재산적 부분으로 이원화할 법적 근거는 없다. 그와 같이 구성하지 않더라도 성명권의 침해로 인하여 발생하는 손해를 구체적으로 분석하면 해결책이 도출된다. 타인의 성명을 무단으로 상업적 광고에 이용한 경우 광고계약을 체결했더라면 얻었을 금액인 사용료 상당의 재산적 손해와 무단 사용으로 인한 정신적 고통에 대한 비재산적 손해가 발생하는 것이다.[585] 이 경우 재산적 손해와 비재산적 손해는 밀접한 관련을 맺는다. 자신의 성명사용에 대한 당사자의 동의를 구하기 어려운 사안에서는 그 만큼 더 많은 사용료를 지불하여야 하기 때문에 침해의 태양과 재산적 손해가 연동되고, 이에 따라 비재산적 손해의 배상인 위자료도 재산적 손해인 사용료와 연동되는 것이다. 다만 유명인이 아닌 일반인의 경우에는 재산적 손해배상액의 산정곤란의 문제가 발생할 수 있는바, 그러한 경우에는 위자료가 유일한 구제수단이 된다.

---

583) 民法注解[XIX], 後論 I [人格權侵害], 434면(李在洪 집필); 朴成浩(註 579), 297면.

584) 서울중앙지방법원 2006. 4. 19. 선고 2005가합80450 판결.

585) 상해로 인하여 치료비, 일실수입, 위자료가 인정되는 것을 생각하여 보라.

"A는 유명연예인 B의 예명을 이용하여 음란사이트를 개설하였고, 이러한 사이트의 정보는 C가 운영하는 포털사이트의 검색서비스를 통하여 급속도로 전파되었다."

1. B는 누구를 상대로 어떠한 청구를 할 수 있는가.
2. 피고로 지정된 자는 어떠한 항변을 할 수 있는가.

[해제]

I. 피고의 선택

A는 유명연예인의 예명을 이용하여 음란사이트를 개설하였는바, 이는 연예인이 음란사이트의 운영자이거나 음란물과 관련이 있는 것을 암시할 뿐만 아니라 위 예명으로부터 음란사이트를 연상하게 함으로써 위 연예인의 사회적 가치 내지 평가가 저해될 가능성이 있으므로, 위 연예인의 명예, 성명권 등의 인격권을 침해하는 불법행위라고 할 것이다.

다만 인터넷 검색서비스 제공자인 C의 책임과 관련하여서는 엄격한 요건이 요구된다. 즉, 피해자의 피해신고나 차단요청의 유무, 침해 사이트의 인격권 침해 여부 판단의 용이성, 침해 사이트에 대한 검색정보나 사이트 내용에 대한 관리·통제권한의 유무·정도, 침해 사이트에 관한 검색서비스 제공으로부터 경제적 이익을 얻고 있는지 여부, 차단조치의 기술적·경제적 난이도 등을 종합하여 인터넷 검색서비스 제공자들이 피해자의 예명 등 특정 검색어로 위 침해 사이트들이 검색되는 것을 차단하여야 할 주의의무를 부담하고 있는지를 판단하여야 한다.

II. 금지청구

B는 음란사이트의 개설자와 검색서비스를 제공하는 자에 대하여 인격권, 특히 성명권의 침해를 이유로 사용금지 등을 청구할 수 있다.

---

586) 서울중앙지방법원 2007. 12. 26. 선고 2005가합112203 판결을 참고한 사례이다.

Ⅲ. 손해배상청구

B는 음란사이트의 개설자와 검색서비스를 제공하는 자에 대하여 인격권, 특히 성명권의 침해를 이유로 손해배상을 청구할 수 있다. 손해배상은 주로 위자료가 될 것이다. 다만 성명권의 침해로 인한 일실수입은 통상적으로 인정되기 어렵다. 인터넷 이용자들에게 음란사이트로 인식될 수 있는 인터넷 사이트의 운영자들이 유명 연예인의 예명을 무단으로 도메인 이름 및 웹페이지의 광고문구로 이용하고 그 예명을 검색어로 인터넷 검색이 되게 한 행위와 위 연예인이 공중파 드라마, 영화 등의 출연 섭외가 끊기거나 출연계약이 취소됨으로써 입은 재산상 손해 사이에 상당인과관계가 인정되지 않는다.

Ⅳ. 소결

설문의 기초가 된 사건에서 법원은 포털사이트의 운영자에 대하여 불법행위책임을 긍정하고 위자료(1000만원에서 500만원의 위자료의 지급이 명해짐)의 배상책임을 긍정하였고, 일실수입의 감소는 상당인과관계가 없다는 이유로 기각되었다. 다만 법원은 단순히 중계 및 연결정보로서의 검색정보만을 제공한 검색서비스 제공자들이, 피해자의 피해신고 등의 요청 없이도 일반적·사전적으로 차단하여야 할 사회상규 혹은 조리상 의무를 부담한다고는 보기 어렵고, 나아가 피해자의 피해신고가 접수된 이후에도 이를 방치하였다는 등의 사정을 인정할 만한 증거가 없는 이상, 검색서비스 제공자들에게 그 침해행위에 대하여 방조책임을 물을 수는 없다고 판시하였다.

10. 개인정보의 침해

1) 자기정보결정권의 의의

개인정보자기결정권은 자신에 관한 정보가 언제 누구에게 어느 범위까지 알려지고
또 이용되도록 할 것인지를 그 정보주체가 스스로 결정할 수 있는 권리이다. 즉, 정보
주체가 개인정보의 공개와 이용에 관하여 스스로 결정할 권리를 말한다.[587]

2) 보호법익

개인정보에 관한 자기결정권의 주된 보호법익은 개인정보자치에 의한 정신적 이익
이지만, 개인정보침해에 대한 재산권보호도 간접적 보호법익이 된다.[588] 종교적 신조,
육체적 · 정신적 결함, 성생활에 대한 정보와 같이 인간의 존엄성이나 인격의 내적 핵
심, 내밀한 사적 영역에 근접하는 민감한 개인정보들에 대하여는 그 보호가 가중되나,
성명, 직명(職名)과 같이 인간이 공동체에서 어울려 살아가는 한 다른 사람들과의 사
이에서 식별되고 전달되는 것이 필요한 기초정보들에 대하여는 사회생활 영역에서 노
출되는 것이 자연스러운 정보라 할 것이어서 그 자체로 언제나 엄격한 보호의 대상이
된다고 하기 어렵다.[589]

---

587) 헌법재판소 2005. 2. 26. 2004헌마190 결정. 동 결정은 개인정보자기결정권의 헌법상 근거로는 헌
   법 제17조의 사생활의 비밀과 자유, 헌법 제10조 제1문의 인간의 존엄과 가치 및 행복추구권에 근거
   를 둔 일반적 인격권 또는 위 조문들과 동시에 우리 헌법의 자유민주적 기본질서 규정 또는 국민주권
   원리와 민주주의원리 등을 고려할 수 있으나, 개인정보자기결정권으로 보호하려는 내용을 위 각 기본
   권들 및 헌법원리들 중 일부에 완전히 포섭시키는 것은 불가능하다고 할 것이므로, 그 헌법적 근거를
   굳이 어느 한 두 개에 국한시키는 것은 바람직하지 않은 것으로 보이고, 오히려 개인정보자기결정권
   은 이들을 이념적 기초로 하는 독자적 기본권으로서 헌법에 명시되지 아니한 기본권이라고 보아야 할
   것이라고 판시하여 자기정보통제권의 근거를 사생활의 비밀과 보호에서 찾지 않고 있음은 흥미롭다.
588) 정해상, "個人情報盜用의 民事責任", 人權과 正義 제361호(2006. 9), 133면.
589) 헌법재판소 2005. 7. 27. 2003헌마282 · 425(병합)결정 참조. 헌법재판소는 '공직자 등의 병역사항
   신고 및 공개에 관한 법률' 제8조 제1항 본문 가운데 '4급 이상의 공무원 본인의 질병명에 관한 부
   분'에 의하여 그 공개가 강제되는 질병명은 내밀한 사적 영역에 근접하는 민감한 개인정보이므로 이
   를 관보 및 인터넷에 의하여 공개하는 것은 헌법에 합치하지 않는다고 판시하였다(헌법재판소 2007.
   5. 31. 선고 2005헌마1139 결정).

3) 개인정보의 범위

개인정보자기결정권의 보호대상이 되는 개인정보는 개인의 신체, 신념, 사회적 지위, 신분 등과 같이 개인의 인격주체성을 특징짓는 사항으로서 그 개인의 동일성을 식별할 수 있게 하는 일체의 정보라고 할 수 있고, 반드시 개인의 내밀한 영역이나 사사(私事)의 영역에 속하는 정보에 국한되지 않고 공적 생활에서 형성되었거나 이미 공개된 개인정보까지 포함한다. 개인정보의 일종인 신용정보는 금융거래 등 상거래에 있어서 거래상대방에 대한 식별·신용도·신용거래능력 등의 판단을 위하여 필요로 하는 대통령령으로 정한 정보로서 성명, 주민등록번호, 거래내용 및 신용도를 판단할 수 있는 정보 등을 말한다.[590] 아이디와 비밀번호 등 식별부호는 실제 공간과는 달리 익명성이 통용되어 행위자가 누구인지 명확하게 확인하기 어려운 가상공간에서 그 행위자의 인격을 표상한다고 할 것이므로 정보통신법 제2조 제1항 제6호 소정의 '개인정보'에 해당한다.[591]

4) 침해유형

자기정보결정권의 침해의 유형으로는 개인정보의 도용 뿐만 아니라 개인정보의 목적외 사용, 허위의 개인정보의 제공 등이 있다. 개인정보를 수집, 보관, 이용하기 위하여는 정보 주체의 동의를 얻어야 하고, 수집목적과 다른 목적으로 사용하거나 제3자에게 이전하기 위하여는 정보주체의 동의를 별도로 받아야 하고, 이를 위반한 경우에는 자기정보결정권의 침해로 인한 손해배상의무를 진다. 개인정보보호의무자가 관련 법률이 정하는 바의 보호조치를 취하지 아니한 잘못으로 인하여 개인정보가 유출된 경우에는 그로 인한 손해배상책임을 진다. 개인정보의 누출이라 함은 개인정보가

---

590) 신용정보의 이용 및 보호에 관한 법률 제2조 1호 참조.

591) 서울중앙지방법원 2007. 1. 26. 선고 2006나12182 판결 참조. 이 판결은 리니지 II 게임 회사의 관리잘못으로 사용자의 아이디와 비밀번호가 노출된 사건의 항소심판결이며, 이 사건의 1심판결(서울중앙지방법원 2006. 4. 28. 선고 2005가단240057판결)에 대하여는 담당 판사의 평석인 許盛旭, "不法行爲法理에 의한 인터넷상의 정보 프라이버시 保護問題에 관한 一考", 民事判例研究 X X X (2008), 753면 이하가 있다.

정보통신서비스제공자 및 이용자의 관리통제권의 범위를 벗어나 당해 정보를 모르는 제3자가 그 내용을 알 수 있는 상태에 이르는 것을 의미하고, 도용의 경우처럼 현실적인 고도의 위험이 발생할 것이 요구되지 않는다.[592]

5) 특별법상 규율

a) 개인정보보호법

① 공공기관의 개인정보에 관한 법률을 대체하는 개인정보보호법이 제정되어 2011. 9. 30. 시행된다.

② 개인정보처리자는 개인정보의 처리목적에 필요한 범위에서 최소한의 개인정보만을 적법하고 정당하게 수입하여야 하고, 목적 외의 용도로 활용하여서는 안된다(제3조).

③ 정보주체는 개인정보의 처리에 관한 동의권, 열람요구권, 정정·삭제 및 파기요구권 등을 가진다(제4조).

④ 민감정보[593]와 고유식별정보[594]의 처리가 제한된다(제23, 24조).

⑤ 개인정보법위반행위로 인한 개인정보의 침해에 대하여 손해배상책임이 인정하고, 귀책사유의 부존재에 대한 입증책임이 개인정보처리자에게 부과된다(제39조 제1항). 다만 개인정보처리자가 동법에 따른 의무를 준수하고 상당한 주의와 감독을 한 경우에는 손해배상책임이 감경될 수 있다.

b) 정보통신망 이용촉진 및 정보보호 등에 관한 법률

① 정보통신서비스 제공자는 원칙적으로 이용자의 동의를 얻어 개인정보를 수집하

---

592) 서울중앙지방법원 2007. 1. 26. 선고 2006나12182 판결.

593) 민감정보라 함은 사상·신념, 노동조합·정당의 가입·탈퇴, 정치적 견해, 건강, 성생활 등에 관한 정보, 그 밖에 정보주체의 사생활을 현저히 침해할 우려가 있는 개인정보로서 대통령령으로 정하는 정보를 말한다(제23조 참조).

594) 고유식별정보라 함은 개인을 고유하게 구별하기 위하여 부여된 식별정보로서 대통령령으로 정하는 정보를 말한다(제24조 참조).

고, 수집·이용목적에 맞게 사용하여야 한다(제22, 24조).

② 이용자는 정보통신서비스 제공자등에 대하여 개인정보의 열람 및 정정청구권을 가진다(제30조).

③ 이용자의 개인정보를 취급하고 있거나 취급하였던 자는 직무상 알게 된 개인정 보를 훼손·침해 또는 누설하여서는 아니 된다(제28조의2).

④ 이용자는 정보통신서비스 제공자등이 이 장의 규정을 위반한 행위로 손해를 입 으면 그 정보통신서비스 제공자등에게 손해배상을 청구할 수 있다(제32조). 이 경우 해당 정보통신서비스 제공자등은 고의 또는 과실이 없음을 입증하지 아니 하면 책임을 면할 수 없다.

c) 신용정보의 이용 및 보호에 관한 법률

① 개인신용정보는 해당 신용정보주체가 신청한 금융거래 등 상거래관계(고용관계 는 제외한다)의 설정 및 유지 여부 등을 판단하기 위한 목적으로만 이용하여야 한다(제33조).

② 신용정보주체는 신용정보의 열람 및 정정청구권을 가진다(제38조).

③ 업무상 알게 된 타인의 신용정보 및 사생활 등 개인적 비밀을 업무 목적 외에 누설하거나 이용하여서는 아니 된다(제42조).

④ 신용정보회사등과 그 밖의 신용정보 이용자가 이 법을 위반하여 신용정보주체 에게 피해를 입힌 경우에는 해당 신용정보주체에 대하여 손해배상의 책임을 진 다. 다만, 신용정보회사등과 그 밖의 신용정보 이용자가 고의 또는 과실이 없음 을 증명한 경우에는 그러하지 아니하다(제43조).

d) 위치정보의 이용 및 보호에 관한 법률

① 누구든지 개인 또는 소유자의 동의를 얻지 아니하고 당해 개인 또는 이동성이 있는 물건의 위치정보를 수집·이용 또는 제공하여서는 아니되나, 제29조의 규 정에 의한 긴급구조기관의 긴급구조 또는 경보발송 요청이 있거나 다른 법률에 특별한 규정이 있는 경우에는 그러하지 아니하다.

② 개인위치정보주체는 동의의 철회, 위치정보의 제공 등에 대한 열람, 정정 등을

요구할 수 있다.

③ 개인위치정보주체는 위치정보사업자등의 제15조 내지 제26조의 규정을 위반한 행위로 손해를 입은 경우에 그 위치정보사업자등에 대하여 손해배상을 청구할 수 있다. 이 경우 그 위치정보사업자등은 고의 또는 과실이 없음을 입증하지 아니하면 책임을 면할 수 없다.

e) 채권의 공정한 추심에 관한 법률

채권추심법 제10조 제1항에 따라 채권추심자는 채무자 또는 관계인의 신용정보나 개인정보를 누설하거나 채권추심의 목적 외로 사용하여서는 안되고, 이를 위반한 경우에는 동법 제14조에 따라 손해배상책임을 진다. 다만 사업자가 자신에게 고의 또는 과실이 없음을 입증한 경우에는 그러하지 않다.

6) 구체적 사례

① 대법원 2011. 9. 2. 선고 2008다42430 전원합의체판결

로마켓의 인맥지수 서비스에 대하여는 다수의견과 반대의견이 대립하였으나, 로마켓의 승소율 및 전문성 지수 등의 서비스에 대하여는 대법관의 의견이 일치되었다.

로마켓의 인맥지수 서비스에 관하여는, 다수의견은 인맥지수의 사적·인격적 성격, 그 산출과정에서의 왜곡가능성, 그 이용으로 인한 원고들의 이익 침해와 공적 폐해의 우려, 그에 반하여 그 이용으로 인하여 달성될 공적인 가치의 보호 필요성 정도 등을 종합적으로 고려하면, 원고들의 개인정보에 관한 인격권을 침해하는 위법한 것이라고 판단하였다. 이에 반하여 반대의견은 인맥지수는 법조인간의 '친밀할 가능성' 정도를 표현한 것에 불과하고, 인맥지수 산출과 표현방법이 표현의 자유의 보장범위를 넘어설 정도로 합리성을 잃었다고 보기 어려우며, 다수의견이 지적하는 공적 폐해의 우려는 추상적 위험에 불과하므로 원고들의 개인정보에 관한 인격적 이익을 위법하게 침해하는 것이라고 보기 어렵다고 판단하였다.

로마켓의 승소율 및 전문성 지수 등의 서비스는 그 산출방법이 합리성을 잃지 않았고, 그러한 정보에 대한 취사선택은 법률수요자에게 맡겨져 있어야 하고, 그러한 서비스의 제공으로 원고들의 사회적·직업적 평가가 침해될 우려도 크다고 할 수 없으므로 대법원 전원은 일치하여 원고들의 개인정보에 관한 인격권을 침해하는 위법한 행위로 평가하기는 어렵다고 판단하였다.

② 대법원 1998. 7. 24. 선고 96다42789 판결

대법원은 국군보안사령부가 군과 관련된 첩보 수집, 특정한 군사법원 관할 범죄의 수사 등 법령에 규정된 직무범위를 벗어나 민간인들을 대상으로 평소의 동향을 감시·파악할 목적으로 지속적으로 개인의 집회·결사에 관한 활동이나 사생활에 관한 정보를 미행, 망원 활용, 탐문채집 등의 방법으로 비밀리에 수집·관리한 경우, 이는 헌법에 의하여 보장된 기본권을 침해한 것으로서 불법행위를 구성하며, 공적 인물에 대하여는 사생활의 비밀과 자유가 일정한 범위 내에서 제한되어 그 사생활의 공개가 면책되는 경우도 있을 수 있으나, 이는 공적 인물은 통상인에 비하여 일반 국민의 알 권리의 대상이 되고 그 공개가 공공의 이익이 된다는 데 근거한 것이므로, 일반 국민의 알 권리와는 무관하게 국가기관이 평소의 동향을 감시할 목적으로 개인의 정보를 비밀리에 수집한 경우에는 그 대상자가 공적 인물이라는 이유만으로 면책될 수 없다고 판시하였다.[595]

③ 부산지법 2011. 2. 17. 선고 2010가합10002 판결(항소)

갑이 '전국교직원노동조합'에 가입한 교원들의 학교명, 교사명, 담당교과, 교원단체 및 노동조합 가입현황을 인터넷 홈페이지를 통하여 공개한 사안에서, 위 정보는 개인정보자기결정권의 보호대상이 되는 개인정보에 해당하고, 헌법상 보장된 인격권 및 사생활의 비밀과 자유 등에서 비롯된 개인정보자기결정권의 제한은 공공의 이해와 관련되어 공중의 정당한 관심의 대상이 되는 사항으로서 정당한 범위 내에서 공개될 경우에만 허용되므로, 갑이 위 정보를 공개한 행위는 원칙적으로 해당 교원들의 개인정보자기결정권을 침해하는 것으로 불법행위를 구성한다.

---

595) 원심법원인 서울고등법원 1996. 8. 20. 선고 95나44148 판결에서는 위자료로 200만원이 인정되었다.

④ 대전지방법원 2007. 6. 15 자 2007카합527 결정

한국철도공사가 소속 근로자들의 개인정보를 전사적 자원관리시스템(Enterprise Resource Planning)에 집적하여 관리해 온 사안에서, 사용자가 인사노무관리를 행함에 있어 협조할 근로계약상의 의무를 부담하고 있는 근로자들이 보유하는 자기정보관리 · 통제권은 일반 국민이 공공기관에 대해 갖는 자기정보관리 · 통제권보다 제한적일 수밖에 없고, 제반 사정상 위 시스템에 집적되어 있는 개인정보가 불필요하다거나 시스템의 보안이 취약하여 개인정보 유출의 위험성이 크다고 볼 수 없으므로, 위 시스템에 의한 개인정보의 집적 · 관리행위가 근로자들의 행복추구권, 사생활의 비밀과 자유를 침해받지 않을 권리, 자기정보관리 · 통제권 등을 침해한다고 인정하지 않았다.

⑤ 서울중앙지방법원 2007. 2. 8. 선고 2006가합33062, 53332 판결

정보통신서비스제공자가 서비스이용자들에게 이메일을 발송하는 과정에서 실수로 이용자들의 성명, 주민등록번호, 이메일 주소 등 개인정보를 수록한 텍스트 파일을 첨부한 사안에서, 법원은 개인정보 보호에 관한 주의의무 위반을 이유로 개인정보가 누출된 이용자들에 대한 위자료를 인정하였다.[596]

⑥ 서울중앙지방법원 2007. 1. 26. 선고 2006나12182 판결

리니지 II 게임 회사의 관리잘못으로 사용자의 아이디와 비밀번호가 노출된 사건에서 2심법원은 사고기간이 5일이며, 신속한 사후조치로 제3자에 의한 악용 및 도용의 가능성이 현저하게 감소되었으며 실제로 도용되었다는 점이 밝혀지지 않았으며, 사고기간동안 서버에 접속한 사람이 약 40-50만 명으로 추산되며, 월 게임이용료가 29,700원이며, 개인정보보호조치의 한계가 있다는 점 등을 고려하여 100,000원의 위자료를 인정하였다.[597]

---

596) 서울중앙지방법원 2007. 2. 8. 선고 2006가합33062, 53332 판결(로앤비 검색가능). 동 법원은 위자료로 성명, 주민등록번호, 이메일 주소가 누출된 이용자에게 10만원, 성명과 이메일 주소가 누출된 이용자에게 7만원을 인용하였다.

597) 서울중앙지방법원 2007. 1. 26. 선고 2006나12182 판결(확정).

7) 손해배상의 범위

개인정보결정권의 침해로 인한 손해배상의무의 내용에 대하여는 면밀한 검토를 요한다. 개인정보를 무단으로 열람만 하는 경우에는 재산적 손해는 발생하지 않고, 무단열람으로 인한 정보에 관한 자기결정권의 침해와 그로 인한 정신적 고통이라는 비재산적 손해만 발생한다. 이는 리니지 II 게임 아이디·비밀번호 노출사건과 같이 개인정보의 누출이라는 추상적 위험만 있는 경우에도 마찬가지이다. 그러나 무단으로 수집한 정보를 이용하여 광고 등을 한 경우에는 비재산적 손해와는 별개로 정보이용료 상당의 재산상 손해가 발생한다. 사용료 상당의 재산적 손해는 당사자의 추정적 동의와 무관하게 인정되는 것이며, 동의가 어렵다는 사정은 재산적 손해배상액과 비재산적 손해배상액을 증가시킬 뿐이다. 또한 개인정보의 누출의 위험이 구체적일수록 위자료액은 증가한다. 리니지 II 게임 아이디·비밀번호 노출사건의 1심법원은 피고가 과실을 부인하는 등 책임지는 자세를 보이지 않았다는 점을 들어 비재산적 손해배상의 한 사유로 적시하고 있으나, 피고가 다투는 사항은 항쟁함이 상당한 것으로 보여지므로 위자료의 증액사유로 해석되어서는 안될 것이다. 개인정보의 침해로 인한 위자료의 액수가 적다는 비판이 있으나,[598] 생명 또는 신체의 침해로 인한 위자료와의 형평, 과실불법행위로 인하여 다수의 피해자가 발생하는 점 등을 고려하면 소액의 위자료는 부득이한 것으로 보인다.[599]

8) 위자료 산정의 사유

개인정보의 침해로 인한 위자료의 산정에 있어서는 피해자측의 요소와 가해자측의 요소를 상관석으로 고려하여야 한다. 피해자측의 고려요소로는 침해의 정도(무단수집, 무단유출), 침해대상(민감정보인지 여부, 개인식별이 가능한지 여부), 후속손해의 발생여부(제3자의 악용여부, 재산적 손해의 발생여부) 등이 있으며, 가해자측의 고려요소로는 침해의 태양(고의, 중과실, 경과실), 동기(영리목적 여부), 행위이후의 사정

---

598) 丁相朝, "廣告技術의 발전과 個人情報의 보호", 건국60년 기념 한국법률가대회 발표문, 18면 이하.
599) 최정열, 정상조 교수의 발표문에 대한 지정토론요지문, 24면.

(피해회복 및 방지를 위한 대책 강구 여부) 등이 있다.[600]

9) 관련 문제-스토킹

a) 개념 정의

스토킹이라 함은 특정한 사람을 그 의사에 반하여 반복적으로 미행하거나 편지, 전화, 모사전송기, 컴퓨터통신 등을 통해 반복하여 일방적으로 말이나 글 또는 사진이나 그림을 전달함으로써 심각한 공포심이나 불안감을 유발하는 행위를 말한다.[601] 다만 스토킹의 개념성의와 관련하여서는 다양한 행위유형을 포괄하고, 피해자의 보호법익을 확대하는 것이 타당하다는 지적이 있다.[602] 현행법상 스토킹과 관련된 규정으로는 정보통신법 제44조의7 제1항 제3호와 성폭력범죄의 처벌 및 피해자보호 등에 관한 법률 제14조가 있다.

b) 손해배상청구

스토킹의 피해자는 정신과 치료비, 외상후 스트레스 장애 등 후유장애로 인한 일실수입 손해, 대응광고 및 게시물의 삭제비용, 전화번호나 이메일 주소, 홈페이지 등의 변경 비용과 같은 재산적 손해의 배상과 함께 위자료를 청구할 수 있다.[603]

c) 금지청구

스토킹 피해자는 인격권에 기하여 금지청구를 할 수 있고, 그 내용으로는 접근금지, 게시금지 등이 될 수 있다.[604] 가처분은 민사집행법 제300조 제2항 소정의 임시의 지위

---

600) 丁相朝·權英俊, "개인정보의 보호와 민사적 구제수단", 法曹 2009년 3월호(통권 제630호), 53-56면.

601) 1999년 스토킹처벌에관한특례법안 제2조 참조. 단 위 법안은 1999. 5. 24. 제105대 국회에 의원발의 형식으로 제출되었으나 결국 통과되지 못하고 폐기되었다.

602) 李聖昊, "사이버스토킹의 개념과 법적 규제", 저스티스 通卷83號, 2005. 2, 31면.

603) 李聖昊(前註), 34면.

604) 李聖昊(註 602), 35-36면. 법원행정처, 법원실무제요, 민사집행[Ⅳ]-보전처분(2003), 384-387면에 의한 청구취지례는 다음과 같다.

　① 청구취지례1: 피신청인은 피신청인의 인터넷홈페이지 http://www.00.com의 자유게시판에 게시

를 정하는 가처분이므로 신청인은 사생활권 등 인격권 침해에 따른 현저한 손해를 피하거나 급박한 위험을 막기 위하여 또는 그 밖의 필요한 이유가 있다는 점을 소명하여야 한다.

[사례 51]⁶⁰⁵⁾

"B 통신회사의 대리점(운영자 C)의 직원 D는 A의 동의없이 월정액제 무선인터넷서비스에 가입하였고, 그에 기하여 2달치의 이용요금이 납부되었다. A가 나중에 위 사실을 알게 되어 항의하여 위 요금을 환불받고 무료통화 30분의 혜택을 받았다. 나중에 밝혀진 바에 의하면 B 통신회사의 판촉전략에 따라 대리점이 고객을 상대로 무리하게 정액제 가입을 추진한 것으로 드러났다."

[해제]

I. 원고의 청구

1. 피고의 선택

우선 대리점(운영자 C)의 직원 D가 무단으로 월정액제에 가입한 것이므로 이에 대하여는 D의 사용자인 C가 제756조의 사용자책임을 진다. 더 나아가 대리점의 무단가입은 B 통신회사의 독려에 기한 것이므로 이는 통신회사의 관리감독의무의 위반을 구성한다. 즉, 통신회사는 정액제의 가입을 독려하기 위하여 수당의 지급을 제시하고 영업회의를 하였으므로 정액제의 가입과 관련하여 대리점의 사용자에 해당한다. 따라서 A는 B 통신회사에게 제756조 소정의 사용자책임을 추궁할 수 있다.

된 'ㅁㅁ'라는 제목의 게시물을 삭제하고 별지 목록 기재와 같은 내용의 게시물을 위 게시판에 게시하여서는 아니된다.

② 청구취지례2: 피신청인은 신청인의 의사에 반하여 신청인에게 접근하거나 서울 서초구 서초동 00 △△아파트 0동 0호에 있는 신청인의 주거를 방문하여서는 아니된다.

605) 서울중앙지방법원 2005. 6. 28. 선고 2002가합65474 판결(미간행)을 참고한 사례이다.

2. 청구권원

B 통신회사가 대리점들을 정기적인 교육, 영업회의 등을 통하여 관리하고 있으며, 수시로 영업정책을 통보하여 그에 따르도록 함은 물론 운영자금 지원, 제재조치 등을 통하여 대리점의 영업에 대한 감독도 수행하고 있고, 이 사건 월정액 매직엔 가입유치 정책을 통하여 대리점들에게 많은 수의 위 서비스 가입자를 유치할 것을 독려한 점, B 통신회사는 월정액제 가입유치를 위하여 대리점에게 강남영업센터의 사무실 및 사무집기, 가입자의 신상정보 등을 제공하기도 한 점 등을 종합해 보면, B 통신회사는 B 통신회사의 대리점에 대하여 지휘, 감독권한이 있다고 할 것이어서 B 통신회사의 대리점의 위와 같은 사무집행 상의 위법행위에 대하여 사용자책임을 진다고 할 것이다.

3. 청구의 내용

B 통신회사의 이동전화 서비스 이용자인 A의 개인정보가 침해될 위험, 월정액 매직엔 요금의 부당한 납부 등이 발생함에 따라, A가 상당한 정신적 고통을 받았음이 경험칙상 분명하므로(B 통신회사는 A에게 월정액 매직엔 요금을 환불하고 30분 무료통화를 제공하였으나, 아래에서 보는 것과 같은 B 통신회사의 지위, A의 피고에 대한 신뢰성, A의 개인정보 유출에 대한 불안감 등을 고려하면 위와 같은 피고의 조치들만으로 원고의 정신적 손해가 회복되지 아니하는 특별한 사정이 있다고 할 수 있다), B 통신회사는 이를 금전으로 위자할 의무가 있다.

II. 피고의 항변

1. 사용자책임을 지지 않음

대리점은 피고와 독립적인 관계에 있으므로 대리점의 불법행위에 대하여 책임이 없으며, 대리점을 B 통신회사의 이행보조자라 할 수도 없다. 따라서 B 통신회사는 사용자책임을 지지 않는다.

2. 위자료지급의무가 없음

B 통신회사가 A에게 월정액 매직엔 요금을 환불하고, 30분 무료통화를 제공함으로써 A의 재산적 손해는 이미 회복되었고, 재산적 손해가 회복된 이상 특별한 사정이 없으면 정신

적 손해는 회복되므로 따로 A의 정신적인 손해에 대하여 위자료를 지급할 의무가 없다.

Ⅲ. 소결

설문의 기초가 된 사건에서 법원은 통신회사가 대리점의 영업에 대한 사실상의 지휘감독을 하였다는 점을 고려하여 사용자책임을 긍정하고 다음과 같이 위자료를 인정하였다. 이 사건 월정액 매직엔 무단가입 경위, 원고들의 월정액 매직엔 가입 기간 및 환불받은 이용요금, 피고는 1,000만명에 가까운 이용자들을 보유하고 있는 국내 굴지의 기업이자 이동통신 시장의 과점 사업자로서 원고들을 비롯한 이동통신 서비스 이용자들은 피고의 개인정보 보호에 대하여 고도의 신뢰를 가지고 있다는 점, 피고가 위 무단가입으로 형사처벌, 시정명령 및 과징금 부과명령을 받았고, 이 사건 월정액 매직엔 무단가입 이후에도 피고의 이용자들에 대한 부가서비스 등 무단가입이 근절되지 아니한 점과, 한편으로 원고들의 항의에 대하여 피고가 이미 납부받은 월정액 매직엔 요금을 환불하고 30분 무료통화를 제공하고, 무단가입을 방지하기 위한 시정조치를 취한 점 기타 이 사건 변론에 나타난 제반 사정을 고려하면, 피고가 원고들에게 지급하여야 할 위자료를 각 30만원씩으로 정함이 상당하다.

[사례 52][606]

"다단계판매업체의 사기사건이 전국적으로 수많은 피해자를 양산함으로써 사회문제가 되자, 국가정보원의 국내 정보수집팀에서 이에 관한 정보를 수집하고 이를 정리한 보고서를 작성하고, 이를 수사기관에 제공하였다. 금품살포의혹에 대한 보고서가 언론에 부각되지 않자, 정보담당관 C는 이 보고서를 A 기자에게 제공하였고, A 기자는 이 보고서를 토대로 다단계판매업체의 대표 B가 돈로비를 하였다는 의혹을 기사로 작성하여 인터넷신분에 세재하였다. B는 누구를 상대로 어떠한 청구를 할 수 있는가."

---

606) 서울중앙지법 2009. 5. 29. 선고 2008가합40668 판결을 참고한 사례이다.

I. 피고의 특정

민간사찰에 대하여는 국가배상책임이, 명예훼손에 대하여는 국가배상책임과 기자의 불법행위책임이 문제된다. 또한 C가 고의로 내부보고서를 유출하여 이 사건 보도에 결정적 기여를 한 것이므로 공무원 개인의 책임도 인정될 수 있다.

II. 민간사찰

국가정보원이 국외정보 및 국내보안정보의 수집, 내란죄 등과 같은 특정 범죄의 수사 등 법령에 규정된 직무 범위를 벗어나, 기업과 그 대표자를 대상으로 그 기업 등의 영업 및 그와 관련된 범죄 의혹에 관한 정보를 조사·수집하고 이에 관한 보고서를 작성하여 수사기관 및 언론 등에 제공하는 방식으로 정보를 이용·관리한 행위는, 헌법에 의하여 보장된 기본권인 기업 등의 자기정보통제권을 침해한 불법행위에 해당하므로 국가는 그로 인하여 기업 등이 입은 손해를 배상할 책임이 있다.[607] 특히 다단계판매업체의 사기사건이 전국적으로 수많은 피해자를 양산함으로써 사회문제가 될 수 있는 규모의 사건이라고 하더라도, 이에 관한 정보수집 및 수사는 수사기관의 직무에 해당하는 것이지 국가정보원의 직무 범위에 속한다고 볼 수 없다.

III. 명예훼손

국가정보원이 법령에 규정된 직무 범위를 벗어나 조사·수집하여 작성한 다단계판매업체의 비리에 관한 보고서 중 일부를 그 소속 공무원이 언론사 기자에게 보여주거나 교부하고, 기자는 그 내용을 그대로 인용하여 대부분이 허위인 기사를 작성한 후 인터넷 신문에 게재함으로써 다단계판매업체와 그 대표자의 명예를 훼손한 사안에서, 위 공무원과 기자는 위

---

607) 서울중앙지법 2009. 5. 29. 선고 2008가합40668 판결.

업체 등의 명예훼손에 관하여 공동불법행위자로서 손해를 배상할 책임이 있고, 따라서 국가는 기자와 더불어 위 업체 등에게 손해를 배상할 책임이 있다.[608]

IV. 손해배상책임

민간사찰과 명예훼손에 대한 손해배상책임은 별개의 소송물이므로 각각 금액을 특정하여 청구하여야 한다. 인격권침해로 인한 손해배상은 대개 위자료로 청구되므로, 위의 경우에도 2개의 소송물이 인정된다.

V. 소결

설문의 기초가 된 사건에서 1심 법원은 민간사찰과 명예훼손에 대하여 각각 1000만원의 위자료를 인정하였고, 국가에 대하여는 총 2000만원의 배상책임을, 기자에게는 1000만원의 배상책임을 긍정하였다.[609]

[사례 53][610]

"D 회사의 고객관리직원 A가 업무수행 중 우연히 취득한 B의 개인정보(인적 사항, 단말기 정보 등)를 이용하여 B에게 수십 차례에 걸쳐 SMS를 보내고, 더 나아가 B의 처인 C에게도 B가 불륜을 저지르고 있다는 허위사실을 SMS로 수십 차례 통보하였다. 이로 인하여 B는 직장을 그만두고 C와 이혼을 하기에 이르렀다."

1. B는 누구를 상대로 어떠한 청구를 할 수 있는가
2. 피고로 지정된 자는 어떠한 항변을 할 수 있는가

---

608) 서울중앙지법 2009. 5. 29. 선고 2008가합40668 판결.
609) 서울중앙지법 2009. 5. 29. 선고 2008가합40668 판결.
610) 서울지방법원 2002. 11. 1. 선고 2002가합10832 판결(확정)을 참고한 사례이다.

[해제]

Ⅰ. 원고의 청구

1. 피고의 선택

A 뿐만 아니라 A의 사용자인 D회사도 피고로 삼을 수 있다. B의 입장에서는 가장 중요한 것은 손해배상금을 실제로 받는 것이고, 이를 위하여는 자력있는 피고를 선택하는 것이 중요하다.

2. 청구의 권원 및 내용

1) A에 대한 청구

A는 고의로 개인정보를 수집하고 이를 이용하여 스토킹 행위를 한 것이므로 고의에 의한 불법행위책임을 진다.

a) 적극적 재산적 손해

스토킹(stalking)으로 인하여 정신과 치료를 받은 경우에는 그 치료비를 재산적 손해로 청구할 수 있다.

b) 소극적 재산적 손해

스토킹으로 인하여 직장동료와 관계가 심각하게 악화되어 직장을 그만 둔 경우에는 그로 인한 재산적 손해도 청구할 수 있다. 이와 같은 손해는 특별손해인데, 배상을 위하여는 예견가능성이 요구되나 A는 고의로 스토킹을 한 것이므로 이에 대한 예견가능성도 긍정될 수 있다.

c) 위자료

개인정보의 침해, 이혼, 퇴사, 정신과 치료를 받게 된 점 등을 고려하여 위자료를 청구할 수 있을 것이다.

2) D회사에 대한 청구

A가 회사컴퓨터를 이용하여 원고의 위치를 추적하고 SMS 수발신내역을 조회하는 등의

개인비밀정보를 침해하여 SMS를 발신하는 등 스토킹 행위는 외형상 회사의 사무집행과 관련된 행위이어서 제756조 소정의 사용자책임을 진다.

a) 적극적 재산적 손해

스토킹(stalking)으로 인하여 정신과 치료를 받은 경우에는 그 치료비를 재산적 손해로 청구할 수 있다.

b) 소극적 재산적 손해

스토킹으로 인하여 직장동료와 관계가 심각하게 악화되어 직장을 그만 둔 경우에는 그로 인한 재산적 손해도 청구할 수 있다. 이와 같은 손해는 특별손해인데, 배상을 위하여는 예견가능성이 요구되나 D 회사는 A에 대한 관리감독의 잘못으로 불법행위책임을 부담하는 것에 불과하므로 특별손해에 대한 예견가능성은 긍정되기 어렵다. 따라서 이 부분에 대한 청구는 인정되기 어렵다.

c) 위자료

개인정보의 침해, 이혼, 퇴사, 정신과 치료를 받게 된 점 등을 고려하여 위자료를 청구할 수 있을 것이다.

Ⅱ. 피고의 항변

A가 회사컴퓨터를 이용하여 원고의 위치를 추적하고 SMS 수발신내역을 조회하는 등의 개인비밀정보를 침해하여 SMS를 발신하는 등 스토킹 행위를 하였다고 하더라도 위 개인비밀정보 침해행위 및 SMS 발신행위는 개인의 독자적인 행위일 뿐 회사의 사무집행과 관련된 행위가 아니어서 손해배상책임이 없다.

Ⅲ. 소결

설문의 기초가 된 사건에서 B는 사용자만을 상대로 불법행위책임을 추궁하였고, B는 치료비, 일실수입, 위자료를 청구하였는데, 법원은 일실수입에 대한 청구는 예견가능성이 없다는 취지로 기각하고 치료비청구와 위자료청구는 인용하였다. 다만 법원은 일실수입에 대한 청구가 전부 기각된 사정을 위자료에서 참작하여 위자료로 2000만원을 인정하였다.

[사례 54][611)

"A와 B는 C회사에 입사하기 위하여 온라인상으로 입사지원에 필요한 각종 정보(사진, 주민번호, 주소, 전화번호, 학업성적, 어학성적, 가족관계, 자기소개서)를 입력하고 업로드하였다. 입사지원사이트가 해킹되어 A와 B의 정보가 누출되었고, 그 과정에서 A의 정보는 열람되었으나, B의 정보는 열람되지 않았다. C 회사는 위 사실을 인지하고 곧바로 A와 B의 정보가 누출되지 않도록 조치하였다. A와 B의 손해배상청구는 인용될 수 있는가"

[해제]

I. 관련법령

1. 정보통신법

정보통신법은 정보통신망의 이용을 촉진하고 정보통신서비스를 이용하는 자의 개인정보를 보호함을 목적으로 하고 있는바, 정보통신서비스 제공자라고 함은 전기통신사업법 제2조 제1항 제1호에 따른 전기통신사업자와 영리를 목적으로 전기통신사업자의 전기통신역무를 이용하여 정보를 제공하거나 정보의 제공을 매개하는 자를 말한다. 동법 제28조 소정의 개인정보보호조치는 정보통신제공자에게만 적용된다고 할 것이다.

2. 공공기관의 개인정보보호에 관한 법률

공공기관의 개인정보보호에 관한 법률 제9조 제1항에 의하면, 공공기관의 장은 개인정보를 처리하거나 개인정보파일을 전자정부법 제2조 제7호에 따른 정보통신망에 의하여 송·수신함에 있어 개인정보가 분실·도난·누출·변조 또는 훼손되지 않도록 안전성 확

---

611) 서울중앙지방법원 2009. 5. 29. 선고 2008가합40668 판결을 참고한 사례이다.

보에 필요한 조치를 강구할 의무가 있고, 동법 제22조는 공공기관 외의 개인 또는 단체는 컴퓨터를 사용하여 개인정보를 처리함에 있어 공공기관의 예에 준하여 개인정보의 보호를 위한 조치를 강구하도록 규정하고 있다.

Ⅱ. 청구권원

　C 회사는 정보통신망 이용촉진 및 정보보호 등에 관한 법률의 적용 대상인 정보통신서비스제공자이거나 준용 사업자로 볼 수 없고, C 회사와 입사지원자들 사이는 기껏해야 근로계약 교섭의 초기 단계에 불과하여 어떠한 계약관계를 인정하기도 어렵다. 결국 C 회사는 공공기관의 개인정보보호에 관한 법률 제22조에 따라 개인정보의 보호를 위한 조치를 강구할 법적 의무를 부담하므로 이를 위반한 것에 대하여는 책임을 추궁할 수 있다.

　개인정보란 "생존하는 개인에 관한 정보로서 당해 정보에 포함되어 있는 성명·주민등록번호 및 화상 등의 사항에 의하여 당해 개인을 식별할 수 있는 정보"라 할 것인바(공공기관의 개인정보보호에 관한 법률 제2조 제2호), "화상"은 가장 오래되고도 확실한 개인 식별수단으로서 성명 및 주민등록번호와 마찬가지로 당해 개인을 식별할 수 있는 정보라 할 것이므로, 피고로서는 성명·주민등록번호만이 아니라 화상정보의 경우에도 개인의 식별을 가능하게 하는 정보로서 위 정보 등 개인정보의 분실·도난·누출·변조·훼손을 방지하는 데에 필요한 안전성 확보 조치를 강구하여야 할 것이다.

Ⅲ. 청구의 내용

　C 회사의 불법행위로 인하여 A와 B가 입게 되는 손해는 비재산적 손해에 한정된다고 할 것이다. 결국 이 사건 사고로 인하여 입사지원의 목적으로 제공한 개인정보가 불특정 다수인들에 의하여 열람당함으로써 정신적 고통을 받았을 것임은 경험칙상 쉽게 인성할 수 있으므로, C 회사는 불법행위책임으로서 A와 B의 정신적 고통을 금전으로나마 위자할 의무가 있다. 다만 위자료의 액수에 관하여는 ① 개인정보처리자의 보안조치의 수준, ② 사고발생 후 조치의 내용(사태 파악의 신속성, 피해확산방지조치 등), ③ 피해자에 대한 사고발생 안내의 적절성 및 피해접수 내지 확인, 피해회복조치 이행 여부, ④ 유출된 정보의 성격 및 유출된 정보의 양, ⑤ 정보가 유출된 범위 및 유출된 정보의 전파가능성, ⑥ 스팸메

일이나 명의도용 등 추가적인 피해 발생 여부, ⑦ 개인정보처리자가 개인정보를 수집, 처리함으로써 얻는 이익 등이 참작되어야 한다.

IV. 소결

설문의 기초가 된 사건에서 법원은 C회사의 과실불법행위를 인정하고 자신의 개인정보가 열람을 당한 자에게만 위자료를 인정하였고, 그렇지 않은 자에 대하여는 위자료를 부정하였다. 1심법원은 70만원을 위자료로 인정하였으나, 2심법원은 30만원을 위자료로 인정하였고, 대법원은 심리불속행기각결정을 통하여 원심법원의 판결을 확정하였다.

[사례 55][612]

"B 경찰서는 2008. 12. A에 대한 체포영장을 발부받고 일주일도 지나지 아니하여 공개지명수배를 내리면서 A에 대한 사진, 주민등록번호를 담은 전단지를 배포하고, 경찰청 홈페이지에 공개수배자명단에 올렸다. A가 2009. 1. 자수한 후에도 전단지를 회수하지 않고 홈페이지상에 오른 공개수배정보를 삭제하지 않았고, A의 개인정보가 도용되어 A 명의의 스팸메일이 발송되었다. A는 누구를 상대로 어떠한 청구를 할 수 있는가"

[해제]

I. 관련 규정

사례해결을 위하여 관련 법령의 내용을 살펴보면 다음과 같다.

1. 형사소송법

사법경찰관은 검사의 지휘를 받아 수사목적을 달성하기 위하여 필요한 조사를 할 수 있

---

612) 서울고등법원 2007. 3. 30. 선고 2006나31964 판결(확정)을 참고한 사례이다.

다(제195조, 제196조, 제199조). 다만, 강제처분은 이 법률에 특별한 규정이 있는 경우에 한하며, 필요한 최소한도의 범위 안에서만 하여야 한다.

2. 범죄수사규칙(경찰청훈령 제420호)

사법경찰관은 법정형이 사형 · 무기 또는 장기 3년 이상의 징역이나 금고에 해당하는 죄를 범하였다고 의심할 만한 상당한 이유가 있어 체포영장 또는 구속영장이 발부된 자의 소재가 불명할 때에는 당해 피의자에 대하여 지명수배할 수 있다(제27조). 지명수배통보한 후 6월이 경과하여도 검거하지 못한 주요 지명피의자에 대하여는 종합공개수배할 수 있고, 사건수배에 있어서 피의자의 인적사항이 명백히 밝혀져 긴급한 공개수배가 필요하다고 인정될 때에는(사진, 현상, 전단, 기타의 방법으로) 공개수배할 수 있다(제29조).

다만 사법경찰관은 피의자를 검거한 경우 즉시 그 수배 또는 통보를 해제하여야 한다(제33조).

3. 지명수배규칙(1999. 1. 20. 경찰청예규 제203호)

경찰서장은 종합공개수배서를 받을 때에는 검거하여 수배해제하는 자에 대하여는 즉시 해당란에 검거표시를 하고, 수배서를 새로 붙일 때에는 전회분을 철거하여야 한다(제9조).

Ⅱ. 청구권원

1. 주민등록의 공개

A는 이 사건 청구원인으로서, ① 범죄수사규칙에 의하면, 지명수배가 이루어진 후 6개월이 경과하여야 공개수배를 할 수 있음에도 경찰은 이에 위반하여 A에 대한 지명수배를 한 때로부터 일주일도 지나지 않아 A에 대한 공개수배를 하였고, ② 주민등록번호는 그 자체로 개인의 생년월일, 성별, 지역 등 개인의 프라이버시와 직접적으로 관계되는 매우 민감한 개인정보로 구성된 것이고, 피고는 주민등록법에 의하여 주민등록증의 발급, 발급신청, 소지의무 등을 부과하는 방법으로 주민등록번호를 '전국민고유식별번호제도'로 운영하고 있으므로 피고로서는 개인의 프라이버시권 등 기본권을 침해할 우려가 높은 주민등록번호로 인하여 국민이 피해를 입지 않도록 할 고도의 주의의무가 있고, 공개수배의 법적근거인 범죄수사규칙은 그 규정 내용이 불명확함에도 불구하고 피고 소속의 공무원인 경

찰관이 공개수배의 목적 달성을 위하여 필요한 A의 사진, 이름 등을 공개함을 넘어서 불명확한 규정에 터잡아 A의 주민등록번호까지도 공개하였으며, ③ 2009. 1. 초순경 A에 대한 지명수배사유가 해제되었음에도 불구하고 현재까지 경찰서의 벽보 등에 수배전단을 게시하고, 경찰청의 인터넷 홈페이지에 수배전단을 게시하여 공개수배를 해제해야 할 직무를 유기함으로써 A의 주민등록번호를 이용하여 인터넷상에서 A의 이름과 주민등록번호를 도용한 아이디를 개설한 사람들이 범죄행위를 저지르는 등 A의 명예권, 프라이버시권 등의 인격권이 침해되었으므로 피고는 A에게 그로 인한 손해를 배상하고, A의 명예회복에 필요한 처분으로서 새로운 주민등록번호를 부여할 의무가 있다고 주장한다.

2. 삭제의무의 위반

법령상 경찰의 공개수배전단 제거의무에 관한 구체적인 규정이 없기는 하나, 공개수배는 그 자체로 개인의 명예 등 인격권을 제한하는 것이고 피수배자가 검거된 경우 공개수배전단 게시의 필요성이 없으며, 관계 규정에 비추어 종합공개수배 초기에 검거된 피수배자의 경우 검거된 후 최장 6개월 정도 수배전단이 게시될 수 있는 점 등을 종합하여 보면, 경찰은 피수배자에 대한 공개수배사유가 소멸한 때로부터 적어도 6개월 이내에는 공개수배전단을 제거할 의무가 있다.

Ⅲ. 청구의 내용

1. 손해배상청구

A의 주민등록번호를 이용하여 인터넷상에서 A의 이름과 주민등록번호를 도용한 아이디를 개설한 사람들이 범죄행위를 저지르는 등 A의 명예권, 프라이버시권 등의 인격권이 침해되었으므로 피고는 A에게 그로 인한 손해를 배상할 의무가 있다.

2. 명예회복에 적당한 처분: 새로운 주민등록번호의 부여

경찰의 위와 같은 불법행위로 인하여 A의 주민등록번호가 위법하게 공개되어 A의 명예가 훼손되었을 뿐만 아니라, 일반인에게 유포됨으로써 범죄행위 등에 악용되고 있으므로 A가 가진 기존의 주민등록번호는 고유식별번호로서의 의미를 상실하였다는 이유로, 제764조 소정의 명예회복에 적당한 처분으로서 새로운 주민등록번호의 부여를 구한다.

Ⅳ. 소결

설문의 기초가 된 사건에서 법원은 공개지명수배를 내리면서 피수배자의 주민등록번호를 공개해 주민등록번호가 도용되는 피해를 입었더라도 국가는 손해배상 책임이 없으나, 원고들이 체포되거나 자수한 후에도 8~9개월 동안 인터넷에 수배전단이 게시된 점에 대해 "경찰이 수배전단 제거의무를 위반했으므로 위자료 30만원씩을 지급하라"며 원고의 청구를 일부 인정했다.

법원은 피수배자의 사진만으로 식별하기 쉽지 않을 때에 주민등록번호가 일반인들이 피수배자를 확인할 수 있는 가장 확실한 방법이 될 수 있는 점 등을 볼 때 주민등록번호 적시는 공개수배에서 유용한 조치이며, 재량권을 일탈하거나 남용한 것이라고 보기 어렵다고 판시하였다.

법원은 새로운 주민등록번호는 제764조에 의한 명예회복에 적당한 처분이 아니며, 주민등록법 제8조에 의하더라도 주민등록법상의 주민은 지방자치단체의 장에 대하여 등록사항의 정정을 구할 수 있을 뿐 새로운 주민등록번호의 부여를 청구할 수 있는 권리가 있지도 아니하다고 판단하였다.

11. 생활방해

1) 개념

쾌적하고 건강한 생활과 생활의 평온을 내용으로 하는 생활이익은 다양한 방식으로 침해될 수 있다. 즉, 일조의 차단, 소음, 배기, 악취 등의 방식으로 생활이익이 침해되고, 그로 인하여 재산적 손해 뿐만 아니라 비재산적 손해도 발생한다. 각자의 생활이익은 각자가 꾸려가는 바에 따라 다양한 형태로 전개될 수 있는데, 이는 사회평균인을 기준으로 적절한 범위내에서 타인의 방해를 받지 않고 평온하게 생활힐 수 있는 정도로 보호될 수 있을 뿐이다.

생활이익은 특정 장소에 대하여 인간이 거주함으로써 비로소 발생하는 것이며, 구체적인 지리적 위치, 나아가 그곳의 환경과 분리될 수 없다는 점에서 생활이익은 순수한 인격권의 문제라고 볼 수는 없다.

2) 생활이익의 상대성과 한계

사람의 생활은 적법하며 적절한 범위 내에서 보호되고, 그 정도는 타인과의 관계에서 상대적으로 정해질 수밖에 없다.

3) 수인한도론

학설과 판례는 대체로 생활방해에 대한 위법성판단기준으로 수인한도론을 채택하고 있다.[613] 수인한도를 넘는 생활방해가 있는 경우에 비로소 위법성이 인정된다.[614]

대법원은 일조방해, 사생활침해, 조망침해, 시야차단으로 인한 압박감, 소음, 분진,

---

613) 대법원은 생활이익의 침해가 사회통념상 일반적으로 수인할 정도를 넘어서는지의 여부는 피해의 성질 및 정도, 피해이익의 공공성, 가해행위의 태양, 가해행위의 공공성, 가해자의 방지조치 또는 손해 회피의 가능성, 인·허가관계 등 공법상 기준에의 적합 여부, 지역성, 토지이용의 선후관계 등 모든 사정을 종합적으로 고려하여 판단하여야 한다고 판시하였다(대법원 1997. 7. 22. 선고 96다56153 판결).

진동 등과 같은 생활이익에 대한 침해의 경우에 원칙적으로 개별적인 생활이익별로 침해의 정도를 고려하여 수인한도 초과여부를 판단한 후 수인한도를 초과하는 생활이익들에 기초하여 손해배상액을 산정하여야 하며, 수인한도를 초과하지 아니하는 생활이익에 대한 침해를 다른 생활이익 침해로 인한 수인한도 초과여부판단이나 손해배상액 산정에 있어서 직접적인 근거로 삼을 수 없다고 판시하였다.[615] 그러나 생활이익을 세분하여 개별적으로 수인한도의 초과여부를 판단하게 되면 피해자의 보호에 미흡한 감이 있다. 즉, 수인한도를 넘지 않는 개별 생활이익의 총합은 전체적으로 보면 수인한도를 초과할 수 있으므로 개별 생활이익에 대한 전체적 고찰방식이 타당하다. 또한 하나의 가해행위인 건축으로 인하여 여러 가지 생활이익이 침해된 것이며, 이러한 이익들이 밀접한 관련을 맺고 있으므로 전체적 고찰방식이 타당하다.

4) 생활이익의 침해로 인한 손해

인간의 거주와 관련된 생활이익은 인적 측면에서는 인격권적 성격과 물적 측면에서 재산권적 성격이 밀접한 복합적 이익이다. 이러한 복합적 이익은 손해배상의 측면에서도 드러난다. 즉, 재산권적 요소가 강한 경우에는 재산적 손해의 산출로 손해배상이 완결되나, 인격권적 요소가 강한 경우에는 재산적 손해의 산출이 어려워 부득이 위자료로 손해배상이 완결된다.

5) 개별적 고찰

a) 일조침해

aa) 일조침해의 판단기준

일조이익의 내용과 그 침해 정도는 주변 도시 또는 건물과의 상대적인 위치에 따

---

614) 李應世, "日照權 侵害와 環境訴訟", 裁判資料 제95집, 환경법의 제문제(하)(2002. 7), 293면; 文準變, "眺望侵害에 대한 司法的 救濟", 民事判例研究 ⅩⅩⅨ(2007), 124면.

615) 대법원 2007. 6. 28, 선고 2004다54282 판결. 다만 생활이익을 구성하는 요소들을 종합적으로 참작하여 수인한도를 판단하여야만 형평을 기할 수 있는 특별한 경우에는 그러하지 않다고 한다.

라 정해지는 것이어서, 어느 한 당사자의 일조이익은 무한정 보장될 수 없고 주변 사람들의 이익과 적절히 교량되어 제한되어야 한다.[616] 가해건물의 신축으로 피해건물의 일조량이 감소하였다는 사실만으로는 곧바로 일조이익의 침해를 이유로 한 손배배상 청구가 인정된다고 단정하기에 부족하며, 일조량의 감소를 기본 전제로 하여 다음과 같은 여러 요건을 고려하여 그것이 사회적으로 용인할 수 있는 수인한도를 초과하였다고 평가할 수 있어야 비로소 그와 같은 청구가 인정될 수 있다.[617]

첫째, 원칙적으로 피해건물은 주거지역에 위치해 있어야 하며, 주거용으로 건축되고 실제로도 주거용으로 사용되고 있어야 한다.

둘째, 가해건물의 골조가 완성되기 전에 보호받을 만한 충분한 생활이익이 형성되었어야 한다.

셋째, 피해건물 및 가해건물의 인접지역의 상황에 비추어 가해건물에 건물의 형상과 이용방식 등 여러 면에서 상당한 정도의 이례성이 있어야 한다.

넷째, 가해건물이 피해건물로부터 피해건물의 거주자에게 직접적인 압박감을 느낄 수 있는 정도의 상당한 거리 이내에 위치하고 있어야 한다.

다섯째, 일조량감소로 인한 피해의 정도가 상당한 것이어야 한다. 피해건물의 거실의 주요 개구부를 기준으로 하여 '연속일조시간'(동지일을 기준으로 9시부터 15시까지 사이의 6시간 중 연속된 일조시간)이 2시간 이상 확보되지 않고, '총 일조시간'(8시에서 16시까지 사이의 8시간 중 일조시간의 총합)이 4시간 정도 확보되지 않아야 상당성이 인정될 수 있다.

여섯째, 피해이익의 성질 및 그에 대한 사회적 평가, 토지이용의 선후관계, 가해 방지 및 피해 회피의 가능성, 공법적 규제의 위반 여부, 교섭 경과 등 모든 사정이 종합적으로 고려되어야 한다.

가해건물의 신축으로 인하여 일소피해를 받게 되는 건물이 이미 다른 기존 건물에

---

616) 서울중앙지방법원 2008. 12. 17. 선고 2007가합96794, 2008가합89571판결. 토지소유자는 법규에 어긋나지 않는 한 주변 사정에 비추어 이례적이지 않는 범위 내에서는 자유롭게 건축할 자유와 권리가 있고, 아울러 피해건물 측에서도 가해건물측에 최소한 자신들이 누리는 자유과 권리를 누릴 수 있도록 존중해주어야 할 의무가 있다.

617) 서울중앙지방법원 2008. 12. 17. 선고 2007가합96794, 2008가합89571판결.

의하여 일조방해를 받고 있는 경우나 피해건물의 구조 자체가 충분한 일조를 확보하기 어렵게 되어 있는 경우에는, 가해건물 신축 결과 피해건물이 동짓날 8시부터 16시 사이에 합계 4시간 이상 그리고 동짓날 9시부터 15시 사이에 연속하여 2시간 이상의 일조를 확보하지 못하게 되더라도 언제나 수인한도를 초과하는 일조피해가 있다고 단정할 수는 없고, 가해건물이 신축되기 전부터 있었던 일조방해의 정도, 신축건물에 의하여 발생하는 일조방해의 정도, 가해건물 신축 후 위 두 개의 원인이 결합하여 피해건물에 끼치는 전체 일조방해의 정도, 종전의 원인에 의한 일조방해와 신축건물에 의한 일조방해가 겹치는 정도, 신축건물에 의하여 발생하는 일조방해시간이 전체일조방해시간 중 차지하는 비율, 종전의 원인만으로 발생하는 일조방해시간과 신축건물만에 의하여 발생하는 일조방해시간 중 어느 것이 더 긴 것인지 등을 종합적으로 고려하여 신축건물에 의한 일조방해가 수인한도를 넘었는지 여부를 판단하여야 한다.[618]

bb) 손해배상청구권자

일조이익의 원칙적인 근거는 피해자의 피해대상 건물에 대한 소유권이라고 할 것이다. 물론 소유자 뿐만 아니라 소유자로부터 대상건물의 사용을 허락받은 지상권자, 전세권자 또는 임차인 등도 손해배상이 가능하다. 다만 당해 토지·건물을 일시적으로 이용하는 것에 불과한 사람은 이러한 일조이익을 향유하는 주체가 될 수 없다. 대법원은 초등학교 학생들은 공공시설인 학교시설을 방학기간이나 휴일을 제외한 개학기간 중, 그것도 학교에 머무르는 시간 동안 일시적으로 이용하는 지위에 있을 뿐이고, 학교를 점유하면서 지속적으로 거주하고 있다고 할 수 없어서 생활이익으로서의 일조권을 법적으로 보호받을 수 있는 지위에 있지 않다고 판시하였다.[619]

일조침해로 인한 손해배상액은 소유자와 실제 거주자사이에서 적절한 방법과 비율로 배분되어야 한다. 그리고 손해배상액은 특별한 사정이 없는 한 한 건물에 거주하는 사람의 수에 따라 그 손해액이 달라진다고 보기 어려우므로 그 손해액은 건물단위로 산정되어야 한다.[620]

---

618) 대법원 2010. 6. 24. 선고 2008다23729 판결.

619) 대법원 2008. 12. 24. 선고 2008다41499 판결.

620) 손해배상액은 거주자 전원이 나누어 청구할 수도 있고, 그 대표자 1인이 전액의 배상을 청구할 수도 있다.

cc) 손해배상액의 산정

일조침해로 인한 손해는 피해건물의 가치 하락이라는 요소, 생활이익의 침해라는 요소(광열비, 세탁비 등의 증가), 나아가 피해자들의 정신에 미치는 영향 등의 다양한 형태로 발현될 수 있다. 가치하락이라는 손해만 고려하더라도, 가치하락은 여러 가지 변수에 의하여 발생하는 것이므로 가치하락이라는 손해 중 일조침해와 상당인과관계가 있는 부분을 분리하는 것이 매우 어렵다는 점이 일조침해로 인한 손해배상액의 산정에 있어 두드러진다.

건물의 가치하락이 일조방해로 인하여 피해자가 입은 손해를 가장 잘 반영할 수 있는 1차적 징표에 해당한다고 할 것이므로, 이를 1차적 기준으로 삼아 다른 변수와의 관계를 고려하여 일조침해로 인한 가치하락분을 판정하여야 할 것이다.[621] 위와 같이 산정된 가치하락분의 배상으로 일조침해로 인한 손해배상이 완결되는 것으로 보아야 하고, 별도의 위자료청구는 인정되지 않아야 할 것이다.

일조방해로 인하여 인근 공작물 등 토지상에 정착한 물건을 더 이상 본래의 용법대로 사용할 수 없게 되었다면, 공작물 등 소유자로서는 공작물 등 이전이 불가능하거나, 이전으로 인하여 공작물 등을 종래 용법대로 사용할 수 없게 되거나, 공작물 등 이전비용이 공작물 등의 교환가치를 넘는다는 등 특별한 사정이 없는 한, 이전비용 상당액을 통상의 손해로서 청구할 수 있고, 이전 과정에서 불가피하게 발생한 손해 역시 통상의 손해로서 청구할 수 있으며, 위와 같은 특별한 사정이 있는 경우에는 공작물 등의 교환가치 상당액을 통상의 손해로서 청구할 수 있다.[622] 한편 이와 같이 이전비용 등을 통상의 손해로서 청구하는 경우 장래 공작물 등을 사용·수익하여 얻을 수 있었을 이익은 이전비용 등에 포함되어 있어 이를 따로 청구할 수 없다.

---

621) 여러 감정서에 의하면 '일조조망 동시 침해 가치하락률'은 11%이고, 조망침해 가치하락률은 3%, 일조침해 가치하락률은 8%라고 한다.

622) 대법원 2011. 4. 28. 선고 2009다98652 판결.

b) 조망이익

aa) 서설

조망이익은 원칙적으로 특정의 장소가 그 장소로부터 외부를 조망함에 있어 특별한 가치를 가지고 있고, 그와 같은 조망이익의 향유를 하나의 중요한 목적으로 하여 그 장소에 건물이 건축된 경우와 같이 당해 건물의 소유자나 점유자가 그 건물로부터 향유하는 조망이익이 사회통념상 독자의 이익으로 승인되어야 할 정도로 중요성을 갖는다고 인정되는 경우에 비로소 법적인 보호의 대상이 된다.

bb) 위법성판단기준

일조와는 달리 조망이익은 미적 감각 또는 만족감과 관련되는 것이어서 수인한도가 높게 설정된다. 그리하여 대법원은 조망이익을 침해하는 행위가 사법상 위법한 가해행위로 평가되기 위해서는 조망이익의 침해 정도가 사회통념상 일반적으로 인용되는 수인한도를 넘어야 하고, 그 수인한도를 넘었는지 여부는 조망의 대상이 되는 경관의 내용과 피해건물이 입지하고 있는 지역에 있어서 건조물의 전체적 상황 등의 사정을 포함한 넓은 의미에서의 지역성, 피해건물의 위치 및 구조와 조망상황, 특히 조망과의 관계에서의 건물의 건축·사용목적 등 피해건물의 상황, 주관적 성격이 강한 것인지 여부와 여관·식당 등의 영업과 같이 경제적 이익과 밀접하게 결부되어 있는지 여부 등 당해 조망이익의 내용, 가해건물의 위치 및 구조와 조망방해의 상황 및 건축·사용목적 등 가해건물의 상황, 가해건물 건축의 경위, 조망방해를 회피할 수 있는 가능성의 유무, 조망방해에 관하여 가해자측이 해의를 가졌는지의 유무, 조망이익이 피해이익으로서 보호가 필요한 정도 등 모든 사정을 종합적으로 고려하여 판단하여야 한다고 판시하였다.[623]

cc) 개별적 검토

조망의 대상과 그에 대한 조망의 이익을 누리는 건물 사이에 타인 소유의 토지가

---

623) 대법원 2007. 6. 28. 선고 2004다54282 판결.

있지만 그 토지 위에 건물이 건축되어 있지 않거나 저층의 건물만이 건축되어 있어 그 결과 타인의 토지를 통한 조망의 향수가 가능하였던 경우, 그 타인은 자신의 토지에 대한 소유권을 자유롭게 행사하여 그 토지 위에 건물을 건축할 수 있고, 그 건물 신축이 국토의 계획 및 이용에 관한 법률에 의하여 정해진 지역의 용도에 부합하고 건물의 높이나 이격거리에 관한 건축관계법규에 어긋나지 않으며 조망 향수자가 누리던 조망의 이익을 부당하게 침해하려는 해의에 의한 것으로서 권리의 남용에 이를 정도가 아닌 한 인접한 토지에서 조망의 이익을 누리던 자라도 이를 함부로 막을 수는 없으며, 따라서 조망의 이익은 주변에 있는 객관적 상황의 변화에 의하여 저절로 변용 내지 제약을 받을 수밖에 없고, 그 이익의 향수자가 이러한 변화를 당연히 제약할 수 있는 것도 아니다.[624]

c) 소음

aa) 서설

소음진동규제법은 소음을 기계, 기구, 시설 기타의 물체의 사용으로 인하여 발생하는 강한 소리라고 규정하고 있으며, 소음원에 따라 공장소음, 생활소음, 교통소음, 항공기소음으로 구분하고 있다.[625] 통상적인 소음은 불가피한 것이지만, 일정한 정도를 넘는 소음은 개인의 건강과 생활에 치명적 영향을 미칠 수 있는 것이며, 불특정 다수에게 영향을 미친다는 점에서 환경오염의 성질을 가진다.

---

624) 대법원 2007. 6. 28. 선고 2004다54282 판결.

625) 공장소음에 대하여는 소음진동규제법 제7조, 동 시행규칙 제8조, 생활소음(확성기, 배출시설이 없는 공장과 공사장소음 등)에 대하여는 동 법 제20조, 동 시행규칙 제29조의2, 교통소음에 대하여는 동 법 제27조, 동 시행규칙 제27조, 항공소음에 대하여는 동 법 제39조, 동 시행령에서 소음의 허용기준을 정하고 있다. 항공소음에 대하여는 항공법 제107조, 동 시행령 제41조, 동 시행규칙 제271조도 규정하고 있다.

bb) 도로소음

aaa) 서설

도로와 같은 영조물 또는 공작물의 이용으로 인하여 발생하는 소음으로 인한 법적 책임의 추궁에 있어 우선 영조물의 성격과 침해적 요소의 유형(물적 하자와 기능적 하자)이 고려되어야 한다.

bbb) 영조물의 성격

영조물은 일반공중이 자유롭게 사용할 수 있는 '일반이용 영조물'(가령 도로)과 특정인에게 이용이 제공되는 '특정이용영조물'(가령 공항)로 구분될 수 있다. 일반이용 영조물의 경우 이용자가 침해적 요소를 유발하는 것이고, 영조물제공자는 보충적 지위를 지닐 뿐이다. 이에 반하여 특정이용 영조물의 경우 항공기나 버스의 운행으로 인한 소음은 항공기나 버스를 운영하는 자에 의하여 발생하는 것이지 그 항공기나 버스의 이용자에 의하여 발생하는 것이다. 따라서 영조물의 성격에 따라 책임의 주체가 달라질 수 있다.

ccc) 침해적 요소의 유형

침해적 요소는 영조물 자체에 물리적 결함이 존재하는 '물적 하자'와 원래의 목적에 따라 이용하더라도 타인에게 위해를 미칠 수 있는 '기능적 하자'로 구분될 수 있다. 전자의 경우에는 법적 책임이 쉽게 긍정될 수 있으나, 후자의 경우에는 이용 과정이 적법함에도 손해가 발생하는 것이어 상대적으로 엄격한 기준이 적용되어야 한다.[626]

일반이용 영조물에 대한 기능적 하자의 경우 침해적 요소를 유발하는 이용자를 특정하기 곤란하며, 특정인의 이용으로 손해배상청구권이 인정될 정도의 소음이 발생한다고 보기 어렵다. 이에 반하여 특정이용 영조물에 대한 기능적 하자의 경우 침해적 요소를 유발하는 행위자를 쉽게 특정할 수 있고 그 책임도 추궁할 수 있으나 영조물의 설치 및 관리자에게는 책임을 추궁하지 않는 것이 타당하다. 즉, 기능적 하자의 경

---

626) 서울중앙지법 2008. 12. 17. 선고 2007가합51029 판결.

우 침해적 요소를 유발하는 자를 상대로 책임을 추궁하는 것이 상당하고, 특정 불가 등의 이유로 행위자에게 책임추궁이 어려운 경우 영조물의 설치 관리자의 책임이 문제된다.

ddd) 기능적 하자로 인한 책임의 한계

인간의 활동과 자연의 변화에 따라 생활조건이 변화하고 있다. 사회의 발전에 따른 자연스러운 변화에 대하여 개인은 각자 자신의 책임하에 대처하여야 한다. 이를 넘어서는 부분에 한하여 법적 책임이 추궁될 수 있는 것이다.

법적 책임의 존부의 판단에 있어 중요한 사정요소는 크게 세 가지로 분류될 수 있다.[627]

첫째, 침해적 요소의 내용이 자연스러운 것이냐 아니면 이례적인 것이냐이다.

둘째, 침해적 요소가 불특정 다수를 위한 공공작용에서 유발되어야 한다.

셋째, 침해적 요소가 특정인에게 집중되어서는 안된다.

eee) 금지청구

건물의 소유자 또는 점유자가 인근의 소음으로 인하여 정온하고 쾌적한 일상생활을 영유할 수 있는 생활이익이 침해되고 그 침해가 사회통념상 수인한도를 넘어서는 경우에 건물의 소유자 또는 점유자는 그 소유권 또는 점유권에 기하여 소음피해의 제거나 예방을 위한 금지청구를 할 수 있다.[628]

도로소음이 피해 주민들 주택을 기준으로 일정 한도를 초과하여 유입되지 않도록 하라는 취지의 금지청구는 소음발생원을 특정하여 일정한 종류의 생활방해를 일정 한도 이상 미치게 하는 것을 금지하는 것으로 청구가 특정되지 않은 것이라고 할 수 없고, 이러한 내용의 판결이 확정될 경우 민사집행법 제261조 제1항에 따라 간접강제의 방법으로 집행을 할 수 있으므로, 이러한 청구가 내용이 특정되지 않거나 강제집행이 불가능하여 부적법하다고 볼 수는 없다.[629]

---

627) 서울중앙지법 2008. 12. 17. 선고 2007가합51029 판결.
628) 대법원 2007. 6. 15. 선고 2004다37904,37911 판결.
629) 대법원 2007. 6. 15. 선고 2004다37904,37911 판결.

fff) 방음시설 및 비용의 문제

소음감소를 위한 조치로는 주행속도를 감축시키거나 방음벽을 높이거나 방음터널을 설치하는 방법이 고려될 수 있다. 그러나 위와 같은 조치는 소음저감효과와 비용의 측면에서 각각 다음과 같은 한계를 지니고 있다.[630]

첫째, 감속조치는 사회의 정상적 운영을 상당히 제한하는 결과를 초래한다.

둘째, 방음벽을 설치하는 것은 공동주택 5층 내지 6층 정도의 높이 이하에서만 소음저감효과를 가져오므로 실질적인 소음방지대책으로는 한계가 있다.

셋째, 방음터널은 소음저감효과가 뛰어나나, 차량운행의 안전성과 편의성, 설치비용의 측면에서 일반적인 소음저감대책으로 받아들이기 어렵다.

cc) 항공기소음

aaa) 항공기소음의 특성

항공기소음은 금속성 고주파음으로 상공에서 다량으로 발생하는 충격음이므로 다른 소음원에 비하여 피해지역이 광범위하다. 사람이 일정한 수준 이상의 소음에 장기간 노출된 경우, 만성적인 불안감, 집중력 저하, 잦은 신경질 등의 정신적인 고통을 입게 되고, 회화방해, 전화통화방해, TV · 라디오 시청장해, 독서방해나 사고중단, 수면방해 등 일상생활을 정상적으로 영위하는 데에 많은 지장이 있게 되며, 그 정도가 심한 경우 난청이나 이명 등 신체적인 이상이 나타날 가능성이 있다.

bbb) 항공기소음의 기준

소음 · 진동규제법 제42조 제1항, 같은 법 시행령 제10조의2 제1항은 "환경부장관은 항공기소음이 항공기소음의 한도(공항주변 인근지역: 90WECPNL, 기타 지역: 75WECPNL)를 초과하여 공항주변의 생활환경이 매우 손상된다고 인정하는 경우에는 관계기관의 장에게 방음시설의 설치 기타 항공기 소음의 방지를 위하여 필요한 조치를 요청할 수 있다"고 규정하고 있고, 같은 법 시행령 제10조의2 제2항, 같은 법 시

---

630) 서울중앙지법 2008. 12. 17. 선고 2007가합51029 판결.

행규칙 제58조의2, 항공법 시행규칙 제271조는 공항주변 인근지역과 기타지역에 따라 규율을 달리하고 있다.

ccc) 항공기소음대책

일반적인 항공기소음대책으로 크게는 소음발생원 대책, 공항주변 대책이 있고, 소음발생원 대책으로는 저소음 항공기의 도입, 이·착륙 방식 및 절차의 개선, 야간비행제한 등이, 공항주변 대책으로는 완충녹지 조성, 이주비 지원, 주택방음공사 보조, TV수신장애대책 보조, 순회건강진단 등이 있다.

ddd) 손해배상책임의 발생

① 설치·관리상의 하자

국가배상법 제5조 제1항 소정의 '영조물의 설치 또는 관리의 하자'라 함은 공공의 목적에 공여된 영조물이 그 용도에 따라 갖추어야 할 안전성을 갖추지 못한 상태에 있음을 말하고, 여기서 안전성을 갖추지 못한 상태, 즉 타인에게 위해를 끼칠 위험성이 있는 상태라 함은 당해 영조물을 구성하는 물적 시설 그 자체에 있는 물리적·외형적 흠결이나 불비로 인하여 그 이용자에게 위해를 끼칠 위험성이 있는 경우뿐만 아니라, 그 영조물이 공공의 목적에 이용됨에 있어 그 이용 상태 및 정도가 일정한 한도를 초과하여 제3자에게 사회통념상 수인할 것이 기대되는 한도를 넘는 피해를 입히는 경우까지 포함된다.

따라서 공항이 공공의 목적에 이용됨에 있어 그로 인해 발생한 소음 등의 침해가 인근 주민인 원고 등의 수인한도를 초과하는지 여부에 따라, 위 비행장의 설치·관리상 하자가 있는지 여부가 결정된다고 할 것이다.

② 수인한도(위법성)

수인한도의 기준을 정함에 있어서는 일반적으로 침해되는 권리나 이익의 성질과 침해의 정도뿐만 아니라, 침해행위가 갖는 공공성의 내용과 정도, 그 지역 환경의 특수성, 공법적인 규제에 의하여 확보하려고 하는 환경기준, 침해를 방지 또는 경감시키거나 손해를 회피할 방안의 유무 및 그 난이정도 등 여러 사정을 종합적으로 고려하여 구체적인 사정에 따라 개별적으로 결정하여야 한다. 최근의 판결례에 의하면 국가가 공군 전투기 비행훈련장으로 설치·사용하고 있는 공군기지의 활주로 북쪽 끝으로부터 4.5km 떨어진 곳에 위치한 양돈장에서 모돈이 유산하는 손해가 발생한 사안에서, 위 공군기지에서 발생하는 소음의 순간 최대치가 양돈장 근처에서 모돈에 20~30% 정도의 유산을 일으킬 가능성이 있는 수치인 84 내지 94dB로 측정된 점, 역학조사 결과 모돈의 유산 원인은 질병이 아닌 환경요인에서 오는 스트레스로 추정되는데 위 소음 외에 양돈장에서 모돈에 스트레스를 줄 만한 다른 요인이 확인되지 않는 점 등에 비추어 위 손해는 공군기지에서 발생한 소음으로 인한 것으로, 당시의 소음배출행위와 그 결과가 양돈업자의 수인한도를 넘는 위법행위라고 판단한 원심판결을 수긍하였다.[631]

eee) 피고의 면책 항변

① 위험에의 접근 면책 항변

원고 등이 소음으로 인한 위해상태를 이용하기 위하여 이주하였다는 등의 특별히 비난할 사유가 없는 한, 자신들의 주거지가 소음피해지역 내에 있음을 인식하였거나 과실로 이를 인식하지 못하였다는 사정만으로는 소음으로 인한 피해를 용인하였다고 볼 수 없으므로, 위와 같은 사정만으로 피고의 손해배상책임이 면제되지 않는다. 다만, 손해배상액의 산정에 있어서 형평의 원칙상 과실상계에 준하여 위자료의 감액 사유로 고려될 뿐이다.

② 소음방지대책 실시로 인한 면책항변

피고는 피고가 이 사건 항공기 소음에 대한 간접보상의 일환으로 원고 등에게 영농지원, 폭설 및 수해지원 등을 하였고, 사회복지시설 봉사활동 등을 하였으며, 소음방지대책의 일환으로 늦은 야간시간대의 비행을 원칙적으로 금지하고 있고, 엔진 점검시 소음발생 방지를 위한 HUSH HOUSE를 설치하는 등 각종 지원 및 소음방지를 위한 최선의 노력을 하고 있으므로 피고의 소음발생으로 인한 배상책임은 면책되어야

---

631) 대법원 2010. 7. 15. 선고 2006다84126 판결.

한다는 취지로 주장하나, 피고가 간접보상 및 소음방지노력을 하였다고 하더라도 이로써 원고들이 입은 소음 피해가 모두 방지되거나 보상되었다고 볼 수는 없으므로, 위와 같은 사정만으로는 피고의 손해배상책임이 면제되지 아니한다. 형평의 원칙상 위와 같은 손해방지의 노력 등은 수인한도의 판단요소 및 위자료 산정의 참작사유로 고려될 뿐이다.

fff) 손해배상책임의 범위

① 위자료 인용기준금액

위자료 액수는 항공기소음의 특성, 소음정도, 비행횟수 및 주된 비행시간, 원고 등의 피해 및 거주지 등을 고려하여, 소음도가 80WECPNL 이상 90WECPNL 미만인 지역 거주자에 대하여는 월 금 30,000원, 소음도가 90WECPNL 이상 95WECPNL 미만인 지역 거주자에 대하여는 월 금 45,000원, 소음도가 95WECPNL 이상 100WECPNL 미만인 지역 거주자에 대하여는 월 금 60,000원으로 각 정한다.

② 피해일수

원고 등이 배상을 청구하는 거주기간 내에서 실제로 거주한 기간을 피해일수로 하여 이를 월 단위로 환산하여 계산하되, ① 군에 입대한 기간은 제외하며, ② 대학에 재학하는 기간 중 수업기간(매년 3월부터 6월까지의 1학기 및 9월부터 12월까지의 2학기)을 제외한다.

③ 위험에의 접근 감액

공항에 민간항공기가 취항한 1997. 4. 28. 이후에 자신들의 주거지에 전입한 원고 등의 경우에는 위 손해액의 30%를 감액하되, 전입사유가 혼인이나 미성년자인 경우에는 감액하지 아니한다.

dd) 구제수단

aaa) 금지청구

수인한도를 넘는 소음에 대하여 소유권 또는 인격권에 기한 방해배제 및 방해예방

청구권에 기하여 방음설비[방음벽의 설치, 무인속도단속 카메라의 설치]의 시공을 청구할 수 있다.

bbb) 손해배상

수인한도를 넘는 소음에 대하여 손해배상을 청구할 수 있다. 첫째, 소음으로 인한 가치하락분, 치료비 등이 재산적 손해로 인정될 수 있다. 둘째, 소음으로 인한 생활이익이 침해된 경우에는 위자료가 인정될 수 있으나, 재산적 손해의 배상을 통하여 충분하게 전보될 수 있는 경우에는 위자료는 특별손해로서 예견가능성이 요구된다.

dd) 면책 사유

위험에의 접근이라는 논거에 의하여 피해자의 손해배상액이 구체적 사정에 따라 감경될 수 있다. 다만 손해배상을 위하여 소음발생지역으로 이주한 경우에는 가해자의 손해배상책임이 면책될 수 있다.

ee) 입증방법

생활방해로 인한 손해배상청구권 또는 금지청구권의 인정여부와 관련하여서는 중요한 입증방법이 전문가에 의한 감정이다. 전문가의 감정에 의하여 관련법령의 기준을 초과하였는지 그리고 그로 인한 손해가 어느 정도인지까지 구체적으로 밝혀질 수 있다. 소음의 정도를 측정하기 위하여는 전문가의 감정이 활용되는데, 실무상으로 대학의 환경공학과 교수를 감정인으로 지정하고, 현장검증기일에 소음현장에서 일정한 기간을 정하여 장애물로 인한 영향이 가장 적은 장소를 지정하고, 그곳의 실내와 실외 소음을 측정하는 방식으로 진행된다.[632] 다만 환경분쟁조정위원회에서 실시한 소음측정결과는 신빙성을 담보할 만한 여러 조건(측정장소, 측정방법)이 충족되지 않아 실무상으로 증거력을 인정받지 못한다.

---

632) 손윤하, "환경침해를 원인으로 한 민사소송에 관한 문제", 저스티스 통권 81호(2004. 10), 148면.

"아파트 주민 A는 인근아파트의 건축으로 인하여 단순히 시야가 가리는 정도를 넘어서서 대낮에도 직사광선이 거의 들어오지 않아 전등을 켜지 않으면 일상생활을 하기 어려울 정도이며, 인근 아파트와의 원격거리가 매우 좁아 A의 주거가 상당히 노출되는 지경에 이르게 되었다."

1. A는 누구를 상대로 어떠한 청구를 할 수 있는가
2. 피고로 지정된 자는 어떠한 항변을 할 수 있는가

[해제]

Ⅰ. 원고의 청구

1. 원고에 대하여

A가 소유자인 경우에는 아무런 문제가 없으나, A가 임차인이나 전세권자인 경우에는 소유자와의 관계가 문제된다. 후자의 경우에 있어 임차인과 소유자사이에는 손해배상액이 분할되어야 한다.

2. 피고의 선택

일조침해, 사생활침해 등을 원인으로 한 손해배상청구에 있어 피고는 건축주가 될 것이다. 다만 예외적으로 시공회사가 건축주 또는 도급인과 동일하게 보아야 할 지위에 있는 경우에는 건축주 또는 도급인과 함께 공동불법행위책임을 진다. 그리고 건축허가 등 처분 자체에 위법이 인정되지 아니하는 경우에는 국가 또는 지방자치단체에 대하여는 손해배상 청구를 할 수 없다.⁶³⁴⁾ 가령 건축법상 이격거리를 확보하지 못하였음에도 불구하고 건축허

---

633) 대법원 1999. 1. 26. 선고 98다23850 판결을 참고한 사례이다.

634) 서울지방법원 1999. 12. 17. 선고 99가합23067 판결(확정); 서울고등법원 2001. 10. 26. 선고 2001
나33002 판결(확정); 이동원, "일조권 침해에 관한 판례의 동향", 民事法學 27(2005. 3), 286면. 다
만 예외적으로 대법원 2004. 9. 13. 선고 2004다24212 판결로 유지된 서울고등법원 2004. 4. 13.
선고 2003나40141 판결은, 가해 건물이 건축법 제53조 및 건축법시행령 제86조 제1항에 따라 일반
주거지역 안에서 높이 8m 이상의 건축물을 건축하는 경우에 해당되어 일조 등의 확보를 위하여 정

가를 내준 경우에는 지방자치단체는 국가배상법에 따라 손해배상책임을 질 수 있다.[635]

3. 청구권원

일조이익을 고의 또는 과실로 침해하여 수인한도를 넘는 경우에는 손해배상의무를 진다. 수인한도와 관련하여서는 일조피해의 정도, 지역적 특성(주거지역, 상·공업지역), 건축법령의 준수여부, 가해건물의 용도(공공성 여부 및 정도), 피해건물 또는 토지의 용도, 피해회피가능성, 건물의 선후관계 등이 고려된다. 구체적으로 일조피해의 정도는 전문가의 감정을 통하여 이루어진다. 원고는 이 사건 아파트의 소유자일 필요는 없고 임차인도 가능하다. 다만 임차인에 불과한 경우에는 생활방해로 인한 전손해를 청구할 수 없고, 소유자와 관계에서 일정한 비율로 배분되어야 한다.

4. 청구의 내용

1) 재산적 손해

일조침해로 인한 재산적 손해는 토지·건물의 가격하락과 광열비·건조비 등의 지출증대가 있을 수 있다.[636] 다만 후자의 경우 일조침해로 인한 손해분을 특정하기 어렵다는 문제가 남는다.

2) 비재산적 손해

일조침해로 인한 비재산적 손해에 대하여는 위자료가 인정되는데, 위자료의 산정에 있어서는 재산적 손해의 배상정도도 중요한 고려요소가 된다. 가령 서울고등법원 2004. 4. 13. 선고 2003나40141 판결은 건조 및 광열비 증가에 따른 피해액의 입증에 실패하였으나 그 피해가 경험칙상 인정된다는 점을 고려하여 위자료를 산정하였다.[637]

북방향으로의 인접대지 경계선까지 건축물의 각 부분 높이의 1/2 이상 거리를 띄워야 하는데도, 서울특별시 관악구청장이 관계법령을 오해한 나머지 가해 건축물이 원고 소유 주택과 건축법상의 이격거리를 확보하지 아니하였음에도 건축허가를 해준 잘못이 있음을 이유로 피고 서울특별시 관악구에 대한 손해배상청구를 인정하였다.

635) 대법원 2004. 9. 13. 선고 2004다24212 판결.
636) 이동원(註 634), 291-4면.
637) 이동원(註 634), 294-5면.

II. 피고의 항변

1. 수인한도내의 침해

일조피해의 정도가 미미하고, 상·공업지역이고, 건축법령을 준수하였으며, 가해건물이 사회적 유용성을 가지며, 피해를 회피하기 위한 노력을 기울였다는 점을 강조하여 일조침해가 수인한도의 내라고 주장하여 위법성이 인정되지 않아 손해배상책임이 없다.

2. 손해배상의 범위에 관한 항변

원고가 주장하는 손해는 일조침해에 의하여 발생한 것이 아니라 다른 요인과 경합하여 발생한 것이므로 손해배상액의 일부를 감경함이 상당하다.

III. 소결

1. 손해배상책임의 성립

수인한도론에서 고려되는 여러 사정에 비추어 손해배상책임의 존부가 결정될 것이다. 가장 중요한 요소는 건축법상의 규제수준이라고 할 것이다.

2. 손해배상의 범위

일조장해, 사생활 침해, 시야차단으로 인한 압박감, 소음, 분진, 진동 등과 같은 생활이익의 침해로 인하여 발생한 재산적 손해의 항목 중 토지·가옥의 가격저하에 의한 손해를 산정함에 있어서는 광열비·건조비 등의 지출 증대와는 별도로 일조장해 등과 상당인과관계가 있는 정상가격의 감소액을 부동산감정 등의 방법으로 평가하여야 할 것이고, 분양된 아파트가 일조피해를 입고 있는 경우 그 아파트의 시세가 분양대금에 물가상승률이나 예금금리를 감안한 금액보다 높게 유지된다고 하여 그 소유자에게 당해 아파트의 가격저하로 인한 손해가 발생하지 아니하였다고 볼 수 없는바, 원심이 일조침해와 조망·프라이버시·통풍 침해 등을 아울러 고려하여 그 침해 전후의 통상적인 아파트 가격의 차이에 관한 감정 결과에 터잡아 원고들의 각 아파트가 일조침해 등으로 말미암아 그 정상가격에 비하여 각 세대별로 금 14,260,000원 내지 금 21,700,000원의 가격하락분이 발생한 것으로 인정하는 한편, 피고들의 각 아파트 건축행위에 법규 위반이 없는 점 및 원고들 측의 수분양자로서의 수인한도와 관련된 감액사유 등을 종합적으로 고려하여 피고가 배상하여야 할 손해액을 위 각 세대별 가격하락분의 50%로 봄이 상당하다고 판단하였는바, 대법원은 원심의 이러한 조치를 시인하였다.

현장검증 및 감정신청서

사 건 | 2009 가합 10000 손해배상(기)
원 고 | 박 이 순 외 1
피 고 | 주식회사 일성 외 1

위 당사자간 사건에 간하여 원고들 소송대리인은 그 주장사실을 입증하기 위하여 다음과
같이 현장검증 및 감정을 신청합니다.

다 음

I. 현장검증 신청

1. 검증할 목적물

(1) 서울 서초구 서초동 100 대 25,872㎡ 지상에 피고들이 신축한 서초아파트 102동, 103동

(2) 서초아파트 102동, 103동의 북쪽 내지 북서쪽에 위치한 원고들 소유 서초아파트 101
동 1001호 및 같은 동 101 주택의 현황과 주변 상황

2. 검증으로 입증할 사항

(1) 서초아파트 102동, 103동과 원고들 소유 아파트 및 주택의 높이, 이격거리 및 위치관계

(2) 위 원고들 소유 아파트 및 주택이 서초아파트 102동, 103동의 완성으로 인하여 일조
권, 조망권, 프라이버시권 등이 침해당할 정도의 위치인지 여부

(3) 전항에 해당한다면 그 침해정도

(4) 이 사건 가해아파트의 신축 전·후 원고들의 거주환경 변화를 입증하고자 함

3. 첨부서류 : 현장약도 1부

II. 일조 등 측량감정 신청

1. 감정의 목적물

서초아파트 102동, 103동과 원고들 소유 아파트 및 주택

2. 감정할 사항

가. 개 요

(1) 서초아파트 102동, 103동의 완공으로 야기되는 원고들 소유 아파트 및 주택의 주거환경(일조권, 조망권, 프라이버시권) 침해정도

(2) 서초아파트 건축 이전에 존재하던 종전 건축물이 원고들 소유 아파트 및 주택에게 미쳤던 주거환경(일조권, 조망권, 프라이버시권) 침해 정도

나. 분석방법

(1) 일조권 침해 여부 및 정도

동지일 기준 08:00에서 16:00사이의 총(간헐적) 일조 가능시간 및 09:00에서 15:00 사이의 연속 일조가능시간

(2) 조망권 침해 여부 및 정도

위 각 세대별로 각 세대의 가운데 채광창 전면에서 성인이 수평으로 밖을 바라보았을 때 서초아파트 102동, 103동의 신축으로 인하여 가려지는 조망침해 정도(%로 표시 요망)

(3) 프라이버시 침해 여부 및 정도

각 세대별로 가해건물에서 피해건물을 바라보았을 때의 상황을 전제로 한 프라이버시의 침해 정도(%로 표시 요망)

3. 감정의 목적

서초아파트 102동, 103동으로 인하여 원고 소유 세대들에게 수인한도를 초과하는 일조권, 조망권, 프라이버시권 등의 침해가 있는지를 감정하고자 함

4. 감정기관

귀원에서 객관성과 전문성이 인정될 수 있는 감정인을 지정하여 주시기 바랍니다.

2009. 6. .

위 원고들 소송대리인 법무법인 양지

담당변호사 권 조 일 (인)

서울중앙지방법원 제11민사부 귀중

감 정 신 청 서

사 건 | 2009 가합 10000호 손해배상 (기)
원 고 | 박 이 순 외 1
피 고 | 주식회사 성일 외 1

위 당사자간 사건에 관하여 원고들 소송대리인은 다음과 같이 감정을 신청합니다.

다 음

1. 감정의 목적물

가. 서울 서초구 서초동 100 지상에 피고들이 신축한 서초아파트 102동, 103동
나. 위 각 동의 북쪽에 위치한 원고 김일식 소유 서초아파트 101동 1001호 및 위 각 동의
북서쪽에 위치한 원고 박이순 소유의 같은 동 101 주택

2. 감정할 사항

서초아파트 102동, 103동으로 인하여 원고들이 입게 된 생활이익 침해(일조, 조망, 사생
활 등 침해, 감정인 김연호 작성 감정서 참조)에 따른 원고들의 경제적 피해 정도(위 생활
이익 침해로 인하여 원고들 소유 건물들의 가치가 하락되거나 그 인상이 일조방해 등이
없는 다른 주택들에 비하여 억제됨에 따른 재산상의 손해액)

3. 감정의 목적

서초아파트 102동, 103동으로 인하여 원고들이 입게 되는 재산적 피해의 정도를 확인하
기 위한 것임

4. 감정기관

귀원에서 공인된 감정기관을 감정인으로 선정해 주시기 바랍니다.

2009. 9.

위 원고들 소송대리인 법무법인 양지

담당변호사 권 조 일 (인)

서울중앙지방법원 제1민사부 귀중

"양돈업을 하는 A는 고속도로의 확장공사로 인한 소음 및 진동의 증가로 인하여 돼지의 유산 및 폐사율이 급격하게 증가하여 양돈업을 계속할 수가 없어 부득이 폐업을 하기에 이르렀다."

1. A는 누구를 상대로 어떠한 청구를 할 수 있는가
2. 피고는 A의 청구에 대하여 어떠한 항변을 할 수 있는가

[해제]

I. 원고의 청구

1. 관련 법령

고속국도법 제5조에 의하면, 고속국도의 관리청은 건설교통부장관으로 하고, 고속국도법 제6조 제1항, 제2항에 의하면, 건설교통부장관은 이 법과 도로법기타 도로에 관한 법률에 규정된 고속국도에 관한 그의 권한의 일부를 대통령령이 정하는 바에 의하여 한국도로공사로 하여금 대행하게 할 수 있고, 한국도로공사는 제1항의 규정에 의하여 고속국도에 관한 국토해양부장관의 권한을 대행하는 경우에 그 대행하는 범위 내에서 이 법과 도로법기타 도로에 관한 법률의 적용에 있어서는 당해 고속국도의 관리청으로 본다고 규정되어 있으며, 고속국도법 시행령 제2조 제1항, 제2항에 의하면, 건설교통부장관은 법 제6조제1항의 규정에 의하여 한국도로공사로 하여금 도로법 제24조제1항 본문에 규정된 고속국도에 관한 그의 권한을 대행하게 할 수 있고, 건설교통부장관은 전항의 규정에 의하여 한국도로공사로 하여금 그 권한을 대행하게 하고자 할 때에는 미리 당해고속국도의 노선명, 구간과 대행하게 하는 권한의 내용 및 그 기간을 공고하여야 한다고 규정되어 있으며, 도로법 제24조 제1항에 의하면 도로의 신설·개축 및 수선에 관한 공사(이하 "도로공사"라 한다)와 그 유지는 이 법 또는 다른 법률에 특별한 규정이 있는 것을 제외하고는 당해 도로의 관리청이 이를 행한다.

---

638) 대법원 2001. 2. 9. 선고 99다55434 판결을 참고한 사례이다.

2. 원고의 청구

피고는 고속국도법 제6조 제1항의 규정에 의하여 건설교통부장관을 대행하여 고속국도를 점유·관리하는 법인으로서 환경정책기본법 소정의 사업자에 해당한다. 따라서 환경정책기본법 제31조 제1항 및 제3조 제1호, 제3호, 제4호에 따라 사업장 등에서 발생되는 환경오염으로 인하여 피해가 발생한 경우에는 당해 사업자는 귀책사유가 없더라도 그 피해를 배상하여야 하고, 위 환경오염에는 소음·진동으로 사람의 건강이나 환경에 피해를 주는 것도 포함되므로, 피해자들의 손해에 대하여 사업자는 그 귀책사유가 없더라도 특별한 사정이 없는 한 이를 배상할 의무가 있다. 고속국도의 관리책임자인 피고는 이 사건 공사를 함에 있어 위 양돈장에 지나치게 근접하여 도로를 확장·설치하고, 양돈장과 고속국도 사이에서 자연방음벽 역할을 하던 야산을 깎아 내렸을 뿐 아니라, 4차로의 도로로 확장된 이후 교통량과 속도의 증가로 인하여 A가 경영하던 위 양돈장의 소음과 진동 정도를 크게 증가시켜 돼지의 사육에 부적합한 요건을 조성하였음에도 이를 방지 또는 감소시키는 조치를 취하지 아니한 잘못으로 결국 A가 양돈업을 계속 할 수 없게 된 손해를 발생시켰다 할 것인데, 피고는 이러한 불법행위 내지 공작물의 설치 또는 보존의 하자로 인하여 A가 입게 된 적극적, 소극적 재산상의 손해 및 더 이상 양돈업에 종사할 수 없고, 위 지역을 떠나게 됨으로써 받게 된 정신적 손해를 배상할 책임이 있다는 것이다. 소음이 수인한도를 넘는 것이냐에 대하여는 공법상의 규제기준과 아울러 다음과 같은 개별 사건의 구체적 사정이 참고되어야 한다. 소음의 발생횟수와 정도(실내소음과 실외소음의 차이와 주·야간의 발생횟수와 정도), 소음을 발생시키는 기간, 소음의 발생시간(주간소음과 야간소음), 소음의 태양과 성질(고주파 소음과 저주파 소음), 소음의 회피 및 완화를 위한 노력, 소음유발 시설의 용도와 목적(공공성) 등이 있다.

3. 청구의 내용

1) 재산적 손해

A가 입은 소극적 손해는 위 고속국도에서의 차량통행으로 인한 소음·진동으로 이 사건 양돈장을 더 이상 운영할 수 없어 폐업한 후 다른 곳으로 이전하게 됨으로 인하여 상실하게 된 수입 상당이라고 할 것인바, 이는 이 사건 양돈장과 유사한 정도의 시설물을 건설하고 정상적인 양돈상태를 조성하는 데 드는 기간과 정상적인 노력으로 이 사건 양돈장을 위한 대체지 및 양돈 영업시설을 확보하는 데 소요되는 통상의 기간 동안 A가 상실한 추정

영업손실액의 합계라 할 것이다. 이러한 추정 영업손실액의 합계는 전문가의 감정을 통해 얻어질 수 있다.

2) 위자료

피고의 불법행위로 인하여 막대한 자금을 투입하여 오랫동안 영위해온 양돈업을 포기하고 다른 곳으로 이전하는 비재산적 손해를 입었고, 재산적 손해가 충분하게 전보되지 않은 점 등을 고려하여 위자료가 인정되어야 한다.

Ⅱ. 피고의 항변

첫째, 이 사건 소음과 진동은 수인한도내이므로 위법성이 조각되므로 이로 인한 손해배상의 책임이 없다.

둘째, 가사 수인한도를 넘는다고 하더라도 고속도로의 이용은 필수불가결한 것이므로 손해배상액은 감경되어야 한다.

Ⅲ. 소결

법원은 고속국도법 제6조 제1항의 규정에 의하여 건설교통부장관을 대행하여 고속국도를 점유·관리하는 법인인 피고에 대하여 환경정책기본법 제31조 제1항 및 제3조 제1호, 제3호, 제4호에 따른 손해배상책임을 긍정하였다. 설문의 기초가 된 사건에서 법원은 제1심 감정인의 감정결과에 따라 이 사건 양돈장과 유사한 정도의 시설물 건설 및 양돈상태 조성에 드는 기간은 약 19개월이며 이 사건 양돈장의 연간 추정 영업손실액은 금 203,228,766원이라고 인정하고, 한편 정상적인 노력으로 이 사건 양돈장을 위한 대체지 및 양돈 영업시설을 확보하는 데 소요되는 통상의 기간은 적합한 부지 및 시설의 물색에 소요되는 기간, 부동산 매매 계약의 체결 및 이행에 소요되는 거래관행상의 소요기간, 부지구입 자금을 마련하는 데 소요되는 통상의 기간 등을 종합적으로 고려할 때 1개월이라고 봄이 상당하다고 하여, 피고가 원고들에게 배상하여야 할 소극적 손해액은 원고들의 폐업 후 20개월(=19개월 + 1개월)간 상실된 추정 영업손실액을 폐업 당시의 현가로 환산한 금액이고, 위자료는 3천만원이 상당하다고 인정하였다.

[사례 58][639]

"도로에서 유입되는 소음 때문에 상당한 피해를 보고 있는 인근 주택 거주자는 누구를 상대로 어떠한 청구를 할 수 있는가"

[해제]

I. 관련 법령

차량이 통행하는 도로에서 유입되는 소음 때문에 인근 주택의 거주자에게 사회통념상 일반적으로 수인할 정도를 넘어서는 침해가 있는지 여부는, 주택법 등에서 제시하는 주택건설기준보다는 환경정책기본법 등에서 설정하고 있는 환경기준을 우선적으로 고려하여 판단하여야 한다.[640] 소음·진동규제법상 도로소음 한도는 주거지역의 경우 주간 68dB, 야간 58dB이고, 상업지역과 공업지역의 경우에는 주간 73dB, 야간 58dB이며, 환경정책기본법은 환경소음기준에 관하여 도로변지역 중 전용주거지역, 일반주거지역 및 준주거지역은 주간 65dB, 야간 55dB, 상업지역과 준공업지역은 주간 70dB, 야간 60dB로 규정하고 있다.

II. 피고의 선택

1. 국가 또는 지방자치단체

도로의 설치한 국가 또는 지방자치단체를 상대로 국가배상법상 영조물책임 또는 금지청구(방음설비의 시공 또는 일정 수치이상의 소음을 방지할 것)를 추궁할 수 있다.

2. 분양회사

예외적으로 분양회사를 상대로 책임을 추궁할 수 있다.[641] 즉, 분양회사는 공동주택의 공

---

639) 대법원 2008. 8. 21. 선고 2008다9358, 9365 판결을 참고한 사례이다.

640) 대법원 2008. 8. 21. 선고 2008다9358, 9365 판결.

641) 대법원 2008. 8. 21. 선고 2008다9358, 9365 판결.

급 당시에 주택법상의 주택건설기준 등 그 공동주택이 거래상 통상 소음 방지를 위하여 갖추어야 할 시설이나 품질을 갖추지 못한 경우에 집합건물의 소유 및 관리에 관한 법률 제9조 또는 제580조의 규정에 의한 담보책임을 부담하거나, 수분양자와의 분양계약에서 특약이 있는 경우에 그에 따른 책임을 부담하거나, 또는 분양회사가 수분양자에게 분양하는 공동주택의 소음 상황 등에 관한 정보를 은폐하거나 부정확한 정보를 제공하는 등 신의칙상의 부수의무를 게을리한 경우에 그 책임을 부담할 수 있다.

Ⅲ. 청구의 내용

1. 금지청구

건물의 소유자 또는 점유자가 인근의 소음으로 인하여 정온하고 쾌적한 일상생활을 영유할 수 있는 생활이익이 침해되고 그 침해가 사회통념상 수인한도를 넘어서는 경우에 건물의 소유자 또는 점유자는 그 소유권 또는 점유권에 기하여 소음피해의 제거나 예방을 위한 금지청구를 할 수 있다. 고속도로로부터 발생하는 소음이 피해 주민들 주택을 기준으로 일정 한도를 초과하여 유입되지 않도록 하라는 취지의 금지청구는 소음발생원을 특정하여 일정한 종류의 생활방해를 일정 한도 이상 미치게 하는 것을 금지하는 것으로 청구가 특정되지 않은 것이라고 할 수 없고, 이러한 내용의 판결이 확정될 경우 민사집행법 제261조 제1항에 따라 간접강제의 방법으로 집행을 할 수 있으므로, 이러한 청구가 내용이 특정되지 않거나 강제집행이 불가능하여 부적법하다고 볼 수는 없다.[642]

2. 손해배상청구

소음으로 인한 시가하락과 위자료를 청구할 수 있다. 소음감정결과를 토대로 소음으로 인한 시가하락분 손해에 대한 추가 감정을 통하여 손해배상액에 대한 구체적 자료를 얻게 된다.

Ⅳ. 소결

소음으로 인한 구제수단은 금지청구와 손해배상청구가 있고, 이러한 청구가 인용되기 위

---

642) 대법원 2007. 6. 15. 선고 2004다37904,37911 판결.

하여는 소음이 수인한도를 넘어서야 하는바, 이에 대한 가장 중요한 판단기준은 관련 법령에서 요구하는 소음기준이라고 할 것이다. 따라서 감정결과에 따라 청구의 인용여부가 달라질 수 있다고 할 것이다. 원고는 도로의 관리주체를 피고로 삼아야 하고, 예외적으로 분양회사를 상대로 책임을 추궁할 수 있다.

[사례 59][643]

"A는 유명가수의 공연을 보기 위하여 좌석에 앉아 공연시작을 기다리던 중 갑작스런 팡파르 소리에 깜짝 놀라게 되었고, A는 그로 인하여 '돌발성 감각신경성 난청상'이라는 상해를 입게 되었다"

1. A는 누구를 상대로 어떠한 청구를 할 수 있는가.
2. 피고는 어떠한 항변을 할 수 있는가.

[해제]

Ⅰ. 원고의 청구

1. 청구권원

A는 공연을 기획하고 개최한 자를 피고로 삼아 손해배상을 청구할 수 있다. 스피커에 가까이 위치한 관객의 청각에 손상을 가할 수 있으므로 이에 대비하여 관객들이 청각에 손상을 입지 않도록 할 주의의무가 있음에도 불구하고 이를 게을리하여 갑작스런 고음으로 인한 '돌발성 감각신경성 난청상'이라는 상해를 입었으므로 이로 인한 손해를 배상할 책임이 있다.

2. 청구의 내용

1) 재산적 손해

상해로 인한 치료비와 노동능력상실율에 따른 일실수입을 재산적 손해로 청구할 수 있다.

---

643) 서울고등법원 2008. 5. 22. 선고 2007나78588 판결을 참고한 사례이다.

2) 위자료

상해를 입고 청각의 감소로 인하여 타인과의 소통이 어려워지는 등 여러 가지 불이익을 입게 되었으므로 이에 대하여는 위자료를 청구할 수 있다.

II. 피고의 항변

가수의 공연장에 참석하는 관객은 일정한 소음을 예상하고 감내하겠다는 의사를 가진 것이므로, 일반인이 예상하기 힘든 고도의 음향이 돌발적으로 발생한 것이 아닌 이상 어느 정도의 소음은 수인한도 내에 있는 것이고, 이 사건 소음도 수인한도내이므로 위법성이 조각되어 불법행위가 성립하지 않는다.

III. 소결

설문의 기초가 된 사건에서 1심법원은 공연 주최자는 공연장이 실내인 경우 관람자들에게 불필요한 자극을 주지 않도록 오프닝 뮤직을 내보낼 때 처음에는 볼륨을 낮추어 음악을 틀다가 점차 볼륨을 높여 고음으로 진행하는 방법, 오프닝 뮤직을 알리는 안내방송을 실시하는 방법 등으로 보다 세심한 주의를 기울여 공연행위를 하여야 하는데, 관람객들이 크게 놀랄 정도로 갑자기 과도하게 높은 볼륨으로 오프닝 뮤직을 공연장에 내보내 관람자가 귀신경이 파손되는 상해를 입었다면, 그 상해로 인한 손해를 배상할 책임이 있으나, 공연장의 비정상적인 소음으로 귀에 이상을 느끼고도 바로 자리를 떠나 안정을 취하거나 병원을 찾아가지 않은 채 공연을 끝까지 관람함으로써 소음에 계속 노출되었던 점 등의 피해자의 과실을 인정하여 공연 주최자의 손해배상책임을 50%로 제한하였다. 이에 반하여 항소법원은 수인한도를 벗어난 소음이라고 볼 수 없다는 이유로 불법행위의 성립을 인정하지 아니하였고, 이에 대한 원고의 상고에 대하여 대법원은 심리불속행기각결정을 내렸다.[644]

---

644) 대법원 2008. 8. 21. 선고 2008다40489 판결.

[사례 60]

"A는 자신의 집 바로 옆에 설치된 병원의 영안실에서 나오는 악취와 조문객과 유족의 곡성으로 인하여 죽음에 대한 공포와 생에 대한 불안감 기타 신경의 긴장을 느껴 평온한 일상생활을 할 수 없을 지경에 이르렀다. A는 누구를 상대로 어떠한 청구를 할 수 있는가"

[해제]

Ⅰ. 피고의 선택

A는 병원을 운영하는 주체를 상대로 법적 구제수단을 강구하여야 할 것이다. 다만 유의할 것은 병원이 아니라 병원의 설립주체가 법인격을 갖는 것이므로 법인등기부등본을 토대로 법인 설립주체를 피고로 특정하여야 한다.

Ⅱ. 청구의 내용

1. 금지청구

종합병원의 경우에 있어서 시체실의 설치는 필요불가결한 것이라 할 것이고, 또 그 인접지 거주자가 그로 인하여 불쾌감 등 고통을 받게 될지라도 그 정도가 사회관념상 일반적으로 수인하여야 할 정도의 것일 때에는 원고로서는 이를 수인함으로써 종합병원의 사회적인 기능과 일반시민의 보건생활에 지장이 없도록 하여야 할 것임은 당연한 사리라 할 것이다. 그러나 만일 A가 입는 고통이 위 정도를 초과할 때에는 그 수인의무가 없고 오히려 그 방해사유의 제거 내지 예방을 청구할 수 있으며, 따라서 피고는 그 방해사유의 제거 내지 예방을 위하여 적당한 조치를 할 의무가 있음은 제217조에 비추어 분명하다. 피고 병원이 이 사건 시체실을 그곳에 안치한 시체로부터 발산하는 악취의 확산방지나 제거를 위한 조치, 유족이나 조객들의 곡성이 외곽에 전파되지 않도록 하는 조치, 시체봉구시의 시체의 일반인에의 노출방지 조치 등 적절한 조치를 취하지 않고 원심이 인정한 상태대로 계속 사용한다면, A는 시체에서 발산하는 악취, 유족이나 조객들의 곡성 및 일반시민이 직접 보기

---

645) 대법원 1974. 12. 24. 선고 68다1489 판결을 참고한 사례이다.

를 꺼려하는 시체의 운구를 빈번이 보게 됨으로 인하여 죽음에 대한 공포와 생에 대한 불안감 기타 신경의 긴장을 일으켜 정신위생상 유해한 결과를 낳고 또 생활환경상의 안정이 심히 저해 받게 될 것이고, A가 받게 되는 위 피해와 고통은 사회관념상 일반적으로 요구되는 수인의 정도를 초과함을 인정할 수 있으므로 A는 피고에 대하여 위 방해요인의 제거 내지 예방을 청구할 수 있다.[646]

2. 손해배상

A는 유지청구가 인용되기 전까지 발생한 비재산적 손해의 배상으로 위자료를 청구할 수 있다. 다만 위자료 액수의 인정에 있어서는 거리관계, 곡성 및 악취의 정도, A의 거주기간, 피고의 대응조치 등을 고려하여야 한다.

III. 소결

설문의 기초가 된 사건에서 원고는 피고 병원을 상대로 금지청구를 하였는데, 법원은 다음과 같이 판단하면서 원고의 청구를 인용하였다. 첫째, 병원이 시체실을 설치함에 있어서는 인근 거주자의 생활에 고통을 주는 일이 없도록 유족이나 조문객을 수용하고 장례식을 치룰 수 있는 공간이 있고 시체실 앞에 주차할 수 있는 공지를 마련하는 등 조치를 하고 악취나 곡성이 번지지 않을 정도로 인근 주택과 다소 떨어진 곳에 두어 병원구내에서 완전히 처리하여 외부에 반출하는 등의 조치를 할 의무가 있다. 둘째, 병원은 본건 건물을 시체실로 사용하지 않더라도 시체의 반출이 용이하고 인근 주민에 아무런 영향을 주지 않는 등 앞서 인정한 바와 같은 고통을 배제함에 넉넉한 조건을 갖춘 건물이 있어 이를 시체실로 개조하여 사용할 수 있음에도 불구하고, 시체실로 사용하기 부적합한 사건 건물을 시체실로 사용하는 것은 도리어 사회 협동 생활상의 수인의 정도를 초과하여 인근 거주자인 원고의 생활을 심히 곤란케 하기 때문에 그 거주의 안전을 해치는 권리 남용에 해당한다.

---

646) 청구취지례는 다음과 같다.

"피고는 원고에 대하여 서울 마포구 신수동 지상 별지도면 (1)표시 부분에 서있는 연와조 건물1동 건평 9평 같은 곳 45의3, 45의4, 44, 각 지상에 연하여 세워진 같은 도면 (2)표시 부분 부럭조 건물 1동 건평 15평 5홉을 시체실로 사용하지 못하고 같은 도면 표시 (가)(나)(다)(라)를 연결한 선내도로로 신체를 운반하지 못한다."

12. 기타 인격적 이익의 침해

1) 서설

인격권이라는 법개념 자체가 인격적 성질을 가지는 개별적 이익에 대하여 개별적인 국면에서 법적 보호가 부여되는 것이 쌓여감으로써 점차로 형성되어 간 것이다. 그리하여 인격권의 내용을 구체적으로 하나씩 열거하는 것에는 한계가 있다. 최근 들어 사회가 복잡해지고 분쟁양상이 다양해짐에 따라 기본권침해가 국가기관 뿐만 아니라 사인에 의해서도 일어나고 있다. 따라서 헌법상의 기본권이 사법상의 인격권의 한 내용을 이루게 된 것이다. 물론 기본권적 내용의 침해가 곧바로 불법행위를 구성하는 것은 아니다. 헌법상의 기본권은 제1차적으로 개인의 자유로운 영역을 공권력의 침해로부터 보호하기 위한 방어적 권리이지만 다른 한편으로 헌법의 기본적인 결단인 객관적인 가치질서를 구체화한 것으로서, 사법을 포함한 모든 법 영역에 그 영향을 미치는 것이므로 사인간의 사적인 법률관계도 헌법상의 기본권 규정에 적합하게 규율되어야 한다. 다만 기본권 규정은 그 성질상 사법관계에 직접 적용될 수 있는 예외적인 것을 제외하고는 사법상의 일반원칙을 규정한 제2조, 제103조, 제750조, 제751조 등의 내용을 형성하고 그 해석 기준이 되어 간접적으로 사법관계에 효력을 미치게 된다.[647]

2) 국가의 약속위반

원고 등이 삼청교육과정에서의 가혹행위로 인하여 입은 손해에 대한 배상청구를 한 사건에서 원심법원은 삼청교육으로 인한 피해 자체와 관련한 손해배상청구에 대하여는 보상약속에 관한 대통령의 담화발표만으로는 채무의 승인이나 소멸시효의 포기라고 보기 어렵다고 하면서 소멸시효항변을 받아 들였으나, 국가의 보상조치해태 등으로 인한 위자료청구에 대하여는 국가의 보상약속에 대한 기대이익 및 신뢰의 상실·제소 및 소송과정에서의 심적 부담감·소송에서 시효소멸의 항변이 받아들여짐으로 인한 허탈감과 행복추구권의 상실감 등으로 삼청교육으로 인한 피해 자체와는

---

647) 대법원 2010. 4. 22. 선고 2008다38288 전원합의체 판결 참조.

별개의 정신적 고통을 받았음이 경험칙상 명백하므로 피고는 원고 등에게 위자료를 지급할 의무가 있다고 하여 예비적 청구를 일부 인용하였다. 이에 대하여 대법원은 대통령이 정부의 수반인 지위에서 피해자들인 국민에 대하여 향후 입법조치 등을 통하여 그 피해를 보상해 주겠다고 구체적 사안에 관하여 종국적으로 약속한 경우에 그 상대방은 약속이행에 대한 법적으로 보호받아야 할 이익을 향유하는 것이므로, 국가가 이를 어긴 경우에는 그로 인한 손해를 배상하여야 한다고 판시하였다.[648] 다만 대법원은 주위적 청구가 소멸시효로 인하여 기각된 것에 대한 정신적 고통에 대하여는 위자료지급의무가 없다고 판시하였다.

3) 사망 사실의 통보

민간인 근무요원으로 특수임무를 수행하던 중 사망한 자에 대하여 국가는 특별히 법률에 규정이 없더라도 즉시 유족에게 이를 알려야 할 계약상 또는 신의칙상의 의무가 있다고 할 것임에도 불구하고 특수임무수행자가 행방불명되어 사망처리까지 하였으면서도 40년 가까이 유족에게 위 사망사실을 전혀 알리지 않았을 뿐만 아니라 특수임무수행을 하였는지에 대한 확인 요청에 대하여도 자료가 없다는 이유로 확인하여 주지 않은 경우, 국가는 유족이 입은 정신적 손해를 배상할 책임이 있다.[649] 운명적으로 고락과 영욕을 함께 하는 가족공동체에 있어서의 생사여부에 대한 확인에 대한 인격적 이익이 인정된다.

4) 범죄사실의 은폐 또는 조작

대법원은 경찰간부들이 고문치사사실을 은폐하거나 범인을 축소한 경우에 유족의 인격적 법익의 침해를 긍정하고 위자료의 배상책임을 인정하였다.[650] 위와 같은 범죄사

---

648) 대법원 2001. 7. 10. 선고 98다38364 판결(원고들에게 1000만원 내지 1300만원이 위자료로 인정되었다).

649) 서울고등법원 2005. 6. 14. 선고 2004나68917 판결(확정).

650) 대법원 1995. 11. 7. 선고 93다41587 판결.

실의 은폐 또는 조작으로 인하여 침해되는 유족의 인격적 법익은 혈연으로 맺어져 운명적으로 고락과 영욕을 함께 하는 가족공동체에 있어서는 가족 중 누가 뜻밖의 죽음을 당한 경우에 나머지 가족들이 그 진상을 밝혀 내고, 그 결과 억울한 일이 있었을 때에는 법절차에 호소하여 그 원한을 풀어 주고자 하는 것을 내용으로 한다.[651]

5) 현저한 불합리한 수사 등

대법원은 검사의 현저하게 불합리한 업무처리로 인하여 살인사건의 매우 유력한 용의자가 영구적으로 도주할 의사로 출국하여 버리고 이로 인하여 그에 대한 수사의 진행이나 형사재판의 개시가 현저하게 곤란하게 된 경우 피해자의 유족들로서는 진상규명을 할 기회나 진상규명에 대한 합리적 기대를 사실상 박탈당한 것에 대한 위자료가 인정되어야 한다고 판시하였다.[652] 또한 담당 검사가 기소한 후 재판과정에서 피고인에게 유리한 결정적 증거를 제출하지 않아 340일 동안 구속되었다가 결국 무죄판결이 확정된 경우 피해자와 그 부모에게 위자료가 인정되었다.[653]

서울고등법원은 수사기관은 당해 사건에 있어서 수사를 개시하기에 족한 범죄의 혐의가 있는지의 여부를 성실히 판단하여야 하고 나아가 혐의가 인정되어 수사를 개시한 경우에는 법령의 규정을 준수하는 한편 필요하고 상당한 범위 내에서 관련된 제반 증거를 수집한 후 그에 대한 증거가치를 합리적으로 판단하여 실체적 진실을 규명하여야 할 의무가 있고, 수사기관의 이러한 의무는 당해 사건의 피의자 내지 피고인뿐만 아니라 피해자와 그 가족들에게도 부담하는 것으로서 수사기관이 사건의 진상을 은폐·조작하는 등 이러한 의무를 고의로 저버리거나 게을리한 경우에는 피해자의 가족들에 대한 관계에 있어서도 인격적 법익의 침해로 인한 불법행위가 성립한다고 볼 것이라고 판시하였다.[654]

---

651) 서울고등법원 1993. 7. 2. 선고 89나50586 판결.

652) 대법원 2005. 9. 9. 선고 2003다29517 판결.

653) 대법원 2002. 2. 22. 선고 2001다23447 판결(피해자 본인은 형사보상금으로 1500만원을 수령함).

654) 서울고등법원 2004. 2. 17. 선고 2002나13814 판결(김훈 중위 사망사건의 항소심판결). 대법원은 원심이 김훈 중위의 부모에게 각 500만원, 동생에게 200만원을 인정한 위자료가 적정하다고 판시하였다(대법원 2006. 12. 7. 선고 2004다14932 판결).

유력설은 김훈 중위사건[655]에 대한 대법원판결에 대하여 수사가 제대로 이루어졌다면 과연 결과가 달라졌을 가능성이 있다는 점에 대한 입증이 없을 뿐만 아니라, 수사기관과 원고들 사이의 관계가 의사와 환자와의 관계와 같이 볼 수 있는가에 의문이 있으므로 기회상실론에 입각한 손해배상도 적절치 않다고 비판한다.[656]

그러나 초동수사의 미진으로 인하여 유족들은 피해자가 억울한 죽음을 당하였고, 억울함을 풀어주지 못한 것에 대한 고뇌와 번민에 사로잡혀 상당한 정신적 충격을 받았다고 할 것이므로 이에 대하여는 배상이 인정되어야 하는 것이다. 이러한 법리는 국가배상책임이라고 하여 달라지지 않고, 특히 유족들의 인격적 이익이 의료관계에 한정될 것은 더욱 아니다. 특히 국가의 직접 관리 하에 엄격히 통제되고 격리되어 있는 집단으로서 외부와 접촉 등이 차단되는 군대의 특수성에 기하여 유족의 신원확인에 대한 인격적 이익의 침해가 중한 것으로 평가되고 이에 따라 국가 산하의 군수사기관 등에게 요구되는 직무상 의무의 정도는 일반 수사기관보다 높게 설정되어야 한다.

6) 차별대우

모든 생활영역에서 장애를 이유로 한 차별을 금지하고 장애를 이유로 차별받은 사람의 권익을 효과적으로 구제함으로써 장애인의 완전한 사회참여와 평등권 실현을 통하여 인간으로서의 존엄과 가치를 구현함을 목적으로 장애인차별금지 및 권리구제 등에 관한 법률이 현재 시행중이다. 동법 제4조 제1항은 ① 장애인을 장애를 사유로 정당한 사유 없이 제한·배제·분리·거부 등에 의하여 불리하게 대하는 경우, ② 장애인에 대하여 형식상으로는 제한·배제·분리·거부 등에 의하여 불리하게 대하지 아니하지만 정당한 사유 없이 장애를 고려하지 아니하는 기준을 적용함으로써 장애인에

---

655) 판문점의 공동경비구역 내에 근무하던 김훈 중위가 총상을 입고 사망한 채로 발견되어, 그 사인이 자살인가 타살인가를 둘러싸고 논란이 되었는데, 군수사기관은 1차 수사 결과 자살이라고 결론을 내렸고, 상급부대에서 진행된 2차 수사결과도 같은 결론에 이르렀으며, 유족측의 의문제기로 구성된 국방부 특별합동 조사단에 의하여 내려진 3차 수사 결과도 자살이었다. 김훈 중위의 유족들은 국가를 상대로 군 수사기관이 자살이 아니고 타살임에도 진상을 은폐·조작하여 자살로 몰아간 불법행위로 인한 손해배상을 청구한 사건이다.

656) 尹眞秀, "2007년도 주요 民法 관련 판례 회고", 서울대학교 法學 제49권 1호, 389-391면.

게 불리한 결과를 초래하는 경우, ③ 정당한 사유 없이 장애인에 대하여 정당한 편의 제공을 거부하는 경우 등을 차별행위로 규정하고 있다. 동법의 규율범위는 근로관계 뿐만 아니라 교육 그리고 재화와 용역의 제공 및 이용 등에도 미친다.

보험회사가 어떠한 검증된 통계자료 또는 과학적 · 의학적 자료에 근거한 위험판단에 따라 장애인에 대한 보험혜택을 거부하거나 제한하는 등 객관적이고 합리적인 자료에 기초하여 장애정도 등을 고려하여 보험인수를 거부한 것이 아니라 장애아동들에게 단지 장애가 있다는 이유만으로 일률적으로 그들에 대한 여행자보험의 인수를 거부한 것은 불합리한 차별행위로서 헌법 제11조 제1항 및 장애인복지법 제8조 제1항의 규정에 위반한 불법행위에 해당하므로, 보험회사는 장애아동과 그 부모에게 위자료를 지급할 책임이 있다.[657] 또한 생명보험회사가 뇌성마비 장애인인 보험청약인의 구체적 · 개별적 장애 상태와 정도, 장애등급(중복장애로 인한 등급조정)에 대한 충분한 이해 없이 단지 그가 장애인복지법령에 의한 장애 1등급에 해당하고, 생명보험협회가 정한 장애인보험공통계약심사기준상의 거절사유에 해당한다는 사정만으로 종신보험계약의 청약에 대하여 그 승낙을 거절한 것은 절차적 과정에 있어서 합리성 · 적정성을 담보한 것으로 볼 수 없으므로 생명보험회사의 승낙거절이 장애인복지법 제8조에 위배된 위법한 행위에 해당한다.[658]

학교법인이 여교사에 대한 징계권을 남용하여 파면하고, 더 나아가 출근한 교사에 대하여 근무를 못하게 하면서 급료를 지급하지 아니한 채 차별대우를 한 행위는 교사의 인격권 침해로서 불법행위가 된다.[659]

7) 부당해고 등

사용자가 근로자를 징계해고할 만한 사유가 전혀 없는데도 오로지 근로자를 사업

---

657) 대전지법 천안지원 2006. 7. 20. 선고 2005가합5440 판결(확정)(원고들에게 각 100만원의 위자료가 인정되었다).

658) 서울중앙지방법원 2004. 2. 12. 선고 2003가단150990 판결(확정)(원고에게 200만원의 위자료가 인정되었다).

659) 대법원 1980. 1. 15. 선고 79다1883 판결(원고에게 위자료로 100만원이 인정되었다).

장에서 몰아내려는 의도하에 고의로 어떤 명목상의 해고사유를 만들거나 내세워 징계라는 수단을 동원하여 해고한 경우나, 해고의 이유로 된 어느 사실이 취업규칙 등 소정의 해고사유에 해당되지 아니하거나 해고사유로 삼을 수 없는 것임이 객관적으로 명백하고 또 조금만 주의를 기울이면 이와 같은 사정을 쉽게 알아볼 수 있는데도 그것을 이유로 징계해고에 나아간 경우 등 징계권의 남용이 우리의 건전한 사회통념이나 사회상규상 용인될 수 없음이 분명한 경우에 있어서는 그 해고가 근로기준법 제27조 제1항에서 말하는 정당성을 갖지 못하여 효력이 부정되는 데 그치는 것이 아니라, 위법하게 상대방에게 정신적 고통을 가하는 것이 되어 근로자에 대한 관계에서 불법행위를 구성한다.[660]

공무원에 대한 전보인사가 법령이 정한 기준과 원칙에 위배되거나 인사권을 다소 부적절하게 행사한 것으로 볼 여지가 있다 하더라도 그러한 사유만으로 그 전보인사가 당연히 불법행위를 구성한다고 볼 수는 없고, 인사권자가 당해 공무원에 대한 보복감정 등 다른 의도를 가지고 인사재량권을 일탈·남용하여 객관적 정당성을 상실하였음이 명백한 경우 등 전보인사가 우리의 건전한 사회통념이나 사회상규상 도저히 용인될 수 없음이 분명한 경우에, 그 전보인사는 위법하게 상대방에게 정신적 고통을 가하는 것이 되어 당해 공무원에 대한 관계에서 불법행위를 구성한다.[661]

징계권의 행사가 우리의 건전한 사회통념이나 사회상규상 용인될 수 없음이 분명한 경우에는 그 징계는 재량권의 범위를 일탈하거나 재량권을 남용한 위법한 처분으로서 그 효력이 부정됨에 그치지 아니하고, 위법하게 상대방에게 정신적 고통을 가하는 것이 되어 그 교원에 대한 관계에서 불법행위를 구성한다.[662]

---

660) 대법원 1999. 2. 23. 선고 98다12157 판결.

661) 대법원 2009. 5. 28. 선고 2006다16215 판결.

662) 대법원 2002. 9. 24. 선고 2001다44901 판결.

"B는 1953. 5. 29. 육군에 입대하여 제15사단 제50연대 소속 군인으로 복무하던 중 1955. 3. 초순경 1주일간의 행군을 하고 난 후부터 배뇨곤란과 배뇨시 동통을 호소하여 1955. 4. 12. 제2야전병원에서 입원치료를 받다가 다시 121 후송병원 및 109육군병원을 경유하여 제1육군병원으로 전원 되어 '섭호선 암(전립선 암)' 진단을 받고 치료 중 1956. 1. 4. 사망 하였는데, 당시의 전공사상자처리규정에 따라 병사한 것으로 처리되었다. 그리하여 국방부 는 국가유공자법에 의한 수혜의 폭을 넓히기 위한 정책적 고려에 의하여 창군 이후 병·변 사자에 대한 전사망심사위원회의 심사에 따라 순직으로 사망구분을 변경함으로써 국가유 공자로 혜택을 받을 수 있도록 조치하였는데, 위 국방부훈령 제392호 전공사상자처리규정 등에 근거한 1997. 7. 11.자 육군본부 산하 97–5회 전사망심사위원회의 심사의결에 따라, 육군참모총장은 1997. 7. 16. B의 사망구분을 변사에서 순직으로 변경하였으나 국방부는 B에 대한 사망구분의 변경사실을 그 유족들에게 통지하지 않았다. A는 B의 처로서 2002. 1. 18. 국가보훈처장에게 국가유공자등록신청을 하여 2002. 5. 24. 보훈심사위원회로부터 B의 사망구분이 변사에서 순직으로 변경되었음을 이유로 그가 국가유공자로 심의·의결됨 에 따라 2002. 7. 15.부터 국가유공자의 배우자로서 국가유공자법에서 정하는 보상금(기본 연금 및 부가연금)을 지급받고 있다. A는 누구를 상대로 어떠한 청구를 할 수 있는가."

[해제]

I. 청구권원 일반

대한민국의 통지의무의 위반으로 인하여 재산적 손해가 발생하였음을 들어 국가배상책 임을 추궁할 수 있다.

II. 관련 법령의 내용

1. 국가유공자법 등

1961. 11. 1. 법률 제758호로 제정된 군사원호보상법 제2조, 제5조 제3항 제1호는 원

---

663) 대구고등법원 2008. 7. 4. 선고 2007나11508 판결을 참고한 사례이다.

호대상자인 '전몰군경'을 '군에서 전투 또는 공무집행 중 사망한 자'로 규정하고, 질병으로 사망한 경우에 대하여는 아무런 규정을 두고 있지 않다가, 이 법률이 폐지되고, 1984. 8. 2. 법률 제3742호로 제정된 국가유공자 예우 등에 관한 법률 제4조 제1항 제5호는 보상대상자인 '순직군경'을 '군인 또는 경찰공무원으로서 교육훈련 또는 직무수행 중 사망한 자(공무상 질병으로 사망한 자를 포함한다)'라고 규정함으로써 병사한 경우에도 공무와의 관련성에 따라 국가유공자로 취급할 수 있는 근거를 마련하였고, 1988. 12. 31. 대통령령 제12589호로 국가유공자법 시행령 제3조의2 및 [별표 1]이 신설되어 순직군경의 범위가 14가지로 분류되었는데, 그 중 2-13번에는 '당해 질병의 발생 또는 악화가 공무수행과 상당한 인과관계가 있다고 의학적으로 판단된 질병에 의한 사망'이 포함되어 있다.

2) 관련 절차규정

이에 대한 절차규정으로서 1989. 6. 10. 국방부 훈령 제392호로 개정된 전공사상자처리규정 제5조, 제6조, 제8조는, 군에서 사망자가 발생한 경우 소속부대의 장이 소속군 참모총장에게 보고하고, 참모총장은 이 보고를 근거로 하여 전사, 순직, 일반사망 등의 구분을 하되, 보고에 의한 구분 결정이 어려운 때에는 전·공사상 심사위원회의 심사를 거쳐 구분하며, 참모총장은 이에 따른 사망 구분의 결정 내용을 사망자의 유족에게 통지하고, 유족이 사망확인신청을 하였는데 사망이 확인되지 아니하는 경우에는 미확인 사유를 통지하도록 규정하였다.

III. 사망구분 변경사실 통지의무의 존부

1. 구 국가유공자 예우 및 지원에 관한 법률 제6조에 대한 문언적 해석

소외 1의 사망구분이 변경될 무렵 시행되던 '구 국가유공자 예우 및 지원에 관한 법률' 제6조에 의하면, 국가유공자의 유족이 되고자 하는 자는 대통령령이 정하는 바에 따라 국가보훈처장에게 등록을 신청하여야 하고(제1항), 국가보훈처장은 유족의 등록 신청을 받은 때에는 대통령령이 정하는 바에 따라 그 요건을 확인한 후 보훈심사위원회의 심의·의결을 거쳐 국가유공자의 유족으로 결정하고, 이 경우 국가유공자가 소속하였던 기관의 장(소속기관장)은 대통령령이 정하는 바에 따라 그 요건과 관련된 사실을 확인하여 국가보훈처장에게 통보하여야 한다(제2항)고 규정함으로써 그 문언상으로는 소속기관장은 국가유공자 등이 되고자 하는 자의 등록신청이 있는 경우에 한하여 국가보훈처장에게 국가유공자 등의 요건과 관련된 사실을 통보할 의무만을 규정하고 있는 것처럼 보이기는 한다.

2. 국가유공자법의 입법취지

위 국가유공자법은 국가를 위하여 공헌하거나 희생한 국가유공자와 그 유족에 대한 응분의 예우와 지원을 행함으로써 이들의 생활안정과 복지향상을 도모하고 국민의 애국정신 함양에 이바지함을 목적으로 하고 있으며(제1조), 그 예우의 기본이념은 대한민국의 오늘이 온 국민의 애국정신을 바탕으로 전몰군경 및 전상군경을 비롯한 국가유공자의 공헌과 희생 위에 이룩된 것이므로 이러한 공헌과 희생이 우리들과 우리들의 자손들에게 숭고한 애국정신의 귀감으로서 항구적으로 존중되고, 그 공헌과 희생의 정도에 대응하여 국가유공자와 그 유족의 영예로운 생활이 유지·보장되도록 실질적인 보상이 이루어져야 한다는 데에 있고(제2조), 국가 및 지방자치단체는 위와 같은 예우의 기본이념을 구현하기 위한 시책을 강구한다(제3조)고 선언하고 있다.

3. 유족에 대한 통지의무

구 국가유공자법 시행령 제9조 제2항 및 제5항에 의하면, 소속기관장은 순직군경에 해당한다고 인정되는 사실이 발생하거나 이에 대한 확인신청이 있는 때에는 그 요건과 관련된 사실을 확인하여 지체 없이 국가보훈처장에게 통보하여야 하고(제2항), 위와 같이 국가보훈처장에게 통보를 한 때에는 지체 없이 국가유공자·그 유족 또는 가족으로 등록하고자 하는 자에게 등록신청 및 심사에 대한 절차를 통지하여야 한다(제5항)고 규정함으로써 국가보훈처장에 대한 통보의무뿐만 아니라 국가유공자·그 유족 또는 가족에 대한 통지의무까지 규정하고 있고, 나아가 '등록신청 및 심사에 대한 절차'를 그 통지의 내용으로 규정하고 있는 점(등록신청이 있는 경우에 한하여 통지의무를 부과하는 것이라면, 등록신청에 관한 절차를 통지의 내용에 포함할 필요는 없을 것으로 보인다), 위 전공사상처리규정 제8조 제1항 제2호에서도 각 군 참모총장은 사망이 확인되거나 구분된 때에는 그 유족에 대하여는 사망확인서에 의하여 그 사실을 통지하도록 규정하고 있는 점 및 위 국가유공자법의 목적과 이념 등에 비추어 보면, 소속기관장의 국가유공자·그 유족 또는 가족에 대한 통지의무는 등록신청이 있는 경우에 한하는 것으로 볼 수 없다.[664]

---

664) 대법원 2001. 11. 27. 선고 2001다62183 판결.

4. 소결론

따라서 피고 산하 국방부장관 또는 육군참모총장은 소외 1의 사망구분이 변사에서 순직으로 변경되어 그의 유족인 A가 국가유공자 유족으로 등록할 자격을 갖추게 되었으므로, A가 국가유공자의 유족으로서 공헌과 희생의 정도에 대응하는 실질적인 보상을 받을 수 있도록 그 사실을 A에게 통지할 의무가 있다.

Ⅳ. 피고의 통지의무 위반

A가 1989. 2. 11.까지 소외 1의 본적지인 '경북 봉화군 명호면 고감리 (지번 생략)' 에 거주하였고, 그 이후에도 계속 유효한 주민등록을 유지하고 있었던 점, A의 본적지 역시 위 '고감리 (지번 생략)' 에서 변동된 사실이 없는 점 등에 비추어 보면, 피고 산하 국방부장관 또는 육군참모총장으로서는 위 매화장보고서에 기재된 유가족인 '주소가 경북, 봉화, 매호, 고감리인 형 ○○선(소외 2)' 이 있는지 여부를 관할 행정관서에 문의하는 등의 방법으로 성실하게 조사하였다면, 고감리가 속해 있는 위 '매호' 가 '명호면' 인 사실과 고감리에 사는 위 ' ○○선(소외 2)' 이 실제로는 소외 1의 형인 '○○성(소외 2)' 인 사실을 알 수 있었을 것이고(○○성(소외 2)의 본적지 역시 소외 1의 본적지와 동일하다), 이를 바탕으로 ○○성(소외 2) 등에게 소외 1의 유족인 A 등이 존재하고 있는 사실까지 알 수 있었을 것이어서, 결국 A에게 위 사망구분의 변경사실을 통지할 수 있었을 것으로 판단된다.

Ⅴ. 손해배상책임의 소멸

1. 민법상의 소멸시효 완성 여부

우선 제766조 제1항 소정의 단기소멸시효의 완성여부가 검토되어야 한다. A가 2002. 6.경 소외 1의 사망구분이 순직으로 인정되었다는 사실을 알게 되었다는 사정만으로는 A가 피고의 통지의무 위반으로 인하여 1997. 7.경 무렵부터 보상금을 수령할 수 있었던 기회를 잃게 된 손해를 입었다는 사실을 알게 되는 것이 아니고, 소외 1의 사망구분이 1997. 7. 16. 이미 변사에서 순직으로 변경되었음에도 피고가 원고에게 제때 그와 같은 사실을 통지하지 아니하였다는 사실을 알게 됨으로써 비로소 그와 같은 손해가 발생하였다는 사실을 알게 되는 것인데, 피고도 인정하고 있는 바와 같이 1997. 7. 11.경 소외 1의 사망구분이 변사에서 순직으로 정정하여 의결되었다는 사실이 기재되어 있는 문서인 심의의결서는 원고에게 송부되는 문서가 아니라 보훈심사위원회가 안동보훈지청장에게 송부하는 문서이고, 전사망심사의결서 역시 육군참모총장이 국가보훈처장에게 송부하는 문서로서 원고에게 송부되는 문서가 아니므로, 2002년경 A가 국가유공자등록신청을 하면서 소외 1의 사망구분이 1997. 7.경 이미 순직으로 변경되었다는 사실을 알고 있었다고 보기 어렵다. 따라서 단기소멸시효가 완성되었다고 보기는 어렵다.

2. 구 예산회계법상 소멸시효 완성 여부

구 예산회계법(2006. 10. 4. 법률 제8050호로 제정된 국가재정법에 의하여 폐지되기 전의 것) 제96조 제2항은 국가에 대한 권리로서 금전의 급부를 목적으로 하는 것은 5년간 행사하지 아니하면 시효로 소멸한다고 규정하고 있고, 이 사건 불법행위에 기한 손해배상청구권 역시 국가에 대한 권리로서 금전의 급부를 목적으로 하는 것이므로 구 예산회계법 제96조 제2항의 소멸시효기간이 적용된다고 할 것인데, 원고가 2006. 3. 9. 이 사건 소를 제기한 사실은 기록상 명백하므로, 그로부터 5년 이전인 2001. 2.경까지 발생한 위 보상금에 관한 원고의 손해배상청구권은 구 예산회계법 제96조가 정한 국가에 대한 금전급부를 목적으로 하는 채권의 소멸시효기간인 5년이 경과함으로써 소멸하였다고 할 것이다.

3. 소멸시효의 남용

국가인 피고가 소멸시효완성을 주장하는 것은 신의칙에 반하여 권리남용으로서 허용될 수 없는지가 검토되어야 한다.

국가에게 국민을 보호할 의무가 있다는 사유만으로 국가가 소멸시효의 완성을 주장하는 것 자체가 신의칙에 반하여 권리남용에 해당한다고 할 수 없고, 피고가 통지의무를 해태하였다는 것 자체만으로 피고가 A의 손해배상청구권 행사를 불가능 또는 현저히 곤란하게 하거나 그런 조치가 불필요하다가 믿게 할 만한 언동을 하였다고 보기에는 부족하고, 객관적으로도 A가 손해배상청구권을 행사할 수 없는 장애사유가 있었다거나 권리행사를 기대할 수 없는 상당한 사정이 있었다고도 보이지 아니하며, 다른 손해배상청구권의 채권자들과 달리 A에게 특별한 보호의 필요성이 있다거나 같은 처지의 다른 채권자들이 배상을 받았다는 사정도 보이지 아니하여 피고가 소멸시효 완성을 이유로 채무이행을 거절하는 것이 현저히 부당하거나 불공평하게 되는 경우에 해당한다고 볼 수도 없다 할 것이므로, 소멸시효 완성 주장이 신의칙에 반하는 권리남용으로서 또는 형평의 원칙상 허용될 수 없는 것이라고 할 수 없다.[665]

Ⅵ. 손해배상책임의 범위

피고 산하 국방부장관 또는 육군참모총장은 B의 유족인 A에게 사망구분의 변경사실을 통지하지 아니한 데 대하여 과실이 있고, 그로 인하여 위와 같이 변경사실을 통지함에 소요되는 상당한 기간 이후부터 A가 국가유공자 등 등록신청을 하지 못한 기간동안 국가로부터 받을 수 있었던 보상금을 받지 못하는 손해를 입게 하였으므로, 피고는 A의 위와 같은 손해를 배상할 책임이 있다. A는 2002. 1. 18. 국가유공자등록신청을 하여 2002. 6.경 국가유공자 유족 결정을 받고 2002. 7. 15. 피고 산하 국가보훈처로부터 5,089,000원을 보상금으로 수령하기 시작하여 그 후 매월 보상금을 수령하고 있는 사실, A가 받을 수 있는 보상금은 기본연금과 부가연금을 합하여 2001년에는 매월 656,000원, 2002년에는 매월 727,000원인 사실을 각 인정할 수 있고, 한편 국가유공자법 제9조 제1항 본문은, "이 법에 의하여 보상을 받을 권리는 제6조 제1항의 규정에 의한 등록신청을 한 날이 속하는 달로부터 발생한다."라고 규정하고 있는데, 위와 같은 규정과 2002년에 매월 지급되는 보상금 727,000원의 7개월분의 합계액이 5,089,000원(727,000원 × 7개월)인 점에 비추어 보면, 원고가 2002. 7. 15. 수령한 보상금 5,089,000원은 원고가 국가유공자등록신청을 한 날인 2002. 1. 18.이 속한 2002. 1.부터 위 보상금을 지급한 달인 2002. 7.까지의 보상금이 일시에 지급된 것으로 보인다.

그리고 A의 손해배상채권 중 2001. 2.까지의 보상금 상당의 손해배상채권이 시효로 소멸하였음은 앞서 본 바와 같으므로, 결국 피고는 2001. 3.부터 2001. 12.까지의 기간동안 A가 수령하지 못한 보상금 상당의 손해 6,560,000원(656,000원 × 10개월)을 지급할 의무가 있다.

---

665) 대법원 2005. 5. 13. 선고 2004다71881 판결.

Ⅶ. 소결

설문의 기초가 된 사건에서 법원은 통지의무의 위반에 기한 국가배상책임을 긍정하되, 피고의 소멸시효항변을 받아들여 원고의 청구를 일부 인용하였다.

[사례 62][666]

"군장교 A가 군부대내에서 총상을 입고 사망한 채로 발견되었으나, 군수사기관은 자살이라는 결론을 내렸다. 이에 대하여 A의 유족들은 초동수사의 잘못(현장보존의 소홀로 인한 주요 증거의 불확보, 소대원들에 대한 알리바이 조사의 형식적 이행)으로 인하여 타살에서 자살로 그 결론이 바뀌었다고 주장하면서 손해배상을 청구하고 있다. A의 유족들의 청구의 당부에 관하여 논하라"

[해제]

Ⅰ. 청구권원

군사법경찰관이 현장조사와 현장보존을 소홀히 하고 주요 증거품을 확보하는 조치를 취하지 않았을 뿐만 아니라 소대원들에 대한 알리바이 조사도 상당한 기간이 경과한 후 형식적으로 하는 등으로 경험칙과 논리칙에 비추어 현저하게 합리성을 결여한 위법한 행위로 군장교 A의 사망경위에 대한 상당한 혼란을 초래하였고, 이는 망인의 사망경위에 대한 억울함을 해소하고자 하는 유가족의 인격적 이익을 해치는 불법행위이므로 손해배상으로 위자료를 지급할 의무가 있다.

Ⅱ. 피고의 항변

형사재판을 통하여 A가 자살한 것으로 판명난 이상 초동수사의 잘못은 망인의 명예의

---

666) 대법원 2006. 12. 7. 선고 2004다14932 판결을 참고한 사례이다.

훼손 및 유족의 정신적 고통과 인과관계가 없으므로 불법행위가 성립하지 않는다.

Ⅲ. 소결

설문의 기초가 된 사건에서 원심법원은 군수사기관의 현저한 부실수사로 망인의 유가족의 사인에 대한 알권리나 명예감정 등 인격적 법익이 침해되었다고 할 것이고, 자식 내지 형을 명예로운 장교로 군에 보낸 원고들이 의혹과 억울함에 빠지고 명예감정 등을 손상당하는 정신적 고통을 입었을 것임은 경험칙상 넉넉히 추인할 수 있다고 하면서 망인의 부모에게 각 500만원, 동생에게 200만원을 위자료로 인정하였고, 대법원은 위 액수가 적정하다고 판단하였다.[667]

[사례 63]

"대부업법에 따른 등록대부업자 A는 채무자 B가 수차례의 독촉에도 불구하고 대여금 2000만원을 변제하지 아니하자, B의 아들 결혼식에 가서 채무변제를 독촉하기에 이르렀다. B는 A에 대하여 어떠한 청구를 할 수 있는가"

[해제]

Ⅰ. B의 청구

채권추심법 제12조 1호는 혼인, 장례 등 채무자가 채권추심에 응하기 곤란한 사정을 이용하여 채무자 또는 관계인(채무자와 동거하거나 생계를 같이 하는 자, 채무자의 친족, 채무자가 근무하는 장소에 함께 근무하는 자. 동법 제2조 제3호 참조)에게 채권추심의 의사를 공개적으로 표시하는 것을 금지하고 있고, 동법 제14조는 동법위반의 행위에 대한 손해배상책임을 규정하고 있다. 따라서 B는 A에게 위자료를 청구할 수 있다.

---

667) 대법원 2006. 12. 7. 선고 2004다14932 판결.

Ⅱ. A의 항변

1. 위법성 조각항변
채권자의 채권추심은 정당한 권리행사이므로 위법성이 조각된다.

2. 책임의 제한 항변
가사 A의 손해배상책임이 인정된다고 하더라도, B는 기존의 채무를 수차례의 독촉에도 불구하고 변제하지 않아 부득이하게 행위한 것이므로 위자료는 대폭 감경되어야 한다.

3. 상계항변
가사 A의 손해배상책임이 인정된다고 하더라도 기존 대여금인 2000만원과 대등액에서 상계한다.

4. 반소제기
B의 손해배상소송이 제기된 경우 A는 대여금채권에 관한 반소를 제기할 수 있다.

Ⅲ. 소결

정당한 권리행사도 그 한계가 있는 것이고, 그 한계를 명확하게 보여주는 것이 채권추심법 제12조 1호라고 할 것인바, A의 위법성 조각항변은 타당하지 않다. 더 나아가 상계항변의 인용여부는 A의 불법행위가 고의 불법행위인가 아니면 과실불법행위인가에 따라 달라질 것이다. 왜냐하면 제496조에 따라 고의 불법행위에 기한 채권을 수동채권으로 상계할 수 없기 때문이다. 책임의 제한 항변은 인정되어 위자료가 결정될 것이며, 위자료의 산정에 있어서는 변제기 도과의 정도, 이자 유무, 결혼식장에서의 채권추심행위의 태양 등이 고려되어야 한다.

Ⅳ. 관련 법령

채권추심법의 주요 조문으로 제9조(폭행 · 협박 등의 금지), 제10조(개인정보의 누설 금지 등), 제11조(거짓 표시의 금지 등), 제12조(불공정한 행위의 금지)가 있다.

"갑작스런 폭설로 인하여 고속도로가 장시간 고립되어 승용차로 이동을 하려던 다수의 사람들이 여러 가지 불편을 겪게 되었다. 다수의 피해자들의 법적 자문을 받은 귀하는 청구의 내용 등에 관한 의견서를 작성하여 보라"

[해제]

I. 관계법령

1. 고속국도법

고속국도법 제5조에 의하면, 고속국도의 관리청은 건설교통부장관으로 하고,* 고속국도법 제6조 제1항, 제2항에 의하면, 건설교통부장관은 이 법과 도로법기타 도로에 관한 법률에 규정된 고속국도에 관한 그의 권한의 일부를 대통령령이 정하는 바에 의하여 한국도로공사로 하여금 대행하게 할 수 있고, 한국도로공사는 제1항의 규정에 의하여 고속국도에 관한 국토해양부장관의 권한을 대행하는 경우에 그 대행하는 범위 내에서 이 법과 도로법 기타 도로에 관한 법률의 적용에 있어서는 당해 고속국도의 관리청으로 본다고 규정되어 있으며, 고속국도법 시행령 제2조 제1항, 제2항에 의하면, 건설교통부장관은 법 제6조제1항의 규정에 의하여 한국도로공사로 하여금 도로법 제24조 제1항 본문에 규정된 고속국도에 관한 그의 권한을 대행하게 할 수 있고, 건설교통부장관은 전항의 규정에 의하여 한국도로공사로 하여금 그 권한을 대행하게 하고자 할 때에는 미리 당해고속국도의 노선명, 구간과 대행하게 하는 권한의 내용 및 그 기간을 공고하여야 한다고 규정되어 있으며, 도로법 제24조 제1항에 의하면 도로의 신설ㆍ개축 및 수선에 관한 공사(이하 "도로공사"라 한다)와 그 유지는 이 법 또는 다른 법률에 특별한 규정이 있는 것을 제외하고는 당해 도로의 관리청이 이를 행한다.

2. 도로교통법

지방경찰청장은 도로에서의 위험을 방지하고 교통의 안전과 원활한 소통을 확보하기 위

---

668) 대법원 2008. 3. 13. 선고 2007다29287,29294 판결을 참고한 사례이다.

하여 필요하다고 인정하는 때에는 구간을 정하여 보행자나 차마의 통행을 금지하거나 제한할 수 있으며 경찰서장은 도로에서의 위험을 방지하고 교통의 안전과 원활한 소통을 확보하기 위하여 필요하다고 인정하는 때에는 보행자나 차마의 통행을 우선 금지하거나 제한한 후 그 도로관리자와 협의하여 금지 또는 제한의 대상과 구간 및 기간을 정하여 도로의 통행을 금지하거나 제한할 수 있다(제6조).

경찰공무원은 도로의 파손이나 교통사고의 발생 그 밖의 사정으로 고속도로 또는 자동차전용도로에서 교통이 위험·혼잡하거나 또는 그러할 염려가 있는 때에는 이의 방지와 교통의 안전 및 원활한 소통을 확보하기 위하여 필요한 한도 안에서 진행중인 자동차의 통행을 일시 금지 또는 제한하거나 그 자동차의 운전자에게 필요한 조치를 명할 수 있다(제54조).

도로관리청이 도로법 제53조 또는 제54조의 규정에 의하여 통행을 금지시키거나 제한하고자 하는 때에는 관할 경찰청장 또는 관할 경찰서장의 의견을 들어야 한다(제65조).

3. 도로법

관리청은 도로에 관한 공사로 인하여 부득이한 경우 또는 도로의 손궤 기타의 사유로 인하여 통행이 위험하다고 인정될 때에는 구간을 정하여 도로의 통행을 금지하거나 제한할 수 있다(제53조).

관리청은 도로의 구조를 보전하고 운행의 위험을 방지하기 위하여 필요하다고 인정하는 때에는 대통령령이 정하는 바에 의하여 차량의 운행을 제한할 수 있다(제54조).

Ⅱ. 청구권원

고속국도법, 도로교통법 및 도로법에 의하면 고속국도의 관리주체는 대한민국이 아니라 한국도로공사라 할 것이다. 따라서 한국도로공사의 책임은 제758조에 따라 정해진다. 공작물인 도로의 설치·관리상의 하자는 도로의 위치 등 장소적인 조건, 도로의 구조, 교통량, 사고시에 있어서의 교통 사정 등 도로의 이용 상황과 그 본래의 이용 목적 등 여러 사정과 물적 결함의 위치, 형상 등을 종합적으로 고려하여 사회통념에 따라 구체적으로 판단하여야 하는데, 폭설로 차량 운전자 등이 고속도로에서 장시간 고립된 사안에서, 고속도로의 관리자가 고립구간의 교통정체를 충분히 예견할 수 있었음에도 교통제한 및 운행정지 등 필요한 조치를 충실히 이행하지 아니하였으므로 고속도로의 관리상 하자가 있다.

Ⅲ. 청구의 내용

이 사건 불법행위로 인한 손해로는 장기간의 고립으로 인한 피로감, 불편함 등의 정신적 고통이라고 할 것인바, 위자료를 어느 정도로 산정할 것이냐가 중요한 문제로 부각된다.

Ⅳ. 위자료 산정 기준

사고 발생의 경위, 당사자의 지위(피해자의 연령, 미성년여부, 고령 여부, 성별 등) 등 제반 사정이 고려되어 위자료가 산정되어야 한다. 법원은 원고들이 폭설이 내리는 고속도로 상에 장기간 고립됨으로써 당연히 추위와 배고픔으로 인한 정신적·육체적 고통을 입은 점, 피고가 이 사건 각 고립구간의 소통 재개시기를 잘못 예측하고 수회에 걸쳐 엉뚱하게 발표함으로써 원고들의 고통을 가중시킨 점, 70세 이상 고령자, 미성년자, 여자의 경우에는 성인 남자보다 화장실 이용의 불편함, 약한 체력 등으로 인해 육체적 고통 및 그에 상응하는 정신적 고통이 더 심할 것으로 보이고, 또한 그와 같은 육체적·정신적 고통은 고립시간이 길어질수록 한층 심화된다고 볼 수 있는 점, 한편 피고가 안내방송을 통하여 운전자들에게 이 사건 각 고립구간의 정체상황을 알리면서 위 구간에 대한 진입을 자제하여 줄 것을 수차례 알렸음에도 불구하고, 일부 차량들이 이를 무시하고 위 고립구간에 신규로 진입하였을 뿐만 아니라, 일부 운전자들이 차량을 방치하고 현장을 이탈함으로써 이 사건 각 고립구간의 정체현상이 더욱 장기화된 점, 피고도 비록 이 사건 사태에 대처함에 있어 미흡한 부분이 있기는 하였지만 나름대로는 대한적십자사 등 유관기관으로부터 상당수의 구호인력을 지원받아 고속도로에 고립된 운전자들에게 식품과 유류를 지원하는 등 노력을 기울인 점, 특히 이 사건 고립 사태가 당시 충청남북도 지방의 기록적인 폭설로 인하여 시작된 점 등의 여러 사정을 감안하여 위자료를 산정하였다.

Ⅴ. 피고의 항변

1. 불가항력에 의한 면책항변

피고는 당시 가능한 인적·물적 제반 여건하에서 제설장비와 피고 직원들을 총동원하여 제설작업을 실시하고, 도로차단·중앙분리대 개방 등 고립된 피해자들을 구호하는 데에 최선을 다하였으므로, 이 사건에 관하여 아무런 과실이 없고, 아울러 이 사건 고속도로에는 당시 설치·관리상의 하자도 존재하지 아니하였다.

2. 과실상계 등 항변

가사 도로의 설치·관리상 어떤 하자가 있다고 하더라도, 원고들은 피고의 안내방송에도 불구하고 이를 무시한 채 위 구간에 새로 진입하거나 그 후 도로에 차량을 방치하여 제설작업을 제대로 할 수 없게 한 과실이 있고, 아울러 원고들이 고립된 것은 피고가 예측할 수 없었던 천재지변에 의하여 발생된 것이므로, 이와 같은 사정을 참작하여 피고는 면책되거나 또는 책임이 인정된다고 하더라도 대폭 과실상계를 하여야 한다. 과실상계는 재산적 손해배상을 대상으로 하므로 위자료에 대하여는 적용되지 않는다. 따라서 원고가 위자료만 청구하는 경우에는 앞서 든 사유를 참작하여 위자료가 대폭 감액되어야 한다고 항변할 수 있다.

VI. 소결

설문의 기초가 된 사건에서 법원은 설치관리상의 하자를 긍정하고 피고의 손해배상책임을 긍정하는 한편, 피고의 면책항변을 받아들이지 않고 위자료의 액수에 있어 여러 사정을 참작하였을 뿐이다. 즉, 미리 정해진 재해상황별 조치계획에 의하여 즉시 차량의 추가 진입을 통제하는 등 교통제한 및 운행정지조치를 취하였더라면 다수의 피해자들이 고속도로에 장시간 고립시키는 사태가 방지되었을 것이므로 고속도로의 관리상 하자가 인정되고, 이 사건 폭설을 전혀 예측할 수 없는 천재지변이나 피할 수 없는 불가항력에 해당한다고 볼 수도 없다.

설문의 기초가 된 사건에서 법원은 위자료의 액수는 원고들 중 고립시간이 12시간 미만인 사람의 경우에는 350,000원, 12시간 이상 24시간 미만인 경우에는 400,000원, 24시간 이상일 경우에는 500,000원으로 정하고, 또한 여자와 사고 당시 70세 이상 고령자나 미성년자의 경우에는 위 각 해당금액에 100,000원을 가산한 금액으로 정하였다.

"A 교수는 재단비리를 폭로하는 내용을 학교게시판에 올리자, B 재단은 A 교수를 명예훼
손죄로 고소하였다. A 교수에 대한 벌금 50만원의 약식명령이 발부되자, B 재단은 A 교수
를 직위해제하였다. A 교수는 정식재판을 청구하였고, 법원은 A 교수에게 벌금형의 선고유
예를 선고하였고, 그 판결이 확정되었다. B 재단은 형사재판이 종결되었음에도 불구하고
다시 직위해제처분과 감봉처분을 하였고, 그 뒤에도 A 교수에게 강의를 배정하지 않다가
뒤늦게 비전공과목을 배정하기에 이르렀다. A 교수가 B 재단에 대한 손해배상청구 중 청
구원인을 적어보라"

[해제]

I. 관련법령

1. 직위해제의 법적 성격

사립학교법 제58조의2가 규정하고 있는 직위해제는 일반적으로 사립학교의 교원이 직
무수행능력이 부족하거나 근무성적이 극히 불량한 경우, 또는 교원으로서 근무태도가 심히
불성실한 경우, 교원에 대한 징계절차가 진행중인 경우, 교원이 형사사건으로 기소된 경우
등에 있어서 당해 교원이 장래에 있어서 계속 직무를 담당하게 될 경우 예상되는 업무상의
장애 등을 예방하기 위하여 일시적으로 당해 교원에게 직위를 부여하지 아니함으로써 직
무에 종사하지 못하도록 하는 잠정적인 조치로서의 보직의 해제를 의미하므로 과거 사립
학교 교원의 비위행위에 대하여 기업질서 유지를 목적으로 행하여지는 징벌적 제재로서의
징계와는 그 성질이 다르다.[670]

2. 직위해제의 위법성 판단기준

헌법 제27조 제4항은 형사피고인은 유죄의 판결이 확정될 때까지는 무죄로 추정된다고
규정하고 있고, 사립학교법 제58조의2 제1항 제2호, 제3호에 의한 직위해제 제도는 유죄
의 확정판결 또는 징계의결을 받아 당연퇴직되기 전단계에서 형사소추 또는 징계의결 요

---

669) 대법원 2008. 6. 26. 선고 2006다30730 판결을 참고한 사례이다.

670) 대법원 2003. 10. 10. 선고 2003두5945 판결.

구를 받은 사립학교 교원이 계속 직위를 보유하고 직무를 수행한다면 공무집행의 공정성과 그에 대한 국민의 신뢰를 저해할 구체적인 위험이 생길 우려가 있으므로 이를 사전에 방지하고자 하는 데 그 목적이 있는바, 헌법상의 무죄추정의 원칙이나 위와 같은 직위해제 제도의 목적에 비추어 볼 때, 형사사건으로 기소되었다거나 징계의결의 요구를 받았다는 이유만으로 직위해제처분을 하는 것은 정당화될 수 없고, 당해 교원이 사립학교법 제57조의 규정에 의하여 당연퇴직 사유로 되는 국가공무원법 제33조 제1항 제3호 내지 제6호에 해당하는 유죄판결을 받거나 같은 조항 제7호 · 제8호에 해당하는 파면 · 해임 등의 처분을 받을 고도의 개연성이 있는지 여부, 당사자가 계속 직무를 수행함으로 인하여 공정한 공무집행에 위험을 초래하는지 여부 등 구체적인 사정을 고려하여 그 위법 여부를 판단하여야 한다.

II. 청구권원

1. 직위해제처분

직위해제처분을 할 만한 사유가 없음에도 오로지 교원을 학교에서 몰아내려는 의도하에 고의로 명목상의 직위해제사유를 내세우거나 만들어 직위해제처분을 한 경우나, 징계의결이 요구된 사유가 사립학교법의 규정 등에 비추어 국가공무원법 제33조 제1항 제7호 · 제8호에 정한 파면이나 해임 등을 할 만한 사유에 해당한다고 볼 수 없거나 기소된 형사사건에 대하여 국가공무원법 제33조 제1항 제3호 내지 제6호에서 정한 당연퇴직의 사유가 될 정도가 아닌 판결이 선고될 것임이 객관적으로 명백하고, 또 조금만 주의를 기울이면 그와 같은 사정을 쉽게 알아볼 수 있는데도 그것을 이유로 직위해제처분에 나아간 경우와 같이, 직위해제처분이 우리의 건전한 사회통념이나 사회상규상 용인될 수 없음이 분명한 경우에는 그 직위해제처분은 재량권의 범위를 일탈하거나 재량권을 남용한 위법한 처분으로서 그 효력이 부정될 뿐만 아니라 위법하게 상대방에게 정신적 고통을 가하는 것으로서 그 교원에 대한 관계에서 불법행위를 구성한다.

2. 강의배정

사용자는 특별한 사정이 없는 한 근로자와 사이에 근로계약의 체결을 통하여 자신의 업무지휘권 · 업무명령권의 행사와 조화를 이루는 범위 내에서 근로자가 근로제공을 통하여

참다운 인격의 발전을 도모함으로써 자신의 인격을 실현할 수 있도록 배려하여야 할 신의 칙상의 의무를 부담하므로, 사용자가 근로자의 의사에 반하여 정당한 이유 없이 근로자의 근로제공을 계속적으로 거부하는 것은 이와 같은 근로자의 인격적 법익을 침해하는 것이 되어 사용자는 이로 인하여 근로자가 입게 되는 정신적 고통에 대하여 배상할 의무가 있고, 한편 대학교수는 자신의 전공분야에 대해 강의하고 이를 통해 자신의 학문연구를 보다 발전시키는 것이 그 인격권 실현의 본질적 부분에 해당하므로, 대학교수의 사용자인 학교법인이 그 업무지휘권 등의 행사에 지장을 초래하는 등의 특별한 사정이 없는데도, 오로지 소속 대학교수를 본연의 업무에서 배제하려는 의도하에 그 의사에 반하여 전공분야와 관련 없는 과목의 강의를 배정함으로써 결국 강의할 수 없게 하는 행위는 교원의 인격적 법익을 침해하는 것이 되고, 학교법인은 그로 인하여 그 대학교수가 입게 되는 정신적 고통에 대하여 배상할 의무를 부담한다.

Ⅲ. 청구의 내용

1. 재산적 손해

직위해체처분기간 동안 차감된 급여부분을 소극적 재산적 손해로 청구할 수 있다.

2. 위자료

재량권을 현저하게 일탈한 직위해제처분과 비전공과목 강의배정에 대하여는 위자료를 청구할 수 있다. 위자료의 액수와 관련하여서는 직위해제처분의 경위, 직위해제기간, 강의배정과정 등을 고려하여야 한다.

Ⅳ. 소결

설문의 기초가 된 사건에서 1심법원은 직위해제처분과 강의배정이 모두 위법하다고 보고 위자료를 3천만원으로 인정하였으나, 2심법원은 전자는 귀책사유를 인정하기 어렵다는 이유로 기각하고 후자에 대하여만 위자료를 1000만원으로 인정하였다. 대법원은 원고의 상고에 대하여 2심법원의 원고 패소부분(직위해제처분으로 인한 위자료청구부분)을 파기환송하였고, 파기환송심에서 피고가 항소를 취하하여 결국 1심법원의 판결이 확정되었다.

"A는 1988. 3.경 2년간의 기간을 정하여 국립 B 대학교 전임강사로 신규 임용되어 1990. 4. 1. 4년간의 기간을 정하여 같은 대학 같은 학과에 조교수로 승진 임용되어 근무하던 중 1993. 7. 1. 조교수로 재임용되었으나 1997. 8. 재임용심사 결과 기준 평점인 3.5점에 미달하는 3.35점을 받았다는 이유로 1997. 8. 31.자로 재임용에서 탈락되었다. B 대학교의 총장은 1997. 9. 8.경 원고에게 1997. 8. 31.자로 임용기간이 만료되었다는 통지를 하였다(이하 A에 대한 재임용거부처분을 '이 사건 재임용거부처분'이라 한다). 이 사건 재임용거부처분에 대하여 A는 재임용거부처분의 취소 및 무효의 확인을 구하는 소송을 제기하였으나, 서울고등법원은 1998. 10. 22. 98누1004호로 이 사건 대학교의 재임용거부처분이 행정소송의 대상이 되는 행정처분에 해당하지 않는다는 이유로 위 소를 각하하였다. 다시 A는 2005. 10. 24. 이 사건 재임용거부처분에 대하여 교육인적자원부 교원소청심사특별위원회에 재임용재심사 청구를 하였는데, 위 교원소청심사특별위원회는 2006. 1. 10. '피청구인(이 사건 대학교 총장)이 1997. 8. 31. A에게 한 재임용 거부처분을 취소한다.'는 결정을 하였다. B 대학교는 교원소청심사특별위원회의 위와 같은 재임용거부처분 취소결정이 있은 후, 2006. 3. 27.자로 A를 복직시켰다. A는 이 사건 재임용 거부가 불법행위임을 전제로 손해배상소송을 2008. 1. 14. 제기하였다. A에 의하여 피고로 지명되는 자는 어떠한 항변을 할 수 있는가."

[해제]

Ⅰ. 피고 및 청구권원

이 사건 대학교는 국립대학이므로 피고는 대한민국이 되며, 이 사건 재임용거부가 불법행위를 구성하는 경우에는 국가배상책임이 성립하게 된다.

구 교육공무원법(2005. 1. 27. 법률 제7353호로 개정되기 전의 것)에 의하여 기간제로 임용되어 임용기간이 만료된 국·공립대학의 교원도 교원으로서의 능력과 자질에 관하여 합리적인 기준에 의한 공정한 심사를 받아 기준에 부합하면 특별한 사정이 없는 한 재임용되리라는 기대를 가지고 재임용 여부에 관하여 심사를 요구할 법규상 또는 조리상 신청권을 가진다. 그런데 이러한 국·공립대학 교원에 대한 재임용거부처분이 재량권을 일탈·남

용한 것으로 평가되어 그것이 불법행위가 됨을 이유로 국·공립대학 교원 임용권자에게 손해배상책임을 묻기 위해서는 당해 재임용거부가 국·공립대학 교원 임용권자의 고의 또는 과실로 인한 것이라는 점이 인정되어야 한다. 그리고 위와 같은 고의·과실이 인정되려면 국·공립대학 교원 임용권자가 객관적 주의의무를 결하여 그 재임용거부처분이 객관적 정당성을 상실하였다고 인정될 정도에 이르러야 한다.[672]

Ⅱ. 판례의 변경과 불법행위의 성립여부

1. 대법원 2004. 4. 22. 선고 2000두7735
전원합의체 판결 이전 법상황

대법원 2004. 4. 22. 선고 2000두7735 전원합의체 판결 전까지 대법원은, 기간제로 임용된 국·공립대학 교원에 대하여 관련 법률의 어디에도 임용권자에게 임용기간이 만료된 자를 재임용할 의무를 지우거나 재임용절차 및 요건 등에 관하여 규율한 규정이 없다는 이유로, 기간을 정하여 임용된 대학교원은 그 임용기간의 만료로 대학교원으로서의 신분관계가 당연히 종료하는 것으로 보았고, 그 결과 임용기간의 만료에 따른 재임용의 기대권이나 재임용 여부에 관하여 합리적인 기준에 의한 공정한 심사를 요구할 권리의 존재를 부정하여 재임용 여부는 사법심사에서 제외되는 임면권자의 자유재량행위로 파악하여 왔다. 당시 사법기관이 이렇게 법해석을 하는 상황 아래에서 국·공립대학 교원 임용권자에 대하여, 위 대법원 전원합의체 판결이 선고되고 그에 따른 법해석의 변화로 비로소 인정되게 된 재임용심사신청권을 기초로 하여 종전의 국·공립대학 교원의 권리 내지 법익침해의 결과에 관하여 손해배상책임을 묻는 것은, 당시로선 일반적으로 존재하지 않는 것으로 해석되었던 규범의 준수를 요구하는 것이거나 현실적으로 실현 불가능한 주의의무의 이행을 기대하는 것에 지나지 아니한다. 그러므로 위 대법원 전원합의체 판결이 선고되기 전에 기간제로 임용된 국·공립대학 교원에 대하여 재임용이 거부된 경우에 그것이 부당하다는 이유로 국·공립대학 교원 임용권자에게 손해배상책임을 물을 수는 없다고 보아야 한다.

---

672) 대법원 2011. 1. 27. 선고 2009다30946 판결 참조.

2. 대법원 2004. 4. 22. 선고 2000두7735
전원합의체 판결 이후 법상황

대법원 2004. 4. 22. 선고 2000두7735 전원합의체 판결이 선고된 후로는 기간제로 임용된 국·공립대학의 교원에게도 재임용 여부에 관하여 합리적인 기준에 의한 공정한 심사를 요구할 권리가 인정되고 있으므로, 국·공립대학 교원 임용권자가 과거 재임용이 거부된 교원에 대하여 특별한 사정 없이 재임용심사절차를 재개하지 아니하면 손해배상책임을 부담할 수 있게 된다. 그런데 재임용절차는 통상적으로 재임용신청과 재임용심사, 재임용 여부의 결정 순서로 진행되게 되므로, 국·공립대학 교원 임용권자가 재임용심사절차를 재개하지 아니함을 이유로 그에게 손해배상책임을 지우려면 그 전제로 먼저 당해 교원의 재심사신청의사가 확인되어야 한다. 따라서 당해 교원의 재심사신청의사가 표시되지 않은 상황에서 곧바로 국·공립대학 교원 임용권자에게 재심사의무의 불이행을 이유로 손해배상책임을 지우는 것은 타당하지 아니하며, 위법한 재임용거부로 인한 국·공립대학 교원 임용권자의 손해배상책임은 당해 교원의 재심사신청의사가 객관적으로 확인된 시점 이후에만 물을 수 있는 것이다.

3. 판례의 변경과 국가배상책임

대법원 2004. 4. 22. 선고 2000두7735 전원합의체 판결이 선고되기 전에 재임용심사에서 탈락한 국립대학 교원이 위 판결 선고 후 '대학교원 기간임용제 탈락자 구제를 위한 특별법'에 의하여 교원소청심사특별위원회에 재심사를 청구하여 재임용거부처분취소결정을 받고 복직한 다음 재임용거부로 입은 손해에 대하여 국가배상청구를 한 사안에서, 위 판결 선고 전까지 당해 교원이 복직하지 못함으로써 발생한 손해에 관하여는 임용권자의 고의나 과실을 인정할 수 없고, 위 판결 선고 후의 복직 지연에 따른 손해에 관하여는 임용권자가 당해 교원의 재심사신청의사를 명확히 확인할 수 있는 시점은 교원소청심사특별위원회에 재심사를 청구한 날 이후로 봄이 상당한데 그로부터 5개월 정도 후에 복직절차를 마쳤으므로 임용권자에게 특별히 복직절차의 지연에 따른 책임이 있다고 할 수 없으므로 국가배상책임이 인정되기 어렵다.

Ⅲ. 소멸시효의 완성여부

1. 판례의 변경이 법률상 장애인지 여부

공정한 심사를 받을 권리를 침해한 재임용거부처분이 불법행위를 구성한다는 법리구성이 종전 사립학교법에 대한 헌법불합치결정이나 전원합의체 판결로써 비로소 가능하게 된 것이 아니라 그 이전에도 공정한 재임용 심사를 받을 조리상 신청권의 침해나 재량권의 일탈·남용으로 불법행위를 구성한다는 주장이 충분히 가능하였으나, 재임용거부 당시 그러한 법리주장을 하지 못하였거나 그러한 주장을 하였다고 하더라도 법원이나 교원징계재심위원회에서 인용되지 아니하였을 뿐이고, 이 사건 재임용거부처분 당시 사법적 구제절차 자체가 배제되어 있었던 것은 아닌 점, 또한 전원합의체 판결에 의하여 종전 판례의 변경이 있었다는 사정만으로는 그 이전에는 적법하였던 이 사건 재임용거부처분이 그 이후에 비로소 위법하게 되는 것이 아닐 뿐만 아니라, 권리의식이나 사회환경의 변화에 따른 판례의 변경은 법률상 장애사유가 되지 아니하는 점 등에 비추어 보면, 원고가 주장하는 당시 사법환경을 소멸시효가 진행하지 않는 법률상 장애사유로 볼 수는 없다.[673]

2. 재임용거부가 계속적 불법행위인지 여부

사립학교교원의 경우, 현행 사립학교법 하에서도 임용기간이 만료된 교원에 대한 재임용거부처분이 무효라고 하더라도 당해 교원이 교수로서의 지위를 당연히 회복하지는 못하고, 학교법인에게도 그 거부처분이 불법행위에 해당함을 이유로 손해배상책임을 부담할 의무가 있을 뿐, 그 교원과 반드시 재임용계약을 체결하여야 할 의무를 부담하지는 않는 점, 헌법재판소도 재임용탈락자 구제특별법의 위헌성 여부를 판단하면서, 종전 사립학교법 시행 당시 이루어진 재임용거부처분에 대한 위 특별위원회의 취소결정이 내려진다고 하더라도 그 결정의 효력은 재임용거부처분이 단지 '부당함'을 확인하는데 그치고, 그 인용결정에 의하여 바로 '학교법인과 재임용이 거부되었던 당해 교원 사이에 교원임용관계가 성립된다'거나 '학교법인이 당해 교원을 반드시 재임용할 의무를 부담하게 되는 효력이 있다'고는 할 수 없다고 판시한 점,[674] 위와 같은 법리는 국·공립학교의 교원에 대하여도 마찬가지로 적용하여야 할 것인 점 등에 비추어 보면, 이 사건 재임용거부처분의 위법성은 재임용심사절차에서 재량권을 일탈·남용하여 원고의 재임용을 거부하였다는 1회적 불법행위

---

673) 서울중앙지방법원 2009. 4. 7. 선고 2008나30399 판결.

674) 헌법재판소 2006. 4. 27.자 2005헌마1119 전원재판부 결정.

로 종료되는 것이지 원고에 대한 복직의무의 불이행이라는 불법행위가 복직시까지 계속되는 것은 아니라고 할 것이고, 이는 재임용탈락자 구제특별법에 따른 교원소청심사특별위원회에서 이 사건 재임용거부처분이 부당하다는 이유로 이를 취소하는 결정을 하였다고 하더라도 피고에게 재임용의무가 있다고 볼 수 없는 이상 마찬가지라고 할 것이다.[675]

3. 소멸시효주장이 신의칙에 반하는지 여부

피고가 시효완성 전에 원고의 권리행사나 시효중단을 불가능 또는 현저히 곤란하게 하였거나 그러한 조치가 불필요하다고 믿게 하는 행동을 하였거나 객관적으로 원고에게 권리를 행사할 수 없는 장애사유가 있었거나 또는 일단 시효완성 후에 피고가 시효를 원용하지 아니할 것 같은 태도를 보여 원고로 하여금 그와 같이 신뢰하게 하는 등의 특별한 사정이 있는 경우에는 피고가 소멸시효의 완성을 주장하는 것이 신의성실의 원칙에 반하여 권리남용으로서 허용될 수 없지만, 피고에게서 이러한 사정을 찾을 수 없으므로, 이 사건 소송에서 시효완성을 주장하는 것이 신의칙에 반하거나 권리남용금지원칙에 반한다고 볼 수는 없다.[676]

Ⅳ. 소결

설문의 기초가 된 사건에서 원심법원은 불법행위의 성립은 인정하되 소멸시효항변을 받아들여 원고의 청구를 기각하였으나, 대법원은 불법행위의 성립 자체를 부정하여 원고의 청구를 기각하였다. 위 사건은 판례의 변경이 소멸시효의 진행에 어떠한 영향을 미칠 수 있는가에 대한 중요한 예에 해당한다고 할 것이다.

---

675) 서울중앙지방법원 2009. 4. 7. 선고 2008나30399 판결.
676) 서울중앙지방법원 2009. 4. 7. 선고 2008나30399 판결.

"B는 구회사인 C 주식회사를 실질적으로 운영하는 사주로서 2003. 7. 3. 수동적·방어적인 수단을 넘어 쟁의행위로서 정당성을 결여한 2003. 12. 31.까지의 직장폐쇄를 감행하였고, 나아가 직장폐쇄 이후 근로자들의 직장폐쇄 철회 요청을 무시한 채 결국 2004. 1. 1. 전 직원을 퇴직처리하였으며, 2004. 1. 2. C 주식회사를 폐업한 후 새로 D 주식회사를 설립하였다. 이후 직장폐쇄기간 중 수차례 C 주식회사를 상대로 고발이나 민원을 제기한 노동조합 소속 근로자들을 제외한 나머지 근로자들을 고용하였다. 폐업후 재고용되지 못한 근로자들은 어떠한 구제수단을 가지는가."

[해제]

I. 위장폐업에 의한 부당해고

사용자가 근로자들에게 어떠한 해고사유도 존재하지 아니함에도 노동조합활동을 혐오한 나머지, 경영상 어려움 등 명목상 이유를 내세워 사업 자체를 폐지하고 근로자들을 해고함으로써 일거에 노동조합을 와해시키고 조합원 전원을 사업장에서 몰아내고는 다시 기업재개, 개인기업으로의 이행, 신설회사 설립 등 다양한 방법으로 종전 회사와 다를 바 없는 회사를 통하여 여전히 예전의 기업 활동을 계속하는 것은 우리의 건전한 사회통념이나 사회상규상 용인될 수 없는 행위이므로, 이러한 위장폐업에 의한 부당해고는 근로자에 대한 관계에서 불법행위를 구성한다.[678]

II. 구제수단 일반

근로자들로서는 위장폐업에 의한 부당해고가 무효임을 이유로 제538조 제1항에 따라 구회사 내지는 그와 실질적으로 동일성을 유지하고 있는 신설회사에 대하여 계속 근로하였을 경우 그 반대급부로 받을 수 있는 임금의 지급을 구할 수 있음은 물론이고, 아울러 위

---

677) 대법원 2011. 3. 10. 선고 2010다13282 판결을 참고한 사례이다.
678) 대법원 2011. 3. 10. 선고 2010다13282 판결.

장폐업에 의한 부당해고가 불법행위에 해당함을 이유로 손해배상을 구할 수 있으며, 그 중 어느 쪽의 청구권이라도 선택적으로 행사할 수 있다.[679] 부당해고가 불법행위를 구성하는 경우 그 부당해고로 인하여 근로자에게 손해가 발생하였는지 여부는 부당해고의 피해자인 근로자가 부당해고가 없었더라면 향유하거나 취득할 수 있었던 이익이 부당해고로 말미암아 현실적으로 상실되거나 취득할 수 없게 된 것에 따른 불이익이 발생하였는지 여부에 의하여 판단할 것이지, 부당해고가 존재하지 아니하였을 경우에 취득할 수 있는 법률상 권리인 임금청구권을 유효하게 가지고 있느냐 여부에 따라 그 손해의 발생 여부가 좌우되는 것은 아니다.

Ⅲ. 위자료 청구

위장폐업에 의한 부당해고는 사회통념이나 사회상규상 용인될 수 없는 것이어서 불법행위를 구성하므로, 사용자는 그로 인하여 근로자들이 입게 된 정신적 고통에 대한 위자료를 배상할 책임이 있다.

Ⅳ. 소멸시효

1. 임금청구

근로기준법에 의하여 3년의 시효에 걸린다.

2. 불법행위에 기한 손해배상청구

제766조 소정의 소멸시효기간이 적용된다. 이와 관련하여서는 특히 단기소멸시효의 기산점이 문제된다. 제766조 제1항에서 규정한 '손해 및 가해자를 안 날'이란 피해자나 그 법정대리인이 손해 및 가해사를 현실적이고도 구체적으로 인식하는 것을 의미하는 것으로서 손해발생의 추정이나 의문만으로는 충분하지 않고, 손해의 발생사실뿐만 아니라 그 가해행위가 불법행위를 구성한다는 사실, 즉 불법행위의 요건사실에 대한 인식으로서 위법한 가해행위의 존재, 손해의 발생 및 가해행위와 손해의 인과관계 등이 있다는 사실까지 안 날을 뜻한다. 그런데 위장폐업의 경우 구회사와 신설회사는 형식적으로는 법인격을 전혀 달리하므

---

679) 대법원 2011. 3. 10. 선고 2010다13282 판결

로, 신설회사의 설립만으로 근로자들이 위 두 회사가 실질적으로 동일한 회사로서 구회사의 폐업과 신설회사의 설립 등 일련의 행위가 위장폐업으로서 불법행위를 구성한다는 사실을 알 수 있다고는 단정하기 어렵다. 즉, 구회사와 신설회사가 동일성을 유지하는지 여부는 신설회사와 구회사의 소재지 및 업종, 자본 성격 그리고 설립자·출자자·임원·종업원 등 신설회사 구성원과 구회사와의 관련성, 영업목적 등 신설회사와 구회사의 소유 및 경영관계, 운영상황 등을 종합적으로 판단하여야 알 수 있는데, 기업 외부에 있는 근로자들에게 신설회사의 설립 시점에 위와 같은 사정들을 모두 파악하여 위장폐업이 이루어졌고, 그것이 불법행위를 구성한다는 사실을 현실적이고도 구체적으로 인식하는 것을 기대할 수는 없다. 뿐만 아니라 이 사건은 구회사 내지 신설회사의 대표이사가 아닌 실질적 사주 개인에 대하여 위장폐업에 따른 불법행위책임을 묻는 것이므로 신설회사의 설립 시점에 근로자들이 이 사건 불법행위의 가해자가 피고임을 알았다고 볼 수 있는 사정도 인정되어야 한다.

Ⅴ. 소결

설문의 기초가 된 사건에서 원심법원은 불법행위로 인한 손해배상청구권의 성립 자체를 부정하고 더 나아가 소멸시효도 완성되었다고 판단하였으나, 대법원은 손해배상청구권이 인정되고 소멸시효도 완성되었다고 보기 어렵다고 판단하여 원심판결을 파기환송하였다.

[사례 68][680]

"시청 소속 공무원 A는 시장 B를 부패방지위원회에 부패혐의자로 신고한 후 B는 A를 동사무소로 하향 전보하였다. A는 이 사건 전보조치가 부패방지법 제32조 제1항의 신분상 불이익에 해당한다고 하면서 부패방지위원회에 신분보장조치를 요구하였고, 부패방지위원회는 B에게 원상회복에 상응한 인사조치를 할 것을 요구하였다. B는 원상회복에 상응한 인사조치를 취하지 않았고, 부패방지위원회는 B에게 과태료를 부과하는 처분을 하였다. B는 시청 전자게시판 공지사항란에 '이 사건 전보조치는 A의 업무불성실, 직원과의 불화에 기한 정당한 인사조치였으며, A가 수시로 일방적인 자기 주장을 하면서 시민단체와 지역 언론매체에 문서를 배포하여 B의 명예를 훼손하였으며, A의 부패신고동기가 시장선거에 부당한 영향을 미치려는 것이었다' 등의 내용을 게재하였다. A는 B를 상대로 어떠한 청구를 할 수 있는가?"

Ⅰ. 불이익한 전보인사 조치

공무원에 대한 전보인사는 국가공무원법, 지방공무원법 등 공무원 관련 법령에 근거한 것으로서, 인사대상 공무원의 직급과 직종을 고려하여 그 직급에 상응하는 지위를 부여하고 인사대상 공무원의 전공분야·훈련·근무경력·전문성 및 적성 등을 고려하는 등 위 법령이 정한 기준과 원칙에 따라야 한다. 그러나 한편으로 전보인사는 인사권자의 권한에 속하므로 인사권자는 위와 같은 법령의 제한 내에서 업무상 필요한 범위 내에서는 상당한 재량을 가지는바, 인사권자가 행한 전보인사는 법령이 정한 기준과 원칙에 위반하여 인사재량권을 일탈·남용하는 등 특별한 사정이 없는 한 유효하다. 또한, 공무원에 대한 전보인사가 법령이 정한 기준과 원칙에 위배되거나 인사권을 다소 부적절하게 행사한 것으로 볼 여지가 있다 하더라도 그러한 사유만으로 그 전보인사가 당연히 불법행위를 구성한다고 볼 수는 없고, 인사권자가 당해 공무원에 대한 보복감정 등 다른 의도를 가지고 인사재량권을 일탈·남용하여 객관적 정당성을 상실하였음이 명백한 전보인사를 한 경우 등 전보인사가 우리의 건전한 사회통념이나 사회상규상 도저히 용인될 수 없음이 분명한 경우에, 그 전보인사는 위법하게 상대방에게 정신적 고통을 가하는 것이 되어 당해 공무원에 대한 관계에서 불법행위를 구성한다.[681] 그리고 이러한 법리는 부패방지법에 따라 다른 공직자의 부패행위를 부패방지위원회에 신고한 공무원에 대하여 위 신고행위를 이유로 불이익한 전보인사가 행하여진 경우에도 마찬가지이다.[682]

설문의 기초가 된 사건에서 대법원은 원심이 이 사건 전보조치로 인하여 원고가 입은 불이익의 정도, 원고에 대한 다면평가결과, 이 사건 전보조치와 같은 일자에 이루어진 정기인사에서 시 소속 공무원 가운데 다수의 인원이 하향 전보되었고 이 사건 전보조치와 같은 하향 전보인사의 전례가 없지 않은 점, 시 종합운동장건립사업과 관련한 원고의 근무태도와 특별감사결과, 직장질서의 유지와 조직의 융화를 위한 인사의 필요성 등 제반 사정을 두루 참작하여 이 사건 전보조치가 불법행위책임이 성립될 정도로 위법한 행위라고 할 수 없다고 판단하여 이 부분 원고의 청구를 배척한 결론은 정당하고 판단하였다.[683]

---

680) 대법원 2009. 5. 28. 선고 2006다16215 판결을 참고한 사례이다.
681) 대법원 2007. 12. 28. 선고 2006다33999 판결.
682) 대법원 2009. 5. 28. 선고 2006다16215 판결.
683) 대법원 2009. 5. 28. 선고 2006다16215 판결

II. 명예훼손

불특정 다수가 자유로이 접근할 수 있는 전자게시판에 타인의 사회적 평가를 저해할 수 있는 글을 남기는 것은 명예훼손에 해당한다. 설문의 기초가 된 사건에서 원심법원은 다음과 같이 명예훼손의 성립을 인정하였다.[684] 즉, 피고가 위 문서에서 표시한 "2003. 4. 21. 소위 부패행위 신고자 000" 등의 표현은 전후 사정을 종합하여 볼 때 바로 원고임을 쉽게 알아볼 수 있고, 감사원의 감사결과 위 종합운동장건립계획은 그 추진과정에서 일부 문제가 있어 감사원이 ○○시에 부적정 통보를 하고 업무담당자들에 대한 주의 촉구를 요구하였던 사실은 앞서 인정한 바와 같으나, 위 글의 게시가 공공의 이해에 관한 사항에 관계되거나 그 목적이 오로지 공익을 도모하기 위한 것임을 인정할 아무런 증거가 없고, 나아가 위 글에 표현된, 원고가 허위사실을 유포하였다는 점, 원고가 시장선거에 영향을 미칠 목적으로 부방위에 신고를 하였다는 점, 원고가 ○○시장 선거에서 피고에게 타격을 주겠다는 발언을 하고 다녔다는 점, 원고가 공무원으로서의 신분을 망각한 채 피고나 ○○시의 명예를 훼손하였다는 점을 인정할 만한 증거가 없으므로, 위 내용들이 진실이라는 증명이 없을 뿐 아니라 피고가 이를 진실이라고 믿을 만한 상당한 이유가 있다는 사정에 관한 피고로부터의 입증도 없다.

또한 원심법원은 허위사실이 담긴 위 글을 게시하여 원고의 명예를 훼손한 피고는 원고에게 그로 인하여 원고가 받은 정신적 고통을 위자할 의무가 있고, 그 액수는 원고와 피고의 관계, 원고의 문제제기 경위와 방법, 위 글에 나타난 표현의 방법과 그로 인한 원고의 명예훼손의 정도, 피고가 위와 같은 반론을 게재한 경위와 과정, 대상 및 그 밖의 이 사건 변론에 나타난 제반 사정 등을 종합하면, 200만원으로 정함이 상당하다고 판단하였다.

III. 소결

설문의 기초가 된 사건에서 법원은 불이익한 전보인사에 대하여는 불법행위의 성립을 부정하고 명예훼손만 불법행위의 성립을 인정하고 위자료 200만원의 배상을 인정하였다.

---

684) 수원지방법원 2006. 1. 19. 선고 2004나20224 판결.

"한국 YMCA 전국연맹은 1971. 10.경 제21차 전국대회에서 남자만이 총회의 구성원인 총
회원이 될 수 있는 정회원이 될 수 있다는 회원규정을 기독교청년회의 목적에 찬동 서약하
는 자는 회원이 될 수 있고, 다만 총회는 일정한 자격을 갖춘 자 중에서 이사회가 심사·결
정한 정회원인 자로 구성하는 것으로 개정하였다. 그 후 지역 기독교청년회들은 점차 여성
회원들에게 총회원 자격을 개방하여 왔고, 현재는 B를 제외한 다른 모든 지역 기독교청년
회들은 여성회원들에게 총회원 자격을 주고 있다. B는 위와 같은 추세에 따른 여성회원들
의 요구를 받아들여 2003. 2. 22. 제100차 정기총회에서 헌장개정특별위원회와 개혁특별
위원회를 구성하기로 하고, 이후 B의 모든 의사결정 과정에 여성과 남성이 동등한 자격으
로 참여하며, 선거권과 피선거권에 있어 여성이 남성과 동등한 권리를 갖고, 여성특별위원
회를 설치하며, B의 여러 가지 형태의 성차별적인 요인을 찾아 이를 해소하기로 하는 내용
등을 담은 '여성과 남성이 함께 하는 서울 YMCA 제100차 총회 결의문'을 채택하였다. 위
결의문에 따라 설치된 여성특별위원회는 제100차 정기총회의 결의에 따라 여성회원이 총
회원이 될 수 있도록 실무적으로 추진하면 좋겠다는 의견을 헌장개정특별위원회에 제시하
였고, 헌장개정특별위원회는 총회원이 될 수 있는 나이를 만 19세로 낮추고 다른 내용은
그대로 둔 개정안을 이사회에 제출하였다. 그런데 이사회는 지난 100년 동안 남성회원들
에게만 총회 참여권을 인정하고 있었던 역사와 관습 등을 고려하여 추가적인 연구·검토가
필요하다는 판단하에 이 점을 헌장·제도연구위원회로 하여금 연구·논의하게 할 것을 결
의하고 이러한 내용을 담은 의견서를 첨부하여 2004. 1. 28. 헌장개정안을 공고한 이후 제
101차 정기총회에 제출하였다. 그러나 위 개정안은 일부 여성회원들의 반발로 상정되지도
못하였다. 이사회는 2006. 2. 25. 제103차 정기총회에 헌장 제12조를 총회원은 '만 19세
이상의 기독교회 정회원(입교인)이고 보통회비 이상을 납부한 만 2년 이상 계속 회원인 사
람으로서 B의 활동에 참여한 남성' 또는 '만 19세 이상의 기독교회 정회원(입교인)이고 보
통회비 이상을 납부한 만 2년 이상 계속 회원인 여성으로서 B의 위원회에 소속된 위원'으
로서 회원규정이 정하는 바에 따라 회원위원회가 추천하고 이사회가 정하는 총회구성원자
격심사를 거쳐 그 자격이 인정된 사람으로 한다는 내용의 개정안을 상정하였으나, 총회원
의 원칙적 자격을 남성으로 제한한 퇴행적 개정안이라는 비판 속에 헌장개정안이 부결되었
다. B는 여성회원의 자격인정을 위한 후속조치를 취하지 않고 있나. A는 B를 상내로 어떠
한 청구를 할 수 있는가."

[해제]

Ⅰ. 청구권원

1. 평등권침해와 불법행위

기본권 규정은 그 성질상 사법관계에 직접 적용될 수 있는 예외적인 것을 제외하고는 사법상의 일반원칙을 규정한 민법 제2조, 제103조, 제750조, 제751조 등의 내용을 형성하고 그 해석 기준이 되어 간접적으로 사법관계에 효력을 미치게 된다. 헌법 제11조는 "모든 국민은 법 앞에 평등하다. 누구든지 성별·종교 또는 사회적 신분에 의하여 정치적·경제적·사회적·문화적 생활의 모든 영역에 있어서 차별을 받지 아니한다."라고 규정하여 평등의 원칙을 선언함과 동시에 모든 국민에게 평등권을 보장하고 있다. 따라서 사적 단체를 포함하여 사회공동체 내에서 개인이 성별에 따른 불합리한 차별을 받지 아니하고 자신의 희망과 소양에 따라 다양한 사회적·경제적 활동을 영위하는 것은 그 인격권 실현의 본질적 부분에 해당하므로 평등권이라는 기본권의 침해도 제750조의 일반규정을 통하여 사법상 보호되는 인격적 법익침해의 형태로 구체화되어 논하여질 수 있고, 그 위법성 인정을 위하여 반드시 사인간의 평등권 보호에 관한 별개의 입법이 있어야만 하는 것은 아니다.[685]

2. 사인에 의한 기본권침해와 불법행위의 성립여부 판단기준

사적 단체는 사적 자치의 원칙 내지 결사의 자유에 따라 그 단체의 형성과 조직, 운영을 자유롭게 할 수 있으므로, 사적 단체가 그 성격이나 목적에 비추어 그 구성원을 성별에 따라 달리 취급하는 것이 일반적으로 금지된다고 할 수는 없다. 그러나 사적 단체의 구성원에 대한 성별에 따른 차별처우가 사회공동체의 건전한 상식과 법감정에 비추어 볼 때 도저히 용인될 수 있는 한계를 벗어난 경우에는 사회질서에 위반되는 행위로서 위법한 것으로 평가할 수 있고, 위와 같은 한계를 벗어났는지 여부는 사적 단체의 성격이나 목적, 차별처우의 필요성, 차별처우에 의한 법익 침해의 양상 및 정도 등을 종합적으로 고려하여 판단하여야 한다. 특히 사적 단체의 성격이나 목적과 관련해서는, 대외적으로 그 단체가 사회공동체 내에서 순수하게 사적인 영역에서만 활동하는지 아니면 일정 부분 공공적 영역에서 활동하며 공익적 기능도 수행하는지와 대내적으로 그 단체의 구성원들에게 제공되는 구체

---

685) 대법원 2011. 1. 27. 선고 2009다19864 판결.

적인 역무의 내용과 성격 등을, 차별처우의 필요성과 관련해서는 그러한 차별처우가 단체의 정체성을 유지하기 위하여 불가피한 것으로서 필요한 한도 내의 조치였는지 여부를, 차별처우에 의한 법익 침해의 양상 및 정도와 관련해서는 해당 구성원의 단체가입 목적, 이를 위한 단체 내 활동에서의 제약 정도와 기간, 그 가입목적 달성을 위한 대체적 단체의 가입 가능성 유무, 가입시 단체 내 차별처우의 존재에 대한 인식 여부, 차별처우에 대한 문제제기 기간과 이에 대한 그 단체의 대응방식 등을 우리 사회의 건전한 상식과 법감정에 비추어 합리적으로 고려하여야 한다.[686]

3. 사안에의 적용

B가 남성 회원에게는 별다른 심사 없이 총회의결권 등을 가지는 총회원 자격을 부여하면서도 여성 회원의 경우에는 지속적인 요구에도 불구하고 원천적으로 총회원 자격심사에서 배제하여 온 것은, 우리 사회의 건전한 상식과 법감정에 비추어 용인될 수 있는 한계를 벗어나 사회질서에 위반되는 것으로서 여성 회원들의 인격적 법익을 침해하여 불법행위를 구성한다고 볼 것이다.

Ⅱ. 손해배상의 범위

차별대우로 인한 손해배상은 위자료가 될 것이다. 위자료의 산정과 관련하여서는 A와 B의 지위(특히 B의 독자적 사회적 기능), 차별대우의 내용과 성격, 그 경위와 기간 등이 고려되어야 한다. 원심법원은 이 사건 차별의 내용과 성격, 성차별적 관행의 시정에 관한 소극적 태도, 이로 인하여 원고들이 이 사건 소송에 이르기까지 겪었을 심리적 고통 등을 감안하여, 피고가 원고들에게 지급하여야 할 위자료를 각 1000만원으로 산정하였고, 대법원은 이를 긍인하였다.[687]

Ⅲ. 소결

설문의 기초가 된 대법원판결은 평등권침해가 민법상 불법행위의 성립요건에 관한 최초

---

686) 대법원 2011. 1. 27. 선고 2009다19864 판결.
687) 대법원 2011. 1. 27. 선고 2009다19864 판결.

의 판시여서 매우 중요하다. 더 나아가 불법행위의 성립 뿐만 아니라 배상액의 산정에 있어서도 음미가 필요한 사안이라 하겠다.

"A의 피용자인 B가 1997. 4. 25. 작업도중 전기톱날에 왼손 손가락에 다발성 심부열창 및 피부결손의 상해를 입는 사고(이하 '이 사건 사고'라고 한다)를 당하였고, 그 후 근로복지공단의 산업재해보상보험법상 장해급여 지급결정(장해등급 10급 8호)에 불복한 B의 재심사청구에 따라 산재심사위원회는 1999. 4. 29. '한 손의 5개의 손가락 또는 엄지손가락과 둘째손가락을 포함하여 4개의 손가락을 제대로 못쓰게 된 사람'인 장해등급 7급 7호로 재결(이하 '1999. 4. 29.자 재결'이라 한다)을 하였다. B는 이와 별도로 A를 상대로 손해배상청구소송을 제기하여 제1심법원으로부터 후유장해가 있음을 전제로 일부 승소의 판결을 선고받았으나 그 항소심법원은 서울대학교병원장 등에 대한 신체감정촉탁 및 사실조회 등 추가 증거조사를 거쳐 2003. 9. 27. 이 사건 사고로 인한 소외인의 입원치료기간 중의 일실수입과 위자료만 인정하고 그 후유장해로 인한 손해배상청구는 기각하는 판결을 선고하였고, 쌍방은 위 항소심판결에 불복하여 상고하였으나 2004. 1. 27. 상고가 모두 기각되었다. 이에 근로복지공단은 2004. 2. 13. A 및 B에 대하여 'B의 왼쪽 손가락에 신체장해가 없다는 내용의 판결이 확정되었으므로, B에 대한 장해급여 지급결정을 취소하고 기지급 장해급여를 부당이득금으로 징수하며 A에 대한 보험급여 징수결정도 취소한다'는 처분을 통보하였다. 그런데 B가 이에 불복하여 산업재해보상보험심사위원회(이하 '산재심사위원회'라고 한다)에 재심사를 청구하자, 산재심사위원회는 2004. 11. 25. 'B에게 당초부터 장해가 없다고 보기 어렵고, 산재심사위원회의 위 1999. 4. 29.자 재결 당시 사실관계 및 의학적 소견을 근거로 정당한 절차와 방법으로 소외인의 장해등급을 7급 7호로 재결하였으므로 근로복지공단은 위 재결에 기속된다'는 이유로 근로복지공단의 위 2004. 2. 13.자 처분을 취소하는 재결(이하 '이 사건 재결'이라 한다)을 하였다. A는 다시 산재심사위원회를 상대로 이 사건 2004. 11. 25.자 재결의 취소를 구하는 소를 제기하여 2005. 1. 20. 제1심법원으로부터 승소판결을 선고받았고, 이후 산재심사위원회의 항소는 기각되었으며, 항소심에서 산재심사위원회를 위하여 보조참가한 B의 상고도 2008. 4. 14. 기각되었다. A는 누구를 상대로 어떠한 청구를 할 수 있는가."

---

688) 대법원 2011. 1. 27. 선고 2008다30703 판결을 참고한 사례이다.

I. 청구권원

보험급여에 관한 근로복지공단의 결정에 대한 산재심사위원회의 재심사절차는 민사재판 절차와는 별개의 절차로서 민사사건 등의 판결에서 인정된 사실에 기속되는 것은 아니라 할지라도 이미 확정된 관련 민사사건에서 인정된 사실은 특별한 사정이 없는 한 유력한 판단자료가 되는 것이므로 합리적 근거 없이 이를 배척할 수 없고, 특히 분쟁의 기초가 된 사실 및 그 청구 목적이 근로복지공단의 처분과 밀접하게 관련된 민사소송에서 확정된 사실이라면 더욱 그러하다. 따라서 당해 근로자가 당사자가 되어 진행된 민사사건에서 신체장해의 존부가 다투어지고 신체감정절차를 거쳐 그러한 장해를 인정하지 않는 내용의 판결이 확정되었음에도 산재심사위원회가 특별한 합리적 근거도 없이 객관적으로 확정판결의 내용에 명백히 배치되는 사실인정을 하였다면 이러한 재결은 전문적 판단의 영역에서 행정청에게 허용되는 재량을 넘어 객관적 정당성을 상실한 것으로서 국가배상법 제2조 소정의 국가배상책임의 요건을 충족할 수 있다.

II. 손해배상의 범위

산재심사위원회가 확정된 민사판결의 내용을 뒤집을 만한 새로운 자료가 제출되는 등의 특별한 사정도 없이 이에 명백히 배치되는 사실인정에 기초하여 위 확정판결의 취지에 따른 근로복지공단의 처분을 취소하는 내용의 재결을 한 것은 객관적 정당성을 상실한 경우로서 국가배상책임의 요건을 충족하고, 사용자 A에게 재결의 취소를 구하는 행정소송의 제기와 응소를 강요함으로써 회복할 수 없는 정신적 고통을 가한 것이다. 따라서 A는 국가배상책임으로 위자료의 배상을 청구할 수 있다. 설문의 기초가 된 사건에서 원심법원은 A 가 산재심사위원회이 에 시간 2004. 11. 25 가 재건 이후 그 처분을 취소하기 위하여 행정소송을 제기하고 이를 수행하여 온 기간과 노력의 정도, 한편 그 이전에 상반된 감정결과로 인하여 여러 번 처분이 변경되었던 과정, 피고의 과실내용 기타 이 사건 변론에 나타난 제반 사정을 감안하면, A에 대한 위자료는 600만원으로 정함이 상당하다고 판단하였다.

Ⅲ. 소결

관련 민사사건에서 확정된 사실관계를 특별한 근거도 없이 배척하고 행정처분을 내리는 것은 객관적 정당성을 상실한 것으로서 국가배상법 제2조 소정의 국가배상책임의 요건을 충족할 수 있고, 이로 인한 손해의 배상의무를 발생시킨다.

[사례 71][689]

"A는 고등학교 강제배정절차에 따라 학교법인 B가 운영하는 고등학교에 입학하였다. 위 학교에서는 각종 행사(입학식, 개학식, 졸업식 등)에 기독교의식을 행하였고, 방학기간을 제외한 매주 수요일에 전교생을 대상으로 수요예배를 진행하였다. 다만 고등학교는 종교교육을 대체하는 과목을 개설하지 않았다. A는 수요예배 등의 종교교육이 소극적 종교의 자유를 침해한다고 교내방송을 하였고, 이에 담임교사는 A에게 주의를 주었으나, A는 자신의 주장을 관철하기 위하여 서울특별시 교육청에서 1인시위를 하였다. 교장선생님 이하 관련 선생님들이 A에게 학교에 적대적인 대외활동을 중단하고 학업에 열중할 것을 권고하였으나, A는 자신이 진행하는 일을 그만둘 수 없다고 하면서 권고를 거부하였다. 이에 학생선도위원회는 교사에게 불손한 행동을 하고 학교의 명예를 훼손하였다는 등의 이유로 A에 대하여 퇴학처분을 하였다. A는 퇴학처분에 대하여 무효확인의 소를 제기하였고, 원고 전부 승소의 판결이 확정되었다. 서울특별시 교육감과 담당 공무원은 종교교육 현황을 점검하고 개선권고를 하였다. A는 누구를 상대로 어떠한 청구를 할 수 있는가."

[해제]

Ⅰ. 피고의 확정

1. 학교법인 B

학교법인 B를 상대로 종교교육과 퇴학처분이 불법행위에 해당함을 들어 손해배상을 청구할 수 있다.

---

689) 대법원 2010. 4. 22. 선고 2008다38288 전원합의체 판결을 참고한 사례이다.

2. 서울특별시

사립학교에 대한 감독기관이 감독권한을 제대로 행사하지 않은 것이 현저하게 합리성을 결여한 것이라는 점을 들어 불법행위에 기한 손해배상을 청구할 여지가 있다.

Ⅱ. 청구권원

1. 종교교육

1) 다수의견

종립학교가 고등학교 평준화정책에 따라 학생 자신의 신앙과 무관하게 입학하게 된 학생들을 상대로 종교적 중립성이 유지된 보편적인 교양으로서의 종교교육의 범위를 넘어서서 학교의 설립이념이 된 특정의 종교교리를 전파하는 종파교육 형태의 종교교육을 실시하는 경우에는 그 종교교육의 구체적인 내용과 정도, 종교교육이 일시적인 것인지 아니면 계속적인 것인지 여부, 학생들에게 그러한 종교교육에 관하여 사전에 충분한 설명을 하고 동의를 구하였는지 여부, 종교교육에 대한 학생들의 태도나 학생들이 불이익이 있을 것을 염려하지 아니하고 자유롭게 대체과목을 선택하거나 종교교육에 참여를 거부할 수 있었는지 여부 등의 구체적인 사정을 종합적으로 고려하여 사회공동체의 건전한 상식과 법감정에 비추어 볼 때 용인될 수 있는 한계를 초과한 종교교육이라고 보이는 경우에는 위법성을 인정할 수 있다.[690)

2) 반대의견

종립학교의 종교교육이 그 허용되는 한계를 벗어나서 위법하다고 평가되어 불법행위가 성립된다고 볼 수 있으려면, 그 종교교육이 보편적이고 건전한 사회인의 양성이라는 교육목적에 전혀 어울리지 아니하는 것이 아닌 한, 학생이 자신의 종교적 신념이나 확신에 기초하여 종립학교의 종교교육을 거부한다는 의사를 명시적으로 표시하거나 또는 이와 동일하게 평가될 수 있는 행동을 하였음에도 그러한 학생에게 전학의 기회를 부여하는 등 보완책을 제시하지 아니한 채 종교의 자유를 가지는 학생의 인격적 가치를 무시하여 일방적으로 종교교육을 강제한 것임이 인정되어야 한다. 그리고 종교교육 거부의 의사가 학생 자신의 종교적 신념이나 확신에 기초한 것인지를 판단함에 있어서는 고등학생이라는 그 연령

690) 대법원 2010. 4. 22. 선고 2008다38288 전원합의체 판결.

대가 아직 감정의 기복이 심하고 인격적으로 미성숙의 성장단계임을 감안한다면 학생 본인의 의사표현만 가지고 판단할 것이 아니라 부모의 태도 등을 충분히 고려하여 본인의 진지한 성찰을 거친 것임이 명확히 확증될 수 있어야 하고, 나아가 부모도 이에 동의한 경우라야 한다.[691]

3) 사안에의 적용

종립학교가 고등학교 평준화정책에 따라 강제배정된 학생을 상대로 특정 종교의 교리를 전파하는 종파적인 종교행사와 종교과목 수업을 실시하면서 참가 거부가 사실상 불가능한 분위기를 조성하고 대체과목을 개설하지 않는 등 신앙을 갖지 않거나 학교와 다른 신앙을 가진 학생의 기본권을 고려하지 않은 것은, 우리 사회의 건전한 상식과 법감정에 비추어 용인될 수 있는 한계를 벗어나 학생의 종교에 관한 인격적 법익을 침해하는 위법한 행위이고, 그로 인하여 인격적 법익을 침해받는 학생이 있을 것임이 충분히 예견가능하고 그 침해가 회피가능하므로 과실 역시 인정된다고 하겠다. 따라서 이 사건 종교교육은 불법행위를 구성한다.

2. 퇴학처분

1) 다수의견

학생에 대한 징계가 징계대상자의 소행, 평소의 학업 태도, 개전의 정 등을 참작하여 학칙에 정한 징계절차에 따라서 징계위원들이나 징계권자의 자율적인 판단에 따라 행하여진 것이고, 실제로 인정되는 징계사유에 비추어 그 정도의 징계를 하는 것도 무리가 아니라고 인정되는 경우라면, 비록 그 징계양정이 결과적으로 재량권을 일탈한 것으로 인정된다고 하더라도 이는 특별한 사정이 없는 한 법률전문가가 아닌 징계위원들이나 징계권자가 징계의 경중에 관한 법령의 해석을 잘못한 데 기인하는 것이라고 보아야 하므로, 이러한 경우에는 징계의 양정을 잘못한 것을 이유로 불법행위책임을 물을 수 있는 과실이 없다. 그러나 학교가 그 징계의 이유로 된 사실이 퇴학 등의 징계처분의 사유에 해당한다고 볼 수 없음이 객관적으로 명백하고 조금만 주의를 기울이면 이와 같은 사정을 쉽게 알아 볼 수 있는데도 징계에 나아간 경우와 같이 징계권의 행사가 우리의 건전한 사회통념이나 사회상규에 비추어 용인될 수 없음이 분명한 경우에 그 징계는 그 효력이 부정됨에 그치지 아니하고 위법하게 상대방에게 정신적 고통을 가하는 것이 되어 그 학생에 대한 관계에서 불

---

691) 대법원 2010. 4. 22. 선고 2008다38288 전원합의체 판결.

법행위를 구성하게 된다.

A에 대한 퇴학처분은 그 징계의 이유로 된 사실이 퇴학처분에 해당한다고 볼 수 없음이 객관적으로 명백하고 징계권자 또는 징계위원들이 조금만 주의를 기울이면 이와 같은 사정을 쉽게 알아 볼 수 있음에도 징계에 나아간 것으로, 그 징계권의 행사가 우리의 건전한 사회통념이나 사회상규에 비추어 용인될 수 없음이 분명하여 A에 대하여 불법행위가 된다.

2) 반대의견

징계처분에서 징계사유로 되지 아니한 비위사실이나 피징계자의 평소의 소행 등도 징계양정의 참작자료로 삼을 수 있으므로, 징계처분의 이유가 된 사실이 징계처분의 사유에 해당한다고 볼 수 없음이 객관적으로 명백하고 징계권자 또는 징계위원들이 조금만 주의를 기울이면 이러한 사정을 쉽게 알아 볼 수 있음에도 징계를 한 것으로서 징계권의 행사가 우리의 건전한 사회통념이나 사회상규에 비추어 용인될 수 없음이 분명한 경우에 해당하는지 여부를 판단함에 있어서는 징계사유 뿐만 아니라 그 징계양정에 참작한 비위사실 등도 종합적으로 고려하여야 한다.

A에 대한 퇴학처분은 교사에게 불손하게 반항하였다는 징계사유와 아울러 징계양정의 자료로 삼을 수 있는 비위사실들을 감안하면, 그 징계처분의 이유로 된 사실만으로 징계대상이 된 학생이 개전의 가망이 없다고 단정하기에는 부족하여 퇴학처분이라는 징계양정이 과하다고 볼 수는 있을지라도, 그 징계에서 인정된 사실이 퇴학처분을 할 정도의 사유에 해당하지 아니함이 객관적으로 명백하였거나 징계권자 또는 징계위원들이 조금만 주의를 기울였더라면 이를 쉽게 알 수 있었던 경우에 해당한다고 보기는 어려워, 학교법인에게 징계의 양정을 잘못한 것을 이유로 불법행위책임을 물을 수 있는 과실이 있다고 볼 수 없다.

3) 소결

퇴학처분에 이르게 된 경위, 퇴학처분이 학생에게 미치는 비중, 해당 학생이 미성년자인 점 등에 비추어 다수의견이 타당하고, 이 사건 퇴학처분이 불법행위를 구성한다.

3. 감독권한의 불행사

교육감의 장학지도나 시정·변경명령 권한의 불행사가 현저하게 불합리한 경우에는 불법행위를 구성할 여지가 있다. 특히 종교교육과 퇴학처분이 불법행위에 해당함을 알고 있음에도 불구하고 이를 시정하기 위한 적절한 조치를 취하지 아니한 것은 경우에 따라 현저하게 합리성을 결여한 것으로 평가될 수 있다.

1) 다수의견

초·중등교육법은 제6조에서 사립학교는 교육감의 지도·감독을 받는다고 규정하고, 제7조에서 교육감은 학교에 대하여 교육과정운영 및 교수·학습방법에 대한 장학지도를 실시할 수 있도록 규정하고 있다. 또한 제63조 제1항에서 "관할청은 학교가 시설·설비·수업·학사 및 기타 사항에 관하여 교육관계 법령 또는 이에 의한 명령이나 학칙을 위반한 경우에는 학교의 설립·경영자 또는 학교의 장에게 기간을 정하여 그 시정 또는 변경을 명할 수 있다."고 규정하고 있다. 이러한 규정은 교육의 공공성을 고려하여 사립학교 교육에 있어서도 국가 교육이념을 실현하고 그 운영의 적정성을 확보하기 위한 것일 뿐 아니라 나아가 그러한 학교 운영을 통하여 학생 개개인의 균형 있는 정신적·육체적 발달을 도모하려는 취지라고 봄이 상당하다. 그러나 교육감이 위 법률의 규정에서 정하여진 직무상의 의무를 게을리하여 그 의무를 위반한 것으로 위법하다고 하기 위해서는 그 의무 위반이 직무에 충실한 보통 일반의 공무원을 표준으로 할 때 객관적 정당성을 상실하였다고 인정될 정도에 이르러야 한다. 또한 교육감의 장학지도나 시정·변경명령 권한의 행사 등이 교육감의 재량에 맡겨져 있는 위 법률의 규정 형식과 교육감에게 그러한 권한을 부여한 취지와 목적에 비추어 볼 때 구체적인 상황 아래에서 교육감이 그 권한을 행사하지 않은 것이 현저하게 합리성을 잃어 사회적 타당성이 없는 경우에 해당하여야만 교육감의 직무상 의무를 위반한 것으로서 위법하게 된다.

2) 반대의견

대법원은 종래 공무원의 부작위의 경우에도 공무원의 작위로 인한 국가배상책임을 인정하는 경우와 마찬가지로 '공무원이 직무를 집행하면서 고의 또는 과실로 법령을 위반하여 타인에게 손해를 입힌 때' 라고 하는 국가배상법 제2조 제1항의 요건을 충족하면 국가배상책임이 인정됨을 밝혀 왔다. 여기서 '법령을 위반하여' 라고 하는 것이 엄격하게 형식적 의미의 법령에 명시적으로 공무원의 작위의무가 규정되어 있는데도 이를 위반하는 경우만을 의미하는 것은 아니고, 국민의 생명, 신체, 재산 등에 대하여 절박하고 중대한 위험상태가 발생하였거나 발생할 우려가 있어서 국민의 생명, 신체, 재산 등을 보호하는 것을 본래적 사명으로 하는 국가가 초법규적, 일차적으로 그 위험 배제에 나서지 아니하면 국민의 생명, 신체, 재산 등을 보호할 수 없는 경우에는 형식적 의미의 법령에 근거가 없더라도 국가나 관련 공무원에 대하여 그러한 위험을 배제할 작위의무를 인정할 수 있는 것이며, 이를 위반하는 경우도 포함하는 것이다. 이러한 경우 위법성 판단의 전제가 되는 작위의무는 공무원의 부작위로 인하여 침해된 국민의 법익 또는 국민에게 발생한 손해가 어느 정도 심각하고 절박한 것인지, 관련 공무원이 그와 같은 결과를 예견하여 그 결과를 회피하기 위한 조치를 취할 수 있는 가능성이 있는지 등을 종합적으로 고려하여 판단하여야 한다. 이와 같이 국가배상법에서의 위법이라는 개념은 법령에 명문으로 정해진 작위의무의 위반뿐만 아니라 관련 법규 및 조리를 종합적으로 고려할 때 인정되는 공무원의 직무상 손해방지의무에 대한 위반을 포함하는 것이다. 또한 위와 같은 사정 아래에서 작위의무를 인정하는 결과, 그 작위의무의 판단 자체에 공무원의 예견가능성이나 회피가능성이라는 과실 요소에 관한 판단이 포함되게 되므로 위와 같이 인정되는 작위의무를 위반한 경우에는 특별한 사정이 없는 한 과실은 당연히 인정된다고 보아야 한다.

3) 소결

설문의 기초가 된 사건에서 법원은 서울특별시 교육감과 담당 공무원은 종교교육 현황을 점검하고 개선권고를 하는 등으로 어느 정도 필요한 조치를 하였고, 위반행위의 취소나 정원감축과 같은 극단적 조치는 사립학교의 자율성과 학생의 학습권을 해할 우려가 있다는 점을 감안하면 교육감의 시정·변경명령 권한 등을 행사하지 아니한 것이 객관적 정당성을 상실하였다거나 현저하게 합리성을 잃어 사회적 타당성이 없다고 볼 수 있는 정도에까지 이르렀다고 하기는 어렵다고 판단하였다.

Ⅲ. 손해배상의 범위

학교법인을 상대로 종교교육과 퇴학처분이라는 별개의 불법행위에 대하여 각각 위자료를 청구할 수 있을 것이다. 위자료의 산정에 있어서는 종교교육의 정도, 기간, 퇴학처분의 경위, 퇴학처분의 사유, 양 당사자의 지위 등이 고려된다.

Ⅳ. 결론

설문의 기초가 된 사건은 종교교육의 한계와 관련된 중요한 대법원 전원합의체 판결이다. 동 판결에는 다수의견과 반대의견의 첨예한 대립이 있는바, 정독을 하고 판결의 의미에 대하여 꼼꼼하게 음미할 필요가 있다. 특히 종교의 자유의 실제적 의미에 대한 반대의견도 경청할 가치가 있다.

13. 의사결정의 자유의 침해

1) 서설

사기·강박에 의하여 타인의 의사결정의 자유를 침해하는 것은 불법행위를 구성한다. 의사결정의 자유의 침해는 여러 가지의 유형에 의하여 발생할 수 있는바, 최근 들어 불매운동에 의한 의사결정의 자유의 침해라는 사안유형도 두드러진다.[692] 또한 의사결정의 자유의 침해는 자연인 뿐만 아니라 법인의 경우에도 인정될 수 있다.

2) 의사결정의 자유의 침해에 대한 구제수단 일반

a) 계약의 취소

aa) 사기

상품의 선전 광고에 있어서 거래의 중요한 사항에 관하여 구체적 사실을 신의성실의 의무에 비추어 비난받을 정도의 방법으로 허위로 고지한 경우에는 기망행위에 해당한다고 할 것이나, 그 선전 광고에 다소의 과장 허위가 수반되는 것은 그것이 일반 상거래의 관행과 신의칙에 비추어 시인될 수 있는 한 기망행위에 해당하지 아니한다고 할 것이다. 따라서 사기를 원인으로 하여 분양계약을 취소하고, 이미 납입한 분양대금의 반환을 청구할 수 있다.

bb) 착오

의사표시는 법률행위의 내용의 중요 부분에 착오가 있는 때에는 취소할 수 있고 의사표시의 동기에 착오가 있는 경우에는 당사자 사이에 그 동기를 의사표시의 내용으로 삼았을 때에 한하여 의사표시의 내용의 착오가 되어 취소할 수 있는 것이다. 상품의 선전 광고로 인한 착오로 분양계약을 체결한 경우에 이는 전형적으로 동기의 착오에 해당하므로 동기의 착오의 법리가 그대로 적용된다. 즉, 제109조에서 말하는 "법률행위 내용의 중요부분" 에 관한 착오를 이유로 분양청약의 의사표시를 취소할 수

---

692) 대법원 2001. 7. 13. 선고 98다51091 판결.

있는 정도의 중요부분에 해당하여야 비로소 동기의 착오를 이유로 계약을 취소할 수 있고, 이는 상대방에 의하여 유발된 동기의 착오의 경우에도 마찬가지이다.

b) 채무불이행책임

상품에 대한 선전광고와 같은 내용의 상품공급계약이 체결된다고 할 것이므로, 이의 위반에 대한 채무불이행책임을 추궁할 여지가 있으나, 원칙적으로 상품의 선전광고는 청약의 유인에 해당하여 이는 곧바로 계약의 내용이 된다고 할 수 없으므로 계약의 성립을 전제로 한 채무불이행책임은 인정되기 어렵다.

c) 불법행위책임

aa) 표시 · 광고의 공정화에 관한 법률에 기한 손해배상청구

'표시 · 광고의 공정화에 관한 법률' 제3조 제1항 제1호에서 말하는 허위 · 과장의 광고는 사실과 다르게 광고하거나 사실을 지나치게 부풀려 광고하여 소비자를 속이거나 소비자로 하여금 잘못 알게 할 우려가 있는 광고행위로서 공정한 거래질서를 저해할 우려가 있는 광고를 말하고, 광고가 소비자를 속이거나 소비자로 하여금 잘못 알게 할 우려가 있는지는 보통의 주의력을 가진 일반 소비자가 당해 광고를 받아들이는 전체적 · 궁극적 인상을 기준으로 하여 객관적으로 판단되어야 한다.[693]

bb) 민법에 기한 손해배상청구

분양계약의 교섭단계에 있는 당사자에게 계약의 체결 여부에 관한 정확하고도 충분한 정보를 구체적으로 고지하거나 설명하지 아니한 채 기본적인 사실확인조치를 취하지 아니한 채 잘못된 정보를 제공한 것은 통상의 선전 · 영업활동을 넘어서서 수분양자들에게 의사결정에 영향을 줄 수 있는 중요한 사정에 관한 신의칙상 고지의무 내지 설명의무를 위반한 것이라고 봄이 상당하므로, 신의칙상 고지의무 내지 설명의무 위반으로 인한 불법행위책임이 인정된다.

---

693) 대법원 2010. 8. 26. 선고 2009다67979, 67986 판결.

d) 소결

사업자가 자신의 상품을 선전하는 광고에서 일체의 과장을 금지하는 것은 현실적으로 기대할 수 없는 것이므로 일반 상거래의 관행과 신의칙에 비추어 사회적으로 용인될 수 있는 사소한 과장은 의사표시 취소의 사유가 되는 기망이나 불법행위를 구성하는 과장광고에 해당되지 아니한다고 할 것이다. 일반 상거래의 관행과 신의칙에 비추어 사회적으로 용인될 수 있는 한도를 넘은 과장이나 허위를 담은 광고는 법적으로 허용될 수 없지만 법적으로 허용되지 않는 과장광고가 있었다고 하여 언제나 의사표시 취소의 사유가 되는 기망에 해당하는 것은 아니고 그 과장 또는 허위의 정도와 중요성, 그 광고에 대한 책임의 정도 등이 중대한 경우에는 의사표시의 취소 사유가 되는 기망행위를 인정할 수 있지만, 그 정도가 의사표시 취소의 사유가 되는 기망행위까지는 인정되지 않고 손해배상책임의 원인이 되는 불법행위만을 구성하는 경우도 있다.

3) 중요 유형

a) 백화점 사기판매사건

대형백화점이 당해 상품들이 종전에는 높은 가격으로 판매되던 것인데 할인특매기간에 한하여 특별히 대폭 할인된 가격으로 판매하는 것처럼 광고를 하는 등의 변칙적인 방법으로 판매영업을 한 사건에서 서울고등법원은 대형백화점의 세일과 같이 고도의 사회적 신뢰에 기하여 이루어지는 거래에 있어서 그 거래내용이 사회적 신뢰에 어긋나는 것일 때에는 거래의 상대방은 재산적 이익을 침해당하는 손해 이외에 그와 같은 고도의 신뢰를 침해당한 데에 따른 별도의 정신적 고통을 받게 되는데 이러한 고도의 사회적 신뢰를 공유함으로써 사회구성원인 개인들이 누리는 안정감과 만족감, 그리고 약간은 자랑스러워하는 마음 등은 법이 마땅히 보호하여야 할 인격적 법익에 해당한다 할 것이므로 이러한 인격적 법익을 침해한 불법행위자는 이로 인한 정신적 고통에 대한 손해도 따로 배상하여야 한다고 판시하였다.[694] 이 사건에서 사기세일로

---

694) 서울고등법원 1992. 10. 30. 선고 92나23102 판결(상고기각). 사기세일의 피해자들에게 10,000원에서 100,000원의 금액이 위자료로 인정되었다.

인한 비재산적 손해는 의사결정의 자유의 침해, 그로 인한 정신적 고통(불쾌감 등)이므로, 비재산적 손해를 정신적 고통으로 일원화하여 이해할 필요는 없다.

b) 아파트와 상가에 대한 허위과장광고

① 대법원 2007. 6. 1. 선고 2005다5812,5829,5836 판결

우리 사회의 통념상으로는 공동묘지가 주거환경과 친한 시설이 아니어서 분양계약의 체결 여부 및 가격에 상당한 영향을 미치는 요인일 뿐만 아니라 대규모 공동묘지를 가까이에서 조망할 수 있는 곳에 아파트단지가 들어선다는 것은 통상 예상하기 어렵다는 점 등을 감안할 때 아파트 분양자는 아파트단지 인근에 공동묘지가 조성되어 있는 사실을 수분양자에게 고지할 신의칙상의 의무를 부담한다.

② 대법원 2006. 10. 12. 선고 2004다48515 판결

아파트 분양자가 아파트 단지 인근에 쓰레기 매립장이 건설예정인 사실을 분양계약자에게 고지하지 않은 사안에서, 그 후 부동산 경기의 상승에 따라 아파트의 시가가 상승하여 분양가격을 상회하는데도, 분양계약자의 손해액을 쓰레기 매립장 건설을 고려한 아파트의 가치하락액 상당으로 보았다.

③ 대법원 2001. 5. 29. 선고 99다55601,55618 판결

상품의 선전 광고에 있어서 거래의 중요한 사항에 관하여 구체적 사실을 신의성실의 의무에 비추어 비난받을 정도의 방법으로 허위로 고지한 경우에는 기망행위에 해당한다고 할 것이나, 그 선전 광고에 다소의 과장 허위가 수반되는 것은 그것이 일반 상거래의 관행과 신의칙에 비추어 시인될 수 있는 한 기망성이 결여된다고 할 것이고, 또한 용도가 특정된 특수시설을 분양받을 경우 그 운영을 어떻게 하고, 그 수익은 얼마나 될 것인지와 같은 사항은 투자자들의 책임과 판단하에 결정될 성질의 것이므로, 상가를 분양하면서 그 곳에 첨단 오락타운을 조성하고 전문경영인에 의한 위탁경영을 통하여 일정 수익을 보장한다는 취지의 광고를 하였다고 하여 이로써 상대방을 기망하여 분양계약을 체결하게 하였다거나 상대방이 계약의 중요부분에 관하여 착오를 일

으켜 분양계약을 체결하게 된 것이라 볼 수 없다.

c) 기타 허위 · 과장 광고

① 대법원 2008. 11. 27. 선고 2008다56118 판결

다단계판매원이 체형보정용 속옷이 고혈압, 다이어트, 허리디스크, 피부질환 등 각종 질병 치료와는 무관함에도 위와 같은 질병 치료에 효과가 있는 것처럼 선전, 광고하는 방법으로 속옷을 판매하는 것은 거래에 있어 중요한 사항에 관한 구체적 사실을 신의성실의 의무에 비추어 비난받을 정도의 방법으로 허위로 고지한 경우에는 기망행위에 해당한다고 할 것이다. 또한 다단계판매업자는 다단계판매원에 대한 사용자의 지위에서 사용자책임을 진다.

② 서울지방법원 1999. 9. 2. 선고 99나457,99나30861 판결(확정)

국가자격시험 교재판매 회사가 허위 · 과장 광고 및 시험 실시 등에 관한 허위의 안내를 함으로써 이를 믿은 자로 하여금 회원으로 가입하게 하여 교재를 구입하고 도로(徒勞)에 가까운 시험공부를 하게 한 것에 대하여 서울지방법원은 위자료로 200만원을 인정하였다.[695]

---

695) 서울지방법원 1999. 9. 2. 선고 99나457,99나30861 판결(확정).

"B 회사는 아파트의 분양을 촉진하기 위하여 '무빙워크, 단지내 학교의 유치, 쇼핑단지와
전용버스의 운행'에 관한 분양광고를 대대적으로 하였다. A는 이러한 분양광고를 믿고 이
사건 아파트를 분양받았으나, 분양광고의 내용은 전혀 이행되지 않았다. A는 B 회사에 대
하여 어떠한 청구를 할 수 있는가"

[해제]

I. 청구권원

1. 계약상 책임

광고 및 분양계약 체결시의 설명이 분양계약서의 내용으로 되지 않은 이상 청약의 유인
에 불과할 뿐이므로 계약상 책임을 추궁할 수 없다. 다만 계약의 내용으로 되는지에 관하
여는 당해 사항이 누락되면 계약의 완결성을 저해하는지 여부, 사회통념상 수분양자가 분
양자에게 이행을 청구할 수 있는 사항인지 여부를 종합적으로 고려하여야 한다.⁶⁹⁷⁾

2. 불법행위책임

피고는 표시·광고의 공정화에 관한 법률이 금지하고 있는 허위·과장광고를 하였고, 거
래의 중요한 사항에 관하여 신의칙상 고지의무 또는 설명의무가 있음에도 이를 제대로 고
지하지 아니하거나 잘못된 정보를 제공하였으므로 표시·광고의 공정화에 관한 법률 제10
조 제1항 또는 제750조에 의하여 손해배상의무를 부담한다.

3. 계약의 취소에 기한 대금반환청구

사기 또는 유발된 동기의 착오를 이유로 분양계약 자체를 취소하고, 이미 납입된 분양대
금의 반환을 청구해 볼 여지도 있다. 다만 대부분의 판결례는 계약자체의 취소는 인정하지
않고, 불법행위에 기한 손해배상청구만을 인정할 뿐이다.

---

696) 부산지방법원 2008. 12. 4. 선고 2008가합7256 판결(로앤비 검색가능)을 참고한 사례이다.
697) 尹眞秀(註 656), 365면.

Ⅱ. 청구의 내용

허위과장광고로 인한 불법행위책임의 추궁에 있어 손해배상액의 산정은 매우 어려운 문제이다. 그리하여 판례는 재산적 손해의 발생사실은 인정되나 그 구체적인 손해액수를 입증하는 것이 사안의 성질상 곤란한 경우에 법원은 증거조사의 결과와 변론 전체의 취지에 의하여 밝혀진 당사자들 사이의 관계, 불법행위와 그로 인한 재산적 손해가 발생하게 된 경위, 손해의 성격, 손해가 발생한 이후의 제반정황 등의 관련된 모든 간접사실들을 종합하여 상당인과관계 있는 손해의 범위인 수액을 판단할 수 있다고 한다. 다만 허위과장광고가 시가의 하락에 미친 영향을 구체적으로 분석하여 재산적 손해를 산정할 것이 요구된다.[698] 재산적 손해 외에 위자료를 청구할 수 있느냐와 관련하여서 판례는 불법행위로 인한 원고들의 정신적 고통은 그에 대한 재산상 손해배상이 이루어짐으로써 회복된다고 보아야 할 것이고, 달리 원고들이 재산상 손해배상만으로는 회복될 수 없는 정신적 고통을 입었다는 특별한 사정이 있다거나 피고가 이와 같은 사정을 알았거나 알 수 있었음을 입증될 것을 요구한다. 결과적으로 재산적 손해가 어느 정도 충분하게 배상되었느냐가 중요한 관건이 될 것이며, 아울러 허위과장광고의 태양이 상당히 악의적인 경우에는 예외적으로 위자료의 배상이 긍정되어야 할 것이다.

Ⅲ. 소결

아파트의 입지조건이나 주변 자연환경, 교통환경, 시설 등에 관하여 다소 과장되게 광고를 하였다고 하더라도 그러한 광고내용이 분양계약서에 포함되어 있지 않은 경우에는 그것이 상거래 관행이나 신의칙에 비추어 그 상당성을 인정할 수 있는 한도 내에서 청약의 유인에 불과할 뿐이므로 이에 기초하여 계약상 책임을 추궁할 수 없고 불법행위책임을 추궁할 수 있을 뿐이다. 특히 상품의 선전 광고에 있어서 거래의 중요한 사항에 관하여 구체적 사실을 신의성실의 의무에 비추어 비난받을 정도의 방법으로 허위로 고지하여 기망행위에 해당하는 경우에는 불법행위책임이 인정된다.

---

698) 대법원 2009. 8. 20. 선고 2008다19355 판결.

"A는 최상층 아파트는 기준층에 비해서 천정고를 높여 쾌적성이 증가되고, 조망권이나 일조권도 타층에 비하여 높은 것으로 평가되고 최상층의 경우 바닥과 천정 사이의 일부에 다락을 설치함으로서 바닥 면적에는 포함되지 아니하는 별도의 공간을 마치 복층과 같이 활용할 수 있다고 기대되었기 때문에 기준층보다 3000만원을 추가로 더 지급하고 최상층을 분양받았다. 분양안내책자에 수록된 이 사건 아파트 최상층의 조감도에 따르면 다락의 지붕은 수평으로 되어 있고, 다락에 책상과 의자가 설치되어 있으며, 다락의 벽에는 벽걸이 텔레비전과 비슷한 크기의 액자가 걸려 있고, "수납공간 및 개인 취미생활 공간을 활용할 수 있는 다락방을 설치하였습니다"라는 문구가 기재되어 있었는데, 분양광고의 내용도 그와 같았고, 견본주택에 설치된 최상층의 모형 다락 내부에는 책상과 의자 등이 배치되어 있었고 그 안에서 일상적 주거생활이 가능한 것처럼 보였다. 그러나 실제로 A가 입주한 이 사건 아파트 최상층 다락의 경우 천장은 약 30° 정도 경사지고, 천장의 높이는 낮은 곳이 46cm~55cm, 높은 곳이 140cm~152cm 정도로서 일상 생활이 곤란한 형상(구조나 크기)이었다. 이 사건 분양광고는 시행사인 B 회사가 주관하기로 하였지만, 시공사인 C 회사는 시행사인 B 회사와 정기적으로 분양대책회의까지 개최하였고, 분양계약상 아파트 분양대금도 시행사가 아닌 시공사인 C 회사의 계좌로 바로 입금하도록 되어 있었다. 이 사건 분양안내책자의 뒷부분에는 C 회사의 이미지광고, 기업연혁과 상호가 기재되어 있는데, C 회사는 이 사건 분양광고에 자신의 상호 등이 사용됨을 용인하고 분양안내책자를 사전에 검토하여 승인한 바 있고, A는 시행사인 B 회사 뿐만 아니라 C 회사의 브랜드 가치를 믿고 분양계약을 체결하기에 이른 것이다. A는 누구를 상대로 어떠한 청구를 할 수 있는가."

[해제]

Ⅰ. 피고의 확정

우선 시행사인 B 회사를 상대로 분양계약의 위반을 이유로 채무불이행책임을 추궁할 수 있다. 상가나 아파트의 분양광고의 내용은 청약의 유인으로서의 성질을 갖는 데 불과한 것이 일반적이라 할 수 있다. 그런데 선분양·후시공의 방식으로 분양되는 대규모 아파트단지의 거래 사례에 있어서 분양계약서에는 동·호수·평형·입주예정일·대금지급방법과 시기

---

699) 대법원 2009. 4. 23. 선고 2009다1313 판결을 참고한 사례이다.

정도만이 기재되어 있고 분양계약의 목적물인 아파트 및 그 부대시설의 외형·재질·구조 및 실내장식 등에 관하여 구체적인 내용이 기재되어 있지 아니한 경우가 있는바, 분양계약 의 목적물인 아파트에 관한 외형·재질 등이 제대로 특정되지 아니한 상태에서 체결된 분양 계약은 그 자체로서 완결된 것이라고 보기 어렵다 할 것이므로, 비록 분양광고의 내용, 모델 하우스의 조건 또는 그 무렵 분양회사가 수분양자에게 행한 설명 등이 비록 청약의 유인에 불과하다 할지라도 그러한 광고 내용이나 조건 또는 설명 중 구체적 거래조건, 즉 아파트의 외형·재질 등에 관한 것으로서 사회통념에 비추어 수분양자가 분양자에게 계약 내용으로 서 이행을 청구할 수 있다고 보이는 사항에 관한 한 수분양자들은 이를 신뢰하고 분양계약 을 체결하는 것이고 분양자들도 이를 알고 있었다고 보아야 할 것이므로, 분양계약시에 달 리 이의를 유보하였다는 등의 특단의 사정이 없는 한, 분양자와 수분양자 사이에 이를 분양 계약의 내용으로 하기로 하는 묵시적 합의가 있었다고 봄이 상당하다.[700] 또한 상품의 허 위·과장광고가 신의성실의 의무에 비추어 비난받을 정도의 방법으로 행해진 경우에는 사 기의 불법행위를 구성한다.[701]

또한 시공사는 공사수급인에 불과하여 원칙적으로 불법행위책임을 지지 않을 것이나, 과 실에 의한 방조에 의하여 공동불법행위책임이 인정될 수 있다. 설문의 경우에 시공사인 C 회사는 분양대책회의와 분양광고를 통하여 이 사건 아파트의 분양에 있어 상당한 관여를 한 이상 공동불법행위책임이 인정될 여지가 있다.

Ⅱ. 청구권원

B회사에 대하여는 채무불이행책임과 불법행위책임이 경합하고, C 회사에 대하여는 불 법행위책임이 인정된다. 따라서 소송의 편의를 위하여 허위과장광고에 기한 사기분양이라 는 공동불법행위책임을 B 회사와 C회사를 상대로 추궁하는 것이 적절하다.

또한 분양계약서에 따라 주택법령에 의한 담보책임이 인정될 여지도 있다. 설문의 기초 가 된 사건에서 법원은 하자보수와 관련하여 "공동주택관리령의 규정에 의하여 목적물의 시공상 하자에 대한 보수책임을 진다"고 약정한 사실을 인정할 수 있고, 위 각 계약 당시 공동주택관리령은 이미 폐지되고 주택법 및 주택법시행령이 시행 중이었으므로, 이 사건

---

700) 대법원 2007. 6. 1. 선고 2005다5812,5829,5836 판결.
701) 대법원 2009. 4. 23. 선고 2009다1313 판결.

아파트의 하자 보수책임에 대하여 각 계약 체결 당시에 시행 중인 주택법시행령을 적용하기로 약정한 것으로 보이고, 따라서 하자보수에 갈음하는 손해배상이 인정되는 하자도 주택법시행령에서 인정되는 것에 한한다고 판단하였다. 특히 분양자가 분양계약의 내용과 달리 아파트의 외형·재질 등을 변경 시공하여 기능상의 지장을 초래하였다면, 이 또한 위 법령에서 정한 하자의 범위에 포함된다고 보았다.

Ⅲ. 손해배상의 범위

A가 입은 손해는 '분양안내책자와 같은 구조와 크기를 가진 다락이 설치된 아파트의 가치'와 '현재 상태와 같은 다락이 설치된 아파트의 가치' 사이의 차액이라고 보아야 한다.

분양안내책자 등에서 광고·설명한 바와 같은 구조와 기능을 갖춘 다락이 시공되어 있을 경우 이 사건 아파트 최상층의 시가는 현재 상태대로의 시가보다 더 클 것으로 보이나, 실제로 그 교환가치 차액을 구체적으로 증명하는 것은 매우 어렵다. 따라서 이 사건 변론에 나타난 제반 사정과 간접사실들을 종합하여 손해의 액수를 정할 수밖에 없다.

설문의 기초가 된 사건에서 서울고등법원은 최근 분양한 아파트 중 다락이 설치되어 있지 아니한 경우라도 최상층은 높은 층고나 조망권 등을 고려하여 기준층보다 분양가가 3% 정도 높게 책정된 사례가 발견되는 점, 이 사건 다락의 경우 일상 생활공간으로 활용하기는 어렵지만 다락이 설치되지 않은 경우에 비하여 수납 등 다른 기능으로 활용할 여지가 있는 점, 현재와 같은 다락을 설치하기 위하여 일부 추가비용이 소요된 점 등을 종합적으로 고려하면, 위 하자로 인하여 원고들이 입은 손해는 원고들이 부담한 각 분양대금과 기준층 분양대금과의 차액 중 60% 정도로 정함이 상당하다고 판단하였다.

Ⅳ. 소결

설문의 기초가 된 사건에서 원고는 시행사에 대하여는 담보책임을 시공사에 대하여는 불법행위책임을 추궁하였고, 2심법원은 시행사에 대한 책임만을 긍정하였다. 그러나 대법원은 시공사의 경우에는 공동불법행위책임이 인정될 수 있다고 보고 원심판결을 파기환송하였다.

"A는 B가 진행하는 조각상 공모에 응하여 제시한 조각시안이 당첨되었다. B 는 A에게 당
첨자통지를 한 후 3년동안 계약대금과 완성기한 등을 정하지 아니한 채 방치하다가 예산부
족 등을 이유로 당첨취소를 통보하였다. A는 B 에게 어떠한 청구를 할 수 있는가"

[해제]

I. 청구권원

1. 계약상 책임

계약이 성립하기 위하여는 당사자의 서로 대립하는 수개의 의사표시의 객관적 합치가
필요하고 객관적 합치가 있다고 하기 위하여는 당사자의 의사표시에 나타나 있는 사항에
관하여는 모두 일치하고 있어야 하는 한편, 계약 내용의 '중요한 점' 및 계약의 객관적 요
소는 아니더라도 특히 당사자가 그것에 중대한 의의를 두고 계약성립의 요건으로 할 의사
를 표시한 때에는 이에 관하여 합치가 있어야 계약이 적법 · 유효하게 성립하는 것이다. 그
리고 계약이 성립하기 위한 법률요건인 청약은 그에 응하는 승낙만 있으면 곧 계약이 성립
하는 구체적, 확정적 의사표시여야 하므로, 청약은 계약의 내용을 결정할 수 있을 정도의
사항을 포함시키는 것이 필요하다 할 것이나, B가 작가들에게 시안 제작을 의뢰할 때 시안
이 당선된 작가와 사이에 이 사건 계약을 체결할 의사를 표명하였다 하더라도 그 의사표시
안에 이 사건 조형물의 제작 · 납품 및 설치에 필요한 제작대금, 제작시기, 설치장소를 구
체적으로 명시하지 아니하였던 이상 B의 A 등에 대한 시안제작 의뢰는 이 사건 계약의 청
약이라고 할 수 없고, 나아가 A가 시안을 제작하고 B가 이를 당선작으로 선정하였다 하더
라도 A와 B 사이에 구체적으로 이 사건 계약의 청약과 승낙이 있었다고 보기는 어렵다고
할 것이다. 따라서 계약의 성립을 전제로 한 계약상 책임은 인정되기 어렵다.

2. 체약상의 과실책임의 유추적용여부

체약상의 과실책임의 인정여부에 관한 자세한 논의는 교과서와 논문을 참고하면 될 것

---

702) 대법원 2003. 4. 11. 선고 2001다53059 판결을 참고한 사례이다.

이나, 여기서 간략하게 지적하고자 하는 것은 우리의 채무불이행법과 불법행위법은 일반조항적 구조를 가지고 있으며 양자의 차이가 거의 없어 체약상의 과실책임을 별도로 인정할 실익이 거의 없다는 점에 비추어 계약교섭의 부당파기에 대하여 체약상의 과실책임을 인정할 필요는 없고, 예외적인 경우에 불법행위책임으로 의율하면 족한 것이다. 체약상의 과실책임의 유추적용을 통하여 그 인정범위를 넓히게 되면 계약당사자는 원칙적으로 상대방의 이익도 고려하여야 한다는 전제에 서게 되는데, 이는 개인주의적 사고에 반하는 것이다. 원칙적으로 개인은 자신의 이익을 좇아 최선을 다하면 족한 것이고, 예외적으로 선량한 풍속 기타 사회질서에 반하여 위법하여 불법행위를 구성하는 것이 우리 민법의 체계에 부합하는 것이다. 이러한 태도가 제3자의 채권 침해에 대하여 위법성을 예외적으로 엄격하게 인정하는 민법의 판단과 정합성을 유지하는 길이다.

3. 불법행위책임

A와 B 사이에 이 사건 계약에 관하여 확정적인 의사의 합치에 이르지는 못하였다고 하더라도 그 계약의 교섭단계에서 B가 A 등 조각가 4인에게 시안의 작성을 의뢰하면서 시안이 선정된 작가와 조형물 제작·납품 및 설치에 관한 이 사건 계약을 체결할 것을 예고한 다음 이에 응하여 작가들이 제출한 시안 중 A가 제출한 시안을 당선작으로 선정하고 A에게 그 사실을 통보한 바 있었으므로 당선사실을 통보받은 시점에 이르러 A로서는 이러한 피고의 태도에 미루어 이 사건 계약이 확실하게 체결되리라는 정당한 기대 내지 신뢰를 가지게 되었다고 할 것이고 그 과정에서 A는 그러한 신뢰에 따라 B가 요구하는 대로 이 사건 조형물 제작을 위한 준비를 하는 등 행동을 하였을 것임에도, 앞서 본 바와 같이 B가 A와는 무관한 자신의 내부적 사정만을 내세워 근 3년 가까이 A와 계약체결에 관한 협의를 미루다가 이 사건 조형물 건립사업의 철회를 선언하고 상당한 이유 없이 계약의 체결을 거부한 채 다른 작가에게 의뢰하여 다른 상징조형물을 건립한 것은 신의성실의 원칙에 비추어 볼 때 계약자유원칙의 한계를 넘는 위법한 행위로서 불법행위를 구성한다.

II. 청구의 내용

1. 이행손해

계약대금을 예상하여 그 일부를 청구할 수 있는지가 문제될 수 있으나, 설문의 경우 계약의 주요 부분을 확정한 기준이 없는 이상 이행이익에 근거한 손해산정의 방법도 채택하기 어렵다.

2. 신뢰손해

경쟁입찰에 참가하기 위하여 지출한 제안서 및 견적서 작성비용은 계약체결과 무관하게 지출된 비용이므로 신뢰손해의 범주로 청구될 수 없다. 더 나아가 당첨후 당첨취소 통보시까지 자의적으로 계약체결을 신뢰하여 지출한 비용은 신뢰손해로 인용되기 어렵다.[703] 설문의 경우 당첨후 당첨취소 통보시까지 비용지출이 없어 신뢰손해는 존재하지 않는다.

3. 위자료

결국 설문에서 A가 구할 수 있는 손해는 위자료에 한정된다고 할 것이다. 위자료의 산정에 있어서는 A의 인격적 이익의 침해 및 그로 인한 정신적 고통에 한정할 것이 아니라 재산적 손해를 전혀 전보받을 수 없는 사정도 고려되어야 한다.

Ⅲ. 소결

설문의 기초가 되는 서울고등법원 2001. 7. 5. 선고 2001나9191 판결에서는 3000만원의 위자료를 인정하였다. 위 판결에서 상당히 고액의 위자료가 인정된 것은 피고의 불법행위가 없었더라면 상당한 정도의 재산적 이익을 얻을 수 있었는데 불법행위로 인하여 이러한 기회가 상실되었다는 점을 고려한 것이라고 보아야 한다.

---

703) 대법원 2004. 5. 28. 선고 2002다32301 판결에 의하면 계약교섭의 부당한 중도파기가 불법행위를 구성하는 경우, 상대방에게 배상책임을 지는 것은 계약체결을 신뢰한 상대방이 입게 된 상당인과관계 있는 손해이고, 한편 계약교섭 단계에서는 아직 계약이 성립된 것이 아니므로 당사자 중 일방이 계약의 이행행위를 준비하거나 이를 착수하는 것은 이례적이라고 할 것이므로 설령 이행에 착수하였다고 하더라도 이는 자기의 위험 판단과 책임에 의한 것이라고 평가할 수 있지만 만일 이행의 착수가 상대방의 적극적인 요구에 따른 것이고, 바로 위와 같은 이행에 들인 비용의 지급에 관하여 이미 계약교섭이 진행되고 있었다는 등의 특별한 사정이 있는 경우에는 당사자 중 일방이 계약의 성립을 기대하고 이행을 위하여 지출한 비용 상당의 손해가 상당인과관계 있는 손해에 해당한다고 한다.

"A는 신발류 제조업 등을 사업목적으로 하는 회사이며, B는 신발, 의류 잡화 제조, 판매업을 사업목적으로 하는 회사이다. B는 특허권을 토대로 하여 마사이워킹용 기능성 신발을 제조·판매하여 왔다. A는 '미드솔과 아웃솔이 일체로 형성된 신발창'을 발명하여 '워킹슈즈'라는 상표의 기능성 신발을 제조하였고, 위 제품의 판매를 위하여 C 홈쇼핑회사와 판매대행계약을 체결하였다. B는 변리사의 판단에만 의존하여 A와 C 홈쇼핑회사에게 '특허권 및 디자인권 침해 제품 판매금지 통보'라는 제목의 내용증명우편을 발송하였다. 위 우편에는 홈쇼핑회사에 판매 금지, 제품 폐기, 사과문 게재, 형사고발 등이 담겨있었다. C 홈쇼핑회사는 B로부터 위 우편을 받은 후 이후 예정된 홈쇼핑을 취소하였다."

1. A는 B에 대하여 어떠한 청구를 할 수 있는가.
2. B는 어떠한 항변을 할 수 있는가.

[해제]

I. A의 청구

A가 제조, 판매하는 이 사건 제품이 B의 특허권을 침해하는 제품이 아님에도 B는 C 홈쇼핑회사에 이 사건 경고장을 보내어 사전에 예정되어 있었던 홈쇼핑 방송이 취소되도록 하였으므로, 그로 인하여 A가 입은 손해를 배상할 책임이 있다.

II. B의 항변

1. 귀책사유의 부존재

B는 전문가인 변리사의 확인을 받아 A의 제품이 B의 특허권을 침해한다고 믿었고 B의 특허를 보호하기 위하여 경고장을 발송한 것이므로, A에게 손해를 가할 목적, 고의 또는 과실이 있다고 할 수 없다.

---

704) 대전지방법원 2009. 12. 4. 선고 2008가합7844 판결(확정)을 참고한 사례이다.

2. 상당인과관계의 부존재 등

B는 특허권자로서 B의 특허권 침해의 금지를 요청하는 경고장을 A 및 C 홈쇼핑에 발송하였을 뿐 직접적으로 이 사건 제품의 판매를 금지하거나 방해한 사실이 없고, 방송이 취소된 것은 C 홈쇼핑의 자체적인 판단에 의한 것이지 B의 경고장 때문이 아니므로, B의 경고장 발송행위와는 상당인과관계가 없다.

Ⅲ. 법원의 판단

1. 귀책사유의 존부에 대한 판단

특허권의 침해 여부는 고도의 전문적인 식견을 가지고 판단하여야 하고 전문가에 따라 견해의 차이가 있을 수 있으므로 특허심판원의 심결 또는 특허법원의 판결 등에 의하여 비로소 객관적으로 확정될 수 있으며, 특히 이 사건과 같은 마사이워킹용 전문슈즈의 경우 다수의 업체에서 생산되고 있고, 각각의 업체마다 특허의 권리범위에 관하여 주장하는 바가 다르고 분쟁이 많아 특허의 권리범위를 쉽게 판단할 수 없다. B가 특허심판원에 권리범위 확인의 청구를 하거나, 법원에 특허권 침해를 원인으로 한 가처분신청을 하지도 않은 채 단지 의뢰하였던 변리사의 판단에 근거하여 A의 이 사건 제품이 B의 특허권을 침해한다고 단정한 뒤, B의 특허를 침해하는 이 사건 제품들을 폐기하고 더 나아가 주요 일간지에 사과문을 게재하라는 강력한 내용의 경고장을 A의 거래처인 C 홈쇼핑회사에 발송한 행위는 고의 내지는 적어도 과실에 의해 원고의 영업활동을 방해한 것으로 봄이 상당하다.

2. 위법성의 조각여부에 대한 판단

공신력 있는 기관으로부터 특허 침해 여부의 확인도 받지 않고 이 사건 경고장과 같은 강력한 내용의 경고장을 경쟁업체의 거래처에 발송하는 행위가 B가 가지고 있는 특허를 보호하기 위하여 사회통념상 허용되는 정당한 행위라고 볼 수도 없다.

3. 손해배상의 범위에 관한 판단

불법행위로 인한 손해배상청구소송에서 재산적 손해의 발생 사실은 인정되나 구체적인 손해의 액수를 증명하는 것이 사안의 성질상 곤란한 경우, 법원은 증거조사의 결과와 변론 전체의 취지에 의하여 밝혀진 당사자들 사이의 관계, 불법행위와 그로 인한 재산적 손해가 발생하게 된 경위, 손해의 성격, 손해가 발생한 이후의 여러 정황 등 관련된 모든 간접사실들을 종합하여 손해의 액수를 판단할 수 있다.

법원은 사실조회결과 등을 참고로 도출한 평균판매수량과 평균수익금을 토대로 손해배상액을 산정하였다. 즉, A가 입은 손해는 이미 편성되어 있던 홈쇼핑 방송이 예정대로 방영되었을 경우의 판매수익금 상당이라 할 것이므로, B는 A에게 46,900,000원(= 7,000원 × 1회 평균 판매수량 1,675켤레 × 4회)을 이 사건 경고장 발송으로 인한 손해배상으로 지급하여야 할 의무가 있다고 판단하였다.

Ⅳ. 소결

설문의 기초가 된 사건에서 법원은 변리사의 자문에 근거하여 단정적 표현으로 타인의 영업활동을 방해하는 행위에 대하여 불법행위를 인정하였고, 법원이 인정한 손해배상액도 참고할 만하다. 특히 판결문에 제시된 피고의 내용증명우편도 실제로 한번 읽어볼 필요가 있다.

14. 재산권 등의 침해

1) 서설

타인의 불법행위로 인하여 재산권이 침해된 경우에 피해자는 이로 인한 손해를 배상받을 수 있다. 재산권의 침해에는 소유권이나 제한물권의 침해 뿐만 아니라 채권의 침해 등도 포함된다.

2) 재산권침해

a) 침해의 유형

aa) 물건의 멸실 또는 훼손

고의로 타인의 재산권을 침해한 경우 뿐만 아니라 과실로 타인의 재산권을 침해한 경우에도 불법행위를 구성한다. 타인의 물건을 점유하는 자는 그 물건이 도난되거나 분실되지 않도록 보관하여야 하는 주의의무를 부담한다고 할 것이므로 이를 위반한 경우에는 과실불법행위가 성립한다. 대법원은 타인 소유의 거푸집임을 알았음에도 불구하고 거푸집을 야외에 방치하여 두었다가 도난을 당함으로써 이 사건 거푸집에 대한 원고의 소유권을 침해하였다면 이러한 불법행위로 인하여 원고가 입은 손해를 배상할 의무가 있다고 판시하였다.[705] 집행관이 민사소송법 제690조에 의한 건물명도청구의 집행시 집행목적물인 건물 내에 있는 채무자 또는 제3자 소유의 집행목적외 동산을 스스로 보관하지 않고 채권자의 승낙을 얻어 채권자에게 보관하게 한 경우, 채권자의 그 보관에 관한 권리나 의무는 원칙적으로 집행관과의 사이에 체결된 임치계약 등 사법상의 계약에 의하여 정하여 진다고 할 것이므로, 채권자가 집행관과의 약정에 따라 그 동산을 보관하던 중 이를 분실한 경우 채권자가 그 보관에 필요한 계약상의 주의의무를 다하였다고 인정되는 때에는 집행관이나 그 동산의 소유자 등에 대하여 계약상의 손해배상책임은 물론 불법행위로 인한 손해배상책임까지도 부담하지 않지만, 이 경우 채권자가 보관상의 주의의무를 제대로 이행하지 못한 과실의 정

---

705) 대법원 2008. 12. 11. 선고 2008다54617 판결.

도가 불법행위의 요건을 충족시킬 수 있고 또한 그 보관상 주의의무의 위반행위가 구체적인 태양이나 정도 등에 비추어 위법하다고 인정되는 경우에는 달리 특별한 사정이 없는 한 채권자는 집행관이나 그 동산의 소유자 등에 대하여 불법행위로 인한 손해배상책임을 진다.

재산권의 침해사안에서는 인격적 이익의 침해도 함께 문제되는지도 주의깊게 살펴야 한다. 가령 인근 주택 공사로 인하여 지반침하, 균열발생 등으로 주거 생활이 현저하게 침해되는 경우에는 수리비 뿐만 아니라 위자료도 인정된다.

bb) 담보권의 침해

근저당권의 공동 담보물 중 일부를 권한 없이 멸실·훼손하거나 담보가치를 감소시키는 행위로 인하여 근저당권자가 나머지 저당 목적물만으로 채권의 완전한 만족을 얻을 수 없게 되었다면 근저당권자는 불법행위에 기한 손해배상청구권을 취득한다.[706] 이때 이와 같은 불법행위 후 근저당권이 확정된 경우 근저당권자가 입게 되는 손해는 채권최고액 범위 내에서 나머지 저당 목적물의 가액에 의하여 만족을 얻지 못하는 채권액과 멸실·훼손되거나 또는 담보가치가 감소된 저당 목적물 부분(이하 '소멸된 저당 목적물 부분'이라 한다)의 가액 중 적은 금액이다. 여기서 나머지 저당 목적물의 가액에 의하여 만족을 얻지 못하는 채권액은 위 근저당권의 실행 또는 제3자의 신청으로 개시된 경매절차에서 근저당권자가 배당받을 금액이 확정되었거나 확정될 수 있는 때에는 그 금액을 기준으로 하여 산정하며, 그렇지 아니한 경우에는 손해배상 청구소송의 사실심 변론종결시를 기준으로 산정하여야 하고, 소멸된 저당 목적물 부분의 가액 역시 같은 시점을 기준으로 산정하여야 한다.

cc) 이용권의 침해

타인 소유의 토지를 법률상 권원 없이 점유함으로 인하여 그 토지소유자가 입은 통상의 손해는 특별한 사정이 없는 한 그 점유토지의 임료 상당액이다.[707] 개발제한구역으로 지정된 토지는 일정한 행위가 금지되는 것이기는 하나 모든 사권의 행사가 금

---

706) 대법원 2009. 5. 28. 선고 2006다42818 판결.
707) 대법원 1994. 6. 28. 선고 93다51539 판결.

지되는 것은 아니므로, 개발제한구역으로 지정될 당시에 이미 사실상 대지로 조성되어 있는 토지를 타인이 점유함으로 인하여 소유자가 입은 손해액은 토지를 그 이용상태 그대로 임대하는 경우의 그 임료상당액이라 할 것이다.[708]

다른 사람 소유의 주차장을 임차하여 주차장영업을 하던 사람이 임차인의 채무불이행 또는 그 이행보조자의 불법행위로 인하여 위 영업을 할 수 없게 되어 입은 손해를 산정함에 있어서 그 영업을 하여 수익할 수 있었던 돈은 임대차관계의 존재를 전제로 한 것이며 그 임대차관계를 유지하기 위하여 임료 등의 비용이 들어가야 하는 것이면 이 돈은 주차료 수입에서 공제하여야 하는 것이 마땅하다 할 것이므로, 임대차계약을 체결함에 있어 임료없이 보증금만을 지급하는 이른바 채권적전세의 경우에 있어서는 그 보증금에 대한 이자 상당액이 임료에 해당하는 것으로서 보증금의 이자와 차임을 상계하는 것이거나 보증금 또는 전세금이라는 이름의 목돈을 냄으로써 차임을 면제받는 것이라 할 것이므로 보증금이 반환되는 이후에 있어서 임료에 해당하는 비용의 지출이 필요 없다고 할 수는 없을 것이므로 임대보증금이 임차기간만료 전에 반환되는 경우에는 주차료수입상실로 인한 손해를 산정함에 있어서 임대차보증금 반환시기 이후의 기간에 관하여는 이를 고려하여 임료에 해당하는 비용을 공제하여야 한다.[709]

b) 손해배상

aa) 재산적 손해

일반적으로 불법행위로 인한 손해는 물건이 멸실되었을 때에는 멸실 당시의 시가를, 물건이 훼손되었을 때에는 수리 또는 원상회복이 가능한 경우에는 수리비 또는 원상회복에 드는 비용을, 수리 또는 원상회복이 불가능하거나 그 비용이 과다한 경우에는 훼손으로 인하여 교환가치가 감소된 부분을 통상의 손해로 보아야 한다.[710] 불법행위로 영업용 물건이 멸실된 경우, 이를 대체할 다른 물건을 마련하기 위하여 필요

---

708) 대법원 1992. 6. 23. 선고 92다12933 판결.
709) 대법원 1990. 8. 28. 선고 90다카10343 판결.
710) 대법원 2006. 4. 28. 선고 2005다44633 판결.

한 합리적인 기간 동안 그 물건을 이용하여 영업을 계속하였더라면 얻을 수 있었던 이익, 즉 휴업손해는 그에 대한 증명이 가능한 한 통상의 손해로서 그 교환가치와는 별도로 배상하여야 하고, 이는 영업용 물건이 일부 손괴된 경우, 수리를 위하여 필요한 합리적인 기간 동안의 휴업손해와 마찬가지라고 보아야 할 것이다.[711]

bb) 위자료

① 판례

일반적으로 타인의 불법행위 등에 의하여 재산권이 침해된 경우에는 그 재산적 손해의 배상에 의하여 정신적 고통도 회복된다고 보아야 할 것이므로 재산적 손해의 배상에 의하여 회복할 수 없는 정신적 손해가 발생하였다면, 이는 특별한 사정으로 인한 손해로서 가해자가 그러한 사정을 알았거나 알 수 있었을 경우에 한하여 그 손해에 대한 위자료를 청구할 수 있다.[712] 다만 대법원은 재산권의 침해와 동시에 인격적 이익의 침해가 있는 경우에는 특별사정에 대한 예견가능성을 요구하지 않고 경험칙상 정신적 손해가 발생한다고 본다.[713]

② 학설

다수설은 제750조의 손해에는 정신적 손해도 포함되고, 제751조는 제750조에 정신적 손해도 속한다는 것을 주의적으로 규정한 것이라고 해석한다.[714] 즉, 신체, 자유,

---

711) 대법원 2004. 3. 18. 선고 2001다82507 전원합의체 판결.

712) 대법원 2004. 3. 18. 선고 2001다82507 전원합의체 판결.

713) 대법원 1995. 5. 12. 선고 94다25551 판결(삼림훼손허가 등 적법한 절차를 거치지 아니한 채 타인의 조부모 묘가 있는 임야를 굴착비틀 '1용기'에 의변의치게 훼손함으로써 그 원상복구가 불가능하게 된 경우는 재산권침해의 태양이나 정도가 중하다는 측면도 있지만, 재산권의 침해와 아울러 조부모에 대한 숭상이라는 인격적 이익의 침해가 중대하게 이루어진 경우); 대법원 1993. 12. 24. 선고 93다45213 판결(건물신축공사로 인하여 공사기간 동안 임차인이 거주하는 피해자소유의 주택이 2차에 걸쳐 파손되다가 급기야 신축건물의 5층 옥탑이 무너져 내려 그 벽돌이 피해자의 주택을 덮쳐 지붕과 거실, 천정까지 파손되는 사고를 입는 등 계속적인 손해를 입는 경우).

714) 張在玉, "慰藉料에 관한 몇가지 考察", 李英俊博士華甲紀念論文集, 韓國民法理論의 發展(II), 1999, 608면.

명예가 아닌 법익이 침해되어 비재산적 손해가 발생한 경우에는 제750조를 통하여 배상받을 수 있다고 한다.

이에 반하여 소수설은 인격권과 재산권의 침해에 따른 재산적 손해는 제750조에 의하여 배상받고, 인격권의 침해에 따른 정신적 손해는 제751조에 의하여 배상받는다고 한다.[715] 따라서 재산권의 침해로 인한 비재산적 손해의 배상은 허용되지 않는다고 한다.

③ 검토

소수설에 따르면 재산권의 침해로 인한 비재산적 손해의 배상이 완전히 봉쇄되어 타당하지 않다. 제751조와 제752조에 의하여 비재산적 법익의 보호가 완결된다고 하는 것은 일반적으로 재산적 법익에 비하여 우월한 지위를 점하는 비재산적 법익에 대한 보호를 포기하는 것이어서 더욱 그러하다.[716] 또한 침해의 태양에 따라 재산적 법익의 침해의 경우에도 상당한 정신적 고통이 인정될 수 있다.[717] 가령 이웃이 타인의 가보를 고의로 훼손한 경우가 그러하다. 위자료의 배상에 있어서는 채무자의 예견가능성만에 의존할 것이 아니라 재산적 손해가 충분하게 전보된 것인지, 비재산적 법익의 침해의 존부, 침해의 태양 등을 고려하여 배상의 가부를 결정하여야 한다.

3) 제3자의 채권침해

a) 서설

제3자에 의한 채권침해는 채권의 귀속자체를 침해하는 것에서부터 급부를 침해하여 채권이 소멸하는 것 더 나아가 단순히 제3자의 행위로 책임재산이 감소되는 경우를 포함한다.

---

715) 曺圭昌, "所有權侵害와 慰藉料請求權", 論理와 直觀(曺圭昌 敎授論文集), 1998, 482-483면.

716) 스위스는 채무법 제49조 소정의 귀책사유요건에 대하여 인격이 재산적 이익보다 덜 보호되어야 한다는 것은 타당하지 않다는 이유에서 귀책사유의 요건을 폐지한 점은 참고할 만하다(BBl. 1982 II 681).

717) 同旨: 黃貞根, "不法行爲로 인한 財産權의 침해에 대한 慰藉料請求", 民事判例研究 ⅩⅥ(1994), 255-256면.

b) 위법성 판단

학설과 판례에 따르면 채권의 상대성 및 비배타성에 기인하여 채권침해의 위법성은 침해의 태양을 고려하여 판단된다. 최근의 판결례에 의하면 위법성 판단의 구체적 기준이 제시되고 있다.[718] 즉, 독립한 경제주체간의 경쟁적 계약관계에 있어서는 단순히 제3자가 채무자와 채권자간의 계약내용을 알면서 채무자와 채권자간에 체결된 계약에 위반되는 내용의 계약을 체결한 것만으로는 제3자의 고의·과실 및 위법성을 인정하기에 부족하고, 제3자가 채무자와 적극 공모하였다거나 또는 제3자가 기망·협박 등 사회상규에 반하는 수단을 사용하거나 채권자를 해할 의사로 채무자와 계약을 체결하였다는 등의 특별한 사정이 있는 경우에 한하여 제3자의 고의·과실 및 위법성을 인정하여야 한다.

c) 구제수단

aa) 손해배상

① 손해배상액의 산정

제3자에 의한 채권침해에서 불법행위가 인정되는 경우에 어떻게 손해배상액을 산정할지 문제된다. 대법원 2003. 3. 14. 선고 2000다32437 판결에서는 피고 회사들이 보수용유리를 불법으로 시중에 유출함으로써 B회사의 원고 회사에 대한 독점적 판매계약을 침해한 것이 문제되었다. 원심법원은 원고 회사의 손해액을 피고 회사들에 의한 불법시중유출이 없는 상황에서의 순이익 또는 순손실과 불법시중유출이 있는 상황에서의 순이익 또는 순손실과의 차액이라고 파악하였으나, 대법원은 불법행위가 행해진 기간과 행해지지 않은 기간의 원고 회사의 이익액을 비교하는 방법에 의하여 손해액을 산출함에 있어서는 피고들의 유출행위가 중단된 이후의 이익의 증가는 오로지 그 중단에 기인한 것이라는 점이 밝혀져야 하고, 또 기업의 이익 중 위 물품의 판매와 관련이 없는 부분을 전체 이익에서 이를 공제하여야 한다고 보았다(구체적으로 손해액의 산정은 매출액의 증가분에 대하여 적정범위 내에서의 평균순수익률을 적용하여 산출하는 방식이 보다 합리적이다).

---

718) 대법원 2001. 5. 8. 선고 99다38699 판결.

② 입증 곤란의 구제수단

손해액에 관한 입증이 곤란한 경우에 입증책임의 형식논리에 따라 원고의 청구를 전부 기각하는 것은 공평과 정의의 관념에 어긋나는 것이므로 법원은 적극적으로 석명권을 행사하고 입증을 촉구하여야 하며 경우에 따라서는 직권으로 손해액을 심리판단할 필요가 있다.

불법행위로 인한 손해배상청구소송에 있어, 재산적 손해의 발생사실은 인정되나 그 구체적인 손해액수를 입증하는 것이 사안의 성질상 곤란한 경우, 법원은 증거조사의 결과와 변론 전체의 취지에 의하여 밝혀진 당사자들 사이의 관계, 불법행위와 그로 인한 재산적 손해가 발생하게 된 경위, 손해의 성격, 손해가 발생한 이후의 제반정황 등의 관련된 모든 간접사실들을 종합하여 상당인과관계 있는 손해의 범위인 수액을 판단할 수 있다.[719]

이와 관련하여 위자료의 보완적 기능이 문제되는데, 학설과 판례는 대체로 위자료의 보완적 기능을 엄격한 요건하에서 허용한다. 즉, 법원은 위자료액을 산정함에 있어서 재산상 손해의 발생이 인정되는데도 입증곤란 등의 이유로 그 손해액의 확정이 불가능하여 그 배상을 받을 수 없는 경우에 이러한 사정을 위자료의 증액사유로 참작할 수 있다고 할 것이나, 함부로 그 보완적 기능을 확장하여 그 재산상 손해액의 확정이 가능함에도 불구하고 편의한 방법으로 위자료의 명목아래 사실상 재산상 손해의 전보를 꾀하는 것과 같은 일은 허용되어서는 안 될 것이다.

bb) 방해배제청구

방해배제청구가 인정되기 위하여는 실체법상 권원이 존재하여야 하는데, 이에 해당하는 것이 약정과 소유권 또는 인격권이다. 단순한 채권침해에 대하여 방해배제청구가 가능하느냐가 문제되는데, 대법원은 원고가 도로공사에 대하여 기흥주유소에 원고의 상표를 표시하고 원고의 석유제품을 공급할 권리가 있다 하더라도 이는 채권적 권리에 불과하여 대세적인 효력이 없으므로 피고가 기흥주유소에 현대정유의 상호와 상표를 표시하고 그 석유제품을 공급받음으로써 원고의 위 권리가 사실상 침해되었다는 사정만으로 곧 제3자인 피고에게 현대정유와 관련된 시설의 철거나 상호·상표 등

---

719) 대법원 2009. 8. 20. 선고 2008다19355 판결.

의 말소 및 판매금지 등을 구할 수는 없다고 판시하였다.[720] 채권에는 물권과는 달리 배타적 효력이 없기 때문에 채권의 효력으로서 방해배제를 청구할 수 없다는 것이다.

그러나 법률의 근거가 있는 경우에는 예외적으로 금지청구가 허용될 수 있다. 가령 표시 · 광고의 공정화에 관한 법률 제3조 제1항과 부정경쟁방지 및 영업비밀의 보호에 관한 법률 제4조 제1항이 그러하다. 최근에는 제3자에 의한 채권침해의 우려가 급박한 경우에는 법률상 근거가 없더라도 방해배제 또는 금지청구를 인용하여야 한다는 견해가 유력하다.[721]

[사례 76][722]

"A는 2009. 2. 1. B로부터 1억원을 차용하면서 이율을 연 100%, 변제기는 차용일로부터 1년으로 정하였다. A는 같은 날 차용금에 대한 담보로 자신 소유의 부동산 X에 대한 소유권을 이전하면서 변제기까지 대여원리금을 상환할지 못하면, 부동산 X의 소유권을 B에게 귀속시키기로 약정하였다. B는 2010. 5. 1. C에게 이 사건 부동산을 매각하였다. A는 누구를 상대로 어떠한 청구를 할 수 있는가."

[해제]

I. 관련 법령

가담법 제3조 제1항에 "채권자가 담보계약에 의한 담보권을 실행하여 그 담보목적부동산의 소유권을 취득하기 위하여는 그 채권의 변제기후에 제4조에 규정한 청산금의 평가액을 채무자등에게 통지하고, 그 통지가 채무자등에게 도달한 날로부터 2월(이하 "청산기간"이라 한다)이 경과하여야 한다. 이 경우 청산금이 없다고 인정되는 때에는 그 뜻을 통지하여야 한다", 제4조에 "채권자는 제3조 제1항의 규정에 의한 통지당시의 목적부동산의 가

---

720) 대법원 2001. 5. 8. 선고 99다38699 판결.

721) 金載亨, "第3者에 의한 債權侵害 -판례의 전개를 중심으로-", 民法學의 現代的樣相 : 羅岩 徐敏敎授停年紀念論文集(2006. 5), 196면.

722) 대법원 2010. 8. 26. 선고 2010다27458 판결을 참고한 사례이다.

액에서 그 채권액을 공제한 금액(이하 "청산금"이라 한다)을 채무자등에게 지급하여야 한다. 목적부동산에 선순위담보권 등의 권리가 있을 때에는 그 채권액을 계산함에 있어서 선순위담보 등에 의하여 담보된 채권액을 포함한다(제1항). 채권자는 담보부동산에 관하여 이미 소유권이전등기가 경료된 경우에는 청산기간 경과후 청산금을 채무자등에게 지급한 때에 목적부동산의 소유권을 취득하며, 담보가등기가 경료된 경우에는 청산기간이 경과하여야 그 가등기에 기한 본등기를 청구할 수 있다(제2항)"라고 규정하고, 같은 제11조에 "채무자 등은 청산금채권을 변제받을 때까지 그 채무액(반환시까지의 이자와 손해금을 포함한다)을 채권자에게 지급하고 그 채권담보의 목적으로 경료된 소유권이전등기의 말소를 청구할 수 있다. 다만, 그 채무의 변제기가 경과한 때로부터 10년이 경과하거ㅏ 또는 선의의 제삼자가 소유권을 취득한 때에는 그러하지 아니하다"라고 규정하고 있다.

Ⅱ. 금전소비대차계약의 효력

금전 소비대차계약과 함께 이자의 약정을 하는 경우, 양쪽 당사자 사이의 경제력의 차이로 인하여 그 이율이 당시의 경제적·사회적 여건에 비추어 사회통념상 허용되는 한도를 초과하여 현저하게 고율로 정하여졌다면, 그와 같이 허용할 수 있는 한도를 초과하는 부분의 이자 약정은 대주가 그의 우월한 지위를 이용하여 부당한 이득을 얻고 차주에게는 과도한 반대급부 또는 기타의 부당한 부담을 지우는 것이므로 선량한 풍속 기타 사회질서에 위반한 사항을 내용으로 하는 법률행위로서 무효이다.[723] 특히 양쪽 당사자의 경제력의 차이로 그 이율이 당시의 경제적·사회적 여건에 비추어 사회통념상 허용되는 한도를 초과하여 현저하게 고율로 정하여졌다는 사정이 인정되어야 한다.[724]

현저하게 고율의 이자약정이 제103조에 반하여 무효인 경우에 그 범위가 문제되는바, 등록대부업자의 경우에는 대부업상 최고이율이, 무등록대부업자의 경우에는 이자제한법상 최고이율이 기준이 된다. 이자제한법 제2조 제1항, '이자제한법 제2조 제1항의 최고이자율에 관한 규정'에 의하면 금전대차에 관한 계약상의 최고이자율은 연 30%로 제한되고, 이자제한법 제7조는 다른 법률에 따라 인가·허가·등록을 마친 금융업 및 대부업에는 이자제한법을 적용하지 아니한다고 규정하고 있는바, 위 규정의 문언 내용, 국민경제생활의

---

723) 대법원 2007. 2. 15. 선고 2004다50426 전원합의체 판결.
724) 대법원 2009. 6. 11. 선고 2009다12399 판결.

안정과 경제정의의 실현을 목적으로 하는 이자제한법의 입법 취지, 미등록 대부업체의 등록을 유도하기 위한 입법 경위 등에 비추어 보면, 대부업법 제3조의 규정에 의한 대부업의 등록을 하지 아니하고 사실상 대부업을 영위하는 자에 대하여는 이자제한법이 적용되어 이러한 대부업자가 대부를 하는 경우의 최고이자율은 연 30%로 제한된다고 보아야 한다.[725]

Ⅲ. 소유권회복의 가부

A가 대여원리금(약정이율이 아닌 제한최고이율에 의하여 계산된 금액)을 변제하고, X부동산의 소유권을 회복할 수 있느냐는 C의 선·악의에 달려 있다. C가 악의라면 소유권의 회복이 가능하나, C가 선의라면, 가담법 제11조 단서에 따라 소유권의 회복이 불가능하다. 그렇다면 C의 선·악의에 대한 입증책임은 누구에게 있는가라는 문제가 발생하는데, 선의의 제3자보호에 관한 일반원칙에 따라 A가 C의 악의를 입증하여야 할 것이다. 즉, C의 선의가 추정된다고 할 것이다. A는 B와 C의 관계, 대금지급관계 등에 대한 입증을 통하여 추정을 번복하여야 할 것이다.

Ⅳ. 손해배상책임의 존부

C의 악의에 대한 입증이 실패한 경우에 A는 B를 상대로 손해배상책임을 추궁할 수 있고, 그 청구권원은 채무불이행책임과 불법행위책임이 된다.

가담법이 제3조와 제4조에서 담보계약에 의한 담보권의 사적 실행방법으로 귀속정산의 원칙을 규정함과 동시에 제12조와 제13조에서 그 공적 실행방법으로 경매의 청구 및 우선변제청구권 등 처분정산을 별도로 규정하고 있을 뿐 사적 실행방법으로 이른바 '처분정산'형의 담보권실행은 가담법상 허용되지 아니하는 점, 가담법 제3조, 제4조의 각 규정에 비추어 볼 때 위 각 규정을 위반하여 담보목적부동산에 관하여 소유권이전등기를 마친 경우에도 그 소유권이전등기는 무효라고 할 것이고, 설령 그와 같은 소유권이전등기가 채권자와 채무자 사이에 이루어진 특약에 의하여 이루어졌다고 할지라도 만일 그 특약이 채무자에게 불리한 것으로서 무효라고 한다면 그 소유권이전등기는 여전히 무효일 뿐, 이른바 약

---

725) 대법원 2009. 6. 11. 선고 2009다12399 판결.

한 의미의 양도담보로서 담보의 목적 내에서는 유효하다고 할 것이 아니라는 점, 가담법 제11조 본문은 채무자등은 청산금채권을 변제받을 때까지 그 채무액을 채권자에게 지급하고 그 채권담보의 목적으로 경료된 소유권이전등기의 말소를 청구할 수 있다고 규정하고 있는 점 등을 종합하여 보면 채권자가 가담법에 정해진 청산절차를 밟지 아니하여 담보목적부동산의 소유권을 취득하지 못하였음에도 그 담보목적부동산을 처분하여 선의의 제삼자가 소유권을 취득하고 그로 인하여 가담법 제11조 단서에 의하여 채무자가 더는 채무액을 채권자에게 지급하고 그 채권담보의 목적으로 마친 소유권이전등기의 말소를 청구할 수 없게 되었다면, 채권자는 위법한 담보목적부동산 처분으로 인하여 채무자가 입은 손해를 배상할 책임이 있다고 할 것이다. 이때 채무자가 입은 손해는 다른 특별한 사정이 없는 한 채무자가 더는 그 소유권이전등기의 말소를 청구할 수 없게 된 때의 담보목적부동산의 가액에서 그때까지의 채무액을 공제한 금액이라고 봄이 상당하다.

V. 책임의 제한 여부

가담법이 사적 실행방법으로서 '처분정산' 형의 담보권실행을 허용하지 않고 이에 위반한 담보권실행의 효력을 부정하는 것은 기본적으로 경제적 약자인 채무자의 보호를 위한 것이라는 점, 그런데도 채권자가 담보목적부동산을 처분함으로 인하여 손해배상책임을 지게 된 점, 채권자로서는 담보목적부동산 처분에 이르기까지 약정 이자 및 지연손해금을 담보목적부동산의 가액에서 공제받음으로써 여전히 약정 이익을 누리는 점 등을 종합하면, 채무자가 약정 이자 지급을 연체하였다든지 채무자가 그 채무액을 채권자에게 지급하고 그 채권담보의 목적으로 마친 소유권이전등기의 말소를 청구할 수 있었다는 사정이나 채권자가 담보목적부동산을 처분하여 얻은 이익의 크고 작음 등과 같은 사정은 위법한 담보목적부동산 처분으로 인한 손해배상책임을 제한할 수 있는 사유가 될 수 없다고 할 것이다.

VI. 소결

A의 구제수단은 소유권의 회복과 손해배상청구가 있는바, 전자와 관련하여서는 C의 선·악의에 따라 결론이 달라지는데, C의 선의가 추정되므로 A가 C의 악의를 입증하여야

할 것이다. A가 C의 악의를 입증하지 못하는 경우에는 B를 상대로 손해배상책임을 추궁할 수 있고, 그 손해배상의 범위는 소유권이전등기의 말소를 청구할 수 없게 된 때의 담보목적부동산의 가액에서 그때까지의 채무액을 공제한 금액이며, 후자의 채무액공제는 제한최고이율에 따라 계산된 금액으로 한정된다.

[해제]

I. C에 대한 청구

A는 채권자로서 C에게 대여원리금을 청구할 수 있고, 더 나아가 불법행위에 기한 손해배상도 청구할 수 있다. 고율의 이자약정이 있으므로 전자가 A에게 유리할 것이다. 다만 전자에 의하더라도 이자제한법이나 대부업법에 의한 최고이자율의 제한을 받는다. 등록대부업자의 경우에는 대부업법 제8조 제1항 및 동법 시행령 제5조 제2항에 의하여 연 44%의 이율이 인정되나, 미등록대부업자의 경우에는 대부업법 제11조 제1항에 따라 이자제한법의 최고이율인 연 30%의 이율이 인정된다.

---

726) 대법원 2010. 5. 13. 선고 2009다78863,78870 판결을 참고한 사례이다.

Ⅱ. B에 대한 청구

B는 중개한 사실이 없음에도 계약서의 중개인란에 서명날인하고, 중개대상물 확인·설명서를 교부하였는바, A는 부동산중개업법을 보호법규로 삼아 불법행위에 기한 손해배상을 청구할 수 있는 것이다. 즉, 부동산중개업법의 목적, 중개업자의 자격요건·기본윤리 등이 엄격하게 규정되어 있는 점, 위 법이 중개업자로 하여금 중개가 완성된 때에 거래계약서 등을 작성·교부하도록 정하고 있는 점 등을 고려하면, 중개업자는 중개가 완성된 때에만 거래계약서 등을 작성·교부하여야 하고 중개를 하지 아니하였음에도 함부로 거래계약서 등을 작성·교부하여서는 아니된다. 그리고 중개업자가 자신의 중개로 부동산거래계약이 체결되지 아니하였음에도 부동산거래에 관한 계약서를 작성하여 실제의 거래당사자가 아닌 사람에게 교부하는 경우에는, 제3자가 위 계약서상의 권리의무관계를 진실한 것으로 믿고 이를 기초로 하여 금전대차거래가 성사될 수 있음은 쉽게 예견될 수 있다.

Ⅲ. 소결

A는 B와 C를 상대로 청구할 수 있으나, 실질적으로 변제자력이 있는 자는 B라 할 것이다. 따라서 B에 대한 청구에 있어 부동산중개업법의 입법취지와 부동산거래에 있어 중개인의 관여가 가지는 법적 의미를 고려하는 작업이 요망된다고 할 것이다.

설문의 기초가 된 사건에서 A는 B를 상대로 손해배상청구를 하였는데, 1심법원과 2심법원은 피고가 부동산중개업법 제26조 제3항을 위반하였는지 여부는 별론으로 하고 차용인들과 공모하여 위 각 전세계약서를 위조하였다거나, 피고가 작성하여 준 이들 전세계약서가 차용인들에 의하여 사기 등 위법한 목적에 사용되리라는 점을 알았거나 알 수 있었다는 사실을 인정하기에 부족하고, 달리 이를 인정할 만한 증거가 없다는 이유로 이를 받아들이지 아니하였다.

그러나 대법원은 부동산 중개업자가 자신의 중개로 전세계약이 체결되지 않았음에도 실제 계약당사자가 아닌 자에게 전세계약서와 중개대상물 확인설명서 등을 작성·교부해 줌으로써 이를 담보로 제공받아 금전을 대여한 대부업자가 대여금을 회수하지 못하는 손해를 입은 사안에서, 중개업자로서는 일반 제3자가 그 전세계약서에 대하여 중개업자를 통해 그 내용과 같은 전세계약이 체결되었음을 증명하는 것으로 인식하고 이를 전제로 그 전세계약서를 담보로 제공하여 금전을 차용하는 등의 거래관계에 들어갈 것임을 인식할 수 있었다고 보아, 중개업자의 주의의무 위반에 따른 손해배상책임을 인정하면서 원심판결을 파기환송하였다.[727] 특히 이러한 판단에 있어서는 부동산중개업법의 입법취지가 고려되었다. 결국 부동산중개업법은 위와 같은 부실의 금전대차거래에 있어 채권자를 위한 보호법규가 된다.

[사례 78][728]

"A는 B 소유의 대지와 건물(시가 3억 5천만원)을 임차하려고 하였으나, 위 부동산에 설정된 근저당권의 채권최고액(3억 2천 5백만원)이 시가에 상응하는 것이어서 임대차계약의 체결을 미루었다. 이에 B는 C은행의 직원 D에게 부탁하여 발급받은 일부 대출건의 내역의 기재가 누락된 금융거래확인서(대출채무 잔존액: 1억원)를 A에게 보여 주었고, 이에 A와 B는 임대차계약(임대차보증금 2억원)을 체결하였다. 그러나 B가 하던 사업의 실패로 위 부동산의 임의경매가 진행되었으나 위 금융거래확인서에서 누락된 대출채무로 인하여 1억원 상당의 임차보증금을 배당받지 못하였다."

1. A는 누구를 상대로 어떠한 청구를 할 수 있는가
2. A에 의해 피고로 지정된 자는 어떠한 항변을 할 수 있는가

[해제]

I. 원고의 청구

1. 피고의 선택

허위의 금융거래확인서의 발급에 대하여 B와 C은행의 직원 D는 공동불법행위를 행한 것이고, C 은행은 직원인 D의 불법행위에 대하여 제756조 소정의 사용자책임을 진다. 따라서 A는 B, C, D를 피고로 삼아 손해배상의 소를 제기할 수 있다. 다만 변제자력을 감안하면 피고를 C로 한정하는 것도 무방하다.

---

727) 대법원 2010. 5. 13. 선고 2009다78863,78870 판결.
728) 대법원 2006. 2. 24. 선고 2005다38355 판결을 참고한 사례이다.

2. 청구권원

직원인 D가 고의로 허위의 금융거래확인서를 발급하여 주었고, A는 이를 믿고 담보가 치가 있다고 판단하여 이 사건 대지 및 건물을 임차함으로써 결국 위 임의경매 절차에서 배당받지 못한 금액인 1억원의 손해를 입게 되었으므로, 그 사용자인 피고는 원고에게 이를 배상할 책임이 있다.

3. 청구의 내용

피고의 불법행위로 인하여 원고가 입은 손해는 피고의 피담보채권 원금이 1억 원임을 전제로 계산한 배당액에서 원고의 실제 배당액을 공제한 금액이다.

Ⅱ. 피고의 항변

은행은 이 사건 금융거래확인서가 개인간의 거래에 사용될 것이라는 점을 예견할 수 없었다고 할 것이므로 이로 인한 책임이 없다.

Ⅲ. 소결

설문의 기초가 된 사건에서 원심 법원은 근저당권의 피담보채무 뿐만 아니라 연대보증 채무까지 포함하여 피고의 손해배상액을 산정하였으나, 대법원은 부채증명원이 아닌 금융 거래확인서에서 개인적인 채무까지 포함될 필요가 없다는 점을 지적하면서 근저당권의 피 담보채무의 부실기재로 한정하여 손해배상액을 산정하여야 한다고 하면서 원심 판결을 파 기환송하였다.

"B는 2010. 3. 1. C은행으로부터 1억원을 대출받으면서 이에 대한 담보로 이 사건 아파트에 대한 2순위 근저당권(채권최고액 1억 5천만원)을 C은행에게 설정하였다. D은행은 2010. 2. 1. B에게 9천만원을 대출하면서 이에 대한 담보로 이 사건 아파트에 관하여 1순위 근저당권(채권최고액 1억원)을 보유하고 있고, E는 2010. 4. 1. B와 이 사건 아파트에 임대차계약을 체결하고 보증금 6000만원(월세 없음)을 지급하였고, 같은 날 이 사건 아파트에 입주하고 전입신고를 마쳤다. F는 B에게 1억원의 대여금채권을 가지고 있으며, 위 채권에 대한 확정판결을 받았다. B는 평소 알고 지내던 법무사 G에게 C은행으로부터 대리권을 수여받았다고 하면서 위조된 서류 등을 제시하고 2순위 근저당권의 해지를 요청하였고, G 법무사 사무실 직원의 과실로 위 근저당권은 말소되었다. B가 D 은행의 대출금을 연체하자, D 은행은 임의경매를 신청하였고, 그 경매에서 H가 낙찰을 받았다. 경매절차에서 이루어진 감정결과에 의하면 이 사건 아파트의 시가는 2억 5천만원이었고, 경매비용을 제외한 낙찰대금 잔액은 2억원이며, 법원은 D 은행에게 1억원, E에게 6000만원, F에게 4000만원을 배당하였다. 이 사건 아파트를 제외하고는 B의 책임재산은 없다. C은행은 누구를 상대로 어떠한 청구를 할 수 있는가."

[해제]

I. 이 사건 2순위 근저당권의 소멸

부동산에 관하여 근저당권설정등기가 경료되었다가 그 등기가 위조된 관계서류에 기하여 아무런 원인 없이 말소되었다는 사정만으로는 곧바로 근저당권이 소멸하는 것은 아니라고 할 것이지만, 부동산이 경매절차에서 경락되면 그 부동산에 존재하였던 저당권은 당연히 소멸하는 것이므로, 근저당권설정등기가 원인 없이 말소된 이후에 근저당목적물인 부동산에 관하여 다른 근저당권자 등 권리자의 신청에 따라 경매절차가 진행되어 경락허가결정이 확정되고 경락인이 경락대금을 완납하였다면, 원인 없이 말소된 근저당권은 소멸한다.⁷³⁰⁾

---

729) 대법원 1997. 11. 25. 선고 97다35771 판결을 참고한 사례이다.

730) 대법원 1998. 1. 23. 선고 97다43406 판결.

Ⅱ. 불법행위책임

1. 피고 및 청구권원

이 사건 2순위 근저당권의 말소에는 B의 불법행위가 개입되어 있으나, 현재 B는 자력이 없어 그를 피고로 삼는 것은 실익이 적다. 따라서 자력있는 자를 피고로 삼아 불법행위책임을 추궁하여야 할 것이다. 이 사건에 있어 법무사 G는 자력있는 피고가 될 것이다. 특히 법무사법 제25조에 의하면, 법무사가 사건의 위임을 받은 경우에는 위임인에게 법령에 의하여 작성된 인감증명서나 주민등록증 등을 제출 또는 제시하게 하거나 기타 이에 준하는 확실한 방법으로 위임인이 본인 또는 그 대리인임이 상위 없음을 확인하여야 하고, 그 확인 방법 및 내용 등을 사건부에 기재하여야 한다고 규정하고 있는바, 그 취지는 법무사가 위임인이 본인 또는 대리인임을 확인하기 위하여 주민등록증이나 인감증명서를 제출 또는 제시받도록 하여 특별히 의심할 만한 사정이 발견되지 아니하는 경우에는 그 증명서만으로 본인임을 확인할 수 있을 것이나, 그와 같은 확인 과정에서 달리 의심할 만한 정황이 있는 경우에는 가능한 여러 방법을 통하여 본인 여부를 한층 자세히 확인할 의무가 있다는 것이다. 이 사건의 경우에 법무사 G의 사무원의 과실로 대리권의 존부를 한층 자세히 확인하지 못하여 이 사건 2순위 근저당권이 말소된 것이므로 법무사 G는 제756조 소정의 사용자책임을 진다.

2. 손해배상책임의 범위

타인의 불법행위로 인하여 근저당권이 소멸되는 경우에 있어 근저당권자로서는 근저당권이 소멸하지 아니하였더라면 그 실행으로 피담보채무의 변제를 받았을 것임에도 불구하고 근저당권의 소멸로 말미암아 이러한 변제를 받게 되는 권능을 상실하게 되는 것이므로, 그 근저당권의 소멸로 인한 근저당권자가 입게 되는 손해는 근저당 목적물인 부동산의 가액 범위 내에서 채권최고액을 한도로 하는 피담보채권액이다. 따라서 C 은행의 손해는 채권최고액인 1억 5천만원의 한도에서 대여원리금의 합계액이라고 할 것이다. 물론 선순위 근저당권자가 다른 배당채권자를 상대로 부당이득반환청구를 할 수 있다고 하더라도 손해배상액이 달라지지 않는다.

Ⅲ. 부당이득반환청구

이 사건 2순위 근저당권이 말소되지 않았을 경우의 배당관계를 고려하여 C은행은 다른 배당채권자에게 부당이득반환을 청구할 수 있다. 2순위 근저당권존재시 법원은 D 은행에게 1억원, E에게 2000만원(소액임차인 최우선변제권), C 은행에게 8천만원을 배당하여야 한다. 따라서 C 은행은 E에게 4000만원, F에게 4000만원을 부당이득으로 반환청구할 수 있다.

Ⅳ. 결론

설문의 기초가 된 사건에서 원고는 법무사를 상대로 사용자책임을 추궁하였고, 법원은 불법행위의 성립을 인정하고 손해배상액은 부동산 가액의 범위 내에서 채권최고액을 한도로 한 피담보채권액으로 인정하였다.

Ⅴ. 참고사례-대법원 2010. 2. 11. 선고 2009다68408 판결

등기는 물권의 효력 발생 요건이고 존속 요건은 아니어서 등기가 원인 없이 말소된 경우에는 그 물권의 효력에 아무런 영향이 없고, 그 회복등기가 마쳐지기 전이라도 말소된 등기의 등기명의인은 적법한 권리자로 추정되며, 그 회복등기 신청절차에 의하여 말소된 등기를 회복할 수 있으므로(부동산등기법 제75조), 근저당권설정등기가 불법행위로 인하여 원인 없이 말소되었다 하더라도 말소된 근저당권설정등기의 등기명의인이 곧바로 근저당권 상실의 손해를 입게 된다고 할 수는 없다. 또한 업무상 주의의무를 위반한 법무사의 불법행위로 인하여 근저당권설정등기가 근저당권자의 의사와 무관하게 원인 없이 말소된 사안에서, 원심법원이 근저당권설정등기에 관한 등기필증을 근저당권자가 아닌 자에게 교부하였을 뿐만 아니라 근저당권설정등기의 말소에 있어서도 근저당권자 본인 및 그 의사의 확인을 게을리한 법무사의 책임비율을 40%로 산정한 것은, 형평의 원칙에 비추어 현저히 불합리하다.

"B 소유의 김해시 우동 114 답 1468㎡(이하 '이 사건 부동산'이라고 한다)에 관하여 1993. 9. 13. 같은 날 설정계약을 원인으로 채권최고액 1억 원, 채무자 B, 근저당권자 C로 된 근저당권설정등기(이하 '이 사건 근저당권설정등기'라고 한다)가 마쳐졌고, 2007. 1. 17. 이 사건 근저당권설정등기에 관하여 같은 날 계약양도를 원인으로 D를 근저당권자로 하는 근저당권 이전의 부기등기가 마쳐졌다. A는 2007. 9. 19. E에게 4,000만원을 이자 월 1%, 변제기 2007. 11. 19.로 정하여 대여하면서 이를 담보하기 위하여 D로부터 위 근저당권(이하 '이 사건 근저당권'이라고 한다)을 양도받기로 하고, 2007. 9. 20. 양도계약을 원인으로 A를 근저당권자로 하는 이 사건 근저당권 이전의 부기등기를 마쳤다. B가 2006. 9. 27. 사망하여 F가 망 B를 단독으로 상속하였는데, A가 2008. 2.경 이 사건 부동산에 관하여 부동산임의경매신청을 하자, F가 이 사건 근저당권설정등기의 말소청구소송을 제기하여 2009. 11. 27. 이 사건 근저당권의 피담보채무가 근저당권설정등기일로부터 10년이 경과하여 소멸하였다는 이유로 말소청구를 인용하는 판결이 선고되었고, 2009. 12. 18. 확정되었다. A가 확인한 바에 의하면 E에게는 아무런 책임재산이 존재하지 않았다. A는 누구를 상대로 어떠한 청구를 할 수 있는가."

[해제]

I. 피고의 확정

채무자인 E가 변제자력이 없으므로 다른 자를 피고로 삼아 집행권원을 얻어야 할 것이다. 유력한 피고로 삼을 수 있는 자가 이 사건 근저당권을 양도한 D가 될 것이다.

II. 청구권원

A는 D를 상대로 한 법적 책임의 추궁에 있어서는 하자담보책임과 불법행위책임이 고려될 수 있다.

---

731) 부산지방법원 2011. 6. 17. 선고 2010나21389 판결을 참고한 사례이다.

1. 하자담보책임

우선 A는 D를 상대로 한 하자담보책임을 검토해 볼 필요가 있다. 양도 당시 이미 이 사건 근저당권의 피담보채권에 대하여 소멸시효가 완성되었다는 것은 매매의 목적이 된 권리가 타인에게 속한 경우라기보다는 매매의 목적물인 채권 자체에 하자가 있는 경우에 해당하므로 제580조 소정의 하자담보책임 규정이 적용된다 할 것이다.[732] 그런데 제580조에 따르면 매수인이 하자가 있음을 알았거나 과실로 알지 못한 경우에는 매도인에게 손해배상을 청구할 수 없고, A는 등기부등본을 확인함으로써 쉽게 피담보채권에 대한 시효완성 여부를 알 수 있었음에도 과실로 이를 알지 못한 것이므로, 하자담보책임을 추궁하기는 어렵다.

2. 불법행위책임

D는 A에게 이미 소멸시효가 완성된 이 사건 근저당권 및 그 피담보채권을 E의 A에 대한 차용금채무에 대한 담보로 제공하였고, A는 이 사건 근저당권을 믿고 E에게 돈을 빌려준 것이므로 이 사건 근저당권의 소멸로 인한 불법행위책임을 진다고 할 것이다. 특히 D는 시효완성 사실을 알 수 있었음에도 확인을 게을리 한 채 이 사건 근저당권 및 그 피담보채권을 양도한 과실로 A에게 근저당권의 소멸로 인한 채권미회수라는 손해를 입힌 것이다.

III. 손해배상의 범위

D의 불법행위로 인하여 A는 이 사건 근저당권의 채권최고액의 범위 내에서 담보권실행을 통해 회수할 수 있었던 대여원리금 상당의 손해를 입었다고 할 것이다. 이 사건 근저당권의 소멸로 인한 손해가 현실적으로 구체화된 때는 이 사건 근저당권말소판결이 확정된 때인 2009. 12. 18.라고 할 것이다. 따라서 채권최고액을 한도로 산정된 대여원리금이 A의 손해라고 할 것이다. 즉, 40,000,000원*(1+0.01*39)=55,600,000원이다.

IV. 과실상계

손해배상책임이 인정되는 경우에도 채권자에게 과실이 있거나 손해부담의 공평을 기하

---

732) 부산지방법원 2011. 6. 17. 선고 2010나21389 판결.

기 위한 필요가 있는 때에는 채무자의 책임을 제한할 수 있는바, A는 이 사건 근저당권설정등기가 양도 당시 이미 10년의 소멸시효 기간이 완성되었음을 쉽게 확인할 수 있었던 점 등 제반 사정을 고려할 때 피고의 불법행위로 인한 손해배상책임의 범위를 제한할 필요가 있다. 설문의 기초가 된 사건에서 법원은 원고의 과실을 60%로 보고 피고의 손해배상책임을 전체 손해액의 40%로 인정하였다.[733]

V. 소결

설문의 기초가 된 사건에서 법원은 하자담보책임은 부정하고 불법행위책임을 긍정하였고, 과실상계를 60%로 하였다. 또한 손해배상액의 산정과 관련하여 근저당권양도시점을 불법행위로 보고 그 시점의 대여원금을 손해배상액을 산정하였으나, 이러한 원심법원의 판단에는 의문이 있다.[734] 오히려 55,600,000원에서 50%를 과실상계한 금액인 22,800,000원 및 2009. 12. 18.부터 이 사건 소장 부본 송달일까지 연 5%, 그 다음날부터 완제일까지 연 20%의 비율에 의한 금원을 지급하라가 보다 정확한 주문이 아닌가 생각된다.

---

733) 부산지방법원 2011. 6. 17. 선고 2010나21389 판결.

734) 원심판결의 판결이유부분은 다음과 같다. "피고는 문B1과 연대하여 40,000,000원 중 16,000,000원(=40,000,000원×40%) 및 이에 대한 불법행위일인 2007. 9. 20.부터 다 갚는 날까지 대여금채권의 약정이율 이내로서 원고가 구하는 연 30%의 비율에 의한 지연손해금을 지급할 의무가 있다".

"일제 강점기에 작성된 임야조사서에는 경기 수원군 음덕면 북양리(현 행정구역 명칭: 화성시 북양동) 산 40 임야 6정 7무 9보(이하 '이 사건 사정토지'라고 한다)를 화성시 비봉면 삼화리가 주소인 B가 사정받은 것으로 기재되어 있다. 이 사건 사정토지는 1967. 4. 1. 지적복구가 이루어진 후, 화성시 북양동 산 40-2 임야 1,289㎡(이하 '이 사건 토지'라고 한다)를 포함한 같은 동 산 40-1, 3 내지 8 토지로 각 분할되었고, 이 사건 토지는 1985. 11. 8. 지목이 도로로 변경되었다. 대한민국은 이 사건 토지에 관하여 수원지방법원 화성등기소 1986. 10. 27. 접수 제35409호로 소유권보존등기(이하 '이 사건 보존등기'라고 한다)를 경료하였고, 경기도는 1997. 9. 3. 대한민국로부터 공공용지 협의취득을 원인으로 같은 등기소 1997. 9. 6. 접수 제63556호로 소유권이전등기(이하 '이 사건 이전등기'라고 한다)를 경료받았다. B는 1931. 4. 6. 사망하여 A가 그 재산을 단독으로 상속하였다. A를 위한 의견서를 작성하여 보라."

[해제]

I. 소유권회복방안

1. 소유권보존등기의 유효여부

특정인 명의로 사정된 토지는 특별한 사정이 없는 한 사정명의자나 그 상속인의 소유로 추정되고, 토지의 소유자가 행방불명되어 생사 여부를 알 수 없다 하더라도 그가 사망하고 상속인도 없다는 점이 입증되거나 그 토지에 대하여 제1053조 내지 제1058조에 의한 국가귀속 절차가 이루어지지 아니한 이상 그 토지가 바로 무주부동산이 되어 국가 소유로 귀속되는 것은 아니며, 무주부동산이 아닌 한 국유재산법령의 절차를 거쳐 국유재산으로 등기를 마치더라도 이는 단순히 지적공부상의 등록절차에 불과하고 이로써 권리의 실체관계에 영향을 주는 것은 아니므로 국가에게 소유권이 귀속되는 것은 아니다.736)

이 사건 부동산의 경우에는 사정명의인이 존재하므로 상속인의 존부에 대한 조사를 수행한 후 상속인이 불명하다면 제1053조 내지 제1058조에 따라 국가귀속절차가 진행되어

---

735) 서울고등법원 2011. 4. 14. 선고 2010나47706 판결을 참고한 사례이다.

736) 대법원 1999. 2. 23. 선고 98다59132 판결.

야 한다. 따라서 이러한 조치가 취해지지 아니한 채 이루어진 대한민국의 소유권보존등기는 원인무효라고 할 것이다.

2. 등기부취득시효의 완성

경기도는 이 사건 부동산에 관하여 1997. 9. 6. 협의취득을 원인으로 소유권이전등기를 하고 그로부터 10년이 경과하였으므로 제245조 제2항 소정의 등기부취득시효가 완성되었다고 할 것이다. 비록 전소유자인 대한민국의 소유권보존등기가 원인무효라고 할지라도, 경기도는 취득시효의 기산점으로 소급하여 소유권을 보유한다고 할 것이다.

3. 소결

대한민국 명의의 소유권보존등기가 국가귀속절차에 위배되어 원인무효이나, 경기도 명의의 소유권이전등기는 등기부취득시효의 완성으로 적법하다고 할 것이다. 따라서 A는 경기도를 상대로 소유권이전등기의 말소를 청구할 수 없다.

II. 불법행위의 성립여부

무권리자가 위법한 방법으로 그의 명의로 소유권보존등기나 소유권이전등기를 경료한 후 그 부동산을 전전매수한 제3자의 등기부 시효취득이 인정됨으로써 소유자가 소유권을 상실하게 된 경우, 무권리자의 위법한 등기 경료행위가 없었더라면 소유자의 소유권 상실이라는 결과가 당연히 발생하지 아니하였을 것이고 또한, 이러한 소유권 상실은 위법한 등기 경료행위 당시에 통상 예측할 수 있는 것이라 할 것이므로, 무권리자의 위법한 등기 경료행위와 소유자의 소유권 상실 사이에는 상당인과관계가 있다고 할 것인바,[737] 대한민국의 위법한 등기 경료행위 이후 이 사건 토지를 협의취득한 경기도의 등기부 시효취득이 인정됨으로써 A의 소유권 상실이라는 결과가 발생하였으므로 위 결과와 대한민국의 행위 사이에는 상당인과관계가 인정된다.

---

737) 대법원 2008. 6. 12. 선고 2007다36445 판결.

III. 손해배상의 범위

무권리자가 위법한 방법으로 자기 명의의 소유권보존등기를 경료한 다음 제3자 앞으로 소유권이전등기를 마쳐준 부동산에 관하여 그 소유자가 제3자를 상대로 등기말소청구의 소를 제기하였다가 등기부 취득시효의 인정으로 패소 확정된 경우 소유자의 소유권 상실이라는 손해의 결과발생은 그 패소 확정시에 현실화되었다고 볼 것이다.[738] 설문의 기초가 된 사건에서 법원은 A가 입은 손해액은 이 사건 전소에 관한 A의 패소판결이 확정된 2009. 8. 6. 당시의 이 사건 토지의 시가에 의하여 산정되어야 하고, 현황 도로로서의 2009. 8. 6. 당시 시가는 181,749,000원이라는 감정인의 감정결과에 따라 손해배상액을 181,749,000원으로 인정하였다. 다만 패소확정시 이후의 시가앙등의 이익은 특별손해이므로 예견가능성이 있는 경우에 한하여 배상가능하다.

IV. 과실상계

A 또는 B는 오랜 기간 동안 이 사건 토지의 소유권 귀속 여부 및 상속 여부를 파악하는 등의 조치를 게을리함으로써 대한민국 명의의 이 사건 보존등기 및 경기도 명의의 이 사건 이전등기에 대하여 적시에 대처하지 아니한 잘못이 있다고 할 것인바, 이러한 원고들 측의 과실 역시 이 사건 손해 발생의 한 원인이 되었다고 할 것이므로, 손해배상책임이 일부 제한되어야 한다. 설문의 기초가 된 사건에서 법원은 A의 과실을 20%로 보고 대한민국의 손해배상책임을 80%만 인정하였다.

V. 결론

설문의 기초가 된 사건에서 법원은 이 사건 토지에 대한 국가귀속절차의 위배를 이유로 소유권보존등기가 원인무효라고 보았으나, 등기부취득시효의 완성으로 사정명의인의 상속인이 이 사건 토지의 소유권을 회복할 수 없다고 보았다. 다만 대한민국의 절차위배의 행

---

738) 대법원 2008. 6. 12. 선고 2007다36445 판결.

위는 A의 소유권상실과 상당인과관계가 있다고 보고, 등기부취득시효의 완성시점 당시의 시가상당액을 손해배상액을 산정하고, A 또는 B의 잘못을 감안하여 과실상계를 통하여 손해배상액을 일부 감경하였다.

"X 토지는 C와 D가 각각 1/2씩 공유지분을 보유하고 있는데, C의 지분에 대한 경매에 있어 D에게 통지가 전혀 이루어지지 않았다. 위 경매 절차에서 최고가매수인인 A가 매각허가결정을 받고 지정된 대금지급기일에 매각대금을 납부하여 지분의 소유권을 취득하였다. D는 자신에 대한 통지누락이라는 경매절차상의 하자를 이유로 매각허가결정에 대한 추완항고를 하였고, 항고법원은 이를 받아들여 매각허가결정을 취소하고 A에 대한 매각을 허가하지 아니한다는 결정을 하였고 이는 그 무렵 확정되었다. A는 매각대금과 매각대금납부일로부터 법원보관금이자율인 연 2%의 이자를 돌려받았다. A는 누구를 상대로 어떠한 청구를 할 수 있는가."

[해제]

I. 피고의 확정

A는 경매법원 공무원의 공유자통지누락에 관한 절차상의 과오를 문제삼아 대한민국을 상대로 국가배상책임을 추궁할 수 있다. 또한 경매법원 공무원 개인을 상대로 불법행위책임을 추궁하기 위하여는 고의 또는 중과실이 인정되어야 한다.

II. 청구권원

경매법원 공무원에게 부과된 공유자에 대한 통지의무가 직접적으로는 공유자의 우선매수권이나 이해관계인으로서의 절차상 이익과 관계되는 것이기는 하지만, 공유자에 대한 통

---

739) 대법원 2007. 12. 27. 선고 2005다62747 판결을 참고한 사례이다.

지가 적법하게 행해지지 않은 채로 경매절차가 진행되면 뒤늦게라도 그 절차상의 하자를 이유로 경락허가결정이 취소될 수 있고 경매법원의 적법한 절차진행을 신뢰하고 경매에 참여하여 경락을 받고 법원의 지시에 따라 경락대금납부 및 소유권이전등기까지 마친 경락인으로서는 불측의 손해를 입을 수밖에 없어 위와 같은 통지 기타 적법절차의 준수 여부는 경락인의 이익과도 밀접한 관계가 있고, 위와 같은 일련의 과정에서 경매법원 스스로 그 하자를 시정하는 조치를 취하지 않는 이상 특별히 경락인이 불복절차 등을 통하여 이를 시정하거나 위 결과 발생을 막을 것을 기대할 수도 없으며, 경락인의 손해에 대하여 국가배상 이외의 방법으로 구제받을 방법이 있는 것도 아니라는 점에서, 경매법원 공무원의 위 공유자 통지 등에 관한 절차상의 과오는 경락인의 손해 발생과 사이에 상당인과관계가 있다.[740]

Ⅲ. 손해배상의 범위

국가배상으로 인한 손해배상의 범위에 있어서는 다음의 재산적 손해가 고려될 수 있다.

1. 시가 상승분 상당의 손해

경락허가결정에 대하여 추완항고가 받아들여지면 그 경락허가결정 자체가 확정되지 않은 것으로 되고 설사 경락인이 이미 그 경락대금을 완납하고 소유권이전등기를 마쳤다고 하더라도 처음부터 소유권을 취득하지 못한 것으로 되므로, 이 경우 경락인이 입은 손해는 자신에 대한 경락이 적법 유효한 것으로 믿고 출연한 금액이 될 뿐이지, 그 경락부동산의 소유권을 일단 취득하였다거나 취득할 수 있는 권리가 있었음을 전제로 그 부동산의 시가와 경락대금반환액의 차액 또는 그 시가상승분의 일실손해로 파악할 것은 아니다.

2. 매각대금에 대한 이자 차액 상당 손해

경매법원 공무원의 과실로 인하여 경락허가결정 및 경락대금납부가 모두 소급적으로 효력을 잃고 무위로 돌아가게 되었다면 대한민국은 그로 인하여 경락인이 입은 손해로서 지출한 경락대금 상당액을 배상하여야 할 것인바, 이 경우 경락인의 손해배상청구권은 그 손해발생일인 경락대금납부일에 발생하고 그때 이행기가 도래하는 것이므로 대한민국은 그 날부터 갚는 날까지 민법 소정의 연 5%의 비율에 의한 지연이자를 지급하여야 할 것이다.

---

740) 대법원 2007. 12. 27. 선고 2005다62747 판결.

그리고 대법원규칙인 '법원보관금취급규칙' 제7조 및 대법원재판예규인 '법원보관금취급 규칙의 시행에 따른 업무처리지침' 제3조 제2항의 규정에 의하면 경락대금 등 법원보관금 에 대하여는 연 2%의 이자율을 적용하도록 되어 있으나, 이는 경락대금을 법령에 의하여 적법하게 보관하는 경우에 적용되는 것이지, 위법한 경매절차의 진행으로 뒤에 경락허가결 정이 취소되고 경락대금의 납부도 모두 부적법한 것으로 평가되는 결과 그 대금을 경락인 에게 반환하여 배상하는 경우에 적용되는 규정은 아니라고 하겠으므로, 경매법원이 실제 경락대금을 반환하면서 경락대금에 대한 연 2%의 이율에 의한 이자만을 가산 지급하였다 면 그 지급액과 민법이 정한 연 5%의 비율에 의한 지연이자와의 차액만큼은 여전히 전보 되지 않은 손해로 남게 되어 국가는 경락인에게 이를 배상하여야 할 것이다.

3. 소유권이전등기비용

경락 등에 의하여 소유권을 취득하는 자가 등기를 하는 경우에 법무사에게 의뢰하는 것 은 법적의무이거나 사실상 필수적인 것은 아니지만 등기절차의 전문성이나 그에 드는 노 력과 시간 등에 비추어 본인이 직접 등기하는 경우에는 그 이상의 비용을 지출하거나 수입 을 얻지 못하게 되는 손해(이른바 '기회비용의 손해')를 입을 수도 있는 것인바, A가 법무 사에게 등기를 의뢰하여 그 보수와 비용을 현실로 지출하였다면 이는 상당인과관계에 있 는 손해라고 볼 것이다.

4. 국민주택채권 할인료 상당 손해

A가 이 사건 부동산 지분에 관하여 경락을 원인으로 소유권이전등기를 할 당시 시행되 던 주택건설촉진법 제16조 제1항 제1호, 주택건설촉진법 시행령 제15조의2, 제17조의 각 규정에 의하면 부동산등기를 신청하는 자는 위 법령이 정한 바에 따라 제1종 국민주택채 권을 매입하도록 되어 있으므로, 부동산에 관한 경락대금이 완납된 후 법원의 촉탁에 의하 여 경락에 따른 소유권이전등기가 경료되기 위하여는 그 등기촉탁서에 국민주택채권매입 필증이 첨부되어야 하고, 이를 위하여 경락인이 국민주택채권을 매입하는데 지출한 비용은 위 경락으로 인한 소유권이전등기를 위한 필수적인 부대비용이라고 할 것이다. 그리고 위 와 같은 연유로 국민주택채권을 매입하게 되는 경우, 일반적으로 위 채권의 상환기간이 장 기이고 그 이율도 시중금리나 민사법정이율보다 낮아 이를 액면가보다 낮은 가격으로 매 각하여 현금화하고 그 차액인 할인료 상당액을 등기비용으로 인식하는 것이 보통이므로, 이 사건에서 A가 경락부동산에 대한 소유권이전등기를 경료하기 위하여 통상의 방법으로

국민주택채권을 매입하였다가 이를 액면가에 미달하는 금액으로 매각하였고 그 매각대금이 시세에 비추어 적정한 것이라면, A로서는 그 차액 상당의 손해배상을 청구할 수 있다고 할 것이다.

Ⅳ. 결론

설문의 기초가 된 사건에서 법원은 공유자통지누락이라는 절차적 과오에 기한 국가배상책임을 긍정하였는바, 최고가매수인은 경매에서 불복절차를 통하여 과오를 시정하는 것이 현실적으로 불가능하다는 점을 감안하여 그 구제수단으로 국가배상책임이 긍정된 것이다. 이 사건은 손해배상의 범위에 있어서도 참고할 가치가 있다.

[사례 83][741]

"재건축조합 A는 재건축과 관련하여 각 건설회사들과 공사계약을 체결하고 해지하는 과정을 되풀이하면서 많은 시간이 흘러 물가상승 등의 요인으로 공사비가 상승하였고, 인근 아파트를 매입하여 그 부지를 재건축사업에 포함시키자, 재건축사업에 제공되는 대지의 면적, 건축연면적, 재건축세대수까지 증가하여 조합원들이 부담할 분양대금이 변경되기에 이르렀다. 그 변경이 당초 재건축 결의 당시 통상 예견할 수 있는 정도를 훨씬 초과하였다. 이에 재건축조합은 임시총회에서 전체조합원의 과반수로 무상지분평수를 17평에서 7평으로 감축하는 내용으로 부담부분을 변경하는 결의를 하고, 대의원회에서 부담변경에 반대하는 조합원들을 제명하여 조합원분양율을 80%에 이르도록 하였다. 재건축사업의 시공사였다가 다시 공동 사업시행자로 합류한 B 주식회사는 일반분양분 세대의 입주자모집공고 승인신청을 하면서 재건축조합 A와 연명으로 "현재 진행중인 제명 조합원에 대한 매도청구소송에서 조합이 패소하여 제명 조합원의 지위가 회복되어 분양권을 가지게 될 경우 이에 따른 모든 민, 형사상 책임을 부담할 것을 약속한다"는 내용의 이행각서를 징구하여 제출하였고, 2003. 12. 3. 입주자모집공고가 승인되었다. 그 후 일반분양절차가 완료되었다. 제명조합원은 누구를 상대로 어떠한 청구를 할 수 있는가."

---

741) 대법원 2009. 9. 10. 선고 2008다37414 판결을 참고한 사례이다.

[해제]

Ⅰ. 부담부분 변경결의의 위법성

재건축조합이 재건축결의 내용을 변경함에 있어서는 그것이 구성원인 조합원의 이해관계에 미치는 영향에 비추어 재건축결의시의 의결정족수를 규정한 집합건물법 제47조 제2항을 유추적용하여 조합원 5분의 4 이상의 결의가 필요하고, 물가의 변동 등 건축 경기의 상황변화에 따른 통상 예상할 수 있는 범위를 넘는 주택의 공급가격의 변동은 철거 및 건축비용의 개산액과 비용분담에 관한 사항을 정한 재건축결의의 내용을 변경하는 것에 해당한다.[742] 따라서 위 사건에서 부담부분의 변경결의는 그 정족수를 충족하지 못한 무효의 결의이다.

Ⅱ. 이 사건 제명결의의 위법성

조합원 과반수를 제명하는 것은 재건축조합의 조합원총회 결의로도 불가능하므로, 조합원총회의 일부 의사결정을 대신하는 기관인 재건축조합 대의원회 등의 결의에 의하여 조합원 과반수를 제명할 수는 없다 할 것이다. 따라서 대의원회에서 조합원의 과반수를 제명하는 것은 중대한 하자가 있어 무효이다.

Ⅲ. 불법행위의 성립

재건축조합원들을 위법하게 제명한 상태에서 제명 조합원들이 분양받아야 할 아파트를 일반분양하는 것은 재건축조합원들의 수분양권을 위법하게 박탈하는 것으로서 불법행위가 된다. 또한 수인이 공동하여 타인에게 손해를 가하는 제760조의 공동불법행위에 있어서 행위자 상호간의 공모는 물론 공동의 인식을 필요로 하지 아니하고, 다만 객관적으로 그 공동행위가 관련 공동되어 있으면 족하고 그 관련 공동성 있는 행위에 의하여 손해가 발생함으로써 그에 대한 배상책임을 지는 공동불법행위가 성립하는바,[743] 재건축조합이 재건축

---

742) 대법원 2006. 10. 26. 선고 2004다17924 판결.

조합원들을 위법하게 제명하여 그 수분양권을 박탈한 상태에서 시공사가 재건축조합과 함께 일반분양을 강행하는 경우에는 제명된 조합원들에 대하여 공동불법행위가 성립할 수 있다 할 것이다. B 주식회사는 이 사건 제명결의 등이 위법한 것임을 알았거나 이를 충분히 알 수 있었던 상태에서 재건축조합과 함께 일반분양을 강행하였으므로 공동불법행위책임을 진다.

IV. 손해배상책임의 범위

일반분양이 완료됨으로써 이 사건 불법행위가 완성되었으므로 손해액은 그 시점의 이 사건 아파트 수분양권의 가액에 의하여 산정하고, 여기서 기존 조합원 분담금을 공제하는 방식으로 손해액이 산정될 수 있다.

불법행위로 인한 재산상 손해는 위법한 가해행위로 인하여 발생한 재산상 불이익, 즉 그 위법행위가 없었더라면 존재하였을 재산상태와 그 위법행위가 가해진 현재의 재산상태의 차이를 말하는 것이므로, 손해액을 산정함에 있어서는 먼저 위법행위가 없었더라면 존재하였을 재산상태를 상정하여야 할 것인데, 위법행위가 없었을 경우의 재산상태를 상정함에 있어 고려할 사정들은 위법행위 전후의 여러 정황을 종합한 합리적인 추론에 의하여 인정될 수 있어야 하고, 당사자가 주장하는 사정이 그러한 추론에 의하여 인정되지 않는 경우라면 이를 위법행위가 없었을 경우의 재산상태를 상정하는 데에 참작할 수 없다.

V. 과실상계

불법행위로 인한 손해의 발생 또는 확대에 관하여 피해자에게도 과실이 있는 때에는 그와 같은 사유는 가해자의 손해배상의 범위를 정함에 있어 당연히 참작되어야 하고, 양자의 과실비율을 교량함에 있어서는 손해의 공평부담이라는 제도의 취지에 비추어 피해발생에 관련된 제반 상황이 충분히 고려되어야 할 것이며, 과실상계사유에 관한 사실인정이나 그 비율을 정하는 것이 사실심의 전권사항이라고 하더라도 그것이 형평의 원칙에 비추어 현저히 불합리하여서는 아니 된다.[744]

---

743) 대법원 2009. 4. 23. 선고 2009다1313 판결.
744) 대법원 2008. 9. 11. 선고 2006다50338 판결.

재건축사업을 시행과정에서 발생한 사정변경에 대응하여 합의도출을 위한 노력을 전혀 기울이지 않은 점은 과실상계의 사유가 될 수 있다. 다만 조합원들이 불법행위와 관계없이 지급받을 수 있는 금전청산금 상당의 금액은 보장되도록 해야 할 뿐 아니라, 나아가 이 사건 불법행위의 위법성이 결코 가볍지 않은 점에 비추어 손해배상액이 과도하게 감액되지 않게 할 필요가 있다.

Ⅵ. 결론

설문의 기초가 된 사건에서 법원은 부담부분변경결의 및 제명결의의 위법성을 인정하고 재건축조합과 공동사업시행자의 공동불법행위책임을 인정하였다. 다만 원심법원은 과실상계를 부정하였으나, 대법원은 사정변경에 따라 합의도출을 위한 노력이 부족하였다는 점을 들어 과실상계의 법리위반으로 원심판결을 파기환송하였다.

[사례 84][745)

"A 철도노동조합은 단체협약체결을 위한 단체교섭을 진행하였으나 위 교섭이 장기화될 뿐 협약이 체결될 기미가 전혀 보이지 않았다. 그리하여 A 노동조합은 2005. 11. 10. 중앙노동위원회에 노동쟁의 조정신청을 하였다. 중앙노동위원회는 특별조정위원회를 구성하여 노사간의 조정을 시도하였으나 결국 합의에 이르지 못하였다. 중앙노동위원회 위원장은 공익위원의 의견을 조회한 후 중재 회부 보류 결정을 노사 양측에 통보하면서 쟁의행위에 돌입할 가능성이 현저한 경우에 즉시 중재에 회부할 수 있음을 명시하였다. 중앙노동위원회는 노사간의 교섭상황을 예의 주시하다가 A 노동조합이 총파업을 예고하고 있고 파업시 국민경제에 상당한 타격이 있음을 감안하여 2006. 2. 28. 21:00부로 중재회부를 결정하고 그 결정문을 노사양측에 송달하였다. A 노동조합은 2006. 3. 1. 01:00 조합원들에게 투쟁명령을 통하여 총파업에 들어갈 것을 지시하였다. B 회사는 긴급 업무복귀 지시를 발령하였으나, 상당수의 조합원이 2006. 3. 1.부터 같은 달 4. 17:00경까지 사업장에 출근하지 아니한 채 업무복귀를 거부하였고, 그로 인하여 승객수송업무와 화물운송업무 등에 상당한 차질이 초래되었다. B 회사는 2009. 2. 1. 5억원의 손해배상채권을

---

745) 대법원 2011. 3. 24. 선고 2009다29366 판결을 참고한 사례이다.

피보전채권을 하여 A 노동조합의 소유의 부동산에 가압류를 하였다. B 회사는 2011. 9. 1. A 노동조합을 상대로 손해배상소송을 제기하였다. A 노동조합은 어떠한 항변을 할 수 있는가."

[해제]

I. 관련 법령의 내용

1. 노동조합법 주요 내용

노동조합법 제3조는 단체교섭 또는 쟁의행위로 인한 손해배상책임을 면책시키고 있다. 동법 제75조는 노동위원회의 위원장은 제74조 제1항의 규정에 의한 권고가 있는 경우에는 공익위원의 의견을 들어 그 사건을 중재에 회부할 것인가의 여부를 결정하여야 한다고 규정한다. 동법 제63조에 따라 노동쟁의가 중재에 회부된 때에는 그 날부터 15일간은 쟁의행위를 할 수 없다.

2. 직권중재제도의 폐지

2006. 12. 30. 법률 제8158호로 노동조합법 제62조 제3호, 제74조, 제75조 등 직권중재 조항이 삭제됨으로써 직권중재제도가 폐지되었고, 필수유지업무제도의 도입과 대체근로의 허용을 통하여 쟁의행위를 현실적으로 제약하는 방향으로 노동조합법이 개정되었다 (2008. 1. 1.부터 시행됨).

II. 원고의 청구

이 사건 파업은 그 목적의 정당성이 인정되지 아니하고, 노동조합법상의 직권중재회부 결정이 있은 후의 파업으로서 절차적 적법성도 인정되지 아니하여 위법하므로, 피고는 원고에게 이 사건 파업에 따라 초래된 원고의 손해를 배상하여야 한다. 노동조합의 불법쟁의행위로 인하여 여객 및 화물 운송 업무를 수행하는 사용자가 입은 영업상의 손해는 위 불법쟁의행위와 상당인과관계가 있는 손해인데, 이는 운수수입 결손금과 대체투입비용에서

절감된 인건비와 연료비, 기타 필요비용을 공제하는 방식으로 산정할 수 있다.[746]

III. 손해배상책임의 면책 항변

1. 노동조합법 제3조에 기한 면책항변

피고는 노동조합법 제3조에 기한 면책항변을 할 수 있다. 다만 면책항변이 받아들여지기 위하여는 정당한 단체교섭 및 쟁의행위라는 요건이 충족되어야 한다. 정당한 쟁의행위라고 하기 위해서는 우선 주체가 단체교섭의 주체로 될 수 있는 자이어야 하고, 또 단체교섭과 관련하여 근로조건의 유지, 개선 등을 목적으로 하는 것으로서 목적이 정당하여야 하며, 시기와 절차가 법령의 규정에 따른 것으로서 정당하여야 할 뿐 아니라, 방법과 태양이 폭력이나 파괴행위를 수반하는 등 반사회성을 띤 행위가 아닌 정당한 범위 내의 것이어야 한다.[747]

2. 과실상계 또는 책임의 제한 항변

피고는 과실상계 또는 책임의 제한 항변에 기하여 손해배상책임이 감경되어야 한다고 주장할 수 있다. 특히 원·피고의 지위, 이 사건 파업에 이르기까지의 원·피고의 교섭 과정과 상황, 파업으로 인한 손해를 최소화하기 위한 원·피고의 노력 정도, 파업 철회 이후의 쌍방의 합의 내용, 직권중재제도의 취지와 그로 인한 단체행동권의 제한 정도, 직권중재제도가 폐지된 경위, 그밖에 이 사건 변론에 현출된 제반 사정이 고려되어야 한다. 설문의 기초가 된 사건에서 서울고등법원은 ① 원·피고 모두 이 사건 정기단체협약 체결을 위한 수개월 동안의 단체교섭 진행과정에서 합의도출이 쉽지 아니한 여러 가지 사정과 쟁점이 있음을 알고 있었고 서로 자신의 주장을 관철시키기 위하여 극단적으로는 직권중재회부와 파업이라는 수단을 택할 수밖에 없다는 점을 분명히 표시하여 왔으며 그로 인하여 원·피고는 물론 국민과 국가경제에 미칠 심각한 불편과 부정적 결과에 관하여 쌍방이 충분히 예측하고 있었음에도, 유연한 협상태도를 통해 쌍방의 노력과 양보만으로는 타결될 수 없는 쟁점을 배제하고 전면적·일괄적 타결이 아닌 부분적·단계적 타결 등을 차례대로 이루어 내지 못함으로써 결국 직권중재회부와 전면 파업이라는 불행한 사태를 초래하

---

746) 대법원 2006. 10. 27. 선고 2004다12240 판결.
747) 대법원 2011. 3. 24. 선고 2009다29366 판결.

게 된 점, ② 이 사건 파업 이후 체결된 2006. 4. 1.자 노사합의에서는 이처럼 타결되지 못한 쟁점들에 대해 쌍방간 어느 정도 합의가 이루어졌음에 비추어 위 파업 이전에도 상호 양보와 타협의 여지가 있었던 점, ③ 직권중재제도의 직접적 보호이익은 국민의 생명, 건강, 안전 및 공중의 기본적인 일상생활의 유지, 국민경제 기반의 붕괴 방지 등에 있는 것이지 당해 필수공익사업을 영위하는 업체나 사용자의 사적 이익 보호가 아닌 점, ④ 이 사건 이후 반성적 고려에서 직권중재제도가 폐지되었으므로 현재로서는 피고가 이 사건과 같은 파업을 하더라도 직권중재회부결정이 있었다는 이유만으로 위 쟁의행위가 위법하게 되어 그에 대한 손해를 배상할 책임이 생기지는 않는 점, ⑤ 원고와 피고는 앞서 본 바와 같이 이 사건 파업 이후 교섭을 진행하여 2006. 4. 1. 최종 합의를 도출하였는데 여기에는 원고가 파업 관련 민·형사상 책임의 최소화를 위하여 노력하기로 하는 내용도 포함되어 있는 점, ⑥ 원고로서는 파업 철회로 인한 전철 등의 정상화를 적극 홍보하고 부당한 직위해제 조치를 취하지 않았더라면 원고의 손해 확대를 어느 정도 막을 수 있었다는 점 등을 종합하여 보면, 피고의 책임을 이 사건 파업으로 인한 원고의 손해 중 60%로 제한함이 손해의 공평 타당한 분담을 위하여 적절하다고 판시하였다.[748]

Ⅳ. 소멸시효의 완성

중재회부로 인하여 파업이 금지됨에도 불구하고 파업을 강행한 것이므로 파업시점에 불법파업으로 인한 손해배상청구권에 대한 제766조 제1항 소정의 단기소멸시효가 진행한다. 따라서 파업시점으로부터 5년이 지난 시점에 지난 소제기는 소멸시효가 완성된 후의 것이라 효력이 없다. 다만 가압류에 의한 집행보전의 효력이 존속하는 동안은 가압류채권자에 의한 권리행사가 계속되고 있다고 보아야 하므로 가압류에 의한 시효중단의 효력은 가압류의 집행보전의 효력이 존속하는 동안은 계속된다.[749] 또한 가압류의 효력은 가분채권의 일부만을 특정한 채권으로 하여 가압류 한 경우에 피보전 채권의 일부만에 시효중단의 효력이 있다.[750]

따라서 설문의 경우에는 5억원의 한도에서 시효중단의 효력이 발생한다고 할 것이다.

---

748) 서울고등법원 2009. 3. 20. 선고 2007나122775 판결.
749) 대법원 2006. 7. 27. 선고 2006다32781 판결.
750) 대법원 1969. 3. 4. 선고 69다3 판결.

V. 결론

B 회사는 A 노동조합을 상대로 불법파업으로 인한 손해배상을 청구할 수 있으나, 책임의 제한의 법리에 의하여 손해배상책임이 제한되며 소멸시효의 법리에 의하여 감축된 배상액은 5억원의 한도에서만 인용될 수 있다.

[사례 85]751)

"B가 부주의로 자신이 운전하는 자동차로 전신주를 들이받아 정전되자, 비닐하우스를 설치하여 농작물을 조기 재배하는 농민 A는 정전으로 인하여 자신이 재배하던 농작물이 냉해를 입었다"

1. A는 누구를 상대로 어떠한 청구를 할 수 있는가
2. 피고로 지정된 자는 어떠한 항변을 할 수 있는가

[해제]

I. 원고의 청구

1. 피고의 선택

전신주를 들이받은 B를 상대로 불법행위책임을 추궁할 수 있고, 정전복구작업상의 현저한 잘못으로 인하여 A의 피해가 확대된 경우에는 한국전력공사를 피고로 삼아 손해배상을 청구할 수 있다.

2. 청구권원

B의 교통사고로 인하여 정전이 발생한 것이고, A의 손해는 위 정전으로 인하여 발생한 것이므로 B는 불법행위책임을 진다.

한국전력공사는 이 사건 정전사고의 신고시로부터 상당한 시간을 지체하여 전력공급이

---

751) 대법원 1995. 12. 12. 선고 95다11344 판결을 참고한 사례이다.

늦어진 것이므로 이 사건 냉해에 대한 배상책임이 있다.

3. 청구의 내용

냉해로 인한 재산적 손해를 손해배상으로 청구할 수 있다. 냉해의 정도에 따라 동사를 입은 경우와 가벼운 냉해를 입은 경우를 구별하여 그로 인한 재산적 손해를 청구할 수 있다.

Ⅱ. 피고의 항변

1. 운전자의 항변

A가 입은 재산적 손해는 특별손해로서 예견가능성이 없어 손해배상책임이 없다.

2. 한국전력공사의 항변

첫째, 사고신고를 받고 조속한 조치를 취한 이상 과실이 인정될 수 없다.

둘째, 가사 피고의 과실이 인정된다고 하더라도, 전력공급약관에 의한 경과실 면책약관에 의거하여 정전복구작업상의 잘못은 경미한 것에 불과하므로 면책된다.

셋째, 가사 책임이 인정된다고 하더라도 전력을 공급받아 비닐하우스 내 재배 작물을 위해 필요한 보온 유지를 하는 수용가로서는 불시에 전력의 공급이 중단되는 사태에 대비하여 필요한 대비책을 강구하여 가능한 한 보온 유지가 되지 아니한 채로 방치되지 아니하도록 할 것이 요구되는데, 이를 위반한 잘못은 손해의 확대에 기여한 것이므로 손해배상액의 결정에 있어 참고되어야 한다.

Ⅲ. 소결

설문의 기초가 된 사건에서 운전자에게는 예견가능성이 없다는 이유로, 한국전력공사에게는 과실이 없다는 이유로 원고의 청구가 전부 기각되었다. 다만 한국전력공사의 책임에 대하여는 과실의 정도에 따라 원고의 청구가 인용될 여지는 있다.

"장미를 재배하는 농민 A는 B사가 제조한 비료를 구입하여 사용하였는데, 비료의 발효과 정에서 포장지에 적힌 기간보다 오랫동안 발생한 암모니아가스에 의하여 상당히 많은 수의 장미가 고사하는 사태가 발생하였다."

1. A는 누구를 상대로 어떠한 청구를 할 수 있는가.
2. 피고는 어떠한 항변을 할 수 있는가.

[해제]

Ⅰ. 원고의 청구

1. 피고의 선택

제조자를 상대로 제조물책임을 추궁하거나 판매자를 상대로 하자담보책임을 추궁할 수 있다. 다만 후자의 경우에는 단기의 제척기간(제582조 참조)이 적용된다는 점을 유의하여 야 한다.

2. 청구권원

설문의 경우 제조물책임법 소정의 표시상의 결함(암모니아 가스 발생기간)에 의하여 장 미가 고사하는 사고가 발생하였다. 즉, 제조업자가 합리적인 설명, 표시, 경고 기타의 표시 를 하였더라면 당해 제조물에 의하여 발생될 수 있는 피해나 위험을 줄이거나 피할 수 있 었음에도 이를 하지 않은 것이다. 제품이 정상적으로 사용되는 상태에서 사고가 발생한 경 우 그 제품의 결함을 이유로 제조업자에게 손해배상책임을 지우기 위해서는 달리 제조업 자측에서 그 사고가 제품의 결함이 아닌 다른 원인으로 말미암아 발생한 것임을 입증하지 못하는 이상 소비자측에서 그 사고가 제조업자의 배타적 지배하에 있는 영역에서 발생하 였다는 점과 그 사고가 어떤 자의 과실 없이는 통상 발생하지 않는다고 하는 사정을 증명 하는 것으로서 충분하고, 한편 제조업자가 당해 제조물에 의하여 발생될 수 있는 피해나 위험을 줄이거나 피하기 위하여 필요한 합리적인 설명, 지시, 경고 기타의 표시를 하였는

---

752) 대법원 2006. 3. 10. 선고 2005다31361 판결을 참고한 사례이다.

지에 관한 표시상의 결함 유무를 판단함에 있어서는 제조물의 특성, 통상 사용되는 사용형태, 제조물에 대한 사용자의 기대의 내용, 예상되는 위험의 내용, 위험에 대한 사용자의 인식 및 사용자에 의한 위험회피의 가능성 등의 여러 사정을 종합적으로 고려하여 사회통념에 비추어 판단하여야 할 것이다.

3. 청구의 내용

A는 장미고사로 인하여 장미의 매도로 인한 수익의 상실이라는 손해를 입었는바, 이에 대한 배상이 문제된다. 일반적으로 불법행위의 직접적 대상에 대한 손해가 아닌 간접적 손해는 특별한 사정으로 인한 손해로서 가해자가 그 사정을 알았거나 알 수 있었을 것이라고 인정되는 경우에만 배상책임이 있다. 다만 이 사건의 경우에는 장미의 재배농민에게 비료를 판매한 것이므로 장미의 매도는 예견가능성이 인정된다고 할 것이다. 장래에 얻을 수 있었을 이익을 입증함에 있어서는 그 증명도를 과거사실에 대한 입증에 있어서의 증명도보다 경감하여 피해자가 현실적으로 얻을 수 있을 구체적이고 확실한 이익의 증명이 아니라 합리성과 객관성을 잃지 않는 범위 내에서의 상당한 개연성이 있는 이익의 증명으로 족하다 할 것인바, A의 구체적 손해액의 입증은 통계소득에 의할 수 있다.

II. 피고의 항변

첫째, 이 사건 비료는 일반적인 비료처럼 암모니아 가스가 발생하고 있음이 명시되어 있고, 또 일반적으로 사용되는 다른 비료들과 같은 방법으로 사용법이 표시되어 있으므로 이러한 표시에 결함이 있다고 볼 수 없다.

둘째, 장미고사는 A의 재배 및 관리상의 잘못 또는 자연조건에 기한 것이므로 피고는 책임이 없다.

III. 소결

설문의 기초가 된 사건에서 법원은 제조업자의 표시상의 결함에 기한 책임을 긍정하고, 장미의 매도수익의 상실이라는 손해는 통계소득에 의하여 인정하였다.

Ⅳ. 참고자료

설문의 기초가 된 사건의 1심판결 중 손해배상의 범위에 관한 부분은 다음과 같다.

1. 책임의 제한

원고들로서도 다년간 이 사건 비료와 같은 미발효 유기질비료를 사용하여 장미를 재배하여 왔으므로, 위 비료에서 암모니아 가스가 발생한다는 사실을 잘 알고 있었을 뿐 아니라, 위 비료의 포장지 등에는 이 사건 비료의 사용방법에 관하여 미리 토양에 살포한 후 경운하여 발효기간을 거친 후 식물을 이식 또는 정식하도록 기재하고 있고, 가스장해의 우려가 있음을 경고하고 있으므로, 원고들이 이러한 유기질 비료를 사용하는 경우에 있어서는 미리 비료의 발효과정을 거쳐 암모니아 가스가 소멸한 후비료를 살포하였어야 함에도, 장미가 식재되어 있는 그대로 비료를 살포하여 위 비료가 발효하면서 발생한 암모니아 가스에 장미를 노출시킨 잘못과 원고들이 다년간 퇴비와 화학비료를 사용하면서도 토지개량을 소홀히 한 잘못으로 인하여 원고들의 하우스 내 토양의 염류가 적정량을 초과하여 집적되어 있던 탓으로 이 사건 피해가 발생하게 된 것이라 할 것이고, 이러한 원고들 측의 잘못은 피고들의 손해배상 책임을 면제할 정도에는 이르지 아니하므로, 피고들의 책임 비율은 위 사실관계에 비추어 70% 로 제한함이 상당하다.

2. 손해배상의 범위

이 사건 피해로 인하여 원고들의 하우스에 식재되어 있던 장미는 1년생 내지 5년생의 유목 및 성목들이 낙엽, 신엽위축, 생육지연, 뿌리기능 저하, 영양장해 등으로 인하여 그 회복기간이 1년 정도 소요되어, 피해가 회복되기 전까지 장미의 수확이 불가능한 영업손해를 입게 되었으며, 경기 지역 장미농가가 연평균 소득은 10a를 기준으로 금 7,293,409원(총수입 금 18,589,859원 - 경영비용 금 11,296,450원)인 사실을 인정할 수 있으므로, 이 사건 피해로 인하여 원고 김길동은 금 40,843,090원(7,293,409원*56a(1,700평)/10a, 원 미만 버림, 이하 같다), 원고 최길동은 금 37,925,726원(7,293,409원*52a(1,600평)/10a), 원고 이길동은 금 18,962,863원(7,293,409원*26a(800평)/10a), 원고 한길동은 금 24,068,249원(7,293,409원*33a(1,000평)/10a)의 영업손해를 입게 되었다(원고들은 경기 지역 장미농가의 연평균 소득이 10a를 기준으로 조수입 금 18,589,859원, 자가노력비 금 3,615,438원 합계 금 22,205,297원에 이른다고 주장하나, 이 사건 피해로 인하여 원고들이 1년간 장미재배를 위하여 투입할 비용 상당의 금원을 투입하지 아니하게 되었으므로, 영업손해를 계산함에 있어 장미재배에 있어 소요되는 비용상당 금액은 공제되어야 하고, 자가노력비 또한 원고들이 1년간 장미를 재배함에 있어 투입되는 경영비용상당의 금원에 포함된 것이 므로, 원고들의 위 주장은 이유 없다).

[사례 87]⁷⁵³⁾

"A는 급성폐렴증세로 B 법인 산하의 병원의 제3병동 제706호 6인실 병실에 입원하여 침 대 옆의 시정장치가 없는 사물함에 현금 100만원이 들어 있는 핸드백 등을 넣어 둔 사실, 그런데 A가 새벽에 검사를 받기 위하여 입원실을 비운 사이에 위 사물함에서 위 핸드백이 도난당하였다. B 병원에서는 경비회사와 경비용역계약을 체결하여 경비원으로 하여금 순 찰하게 하고 있으나 개개의 병실에 대하여는 순찰활동이 미치지 못하고 있고, 면회시간은 12:00~14:00와 18:00~20:00로 정해져 있으나 면회시간 외에 면회객이 출입하는 것이 특별히 통제되지는 않았다. A를 위한 변호인의견서를 작성하여 보라."

[해제]

Ⅰ. 청구권원

A가 손해배상책임을 청구할 수 있는 권원은 채무불이행과 불법행위이다.

첫째, 환자가 병원에 입원하여 치료를 받는 경우에 있어서, 병원은 진료뿐만 아니라 환 자에 대한 숙식의 제공을 비롯하여 간호, 보호 등 입원에 따른 포괄적 채무를 지는 것인 만 큼, 병원은 병실에의 출입자를 통제·감독하든가 그것이 불가능하다면 최소한 입원환자에 게 휴대품을 안전하게 보관할 수 있는 시정장치가 있는 사물함을 제공하는 등으로 입원환 자의 휴대품 등의 도난을 방지함에 필요한 적절한 조치를 강구하여 줄 신의칙상의 보호의 무가 있다고 할 것이고, 이를 소홀히 하여 입원환자와는 아무런 관련이 없는 자가 입원환 자의 병실에 무단출입하여 입원환자의 휴대품 등을 절취하였다면 병원은 그로 인한 손해 배상책임을 면하지 못한다.⁷⁵⁴⁾

---

753) 대법원 2003. 4. 11. 선고 2002다63275 판결을 참고한 사례이다.

둘째, B는 타인의 재산권을 보호할 주의의무가 있다고 할 것인데, 이를 위반하여 A가 소유권을 상실하였으므로 B는 불법행위에 기한 손해배상책임을 진다.

판례와 통설은 채무불이행책임과 불법행위책임의 경합을 인정하고 있으므로 A는 양자 중 하나를 선택하여 청구할 수 있다.

II. 손해배상의 범위

재산권의 침해로 인한 손해배상은 원칙적으로 재산적 손해로 한정된다. 다만 비재산적 손해는 특별손해로 예견가능성이 있는 경우에 한하여 배상될 수 있다.

III. 책임의 제한 등

입원환자에게 귀중품 등 물건보관에 관한 주의를 촉구하면서 도난시에는 병원이 책임질 수 없다는 설명을 한 것만으로는 책임이 면제될 수는 없으나, 과실상계의 사유로 삼아 손해배상책임이 일부 감경될 수 있다. 또한 면책약관이 있는 경우에도 그러한 약관은 경과실만 면책이므로 고의 또는 중과실에 기한 책임은 존속한다. 더 나아가 면책약관은 원칙적으로 채무불이행책임에만 적용되고, 불법행위책임에는 적용이 없다.

IV. 소결

A는 B를 상대로 채무불이행이나 불법행위에 기한 손해배상책임을 추궁할 수 있고, B는 과실상계의 항변을 할 수 있다. 설문의 기초가 된 사건에서 법원은 피고의 책임은 인정하되 과실상계를 대폭 하였다. 즉, 원고는 입원 당시 피고로부터 귀중품을 주의하라는 말을 듣는 등 도난방지교육을 받았고, 병실에는 낯선 사람들이 수시로 드나드는 관계로 피고의 도난방지조치만으로는 한계가 있어 자기 스스로 도난방지조치를 취하여야 할 필요성이 컸음에도, 사물함에 시정장치가 없는 사실을 잘 알면서도 사물함에 신용카드, 통장, 도장이 들어있는 지갑과 비밀번호가 적힌 수첩을 함께 보관함으로써 소외인이 훔친 신용카드와 통

---

754) 대법원 2003. 4. 11. 선고 2002다63275 판결.

장을 이용하여 쉽게 현금 인출을 할 수 있게 하였고, 병실을 비울 때 위 사물함에서 지갑과 수첩을 꺼내어 간호사 등에게 보관을 요청하거나 옆 환자들 및 그 보호자들에게 자신의 사물함에 대한 경계를 부탁하는 조치를 취하지 않은 점, 또한 원고는 2000. 3. 21. 지갑과 수첩을 도난당하였음에도 2000. 3. 24.에서야 뒤늦게 도난사실을 확인함으로써 그 동안 소외인이 신용카드와 통장으로 수차례에 걸쳐 대금 결제와 현금 인출을 감행하도록 하여 도난사고로 인한 손해를 확대시킨 점 등을 피고가 배상하여야 할 손해액을 산정함에 있어 참작하기로 하되, 그 비율은 위 사실관계에 비추어 80%로 정함이 타당하여, 피고의 책임 범위를 20%로 제한한다.

[사례 88][755]

"A는 2010. 7. 29. 16:00경 시흥시 대야동 542번지에 있는 B의 대형마트 매장의 주차장에 주차안내원에게 귀중품에 대한 일체의 언급도 없이 A 소유의 승용차를 주차하였다. 주차장 입구에 설치된 안내게시판에는 '차량내 귀중품 보관금지'가 명시되어 있었으며, 주차카드의 이면에도 동일한 내용이 기재되어 있었다. A는 같은 날 16:00경부터 16:20경까지 이 사건 매장에서 물품을 구입하였는데, 그 사이인 16:11경 성명을 알 수 없는 자 2명이 합동하여 이 사건 승용차의 조수석 유리창을 손괴하고, 위 승용차 안에 있던 A 소유의 수표 10만원권 30장 및 현금 200만원이 들어 있는 손가방을 절취하였다. A는 위 수표 30장을 위와 같이 절취당하였음을 이유로 2008. 9. 22. 수원지방법원 안산지원 2010카공1004호로 공시최고신청을 하여 2009. 1. 5. 위 수표 30장에 관한 제권판결을 선고받았다. A는 누구를 상대로 어떠한 청구를 할 수 있는가."

[해제]

I. 피고의 확정

절도 및 손괴범행을 저지른 자는 현재 신원이 파악되지 않은 상태이므로 A는 주차장을 관리하는 자를 상대로 책임을 추궁하여야 할 것이다.

---

755) 수원지방법원 2009. 12. 15. 선고 2009나18547 판결을 참고한 사례이다.

Ⅱ. 청구권원

1. 채무불이행책임

A가 B를 상대로 채무불이행책임을 추궁하기 위하여는 임치계약이 성립되어야 한다. 공중접객업자와 객 사이에 임치관계가 성립하려면 그들 사이에 공중접객업자가 자기의 지배영역 내에 목적물 보관의 채무를 부담하기로 하는 명시적 또는 묵시적 합의가 있음을 필요로 한다고 할 것이고, 매장 부설주차장에 시정장치가 된 출입문이 설치되어 있거나 출입을 통제하는 관리인이 배치되어 있는 등 매장 측에서 그 주차장에의 출입과 주차시설을 통제하거나 확인할 수 있는 조치가 되어 있다면, 그러한 주차상에 객이 주차한 차량에 관하여는 명시적인 위탁의 의사표시가 없어도 매장업자와 객 사이에 임치의 합의가 있는 것으로 볼 수 있다.[756]

주차통제시설이 갖추어진 주차장에 주차한 것은 묵시의 임치합의를 인정할 수 있으나, 주차 게시판과 주차카드의 이면의 기재내용에 비추어 귀중품에 대하여는 임치의 합의가 인정되기 어려울 것이다.

2. 불법행위책임

1) 주차장법상 책임

주차장법 제19조의3 제2항, 제17조 제3항의 규정에 의하면, 부설주차장의 관리자는 주차장에 주차하는 자동차의 보관에 관하여 선량한 관리자의 주의의무를 태만히 하지 아니하였음을 증명한 경우를 제외하고는 그 자동차의 멸실 또는 훼손으로 인한 손해배상의 책임을 면하지 못하도록 되어 있는데, 이때 부설주차장의 관리자가 주차장이용계약에 의해 주차한 자동차의 보관에 관하여 부담하는 선관주의의무는 특별한 사정이 없는 한 그 주차장이용계약에서 정한 주차장 이용시간에 한정된다.[757]

대형마트는 판매시설로 그 운영자는 부설주차장을 설치하여야 하고, 주차장법 제19조의3 제2항과 제17조 제3항에 따라 자동차의 보관에 관하여 선관주의의무를 부담한다.

2) 민법 제750조에 의한 책임

유통산업발전법 제12조 제2호 및 제52조에 의하면 이 사건 매장과 같은 대규모 점포의

---

756) 대법원 1998. 12. 8. 선고 98다37507 판결.

757) 대법원 2011. 3. 10. 선고 2010다72625 판결.

개설자는 소비자의 안전유지의 업무를 수행하여야 하고, 이러한 업무를 수행하지 아니할 경우 500만원 이하의 과태료에 처하도록 규정되어 있으며, 이 사건 매장과 같은 대규모 점포의 경우 차량을 이용하여 물건을 구매하러 오는 고객이 많은 이유로 충분한 주차공간을 확보하는 것이 피고 회사의 영업을 위하여 반드시 필요하다는 점을 고려하면 피고 회사에게는 위 주차공간에 주차하는 고객들의 안전을 유지하기 위한 조치를 강구할 의무가 있다고 보아야 한다. 따라서 위와 같은 대규모 점포를 이용하던 고객이 대규모 점포의 개설자의 안전유지의무 위반으로 인해 손해를 입은 경우 대규모 점포의 개설자에 대하여 위와 같은 의무 위반으로 인한 손해에 대해 불법행위에 기한 손해배상책임을 구할 수 있다고 봄이 상당하다. 다만, 위와 같이 불법행위에 기한 손해배상책임을 물을 경우, 대규모 점포의 개설자의 안전유지의무의 존재 및 그 위반사실, 손해발생과의 인과관계 등의 불법행위의 성립요건에 관해서는, 이를 주장하는 고객 측에게 증명책임이 있다.[758]

3. 소결

A는 입증책임의 측면에서 유리한 주차장법에 근거하여 불법행위책임을 추궁하여야 할 것이다.

Ⅲ. 손해배상의 범위

A는 B를 상대로 차량 수리비와 절취당한 물품가액 200만원(제권판결을 받은 수표금액인 총 300만원은 제외함)을 손해배상으로 청구할 수 있다.

Ⅳ. 과실상계

B는 A의 손해배상청구에 대하여 귀중품의 보관에 대한 안내사항 불이행을 들어 과실상계를 주장할 수 있을 것이다.

Ⅴ. 결론

설문의 기초가 된 사건에서 법원은 유통산업발전법에 근거하여 불법행위책임의 존부를

---

758) 수원지방법원 2009. 12. 15. 선고 2009나18547 판결.

판단하여 결국 원고의 입증책임실패를 이유로 하여 원고의 청구를 기각하였다. 다만 원고가 청구권원으로 주차장법을 원용하지 못하여 결국 원고의 청구가 기각되었으므로 청구권원으로 주차장법을 원용하였다면 결론이 바뀔 수도 있다.

[사례 89][759]

"A 호텔 부설 지하주차장에 주차해 둔 차량의 운전석에서 원인불명의 화재가 발생하여 차량이 전소한 경우 차량 소유주 B는 누구를 상대로 어떠한 청구를 할 수 있는가"

[해제]

I. 피고의 확정

차량 내부에서 발생한 화재이므로 일응 차량제조자를 상대로 제조물책임을 추궁하거나 매도인에게 하자담보책임을 추궁할 여지가 있다. 더 나아가 부설주차장에서 발생한 사고인만큼 주차장법에 따른 책임이 성립한다면, 주차장관리자에게 책임을 추궁할 수 있다.

II. 제조물책임법에 의한 책임

1. 제조물 책임법의 적용여부

제조물책임이란 제조물에 통상적으로 기대되는 안전성을 결여한 결함으로 인하여 생명·신체나 제조물 그 자체 외의 다른 재산에 손해가 발생한 경우에 제조업자 등에게 지우는 손해배상책임이고, 제조물에 상품적합성이 결여되어 제조물 그 자체에 발생한 손해는 제조물책임의 적용 대상이 아니다.[760]

---

759) 대법원 2000. 7. 28. 선고 98다35525 판결을 참고한 사례이다.

760) 대법원 1999. 2. 5. 선고 97다26593 판결.

2. 제품의 결함의 존부

지하주차장에 주차해 둔 차량의 운전석에서 원인불명의 화재가 발생하여 차량이 전소한 경우, 차량의 결함부위 및 내용이 특정되지 아니하였고 차량의 외부에서 발화하여 그 내부로 인화되었을 가능성도 배제할 수 없는 점 등에 비추어 차량의 제조상의 결함(하자)으로 화재가 발생하였다고 추정하기는 어렵다. 따라서 제조물책임법에 의한 책임추궁은 어렵다.

III. 하자담보책임

매도인에 대한 하자담보책임을 추궁한다고 하더라도 하자의 내용이 명확하게 입증되어야 하나, 차량의 결함부위 및 내용이 특정되지 아니하였고 차량의 외부에서 발화하여 그 내부로 인화되었을 가능성도 배제할 수 없는 점 등에 비추어 차량의 제조상의 결함(하자)으로 화재가 발생하였다고 추정하기는 어렵다고 할 것이어서 하자담보책임의 추궁도 사실상 어렵다.

IV. 주차장법에 따른 책임

주차장법 제19조의3에 따르면 부설주차장의 관리자는 동법 제17조 제3항에 따라 주차장에 주차하는 자동차의 보관에 관하여 선량한 관리자의 주의의무를 태만히 하지 아니하였음을 증명한 경우를 제외하고는 그 자동차의 멸실 또는 훼손으로 인한 손해배상의 책임을 면하지 못한다. 따라서 B는 A 호텔의 운영주체를 상대로 주차장법 소정의 책임을 추궁할 수 있고, A는 자동차의 보관에 관하여 선량한 관리자의 주의의무를 다하였음을 입증하여 책임을 면할 수 있다.

V. 손해배상의 범위

B는 이 사건 화재로 인한 재산적 손해의 배상을 구할 수 있다. 전소로 인한 멸실이므로 재산적 손해배상액은 멸실일 당시의 시가라고 할 것이며, 위 금액은 시가감정을 통하여 최

종적으로 인정될 것이다. 재산적 손해 외에 위자료는 특별손해이므로 예견가능성을 충족한 경우에 한하여 배상될 수 있다.

VI. 결론

설문의 기초가 된 사건에서 제조물책임법의 적용여부가 문제가 되었는데, 법원은 자동차 자체에 발생한 손해는 제조물책임법의 규율대상이 아니라고 보았다. 그러나 위와 같은 경우에도 주차장법에 의한 책임의 추궁을 가능하다고 보여진다.

[사례 90][761]

"A는 서울특별시로부터 노외주차장의 관리를 위탁받은 개인 B에게 월정기주차료를 지불하고, 하천부지에 설치된 노외주차장에 영업용 대형화물차를 주차를 하였는데, 자정부터 내린 갑작스런 폭우로 인하여 A가 주차한 자동차는 더 이상 수리가 불가능한 정도로 파손되었다."

1. A는 누구를 상대로 어떠한 청구를 할 수 있는가.
2. 피고로 지정된 자는 어떠한 항변을 할 수 있는가.
3. 노외주차장 관리자가 그 이용자에게 주차권의 의미로 발행·교부한 '차고회비합의서'의 뒷면에 "차량의 파손 및 도난은 본 차고에 민·형사상의 책임이 없다."라는 문구가 있는 경우에는 어떠한가.

[해제]

I. 원고의 청구

1. 피고의 선택

관리위탁을 받은 개인 B 뿐만 아니라 하천과 노외주차장의 관리감독의 책임을 부담하는

---

761) 서울서부지방법원 2008. 9. 4. 선고 2008나584 판결(로앤비 검색가능)을 참고한 사례이다.

서울특별시를 피고로 삼아 손해배상소송을 제기할 수 있다.

2. 청구권원

1) B의 계약위반

A와 B 사이에는 주차장 이용계약이 성립한 이상, B는 계약상 노외주차장에 주차된 자동차의 보관에 관한 선량한 관리자의 주의의무를 부담하나, A의 차량의 침수를 막기 위한 필요한 조치를 전혀 하지 않았다고 할 것이므로 이는 계약위반에 해당하고 이로 인한 손해를 배상할 책임이 있다.

2) 서울특별시의 책임

a) 재난관리책임기관

서울특별시는 재난관리책임기관으로서 풍수해대책에 따른 조치 및 현장구조·구급 등 조치를 취할 의무를 부담하고, 구체적으로 노외주차장의 경우 화물차 기타 대형차량 소유자도 다수 포함되어 있을 것이므로 소유자와의 연락에 의존할 것이 아니라 중대형 차량을 이동시킬 수 있는 견인차 등 장비를 갖추고 대피조치를 취할 의무가 있다고 할 것이고, 재해대책본부 구성원인 서울특별시 소속 공무원들의 직무상 의무위반과 이 사건 사고와는 상당한 인과관계가 있다고 할 것이다.

b) 제756조 소정의 사용자책임

개인에게 위탁한 사무에 대한 지휘감독의무가 존재하는 이상, 그 개인이 공무원이 아니라고 하더라도 제756조 소정의 사용자책임을 진다.

노외주차장 위수탁계약시에 의하더라도 수탁자는 자연재해 등에 대한 긴급대피계획 및 원상복구계획을 수립하여 서울특별시의 승인을 받아야 하고, 서울특별시는 주차장시설관리에 대하여 지도감독권을 가지며 필요한 경우 주차장시설 관리실태 등을 확인할 수 있으므로 B의 주차관리업무는 서울특별시의 지휘감독의 범위내에 속한다고 할 것이어서 B는 서울특별시의 피용자에 해당한다.

3. 청구의 내용

1) 차량손해

원고의 화물차가 이 사건 사고로 인하여 폐차할 정도로 손괴되었으므로 그 손해배상액은 감소된 교환가격이고, 이는 사고 당시의 시가에서 폐차대금을 공제하는 방법으로 산정된다.

2) 견인비

A의 화물차를 폐차하기 위하여 지출한 견인비를 청구할 수 있다.

3) 다른 차량의 임차료

사고 이후 다른 차량을 매수한 시점까지 다른 차량을 임차하는데 지출한 임차료는 상당성이 있는 범위 내에서 통상의 손해라 할 것이므로 이를 청구할 수 있다.

Ⅱ. 피고의 항변

1. 피고들의 항변

1) 이용시간외의 사고

이 사건 사고는 주차장 운영시간인 9:00~21:00가 아닌 자정에 발생한 것이므로 피고들은 책임이 없다.

2) 불가항력에 의한 자연재해

이 사건 집중호우는 미리 예측할 수 없는 불가항력적인 자연재해로서 이로 인한 손해를 배상할 책임이 없다.

3) 약관 등에 의한 면책

주차장 정산소에 "본 주차장은 홍수 및 장마철에는 침수가 예상되므로 가급적 주차를 삼가 주시기 바랍니다"라는 문구 및 안내간판에 "홍수시에는 침수되는 곳이므로 여름철 우기에는 야간주차를 삼가 주시기 바랍니다. 주차장에서 도난, 차량훼손 등의 책임은 운전자에게 있습니다"라는 문구를 기재하였으므로 화물차 훼손에 대한 책임이 없다.

4) 과실상계

집중호우가 미리 예측할 수 있었던 것임에도 불구하고 침수위험이 있는 주차장에 주차하고, 스스로 화물차를 대피하기 위한 노력을 하지 않은 것은 손해의 발생 및 확대의 원인이 되었다고 할 것이므로 이는 손해배상액에서 참작되어야 한다.

5) 공제항변

A가 이 사건 사고로 인하여 보험회사로부터 수령한 보험금은 공제되어야 한다.

2. 피고 서울특별시의 항변

서울특별시는 공무원이 아닌 개인수탁자인 B의 사용자가 아니므로 국가배상법 제2조 소정의 책임을 지지 않는다.

Ⅲ. 소결

설문의 기초가 된 사건에서 법원은 B와 서울특별시의 책임을 긍정하되, 원고의 과실을 고려하여 손해배상책임을 일부 제한하였다. 다음은 대상판결의 주요 판단사항이다.

첫째, A와 B 사이에는 대형화물차에 대한 월정기 주차장 이용계약이 성립되었으므로 B는 자동차 보관에 관한 선량한 관리자로서의 주의의무를 부담하고, 이 주의의무는 주차장 운영시간인 9:00~21:00로 한정되는 것은 아니다. 따라서 A의 화물차 침수 당시 퇴근하고 아무런 조치를 하지 않은 것은 주차장 이용계약의 불이행이다.

둘째, 서울특별시는 재난 및 안전관리기본법에 따라 풍수해대책에 따른 조치 및 현장구조·구급 등 조치를 취할 의무가 있고 이를 위반한 잘못은 이 사건 사고와 상당인과관계가 있다. 특히 소유자와 연락이 닿지 않는 상황까지 감안하여 대형화물차를 대피시킬 수도 있는 견인차 등 장비를 갖추고 대피조치를 취할 의무가 있다.

셋째, 서울특별시는 B에게 자연재해시 주차된 차량의 긴급대피 업무를 포함한 주차장의 관리·운영 업무를 위탁하였고, 그 업무는 서울특별시의 지휘·감독의 범위 내에 속한다고 볼 것이므로 서울특별시는 피용자인 B의 사용자로서 B의 과실로 인하여 발생한 이 사건 사고에 대하여 책임이 있다.

넷째, 이 사건 사고 3일 전부터 호우에 대하여 재난안전대책을 세워왔으므로 예측할 수 없는 불가항력적인 자연재해라는 항변은 받아들이기 어렵다.

다섯째, B의 면책약관은 주차장법 제17조 제3항의 규정에 비추어 고의 또는 중대한 과실로 선량한 관리자의 주의의무를 하지 않은 경우에도 면책하는 약관으로서 약관의 규제에 관한 법률 제6조 제2항 제1호 또는 제7조 제1호에 해당하여 무효이다.

여섯째, A가 집중호우를 예측할 수 있었음에도 화물차를 침수위험이 있는 곳에 주차하였고, 또 많은 비가 내림에도 화물차를 대피시키려는 노력을 하지 않은 점은 과실상계의 사유가 되고, 설문의 기초가 된 사건에서 법원은 20%의 과실상계를 하였다.

[사례 91][762]

"A가 재배하는 고급관상수의 갯솜조직과 표피세포의 원형질분리로 변색되어 잎이 떨어지고 나아가서는 수목 자체까지 고사하였다. 특히 모직류를 제조하는 B회사의 공장굴뚝에서 동남쪽으로 약 200m 떨어진 곳 부근의 관상수들에서 그 현상이 심하게 나타났다."

1. A는 B 회사에 대하여 어떠한 청구를 할 수 있는가.
2. B 회사는 어떠한 항변을 할 수 있는가.

[해제]

I. 원고의 청구

B 회사의 유해가스로 인하여 A의 과일 나무가 폐목화 되고 이로 인하여 과수원 농지가 경작불능 상태에 이르게 되었는데 이는 B 회사의 공장이 가동초기부터 유해가스 시설이 미비하고 작업 기술이 미숙하였기 때문이다. 따라서 B 회사는 과수목의 교환가치와 과수원 농지의 임대료 상당의 손해금을 배상하여야 한다.

---

762) 대법원 1991. 7. 23. 선고 89다카1275 판결을 참고한 사례이다.

II. 피고의 항변

1. 과실부존재

B 회사는 유해가스 제거 시설을 갖추고 있었고 그 시설이나 가동은 당시에 가능한 한도 내에서 이루어진 것이므로 이로 인해 유해가스가 배출되었다고 하더라도 B 회사에게 과실이 있다고 할 수는 없다.

2. 위법성 부존재

B 회사의 공장에서 배출된 오염물질(아황산가스)의 농도가 환경보전법에 의하여 허용된 기준치 이내이므로 위법하지 아니하다.

3. 책임제한

피해자의 손해가 한파, 낙뢰와 같은 자연력과 가해자의 과실행위가 경합되어 발생된 경우 가해자의 배상의 범위는 손해의 공평한 부담이라는 견지에서 손해에 대한 자연력의 기여분을 제한 부분으로 결정되어야 한다.

III. 소결

설문의 기초가 된 사건에서 법원은 피고의 책임을 긍정하되 피고의 책임제한항변만(60%를 제한함)을 받아 들여 손해배상책임을 일부 제한하였다.

"A는 2008. 1. 5. B의 주소지를 자신의 주소지로 적은 허위의 소유권이전등기청구소장을 관할 지방법원에 제출하였고, 위 법원은 위 소장의 송달을 관내 우체국 소속 우편집배원 C에게 위임하였다. C는 2008. 2. 3. 수령권한을 확인하지 아니하고 위 서류를 A에게 송달하고 송달보고서를 작성하여 동 법원에 제출하였다. A는 의제자백에 의한 승소판결에 기하여 이 사건 부동산에 대한 소유권이전등기를 경료하였고, D는 A의 등기를 신뢰하여 A와 5억원의 매매계약을 체결하고 소유권이전등기를 경료하였다. B는 나중에 이와 같은 사실을 알고 추완항소를 제기하여 원고 승소판결이 선고되고 동 판결이 확정되었다. 이에 기하여 B는 D 명의의 등기를 말소하기에 이르렀다. D는 누구를 상대로 어떠한 청구를 할 수 있는가."

[해제]

Ⅰ. 피고의 선택

소송사기를 주도한 A 뿐만 아니라 C의 사용자인 대한민국에 대하여도 불법행위책임을 추궁할 수 있다. C가 수령권한을 제대로 확인하지 아니하여 의제자백판결이 확정되고 그로 인하여 경료된 등기를 신뢰하여 D가 매매계약을 체결한 것이므로 C의 잘못과 D의 손해사이에는 상당인과관계가 있다고 할 것이다. 대한민국을 피고로 삼는 것은 D의 손해 전보에 필수불가결한 조치이다.

Ⅱ. 청구권원

A 대한민국은 객관적 행위의 공동이 있으므로 공동불법행위책임을 진다고 할 것이다. 민사소송서류의 송달과 관련하여 우편집배원은 집행관 등과 함께 민사소송법 제176조에 정해진 송달기관으로서 업무를 수행하는 것이다. 특히 대한민국의 책임근거가 문제될 수 있는데, 특별송달우편물에 관하여 우편집배원의 고의 또는 과실에 의하여 손해가 발생한

---

763) 대법원 2008. 2. 28. 선고 2005다4734 판결을 참고한 사례이다.

경우에는 우편물 취급에 관한 손해배상책임에 대하여 규정한 우편법 제38조에도 불구하고 국가배상법에 의한 손해배상을 청구할 수 있다.

Ⅲ. 청구의 내용

피고들이 부담할 손해는 재산적 손해인 5억원이라고 할 것이며, 위 금원 외에 위자료는 인정되지 않는다고 보는 것이 통설과 판례의 태도이다. 즉, 일반적으로 타인의 불법행위에 의하여 재산권이 침해된 경우에는 그 재산적 손해의 배상에 의하여 정신적 고통도 회복된 다고 보아야 할 것이므로, 재산적 손해의 배상에 의하여 회복할 수 없는 정신적 손해가 발 생하였다면 이는 특별한 사정으로 인한 손해로서 가해자가 그러한 사정을 알았거나 알 수 있었을 경우에 한하여 그 손해에 대한 위자료를 청구할 수 있다.[764]

Ⅳ. 소결

설문의 기초가 된 사건에서 원고는 대한민국을 피고로 삼아 손해배상소송을 제기하였고, 법원은 우편집배원이 민사소송법 소정의 송달기관으로서 업무를 수행하는 과정의 잘못에 대하여 우편법이 아닌 국가배상법에 따른 책임을 인정하였다.

[사례 93][765]

"B 보험회사는 2008. 5. 13. A와 그 소유의 이 사건 승용차에 관하여 보험기간을 2008. 5. 13.부터 2009. 5. 13.까지로 정하여 자동차 종합보험 계약을 체결하면서(이하 '이 사건 보험계약'이라고 한다), 임의보험료 중 1회분 분납보험료 406,040원은 계약 당일에 납부 하고, 2회분 분납보험료 270,700원은 2008. 10. 13.까지 납부하기로 보험료 분할납입 특 약을 한 사실, A가 2008. 10. 13.까지 2회분 분납보험료를 납입하지 아니하자, B 보험회 사는 2008. 10. 23. 보험료 분할 납입 특약 제3조에 따라 A에게 내용증명우편으로

---

764) 대법원 1992. 5. 26. 선고 91다38334 판결.

765) 대법원 2009. 7. 23. 선고 2006다81325 판결을 참고한 사례이다.

'2008. 11. 12.까지 2회분 분납보험료를 납입할 것과, 만약 위 납입기일까지 2회분 분납보험료를 납입하지 아니 할 경우에는 이 사건 보험계약은 위 납입기일의 24:00부터 해지되어 그 후에는 보험 혜택을 받을 수 없게 된다'는 내용이 담긴 이 사건 우편물을 발송한 사실, 그런데 우편집배원 C는 이 사건 우편물을 배달하는 과정에서 A가 이 사건 우편물을 직접 수령한 것처럼 허위로 등기우편물 배달증 원부를 작성한 사실, 한편, A는 2009. 3. 13. 16:35경 이 사건 승용차를 운전하다가 교통사고를 일으켰다." B 보험회사는 위 교통사고 발생 전에 이 사건 보험계약이 해지되었다는 이유로 보험금 지급을 거부하고 있다."

1. A의 보험금청구는 인용될 수 있는가.
2. 1항의 결론에 입각하여 A 또는 B 보험회사는 어떠한 구제수단을 가지는가.

[해제]

Ⅰ. 보험금청구의 인용여부

A는 교통사고로 인한 보험금을 보험회사를 상대로 청구할 것인바, 이에 대하여 B 보험회사는 보험약관에 의한 보험계약의 해지를 주장할 것으로 예상된다. 해지가 적법하다면, 그 해지 이후의 보험계약이 장래에 대하여 소멸하므로 A의 보험금청구는 기각될 것이다. 이 사건 보험약관은 분납보험료의 연체에 대하여 최고를 거쳐 납입기회를 부여하고, 이를 도과한 경우에 해지하는 것이므로 대법원 판례와 학설에 비추어 유효한 것으로 인정된다. 그러나 A는 우편집배원 C의 잘못으로 인하여 이 사건 우편물(납입통보 및 기한도과시 해지의 의사표시를 담은 내용증명우편)을 배달받지 못하였으므로 보험약관에 의한 해지는 효력을 발생하지 못한다. 따라서 A의 보험금청구는 인용된다. 다만 B 보험회사는 미납보험료채권으로 대등액의 범위에서 상계할 수 있다.

Ⅱ. A 또는 B 보험회사의 구제수단

1. 피고의 선택

A의 보험금청구가 인용되는 이상, B 보험회사는 우편집배원의 잘못에 대하여 국가배상

책임을 추궁할 수 있다. C의 허위송달기재는 고의에 의한 행위이므로 국가배상책임과 별개로 C 개인의 불법행위책임도 성립한다.

2. 내용증명우편제도

우편법 제15조에 정한 부가우편역무 중 우편법 시행규칙 제25조 제1항 제1호 소정의 '등기취급'은 우편물의 취급과정을 기록에 의하여 명확히 하는 우편물의 특수취급제도이고, 내용증명은 이러한 등기취급을 전제로 발송인이 수취인에게 어떤 내용의 문서를 언제 발송하였다는 사실을 우체국이 증명하는 특수취급제도이다(우편법 시행규칙 제25조 제1항 제4호 가목). 내용증명우편물에 관하여는, 한글 또는 한자로 자획을 명료하게 기재한 문서인 경우에 한하여 이를 취급하며, 공공의 질서 또는 선량한 풍속에 반하는 내용의 문서 또는 문서의 원본과 등본이 같은 내용임을 일반인이 쉽게 식별할 수 없는 문서는 이를 취급하지 아니한다는 제한이 있을 뿐(같은 시행규칙 제46조 제1항), 다른 제한은 없으므로 그 우편물에는 천차만별의 다양한 내용이 담길 수 있다. 그러나 우편법관계법령 등에서는 내용증명우편물에 담긴 내용의 중요도를 선별하여 그에 따라 우편요금 등에 차등을 두거나 제공하는 우편역무의 질에 차등을 두지 아니하고 있고, 그 우편물을 보험에 가입시키는 보험취급도 하지 않고 있으며, 우편법 관계법령에 따라 모두 동일한 요금과 수수료를 받고 그 우편물을 널리 공평하고 적정하게 처리하도록 할 뿐이다. 접수우체국 담당공무원이 내용증명우편물을 내용문서 원본과 등본을 대조하여 서로 부합함을 확인하는 절차를 거치는 것은 관계법령에 따라 대량의 내용증명우편물을 취급하는 과정에서 이루어지는 기계적 형식적인 업무처리에 지나지 아니하므로, 이러한 절차를 거친다고 하여 국가가 그 내용증명우편물에 담긴 내용을 알거나 알 수 있다고 보거나, 우편집배원이 그 발송인 등을 위하여 그 우편물의 내용을 반영하여 특별한 주의를 가지고 우편역무를 제공하여야 한다고 보는 것은 합리적이라고 할 수 없다.

3. 손해배상의 범위

1) 재산적 손해

a) 상당인과관계의 존부

등기우편물에 관한 우편역무종사자가 직무상 의무를 위반할 경우 국가가 부담하게 되는 손해배상책임은 그 직무상 의무 위반과 상당인과관계 있는 손해에 한하여 인정될 수 있으므로, 비록 우편역무종사자가 그 직무 수행 과정에서 우편법관계 법령 등을 위반하는 행위를 하였다고 하더라도, 그 결과로서 발생한 손해와의 사이에 상당인과관계가 인정되지 아니하는 경우에는 국가에 손해배상책임을 물을 수 없다. 그리고 등기우편물에 관한 우편역무종사자의 직무상 의무 위반과 피해자가 입은 손해 사이의 상당인과관계의 유무를 판단함에 있어서는 일반적인 결과발생의 개연성은 물론 직무상 의무를 부과하는 법령 기타 행동규범의 목적, 그 수행하는 직무의 목적 내지 기능으로부터 예견가능한 행위 후의 사정, 가해행위의 태양 및 피해의 정도 등을 종합적으로 고려하여야 한다.

b) 구체적 판단

내용증명우편물에는 거래관계의 이행 성립 소멸 등에 중요한 영향을 미치는 의사표시가 담겨 있을 수 있다. 그러나 접수우체국에서는 발송인 등과 제3자의 거래내용을 일일이 확인하여 차등을 두어 우편역무를 제공하지 않고 있고, 그 우편물에 담긴 의사표시가 도달되지 않거나 그 도달에 관한 증명기능이 발휘되지 아니할 경우 그 거래에 관련하여 발생할 수 있는 손해의 발생 위험까지 감안하여 요금 등을 책정하고 우편역무를 제공하는 것이 아니며, 나아가 이를 배달하는 우편집배원으로서도 일반적으로 그와 같은 거래관계의 존부 및 내용을 예견할 수 없음에도 불구하고, 그 우편물에 담긴 의사표시가 도달되지 않거나 그 도달에 관한 증명기능이 발휘되지 아니할 경우 발생할 수 있는 손해에 대해서까지 국가에 손해배상책임을 부담시키게 된다면, 발송인 등이 제3자와 개별적으로 맺은 각양각색의 거래관계와 관련하여 발생한 손해에 대하여 무차별적으로 국가에 책임을 추궁하고, 그 거래관계를 둘러싼 분쟁에 국가를 끌어들여 많은 노력과 비용을 지출하는 결과를 초래하게 된다. 이는 결과발생에 대한 예견가능성의 범위를 넘어서는 것임은 물론이고, 한정된 인원과 비용의 제약 아래 대량의 우편물을 신속 원활하면서도 저렴한 비용으로 널리 공평하게 우편역무를 제공함으로써 공공의 복지증진에 기여하려는 구 우편법의 목적과 기능 및 그 보호법익의 보호범위를 넘어서는 것이다. 따라서 우편역무종사자가 내용증명우편물을 배달하는 과정에서 우편법관계법령에서 정한 직무규정을 위반하였다고 하더라도, 우편역무종사자가 발송인 등과 제3자와의 거래관계의 내용을 인식하고 그 내용증명우편물을 배달하지 아니할 경우 그 거래관계의 성립 이행 소멸이 방해되어 발송인 등에게 손해가 발생할 수 있다는 점을 알았거나 알 수 있었다는 등의 특별한 사정이 없는 한, 그 직무상 의무 위반과 내용증명우편물에 기재된 의사표시가 도달되지 않거나 그 도달에 대한 증명기능이 발휘되지 못함으로써 발송인 등이 제3자와 맺은 거래관계의 성립 이행 소멸 등과 관련하여 입게 된 손해 사이에는 상당인과관계가 있다고 볼 수 없다.

2) 위자료

우편집배원의 고의 또는 중과실에 의한 직무상 의무 위반으로 내용증명우편물이 도달되지 않거나 그 증명기능이 발휘되지 못하게 된 경우, 발송인 등이 그로 인하여 정신적 고통을 입었을 것임은 경험칙상 넉넉히 인정할 수 있고, 이러한 정신적 고통은 단순히 내용증명우편물의 발송비용을 전보받는 것만으로 회복된다고 볼 수 없으므로, 이러한 경우에는 당해 발송인 등은 그 정신적 고통에 대한 위자료를 통상손해로서 청구할 수 있을 것이다.

Ⅲ. 결론

설문의 기초가 된 사건에서 원심법원은 보험회사의 청구를 인용하였으나, 대법원은 상당인과관계의 부존재를 이유로 원심판결을 파기 환송하였고, 고의 또는 중과실에 기한 경우에는 위자료가 배상될 수 있다고 지적하였다.

[사례 94][766)

"A는 보이스피싱을 당하여 중국인 B의 계좌로 500만원을 송금하였다. 경찰관 C는 B가 개설한 D 은행지점에 B의 계좌를 사고계좌로 등록할 것을 요청하는 공문을 팩스로 보냈으나, D 은행지점의 담당자는 공문에 경찰관의 신분증이 첨부되지 않았다는 이유로 등록을 미룬 사이에 B는 위 500만원을 인출하였다."

1. A는 누구를 상대로 어떠한 청구를 할 수 있는가
2. 피고는 어떠한 항변을 할 수 있는가

---

766) 의정부지방법원 2008. 10. 2. 선고 2008나4873 판결(확정)을 참고한 사례이다.

[해제]

Ⅰ. A의 청구

1. 피고의 선택

보이스피싱에 직접 가담한 B는 불법행위책임을 부담하나, 그에 대한 법적 수단의 강구는 실효성이 거의 없다. 즉, 통상적으로 보이스피싱의 경우 중국의 현지 범죄조직이 주도하여 진행하는 것이고, 출금 즉시 본국의 계좌 등으로 송금하므로 통장의 개설자인 B에 대한 청구는 실효성이 현저하게 떨어진다. A가 손해를 실질적으로 선보받기 위하여는 자력있는 자를 피고로 삼아야 하는 것이 중요하다. 설문의 경우에 피고로 삼을 수 있는 자는 D 은행이라고 보여진다.

2. 청구권원

D 은행은 경찰관의 사고계좌의 등록을 미루다가 B가 현금을 인출하였기 때문에 D 은행의 과실은 이 사건 불법행위와 상당인과관계가 인정될 여지가 있다. 보이스피싱이 사회문제화되고 있는 작금의 현실에 비추어 좀더 강화된 주의의무가 요청되고, 설문의 경우 경찰서의 공문이 도착한 경우이므로 공문에 기재된 전화 등을 통하여 확인을 하고 이에 기초하여 사고계좌등록을 하였더라면 이 사건 불법행위로 인한 손해의 발생을 회피할 수 있었을 것이기 때문에 D 은행의 과실은 이 사건 불법행위와 상당인과관계가 인정될 여지가 높다.

3. 손해배상의 범위

A가 이 사건 불법행위로 인하여 입은 손해는 원칙적으로 500만원이라고 할 것이고, 추가적으로 이 사건 불법행위로 인한 위자료를 청구하기는 어렵다고 할 것이다. 왜냐하면 D 은행의 과실이 이 사건 불법행위로 인한 손해의 발생에 기여하였을 뿐이기 때문이다. 물론 A가 B에 대하여 손해배상을 청구하는 경우에는 재산적 손해 500만원 뿐만 아니라 위자료도 청구할 수 있다. 왜냐하면 B는 고의불법행위에 가담한 것이기 때문이다.

Ⅱ. 피고의 항변

1. 과실없음

D 은행은 이 사건 협조 공문에 경찰관의 신분증이 첨부되지 않아 일정한 양식을 구비하지 못하였고, 협조의 내용도 추상적이어 과실이 없으므로 불법행위가 성립하지 않는다고 항변할 수 있다.

2. 과실상계

가사 D 은행의 과실이 인정된다고 하더라도, A의 과실에 기하여 B의 계좌로 송금된 이상 손해배상액의 산정에 있어 이 점이 참작되어야 한다.

Ⅲ. 소결

1. 손해배상의무의 성립

협조공문은 신분증 첨부를 제외한 나머지 요건을 갖춘 정식의 문서이며, 그 문서에는 경찰서직인, 수사담당자의 직위와 성명 및 연락처가 기재되어 있었다. 따라서 위 협조공문에 기초하여 계좌조회를 하거나 수사담당자에게 확인할 주의의무가 발생한다. 설문의 기초가 된 사례의 경우 계좌조회를 통하여 사고 전날 외국인이 개설한 계좌라는 점을 쉽게 알 수 있었다고 한다. 따라서 D 은행의 주의의무의 위반은 인정될 여지가 매우 높다.

2. 손해배상의무의 내용

이 사건 불법행위의 발단은 A의 과실인 이상 D 은행의 손해배상의무의 내용을 정함에 있어서는 사고의 경위 등을 고려하여 과실상계를 인정함이 상당하다. 설문의 기초가 된 사건의 경우 법원은 A의 과실을 40%라고 인정하여 D 은행의 책임을 60%로 제한하였다.

"A와 B는 C와 결혼식 행사대행계약을 체결하였고, 그 계약의 내용으로 A와 B는 제공한 사진(유년시절, 학창시절, 군대시절 등)을 영상으로 만들어 예식이 진행되는 동안에 제공하기로 하였다. 그러나 C의 직원 D의 실수로 위 사진들이 분실되어 영상제공이 이루어지지 못하였다."

1. A와 B는 누구에 대하여 어떠한 청구를 할 수 있는가.
2. 피고는 어떠한 항변을 할 수 있는가.

[해제]

Ⅰ. A와 B의 청구

1. 청구권원

C의 직원 D의 실수로 사진이 분실되고 그로 인하여 영상제공이 이루어지지 못하였으므로 결혼식 행사 대행계약의 불이행이자 사진의 소유권을 침해하는 불법행위이다. A와 B는 이행보조자의 과실에 기한 계약불이행으로 인한 책임과 피용자의 과실에 기한 사용자책임을 C에게 추궁할 수 있다.

2. 청구의 범위

첫째, 사진분실에 대한 위자료 청구가 가능하다. A와 B는 자신의 성장과정을 담은 기록물인 사진의 분실로 인하여 자신의 성장과정을 회상하면서 삶의 의미를 되새겨 보고 안식을 얻을 기회를 상실하였고 그로 인하여 상당한 고통을 입었다고 보는 것이 경험칙상 명백하다고 할 것이다.

둘째, 결혼식행사 대행 계약의 불완전이행을 이유로 하여 손해배상을 청구할 수 있다. 이는 특히 피고의 약정대금에 기한 상계항변에서 의미가 크다.

---

767) 부산지방법원 2008. 6. 11. 선고 2008가소19430 판결(로앤비 검색가능)을 참고한 사례이다.

II. 피고의 항변

첫째, 재산권의 침해로 인한 위자료는 특별손해인데, 피고는 이에 대한 예견가능성이 없었으므로 배상의무가 없다.

둘째, C는 결혼식행사대행계약에 따른 약정대금채권과 상계를 주장할 수 있다.

III. 결론

일반적으로 타인의 불법행위에 의하여 재산권이 침해된 경우에는 그 재산적 손해의 배상에 의하여 정신적 고통도 회복된다고 보아야 할 것이므로, 재산적 손해의 배상에 의하여 회복할 수 없는 정신적 손해가 발생하였다면 이는 특별한 사정으로 인한 손해로서 가해자가 그러한 사정을 알았거나 알 수 있었을 경우에 한하여 그 손해에 대한 위자료를 청구할 수 있다.[768] 그러나 중요한 사진의 분실로 인한 정신적 고통은 사진의 재산적 가치의 회복으로 전보되지 않는 특별한 것이어서 별도의 위자료대상이 된다. 설문의 기초가 된 사건에서 법원은 사진분실로 인한 부부의 위자료를 150만원으로 인정하였다.

[사례 96][769]

"A는 수선한 명품의류(시가 400만원)를 보내기 위하여 택배업을 영위하는 B에게 배송을 의뢰하였다. 그러나 B의 직원 C의 실수로 명품의류가 분실되었다."

1. A는 누구에게 어떠한 청구를 할 수 있는가.
2. 피고는 어떠한 항변을 할 수 있는가.
3. A가 우체국소포를 이용한 경우는 어떠한가.

---

768) 대법원 1992. 5. 26. 선고 91다38334 판결.

769) 부산지방법원 2008. 10. 10. 선고 2008나4909 판결(로앤비 검색가능)을 참고한 사례이다.

I. A의 손해배상청구

A는 운송계약의 상대방인 B에게 계약상 책임 뿐만 아니라 피용자의 과실에 기한 사용자책임도 추궁할 수 있다. 학설과 판례는 계약상 책임과 불법행위책임은 경합하는 것으로 해석한다. 다만 양자의 책임은 귀책사유의 입증책임, 보조자의 귀책사유에 대한 책임, 시효에 있어 차이가 있다.

II. 피고의 항변

1. 상법 제136조에 기한 면책항변

A가 이 사건 물품이 고가물임에도 불구하고 그 물품명과 가액을 정확히 명시하지 않았으므로 상법 제136조에 따라 면책된다.

2. 배상액 제한 항변

운송약관에 의하면 배상액상한은 300만원이므로 그 이상의 손해에 대하여는 책임이 없다.

3. 과실상계항변

A는 고가물을 배송의뢰함에 있어 고가물임을 알려 세심하게 운송하도록 주의를 환기시켜 배송 도중의 분실사고를 방지하지 아니한 과실이 있으므로 손해배상액의 산정에 있어 참작되어야 한다.

III. 결론

상법 제136조의 면책항변과 배상액 제한 항변은 계약상 책임에 한정하여 적용되고, 불법행위책임에는 적용이 없다고 할 것이므로 피고의 첫 번째 및 두번째 항변은 이유없다. 그러나 A는 배송료 절약을 하기 위하여 배송물품에 대하여 아무런 언급을 하지 않았고, 이는 손해의 발생 및 확대의 한 원인이라고 할 것이므로 피고의 세 번째 항변은 이유있다. 설문의 기초가 되는 사건에서 법원은 원고의 과실을 30%로 보아 손해의 70%만을 배상액으로 인정하였다.

Ⅳ. 우체국소포의 경우

우체국소포로 인한 경우에는 특별법인 우편법이 적용됨을 유의하여야 한다.

우편법 제38조, 동 시행규칙 제135조의2 제1항에 따르면 부가우편역무중 그 취급과정을 기록취급하는 소포우편물의 분실에 대하여는 배상액의 상한이 50만원이다. 이러한 법령상의 제한은 계약상 책임 뿐만 아니라 불법행위책임의 경우에도 적용된다. 설문의 경우에 A는 배상액 상한인 50만원을 배상받게 된다.

그 밖에 우편법상 중요한 규정으로 책임원인을 제한한 제39조[770], 손해배상의 한계에 관한 제40조[771]와 소멸시효에 관한 제43조[772]가 있다.

Ⅴ. 참고사례-광주지방법원
2011. 4. 29. 선고 2010나14328 판결(확정)

갑이 을 은행에 대하여 수용재결 통지를 비롯한 보상관련 통지서를 발송하면서 수취인을 단순히 '을 은행'으로 기재하였고, 이를 우편집배원 병이 등기취급우편으로 배달하면서 봉투 표면에 기재된 주소를 방문하여 수령인 정에게서 수령사실 확인을 받으면서 특수우편물배달증에 수령인의 성명과 관계를 '배우자'로 기재하여 서명을 받았는데, 갑이 우편집배원인 병을 상대로 배우자가 있을 수 없는 법인이 수취인으로 기재된 위 통지를 정에게

---

770) "우편물의 손해가 발송인 또는 수취인의 과오로 인한 것이거나 당해우편물의 성질, 결함 또는 불가항력으로 인하여 발생한 것일 때에는 정부는 제38조의 규정에 불구하고 그 손해를 배상하지 아니한다."

771) "우편물을 교부할 때에 외부에 파손의 흔적이 없고 또 중량에 차이가 없을 때에는 손해가 없는 것으로 본다."

772) "이 법에 의한 손실보상, 손해배상 또는 보수의 청구권은 지식경제부장관이 지정한 우편관서에 대하여 다음의 기간내에 행사하지 아니하면 소멸시효가 완성한다.
   1. 제5조의 규정에 의한 보상과 제4조의 규정에 의한 보수는 그 사실이 있은 날로부터 3월
   2. 제38조의 규정에 의한 배상은 우편물을 발송한 날로부터 1년"

교부한 중과실로 인하여 갑이 을 은행에 손해배상금과 지연손해금을 지급함으로써 정신적 고통을 입었다고 하여 위자료를 청구한 사안에서, 등기취급우편 봉투에는 수취인으로 단순히 '을 은행'이라고만 기재되어 있었을 뿐 대표이사 등의 성명을 알 수 없었던 점, 실제 배달 당시 수령인 정이 수취인과의 관계를 묻는 질문에 '남편이 을 은행에서 일하고 있다'는 취지로 답변하여 병으로서는 정의 남편에게 배달되는 법인관련 우편물로 인식할 수밖에 없었던 점, 우편집배원에게 등기취급우편의 표면에 기재된 수취인과 주소의 관계를 일일이 확인하여야 할 의무가 있다고 보기 어려운 점 등을 고려하여, 우편집배원 병이 등기취급우편을 배달하면서 중과실로 우편법 관계 법령을 위반하였다고 보기 어렵다고 한다.

[사례 97][773]

"A 은행의 지점장대리인 B는 예금의 형식으로 사채를 끌어 모아 C에게 사업자금을 마련해 줄 의도로 D로부터 거액의 예금을 유치하였다. 그런데 그 당시에 D는 B의 그러한 의도를 알지 못했지만 여러 사정에 비추어 볼 때 알 수 있었다. 그 후 C의 기업이 도산하여 약정된 이자가 지급되지 않자 D는 A 은행에게 예금액 지급을 청구하였다. 그러나 A 은행은 이를 거절하였다."

1. D는 누구를 상대로 어떠한 청구를 할 수 있는가.
2. D에 의하여 피고로 지정된 자는 어떠한 항변을 할 수 있는가.

[해제]

I. 원고의 청구

1. 청구권원

1) 예금계약에 기한 청구

고율의 약정이자에 기한 예금계약의 성립에 기초하여 예금액과 약정이자를 청구하는 방안이 원고에게 가장 유리하다. 다만 예금계약에 기한 청구는 대리권남용의 법리에 기초하여

---

773) 대법원 2007. 7. 13. 선고 2005다21821 판결을 참고한 사례이다.

원고의 청구가 인용되지 않은 가능성이 매우 크다. 즉, 원고는 시중금리보다 높은 이자를 약정받고 예금통장이나 영수증을 전혀 받지 않았기 때문이다. 설문에 적시된 바와 같이 대리권남용에 관한 과실이 인정되는 것이다.

2) 사용자책임에 기한 청구

사무집행과 관련한 예금액의 횡령이 있다고 하더라도 D의 과실이 중과실이 아닌 한 제756조 소정의 사용자책임이 성립할 수 있다. 설문의 경우에는 예금계약에 관한 대리권을 가지는 자와의 행위이므로 사무집행관련성의 요건이 충족되는 것이다.

2. 청구의 내용

불법행위에 기한 손해배상청구에 있어 배상의무는 불법행위성립일로부터 발생한다. A은행의 지점장대리인 B가 예금을 예치받은 날이 불법행위의 성립일이므로 예치금과 예치일 이후의 연 5%의 이자를 손해배상으로 청구할 수 있다.

II. 피고의 항변

D가 고율의 이자를 받고 예금통장 조차 없었으므로 피고의 사무집행관련성에 대한 중과실이 있다고 할 것이므로 사용자책임은 면책된다.

가사 D의 과실이 중과실이 아니라고 하더라도 D의 과실은 손해배상의 범위를 결정함에 있어 고려되어야 한다.

III. 소결

기초가 된 사건에서 법원은 은행의 대출업무 담당직원이 대출자를 속여 대출금에 대한 선이자 및 이면담보 명목으로 대출금의 일부를 받아 편취한 사안에서, 그 편취행위가 외형상 객관적으로 은행의 사무집행행위와 관련되고, 나아가 대출자가 그 편취금에 관하여 영수증이나 예금통장을 받지 않은 잘못만으로는 은행의 면책을 인정할 만한 중과실에 해당하지 아니한다는 이유로, 위 편취행위에 대하여 은행의 사용자책임을 인정하였다. 다만 법원은 과실상계항변을 받아들여 피고의 책임을 60%로 제한하였다.

"A는 B 증권회사와 증권매매위탁계약을 맺고 거래를 하여 오던 중 C(위 회사 본점 영업부 영업2부장)와의 사이에 'A의 위탁증거금을 C의 관리와 책임하에 증권거래에 투자하기로 하되 C가 A에게 매월 1.5%에 해당하는 이익을 보장하고 만약 증권거래로 인한 이익이 그 이상이 되면 A와 C 사이에 7:3의 비율로 이익을 분할하기로 한다'는 내용의 약정을 체결 하였고, 이에 A는 2009. 5. 10.부터 같은 해 12. 23.사이에 도합 금 5억원을 증권매매 위 탁증거금으로 예치하였으나, C가 증권거래로 인하여 A에게 오히려 원금에서도 금 2억원의 손실을 보게 되었다. A는 누구를 상대로 어떠한 청구를 할 수 있는가."

[해제]

I. 피고의 선택

수익보장약정은 A와 C사이에 개별적으로 이루어진 것이어서 약정에 기한 청구에 있어 B 회사를 피고로 삼기는 어렵다. 다만 고객에 대한 보호의무의 위반이라는 불법행위에 기 하여 손해배상을 청구하는 경우에는 사용자책임을 추궁할 여지가 있다. 이러한 한에서 A 는 B와 C를 피고로 삼을 수 있다.

II. 청구권원

1. 수익보장약정에 기한 청구

A는 수익보장약정에 기하여 손실분을 C에게 청구할 여지가 있으나, 그 약정이 강행법규 에 위반되는지를 검토하여야 한다. 증권회사 또는 그 임·직원에 대하여 금지되는 부당권 유행위에 대하여 증권거래법 제52조 제1호는 '유가증권의 매매거래에 있어서 고객에 대하 여 당해 거래에서 발생하는 손실의 전부 또는 일부를 부담할 것을 약속하고 권유하는 행 위'를, 증권거래법 제52조 제3호는 '제1호 및 제2호의 행위 이외에 유가증권의 발행 또는 매매 기타 거래와 관련하여 투자자의 보호 또는 거래의 공정을 저해하거나 증권업의 신용

---

774) 대법원 2002. 12. 26. 선고 2000다56952 판결을 참고한 사례이다.

을 추락시키는 것으로서 총리령이 정하는 행위'를 각 규정하고, 증권거래법시행령 제36조의3은 법 제52조 제3호에서 '총리령이 정하는 행위'라 함은 다음 각 호의 행위를 말한다고 하면서 제2호에서 '유가증권의 매매 기타 거래와 관련하여 고객에게 직접 또는 간접적인 재산상의 이익을 제공하거나, 정당한 사유없이 당해 거래에서 발생한 손실의 전부 또는 일부를 보전하여 주는 행위'를 규정하고 있는바, 위와 같이 증권회사 또는 그 임·직원의 부당권유행위를 금지하는 증권거래법 제52조 제1호는 공정한 증권거래질서의 확보를 위하여 제정된 강행법규로서 이에 위배되는 주식거래에 관한 투자수익보장약정은 무효이고, 투자수익보장이 강행법규에 위반되어 무효인 이상 증권회사의 지점장에게 그와 같은 약정을 체결할 권한이 수여되었는지 여부에 불구하고 그 약정은 여전히 무효이며, 증권거래법 제52조 제3호와 증권거래법시행령 제36조의3이 정하는 바와 같이 증권회사 등이 고객에 대하여 증권거래와 관련하여 발생한 손실을 보전하여 주기로 하는 약속이나 그 손실보전행위는 위험관리에 의하여 경제활동을 촉진하는 증권시장의 본질을 훼손하고 안이한 투자판단을 초래하여 가격형성의 공정을 왜곡하는 행위로서, 증권투자에 있어서의 자기책임원칙에 반하는 것이라고 할 것이므로, 정당한 사유 없는 손실보전의 약속 또는 그 실행행위 역시 사회질서에 위반되어 무효라고 할 것이다.[775] 손실보전약정이 강행법규에 위반된다는 입장은 부당권유행위에 대한 형사처벌이 부정되는 경우에도 유지되고 있다.[776]

2. 불법행위에 기한 손해배상청구

피용자의 불법행위가 외관상 사무집행의 범위 내에 속하는 것으로 보이는 경우에 있어서도 피용자의 행위가 사용자나 사용자에 갈음하여 그 사무를 감독하는 자의 사무집행행위에 해당하지 않음을 피해자 자신이 알았거나 또는 중대한 과실로 인하여 알지 못한 경우에는 사용자 책임을 물을 수 없다. 한편, 이 경우 사용자 책임이 면책되는 피해자의 중대한 과실이라 함은, 거래의 상대방이 조금만 주의를 기울였더라면 피용자의 행위가 그 직무권한 내에서 적법하게 행하여진 것이 아니라는 사정을 알 수 있었음에도 만연히 이를 직무권한 내의 행위라고 믿음으로써 일반인에게 요구되는 주의의무에 현저히 위반하는 것으로 거의 고의에 가까운 정도의 주의를 결여하고 공평의 관점에서 상대방을 구태여 보호할 필요가 없다고 봄이 상당하다고 인정되는 상태를 말한다.

---

775) 대법원 2002. 12. 26. 선고 2000다56952 판결.

776) 1982년 3월 증권거래법 개정으로 동법 제52조 제1호에 대한 벌칙조항이 삭제되었으나 그 후에도 대법원 2001. 4. 24. 선고 99다30718 판결과 대법원 2002. 12. 26. 선고 2000다56952 판결에서 종전의 판례(대법원 1980. 12. 23. 선고 79다2156 판결)가 유지되었다.

Ⅲ. 과실상계

B 또는 C의 손해배상책임이 긍정된다고 하더라도 주식거래가 가지는 본질적 위험성, 보장한 수익의 정도, 강행법규의 위반 등이 고려되어 과실상계가 이루어질 것이다. 물론 과실상계는 피고의 항변사항이다.

Ⅳ. 소결

설문의 기초가 된 사건에서 원심법원은 증권거래법 제52조 제1호는 증권회사의 임·직원이 고객에 대하여 그 거래에서 발생하는 손실의 전부 또는 일부를 부담할 것을 약속하고 매매거래를 권유하는 행위를 금지하고 있으며, 이 규정은 공정한 증권거래질서의 확보를 위하여 제정된 강행법규라고 할 것이어서, 이익분배의 약정은 이러한 강행법규에 위배되어 무효이므로 위 약정을 내세운 원고의 주된 청구는 이유 없으나, 증권회사의 영업부장의 직책에 있어 평소 증권거래에 대한 적법한 위탁거래와 위법한 위탁거래관계가 어떠한 것인가를 일반 고객보다 더 잘 알고 있다고 여겨지는 피고가 위와 같은 증권거래법의 규정에 위배하여 고객인 원고와 일정한 수익보장과 이익금 분배약정을 체결한 것이라면 이는 원고의 불법보다 피고의 불법이 훨씬 커서 원고에 대한 불법행위를 구성한다고 볼 수밖에 없다고 판시하였다. 그러나 대법원은 이 사건 거래의 경위(C가 적극적으로 투자를 권유하지 아니함), 거래방법, A의 투자상황(재산상태, 사회적 경험 및 투자경험)등에 비추어 본다면, C가 위와 같은 이익보장의 약정을 하면서 A에게 증권거래를 권유함에 있어 동 증권거래행위에 수반되는 위험성에 관한 올바른 인식형성을 방해한 것이라거나 또는 A의 투자상황에 비추어 과대한 위험성을 수반하는 거래를 적극적으로 권유한 것이라고는 보기 어려운 것이라고 보아 원심법원을 파기 환송하였다.[777]

---

777) 대법원 1994. 1. 11. 선고 93다26205 판결.

V. 참고 사례-서울남부지방법원
2010. 7. 23. 선고 2009가합13300 판결

1. 사실관계

A는 케이블 방송회사 B와 전문가방송계약을 체결한 C로부터 주식투자에 관한 자문을 받기로 하면서 입회금을 내고 회원가입을 신청하였다. A는 C가 제공한 정보를 토대로 주식투자를 하였으나, 상당한 손해를 입어 손해배상을 청구하였다.

2. 당사자의 주장

1) 원고의 주장

① 주위적 주장

원고는 자신들이 단순히 피고로부터 투자자문을 받는 데 그친 것이 아니라 오로지 피고의 지시에 따라 도구로서 주식거래를 한 것일 뿐이어서 실질은 피고가 원고로부터 주식거래를 일임받아 매매를 한 것인데, 피고는 이러한 일임을 받은 자로서 선량한 관리자로서의 주의의무를 부담함에도 투자 주식의 종목선정, 매도시기 등 판단을 잘못하여 원고들에게 주식거래로 인한 손실 및 회원가입비 상당의 손해를 입혔으므로, 이를 배상할 의무가 있다.

② 예비적 주장

원고는 피고가 구 간접투자자산운영법(2007. 8. 3. 법률 제8635호 자본시장과 금융투자업에 관한 법률로 폐지되기 전의 것, 이하 '간투법'이라 한다)에 위반하여 금융감독위원회에 투자자문업 등록을 하지 아니하였음에도 마치 적법하게 투자자문업을 영위하는 것처럼 2개월 또는 적어도 6개월 내에 100% 수익을 내주겠다며 이 사건 회원가입을 하도록 하고, 이에 원고는 피고의 지시에 따라 주식거래를 하게 된 것인바, 피고의 이와 같은 행위는 기망에 의한 불법행위에 해당하므로, 피고는 원고에게 주식거래로 인한 손실 및 회원가입비 상당의 손해를 배상할 의무가 있다.

2) 피고의 주장

① 부적법각하항변

피고는 원고가 위 회원가입신청서의 부제소합의에 위반하여 제기한 이 사건 소는 부적법하다고 항변한다.

② 과실상계항변

원고는 주식투자의 경험이 있는 자로서 자신의 판단하에 결정한 것이므로 손해의 일부를 부담하는 것이 손해공평의 이념에 부합한다.

3. 법원의 판단

1) 소각하항변

원고의 회원가입경위, 위 회원가입신청서 작성 목적, 그 보관경위 등에 비추어 볼 때, 위 회원가입신청서는 피고의 일방적인 요구사항을 기재한 것으로 원고와 피고 사이의 합의사항을 기재한 문서라고 보기 어려울 뿐만 아니라, 원고도 이를 피고로부터 투자자문을 받고 그에 따른 서비스를 받겠다는 의미에서 작성한 것이지 추후 피고가 자문계약에 따른 의무를 불이행한다거나 불법행위를 저지른 경우까지도 부제소하겠다는 뜻으로 작성할 의사가 있었다고 볼 수 없고, 달리 원고와 피고 사이에 진정한 부제소합의가 이루어졌다고 인정할 만한 증거가 없으므로, 피고의 이 부분 주장은 이유 없다.

2) 주위적 주장에 대한 판단

원고는 스스로의 판단에 따라 피고의 문자메시지 그대로 이행할지 여부를 결정한 것으로 보이고 단순히 피고의 지시에 따라 주식거래를 실행하는 도구에 불과하였다고 보기는 어렵고, 비록 원고가 피고가 매수를 권유한 주식을 매수함으로 인하여 손실을 입었다고 하더라도, 그러한 사정만으로는 피고가 원고들의 투자성향 등을 고려하지 아니한 채 선량한 관리자로서의 주의의무를 다하지 못하였다거나 보호의무를 소홀히 하여 원고들에게 과도한 위험에 노출시키는 거래를 권유하는 등 주식종목 선정 및 매도시기결정을 잘못하였다고 인정하기는 어렵다.

3) 예비적 주장에 대한 판단

유사투자자문업자로 신고한 자가 불특정다수인을 상대로 하는 조언 등은 허용하되, 그 이외의 투자자문을 하고자 하는 경우 반드시 투자자문업자로 등록하여야 하고, 투자자문업자의 등록 요건을 엄격하게 하여 투자자를 보호하고자 하는 것이 간투법의 입법취지라 할 수 있고, 이는 원고가 피고를 상대로 한 불법행위책임을 추궁함에 있어 보호법규가 될 수 있다.

피고가 금융위원회에 등록을 하지 아니한 사실에 관하여는 원고에게 말하지 아니하였을 뿐 아니라 원고로 하여금 마치 문자메시지로 구체적인 주식의 매수·매도 지시를 하는 형태의 행위도 투자자문으로서 허용되는 것처럼 오인하도록 한 것은 원고가 이 사건 회원가입을 하여 피고의 자문을 받을 것인지 여부를 판단함에 있어 중요한 영향을 미치는 사항에 대하여 기망한 행위이고, 피고의 자문에 따라 주식거래를 하면 단기간 내에 100% 수익을 얻도록 해 주겠다고 말한 것은 이 사건 회원가입 및 피고의 투자자문에 따른 주식거래에 수반되는 위험성에 관한 올바른 인식 형성을 방해하는 행위로서 모두 원고에 대한 관계에서 불법행위가 된다.

4) 손해배상의 범위

법원은 피고의 손해배상책임을 인정하되, 피고의 과실상계항변을 받아들여 손해배상의 범위를 일부 감축하였다. 피고가 별도의 자격을 갖춘 투자자문업자인지 여부 및 단순한 투자자문의 범위를 넘어서 구체적인 투자지시를 하는 이 사건과 같은 형태의 서비스가 허용된 것인지 여부 등을 금융위원회나 금융투자협회에 마련된 인터넷사이트를 통해 신중히 조사해 본 후 회원가입여부를 결정할 수 있었던 것으로 보이는 점, 원고는 이 사건 회원가입 이전 주식거래의 경험이 있었으므로 피고의 지시에 따른다고 할지라도 손실이 발생할 수 있으리라는 것을 예상할 수 있었던 점, 원고의 주식거래로 인한 손실은 전 세계적인 금융위기로 인한 것이기도 한 점 등을 종합하여 피고의 책임을 손해액의 70%로 제한하였다.

4. 관련 문제

관련 사건으로 A가 C가 출연한 주식회사 B를 상대로 사용자책임을 추궁하였는데, 법원은 주식회사의 사용자책임을 긍정하였다.

1) 사용자책임의 존부

제756조 소정의 사용자와 피용자의 관계는 반드시 유효한 고용관계가 있는 경우에 한하는 것이 아니고, 사실상 어떤 사람이 다른 사람을 위하여 그 지휘·감독 아래 그 의사에 따라 사무를 집행하는 관계에 있으면 족한 것이고, 여기에서 외형상 객관적으로 사용자의 사무집행에 관련된 것인지 여부는, 피용자의 본래 직무와 불법행위와의 관련 정도 및 사용자

에게 손해발생에 대한 위험 창출과 방지조치 결여의 책임이 어느 정도 있는지를 고려하여 판단하여야 할 것이다.

살피건대, B 회사는 인터넷 홈페이지에서 C가 증권정보를 제공할 수 있도록 카페를 개설하고, 고객이 B 회사에 지급한 정보이용료 등을 C와 사이에 그 매출액에 따라 일정한 비율로 분배하기로 약정하였고, C는 B회사의 전문가방송에도 출연한 점에 비추어 B 회사는 전문가방송계약을 맺은 전문가들이 방송을 통해 하는 조언의 내용 및 방법이 관련 법령을 위반하지 않도록 관리·감독할 의무가 있다. 따라서 C의 행위는 B 회사의 사용자책임을 구성함에 부족함이 없다.

2) 책임의 제한

A도 이 사건 회원가입 당시 회원가입신청서 문구를 유심히 살펴보았더라면 C가 개인적으로 운영하는 투자연구소의 회원으로 가입하는 것임을 알 수 있었던 점, 투자연구소가 별도의 자격을 갖춘 투자자문업자인지 여부 및 단순한 투자자문의 범위를 넘어서 구체적인 투자지시를 하는 이 사건과 같은 형태의 서비스가 허용된 것인지 여부 등을 금융위원회나 금융투자협회에 마련된 인터넷사이트를 통해 신중히 조사해 본 후 회원가입여부를 결정할 수 있었던 것으로 보이는 점, A는 이 사건 회원가입 이전 주식거래경험이 있었으므로 C의 지시에 따른다고 할지라도 손실이 발생할 수 있으리라는 것을 예상할 수 있었던 점, A의 주식거래로 인한 손실은 전 세계적인 금융위기로 인한 것이기도 한 점, B 회사로서는 전문가들의 개인적인 거래행위 등을 일일이 감독하기에는 현실적인 어려움이 있는 점 등을 종합하면, B 회사의 책임을 손해액의 50%로 제한함이 상당하다.

5. 소결

위 사례는 원고가 청구권원을 구성함에 있어 관계법령을 제대로 숙지하느냐에 따라 소송의 승패를 좌우할 수 있고, 더 나아가 가해자 본인 뿐만 아니라 사용자의 지위에 있는 자를 법적 추궁의 대상으로 삼고 그 근거를 어떻게 제시하여야 하느냐를 잘 보여준다. 더 나아가 가해자 개인과 케이블방송회사의 책임제한비율이 다르다는 점도 유의하여야 할 것이다.

"수급인인 A 회사는 도급인인 B 회사와 공사대금 지급 문제로 분쟁이 발생하자, A 회사의 대표이사, 직원 등이 2010. 2. 3. 불특정 다수인이 왕래하는 B 회사 소유의 건물 앞에 "악덕건축회사 B는 미불노임을 즉각 청산하라"라는 문구를 기재한 현수막을 게시하고, 확성기를 이용하거나 육성으로 그와 같은 내용의 구호를 큰 소리로 반복적으로 제창하거나 함성을 지르고, 근조 휘장을 머리 등에 두르거나 피켓에 매달고 곡소리를 내는 등의 방법으로 시위를 하였다. B 회사 소유의 건물의 일부를 임대하여 예식장업을 하는 C는 위와 같은 시위로 인하여 결혼식예약이 급격하게 줄어드는 피해를 입었다. C는 누구를 상대로 어떠한 청구를 할 수 있는가."

[해제]

Ⅰ. 청구권원

이 사건 시위는 채무의 변제를 위한 정당행위의 요건(수단이나 방법의 상당성, 보호법익과 침해법익과의 법익균형성, 긴급성, 보충성 등)을 충족하지 못하는 불법행위이므로, A 회사의 대표이사, 직원 등은 공동불법행위자로서 이로 인한 손해를 배상할 책임이 있다.

Ⅱ. 손해배상의 범위

1. 재산적 손해

이 사건 시위로 인하여 원고의 예식장 영업에 중대한 차질이 생겨 영업수익의 감소 등으로 인한 재산적 손해의 배상을 청구할 수 있다. 다만 이러한 재산적 손해는 실무상으로 입증곤란으로 기각되는 경우가 많다.

2. 위자료

이 사건 시위로 인한 손해배상은 주로 영업방해로 인한 위자료가 될 것이다. 시위과정에

---

778) 대법원 2011. 5. 13. 선고 2011다2517 판결(로앤비 검색가능)을 참고한 사례이다.

서 대표이사나 회사에 대한 모욕적 발언 등이 있다면 이는 모욕으로 인한 위자료도 추가될 수 있다. 위자료의 산정에 있어서는 시위기간, 소음의 정도, 영업에 차질을 빚은 정도 등이 중요한 고려요소가 된다. 즉, 위자료의 보완적 기능에 의해 재산적 손해의 입증불가로 인한 불이익이 일부 감소되는 것이다.

Ⅲ. 소결

설문의 기초가 된 사건에서 원심법원은 이 사건 시위에 대하여 불법행위의 성립을 부정하였으나, 대법원은 불법행위의 성립을 긍정하되 재산적 손해의 배상을 부정하고 위자료의 배상책임만을 인정하였다.

[사례 100][779)

"외국가수 D의 국내공연을 기획한 A 회사는 입장권발매를 B 은행에 위탁하였다. 그런데 C 단체는 외국가수인 D의 성추행전력을 문제삼아 청소년에 대한 도덕적 해악을 고려하여 국내공연을 저지하기 위하여 불매운동을 전개하겠다고 협박하는 등의 주도적인 압박조치로 인하여 B 은행은 입장권발매업무를 포기하였다."

1. A 회사는 C 단체를 상대로 어떠한 청구를 할 수 있는가.
2. C 단체는 어떠한 항변을 할 수 있는가.

[해제]

Ⅰ. 원고의 청구

1. 청구권원

C 단체가 공연협력의 즉각 중지, 즉 A 회사와 이미 체결한 입장권판매대행계약의 즉각

---

779) 대법원 2001. 7. 13. 선고 98다51091 판결을 참고한 사례이다.

적인 불이행을 요구하고 이에 응하지 아니할 경우에는 위 B 은행의 전 상품에 대한 불매운동을 벌이겠다는 경제적 압박수단을 고지하여 이로 말미암아 위 은행으로 하여금 불매운동으로 인한 경제적 손실을 우려하여 부득이 본의 아니게 A 회사와 체결한 입장권판매대행계약을 파기케 하는 결과를 가져왔다면 이는 A 회사가 위 은행과 체결한 입장권판매대행계약에 기한 A 회사의 채권 등을 침해하는 것으로서 위법하다고 하여야 할 것이고, 그 목적에 공익성이 있다 하여 이러한 행위까지 정당화될 수는 없는 것인바, B 은행이 C 단체로부터 불매운동의 고지를 포함한 계약파기 요구를 받은 직후 A 회사에 대하여 C 단체의 불매운동으로 인한 경제적 손실을 우려하여 부득이 계약을 파기하게 되었으므로, C 단체는 위와 같은 행위로 인하여 A 회사가 입은 손해를 배상할 책임이 있다.

2. 청구의 내용

A 회사는 C 단체의 불법행위로 인하여 입장권발매처를 변경하게 되었고, 그로 인하여 비용을 지출한 것이 있다면 이를 재산적 손해로 청구할 수 있다.

C 단체의 불법행위로 인하여 A 회사의 신용도 및 명예가 심히 실추됨으로써 그 사업 수행에 막대한 지장이 초래된 것에 대하여 위자료를 청구할 수 있다.

Ⅱ. 피고의 항변

1. 위법성조각

이 사건 불매운동은 시민단체의 정당한 공익활동이므로 정당행위에 해당하여 위법성이 조각된다. A 회사의 일반적 영업권 등에 대한 제한을 가져온다고 하더라도 이는 시민단체 등의 정당한 목적수행을 위한 활동으로부터 불가피하게 발생하는 현상으로서 그 자체에 내재하는 위험이라 할 것이다.

2. 책임의 제한

A 회사가 기획한 위 공연은 부정적인 요소가 있는 등 공연반대 운동 그 자체는 시민단체 등의 공익목적수행을 위한 적법한 활동으로서 그 동기에 참작할 바가 있음에도 불구하고 A 회사가 무리하게 위 공연을 강행함으로써 C 단체가 위 은행에 대하여 공연협력의 즉각 중지를 요구하기에 이르게 된 점을 C 단체가 배상할 손해액을 정함에 있어 이를 참작함이 상당하다.

Ⅲ. 소결

설문의 기초가 된 사건에서 법원은 시민단체의 불매운동의 한계를 명확히 하고, 피고의 손해배상책임을 긍정하되 공익적 동기를 감안하여 책임을 50%로 제한하였다.

[사례 101][780)]

"A는 B 회사에게 5000만원의 대여금채권이 있으나, B 회사가 변제를 하지 아니하여 A는 B 회사를 상대로 대여금청구 소송을 제기하였고, A의 승소판결이 확정되었다. A는 위 판결을 집행권원으로 삼아 B 회사의 C에 대한 물품대금채권에 대하여 채권압류 및 추심명령 (이하 '이 사건 추심명령')을 받았고, 위 결정은 2010. 9. 30. C에게 송달되었다. A가 C에게 추심금을 청구하였으나, C는 B 회사의 자금사정을 잘 알고 있어 조만간 개인회생절차가 개시될 것이라고 생각하여 추심금청구에 불응하였다. 그 후 얼마되지 않아 B 회사는 2010. 11. 8. 자금사정의 악화로 최종 부도처리되면서 2010. 11. 10. 인천지방법원 2000회1호로 회사정리절차개시신청을 하여 위 법원으로부터 같은 달 30. 회사정리절차개시결정을 받은 사실, 그 과정에서 위 법원은 B 회사의 신청에 의하여 2010. 11. 17. 이 사건 추심명령에 대한 강제집행중지결정을, 같은 해 12. 6. 이 사건 추심명령의 취소결정을 하였고, 그 후 위 취소결정은 확정되었다. A는 C를 상대로 어떠한 청구를 할 수 있는가."

[해제]

Ⅰ. 제3자의 채권침해

A가 C를 상대로 책임을 추궁하기 위한 이론구성으로는 제3자의 채권침해가 있다. C의 고의에 의한 추심불응으로 말미암아 A는 채권만족을 받을 수 없었으므로 그로 인한 손해를 배상할 책임이 있을 수 있다는 것이다. 다만 제3자의 채권침해가 불법행위를 구성하기 위하여는 다음과 같은 엄격한 요건을 갖추어야 한다.

제3자의 행위가 채권을 침해하는 것으로서 불법행위에 해당한다고 할 수 있으려면, 그

---

780) 대법원 2007. 9. 21. 선고 2006다9446 판결을 참고한 사례이다.

제3자가 채권자를 해한다는 사정을 알면서도 법규를 위반하거나 선량한 풍속 기타 사회질서를 위반하는 등 위법한 행위를 함으로써 채권자의 이익을 침해하였음이 인정되어야 하고, 이때 그 행위가 위법한 것인지 여부는 침해되는 채권의 내용, 침해행위의 태양, 침해자의 고의 내지 해의의 유무 등을 참작하여 구체적·개별적으로 판단하되, 거래자유 보장의 필요성, 경제·사회정책적 요인을 포함한 공공의 이익, 당사자 사이의 이익균형 등을 종합적으로 고려하여 판단하여야 한다.

II. 불법행위의 성립 여부

추심명령에 기한 집행채권자의 추심금 청구에도 불구하고 제3채무자가 집행채무자에 대하여 채무자 회생 및 파산에 관한 법률에 의한 회사정리절차의 개시가 임박하였음을 인식하면서 그 추심금 청구에 불응하여 추심금을 지급하지 아니하고 있던 중에 집행채무자에 대하여 회사정리절차가 개시되어 집행채권자가 받았던 추심명령이 취소되고 집행채권이 정리계획에 따라 감액되었다고 하더라도, 위와 같은 제3채무자의 추심금 지급거절을 가리켜 위법한 행위에 해당하는 것으로 볼 수 없고, 집행채권자가 받은 추심명령의 취소 또는 정리계획에 따른 집행채권의 감액 등으로 인한 집행채권자의 손해와 상당인과관계가 있는 것으로 볼 수도 없다.[781]

III. 소결

설문의 기초가 된 사건에서 법원은 제3자의 채권침해에 있어 위법성과 상당인과관계의 요건이 충족되지 않아 불법행위의 성립을 부정하였다.

---

781) 대법원 2007. 9. 21. 선고 2006다9446 판결.

15. 기회의 상실

1) 서설

기회라고 하는 것은 매우 넓은 내용을 담고 있는 것이다. 재산적 이익을 올릴 수 있는 기회에서부터 재판을 통하여 자신의 이익을 방어할 기회 그리고 의사의 진단에 의거하여 수술 여부를 결정하거나 수술을 받지 않고 죽음을 맞이할 기회에 이르기까지 폭이 매우 넓다. 기회의 상실로 인한 손해배상은 타인의 잘못과 악결과 사이에 인과관계 등이 결여되어 원칙적으로 손해배상이 인정되기 어려운 상황에 대한 예외적 구제수단으로서의 의미를 지닌다.

2) 유형화

a) 수익기회의 상실

수익기회라고 함은 단순히 재산을 보전할 기회, 일자리를 얻을 기회에 한정되지 아니하고 국회의원에 당선될 기회, 대학교나 대학원에 입학할 기회를 포함하는 넓은 개념으로 이해되어야 한다. 따라서 수익기회라고 하여 반드시 재산적 법익이라고 단정할 수 없고, 다분히 인격적 이익을 담고 있다고 할 것이다.

b) 치료기회의 상실

정확한 진단에 기하여 진료에 대한 선택을 할 수 있는 기회는 환자의 자기결정권의 한 내용으로 보호받아야 한다. 여기서의 인격적 이익은 치료를 받아 완치할 수 있는 기회 뿐만 아니라 치료를 거부하고 인생을 마감하고 신변을 정리할 기회도 포함하는 것이며, 오진으로 인한 불확정한 상태로 인한 불안도 그 보호내용으로 한다.

c) 절차적 기회의 상실

재판받을 기회라 함은 억울함을 풀 수 있는 공식적인 방법이므로 이에 대하여 개인은 고유한 인격적 이익을 가지는 것이며, 이러한 이익에는 제소 및 상소권 뿐만 아니라 변호인의 조력을 받을 이익도 포함한다.

대법원은 인격적 이익으로서 보호할 가치가 있는 본안 재판을 받을 것에 대한 합리적 기대의 침해에 대하여 위자료로 200만원을 지급할 의무가 있다고 판시하였다.[782] 본안판결에서의 승소가능성의 정도는 위자료의 산정사유로 참작되어야 한다.

대법원은 피징벌자가 금치처분 자체를 다툴 목적으로 변호사와의 접견을 희망하는 경우 교도소장이 금치기간 중에 있는 피징벌자와 변호사와의 접견을 불허한 조치는 피징벌자의 접견권과 재판청구권을 침해하여 위법하다고 판시하였다.[783] 재판을 받을 권리의 한 내용인 접견교통권의 침해와 그로 인한 정신적 고통 등 일련의 비재산적 손해에 대하여는 배상이 인정되어야 한다.

3) 손해배상

기회의 상실로 인한 손해배상에 있어서는 손해3분설에 따라 소극적 재산적 손해, 적극적 재산적 손해 그리고 위자료에 대한 주장입증을 하여야 할 것이다. 다만 기회의 상실로 인한 재산적 손해의 입증이 곤란하거나 불가능하다는 사정은 위자료의 증액사유로 고려된다.

4) 구체적 판결례

① 서울고등법원 2001. 10. 11. 선고 2000나57469 판결

구치소 입소 당시 건강상태가 악화된 상태에 있는 수용자에 대하여 구치소측이 무리하게 벌금에 관한 유치집행을 하고 형집행정지절차 등 적절한 조치를 취하지 아니함으로써 수용자가 가족의 간호를 받다가 사망할 수 있는 기회마저 상실한 채 사망에 이르게 한 경우에 국가는 이에 대하여 위자료의 배상책임을 진다.[784]

---

782) 대법원 2003. 7. 11. 선고 99다24218 판결.

783) 대법원 2004. 12. 9. 선고 2003다50184 판결. 접견교통권을 제한받은 변호사가 국가를 상대로 국가배상사건에서 위자료로 200만원이 인정되었다(서울민사지방법원 1991. 9. 19. 선고 91가단24555 판결).

784) 서울고등법원 2001. 10. 11. 선고 2000나57469 판결(확정)(망인에게 500만원, 처에게 300만원, 자식들에게 150만원의 위자료가 각 인정되었다).

② 서울지방법원 2000. 3. 8. 선고 98가합5468 판결

서울지방법원은 의사의 간암환자에 대한 진단상의 과실로 간암을 조기 발견하지 못한 의사의 손해배상책임이 문제된 사건에서 적절한 치료를 받고, 이를 통하여 다소나마 생존연장의 기회를 상실하게 되었다는 이유로 본인 및 가족에게 비재산적 손해배상이 인정하였다.[785]

③ 서울민사지방법원 1993. 9. 22. 선고 92가합49237 판결(확정)

서울민사지방법원은 완치불능인 폐암환자도 발병사실을 알 경우 진행상태에 따른 적절한 치료를 받고 생존기간을 연장하거나 본인 혹은 가족들이 신변을 정리할 수 있는 기회를 가질 수도 있으므로 의사가 폐암환자를 건강하다고 진단함으로써 그 같은 기회를 상실하게 하였다면 그에 대한 손해를 배상할 책임이 있다고 판시하였다.[786] 이 판결은 자신의 인생을 정리하는 것에 대한 인격적 이익을 긍정한 것으로 타당하다.

④ 서울민사지방법원 1990. 2. 1. 선고 88가합44525 판결

서울민사지방법원은 의사의 오진으로 인하여 수개월 동안 환자의 정확한 병명을 확인하지 못한 채 아무 효력 없는 치료만 계속 받으면서 불안한 상태에 있게 된 경우에 환자 본인에게 금 3,000,000원, 부모에게 각 금 1,500,000원을 비재산적 손해배상으로 인정하였다.[787]

---

785) 서울지방법원 2000. 3. 8. 선고 98가합5468 판결(法律新聞 2872호, 14)(위자료로 망인에게 2700만원, 처에게 700만원, 자식 3명에게 각 200만원이 인정되었다).

786) 서울민사지방법원 1993. 9. 22. 선고 92가합49237 판결(확정)(위자료로 망인에게 700만원, 남편과 자식 2명에게 각 100만원이 인정되었다).

787) 서울민사지방법원 1990. 2. 1. 선고 88가합44525 판결(항소).

"A는 B 대학원 박사과정 입학을 위하여 입학요강에 따라 서류심사와 면접시험 그리고 영어필기시험에 응시하였으나, 동 대학원 입학사정위원회는 입학요강과는 달리 영어필기시험 결과를 수치로 반영하지 않고 단순히 가부의 판단자료로만 삼았다. A는 변경된 사정기준에 따라 불합격되었으나, 종전의 사정기준에 따르면 합격될 수 있었다. A는 누구를 상대로 어떠한 청구를 할 수 있는가."

[해제]

Ⅰ. 피고의 결정

B 대학원의 운영주체인 법인을 상대로 불법행위책임을 추궁할 수 있다. 다만 대학원 입학사정위원회는 법인격이 없으므로 이에 대한 청구는 각하된다.

Ⅱ. 청구의 권원

입학사정 결과에 대한 최종 승인권을 갖는 대학총장이 입시사정과정에 학칙위반사항이 있는 경우 이를 지적하고 그 시정을 요구할 수 있다 하더라도, 그러한 권한을 행사함에 있어서는 공고된 입시요강에 의해 형성된 응시자들의 정당한 신뢰가 침해되지 않도록 하여야 할 주의의무도 부담하고, 이를 위배하여 응시자들의 정당한 신뢰를 깨뜨린 경우에는 위법행위에 해당하여 신뢰를 침해당한 응시자들에 대하여 불법행위를 구성한다.

Ⅲ. 청구의 내용

박사과정의 입학이 불허되는 것만으로는 재산적 손해가 발생한다고 보기 어려우므로 결국 원고가 청구할 수 있는 것은 위자료라고 할 것이다.

---

788) 대법원 2006. 9. 8. 선고 2004다18859 판결을 참고한 사례이다.

IV. 소결

설문의 기초가 된 사건에서 원심법원은 입학사정기준의 변경은 대학총장으로서의 정당한 직무권한범위 내의 행위에 해당하고 변경된 새로운 입학전형방법이 공고된 입시요강을 신뢰하고 입학시험에 응시한 위 원고들의 합격할 지위 내지 권리가 침해된 것으로 볼 수 없다고 판단하였으나, 대법원은 공고된 입시요강에 의해 형성된 응시자들의 정당한 신뢰가 침해되지 않도록 하여야 할 주의의무도 아울러 부담한다 할 것이고 이를 위배하여 응시자들의 정당한 신뢰를 깨뜨린 경우에는 위법행위에 해당하여 신뢰를 침해당한 응시자들에 대해 불법행위를 구성한다고 하면서 원심법원의 판결을 파기환송하였다.

[사례 103][789]

"A는 국회의원 후보자로 출마하였으나 근소한 차이로 낙선하게 되었다. 낙선원인을 분석하던 중 자신의 지지율에 대한 여론조사가 신문사의 기자에게 잘못 전달되었고, B 신문사에서는 이를 그대로 보도하였다는 사실을 알게 되었다. A는 누구를 상대로 어떠한 청구를 할 수 있는가"

[해제]

I. 피고의 선택

여론조사의 결과를 잘못 옮긴 신문사의 기자의 잘못으로 인하여 이 사건 불법행위가 성립한 것이고, B 신문사는 피용자의 업무수행상의 잘못에 대하여 제756조 소정의 사용자책임을 진다고 할 것이다. 신문사 뿐만 아니라 기자에 대하여도 불법행위책임을 추궁할 수 있으나, 실무상으로 신문사만을 상대로 손해배상소송을 제기한다.

---

789) 서울중앙지방법원 2008. 12. 17. 선고 2008가합48297 판결(로앤비 검색가능)을 참고한 사례이다.

Ⅱ. 청구권원

지지율오보로 인하여 독자 및 유권자로 하여금 피해자의 지지율이 2위에도 들지 못하는 것으로 인식하게 함으로써 피해자의 사회적 평가를 훼손하고 나아가 유권자들의 후보자 선택, 관계자들의 선거운동방향 등에 영향을 주는 손해를 준 것이므로 불법행위가 성립한다.

Ⅲ. 청구의 내용

1. 재산적 손해

지지율오보의 불법행위가 없었더라면 피해자가 국회의원으로 당선되었을 것을 전제로 한 재산적 손해(국회의원의 수당 및 상여금, 차량유지비 등)의 배상을 청구할 여지도 있으나, 제대로 여론조사결과가 보도되었다고 하더라도 당선을 확실히 예견하기 어렵고, 선거라고 하는 것이 많은 변수에 의하여 영향을 받는 만큼 피고의 잘못과 재산적 손해와는 상당인과관계를 인정하기 어렵다.

2. 위자료

아까운 표차로 낙선한 상황에서 피고의 잘못된 보도가 없었더라면 원고가 당선되었을 가능성을 배제할 수 없는 점을 고려한다면, 국회의원입후보자로서의 기대의 상실이 클 것이고, 이로 인한 손해의 배상은 오로지 위자료 뿐이어서 다른 경우와 달리 고액의 위자료가 인정되어야 한다. 보도 당시 2위에도 못 미치는 것으로 되어 있어 그 당시 받았을 심리적 위축감 등도 위자료의 산정에 있어 고려되어야 하고, 특히 재산적 손해의 배상이 전혀 인정되지 않는다는 점도 고려되어야 한다.

Ⅳ. 소결

설문의 기초가 된 사건에서 법원은 재산적 손해의 배상은 부정하였으나, 위자료로 1000만 원을 인정하였다. 이 사건에서 상당한 액수의 위자료가 인정된 것은 아까운 표차로 낙선한 것으로 인한 정신적 고통의 증가와 국회의원 당선으로 인한 여러 가지 이익이 상실된 것을 고려한 사정에 기인한다.

[사례 104]⁷⁹⁰⁾

"A가 취득세 1,180,680원, 종합토지세 625,400원 합계 1,806,080원을 체납하자, 서울시는 A 소유의 부동산에 대하여 압류처분 및 압류등기를 하고 B에게 이 사건 부동산에 대한 공매대행을 의뢰하였다. 공매대행의뢰서에 기재된 주소지란에는 종전의 주소가 기재되어 있고, A의 실제 미국 주소는 공매대행의뢰서에 첨부된 부동산등기부등본에 나타나 있었다. B는 종전 주소로 A에게 공매대행통지를 하였으나 국외이주를 이유로 송달이 불능되었고, 외교통상부장관에게 A의 인적 사항을 기재하여 체납자 국외 이주 주소조회를 하였으나 역시 확인이 불가능하다는 회신을 받았다. B는 공시송달로 공매절차를 진행하였고, 이 사건 부동산은 2010. 6. 29. 65,300,000원에 매각되어 A는 소유권을 상실하였다."

1. A는 누구를 상대로 어떠한 청구를 할 수 있는가.
2. 피고는 어떠한 항변을 할 수 있는가.

[해제]

I. A의 청구

1. 피고의 선택

서울시가 공매대행의뢰서의 주소지란에 A의 종전 주소를 기재하였다고 하더라도 공매대행의뢰서에 첨부된 등기부등본에 기초하여 A의 미국 주소를 알 수 있었다고 할 것이므로 서울시의 주소 기재상의 잘못을 들어 A의 소유권상실에 대한 책임을 추궁하기 어렵다. 더 나아가 A의 주소를 확인하는 작업은 공매절차를 주관하는 B의 책임하에 진행되어야 할 사항인 것이다. 따라서 이 사건 불법행위의 책임주체는 B로 한정되어야 할 것이다.

2. 손해배상책임의 성립

지방세법 제52조 제1항 제2호, 제3호에 따르면, '주소, 거소 또는 영업소가 국외에 있고 그 송달이 곤란한 때' 또는 '주소, 거소, 영업소 또는 사무소가 불분명한 때'를 공시송달의 요건으로 규정하고 있는바, 이 사건 미국주소가 이 사건 부동산에 관한 등기부에 이미 기재되어 있었던 이상 이 사건 미국주소로 송달해 보기 전에는 그 송달이 곤란하다거나 주소

---

790) 대법원 2002. 10. 25. 선고 2002다42322 판결을 참고한 사례이다.

가 불분명하다고 할 수도 없으므로, 결국 B가 이 사건 부동산에 대한 공매절차를 진행하기 위하여는 최소한 이 사건 미국주소로 공매통지서를 우편송달해 본 후 송달이 불가능하고 달리 그 확인이 곤란한 때에 비로소 공시송달을 하였어야 할 것임에도 불구하고, 이러한 조치를 취함이 없이 곧바로 공매통지서를 공시송달한 것은 부적법한 통지라 할 것이다. B의 부적법한 위 공시송달로 공매절차가 진행하여 결국 A의 소유권이 상실된 것은 불법행위에 해당한다.

3. 손해배상책임의 범위

A는 이 사건 공매로 인하여 시가보다 저렴하게 매각되었다고 하면서 시가에서 공매대금과의 차액을 재산적 손해로 청구할 수 있다. 더 나아가 통설과 판례는 소유권 상실로 인한 위자료를 특별손해로 보고 있으므로 그 배상을 위하여는 예견가능성이 요구된다. 따라서 B의 예견가능성 여부에 따라 위자료가 인정될 여지가 있다.

Ⅱ. B의 항변

1. 상당인과관계의 부존재

공매통지가 부적법하다고 하더라도 소유자가 공매절차에 참가하여 소유권을 취득할 수 없는 이상 부적법한 통지와 이 사건 소유권의 상실사이에는 상당인과관계가 없으므로 A의 청구는 기각되어야 한다.

2. 과실상계

세금의 납부 등에 대하여 아무런 조치를 취하지 아니한 A의 잘못이 손해의 발생 및 확대에 기여한 것이므로 손해배상액의 결정에 있어 참작되어야 한다.

Ⅲ. 결론

1. 손해배상책임의 성부

국세징수법 제66조에서 체납자는 직접, 간접을 불문하고 압류재산을 매수하지 못하도록 정하고 있기는 하나, 공매절차에서 매각결정이 있은 이후에도 매수인이 매수대금을 납부하기 전에 체납자가 체납세액, 가산금과 체납처분비를 완납한 경우에는 공매절차를 중지하고, 이미 이루어진 매각결정까지 취소하여야 한다 할 것이므로, 체납자인 원고로서는 공매절차에서 매수인이 매수대금을 납부하기 전까지는 체납세액 등을 납부하고 목적 부동산의 소유권을 보존할 수 있다 할 것이고, 나아가 조세체납처분의 목적은 국가적 강제에 의하여 체납된 조세를 징수하는 것에 불과할 뿐 체납자의 재산권을 상실시키는 것이 그 목적이 아니라는 점과 체납자는 국세징수법 제66조에 의하여 직접이든 간접이든 압류재산을 매수하지 못하도록 되어 있음에도 불구하고 굳이 국세징수법이 체납자에게 공매통지를 하도록 정하고 있는 점 및 위에서 본 법리를 종합하여 보면, 공매사실을 체납자에게 통지하는 이유 중에 체납자로 하여금 체납세액을 납부하고 공매절차를 중지·취소시킴으로써 소유권을 보존할 기회를 갖도록 하기 위한 점이 고려되지 아니하였다고 할 수는 없다 할 것이므로 (이러한 점은 공매통지서 등에 체납세액을 납부하면 공매절차를 중지하게 됨을 안내하고, 자진납부를 촉구하는 기재를 하고 있는 점을 보아도 그러하다), 만일 A가 적법하게 공매통지를 받아 체납세액 등을 완납하고 공매절차를 중지·취소시킴으로써 이 사건 부동산이 공매절차에서 시가보다 지나치게 저렴하게 매각되는 것을 방지하고 그 소유권을 보존할 수 있었다고 볼 수 있는 경우에는 B가 A에게 적법하게 공매통지를 하지 아니한 것과 A의 이 사건 부동산의 소유권 상실로 인한 손해 사이에 상당인과관계가 있다고 할 것이다.

2. 손해배상 책임의 내용

대법원은 A의 이 사건 미국주소로 공매대행통지를 하여 보았더라면 A가 이를 수령하여 공매개시사실을 알 수 있었는지 여부, A가 공매개시사실을 알았더라면 체납세액을 납부하여 공매절차를 중지·취소시킬 수 있는 자력이 있었는지 여부, 이 사건 부동산의 시가와 위 매각대금과의 차이, 이 사건 부동산상의 근저당채무액 및 가압류채무액, A의 자력 등에 비추어 볼 때 A가 체납세액 등을 완납하고 공매절차를 중지·취소시킬 개연성이 있었는지 여부 등을 심리하여 B의 부적법한 공매통지와 A가 주장하는 이 사건 부동산에 대한 소유권 상실로 인한 손해 사이에 상당인과관계가 있는지 여부 및 나아가 실제로 손해가 발생하였는지 여부를 판단하였어야 한다고 판시하면서 원심법원의 판결을 파기환송하였다.

파기환송심은 대법원의 파기환송의 취지를 고려하여 강제조정을 내렸고, 당사자가 이에 대하여 이의하지 아니하여 강제조정결정이 확정되었다. 파기환송심 법원이 강제조정으로 제시한 금액은 금 33,000,000원이다.[791)]

"A는 B 회사의 최종합격통지를 받고서 정식발령을 기다렸으나 1년이 지난 시점에 발령불가통지를 받았다. A는 B를 상대로 어떠한 청구를 할 수 있는가"

[해제]

Ⅰ. 청구권원

B 회사는 A에게 최종합격통지하고 조만간 발령통지를 하겠다고 하였으나, 발령시기에 관한 A의 문의에도 불구하고 발령통지를 차일 피일 미루다가 최종합격통지시점으로부터 1년이 지난 시점에 채용불가통지를 하였다. B 회사가 최종합격통지를 하였다고 하여 A를 발령할 법적 의무를 부담한다고 보기 어려우나 회사 사정에 기초하여 발령 여부에 관한 불명확한 상태를 조속하게 정리하여야 할 법률상 의무는 부담한다고 할 것이다. 피고의 의무위반은 체약상의 과실책임이 아니라 일반 불법행위책임에 의하여 의율될 수 있다.

Ⅱ. 청구의 내용

1. 재산적 손해

피고가 최종합격자 통지를 하였다고 하여 곧바로 직원으로 임용할 법률상 의무가 있다고 보기 어렵고, 더 나아가 피고가 인력사정 등을 감안하여 발령시기를 정할 수 있다고 봄이 상당하므로 발령 통지시로부터 상당한 기간이 지난 시점부터 채용불가통보시까지의 기간에 대하여 일실수입을 청구할 수 있다. 설문의 기초가 된 사건에서 합격자 통지시로부터 3개월이 지난 시점에 다른 최종합격자에 대한 발령을 한 이상 그 시점부터 채용불가통보시까지의 기간에 대한 일실수입청구는 인정되어야 한다. A가 피고에게 수차례 채용가부에 대하여 문의하였고, 피고는 A에게 조만간 발령될 것이라고 답변한 이상 A가 다른 직장을

---

791) 서울고등법원 2002나68333 강제조정 결정 참조.

792) 대법원 1993. 9. 10. 선고 92다42897 판결을 참고한 사례이다.

구하지 않은 점을 과실상계의 사유로 삼기 어렵다고 보인다. 피고의 내부 사정은 일실수입 산정의 개시시점의 확정에서 고려하면 족하다.

2. 위자료

피고는 최종발령 통보시로부터 1년가량 불확정한 상태를 초래하고 이를 방치한 이상 이에 대하여 A에게 위자료를 배상할 책임이 있다고 할 것이다. 다만 A의 경우에 9개월치의 임금이 일실수입으로 인정되는 이상 위자료는 상당부분 감축되어야 할 것이며, 100만원을 인정함이 상당하다.

Ⅲ. 소결

설문의 기초가 된 판결에서 원심법원은 발령통지시로부터 채용불가통보시까지의 기간동안의 도시일용노임에 기초한 일실수입의 일부(40% 과실상계함)와 위자료 100만원을 인정하였고, 대법원은 상고를 기각하면서 원심판결을 확정하였다. 앞서 살핀 바와 같이 과실상계보다는 일실수입의 개시시점을 조정하는 것이 보다 합리적이라고 보여진다.

[사례 106][793]

"A는 2005. 1.경 B를 고소하였으나 담당검사는 2005. 3.경 불기소처분을 하였고, 이에 A는 불기소처분에 대하여 항고와 재항고를 하였으나 2005. 5.경 모두 기각되었다. 그리하여 A는 헌법소원심판청구에서 불기소처분의 취소를 구하였으나, 헌법재판소 재판관이 청구기간 내에 제기된 헌법소원심판청구 사건에서 청구기간을 오인하여 각하결정을 하였다. A는 어떠한 구제수단을 가지는가"

---

793) 대법원 2003. 7. 11. 선고 99다24218 판결을 참고한 사례이다.

Ⅰ. 재심청구

헌법재판소의 변경된 판례에 따라 권리구제형 헌법소원에서는 재심이 가능하므로 각하 결정에 대한 재심청구를 하여 재심재판에서 헌법소원이 본안재판에서 다루어질 수 있을 것 이다.[794]

Ⅱ. 손해배상청구

재심청구가 허용되는 이상, 재심청구를 하지 않고 곧바로 제기된 기회상실로 인한 손해 배상청구는 인용될 수 없다.

Ⅲ. 소결

설문의 기초가 된 사건에서 법원은 당시에는 헌법재판소의 결정에 대하여 재심청구가 허용되지 않았으므로 재심을 통한 구제가 불가능하므로 국가배상책임이 유일한 피해의 구 제책이라는 점을 감안하여 재판받을 기회의 상실에 대하여 위자료로 200만원을 인정하였 다. 특히 대법원이 본안 재판을 받을 기회의 상실 그 자체에 대한 배상을 긍정하였고, 구체 적인 배상액과 관련하여서는 본안 재판에서의 승소가능성이라는 가정적 판단에 따라 위자 료의 액수가 증감될 수 있다는 점을 판시한 것을 유의하여야 한다. 따라서 본안재판에서 승소할 가능성이 없다고 하더라도 위자료의 배상에는 지장이 없다.

Ⅳ. 관련문제

설문은 구형사소송법(2007. 6. 1.자로 개정되기 전의 것)이 적용되는 사안이다. 다만 형

---

794) 헌법재판소 2001. 9. 27. 선고 2001헌아3 결정 참조.

사소송법 제260조의 개정으로 법상황이 바뀌었다. 형사소송법 제260조의 개정으로 재정신청대상사건이 형법 제123조부터 제125조까지의 죄에서 모든 고소사건으로 확대되어 검사의 불기소처분에 대하여 관할 고등법원의 결정이 이루어지게 되고, 이 재판에 대하여는 불복할 수 없다. 또한 헌법재판소법 제68조 제1항에 따라 원칙적으로 법원의 재판에 대하여는 헌법소원을 할 수 없는바, 고소사건의 불기소처분에 대한 분쟁은 관할고등법원의 판결에 의해 종결되는 것이다.

[사례 107][795]

"A(당시 만 80세)는 2008. 5. 21. 자신의 전 재산을 딸인 B에게 유증하는 것을 내용으로 하는 초안(한글문서로 작성됨)에 따라 공정증서에 의한 유언서를 작성해줄 것을 공증인가를 받은 법무법인 C(공증담당 변호사 D)에게 의뢰하였으나, D가 차일 피일 미루는 사이에 A가 2008. 6. 21. 사망하여 B 와 E(유언자 A의 아들임)가 법정상속인이 되었다."

1. B는 누구를 상대로 어떠한 청구를 할 수 있는가.
2. 피고는 어떠한 항변을 할 수 있는가.

[해제]

Ⅰ. 원고의 청구

1. 유증의 효력유무

민법은 유언에 관하여 엄격한 방식주의를 채택하고 있어 단독유증의 내용을 담은 초안은 유언으로서 효력이 없다(제1060조 참조). 다만 초안은 자필증서에 의한 유언으로서의 효력이 인정될 수 있으나, 설문과 같이 한글문서로 작성된 것은 제1066조 제1항 소정의 자서의 요건을 결하여 효력이 없다. 따라서 설문의 경우 유언상속이 아니라 법정상속이 개시된다고 할 것이다.

---

795) 李昌鉉, "遺言의 無效와 辯護士의 責任", 比較私法 14권 4호, 173면 이하를 참고한 사례이다.

2. 피고의 선택

법정상속은 제741조 소정의 법률상 원인에 해당하여 B는 E를 상대로 법정상속분의 반환을 청구할 수 없다. 결국 B는 공중담당변호사의 잘못에 대한 불법행위책임을 추궁하여야 한다. 원고가 선택할 수 있는 피고로는 법무법인 뿐만 아니라 국가도 포함된다. 왜냐하면 공중인법 제2조에 따라 공중인은 위 직무에 관하여 공무원으로 의제되는바, 공중인의 잘못에 대하여는 국가배상책임도 성립하기 때문이다.

3. 청구의 내용

B는 법무법인의 불법행위로 인하여 단독상속인이 아니라 공동상속인이 되었고 그로 인하여 법정 상속분 상당의 손해를 입었다고 할 것이므로 이에 대한 손해배상을 청구할 수 있다. 유언자의 사망으로 법정상속이 개시되면서 불법행위가 성립하는 것이므로 사망시의 부동산의 가액을 기준으로 손해배상액을 청구하여야 할 것이다. 구체적인 손해배상액은 시가감정을 통하여 정해진다.

II. 피고의 항변

1. 불법행위가 성립하지 않는다고 항변

유증을 받을 기회라고 하는 것은 상속이 개시되기 전에는 단순한 희망에 불과하고 이의 침해가 있다고 하여 불법행위가 성립하는 것은 아니다. 유증을 받은 기회나 상속을 받은 기회를 확고한 법익으로 보장하면, 유언자의 유언의 자유가 과도하게 침해된다.

2. 유류분공제항변

B가 단독유증을 받는다고 하더라도 이는 E의 유류분을 침해하는 것이어서 결국 B가 최대한으로 유증받을 수 있는 몫은 이 사건 부동산의 3/4에 한정된다고 할 것이므로 이 부분은 손해배상액에서 공제되어야 한다.

Ⅲ. 소결

유증받을 기회라고 하는 것이 상속개시전에는 확고한 내용을 갖추지 못하는 것이기는 하나, 이는 유언자에 대한 것이고, 제3자에 대하여는 여전히 보호받은 법익에 해당하는 것이다. 따라서 유증받을 기회의 상실이라고 하여 불법행위가 성립하지 않는 것은 아니다. 다만 피고의 유류분 공제항변은 타당한 것인바, 이에 따라 피고의 손해배상액은 부동산의 1/4 지분 상당액이라고 할 것이다.

16. 의료과오

1) 서설

의료행위라 함은 의학적 전문지식을 기초로 하는 경험과 기능으로 진찰·검안·처방·투약 또는 외과적 시술을 시행하여 하는 질병의 예방 또는 치료행위 및 그 밖에 의료인이 행하지 아니하면 보건위생상 위해가 생길 우려가 있는 행위를 의미한다.[796]

2) 의료과오소송의 특수성

첫째, 의료행위는 인간의 생명·신체·건강을 보호법익으로 하므로 의사에게는 항상 최선의 주의의무가 요구된다.

둘째, 종래 의료행위에 대하여는 광범위한 재량성과 밀실성이 보장되었으나, 환자의 권리의식의 확대로 인하여 진료기록 작성의무의 상세화, 설명의무의 정형화로 이어지고 있다.

셋째, 의료과오로 인한 소송에서 과실의 존부에 대한 자연과학적 판단에는 한계가 있고, 의학발전 등에 입각한 정책적 판단도 작용한다.

3) 청구권원

a) 채무불이행책임과 불법행위책임

진료계약은 민법상 위임계약에 가까우나, 일정한 한도에서는 민법의 적용이 수정된다. 의사가 환자에게 부담하는 진료채무는 질병의 치유와 같은 결과를 반드시 달성해야 할 결과채무가 아니라 환자의 치유를 위하여 선량한 관리자의 주의의무를 가지고 현재의 의학수준에 비추어 필요하고 적절한 진료조치를 다해야 할 책무 이른바 수단채무라고 보아야 하므로 진료의 결과를 가지고 바로 진료채무불이행사실을 추정할 수는 없으며 이러한 이치는 진료를 위한 검사행위에 있어서도 마찬가지다.[797]

---

796) 대법원 2002. 10. 25. 선고 2002다48443 판결.

b) 소결

의료과오로 인한 청구권원으로 계약책임과 불법행위책임이 경합하나, 실무상으로는 불법행위책임의 추궁이 압도적이다. 이는 진료채무가 수단채무의 성격을 띠어 계약책임이 불법행위책임보다 귀책사유의 입증의 면에서 피해자에게 유리하지 않고, 불법행위책임의 경우 근친자의 위자료가 인정된다는 점에서 피해자에게 유리하기 때문이다.

4) 의료과실의 판단기준

a) 일반원칙

의료과오가 인정되기 위한 성립요건(불법행위의 경우:귀책사유, 위법성, 손해, 인과관계, 채무불이행의 경우: 귀책사유, 채무불이행, 손해, 인과관계) 중 가장 기본적인 전제는 의료과실이라고 할 것이다. 인간의 생명과 건강을 담당하는 의사에게는 그 업무의 성질에 비추어 보아 위험방지를 위하여 필요한 최선의 주의의무가 요구되고, 따라서 의사로서는 환자의 상태에 충분히 주의하고 진료 당시의 의학적 지식에 입각하여 그 치료방법의 효과와 부작용 등 모든 사정을 고려하여 최선의 주의를 기울여 그 치료를 실시하여야 하며, 이러한 주의의무의 기준은 진료 당시의 이른바 임상의학의 실천에 의한 의료수준에 의하여 결정되어야 하나, 그 의료수준은 규범적으로 요구되는 수준으로 파악되어야 하고, 당해 의사나 의료기관의 구체적 상황에 따라 고려되어서는 안 된다.[798]

b) 예외적 고려사항

진료환경 및 조건 그리고 의료의 특수성, 환자의 특이체질 등이 예외적으로 고려된다. 의사의 질병 진단의 결과에 과실이 없다고 인정되는 이상 그 요법으로서 어떠한 조치를 취하여야 할 것인가는 의사 스스로 환자의 상황 기타 이에 터잡은 자기의 전문적 지식·경험에 따라 결정하여야 할 것이고, 생각할 수 있는 몇 가지의 조치가

---

797) 대법원 1988. 12. 13. 선고 85다카1491 판결.

798) 대법원 1997. 2. 11. 선고 96다5933 판결.

의사로서 취할 조치로서 합리적인 것인 한 그 어떤 것을 선택할 것이냐는 당해 의사의 재량의 범위 내에 속하고 반드시 그 중 어느 하나만이 정당하고 이와 다른 조치를 취한 것은 모두 과실이 있는 것이라고 할 수 없다.[799]

전문의가 아닌 일반의가 혼자 야간응급실의 당직근무를 한 경우에 그의 과실 유무를 판단함에 있어서는 전문의가 아닌 일반의를 표준으로 하고, 당시의 진료 환경 및 조건, 야간응급의료의 특수성을 고려하여야 한다.[800]

5) 입증책임

의료과오의 경우에도 입증책임의 일반원리에 따라 피해자가 가해자의 귀책사유와 인과관계 그리고 손해를 입증하여야 한다. 진료행위의 선택에 있어서의 의사의 재량과 진료행위의 밀행성에 기인하여 피해자의 의료과오에 대한 입증이 매우 어려운 반면, 의료과오로 인한 피해자의 불이익이 중대하다는 관점에서 입증책임의 완화의 요청이 꾸준하게 제기되고 있는 실정이다. 입증책임완화의 법리에 따라 피해자는 일반인의 상식에 바탕을 둔 과실행위와 의료행위 외에 달리 악결과를 가져올 만한 사정이 없다는 점을 입증하면, 의료상의 과실과 악결과 사이의 인과관계를 추정한다.[801] 인과관계를 부정하려는 측에서는 의료행위 이전에 건강상의 결함 등이 있었다는 점을 들어 추정을 번복시킬 수 있다.

6) 설명의무의 위반 또는 치료기회의 상실

환자의 자기결정권의 침해는 의사의 설명의무의 위반과 관련하여 주로 문제된다. 대법원은 의사가 환자의 신체에 대한 침습에 대한 승낙을 얻기 위한 전제로서 환자에 대하여 질환의 증상, 치료방법 및 내용, 그 필요성, 예후 및 예상되는 생명, 신체에 대한 위험성과 부작용 등 환자의 의사결정을 위하여 중요한 사항에 관한 설명의무를 위

---

799) 대법원 1999. 3. 26. 선고 98다45379,45386 판결.
800) 대법원 1999. 11. 23. 선고 98다21403 판결.
801) 대법원 2010. 5. 27. 선고 2007다25971 판결 참조.

10) 입증방해행위

당사자 일방이 증명을 방해하는 행위를 하였더라도 법원으로서는 이를 하나의 자료로 삼아 자유로운 심증에 따라 방해자 측에게 불리한 평가를 할 수 있음에 그칠 뿐 증명책임이 전환되거나 곧바로 상대방의 주장 사실이 증명되었다고 보아야 하는 것은 아니다.[810]

[사례 108][811]

"평소 폐가 좋지 않아 A는 B가 운영하는 병원에서 폐암에 대한 정밀검진을 받았으나 아무 이상이 없다는 판정을 받고 평소대로 직장을 다니다가 갑자기 쓰러져서 병원에 입원하고 몇 일이 지나지 않아 폐암으로 사망하였다."

1. A의 상속인은 어떠한 청구를 할 수 있는가.
2. 피고로 지정된 자는 어떠한 항변을 할 수 있는가.

[해제]

Ⅰ. 의료과오

A의 상속인은 B의 의료과오로 인한 손해배상을 청구할 수 있는데, 손해배상의 내용은 B의 진단잘못과 A의 사망사이에 상당인과관계가 있느냐에 따라 달라진다. 가령 A가 폐암말기였다면, B의 진단과오는 A의 사망과 상당인과관계가 있다고 보기 어렵고, 오로지 신변을 정리할 기회의 상실로 인한 위자료만이 인정될 것이다. 이 경우에 A 뿐만 아니라 A의 근친자에게도 위자료가 인정된다고 하는 것이 판례의 태도이다.

진단을 제대로 하였더라면 치유가 가능할 것이라고 판단되는 경우에는 B는 A의 사망에 대한 책임을 부담하게 된다.

---

810) 대법원 2010. 5. 27. 선고 2007다25971 판결.
811) 서울민사지방법원 1993. 9. 22. 선고 92가합49237 판결(확정)을 참고한 사례이다.

Ⅱ. 피고의 항변

첫째, B는 자신의 진단과오와 A의 사망사이에는 상당인과관계가 없어 배상책임이 없다.

둘째, 가사 상당인과관계가 인정된다고 하더라도 치유가능성이 매우 낮으므로 배상책임이 대폭 감경되어야 한다.

Ⅲ. 소결

설문의 기초가 된 사건에서 법원은 피해자가 폐암말기의 환자여서 진단과오와 사망사이에 상당인과관계를 부정하였으나, 신변을 정리할 기회의 상실에 대한 위자료배상책임을 긍정하였다. 즉, 피해자 본인에게 700만원, 배우자와 자식 2명에게 각 100만원의 위자료가 인정되었다.

[사례 109][812]

"A는 B 법인이 운영하는 병원 소속 의사 C의 마취수술을 받던 중 산소통에 들어 있는 질소의 주입으로 사망하였다. 나중에 확인한 바에 의하면 D 회사가 제작한 산소통용기에 질소가 주입되어 있었다. A의 상속인은 누구를 상대로 어떠한 청구를 할 수 있는가"

[해제]

Ⅰ. 피고의 선택

A의 상속인은 산소통용기의 제조업자 D 회사와 마취수술을 시행한 의사 C의 사용자인 병원을 상대로 공동불법행위책임을 추궁할 수 있다.

---

812) 대법원 1979. 3. 27. 선고 78다2221 판결(로앤비 검색가능)을 참고한 사례이다.

Ⅱ. 청구권원

1. D 회사에 대한 청구

제조업자는 산소통에 질소를 주입한 중대한 잘못이 있고, 그러한 잘못은 환자의 생명에 직결되는 것이다. 따라서 제조업자는 제조물책임법 소정의 표시상의 결함에 대하여 책임을 져야 한다.

2. B 법인에 대한 청구

C는 시술전에 산소가 주입되어 있는지를 확인하여야 할 의무가 있으나, 이를 위반하여 환자에게 질소를 주입한 것이므로 B 법인은 피용자인 의사 C의 불법행위에 대하여 사용자책임을 진다. 또한 사용자책임과 별도로 의사 C에게 불법행위책임을 추궁할 수도 있다.

Ⅲ. 청구의 내용

사망으로 인한 망인의 손해로는 장례비, 일실수입(생계비로 그 수입의 1/3을 공제함), 위자료가 있고, 상속인은 제752조 소정의 위자료를 배상받는다.

Ⅳ. 소결

설문의 기초가 된 사건에서 법원은 산소용으로 오인될 수 있는 용기에 질소를 넣어 공급한 자와 외양만을 경신하고 내용물을 확인치 않고 사용한 마취의사의 공동불법행위책임을 인정하였다. 피고 병원은 마취의사에 대한 사용자책임을 지므로 가스통제조업자 및 마취의사와 부진정연대채무의 관계에 있다.

"A는 B 법인이 운영하는 대학병원에서 시행한 유방조직검사에서 암의 확정진단을 받았다. A는 위 진단결과를 믿지 못하고 C 법인이 운영하는 다른 대학병원에서 다시 진단을 받기로 하고, 종전 병원에서 시행한 검사자료 등을 제출하였다. C 법인 소속 D 의사는 간단한 촉진 등의 검사를 한 후 종전 병원의 조직검사 결과지와 진단서를 신뢰하여 암진단을 하고 오른쪽 유방에 대한 절제수술을 시행하였다. 그러나 종양조직검사결과 암세포가 검출되지 않았고, 이에 사실확인결과 병리과 직원 E가 조직검사 슬라이드를 만들면서 다른 환자의 조직검체에 A의 라벨을 붙인 것이 드러났다. A는 누구를 상대로 어떠한 청구를 할 수 있는가"

[해제]

I. 피고의 선택

1. B 법인과 E

직원 E의 과실로 조직검사 슬라이드가 잘못 제작되었으므로 E의 불법행위책임과 B 법인의 사용자책임이 성립할 여지가 있으므로 B 법인과 E를 피고로 삼을 수 있다.

2. C 법인과 D

D 의사는 유방절제시술에 앞서 어떠한 주의의무를 부담하느냐에 따라 불법행위책임의 성립여부가 달라질 수 있고, 이에 따라 그 사용자인 C 법인의 사용자책임의 성립여부도 달라진다.

II. 청구권원

1. 채무불이행책임과 불법행위책임의 경합

A는 유방조직검사 및 유방절제수술을 위하여 B 법인과 C 법인과 각각 진료계약을 체결

---

813) 대법원 2011. 7. 14. 선고 2009다65416 판결을 참고한 사례이다.

하였으므로 채무불이행책임을 추궁할 수 있다. 또한 A는 B 법인(피용자 E 포함)과 C 법인
(피용자 D 포함)에게 불법행위책임을 추궁할 수 있다. 진료계약에 있어서 의료관계자가
부담하는 채무는 수단채무여서 사실상 귀책사유에 대한 입증책임은 원고에게 있다. 그리하
여 실무상으로 의료과오에 있어 근친자의 위자료도 청구가 가능한 불법행위책임이 청구권
원으로 선호되고 있다.

2. 주의의무의 위반여부

조직검사 슬라이드를 잘못 만들어서 사건의 발단이 된 B 법인과 E의 불법행위책임의 성
립에 어려움이 없다. 다만 조직검사 슬라이드가 잘못 만들어진 경우에 재검진을 의뢰받은
의사를 어떠한 조치를 취하여야 하는가에 대하여는 면밀한 검토가 필요하다.

1) 판단기준

의사가 진찰·치료 등의 의료행위를 할 때에는 사람의 생명·신체·건강을 관리하는 업
무의 성질에 비추어 환자의 구체적인 증상이나 상황에 따라 위험을 방지하기 위하여 요구
되는 최선의 조치를 취하여야 할 주의의무가 있고, 의사의 이와 같은 주의의무는 의료행위
를 할 당시 의료기관 등 임상의학 분야에서 실천되고 있는 의료행위의 수준을 기준으로 삼
되 그 의료수준은 통상의 의사에게 의료행위 당시 일반적으로 알려져 있고 또 시인되고 있
는 이른바 의학상식을 뜻하므로 진료환경 및 조건, 의료행위의 특수성 등을 고려하여 규범
적인 수준으로 파악되어야 한다. 따라서 구체적으로 주의의무의 위반여부를 확정하기 위하
여는 통용되는 의료수준을 감정을 통하여 확인하여야 한다.

2) 의학적 소견

의학적 소견에 의하면 유방암의 확정진단은 반드시 조직검사를 통하여 하게 되어 있고,
어느 대학병원에서 환자에 대한 조직검사를 시행하여 암의 확정 진단을 하고, 그 환자가
다른 대학병원에 전원(轉院)하면서 종전 대학병원에서의 조직검사 결과를 기재한 조직검
사 결과지를 제출하였다면, 새로이 환자를 진찰하게 된 대학병원의 의사가 종전의 조직검
사 슬라이드를 대출받아 병리판독을 다시 시행하게 하는 경우가 있기는 하나, 조직검사 자
체를 다시 시행하는 경우는 원칙적으로 없다고 한다. 또한 조직검사를 위하여 채취된 조직
이 불충분하거나 부적합한 경우에는 병리판독에 어려움이 있을 수 있으므로 다시 조직검
사를 시행하게 되나, 한 번의 조직검사로 암진단을 할 수 있으면 조직검사를 반복하여 시

행할 필요는 없다고 한다.

3) 소결

조직검사 슬라이드 제작 과정에서 조직검체가 뒤바뀔 가능성 등 매우 이례적인 상황에 대비하여 A로부터 새로이 조직을 채취하여 재검사를 실시하거나, 파라핀블록을 대출받아 조직검사 슬라이드를 다시 만들어 재검사를 시행한 이후에 유방절제술을 시행할 주의의무까지 있다고 보기는 어렵다고 할 것이다. 따라서 D의 불법행위책임은 인정되기 어렵고, 더 나아가 D의 불법행위책임을 전제로 한 C 법인의 사용자책임도 인정되기 어렵다.[814]

Ⅲ. 청구의 내용

1. 재산적 손해

A는 유방절제로 인한 일실수입이라는 소극적 재산적 손해와 치료비라는 적극적 재산적 손해의 배상을 청구할 수 있다. 다만 일실수입이 인정되기 위하여는 신체감정결과를 통하여 노동능력상실율의 판정을 받아야 한다. 설문의 기초가 된 사건에서 2심법원은 유방절제로 인한 통증과 근력 약화에 대하여는 자각적 증상에 불과하여 객관적인 노동능력의 상실로 보기 어렵다고 하여 일실수입 부분의 청구를 기각하였다.

2. 위자료

위자료의 산정에 있어 여성성의 상징인 유방의 절제, 과실의 정도(특히 E), 유방절제로 인한 부작용(통증 및 근력약화), A의 나이와 가족관계, 일실수입청구의 기각 등의 사정이 고려되어야 한다. 설문의 기초가 된 사건에서 2심법원은 이사건 수술의 경위, 수술 후의 정

---

814) 대법원 2011. 7. 14. 선고 2009다65416 판결. 다만 2심법원은 조직검사는 조직의 채취·파라핀 블록 및 조직검사 슬라이드의 제작과정에서오류가 있을 수 있으므로,피고 서울대학교병원의 의사인 피고 2로서는 새로이 조직을 채취하여 재검사를 실시하거나, 최소한 세브란스병원에서 실시한 조직검사 슬라이드와 파라핀 블록을 대출받아 재검사하는 등 원고의 오른쪽 유방의 종양이 암인지 여부를 정확하게 진단하여 수술 여부를 결정하여야 할 주의의무가 있음에도, 세브란스병원의 조직검사 결과만을 믿고 촉진 외에 별다른 검사 없이 바로 유방절제술을 결정하고 이 사건 수술을 시행하였는바, 이는 유방절제술을 시행하는 의사에게 평균적으로 요구되는 진단상의 주의의무를 다하지 못한 과실이 있다고 판단하였다(서울고등법원 2009. 7. 23. 선고 2008나46021 판결-로앤비 검색가능).

황, 원고가 우측 어깨와 팔의 통증 및 근력약화증상에 대하여 노동능력상실률을 산정하기 곤란한 점, 원고의 나이와 가족관계 기타 변론과정에 나타난 여러 가지 사정을 참작하여 위자료로 3500만원을 인정하였다.[815)

Ⅳ. 소결

설문의 기초가 된 대법원판결은 의료행위의 관계자가 부담하는 주의의무의 정도 및 기준을 제시한 점에서 의미가 크다. 그리고 손해배상의 범위, 특히 위자료와 관련하여서도 의미가 있다.

---

815) 서울고등법원 2009. 7. 23. 선고 2008나46021 판결(로앤비 검색가능).